KB240172

朝鮮巨商

이용선 지음

5일장

체와 탕건 장사

개다리 소반

짚신 장수

나그네

제물포 건어물 선착장

독장수

부보상 콩단 옮기기

부채 만들기

인력거

부산 조선소, 1903

절구질하는 부자의 모습

성황당

대구 서문시장

도포 차림 (조선선비들의 평상복)

고종시대 궁녀 또는 여염집 여성

양반 나들이, 1903

제주도 유목민, 1900

1853년 부산을 항해한 최초의 미국 포경선

지게꾼과 행상여인

개성 부인의 나들이 차림

춤추는 기생들

수표교의 부보상

흥인지문

서대문

우체부

서당

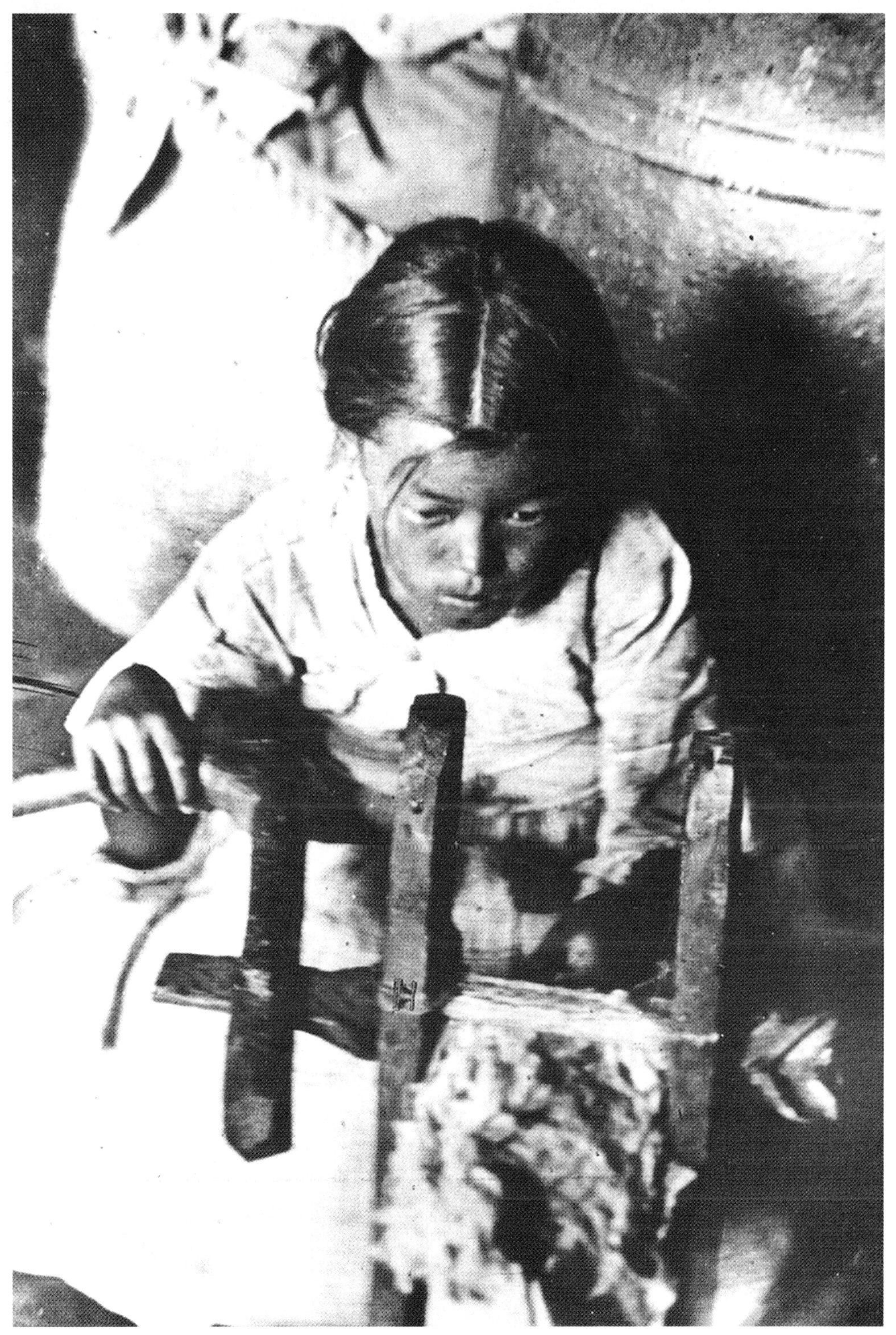

씨아, 1890

화려하게 예장을 갖춘 관기

관기의 뒷모습

소시장(평북 정주)

쇠가죽 가공

단발령

북청 물장수

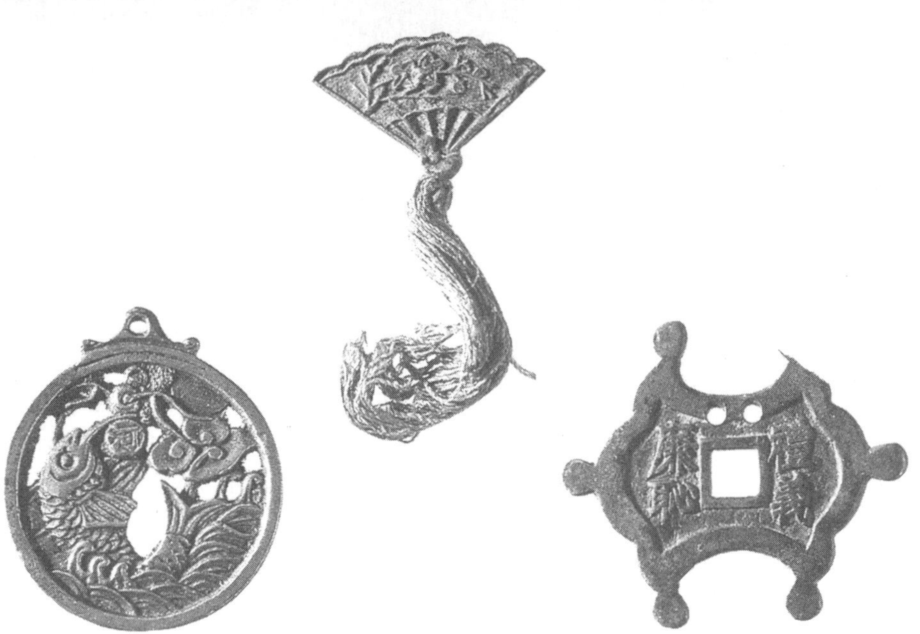

朝鮮巨商

이용선 지음

이 책은 2002년 출간한 「조선최강상인」 새판입니다.

조선거상상술을 찾아서
피와 땀과 눈물의 엽전 천하상도

'재물은 평등하기 물 같고 사람은 바르기 저울 같아라.'

이는 조선상술 민본사상의 핵심으로 재물은 흐르는 물과 같아서 누구도 막을 수가 없으며, 장사는 곧 사람이며, 사람은 곧 장사라는 경영철학을 담고 있는 말이다.

조선 5대 거상 임상옥·이용익·오희순·최봉준·이승훈은 이(利)보다 의(義)를 중시하고, 재물보다 사람을 남기는 상인의 길을 걸었다. 장사는 경제 차원뿐 아니라 정신·문화 차원에서 대단히 중요한 활동이다. 일찍이 그들의 조선경제가 있었기에 오늘의 한국경제가 있는 것이 아니겠는가.

오늘날 세계경제를 움직이는 것은 미국이다. 패자(霸者)로 군림하는 그들의 힘은 유대인과 유대상술이 있었기에 가능했다.

이제 중국이 자본주의 경제체제를 도입해 새로운 강자로 떠오르고 있다. 상술에서만큼은 유대인들보나 너욱 통달했다는 중화상술, 에나 지금이나 만리장성처럼 넘기 힘든 그 중국인의 만만디(慢慢的) 상술!

그러나 그들을 일거에 제압하고 임상옥을 필두로 한 발군의 조선상인들은 중화상술의 만리장성을 구름처럼 자유롭게 넘나들었다!

조선의 돈, 그것은 엽전이었다. 그 엽전은 천원지방(天圓地方)의 형상을 빚어 둥근 테두리는 무궁한 하늘을, 가운데 네모난 구멍은 평평한 땅을 상징한다.

돈의 철학은 바로 그러한 천원지방, 곧 온 세상을 빙글빙글 돌면서 골고루 널리 퍼져 인간의 생활을 살찌게 하라는 하늘의 뜻과 통한다. 따라서 돈은 목마른 사람이면 누구나 가서 떠 마실 수 있는 만인의 샘물이라는 뜻에서 '화천(貨泉)'이라고도 불렸다.

임상옥은 인간과 시대와 물화의 흐름을 정확히 포착, 이(利)의 실체를 간파했던 뛰어난 상재와 정치감각을 지닌 상인이었다. 역발산기개세(力拔山氣蓋世)——산이라도 뽑아낼 듯, 세상을 뒤덮을 듯 놀랍고도 힘찬 무역상술로 한 시대를 주무른 웅지의 거상이었다.

이덕유는 돈보다 사람이 귀중하다는 원칙으로 무고한 생명을 구하는 데 애써 모은 전재산을 기꺼이 내놓기도 했다. 그는 결국 버림으로써 몇 백 배나 많은 재산을 거머쥘 수 있었다.

오희순은 상도와 절제가 상인의 기본자세임을 견지하면서도 과감하게 운(運)에 승부하여 벼락부자가 되었다. 그러나 그 배경에는 운을 관제할 수 있는 평소 오희순만의 탁월한 성품이 있었다. 곧 성품이 그의 운명을 결정했던 것이다.

최남은 변화에 능한 상계의 머리 좋은 개척자였다. 피천 한푼 도움받은 일 없이 사상마련(事上磨鍊), 광산기사로 전전하다가 우리나라 최초의 백화점을 창업한 아이디어맨이었다. 그의 고객 유치기술은 남다른 데가 있었다. 단순히 '돈 받고 물건 파는 상인'의 차원을 넘어 '대화하는 상인'으로 고객을 만들어 나아갔던 것이다.

억만금을 움켜쥔 거부일지라도 스스로 깨닫지 않고 이름을 날린 예는 없다. 동서고금 보리밥 한 그릇에 눈물 흘리지 않고 대부(大富)가 된 예 또한 흔치 않다.

능력 있고 재주 있는 자들이여, 마음껏 돈을 벌라. 다만 돈을 잡은 뒤 공리주의 원칙에 따라 돈을 써라.

비록 자모지리(子母之利)에 의해 부를 쌓을지라도 당신이 남의 몫까지 잠시 맡아 가지고 있을 뿐이라는 생각을 언제나 잊어서는 안 될 것이다. 맡아 가지고 있는 돈이라면 그 돈 쓰는 책임은 더욱 무거워진다. 그 책임을 느끼는 자만이 공부(公富)요, 참다운 부자이기 때문이다.

이 다큐 《조선거상》은 한국 여명기 경제문화사이며 지학·인물·세태·풍물·산물이 살아 숨쉬는 조선시대 인간사이다. 벼슬아치들이 판치는 양반사회에 짓눌려 잡초처럼 자라난 논두렁밭두렁 출신 시전 상민 천민들이 천신만고 끝에 민족자본을 모으고 조선경제를 일으켜 세운 파란만장한 이야기를 온고지신 정신으로 애써 찾아 썼다.

경세제민(經世濟民) ——

세상을 다스려 백성을 구제함은 왕도정치 제1의 근본사상이었다. 태조 이성계가 한양으로 천도하자마자 막대한 국비와 노동력을 동원하여 상설 점포를 열어 생활필수품을 공급케 하고, 토지제도를 개혁하여 농업을 장려한 것은 모두 백성을 잘살게 하기 위해서였다.

그러나 조선왕조 지도이론으로서 주자학은 지배층을 관념의 세계에만 머물게 했을 뿐 아니라, 양반계급은 고질이 된 당쟁에 휩쓸려 헛기침이나 해대고 상공인을 천시했다.

다행히 17세기 후반과 18세기에 이르러 유형원·정약용·이익 같은 경제치용학파(經濟致用學派)가 등장하고 일부에서는 자본주의 요소가 대두되어 근대사회로 옮아간다.

1876년 개항을 맞으면서 좋으나 싫으나 조선상계는 낡은 모습을 벗고 서서히 근대산업 체제로 들어가게 된다.

여기서 주목해야 할 점은 이러한 역사를 이끌어 낸 주체가 사리사욕만 일삼다가 일본제국에 주권을 빼앗긴 수구 지배계층이 아니라, 헐벗고 굶주리고 박해받으면서도 열심히 근대지식을 배우고 나라 사랑에 헌신할 줄 알았던 서민계층이라는 사실이다. 그들은 빈약한 자본으로 봇짐장사를 하거나 등짐을 져 나르며 봉건사회를 근대자본주의 시민사회로 한 단계 올려놓는 데 기여했다. 민중의 편에서, 민중의 풀뿌리로서 줄기를 세우고 꽃을 피웠던 것이다.

근대로 접어들면서 화폐경제의 확대발전은 봉건 조선사회의 중세적 생산양식과 가치체계를 해체하기에 이른다.

개항 이래 외세의 근대적 상품학과 물량주의 경제학을 거쳐오면서 한국 근대경제사는 또 다른 양상으로 전개되었다. 이런 급격한 변화들은 모두 한국 풍토 안에서 이루어진 경제사요, '치부학'이었으며, 돈에 대한 '가치학'의 변천 과정이었다. 그러므로 현재의 한국 풍토 안에서 경제활동을 영위하고자 하는 사람이라면, 조선 근대경제사의 흐름을 제대로 이해하지 못하고는 경제활동의 방향을 올바로 설정할 수 없을 것이다.

세상이 아무리 변했고, 생산방법과 판매·유통방법의 차이가 현저하다 할지라도 한국인에게는 한국인만의 돈의 유통방식과 경제논리가 있기 마련이다. 그것은 중국인·일본인·유대인들이 경제활동을 영위하는 방법과 또 다른 것이다. 조선 근대경제사를 간과해서는 안되는 까닭이 바로 여기에 있다.

《조선거상》 100년은 인물을 중심으로 서술되었다.

특별히 개항기부터 조선 말기에 이르는 인물들에게 중점을 둔 이유는, 근대적 생산방법에 의한 자본주의 경제체제가 이 땅에 들어와 어떻게 정착되고, 또 그것을 받아들이는 상인들의 민족적 자주 역량은 어떤 아픔을 겪어가면서 허물을 벗는가를 추적하기 위함이다.

이용익은 천출(賤出)이었다. 하지만 등짐장수로 방방곡곡을 떠돌며 시장바닥에서 발로 익힌 세상물리로 몸을 일으켜 한말의 정계와 재계를 쥐락펴락하는 최고위관직에 오른다. 봉건 말기 근대경제와 실물경제를 꿰뚫어보는 안목과 식견이 있어 현대경제로 나가는 길을 열었고, 근대공업과 교육 발전에 이바지했다. 중세봉건사회와 근대 산업사회의 이행기에 파천황으로 업을 일구어 내는 삶을 살았다.

이경봉은 경인선 첫 기적이 이 나라를 설레게 하던 시절에 늘 화제와 이목을 라벨처럼 달고 다녔던 선전술의 귀재였다. 피에로 같은 모습으로 재생당 약국의 신화를 창조하고 센세이션을 일으켰던 그의 약장사 전략전술은 치밀하게 거미를 관찰한 끝에 얻은 자기 개발 상술이었다.

조병택은 시류를 가만히 지켜보다 틈새시장의 기회를 포착하여 단

숨에 공략하는 매의 발톱 같은 감각을 지닌 상재가 뛰어난 인물이었다.

프랜시스 후쿠야마는 '역사의 종말'을 선언했다. 하지만 그것은 체제의 종말이었을 뿐 인간사나 문화사의 종말을 말하는 것은 아니다. 그러므로 P.F. 드러커의 말처럼 체제의 역사는 되풀이되지 않을지언정 거상들의 생성과정 역사는 되풀이된다고 말할 수 있으리라.

따라서 민본의 부를 꿈꾸는 우리는 조선 거상들의 상술에서 오늘의 지혜를 얻고, 저마다 만들어 가는 인간사에 마음껏 응용해도 좋을 것이다.

2002년 한국 월드컵 4강 그리고 눈부신 한국 IT산업은 세계를 놀라게 하고 감동케 했다. 이제 민족의 저력으로 일어서는 한국경제를 이야기하기 위해서 먼저 과거라는 거울에 비추어 현재를 인식해 본다. 그것은 더 나은 미래를 열어가는 데 교훈으로 삼기 위해서이다. '조선거상 불세출' 경영을 찾는 것도 이런 맥락에서이다.

농본주의를 국시로 한 조선시대에 상업은 한마디로 지지부진했다. 게다가 빈약한 생산력과 교통의 불편은 활발하게 발전하지 못한 상거래의 원인이었다. 권리들의 기럼주구는 상공업을 아예 주저앉혔다. 더욱이 도시의 어용상인과 지방의 부보상·객주·여각 등 시장상인은 정부에서 상업상 전매특권을 받음으로써 일반 상고(商賈)의 자유로운 발전을 막아 상업부진의 큰 원인이 되었다.

1876년 강화도조약으로 시작된 문호개방은 18세기 후반부터 일기 시작한 도고(都賈)상업체제의 해체를 본격화시켰는데, 이것은 크게 두 가지 측면에서 전개되었다.

하나는 국내 개화파 정치세력에 의한 것이며, 다른 하나는 외래자본에 의한 것이었다. 혜상공국(惠商公局)을 폐지하여 전통적 특권 경제체제를 해체시키고 근대 경제질서를 수립하려는 개화파들의 노력과 국내에 침투한 외국상인자본에 의한 활동이 본격화된다.

하지만 도고상업체제를 기반으로 한 조선상업계의 움직임은 성숙한 내부준비 없이 외세와 접촉함으로써 심한 충격을 받고 혼란을 맞았으며, 또한 제국주의 열강에 의한 각종 이권과 자원 침탈은 조선의 민족자본 성장과 자본주의화를 가로막는 중요한 원인이 되었다. 이에 따라 조선상업계의 자율적인 근대화 노력도 실패로 끝나고 만다.

한편 이러한 실패를 교훈삼아 전통체제와 타협하여 근대화를 달성하려는 자율적이며 구체적인 노력들이 정계뿐 아니라 상계 일각에서도 일기 시작했다. 회사를 설립하여 근대 상업체제를 발전시키려는 움직임이 태동하고 그때까지의 도고체제를 근대 회사체제로 전환, 상업의 발전을 꾀하게 된다. 이런 상계의 움직임은 자본주의가 제국주의화하고 있던 세계정세와 관련하여 민족주의를 기반으로 하여 추진했기에 더욱 값진 의미가 있다.

조선 상인들은 물밀듯 들어오는 일본과 외국의 자본력, 외국상품에 침탈당하는 국내경제를 일으켜 세우기 위해 순수민족자본을 이루려 진력하며 외세의 상권과 대항해 나갔다. 총독부의 공업회사 설립 억제에 대응하여 조선의 일부 대자본은 조선에 있는 일본인 자본과 결탁하여 합자 공업을 일으켰고, 나머지 대부분의 중소자본은 회사를 미루고 개인경영으로 자본축적을 도모했다.

이같은 경영형태의 변화는 생산력과 자본이 취약한 조선인 자본이 일제의 회사령을 이기고 일본자본에 대응할 수 있는 한 방법이었다. 고무할 만한 점은 회사령 완화 뒤에도 조선·일본 합자 공업회사들의 자본액이 오히려 줄어든 데 비해 조선인의 개인공장이나 단독 공업회사의 자본금은 증가한 사실이다.

이승훈은 국권이 튼튼하지 못하면 아무리 강력한 상권이라도 제대로 힘을 발휘하지 못한다는 생각 아래 산업입국의 꿈을 키우며 교육과 실업부문에 힘썼다. 그는 늘 새롭게 자기쇄신하는 불굴의 투혼으로 불세출의 인생을 살았다. 또한 정직함과 신의야말로 상인을 성공케 하는 필승의 무기라고 믿었다.

최봉준은 극동 러시아의 얼어붙은 동항(冬港)에 직접 정크선을 몰고 드나들기 시작하여 수천 톤급 상선을 경영하는 무역왕이 되었다. 그의 마음속에는 늘 뜨거운 인간애와 조국애가 넘쳐났으며 그 박애주의를 실천하려는 의지야말로 그의 가장 큰 자본이 되었다. 그는 한편으로 독립운동 지원과 언론출판 사업에도 정성을 기울인 인물이었다.

박흥식은 우리나라 최대 지물업과 무역상, 백화점을 경영하는 상인으로 조선 안에서 가장 유망하고 패기 있는 대자본가로 군림하며 신화를 남겼다. 누구보다도 조선사람된 설움을 통감했던 그는 거시적인 안목을 가지고 민족상권의 통일을 위해 노력했다.

개항으로 말미암은 문호개방에서 해방을 맞기까지, 이 나라에서 상행위를 영위했던 사람들이라면 그 누구도 시대와 나라의 운명을 피해 갈 수 없었을 것이다. 나라가 풍전등화의 위기 앞에 있을 때, 간상(奸商)이 되어 외세에 타협하거나 외래의 경제적·정치적 권리를 그대로 답습하여 동포의 지배권을 장악하지 않고는 대자본가가 될 수 없었음은 자명한 사실이었다.

그러나 일본의 전쟁수행을 위한 협력을 강요당히며 조선인 중소지본이 전시경제의 일부로 예속되는 식민지 통제경제의 폭풍 속에서도 끝까지 조선상인의 신조를 꿋꿋이 지켜 나갔던 기라성 같은 상재들이 있었다. 그들의 천신만고로 이루어온 조선상술을 귀감으로 살려 《조선거상》을 엮었음을 이에 밝혀 둔다.

玉浦山齋에서

李鏞善

조선거상
차례

조선거상상술을 찾아서—이용선

역발산 임상옥   49
천재 거상 출현/큰집 지으면 망한다/권력을 탐하지 말라
경영자는 박학해야/상놈의 성공비결/곤장 맞고 목떨어지고
권력과 금력의 얼씨구/시대가 인물을 만든다
청나라 상술이냐, 조선 상술이냐/거부는 멀리 내다본다
시야를 넓게 가져라/돈이 목숨보다 귀할 수 없지
재물 평등하기 물과 같고 사람 바르기 저울같아라

파천황 이용익   108
거금 36만 원/금광에 신화적 인물/당대 제1권신 초가에 살다
노다지에 바친 청춘/군란 돌개바람 속에서/영흥 대금맥
독립협회의 탄핵/황국협회와 이용익/부보상 정치/한말 최대 현금왕
러일전쟁이 휩쓸고 간 자리/일진회의 무법천지/고독한 망명의 나날
이용익의 집안들/역시 호랑이 새끼/칼보다 강한 교육의 길로 가라

불세출 최봉준   220
천만장자 탄생/신화로 남은 사나이/조선왕조 최대 무역왕
성진항에 튼 무역센터/고향을 어이 잊으리/고독한 조선인

걸출한 소년/유민을 따라 러시아로/설원의 은인 야린스키
야린스키 유훈 처세정신 10조/운명의 힘/조국 향한 일편단심
러시아에 '소' 무역권 독점/보험시대의 첫장은 소/세상에 태어난 책무

우국거상 이승훈   275
사람은 평생 열 번 된다/굳은 땅에 물이 괸다
나는 부보상이외다/두드리면 열리리
차마 삼십육계 줄행랑칠 수 없다/서양 물품으로 거부성 쌓고
순풍에 돛단배도 물결 헤쳐야 나아간다
원숭이도 나무에서 떨어질 때가/진정 나를 버리시나이까
억전의 세2인생/씨알의 꿈틀거림/산업입국의 꿈

인덕 대운 이덕유   341
1천 사람 재물 합친 것보다 많고/천금사죄인(千金赦罪人)
한 알의 씨앗/내 돈이 최고야/저 하늘에 구름가듯

민본자본 오희순   374
압록강 넘나든 무역상/'칭천깅 도깨비운'
작은 적선의 열매/대금왕(貸金王)의 수난
가화재벌의 본보기/고구려 웅도가 서린 고토로

최초 백화점 만든 최남 404
국일관에서 한 잔 하고 동아백화점으로 오세요
가난이 약이 되어/방황하는 배움의 길/6가지 성공 비결
가난한 아빠 부자 아들/장돌뱅이 만태/동아백화점 사느냐 죽느냐
신사는 새것이 좋아/10전 균일시

노다지 최창학 432
운을 부르는 사나이/조선의 4대 갑부/황금왕의 좌표
조악동 산골의 황금광/'최고집'으로 버틴 5년/독립운동과 노다지
악업의 고리/재성(財星)에도 시련이
백범 김구에게 헌납한 경교장/대운(大運)의 알파와 오메가

근대화기업 선구 김익승 482
최초 해운회사/봉변당한 조선 신민/기업계의 왕발
'동양경략'이 뭔 소리여/부산바다 불가사리

청심보명단 이경봉 501
약장수의 입지/아하, 요것이 개화로구나!
만병통치 청심명보단/팔도를 강타한 인단바람/전국 휩쓴 호질로 거금 잡아
집짓는 거미 보고 세운 원대한 계획/부자동명이 웬말

금융왕 조병택 535
큰 손자국의 편린/전쟁은 돈벌 기회/난세 부자 탄생
바람난 쇠가죽 값/주름잡는 큰 손/자고 가는 저 구름아

철마 박기종 563
천민의 자식/시리(時利)는 기리(奇利)를 낳고
매도 먼저 맞는 게 좋다/최초의 민간기업/철마역사의 사령탑
불의 철마 달리다/공익을 사랑하는 거물

부동산 귀재 김기덕 595
한밤을 낭자하게 밝힌 혜성/대처로 나가다/한번 실수는 병가상사라
빈 손으로 재기한 지략가/땅과 땅, 그리고 땅/서금은 나라의 재산이다

원산 소금왕 김두원 620
청염으로 시골아낙 후린다/이놈들아, 내 소금값 물어내라
울릉도 소금해적/원통해서 못 살겠네/네가 무슨 공사(公使)냐
명원장서 올린 지 몇 해던가/새소금 시대가 열리다

충청의 토시대왕 김갑순 651
관노출신의 거부/충청도 제일의 토지주
금의환향/만인산/'꾀보군수' 만세

善政官의 치부술은 뭐냐/蓄財의 진리

화신 총수 박흥식   713
장인정신으로 자수성가한 평안도 양반/노구찌와 쌍벽 이뤄
백만장자에의 꿈/차마 집을 떠날 수 없었던 이유
시험만 치고 입학은 포기/상재의 1인자/박흥식을 견제하라
콧대 높은 왕자제지/독점 횡포를 막아라
구미 수입상 덤핑 일삼아/백두산 원목을 원료로
명함 한장에 건 재운/발바닥으로 익힌 상술
단독수입 행운 잡아/도산 직전 동아일보·조선일보의 도움
조선 최대 지물왕/거상 신태화의 화신상회 인수
종로토박이 신태화 머슴살이서 자수성가
은투기로 큰 돈 날리자 박흥식 돈 빌려
신태화 채권 확보 위해 화신 인수/최남의 동아백화점
금해금으로 큰 장사 기회 잡아/조선 최초 연쇄점 구상
불같이 일어난 30년대/민족상권을 확보하라/조선 상품은 조선 상점에서
화신이 12층 양옥으로? /60일 만에 3천 명이 신청
조선인 최대건물 화신백화점
조선의 돈만 기르지 말고 조선의 인재를 기르시오
안창호 선생 출옥을 돕다

역발산 임상옥
호랑이를 자처하면서 풀 뜯어먹는 소리를 내지 말라

천재 거상 출현

한국 근세 최고의 거상(巨商)이며 시인이었던 임상옥(林尙沃).

그는 가난한 만상(灣商) 임봉핵(林鳳翮) 아들로 태어나 의주·연경·한양 3천리를 조선상술로 쥐락펴락한 천하의 역발산기개세(力拔山氣蓋世)의 인불이었다.

그의 일생은 역전의 발상으로 점철된 거부역정(巨富歷程)이었다. 시대의 역경을 타고 넘는 한 사나이의 배짱과 호기, 불세출 지략의 임상옥 조선상술, 그 비결은 과연 무엇이었을까?

조선의 상권은 세 국경지대에서 좌우되었다.

첫째는 쓰시마의 일본 장삿배를 상대하던 동래 왜관, 둘째는 여진족의 담비가죽이나 말가죽을 사들이던 회령·경성 지대, 그리고 마지막으로 책문후시를 들랑거리던 의주 지방이었다.

그 세 국제무역권 중에서도 으뜸은 천하의 중원 한복판에서 인삼과 비단을 팔고사던 의주 장사꾼들이었다. 그 만상 거부들 중에서도 가장 앞서 나아간 이가 바로 임상옥이다.

북경에까지 조선 거상 임상옥의 이름을 모르는 사람이 없었다.

그즈음 중원은 천하의 한복판이었다. 큰부자들과 거창한 장사꾼들이 즐비한 큰 바닥이었던 건 당연했다. 그 한복판에서 '청대인(淸大人)'들조차 조선 임상옥의 이야기를 입에 올릴 정도였으니 임상옥의 '크기'를 알아봄직하다.

"삶과 죽음은 만인에게 똑같이 부과된 엄숙한 환희이며 가혹한 형벌임을 알고 상인의 도를 공부하라. 큰 장사에서는 반드시 가야할 상인의 길이 있다. 그 도를 공부하고 깨닫는 것은 저마다 절차탁마하기에 달려 있다. 사업을 일으키면서 부닥치는 시비와 크고 작은 흥망성쇠는 사업이 나아가는 상도에 따라서 천변만화하는 것이다. 그 길을 올바로 파악하면 사업은 번창할 것이고, 그 길을 잃어버리면 그 사업은 성공할 수 없을 것이다."

항상 이런 상인본분의 안목을 기르기에 힘써온 국제무역인으로서 입산제민(立産濟民)의 임상옥은 청나라 북경까지 소문난 '조선 거상'이었다. 그러나 정작 우리나라 《왕조실록》이나 《승정원일기》 등 정사(正史) 기록에는 단 한 줄의 이야기도 올라 있지 않다.

사농공상! 맨 마지막인 장사는 천한 것이니까 아예 무시해 버린 탓일까?

임상옥은 1779년(정조 3)에 태어나 1855년(철종 6)에 죽었다. 77세까지 산 셈이다.

'서북의 혁명아' 홍경래보다 한 살 위이고, 천하 명필 추사 김정희보다는 일곱 살 위이다. 이 나라에 최초로 종두를 시행한 지석영, 일본 총독에게 폭탄을 던진 의사 강우규, 일제 시대 김천학교를 설립한 여류 거부 최송설당 등은 임상옥이 세상을 떠난 바로 그 해에 태어났다.

임상옥은 나이 17세 때까지 아버지 임봉핵의 연경사행(燕京使行)을 따라다니며 장사를 배우는 한편 서당에서 글을 읽었다.

가계는 전통적인 장사꾼.

본시 평안도 안주에서 살다가 증조부 때 용만(龍灣)으로 이사를 했다니까 4대째 의주 상인 노릇을 한 셈이다.

그 당시는 서울·의주의 청나라를 상대로 한 무역로는 말할 것도 없이 송도·평양·안주·의주였다.

임상옥의 집안은 안주 성내에 터를 잡았다가 의주로 이사를 갔다. 그걸로 짐작컨데 아마 전형적인 상민 집안은 아니었던가 싶다.

의주는 조선시대 국제무역의 근거지였다. 그러다보니 의주 상인은 말할 것도 없이 직접 자기 발로 연경 장삿길을 다니지 않으면 안 되었다. 또 만주어나 중국어를 직접 배워야 했고 그들의 풍속을 알아야 했다.

사람이 시장바닥에서 밥을 먹고 살자면 세태 물정에 때도 묻고 눈치가 빨라야 한다. 또 상대방을 다룰 줄도 알아야 한다. 정 수가 틀리면 멱살을 잡고 한바탕쯤은 박고 칠 줄도 알아야 한다.

때묻고, 눈치 빨라지고, 사람을 다룰 줄 아는 일이란 학문도 문자도 아니었다. 산 체험이었다. 자기 눈으로 보고 손으로 더듬어서 잡는 학문이었다. 그러니까 옛날부터 장사꾼이 가는 길과 백면서생이 가는 길은 근본적으로 그 길이 달랐다.

백면서생은 그야말로 남산골 샌님이어서 자기집 마당에 매인 당나귀와 노새 하나를 구별할 줄 모르면서도 공자왈 맹자왈에는 이골이 나게 혀가 잘 돌아갔다. 암캐와 수캐의 생김새는 식별하지 못하면서도 기생방에 가서 한나절 시조는 잘 읊어댔다.

백면서생은 그렇게 해서도 세상을 살아갈 수 있었을는지는 몰라도 장사꾼은 어림도 없다. 그래서 장사꾼들에게는 장사꾼 나름의 '철학'이 통했다.

"사내자식이야 손바닥 두툼하고 제 이름 석자만 쓸 줄 알면 그걸로 족하지!"

정말이지 시원은 해도 전혀 섭섭할 게 없는 얘기다.

"사내란 본시 10리장엘 가도 돈 석 냥과 거짓말 한 자리는 꼭 주머니 속에 넣고 다녀야 한다구!"

장사에서의 지나친 솔직함은 오히려 화가 될 수도 있다.

하여튼 장사꾼은 장사꾼대로 그 길에서 이골이 나지 않으면 살 수가 없었고, 그 이골이 나는 방법은 오직 수련이고 경험이었다. 위대한 성공도 한발 한발 내디디며 다져온 악전고투의 산물이듯, 장사에서의 성공도 직접 손과 발, 몸으로 부딪쳐 쌓아온 체험 없이는 불가능한 법이다. 그래서 임상옥은 열 여덟 살 되던 해부터 직접 자기 아버지 임봉핵을 따라서 인삼보따리를 짊어지고 연경 2천 30리 장삿길을 밟기 시작했다.

큰집 지으면 망한다

도대체 천하 부상(富商) 임상옥이 부자면 얼마나 부자였던가?

죽었지만 의주 임곽산(林郭山 ; 尙沃) 하면 근대 서북을 대표한 거부인 줄은 대개 짐작할 것이나…….

70년 전, 〈개벽〉지가 조선 기본 문화자료를 조사하느라고 평안도 편을 엮으면서 쓴 기사다. 그러나 어느 기록에도 임상옥의 부력(富力)이 구체적으로 얼마였다고 나오는 대목은 없다. 다만 그의 행장기의 한토막이 전해질 뿐이다. 그는 38세 때 일국을 주름잡는 거부를 쌓자 의주 백마산성 아래 삼봉산(三峰山) 밑에다 자기 아버지 임봉핵의 산소를 썼다. 그리고 이듬해에 그 산소 아래에다 수백 칸짜리 집을 지었다고 한다.

그는 수백 칸짜리 집을 지어 놓고 동성이척(同姓異戚)의 자기 수하 사람들까지 모여 살 수 있도록 엄청난 이상촌을 세우려고 했던 것이다. 그 산장(山莊)은 공사를 하는 데만 무려 5년. 얼마나 어마어마한 재목을 써서 호사스럽게 꾸며 놓았는지, 몇십 몇백 채를 꾸몄는지는 아무도 모른다. 그러나 그 엄청난 집은 뜻밖의 화를 불러

오기도 했다.

"상인 주제에 너무 참람한 집을 지었는데……."

"나랏법에 분명 어긋나는 처사야!"

그 집은 암행어사의 출두를 당해 모조리 다 헐리고 집주인 임상옥은 그 '거옥'을 지은 죄로 목에 칼을 쓰고 억울한 옥살이를 하기도 했다.

'조선사람은 명당 쓰다가 망하고, 일본사람은 집짓다가 망한다'는 속담이 있지만, 본래 우리의 풍속으로는 집 자랑은 않는 법이었다. 오히려 집 치장보다는 산소 치장이 더 요란했다.

임상옥은 맨주먹으로 일국의 거부가 되었다. 이미 묘(墓) 바탕은 얻어 놓은 당상이니 그 산소 아래에다 거옥을 짓고 늘그막을 보내려고 웅대한 계획을 짰던 것이다. 그러나 옛말에도 '큰집 짓고 안 망한 놈 없다'고 '집'을 짓는 데는 늘 조심이 따랐던 것이다. 집에도 봉건사회의 법도가 있었던 것이다.

한 나라의 임금님이 아닌 다음에야 돈을 산더미처럼 벌었대도 사치를 할 수 있는 신분의 한계가 있었다.

왕가가 아닌 여염집에서는 아무도 99칸 이상은 지을 수가 없었다. 대문 넓이기 몇 자, 기둥 높이가 몇 자라는 엄격한 제한이 있었다. 그리하여 옛 사람, 더구나 상놈은 게딱지같이 납작한 집을 지어 놓고 기어들어가고 기어나오는 한평생을 살았으며, 크게 짓는대야 고작 '옥(屋)'이 아닌 '사(舍)'로 지었던 것이다.

'큰 집 지으면 망한다'는 경구(警句)를 풀이해서 큰집인 '옥(屋)'자는 파자(破字)하면 '시지(尸至)' 즉 '죽음에 이른다'는 뜻이요, 작은 집인 '사(舍)'는 '인길(人吉)' 즉 '사람이 길하다'는 뜻이라고 했던 것이다. 그러나 '舍'는 '인설(人舌)' 즉 '사람의 혀'이니 그러한 조그마한 집이라도 지니고 있으면 구설수가 따른다는 뜻일까.

그 시대에는 아무리 돈이 있어도 그 사람의 인생 등급은 벌써 태어날 때부터 정해져 있었다. 임상옥은 5년이나 걸려 궁궐 같은 집을 지었다가 암행어사 출두 붙이는 소리 한 마디에 기둥이 토막 나고 중방이 무너져 버리고 말았다. 5년 동안의 집 역사가 하루아침에 허사가 되어 버린 것이다.

임상옥은 삼봉산 아래에 어마어마하게 지었던 집을 다 헐리고, 과연 무슨 생각을 했을까.

"어떤 경우에도 군소리를 해선 안된다. 이기는 것만 알고 지는 것을 모르면 더 큰 화를 당하리라."

그것이 위기를 이겨나가는 자의 첫째 마음가짐이리라 그는 다짐했다.

조선 왕조가 망한 뒤 큰 부자들은 망한 왕조의 궁궐을 위압할 듯 큰집을 지어 위세를 보인 일이 많았다.

임종상(林宗相)의 2백 50칸짜리 거옥이나 1920년대 충북 옥천 땅에다 지은 진주 거부 김기태의 거합(巨閤), 또 자칭 '청주 아전의 자식' 손병희의 상춘원 집 등이 다 그것이다.

고양 부자 임종상 씨는 일금 20만 원을 들여 2백 50칸의 사가(私家)를 건축하얐다.

그 2백 50칸짜리 거합을 지은 그집 주인의 배짱을 설명하여

이집 주인은 강 사람 임씨랍니다. 못해 본 노름을 하여 보는 길이니 남보다 잘해보는데 새로 되는 사람의 기개가 보입니다. 이집 주인이 사돈집 하인에게 집타박을 당하고 골이 나서 그 사돈집 덜미에다 30만 원 돈을 들여서 이 대궐 같은 집을 짓고 첩을 두었다 합니다.

'강 사람 거부' 임종상의 집 얘기다. 앞 예증은 1923년 6월호 잡지에 실린 것이고, 뒤 인용문은 1924년 7월 21일자 신문에 실린 기

사다.

그러니까 1923년에는 집 공사비가 20만 원이 되었고, 이듬해에
는 30만 원이 된 것이다. 그걸로 보아 집 공사는 점점 커져 30만
원을 들여 그 집을 완성했던 모양이다.

임종상이라면 아는 사람은 지금도 다 알아볼 만한 사람이요, 그의
막대한 토지는 해방 후 서울 모대학 재단에 다 들어갔다.

앞에서도 얘기했듯이 임씨는 '강 사람'이었다.

그때는 같은 서울 장안에서도 북촌 양반·남촌 양반·웃대·아랫대
하고 지역을 갈라 '신분'을 구별했다. 같은 장사꾼이라도 외지 사람
은 종로 1가나 2가의 중심부로는 들어가서 살 수가 없었다.

더구나 마포나 한강 쪽은 '강대(江帶)' 즉 '강 사람'이라고 해서
같은 장사꾼이라도 4대문안 장사꾼들은 강대 장사꾼들을 눈 아래로
깔보았던 것이다.

그런 때에 임종상이 집을 짓는데 30만 원을 들였다면, 그 30만
원이란 돈이 얼마나 큰 것이었는가를 한번 생각해 보자.

1924년 당시 서울 장안에서 최고로 땅값이 비싼 곳은 종로 4가였
고, 그 노른자위는 평당 1천 2백 원이었다.

광화문 네거리는 평당 1백 20원, 인국동 일대는 단돈 30원. 30만
원이면 광화문 네거리에서 2천 5백 평을 살 수 있었다. 그 당시 명
동성당이 팔리네 마네 하면서 70만 원을 호가하던 때이니까 임씨의
집이 얼마나 굉장한 역사(役事)였던가는 짐작이 가고도 남을 일이
다.

원래는 궁가(宮家)가 아닌 사가(私家)에서는 삼문(三門)을 해
세우지 못하고 두 다리 2층 기둥도 세우지 못했으며, 부연을 달지
못했고, 채색도 못했다.

그뿐 아니라 일상생활의 용구조차 제 돈 가지고도 돈 자랑을 제
마음대로 할 수 없던 세상이었다. 금수저를 쓸 수 있는 신분과 은
수저를 쓸 수 있는 사람도 따로 정해져 있었다. 입는 옷도, 상놈은

제아무리 돈으로 성을 쌓아놓고 산대도 명주나 비단옷을 입었다가는 볼기에 곤장을 맞아야 했다. 머리에 쓰는 것도 뿔갓(程子冠)을 쓸 사람, 대패랭이(平涼子)를 쓸 사람이 따로 있었다. 망건을 쓸 사람과 탕건을 쓸 수 있는 사람이 따로 있고, 갓에다가 금관자를 달 사람과 옥관자를 달 사람이 품계에 따라 다르고, 장사치·칼잡이(白丁)가 쓰는 것이 달랐다.

그런 판에 임상옥이 왜 그렇게 엄청난 산장을 짓고 하옥당하는 화까지 입었을까.

천하의 박물군자(博物君子) 임상옥이 그만한 법도를 몰라서 곤장 맞을 일을 저질렀을 리는 없을 것이다. 아무래도 '거옥'의 내막이 어떤 것이었는지 알 수가 없다. 뒷날 임종상도 장안 갑부의 한 사람이었지만 그는 순조 때의 인삼왕이다. 청나라 북경 장사꾼들도 임상옥의 부력을 화제에 올렸다면 아마도 임종상은 아예 대조가 되지 않았을 것이다. 그 임상옥이 한번 마음먹고, 가난한 빚투성이로 시달리다가 간 자기 아버지 산소 밑에다 위로와 자랑을 겸해서 5년 동안 지은 집이라면 필시 수십 호 기와집 마을을 새로 만들었던 것 같다.

그런데도 임상옥은 신분과 제도에 눌려 모조리 헐리고 쑥밭이 된 터에 어떻게 처세를 했을까. 장사꾼과 장사꾼의 싸움이라면 그는 배짱대로 산전수전 다 겪은 돈의 위력을 내밀었을지도 모른다. 그러나 아무리 큰 국제 거상이라도 한나라의 사회제도 자체에는 항거할 수가 없었다.

권력을 탐하지 말라

임상옥은 장사꾼이었지 사상가나 혁명가는 아니었다.

한때 서북지방의 대혁명아 홍경래가 풍운을 일으킬 뜻을 품고 서북지방의 큰 부자들을 거의 모두 포섭하였는데 임상옥만은 찾아온 홍경래와 인연을 맺지 않았다.

홍경래는 웅지를 품고 가산(嘉山) 만석꾼 이희저를 비롯해서 서북지방의 큰 부자들을 끌어넣어 엄청난 군자금을 마련했다. 웬만한 대갓집에서 혼인 한번 치르고 초상 한번 치르는데도 수백 석 쌀이 없어지는 판인데, 서북 일대를 한물에 휩쓸 군사를 기르는데 군자금이 없어서야 웅지도 혁명의 꿈도 한낱 공상·공론에 지나지 못할 것이다.

그 군자금을 댈 거부들을 끌어들이기 위해서 홍경래는 일찍부터 의주 상인 임상옥을 지목했던 것이다. 그는 과객으로 가장하고 임상옥을 찾아갔다. 사랑방에서 며칠을 묵으면서 임상옥의 눈치를 살피다가 어느 날 넌지시 말을 건넸다.

"소생은 임 상공의 서사 노릇을 하고 싶습니다."

그러자 임상옥은 사람을 알아보는 안목이 있었던지 점잖게 거절을 했다.

"선생은 우리 같은 장사꾼의 서사 노릇으로는 알맞지 않소. 점방집 서사를 하기에는 너무 그릇이 크오."

임상옥은 왜 홍경래를 물리쳤을까.

그만한 힘이 없어서 그런 것은 아니었다.

옛말에 평안감사 행차 한번에 시골 부자 열이 죽는다는 얘기가 있다. 구노 사령들이 더그레 벙거지에 육모방망이를 휘두르며 호기와 위세가 등등하다.

사또 덕분에 나팔 불 일이 생겨서 평안감사와 의주부윤이 원접사(遠接使)를 모시고 한번 행차를 나오니 그 일행이 자그마치 7백 명이었다.

"에이 쉬이, 물렀거라! 섰거라!"

"평안감사 행차시오!"

남색 바탕의 청도기(淸道旗)가 길바닥에 잡인들을 금하면서 느닷없이 의주 부자 임상옥의 집으로 들이닥쳤다. 임상옥의 집안은 자다가 불침 맞은 꼴로 야단법석이 났다.

짚신을 거꾸로 신고 버선발로 뛰어나온 임상옥.

평안감사 회오리바람을 만나 안팎으로 뒤웅박을 신고 뜀박질하는 꼴이 되었다. 이런 때 조금만 거행을 소홀히 하면 천하 부자 임상옥이라도 여섯 자 네 치 곤장을 안기면 얻어맞았지 별수가 없는 판이었다.

인간이란 것이 때로는 미련하고 때로는 무서운 마물이지만 다루기 나름인 것을 임상옥은 알고 있었다.

자기 수하에서 서생 노릇을 하는 70여 명을 풀어 안팎을 단속하고, 집안에서 부리는 종들을 한꺼번에 푸니 그 수가 3백 명에 이르렀다.

"소반 나간다, 뚝배기 놓아라!"

"숟가락 나간다, 대접 놓아라!"

개다리상을 메고 나오는 놈, 물긷는 놈, 그릇 씻는 놈, 메질하는 놈, 키질하는 놈, 마당에서 비질하는 놈에 물뿌리는 놈, 차일 치는 놈에 멍석 까는 놈, 안반 놓고 떡 치는 놈, 대추 껍질 까는 놈, 술동이 들고 나오다 엎어져서 막걸리벼락을 뒤집어쓰는 놈…… 무엇무엇 해서 급한 때 한 가락씩 못하는 놈이 없었다.

"쌀 나간다, 불 나간다!"

여기서 불쑥 저기서 불쑥, 한쪽에서는 쌀 씻고 한쪽에서는 장작불 지피고, 또 한쪽에서는 장닭 잡고 돼지 잡고, 용수채반에 술 걸러 내면서 이글이글 타는 참숯불에다 참새알까지 구워서 번갯불에 콩 볶듯 순식간에 대령했다. 감사 사또에게는 천일주(千日酒)요, 군노 사령에게는 소줏잔을 안기고, 감사가 타고 온 늙은 말에는 콩깍지까지 진상하자니 야단도 야단이려니와 이런 희한한 일이 두 번 다시 없었다고 한다.

말이 7백 명이지, 7백 명 손님 앞에 한꺼번에 음식상을 차려 내놓는다는 말은 고금 동서에 못 듣던 소리다.

그런데 임상옥의 집에서는 한꺼번에 7백 명 손님이 들이닥쳤는데도 그 7백 명 손님 앞에 각자 옹골지게도 독상을 차려서 냈다니 알아볼 만하지 않은가.

의주는 본래 중국으로 드나들던 사행길 길목이었다.

그래서 중국에서 사신이 들어오면 압록강을 넘자마자 조선측에서는 평안감사며 인근의 군수까지 기생부터 골라서 대령해야 했다.

그런데 그날은 중국 사신을 맞는 원접사와 평안감사, 또 의주부윤의 행차 바리가 한꺼번에 의주 부자 임상옥의 집으로 들이닥쳤던 것이다.

감사·부윤의 대접상은 그만두고라도 사령·군노배에게 보리개떡 한 개씩만 안겨 준대도 보통 일은 아니다. 그런데 군노배들에게까지 상다리가 휘어지도록 개다리 소반에 조기·굴비·갈치·도미·지짐·볶음·데침 등 반찬에다 해삼탕까지 수북이 차려서 그 자리에서 대령하게 했다니, 아무리 부잣집이라 해도 이런 거부의 살림살이가 또 있을까.

그즈음은 플라스틱 그릇이나 양은·백사기 그릇이 흔하던 세상도 아니었다. 촌놈 살림에는 뚝배기 하나에도 벌벌 떨어 산모가 아기를 낳고도 '깨진 투가리를 테매어 가며 미역국을 먹었다'던 때니, 그만하면 임성옥은 과연 임성옥이 아닌가. 그러나 이렇게 생각하면 임상옥은 '거재(巨財)'도 '거재(巨材)'로 활용할 수 없었던 세태가 한심스러웠던 것이다.

시대의 기형은 그대로 사람까지도 기형으로 만든다. 사람은 제 능력이야 있건 없건 그 씨 종자 출신성분이 제일이었다.

자, 그러니 상놈에게는 돈이 있어도 애물거리였다.

솟을대문에 거북등 기와를 올려 집을 마음대로 지을 수가 있나, 옷을 제멋대로 칭칭 감고 호사를 할 수가 있나?

그러나 온갖 법도로 꽁꽁 묶어 놓았던 조선시대에도 사람의 얼굴에 터럭 난 것 한 가지만은 제약을 가하지 않았다. 양반의 입장으로 보면 천려일실(千慮一失)이 아닐 수 없는 일이었다.

"상놈은 수염을 길러서는 안 된다!"고 규정하지는 않았다. 그래서 상놈도 수염만은 마음대로 길렀던 모양이다.

임상옥은 용색(容色)이 미호(美好)하고 턱수염이 아름다우며 구변 좋고 사람을 잘 대했다.

천하 장사 임꺽정도 수염으로 한몫하던 상놈이었다.

임상옥도 쥐털수염이었는지 두루미꽁지 더벅수염이었는지는 알 수 없어도 수염은 한번 썩 잘생겼던 모양이다.

수염은 양반의 상징이었다.

수염이 다섯 자라도 먹어야 양반이다. 양반 아닌 상놈이라면 그 형세 없는 턱에 공연히 끌려가서 공매나 맞으려고 다섯 자 수염을 기를 까닭이 없었다.

고려시대의 무신 정중부(鄭仲夫)도 무신인 주제에 수염 한번 잘못 길렀다가 문신들에게 끌려가서 '수염 화형식'을 당하고 분한 김에 군사 쿠데타를 일으켜 앙갚음을 한 일이 있었다.

그런데 중간에는 수염 계보에도 돌연변이가 생겼던지 상놈도 다섯 자 수염을 종종 길렀던 모양이다.

임상옥은 보기 좋게 턱수염을 길렀다. 또 온갖 보화를 창고 안에 가득히 쌓아 두었다. 엄혹했던 조선의 법은 상놈이 비단옷을 입는 것은 국법으로 볼기를 때려 막았지만, 입고 다니지 않고 가지고만 있는 것은 막지를 않았던 것이다. 상놈은 은수저를 밥상에 올려놓고 밥을 떠먹을 수는 없었지만 은수저를 살강 위에 놓아두는 것은 막을 수가 없었다.

"에라, 쓰지는 못하지만 창고 안에 넣어 두자!"

이래서 천하 거상 임상옥의 창고는 '부엉이 창고'가 되었다.

부엉이는 무엇이든 잡아다가 제 굴 안에 쌓아 두는 습성이 있다. 그러니까 시골사람이 횡잿거리가 생기면 말한다.

"두엄자리 꿩 주웠대."

"부엉이 굴을 만났군!"

실제로 지금도 산중에서 부엉이 굴 하나만 알아 놓으면 일년 내내 고기는 안 떨어진다고 한다.

임상옥의 창고 안에는 부엉이 굴속처럼 없는 것이 없었다.

경영자는 박학해야

임상옥은 박물군자여서 모르는 것이 없었고, 천하의 기보(奇寶)·명보(名寶)·명기(名器) 치고 그의 부엉이 창고 안에 넣어 두지 않은 것이 없었다고 한다.

언젠가는 종친부(宗親府)에 있던 미산 홍도정(美山 洪都正)이 산호지팡이를 자랑삼아 짚고서 임상옥의 집에 왔다고 한다. 미산이라는 호를 썼던 홍씨가 누구였는지는 확인되지 않는다. 아마 산호지팡이를 짚은 홍씨였다면 시대로 보아서 세력 있고 돈 있던 남양(南陽) 홍씨네의 누구가 아니었을까 싶다. 그런데 미산 홍도정이 임상옥의 집에 왔다가 무엇을 어떻게 실수했는지 모르지만, 그 산호지팡이가 부러져서 크게 당황했다.

아마도 그 산호지팡이는 지금으로 치면 고려청자 정도로 높이 알아주던 보물이었던 모양이다.

그 시대에는 산호 물부리에 호박단추 하나만 달아도 '내 배 받아라' 하고 되똥거리던 판인데 산호지팡이가 동강나 버렸으니, 오죽 당황했으랴.

그때 임상옥은 태연하게 하인들에게 지시했다.

"애들아, 이 홍도정 어른이 부러뜨린 산호지팡이와 똑같은 것을 내오너라."

하인들은 금방 창고 안에서 홍도정이 부러뜨린 산호지팡이와 똑같은 것으로만 무려 10여 개나 가지고 나왔다고 한다. 그 중에서 하나를 골라 홍도정이 무사히 짚고 돌아갔다는 것이다.

산호는 모두 중국에서 비싼 값으로 수입했던 귀물이었다. 귀물이니 기생이나 부잣집 마나님들의 비녀나 반지로나 만들었던 것이다. 그것으로 지팡이를 만들어서 짚고 다녔다면 홍도정이라는 사람의 세력과 부력도 입이 벌어질 일이 아닌가. 임상옥은 홍도정의 산호지팡이가 부러지자 그 자리서 그와 똑같은 산호지팡이 수십 개를 창고 안에서 꺼내왔다고 하니, 정말 만석꾼 대부쯤은 그 자리서 기를 죽이는 백만장자 거인이었던 것이다.

또 한번은 의주부사의 옥로(玉鷺)가 깨어져서 야단이 났다. 사또님이 행차할 때 그것을 갓에 달지 않으면 그 권위가 서지 않는 귀중한 물건이었다. 그런 옥로가 아니라면 그처럼 의주 부내 전체가 소란을 떨고 이방·공방들이 이마를 조아리고 절절기면서 야단을 떨 리가 없었다. 의주부윤의 기생 투정이라면 하룻저녁에 열 둘이라도 묶어서 대령시키겠는데, 꼭 깨어진 그 옥로만 똑같은 걸로 구해오라니 참으로 난처한 일이었다. 의주 이방은 할 수 없이 임상옥을 찾아와서 '야단 붙은 옥로'를 가지고 살려달라고 빌었다.

"큰일이 아닐 수 없는 것이…… 그게 보통 옥로라야지요."

"그런 귀물이면 부사 어른의 상심이 대단하시겠습니다."

"원, 부사 어른의 성미도 여간 깐깐하셔야지요. 행차를 하실 때마다 그 옥론지 해오라기 대가린지가 없다고 짜증만 내시니 어떡하든 임상공이 좀…….

한 고을의 이방이면 사또의 아랫자리다. 그런 이방이 장사꾼 임상옥에게 '상공' 자를 붙여 올렸을 때야 오죽 속이 탔으면 그랬겠는가? '상공'이란 말은 본래 청나라 장사꾼들이 상대방 장사꾼을 높여서 부를 때 쓰던 말이다.

본래 과장을 잘하고 허풍을 잘 떠는 게 중국 상인들의 풍습이다. 그들은 흰 터럭만 좀 더부룩해도 '백발 3천장' 어쩌고 저쩌고 늘어놓는 것이 버릇이긴 해도 상공이란 아예 장사꾼쯤에겐 얼토당토 않은 칭호였다.

하다못해 '을대인(乙大人 ; 두번째 높은 대인)' '산대인(山大人 ;
세번째 높은 대인)'이라고 '을(乙)' 자나 '산(山)' 자를 붙였다면 모
르되, 단번에 임상옥을 '상공'이라 불렀으니 이런 파격도 없었다.

"창고 안에서 이런 옥로를 모두 꺼내 오너라."

이방의 일이 딱해 임상옥은 하인에게 한마디 하고 술상부터 내오
게 했다.

조금 있다가 하인 여럿이 꾸역꾸역 무슨 보따리를 들고 나와 펴
놓는데 이것 봐라, 기가 차서 말이 안 나온다, 그것이 모두 옥로였
다.

수백 개의 옥로가 아닌가.

이방은 기쁘다기보다 놀랐고, 나중에는 비참한 얼굴을 하고 울려
고 하는 사람처럼 그 수백 개의 옥로들을 넋놓고 바라보았다.

"과연 임상공은 천하의 거상이구려!"

임상옥은 언제 이런 물건들을 다 사다가 자기집 창고 안에 넣어
두었던가! 박물군자네, 부엉이 창고네 하는 일국의 거상 임상옥은
그런 정도의 실력을 가졌던 것이다.

상놈의 성공비결

단단한 땅에 물이 괸다고 했다.

어디가 달라도 다른 데가 있으니까 임상옥은 남이 못 버는 돈을
그처럼 벌었고 남이 못 가져 본 재보를 그처럼 엄청나게 쌓아 두었
던 것이 아닌가.

'임상옥은 집물(什物) 관리가 정연하여 항상 치부책이 잘 정리되
어 있었다.'

집물 관리가 가지런한 사람. 그는 무슨 물건이든지 쓰고 난 뒤에
는 반드시 제자리에다 도로 갖다 두었다고 한다. 그의 집에서는 비
한 자루 신발 한 켤레까지도 항상 일정한 자리에다 두고 썼다.

"그것 어디 갔느냐?"

그는 물건을 찾느라 허둥거리는 일이 한번도 없었다고 한다. 아무것도 아닌 '버릇' 같다. 하지만 그 아무것도 아닌 '버릇'을 길들이지 않았다면 아마 거부 임상옥은 탄생되지 않았을지도 모른다.

그는 숙명적으로 북경 장사를 다니는 아버지 임봉핵을 10년 동안이나 따라다녔다. 어떤 개구리라도 올챙이 시절은 있는 것처럼, 임상옥은 처음엔 바지런을 떨지 않을래야 않을 수 없는 입장이었다.

어느 대갓집 도련님이라고 비단 소매에 팔짱 끼고 견마(牽馬) 잡히고 말위에 앉아서 심심 소일로 천하 유람을 다녔겠는가. 필시 임상옥은 꽁무니에 미투리를 주렁주렁 차고, 잠방이가 떨어지면 살점을 울긋불긋 드러내면서 숨을 헐떡거리고 쏘다녔을 것이다.

눈을 휘둥그렇게 뜨고 책문(柵門)을 드나들며 북경 장사꾼들의 은어를 배우고, 시세 변동을 배우고, 세태 만상과 인정 기미를 맛보고 다녔다. 만약 밤비만 맞고 자란 나무였다면 임상옥에게 그런 거목(巨木)의 뿌리는 내리지 못했으리라. 어찌했건 임상옥은 20년간 오가며 8만 리 길을 밟았으니 임상옥의 팔자 운수도 어지간히 센 사람이었다.

그러나 그가 스물 여덟 살 때 자기 아버지 임봉핵의 초상을 치르고 났을 때는 엄청난 빚을 져서 '수천금의 부채 유산(負債遺産)'만을 떠안게 되었다. 나이 40세도 되기 전에 한 나라의 부력을 좌우했던 임상옥도 28세까지는 피천 한푼 주먹에 쥔 것 없는 신세였다.

"사람이란 누구나 세상의 도움이 되기 위해서 태어난다고 한다. 내가 할일이 무언가 있을 것이다. 그것을 찾아 운을 개척해 보리라."

임상옥은 상복을 입은 상주의 몸으로 수천 리 연경 장삿길을 떠난다. 그 '상복의 젊은 상인'은 눈물을 흘리면서 압록강 험한 물을 수없이 건너갔다.

"그렇다! 나도 돈을 모으자."

'빚진 죄인'이라니——자식이 되어 아비가 진 빚을 어찌 안 갚을 수 있으며, 그 빚을 갚자면 상주된 몸이라고 해서 어찌 가만히 들어앉아 있을 수 있겠는가.

그는 인삼 몇 보따리를 챙겨 가지고 또 국경선을 넘는 연경 사행 길의 말꾼으로 따라 들어갔다. 쉬지 않고 2천 리를 한달음에 걸어 갈 수 있는 나그네의 발바닥은 두껍고 또 두꺼워야 한다. 장마가 져서 강물이 불면 길이 막히고, 눈보라가 휘날려 길을 덮으면 오돌오돌 사지를 떨며 길바닥에서 노숙을 해야 한다.

그렇다고 해서 '오늘 못 가면 내일 가도 되는' 길도 아니었다. 병이 들어도 가야 하고, 친상을 당했대도 못 돌아서는 길이었다. 망향의 설움, 천리 밖 압록강 물결은 아스라이 잠겨 뒤돌아보니 고향 운산(雲山)은 멀고도 멀다…… 임상옥은 늙은 홀어머니를 두고 이런 망망한 장삿길을 떠나면서 눈물을 훔쳤으리라.

압록강을 건너 30리 무인지경을 가면 구연성(九連城). 집도 절도, 아예 인가라고는 그림자도 없는 허허벌판 속에서 나그네들은 노숙을 해야 한다.

장례

“탈이나 없고 병이나 나지 않게 하소서.”

“호랑이 밥이나 되지 않게 하소서.”

“귀신도 모르는 객사죽음이나 않게 하소서.”

“끌고 가는 말이 탈이나 없고 재수(財數)나 있어 장사 잘 되게 하소서.”

“돈을 벌어도 동티나 나지 않게 하소서.”

말안장 꽁무니에 주렁주렁 매달고 가는 미투리 짚신을 꺼내 감발에 신들메를 고쳐매면서 임상옥은 그 허허벌판의 야숙 모닥불 가에 쭈그리고 새우잠을 자면서 그렇게 축원하며 걸어갔으리라.

돈과 꿈과 고행의 연행 길을 따라다니는 의주 만상 인삼장수들은 조선판 국경 무역로의 대상(隊商)들이었다.

“도둑이나 맞지 않게 하소서.”

“길을 가다가 큰 소나기나 만나지 않게 하소서.”

처음 국경을 떠날 때는 압록강 구룡정(九龍亭) 나루가 조선 땅 최후의 언덕이다.

시장

사행이 떠날 때는 그 구룡정까지 평안감사와 의주부윤이 관기(官妓)들을 데리고 와서 최후의 석별인사를 나눴다.

上使副使書狀官
去平安後來平安

역관·통인·마두(馬頭)까지도 끼리끼리 정을 나누며 석 잔 술을 마시고 배에 올라서면 기생들은 일제히 부채를 펴 배따라기를 불렀다. 그 곡조에 맞춰 사공은 삐걱삐걱 노를 저어 압록강 물살 위를 건넜다. 이렇게 표현되면 정감이 물씬 풍기고 아스라한 이국행 여로가 연상되는데, 인생살이 먹고 입는 것은 예나 지금이나 별반 다를 게 없었던 모양이다.

따지고 보면 여기서부터 상혼은 불꽃을 튀기고 또한 밀수를 막기 위한 수검(搜檢)은 서릿발처럼 엄한 법을 세우고 있는 것이다.

사행이 압록강을 건너가는 날이면 구룡정 앞 모랫바닥에는 첫새벽부터 금문(禁門)이 세워진다. 모랫바닥에 깃발 세 개를 꽂아 금문을 삼고 의주부윤과 서장관이 지켜보는 자리에서 사행 따라 배를 타게 되는 종인(從人) 3백여 명을 샅샅이 수검하는 것이다.

금물(禁物)을 조사하는 금문은 첫째 문……둘째 문……셋째 문……, 그 문 앞에서 윗옷을 풀어헤치고 바지 아래까지 수검관이 손으로 쓱쓱 훑어보는데 찾는 물건은 황금·진주·담비가죽, 법정(法定) 이외의 남은(濫銀)이나 남삼(濫蔘)을 가려냈다.

첫째 금문에서 발각되면 물건을 압수당하고, 둘째 금문에서 발각되면 볼기에 곤장을 치며, 셋째 금문까지 훔쳐 내오다가 발각되면 목을 쳐 금문 장대 꼭대기에 내다 건다.

곤장 맞고 목떨어지고

그들은 아무리 연행 사신 행차라지만 국경을 넘어가니까 한 사람 한 사람 인상서(人相書)도 꾸몄다.

그 서류에 성명·거주·나이에다 수염이 있는지 고자턱인지, 수염이 있으면 몇 자나 되고, 얼굴에 칼맞은 자국은 있는지 없는지, 키는 큰지 작은지, 타고 가는 말의 털빛은 노랑말인지 당나귀 사촌인지를 모두 적어 놓고 나서야 증명패를 내 준다. 따지고 보면 요새의 세관 출입국 검사나 별로 다를 것이 없었다.

그러나 까다로운 것은 형식이고 의주 상인들의 장사보따리들은 사신 행렬보다 훨씬 앞서 강을 건너가 버리는 것이 예사요, 또 그런 '음성도강(陰性渡江)'이 공공연하게 행해졌다. 임상옥의 장삿짐들도 가죽상자나 버들고리, 이불보퉁이에 싸여 압록강을 건너갔다.

방물과 인마가 실려 압록강의 험한 물살을 헤치며 뗏목을 피하여 갈대숲을 스치면서 강심에 둥둥 떠 흘러갈 때 물살이 세어서 배는 심하게 뒤뚱거린다. 그럴 때 잠이라도 설친 선비라면 통군정(統軍亭) 나무기둥이 빙빙 돌든지 지붕 위의 하늘이 빙빙 돌아가든지 할 것이다.

압록강 저쪽 10리 밖 흙탕물은 애랄하(愛剌河).

명나라 장수 모문룡의 옛 성터는 폐허 1백여 년에 잡초만 우거져 비바람만 스쳐 간다.

길은 진흙탕.

어느 사냥꾼이 여기까지 들어와서 폐허 백 년여의 터에 호랑이 그물을 쳤는지 호랑이와 늑대 발자국만 여기저기 흩어졌다.

압록강 서쪽 30리쯤 가면 구연성 옛터이다.

거기서 하룻밤 야숙을 한 뒤 다시 30리를 가면 금석산(金石山)이다. 그 금석산 아래서 나뭇잎을 긁어다 불을 피워 점심밥을 지어 먹어야 한다. 점심밥을 먹고 임상옥 일행의 장사꾼 패들은 다시 30리를 가서 노숙, 노숙이 아니라 그날 밤은 소나기를 만났으니 그야말로 우숙(雨宿)이었다.

　조선의 상투쟁이 대상들은 이렇게 무인지대 황야에서 이틀밤 노둔을 한 뒤, 사흘째 되는 날에야 겨우 사람 구경을 하는 책문에 이르렀다.

　이곳은 '책문전시(柵門前市)' '중강후시(中江後市)'라 해서 역사 교과서에도 가끔 나오는 압록강을 건너 1백 20리를 넘어와서 있는 곳이다. 그 책문은 중국 최후의 '변문(邊門)'이 되는 것이다. 그래서 중국사람들은 우리처럼 '책문'이라 하지 않고 '변문'이라고 부르며, 그곳 지방민들은 '가자문(架子門)'이라 불렀다.

　그러니까 압록강에서 책문까지의 1백 20리에는 중국 사람도 살지 못하고 조선 백성도 살지 못하도록 정한 완충지대요 개·닭소리 한번 들리지 않는 무인가 지대였다.

　책문은 나뭇조각을 세워 목책으로 경계를 밝혔는데, 지붕은 이엉이 덮이고 보통 때는 문이 닫혀 있다가 조선 사신이 매년 몇 차례씩 이곳을 통과할 때만 시장이 서고 활기를 띤다.

그 책문에서부터 청국으로 들어가는 모든 방물이나 예물, 장사꾼들의 상품 보따리는 중국 사람과 중국 마차를 사서 거기에 싣고 떠나갔다.

박지원(朴趾源)의 《열하일기(熱河日記)》에 보면,

　우리의 방물과 예물을 싣고 가기 위해 뽑힌 청인 무리가 1백여 명이나 되는데 마찻세나 청인의 품삯은 대개 벽지·담뱃대·기름 먹인 장판지·짐승가죽·부채·은장도 등으로 준다.

　조선과 중국의 국경 무역도시이던 책문은 약 30호의 마을, 길은 넓고 곧으며 버들잎 속에는 주기(酒旗)를 내건 술집이 있었다.

연행 사신 3백여 명의 무리는 책문에 가서야 비로소 사람 냄새를 맡고 숨을 돌린다. 책문에서 다시 30리를 가면 봉황성(鳳凰城)이 있는데 길가에는 옥수수밭과 기장밭이 몇십 리씩 이어져 길을 가면서도 나그네들은 이불과 자리를 꼭꼭 행장 속에 꾸려 가지고 다녀야 잠을 잘 수 있었다. 왜냐하면 국경지대는 변방이므로 중죄인의 귀양터인데다 사나운 도둑떼가 득실거리는 무법지대가 되는 탓이었다. 그래서 여인숙은 있지만 이불 보따리를 일일이 짊어지고 다니지 않으면 마을에서는 도둑인가 싶어 잠을 재워 주지 않았다.

임상옥은 그런 험로의 사행길을 몇 번인지 몇십 번인지 직접 따라다니며 견문을 넓히고 눈치를 배웠다. 또 사람 다루는 법을 배우고, 장사하는 방법도 배웠으며 귀하고 천한 물건의 구별법도 배웠다.

만주 사람들은 수수밥을 젓가락으로 집어서 먹는다. 생파도 그냥 오독오독 씹어서 먹는다. 닭은 날개와 꽁지의 터럭을 다 뽑아 버리고 기르는데, 이렇게 하면 닭의 몸에 이도 없어지고 빨리 큰다고 해서 심한 닭은 꽁지와 날개 터럭을 모두 뽑힌 채 붉은 알몸뚱이 살코기만 걸어다닌다.

신기하기조차 한 이국 땅.
《열하일기》가 써 놓은 그런 이국풍정을 임상옥도 똑같이 보면서 걸었으리라.

권력과 금력의 얼씨구

그때만 해도 중국 사람들은 걸핏하던 '홍범구주(洪範九疇)'를 내세웠고, 거북 구(龜) 문자인지 남생이 철학인지를 내세우면서

洪範九疇先言富
大學十册論半財

홍범구주도 세상 이치를 처음 설명하는 데에서 '부(富)'에 관한 것을 제일 먼저 말했고, 사서삼경의 하나인 '대학'도 반절 이상이 '재(財)'에 관한 얘기다. 정작 공자(孔子)를 낳은 중국사람들은 '재'와 '부'를 높이 여기는데, 조선에서는 어떠한가?

"나물 먹고 물 마시니 대장부 기개로다."

"양반은 돈을 자기 손으로 만져서도 안 되고, 세어 보아서도 안 되고, 자기 손으로 물건을 사서도 안 되고……."

이런 사회규범이 아니었던가.

임상옥이 한 시대를 주름잡는 거상이었다면, 그는 보따리장수에서 시작해서 보따리 장수로 대성한 사람이었을까?

물론 아니다. '돈'은 '이(利)'가 구체화되어 그 '이'의 실상(實像)으로 뭉쳐진 것이라면 그 '이'는 누가 쥐고 있는가?

보따리 장수의 '이'라면 보따리 안에 있을 것이다. 그러나 그 '이'가 더 큰 것이 되면 보따리 속에 있는 것이 아니다.

지금도 항용 '이권(利權)'이란 말을 쓴다. 길가 노점상도 권리금인지 이권금인지로 몇백만 원, 몇천만 원까지 거래된다지 않는가.

담배 가게도 술집도 단골이 붙고 그 바닥에서 텃세를 하게 되면 '상권을 쥐었다'고 해서 사고 팔 때는 그 권리금을 별도로 쳐서 받는다. 그러니까 임상옥이 한나라의 거부로 큰소리를 칠 수 있었던 것은 '한나라의 이'를 독점할 수 있는 꾀와 힘에 있었다.

그 큰 이와 힘을 쥘 수 있었던 것은 그 이와 힘을 행사할 수 있는 왕조의 권부(權府)를 가지고 있었기 때문이며, 임상옥은 요샛말로 치면 정치를 잘하는 상인의 하나였던 것이다.

그 당시 조선의 재화는 인삼 교역권에 얹혀 있었다. 임상옥은 거상 홍득주(洪得周) 등 다섯 사람과 함께 대청(對淸) 인삼 교역권을 독점하여 급속도로 이득을 쌓아올렸던 것이다.

그러면 임상옥이 어떻게 해서 그의 나이 32세 때 인삼 교역권을 나라로부터 얻어냈을까?

임상옥이 '거리(巨利)의 열쇠'를 잠자다가 거저 얻은 것은 물론 아니다. 말하자면 순조조(純祖朝) 권부(權府)의 노른자위에 앉아 있던 병조판서 박종경(朴宗慶)과 임상옥의 기막힌 관계에서 비롯되는 인연이 있었다.

사람이 사람을 움직이는 데에는 반드시 급소가 있는 법이다. 그 급소를 잘 집어내는 것이야말로 인간관계를 돈독하게 하는 첩경이 기도 한 것이다.

한번은 이런 일이 있었다.

임상옥이 돈 몇천 냥을 꾸려 가지고 서울로 올라와서 이 줄을 잡을까 저 집 대감네 사랑에다 청을 먹일까 해서 이리 기웃 저리 기웃하던 판에 마침 총융사(摠戎使) 박종경이 친상을 당했다.

1807년(순조 7).

총융사 박종경의 아버지 판돈령부사 박준원(朴準源)은 어영대장·금아대장에 형조판서를 역임했던 일국의 권신이었으며, 순조 임금의 외할아버지가 되는 사람이었다. 즉 박종경의 누이는 정조의 후

상두꾼

궁으로 들어가 수빈이 되었고, 그 수빈 박씨가 낳은 아들이 곧 순조 임금이다. 그러니까 박종경은 상감의 외삼촌이었다. 그런 집안에 친상이 났으니 전국이 들썩들썩할 수밖에 없었다.

인간 대사 네 가지가 관·혼·상·제가 아닌가. 대감집 상사라니 있는 것 없는 것, 돈자랑·세도자랑에 집안 잘난 자랑까지 마음껏 하던 판이라, 총융사 박종경 집에는 팔도 벼슬아치·거부·사또들이 다 투어 얼굴을 내밀고 1백 냥·2백 냥씩 큰돈의 부의금을 덥석덥석 보내 왔다. 의주 상인 임상옥도 그 소식을 듣고 5천 냥짜리 어음을 만들어 허리에 차고는 부랴부랴 박종경 집을 찾아갔다.

지금도 그렇지만 웬만한 원수지간도 간곡한 문상 한자리면 서로 묵은 혐의를 푼다. 상가 문상이란 그렇게 비중있는 인간대사요 기본 예의였던 것이다.

총융사 박종경의 집 상사에 무엇이 아쉬울 게 있겠는가. 합덕 방죽 가에 남생이떼 늘어앉듯 문상객도 많고 팔도 수령 방백의 부의금을 핑계댄 뇌물 진상 바리가 올라오는데, 평안도 의주 장사꾼쯤은 웬만해서는 명함도 못 들여놓을 형세였다.

돈만 해도 뇌물 핑계로 수천 냥이 들어왔다.

그런데 임상옥은 5천 냥을 눈도 깜짝하지 않고 얼굴도 처음 보는 박종경 대감의 코밑에다 바쳐 올렸다.

인간처럼 암시에 약한 동물은 없기 때문이다.

사람의 마음은 미묘한 것이라 상대편에서 발산하는 눈에 보이지 않는 마음의 물결에 의해 흔들리기 마련이다.

깜짝 놀란 것은 문상객의 부의금을 받고 방명록을 정리하던 상갓집 주인 박종경 대감이었으니.

"임상옥?"

듣도 보도 못하던 이름이 아닌가.

그때까지만 해도 임상옥은 연경을 드나들던 장사꾼의 한 사람이긴 했지만, 아직 천공(天空)을 날 만한 부의 날개는 달지 못하고

있었다. 그런 임상옥이 느닷없이 박종경도 놀랄 5천 냥 부의금을
내놓은 것이다.
  뒷날 일이지만, 난을 일으킨 홍경래는 그의 격문에서

    지금 나라는 유충한 임금 순조를 두고 김조순(金祖淳)과 박종
  경의 무리가 국권을 농락하고 있다.

하고 성토할 만큼 안동 김씨 세도의 김조순과 함께 박종경은 순조
왕조의 권부를 휘어잡은 양대 거물이었다. 그러한 박종경이 팔도
수령 아전들이 바쳐 올리는 무엇을 못 먹어 보았을 것이며 무엇을
못 가져 보았겠는가. 웬만한 뇌물에는 코끝으로도 내려다보지 않을
정도였다.
  그런 박종경도 의주의 한 이름 없는 상인이 바친 5천 냥 배짱 앞
에는 한번 고개를 갸우뚱했다.
  "임상옥을 사랑으로 불러라!"
  상사를 치르고 난 며칠 뒤 총융사 박종경은 느닷없이 분부를 내렸다.
  '내 그럴 줄을 알았지.' 임상옥은 회심의 미소를 지었다. 그는 오
로지 그걸 바라고 수년 동안 죽을 힘을 다해서 모아 온 전재산의
반을 뚝 잘라서 5천 냥을 바쳤던 게 아닌가. 임상옥은 다시 1백 냥
한뭉치를 풀어서 박종경 집 사랑방 서생들이며 문지기 종놈들에게
까지 은근히 청을 써 두었던 것이다. 사랑방 서생에게는 몇 푼씩
쥐어 주어 술도 사 주고 오입질도 시켜 주었다. 종놈에게는 개가죽
담배쌈지도 사 주고 울산·동래 뺨가웃 곰방대도 사주었다.
  '일'이라는 게 만사가 다 그렇다. 건넛마을 대감보다 내 동네 사
령놈이 더 무서운 것이고, 이 공사 저 공사 해도 '한마루의 공사'가
제일 아닌가.
  임상옥의 뇌물로 군것질 재미를 붙인 박종경 집 하인들도 알게
모르게 주인대감에게 '의주 임가' 애기를 해온 것이요, 박종경도 그

임서방이란 사람을 한번쯤은 만나보고 싶었던 것이다. 그래서 임상옥을 부르라고 한 것이다.

칠패에서 여러 날을 묵으며 이제나 저제나 무슨 기별이 있을까 싶어 구들장만 깔고 앉아 윷짝을 떼어 보던 임상옥은, 총융사 대감의 하늘같은 분부를 가지고 온 하인에게 엽전 닷 푼을 안겨주고는 부랴부랴 박종경 사랑방으로 찾아갔다.

"대감, 쉰네 의주 임가 문안 아뢰오."

"거기 앉게."

박종경은 천하의 군권을 잡은 총융사답게 오만하기가 그지없다.

"거기 앉아."

한마디 해 놓고는 찾아온 손님 두어 사람과 함께 아랫목에서 늘어진 이야기만 주고받을 뿐이었다. 거의 한나절이 지나서야 그 지루한 이야기를 겨우 끝냈다.

"자네가 임서방이랬지?"

"예, 그렇습니다. 대감님."

재어 올리는 담뱃대를 입에 물고는 임상옥이 쳐 올리는 부시로 불을 붙이더니 뻐끔뻐끔 담배만 빨고 있다.

답답하다. 담배 한 대를 다 피우고 난 박종경은 임상옥을 부르라고 한 일은 잊어버렸는지 또 손님들 앞으로 다가앉는다. 그러다가 하루 반나절이 넘어가고 말았다.

"대감님, 쉰네는 이만 물러가겠습니다."

견디다 못한 임상옥은 방바닥에 머리를 조아리고 하직인사를 올릴 수밖에 없었다.

'허허. 남의 돈 5천 냥은 거저 생긴 돈이던가. 쓰다 달다 무슨 말 한마디라도 있어야 할 게 아닌가?

하나 누구 앞이라고 내색을 하랴.

임상옥은 마음을 꾹 누르고 조용히 방바닥에 두 손을 짚으면서 물러서려고 하는데 박종경은 고개도 돌리지 않으면서 말한다.

"거기 앉게!"

크게 트림을 한번 하고는 임상옥을 쳐다본다.

"나는 요새 속이 좀 거북하이."

임상옥은 등골에서 식은땀이 주르르 흘렀다.

이게 무슨 말뜻일까…… 총융사 어른이 속이 거북하다니…… 팔도 방백들이 바치는 뇌물을 너무 많이 먹어서 체증이 생겼다는 애긴가?

그렇다면 소금 주먹이나 움켜먹고 도로 게워 놓으면 그만 아닌가.

임상옥은

"대감께서 속이 거북하시다니 쇤네는 뜻을 모르겠습니다. 혹 과식이라도……."

"하하하…… 그게 아니야."

"그러하오면……?"

"난 요새 서울 장안의 군권과 치안을 맡고 있는 총융사 벼슬을 하고 있지 않은가."

"그렇습지요."

"그런데 하루에 남대문으로 사람이 몇이나 출입하는지 그걸 모르겠어. 답답해서 몇 사람한테 그걸 물어 보지 않았겠나? 그랬더니 어떤 사람은 한 2천 명은 넘을 것이라 하고, 어떤 사람은 7천 명도 넘을 것이라고 대답한단 말야. 그런데……."

"네……?"

"임서방, 자네는 그 숫자를 알겠나?"

임상옥은 정신이 바짝 들었다.

'아하, 저 박종경이란 인물이 과연 호랑이는 호랑이구나.'

南大門通每日行人幾何

인간이란 인간을 매혹할 때 그 변설에는 요사스러운 요기(妖氣)가 깃들어간다.

박종경은 임상옥을 단 한번으로 시험해 보려는 것이다.

임상옥은 눈을 번쩍 뜨고 총융사 박종경을 똑바로 쳐다보았다.

"두 사람입니다."

"하하하하…… 그래?"

"하루에 남대문 안으로 2천 명이 들어오건 7천 명이 출입하건, 그중에는 대감에게 이가 될 사람과 해를 끼칠 사람이 섞여 있을 뿐입니다. 이도, 해도 주지 못할 사람이라면 대감에게는 아무 쓸모가 없는 사람 아닙니까?"

"그래서?"

"이로운 사람, 해로운 사람 두 사람뿐이죠."

박종경은 멀뚱멀뚱 임상옥의 얼굴을 바라보더니, 한참만에야, 실로 한참만에야 고개를 천장으로 치켜올리더니 느닷없이 어깨를 들먹거리면서 통쾌하게 웃어대지 않는가.

"맞으리로다! 맞으리로다! 그렇지, 두 사람! 하하하하……."

과연 명장은 명마를 알아보았던가?

총융사 박종경의 기문(奇問)도 걸작이려니와 임상옥의 이답(異答)도 짝이 맞는 대구가 되었다.

임상옥이 임상옥다운 면목을 보인 것은 바로 그 순간적인 기지와 담략과 판단력이었다. 초면에 자기의 장점을 상대에게 알릴 줄 아는 사람이라야 상대에게 쓸모있는 자라는 믿음을 줄 수 있다. 그후부터 박종경은 임상옥이 장사 밑천으로 쓸 돈을 얼마든지 밀어주었다고 한다. 그러니까 임상옥이 엄청난 부를 쌓아올린 '원금(元金)'은 박종경이 밀어준 것이고, 그 박종경이 배후인물이 되어서 이름 없는 만상의 한 사람이던 임상옥에게 일국의 인삼 교역권을 맡겨 크게 성공하도록 보호하여 주었던 것이다.

그 당시 인삼 한 근은 은자(銀子) 25냥이었다. 그런데 순조 말에서 헌종 초까지 의주 만상을 통해서 공식적으로 나갔던 우리나라 인삼의 수량은 8천 근 내지 4만 근이었으니까, 4만 근을 표준으로 하면 교역고(交易高)는 은자 1백만 냥이 되는 것이다.

이것도 공식적인 교역액이지 비공식적인 밀무역액(密貿易額)은 제외된 숫자다.

이처럼 엄청난 인삼교역권을 쥔 임상옥은 매년 세금으로 나라에 바친 돈이 4만 냥이나 되었다니까 얼마나 큰 이권인가. 그 당시 무역의 주종(主宗)은 인삼과 은자인데 한 나라의 교역권을 불과 5, 6명의 거상들이 송두리째 차지했으니 아무리 가난한 나라지만 고름 집이 그만했으면 고름도 그만큼 나왔을 것 아닌가.

참고로 1822년(순조 22) 조선왕조가 국고금으로 지녔던 비축 재산은 다음과 같다.

황금 2백 30냥, 은자 42만 2백 냥, 전(錢) 75만 9백 냥, 면주(綿紬) 1백 34동 20필, 베〔木〕 8천여 동, 저포 1백 70여 동, 포 4백 43여 동, 쌀 13만 4천 5백여 섬, 전미(田米) 4만 5천 8백여 섬, 콩 2만 8천여 섬, 패잡곡 2만 5천 8백여 섬.

즉 당시 국가 비축 은자는 총액이 42만 냥인데 임상옥 등이 주무른 인삼 무역액이 은자 1백만 냥이 넘으니 나라 재정은 거상 임상옥이 다 잡아쥐고 흔든 셈이었다.

시대가 인물을 만든다

임상옥은, 두 아우와 하나 있던 아들마저 일찍 잃어버린 고독한 집안의 인물이었다. 그래서 그의 홀어머니는 자식이 수만리 이국길로 장사를 떠날 때마다 항상 심정이 울적했고, 또 임상옥도 늙은 어머니를 두고 장사를 떠날 때마다 마음이 편치 않았다.

한번은 그의 늙은 어머니가 물었다.

"네가 그동안 번 돈이 얼마나 되느냐?"

임상옥은 대답했다.

"은덩이를 쌓아 두면 마이산(馬耳山)만하고, 비단을 내다 쌓아올리면 남문루(南門樓)만합니다."

그 당시 조선왕조의 비축 국고 은자가 42만 냥인데 임상옥 등이 장악한 인삼 교역액이 1백만 냥——배꼽이 배를 먹여 살리는지 배가 배꼽을 먹여 살리는지 분간하기가 어려운 돈줄이었다.

우리는 조선 순조시대의 절세 거부 임상옥을 얘기하면서 한 가지 가정법을 써 본다.

즉 '임상옥과 인삼과 시대'라는 삼각관계다.

천하 거부 임상옥이지만 인삼이 아니었으면 그만한 부가 생겨날 수가 없고, 또 임상옥이 그 인삼 교역권을 나라로부터 얻어내지 못했던들 임상옥은 졸부(猝富)가 될 수밖에 없었을 것이다.

여기서 필자는 임상옥을 졸부라고 했다. 이것은 조금도 틀린 애기가 아니다. 열 여덟에 장사를 시작해서 스물 여덟 살까지 임상옥은 주먹에 쥔 것이라고는 피천 한푼 없었는데, 그후 불과 10년 만에 어떻게 온 나라 부력을 휘어잡는 거상이 되었는가.

당대에 이룬 거부도 졸부라 할 수 있겠거늘, 하물며 불과 10년 만에 서북에서 제일가는 갑부가 됐다면 졸부 중에도 졸부였으며, 또 그 많던 돈이 흩어져버린 과정도 너무나 허망했던 것이다.

임상옥은 하나의 시대적 산물이었다. 만약 1백 년, 아니 50년만 일찍 출현했더라면 아마도 임상옥은 일국의 거부가 될 수 없었을 것이고, 따라서 근대적 국제 무역왕이란 호칭도 탄생되지 않았을 것이다.

사람에게는 저마다 운수와 수명의 배합이 있다. 수명은 태어나서 얻는 것 운수란 그 흥망성쇠이다. 따라서 누구도 춘하추동을 맞아 들여야 하듯 길운과 흉운을 거부할 수 없는 것이다. 임상옥은 길운의 사나이였다.

만약 임상옥이 1백 년만 빨리 태어났더라면 임상옥을 돈방석 위에 올라앉게 할 만한 인삼 생산량은 턱없이 부족했을 것이기 때문이다. 즉 양삼법(養蔘法)이 없었던 탓이다.

이처럼 임상옥을 만들어 낸 것이 인삼이라면 우리는 여기서 왜 인삼의 황금 교역이 조선 순조시대에 꽃을 피웠고, 그 인삼은 어떠한 역사적 배경을 내포하고 있었느냐 하는 점을 이해해야 할 것이다.

인삼아, 인삼아, 말을 해라
팔도 갑부도 네게서 나고
불로장생도 네게서 났구나.

불로장생 약속의 이인(異人).
만고 영약 고려인삼은 오랜 옛날부터 중국사람들로 하여금 군침을 삼키게 했다.

於始開城一區　遂成蔘圃　此卽松蔘也　始以白蔘　發售　北京　則北京人服之逆胃　謂之有毒而不服

(처음 개성 쪽에서 삼포가 생겼으니 그것이 소위 송삼이라는 것이다. 처음에는 그것을 그냥 백삼인 채로 보따리에 싸 가지고 북경으로 가 팔았는데, 중국 부자들이 그것을 먹어 보니 때때로 위를 역하게 하였다. 그래서 그 후로는 독이 있다고 해서 잘 먹지 않았다.)

於是松人　發明蒸紅之術　以紅蔘輪出　則得利十倍　此紅蔘之起源而正廟朝之初年也　初譯官牟其利　後遂爲官管焉　每歲輪出　殆累百萬兩　則亦無窮之財源也

(그러다가 송도 사람 하나가 백삼을 쪄 홍삼으로 만드는 법을

알아내니 그 뒤부터 인삼을 홍삼으로 쪄 수출하여 백삼으로 내다 팔 때보다 이익이 10배나 남았다. 이것이 홍삼이 생겨난 기원이다. 백삼으로 내다 팔 때보다 인삼이 상하거나 썩는 일도 적었고 부자들도 먹고 나서 배가 아프다고 하는 일이 없었다. 처음에는 그 홍삼을 사행 따라다니는 역관들이 모리를 했으나 뒤에 나라에서 홍삼 수출을 전관하니 실로 무궁한 재원이 아닐 수 없다.)

장지연의 《위암문고(韋庵文稿)》에 나타난 얘기의 한 토막이다. 위에서 보는 바와 같이 백삼에서 홍삼 시대로 넘어가면서 1백만 냥 이상의 무역고를 보인 것이며, 그 홍삼 수출권을 나라에서 관리하여 오다가 순조 때에 임상옥 등 의주 거상들이 그 교역권을 사 버린 것이다. 그러나 인삼 교역권을 쥐었다고 해서 그것만으로 임상옥은 앉아서 거부가 된 것은 아니었다.

임상옥은 어렵고 고난이 겹치는 행상을 했다. 보통 연행사신이 한번 떠날 때 나라에서 여비를 받는 관인은 약 30명 정도였다. 정사·부사·서장관에 의원이 따라가고, 역관들이 따라가고, 비장·역인들이 따라갔다.

그런데 순조 24년 3월 동지사로 청나라에 다녀온 홍의호가 아뢴 대목에 보면

연행종인 3백여 인 중 무뢰잡배들이 이름을 바꾸고 말구종꾼 등이 끼어들어 폐단이 백출한다.

라고 한 점이나 《열하일기》에

日旣黃昏 設燎三十餘處 皆鋸截連抱巨木 達曙通明 軍牢吹角一聲 則三百餘人 齊聲吶喊 所以警虎也
(해가 기울어 땅거미가 들자 30여 군데다 횃불을 피워 놓고 톱

으로 베어 온 아름드리 나무를 먼동 틀 때까지 계속 집어던졌다. 또 군뢰들이 횃불 주변을 돌면서 크게 나팔을 불면 일행 3백여 무리가 일제히 함께 소리를 맞춰 고함을 치는데 이것은 무인지경 의 산속에서 뛰어나올지도 모를 호랑이를 쫓기 위한 것이다.)

그래서 그 연행길은 모두가 가기 싫어하는 길이었다.

정조 4(1780)년 6월 24일 압록강을 건넜다던 《열하일기》를 보면 그들이 6월 24일에 압록강을 건너 8월 2일에야 북경에 도착하고 있 으니 의주를 떠나고 나서 한달 보름 동안의 여행길인 것이다.

물맛도 다르고 땅맛도 달랐다. 산천도 다르고, 말소리도 다르고, 인정도 풍속도 모두 낯선 남의 나라일 뿐이었다. 멀고 먼 연행 2천 30리 왕복에다 의주에서 서울 2천리 왕복을 합치면 한번 길이 자그 마치 8천 리. 말이 쉬워 8천 리지 가보지 않은 사람은 그 길이 얼 마나 먼 길인지 짐작도 못할 것이다.

아니 갈 수 없는 길이어서 상국(上國)에 가긴 가되 죽기보다도 가기가 싫은 험한 길이었고, 사신으로 갔다가 고생에 지쳐 객사한 주검을 떠메고 돌아오는 당상관도 없지 않았다.

순조 21 신사년 변무사를 보낼 때의 경우만 보아도 그해 9월 27 일자 《승정원일기》에

연경으로 떠날 陳奏使가 모두 병을 핑계대고 갈아 주기를 바란 사람이 이미 여섯 차례에 이르렀다.

막중한 사충이 희극과 같이 되었으니 이런 일은 유국(有國) 이 래 처음 있는 일이다. 전후 사면을 청원했던 심상규, 곽상우, 이 상황, 홍의신, 김노응 등을 삭직하고 전관이던 조선판서 김노경 도 추고를 해야 한다.

라고 한 대목이 보인다.

연행 사신으로

"네가 가라" 하면

"소신은 병이 있어 갈 수 없사옵니다."

하며 무려 여섯 번이나 사람을 갈아치웠으니, 나라의 녹을 먹는 당상관들이 이게 웬일인가?

또 정조 4년에 떠났던 상판사의 마두(馬頭)이던 득룡(得龍)이란 사람의 경우만 보아도 그는 14세 때부터 북경을 드나들어, 30여 차례가 되는데 중국어에 능통하여 사행들의 모든 일을 잘 처리하였다.

그는 이미 평안도 용천 철산부의 중군 벼슬을 지냈고 가산도 많이 모았으며 품계도 가선대부에까지 오른 사람이었지만 사신행차가 떠날 때는

而每使臣則 豫關本部 囚其次知(家屬爲之次知) 以防其逃避

하였다고 한다.

이 말은 연행 사신이 떠나게 될 때마다 나라에서는 미리 득룡이 사는 가산군(嘉山郡)에 통정하여 득룡의 계집과 자식 등 식구들을 가두게 하니, 이는 득룡의 사행길을 따라 도망을 칠까 싶어 그러는 것이었다.

청나라 상술이냐, 조선 상술이냐

人蔘 人世之稀材也

'인삼은 세상에서 제일 귀한 약재'라 했으니 비쌀 건 뻔한 노릇이다. 비싸지만 '값어치'를 아는 북경 장사꾼들이라 인삼값에 관해서는 군말이 없었다.

임상옥은 이번에도 인삼을 수북이 마차에 싣고 북경으로 갔다.

“임대인, 이번에도 인삼을 가지고 왔소?”

“예, 많이 가지고 왔소.”

처음에는 북경 큰 장사꾼들이 임상옥이 머무르는 회동관(會同館)으로 들락날락하면서 흥정을 걸어 왔다.

“값은 한 냥에 얼마요?”

“은자 5백 냥은 받아야겠소.”

“허허, 너무 비싸오. 2백 냥에 넘겨 주시오.”

“그렇게는 안 팔겠소.”

5백 냥을 불렀는데 2백 냥을 받으란다. 임상옥은 고개를 절레절레 흔들면서 거절했다. 이젠 임상옥도 북경 장사를 한두 번 다닌 바가 아니라서 쩍하면 어떻다는 것을 다 안다. 북경 장사꾼들도 조선의 거상 임상옥을 한두 번 대하는 게 아니다. 그랬으면 장사꾼끼리니까 ‘신(信)’을 내세워 흥정을 해서 일을 만들어야 한다.

그런데 북경 상인들은 자기들끼리 귀를 짜고 인삼값이 너무 비싸다는 이유로 불매동맹을 했다. 북경 상인들의 뱃심은 이러했다.

‘조선 인삼이 아무리 불로영초(不老靈草)라고는 하지만 너무 비싸다. 해마다 값이 오르기만 하니 우리 북경 상인들이 귀를 짜고 버릇을 좀 고쳐 놓아야겠다. 2천 30리를 끌고 온 인삼을 우리가 귀를 짜고 사주지 않는다면 제놈들이 어쩔 텐가. 그저 우리 청국 상인들은 배포에 힘을 팽팽히 주고 끝가지 버티기만 하면 인삼값은 도라지값으로 떨어지고 말 것이다!’

틀린 얘기가 아니다. 제아무리 금은보화요 천하 절색이라도 사줄 사람이 없고 보아줄 서방님이 없으면 돌멩이만도 못한 법이다. 북경의 거상들이 한통속이 되어 불매동맹을 한다면 임상옥의 인삼은 2백 냥이 아니라 나중에는 50냥씩에라도 팔고 가리라.

그렇다고 임상옥도 인삼이 팔릴 때까지 한달이고 일년이고 창고 안에 넣어 두고 중국 땅에서 지구전을 펼 수 있는 입장도 아니었다.

북경의 회동관에서 조선 사신들이 머무를 수 있는 것은 일정한 기간 동안뿐이요, 기간이 차면 다시 산해관·요동반도를 거쳐 2천 30리 길을 걸어 본국으로 돌아가야 한다.

사신이 돌아갈 때는 따라온 임상옥도 돌아가야 할 몸이다. 임상옥은 그 기간 안에 수천리 밖에서 싣고 온 인삼을 북경 상인들에게 팔고 돌아가야 하는 것이다.

팔지 않는다면 그 무거운 인삼바리를 끌고 다시 본국으로 가야 할 것이요, 설사 그렇게 된다 하더라도 그 좁은 조선 땅에서는 다 팔 수가 없게 되는 것이다. 그렇게 되면 임상옥은 거덜이 나는 것이다.

아니, 임상옥은 물론 조선 사신 일행은 당장 꾸려 가지고 온 인삼을 팔아야 모자라는 여비를 쓰지, 그렇지 않으면 돌아갈 여비도 없는 신세가 되는 것이다.

그러나 내일 모레가 돌아갈 날인데도 임상옥이 묵고 있는 회동관 마당에는 청나라 장사꾼은 고사하고 강아지 한 마리 얼씬거리지 않았다.

"고얀 놈들!"

"어디 두고 보자!"

임상옥이라고 그 눈치를 못 챈 건 아니었다. 속이 타지 않는 것도 아니었다. 그러나 그들 앞에 마음의 동요를 보인다는 것은 자신의 약점을 노출시키는 것이 된다. 그렇지만 끝내 버틴다면 북경 상인들의 불매동맹이 이기리라.

싸움에는 때가 있다. 어느 시점에서 청나라 상인들의 콧대를 꺾어놓지 못한다면 그들은 조선 상인들을 만만하게 여기어 업신여길 것이다.

그래서 임상옥도 배짱을 두둑하게 정하고는 아무런 내색도 하지 않으려 애썼다. 가슴 속에서는 반드시 북경상인들의 불매동맹을 동강내버릴 의지만 불타고 있었다.

전화위복!

벼랑 끝에 몰린 임상옥에겐 오히려 역발산 묘책이 떠오르고 있었다. 임상옥은 이럴 때일수록 자신의 한계를 시험하는 가운데 참다운 자기 능력이 확인되리라 생각했다.

상대의 속셈의 깊이를 알기 위해서는 자기 몸가짐의 기세를 한번 바꾸어 보는 것이다. 그렇게 하면 상대는 초조해진 나머지 그 속셈을 드러내지 않을 수 없으리라.

"지금 여비로 남겨 둔 은자가 얼마나 되는가?"

임상옥은 종자 하나를 불러 느닷없이 물었다.

"4천 냥이 남았습니다. 그러나 내일 모레면……."

돌아가야 할 날인데 인삼 판매는 어떻게 하려느냐는 종자의 안색이다.

"염려 말게!"

임상옥은 은자 2천 냥을 가지고, 술 잘 먹고 흰소리 잘 하는 종자 서넛을 데리고 아침부터 시가로 나갔다.

"목이 마르니 우리 저기 가서 좀 쉬어 가세."

북경 거리에서도 제일 번화한 청루(靑樓)로 들어가는 게 아닌가.

임상옥은 북경 거상들도 한번 소리치고 노는데 1천 냥이면 큰돈을 풀었다고 소문이 나는 청루로 올라가 한자리에서 2천 냥을 다 써 버렸다.

이튿날도 임상옥은 회동관으로 나섰다. 휘적휘적 여덟팔자 걸음을 걸어 또 어제의 그 청루로 들어가 2천 냥을 또 썼다.

내일이면 회동관을 떠나야 할 날이다. 여비조차 안 남기고 이틀 사이에 4천 냥의 거금을 쓰면서도 임상옥의 얼굴엔 도시 초조한 기색이 없었다. 임상옥의 이러한 허허실실의 책략은 북경 상인에 대해서보다는 자기 편에 대해서 더 절실한 것인지도 몰랐다.

1년에 한 번밖에 살 기회가 없는 임상옥의 천하 명약 인삼을 못 사게 될 북경 상인이 이길까, 아니면 수만금어치 인삼을 한뿌리도 못 팔게 되어 거덜이 나야 할 임상옥이 이길까.

"오늘은 어떻게 하고 있더냐? 그 임상옥이……."

"청루에 올라가 종일 술만 마시고 있습니다."

"그래?"

"아무래도 안 될 것 같습니다."

북경 상인들은 불매동맹을 펴 놓고 몰래 사람을 시켜 임상옥의 동정을 수탐해 들였더니 '임상옥이 오늘도 2천 냥을 청루에 가서 썼다'는 보고였다.

그러나 중국 거상들은 코웃음을 쳤다.

"웃기는 짓이지. 제아무리 조선 거상 임상옥이라지만 이번에는 안 될걸……."

그러다가 드디어 조선 사행들이 북경의 회동관을 떠나 귀국길에 올라야 할 날이 다가오고야 말았다.

아침부터 날씨는 청명했지만 회동관을 둘러싼 울타리 밖에는 보이지 않는 마지막 상전(商戰)의 긴장감이 감돌았다. 임상옥은 일찌감치 아침밥을 먹더니 자기도 귀국할 채비를 하느라, 종인을 시켜 한쪽에서는 말에 안장을 놓는다, 짐보따리를 꾸린다 하면서 바쁘게 움직었다.

'인삼바리는 어떻게 하려고 저러는가?'

'정말로 도로 가지고 돌아가려는가?'

그러나 인삼바리를 도로 가지고 돌아간다는 것은 불가능한 얘기다. 여기서 못 팔면 팔 데가 없는 것이다. 마지막이 될 수 있는 절박한 순간인데도 북경 장사꾼이나 거간꾼은 끝까지 한 사람도 얼굴을 비치지 않았다.

2백 냥씩에라도 진작 팔 일이지, 아무리 임상옥이라도 수천리 밖에 와서 북경 장사꾼들과 어떻게 싸울 것인가. 임상옥의 종인들은 안절부절못했다. 공연한 고집이 진짜로 일을 망쳤다고 생각했다.

"주인님, 인삼은 어떻게 할까요?"

"전부 마당 한가운데에 쌓아 놓게!"

"네?"

"마당 한가운데다 인삼짐을 전부 쌓아 놓고 불을 질러 버려!"

"네?"

"시키는 대로들만 하게!"

임상옥은 느닷없이 노한 얼굴이 되었다.

그 충천하는 임상옥의 노기!

10여 명 종인들은 그 노기에 질려 시키는 대로 인삼바리를 마당 한가운데 내놓고 정말로 불을 당겼다.

회동관 넓은 마당 한가운데서는 천상천하에 처음 보는 배짱싸움이 벌어진 것이다. 하나 둘씩 구경꾼들이 모여들기 시작했다.

싸움을 잘하고 못하는 것은 명인(名人)끼리의 시합과도 흡사하다. 누가 얼마만큼의 사이를 두고, 언제 어떻게 덤벼드느냐로 선수(先手)가 되기도 하고 후수(後手)가 되기도 한다. 그런데 너도 망하고 나도 망하자. 이 무슨 날벼락 같은 공격인가.

천하 선약(仙藥) 인삼더미가 타느라고 매캐한 향연기가 코를 찌르며 피어올라가기 시작했다.

"……?"

"정말로 인삼을 태우는구나! 조선 거상 임상옥이 정말로 수십만 금의 인삼을 불태워 버리는구나."

이번에는 울타리 밖에서 임상옥의 동정을 염탐하던 중국 상인들의 얼굴이 파랗게 질려 버렸다.

팔고 안 팔고가 문제 아니었다. 비싸고 싸고가 문제가 아니었다.

"오, 인삼을 태우다니…… 천하 명약을 불태워 버리다니……."

싸움터의 심리는 상식으로는 헤아릴 수가 없다. 그렇다고 그 헤아릴 수 없는 폭발이 충분히 계산되어 있지 않으면 충분한 승리도 거둘 수가 없다.

중국 상인들은 처음에는 상상을 초월한 임상옥의 미친 짓에 기가 질렸고, 두 번째로는 천하의 활인초(活人草)를 태워 버리는 행위에 대한 분노 같은 것을 느꼈다. 그리고 그 다음에는 깜짝 놀랄 상리(商利)에 눈이 떠졌다.

'임상옥의 인삼을 못 사면 금년 1년 동안 중국엔 인삼이 없다.'

임상옥에게 뛰어들었다.

"임대인, 왜 인삼에 불을 지르오? 천하 명약이 재가 되면……."

"천하의 명약이라도, 명약을 몰라보는 사람에게는 안 팔겠소."

"우리가 몰라봤소…… 어서 불을 끄도록 이르시오!"

"당신들에게는 안 팔겠소."

"값은 얼마든지 내리다! 제발 어서 불이나 끄시오."

이렇게 해서 임상옥과 북경 장사꾼들과의 싸움은 쉽게 승부가 났다. 북경 장사꾼들을 말로 설득하려 했다면 시간만 낭비했을 것이 뻔했다. 천마디의 번지르르한 말보다 과감하고 시의적절한 행동 하나가 설득력을 발휘한 것이다.

인삼값은 그 자리에서 몇 배가 뛰어오르기 시작했다.

"임상옥, 듣던대로 역시 조선의 역발산기개세로구먼."

"하늘이 무너져도 솟아날 구멍 있다고, 불타는 의지로 기회를 붙잡았네 그려."

구경하고 있던 북경의 장사꾼들과 거간꾼들이 임상옥의 기개에 놀라 이구동성으로 한마디씩 내뱉었다.

임상옥은 오히려 불태운 인삼값의 손해보다도 한꺼번에 다섯 배, 여섯 배의 이익을 보아 비단을 산더미처럼 싣고 돌아왔다. 그때 임상옥의 조선상술의 기는 북경 하늘을 찌르는 역발산 기개세였다.

일설에는 임상옥이 그때 태운 것은 진짜 인삼이 아니라 이런 경우를 대비해서 미리 싣고 간 도라지 뭉치였다는 얘기도 있다. 실지로 이런 경우를 가정해서 장사꾼들은 가짜 인삼을 상용으로 가지고 가기도 했던 모양이다.

그때부터 임상옥은 북경 거상들을 손안에 넣었으며, 그들의 돈도 필요할 때면 얼마든지 미리 갖다 쓸 수 있었다.

거부는 멀리 내다본다

인간의 기량이란 대관절 누가 키워주는 것일까. 핏줄일까, 부처님일까, 천신만고일까, 역시 스스로 환경개척만이 인간을 키워가는 것이다.

세상 사람들은 말한다.

'콩 심은 데 콩 나고, 팥 심은 데 팥 난다.'

그러나 이것은 농사꾼의 체념적 철학이다. 이것을,

'한푼 들이면 한푼 남고, 두푼 들이면 두푼 남는 게 장사다.'

라고 할 수는 없는 것이다. 이것이 상인의 진리는 아닌 것이다.

그 묘한 진리관 때문에 농사일은 속임수가 없는데 장사는 사람을 속여서, 물건값을 속여서 이문을 보는 직업이라고 생각해 왔다. 그러니까 농사는 '천하지대본(天下之大本)'이고 장사꾼은 '간상배(奸商輩)'라고 불렀다. 장사일은 그만큼 농사일보다 가변수가 큰 것이다. 그렇다면 생태적으로 장사꾼은 농사꾼보다는 그 가변수를 보는 데 밝아야 하고 과단성이 있어야 한다.

농사일은 1년의 하늘 운수를 보면 그걸로 그해 일은 족할지 모른다. 그러나 농사일에 비해 장사는 엎어졌다 뒤집어졌다 하는 기복이 순간에 벌어지고, 지혜로 치더라도 5년이나 10년은 미리 내다보는 긴 안목을 지녀야 한다.

이런 의미에서 볼 때 농사는 '천운적(天運的)'인 요소가 더 많고, 장사는 '인운적(人運的)' 요소가 더 많을지 모른다.

그 '운(運)'이라는 것은 항상 '역(易)'을 나타내는 것이고 그 '역'은 끊임없는 '변화'를 의미하는 것이다.

알고 보면 동양철학의 모든 귀결이나 그 핵심적 사상은 언제나 '역'에 있었다. '변화'의 추구에 있고, 그 '변화'를 보고 나아갈 때와 물러설 때를 판단하여 '수양'을 쌓도록 가르쳐 주고 있다. 그러나

‘운’과 ‘역’을 받아들이고 창조해 나가야 하는 것은 언제나 ‘나’가 주체인 것이다. 그러면 그 ‘나’는 어떻게 생겨야 하는가.

어떻게 해야 장사꾼의 ‘나’가 될 수 있는가.

대체로 얘기하기를 ‘작은 부자는 부지런한 데서 오고 만석 부자는 하늘이 낸다’고 했다. 그렇다면 ‘하늘’은 어떤 사람을 골라서 그 무거운 거부의 짐을 내려주는가?

또 임상옥은 그것을 어떻게 생각했을까?

큰 부자가 되고 나서 그집 사랑방에는 항상 별의별 손님이 다 찾아왔다. 이렇게 찾아와서는 구걸 아니면

장승

“이러이러한 사업이 있는데 한번 투자해 보십시오.”

하고 묘한 사업백서를 펼쳐 보이거나

“그러그러한 사업을 하고 싶은데 당신이 돈을 좀 빌려 주십시오.”

하는 청탁이 끊이지 않는다.

그러니까 ‘부자의 귀는 당나귀 귀’다.

자기집 사랑방에 가만히 앉아 있어도 날마다 별의별 사람이 다 찾아와서 돈벌이가 될 만한 희한한 일을 권유하거나 청탁하기 때문에 세상 물정을 남보다 먼저 듣는다는 뜻이다.

천하 거상이 되자 임상옥의 사랑방에도 돈 빌리러 오는 사람이 부지기수였다. 그런데 하루는 임상옥의 사랑방에 낯선 세 명의 손님이 찾아왔다. 그 세 손님은 모두, 나도 장사를 좀 하고자 하니 돈을 좀 빌려달라는 청탁이었다.

“세 분이 다 장사를 해 보시겠다는 말씀이오?”

“예, 그래서 돈을 빌려 주십사고 찾아왔습니다.”

“허허, 모두 장사를 해 보시겠다니 좋은 생각들이오. 그럼 오늘 세 분 앞에 각각 한 냥씩을 빌려 드리겠습니다. 이 한 냥을 가지고 나가서 각자 재주껏 장사를 해서 이문을 남겨 가지고 닷새 후에 돌아와 주시기 바라오.”

임상옥은 처음 보는 세 사람에게 돈 한 냥씩을 똑같이 내주면서 닷새 후에 각자가 재주껏 늘려 가지고 돌아오라고 하였다.

임상옥의 돈 한 냥씩을 빌려간 세 사람은 닷새 후 각자가 재주껏 돈을 늘려 가지고 찾아왔다.

갑이란 사람은 입이 조그마하고 손가락이 마른 꼼꼼쟁이로 생겼다.

“손님은 이문을 얼마나 보셨소?”

임상옥이 갑을 향해 묻자

“나는 한 냥 돈으로 짚을 사서 짚신을 다섯 켤레씩을 삼아 날마다 장에 나가서 팔았더니 하루에 한 푼씩 남아 다섯 푼을 남겨

왔습니다."

하고 대답했다. 임상옥은 그러냐고 고개를 끄덕이고 나서 두 번째 손님인 을을 향해 물었다.

을은 눈이 크고 이마가 벗겨진 40대 상투쟁이였다.

"예, 나는 그 돈 한 냥으로 대나무와 창호지를 사다가 하루에 종이연을 5개씩을 만들었더니, 마침 섣달 대목이라 금방 다 팔렸죠. 닷새만에 여기 본전 한 냥을 제하고도 한 냥의 이문이 남았습니다."

제법 아이디어가 그럴싸한 상투쟁이였다. 그만했으면 성공이라는 임상옥의 표정이었다.

"선생은 어떻게 하셨소?"

콧구멍이 벌름하고 입이 쭉 째진 병이란 셋째 손님을 쳐다보았다.

"그까짓 한 냥으로 뭐 장사할 게 있어야죠."

"그래서?"

"9푼으로 술을 사 마시고 남은 한 푼으로는 백지 한 장을 샀습니다."

임상옥은 맹랑하다 싶어서, 콧구멍이 벌름한 병을 한참 바라보더니

"하하하…… 그러면 그 백지 한 장을 사서 무슨 장사를 하셨소이까?"

"그까짓 백지 한 장으로 장사는 무슨 장사를 했겠소. 이웃집에서 먹과 붓을 빌려다가 그 백지에다 소지(小志)를 썼죠."

"무슨 글이었소?"

"내가 이제부터 절간에 들어가서 사서오경을 좀 읽겠으니 의주부윤 나리께서는 글읽는 동안에 쓸 비용을 좀 구처해 주십사 하는 것이었습니다."

그 방법이 통했는지 어떤지, 그 병이란 사나이는 의주부윤에게서 얻어왔다는 돈 10냥을 내놓고 큰소리로 웃어댔다.

임상옥도 웃었다. 병이란 사나이가 소지를 올렸다고 해서 의주부윤이 돈 10냥을 '글 읽어라' 하고 보내주었는지 아닌지는 모를 일이다. 십중팔구는, 아마 병이란 사내가 허풍을 한번 떨어본 것이리라.

임상옥도 그것을 몰랐을 리가 만무했다. 그는 그 세 사람의 장사 솜씨를 평해서 입을 여는데

"짚신을 만든 손님은 성격이 꼼꼼해서 매사에 낭패가 없는 분이나 장사꾼으로는 속이 너무 답답하고…… 둘째 분은 종이연을 만들어 당장에 2배 이익을 올렸으니 힘 안 들이고 큰돈을 벌었소. 그러나 그 장사는 항상 때를 타는 장사요……."

하고 그 둘을 바라보며 웃더니

"셋째 분은 백지 한 장을 사다 의주부윤에게 소지를 올렸다고 하니 매우 허황된 것 같으나 남자로서 뜻이 커서 좋소!"

라고 하였다.

임상옥은 다시 짚신을 삼은 사람에게는 1백 냥을 빌려주고 종이연을 만들었던 사람에게는 2백 냥을, 허황된 짓을 했던 세 번째 병이라는 손님에게는 서슴없이 1천 냥을 내주면서

"이 돈을 가지고 나가서 각자 재주껏 1년 동안 장사들을 해 보시오. 우리가 다시 만날 날은 1년 뒤 오늘이오!"

과연 1년 뒤에 갑과 을, 두 사람은 각각 무슨 장사건 간에 경영하여 재주껏 이문을 불려 가지고 찾아왔다.

그런데 병은 또 콧구멍 큰 값을 하느라고 바람만 낸 모양이었다.

"손님은 그동안 무슨 장사를 하셨소?"

"예, 돈 1천 냥이 크기는 하지만…… 저는 평양으로 마장사나 해볼까 하고 갔다가 어떤 기생에게 홀딱 반했습니다. 그까짓것 사내가 기왕 기생 오입을 하는데 야금야금 할 수도 없고, 그 기생 배꼽구멍이 얼마나 큰 지 엽전을 넣어 보았더니 한달도 채 못 돼 1천 냥 돈이 몽땅 빠져 들어가더군요. 세상에 무슨 구멍이 깊네

깊네 해도 그 구멍같이 깊은 것은 처음 보았소."

"그래서?"

"이렇게 빈 주먹만 쥐고 주인님을 또 찾아왔습니다."

염치도 없다. 뻔뻔하기 짝이 없는 수작이었다.

장사꾼은커녕 아무짝에도 쓸 데가 없는 녀석이었다. 난봉꾼이 마음잡아야 길어야 사흘이라고 남의 돈 1천 냥을 가지고 나가 장사를 해왔다는 놈이 이꼴이라니 무얼 믿을 것인가. 제 아비 어미라도 '버린 자식'으로 치부해 버릴 것이다.

누구나 한두 개쯤의 장점은 갖고 있으나 그것을 찾아보려는 노력을 게을리하기 때문에 지나치기 마련이다. 임상옥은 이 사내에게서 꼭 한 가지 보는 것이 있었다. 역시 남보다 큰 손자국이었다. 사나운 말이 길들면 명마가 되는 것이 아닌가.

임상옥은 아무런 책망도 하지 않고 이번에는 2천 냥 돈 꾸러미를 덥석 집어 주면서

"자네 하고 싶은 대로 무슨 장사건 다시 한번 해 보게!"

화가 났는가? 아니면 기왕 남의 일을 보아줄 테면 3년상 마치도록 보살펴 주라는 애기를 따른 것일까. 이제는 그 2천 냥이 다시 돌아와도 그만이고 안 돌아와도 그만이다. 임상옥은 그렇게 치부해 버렸다. 임상옥의 돈 2천 냥을 또 얻어 가지고 나간 병이란 사내는 그 후 1년이 지나고 2년이 지나도 나타나지를 않았다. 3년이 지나도 그는 그림자도 나타내지 않았다.

"틀린 놈이로구나……."

임상옥도 일을 버린 걸로 접어두고 병이란 사내의 일은 아주 잊어버리고 말았다. 그러다가 6년이 지난 어느 날 느닷없이 임상옥의 사랑방에 그 병이란 사나이가 껄껄 헛웃음을 치면서 나타났다.

"임대인님, 그동안 평안하셨소이까?"

"아니, 자네가 웬일인가. 이게 몇 년 만인가?"

"예, 꼭 6년 만입죠."

"그동안 어떻게 지냈는가?"

"얘기는 차차 하기로 하고 임대인님에게 한 가지 부탁이 있어서 또 왔습니다."

"부탁이라니?"

"예, 소 열 마리에 튼튼한 달구지를 얹어주시고 일꾼도 열 명만 빌려 주십시오."

"무엇에 쓰려고 그러는가?"

"그냥 열흘만 기다려 주십시오. 하하하……."

그 병이란 사나이는 또 소달구지 열 채에 일꾼 열 명까지 빌려 가지고 어디론가 떠나 버렸다. 그 사나이는 6년 전에 임상옥의 돈 2천 냥을 가지고 나가서 1년 동안이나 질탕하게 놀았다. 1년 내내 평양의 그 기생집에 틀어박혀 질탕 놀다가 겨우 돈 1백 냥을 남겨 가지고는 개성으로 내려갔던 것이다.

무슨 생각을 했는지 남은 돈 1백 냥을 가지고 인삼씨 서 말을 샀다. 그러더니 그 인삼씨 자루를 메고 태백산 심심산중으로 들어가서 이 골짜기 저 골짜기의 북쪽 응달에 바람잡듯 씨를 날려 버리고 나와서 또 평양 그 기생집에 가서 얻어먹고 지내다가 6년이 지나서 다시 임상옥에게 나타났던 것이다.

과연 병이란 사나이는 그 태백산으로 들어가서 열흘 만에 인삼 열 달구지를 캐어 싣고 임상옥을 찾아왔다.

"그게 다 뭔가?"

"인삼이지요."

"아니, 소달구지 열 채에 모두 인삼을 싣고 왔단 말인가?"

"네, 인삼이 아니면 도라지를 캐어 왔을랍디까, 하하하…… 인삼 씨를 뿌렸으니 분명히 인삼이죠."

임상옥도 놀랐다. 인삼 열 달구지면 10만 냥이 넘는다. 그 병이 라는 사나이는 6년 만에 인삼 10만 냥어치를 캐어 가지고 와서 그 동안 진 빚을 갚겠다는 것이 아닌가.

"그것은 모두 자네 인삼이니 자네가 다 가지게!"

"무슨 말씀을 하시는 겁니까? 임대인님의 돈으로 이런 장사를 했는데 이것이 어디 소인의 인삼입니까. 모두 임대인 어른의 인삼이죠."

병이란 사나이는 부득부득 우겨댔다. 할 수 없이 임상옥은 병이 가지고 온 인삼을 거두면서

"그럼 돈은 내 돈이라도 장사는 자네가 했으니 5만 냥씩 나눠 갖기로 하세."

"그럼 그렇게 하지요."

병이란 사나이는 힘 안 들이고 대답하더니 임상옥이 건네주는 5만 냥을 받아가지고 훌쩍 떠나 버렸고, 임상옥은 그 당장에 5만 냥을 벌었던 것이다. 병이라는 사나이가 떠나자 임상옥은 아랫사람들에게 이렇게 말했다.

"지금 저 앞에 가고 있는 사나이는 조급함을 버리고 보다 큰 것을 꿈꾸었기 때문이지. 사람의 능력이나 재능도 그 꿈을 크게 갖느냐 작게 갖느냐에 따라 큰 그릇이 될 수도 있고 작은 그릇이 될 수 있다네. 또 오늘 한 사람의 인간이 살고 있다는 것도 아득한 옛날부터 그 조상이 있었고, 그리고 그것은 먼 미래로 이어지는 생명의 나무같은 것이야."

시야를 넓게 가져라

이처럼 임상옥은 한없이 거시적인 안목을 지닌 사람이면서도 또 한없이 자세하고 미시적인 사람이기도 했다. 남보다도 몇십 배나 밝은 '눈'을 가지고 평생을 공부하는 몸가짐으로 세상을 살았던 박물가(博物家)였다.

그는 인간이란 죽는 순간까지 무엇인가 하나씩 배워서는 뻗어가고, 뻗어서는 배워가는 것이라 생각했다.

사람은 흔히 '눈'이 보배여서, 사람 몸뚱이 값을 1천 냥이라고 칠

때 그 중 '눈'이 8백 냥이라는 말이 있다. 눈은 현실을 보는 지혜의 척도다. 그러니까 장사꾼은 '눈'이 밝아야 한다. '머리'가 이상과 학문을 쫓는 것이라면 '눈'은 현실과 실리를 재는 지혜이다. 그렇지 않은가?

'돈'이 움직이는 것이 '경제 사회'라면 그 경제 사회를 철저히 꿰뚫고, 정리하고, 공식·도식화하고, 학문적 이론을 전개하는 '머리의 밝음'을 보이는 것은 경제학을 연구하는 박사요, 학자들이다. 그러면 천하의 돈은 당연히 경제학을 남보다 먼저 아는 교수들이 다 잡아야 할 텐데 사실은 그렇지가 못하다. 오히려 경제학 이론보다도 실제로는 시장바닥에서 밝은 눈을 가진 상인들이 돈을 더 잘 번다.

임상옥도 경제학 이론을 공부한 사람은 아니었다. 남에게 속지 않는 '눈'을 가진 상인일 뿐이다. 더구나 인삼 감정에 있어서는 만인이 감탄할 만한 박물가였다.

한번은 임상옥에게 어떤 산삼장수가 찾아왔다.

"이것이 진짜 산삼인지 아닌지를 한번 보아 주십시오. 이렇게 큰 산삼은 저도 인삼장사 40년 만에 처음 보는 것인데 감정을 해 보시고 나서 천하 명삼이면 임대인이 사 주시겠습니까?"

산삼이 진짜냐 가짜냐. 진짜는 무얼로 알아보고 가짜는 어디가 어떻게 다르냐. 누구나 다 알다시피 산삼의 가치는 보통 인삼과는 다르다.

山蔘者 人世之稀材也 又有一種家養之蔘 其腦髓形體 恰與山蔘一般 辨之甚難

(진짜 산삼은 세상에 아주 귀하고 드문 것이다. 또 산삼이라도 일종의 집에서 기르는 삼이 있어 진짜 산삼과는 형체나 모양으로 구별하기가 지극히 어렵다.)

이래서 '산삼이 났다' 하면 으레 '진짜냐 가짜냐' 하는 문제가 뒤따라 다니게 마련이요, 그것은 일류 채삼(採蔘)꾼이라도 본인이 아니고는 쉽게 감정해 낼 수가 없었던 것이다.

凡有稱山蔘購買者 勿論眞假 一切購服之 雖未必眞品 不害爲吾身之補益 亦其多服之中 必有一個眞品之蔘 自然中收效

(그러므로 진짜 산삼을 사려고 하는 사람이라면 애당초부터 그 산삼이 진짜냐 가짜냐 하는 것을 따지지 말아야 하는 것이다. 좌우간 산삼을 여러 번 사서 복용하는 동안 그것이 혹 진짜가 아니라 하더라도 내 몸의 보익에는 해가 되는 것은 아니므로 그렇게 자주 사먹는 동안 혹 진짜 산삼이 한 개라도 섞여 있다면 자연 놀라운 효험을 거두게 되느니라.)

이렇게 산삼의 진짜, 가짜의 구별은 처음부터 어려운 것이다. 아니 산삼은 고사하고 진짜 인삼과 가짜 인삼의 구별도 쉬운 일이 아니다. 조선 중종 때의 판서에 정광필(鄭光弼)이 있었고 그 정광필의 서자에 정화(鄭和)라는 사람이 있었다. 그러니까 정화는 정난종(鄭蘭宗)의 손자가 되는 셈인데, 자기 할아버지 난종이 서자·얼자(孽子)의 '과거 금지법 발론자(發論者)'였기 때문에 명가의 손자이면서 과거도 못보고 벼슬도 못했다. 그래서 일찌감치 중국어를 배워서 나중에는 명나라 13성의 사투리까지 모두 익혀 당대 제일의 중국통이 되었다.

그 정화가 연경 사신을 따라다니며 역관 노릇을 했는데 한번은 있는 돈을 다 털어서 인삼을 사 싣고 북경으로 들어간 일이 있었다.

그런데 정작 북경에 도착한 뒤 인삼보따리를 끌러 보니 '머리만 인삼이고 몸뚱이는 모두 도라지였다'는 기록이 남아 있다. 용꿈을 꾸고 인삼장사를 떠났던 정화는 기가 막혔다. 귀신이 곡할 노릇이 아닌가. 분명히 인삼을 사서 가지고 왔는데 어디서 어떻게 되어 머리는 멀쩡한 인삼이고 몸뚱이는 도라지란 말인가…….

북경 천지에서 오도가도 못하게 된 정화는 숨겨 가지고 갔던 은자(당시 금수품이었음)를 풀어서 여비를 쓰고, 그 일이 말썽이 되어 선천(宣川) 땅으로 귀양살이를 떠난 일이 있었다.

이처럼 인삼 대가리와 도라지 다리도 구별하기 힘드는데 어려운 산삼, 그것도 '되뽑이'인지 아닌지를 구별해 달라는 애기에 임상옥은 어떻게 했을까. 임상옥은 산삼장수가 가져온 산삼을 하룻밤 동안 정중히 상자에 넣어 잠을 재운 후, 이튿날 첫새벽 해가 떠오르자 그 산삼을 들고 나가 햇빛 아래에서 자세히 감정하고는 입을 열었다.

"이것은 경삼(驚蔘)이오!"

조마조마하게 임상옥의 얼굴을 지켜보고 서 있던 산삼장수는 제 손으로 제 무릎을 탁 치면서 임상옥의 귀신같은 감정에 감탄했다고 한다.

"과연 그러하옵니다. 경삼이올시다!"

듣던 대로 임상옥은 인삼, 아니 산삼 감정에도 신인(神人)이었던 것이다. 그 산삼장수는, 과연 그 산삼은 어떤 절간의 우물가에서 캐어 온 경삼이라고 자백했다.

여기서 경삼이 무엇이고 '되뽑이'가 무엇이냐 하는 점을 잠깐 알아야 임상옥의 기막힌 감식안이 얼마나 신인의 경지에 도달하였는가 하는 점을 제대로 평가할 수 있을 것 같다.

산삼은 원래 사람의 손을 전혀 타지 않았던 깊은 산중에 저절로 자란 것을 말한다. 그 어린 인삼 싹을 발견한 심마니는 흙까지 아울러서 그 산삼 싹을 떠다가 인가에서 멀리 떨어져 있는 아무도 모르는 전토(田土)에 옮겨 심고 약토(藥土)를 한 것을 '양직(養直)'이라고 하고, 그 어린 산삼 모를 평토(平土)에 직식(直植)한 것은 '직삼(直蔘)' 또는 '토직(土直)'이라고 구분했던 것이다. 그리고 씨를 받아다가 집에서 키우는 것은 보통 말하는 인삼이 된다. 그러니까 진짜 산삼과 경삼〔養直＝山養＝되뽑이〕과는 크게 다른 것이요, 값에 있어서도 엄청나게 다른 것이다.

임상옥이 그것을 어떻게 햇빛에 비추어 보고 알아냈는지는 알 수 없다. 하여간 옛날부터 산삼은 값이 없는 신령초이고 산신이 내려주는 것이니까, 그 산삼을 캐러 가는 풍속이나 말도 모두 속세의 것이 아니었다.

산삼을 캐러 가는 때는 초가을, 다알(인삼 열매)이 빨갛게 익을 무렵을 택해 큰 어른〔隊長〕은 소댕이〔隊員〕·날소댕이〔見習隊員〕·정재〔雜役夫〕들을 목욕재계시켜 비밀리에 날을 받아 삼을 캐러 들어간다.

머리에는 노캇을 쓰고 굴걸피〔옷〕로는 이슬치〔겉바지〕를 걸치고 디디게〔신발〕를 신고 마내시리〔지팡이〕를 짚고 메대기〔배낭〕를 메고 주청이〔도끼〕·앙기리〔낫〕·허버기〔호미〕·우묵이〔바가지〕·호련〔부시·성냥〕·정개〔솥〕·살푸〔숟가락〕를 장만해 가지고 들어간다. 그리고 대원들이 먹을 모래미〔쌀〕·흐시리〔된장〕·꿈소〔소금〕·끼아기〔닭〕·청시리〔간장〕을 짊어지고 깊은 산중으로 들어가 산삼을 캤던 것이다.

이런 산삼과 가산(家蔘)은 아예 족보부터 다르지만, 눈으로는 신인이 아니고는 도저히 감별해 내지를 못하는 것이다.

돈이 목숨보다 귀할 수 없지

99냥 가진 사람이 한 냥 가진 사람더러,

"네 돈 한 냥을 날 주어 내 돈을 1백 냥으로 마저 채우자."
고 한다는 얘기가 있다.

돈이 많을수록 욕심이 더 많다는 것을 빗대어 한 말이다. 돈만이 아니라 사람이 나이를 먹을수록 돈에 대한 집착도 더하다고들 한다. 그것이 이른바 노욕(老慾)이다. 그래서 돈 많은 사람은 인색하고 완고하기 쉽고, 또 욕을 얻어먹기 쉬운 것이다.

임상옥에겐 또 한 가지 재미있는 일화가 전해 온다.

어느 날 의주 임상옥의 집에는 눈에 핏발이 선 나그네 하나가 찾아왔다. 그 사람은 보통 지나가는 나그네가 아니었다. 당시의 풍습으로는 웬만한 고을 부자만 돼도 소위 '양객(養客)한다'고 해서, 지나가는 나그네들이 며칠 아니, 몇 달씩도 묵어 가는 수가 있었다. 그런 양객 노릇하는 사람이란 대개 바둑을 잘 둔다든지, 김삿갓처럼 싯줄이나 읊을 줄 안다든지, 지나다니는 가객이든지, 아니면 발이 넓어 이곳저곳 구경을 많이 해서 애기를 잘하는 입담 좋은 나그네들이었다.

그들은 주인이 심심할 때는 언제든지 사랑에 머무르면서 애기벗도 되고, 바둑벗도 되어 주면서 후한 대접을 받고 노자나 옷가지까지 얻어 입고서 또 다른 고을 부잣집으로 나그네길을 떠나가는 것이다. 또 큰 부자는 으레 그런 양객을 많이 하는 것을 자랑으로 여겨 왔다. 그런데 초면의 사나이는 눈에 핏발을 세워 임상옥을 대하자

"난 전라감영에서 이방 노릇 하는 최아무개올시다. 이방질을 하면서……."

전라감영의 공금 5만 냥을 축낸 죄를 짓고 죽게 된 목숨이니 살려 달라는 것이었다. 보통 사람은 5만 냥은커녕 1천 냥도 한평생 만져 보지도 못하고 죽는 일이 태반이었다. 그런데 낯선 전라감영의 최이방이란 사람은 5만 냥 대금을 서슴없이 꾸어 달라는 게 아닌가.

"댁은 어째서 여기까지 찾아오셨소? 완산(完山＝全州)에서 의주까지……."

"그런 큰 돈을 임대인님이 아니고서야 어느 누가 빌려줄 수 있겠습니까? 조선 갑부가 의주 임대인님이라기에 불원천리하고 찾아왔습니다."

"허허…… 그렇다면 할 수 없구려!"

임상옥은 그 자리에서 수하인을 불러 5만 냥짜리 어음을 끊어 주고 서울에 가서 환전해 쓸 수 있도록 해 주어 보냈다.

그 전라감영의 최이방이 돌아간 뒤였다. 서사 하나가 얼떨떨한 표정으로 주인 임상옥에게 물었다.

"처음 보는 사람에게 어떻게 5만 냥을 내주셨습니까?"

"아까 그 사람, 사람 죽일 사람이야. 얼굴에 살기가 있어서 주었네."

"살기가요?"

"돈이 목숨보다 귀할 수는 없지 않은가. 내가 돈을 안 내놓았다면 두 사람이 죽네. 나도 죽고 그 사람도 죽지. 그러나 내가 5만 냥을 내놓았으니까 나도 살았고 그도 살았네."

임상옥의 알쏭달쏭한 대답을 듣고 서사는 그 길로 변장을 하고서 아까 사랑방을 떠나간 최이방이란 사람의 뒤를 밟아 안주(安州)까지 내려가 보았다. 주막집에서 이틀밤을 함께 자 보고 사흘 만에 그 서사는 임상옥에게로 되돌아왔다.

"어떻든가?"

"과연 그 사람은 품에 비수를 품고 찾아왔었습니다. 돈이 안 되면 임대인님도 찔리 죽이고 자기도 죽으려 했노라고 자백했습니다."

"그것 보게. 살아남으려고 벼랑에서 떨어지는 순간까지 저마다 지혜에 따라, 아니면 힘에 따라 필사적으로 버둥거리는 것이 인간의 본성이야."

거상 임상옥은 인생관도 대범하지만 그 깊이도 보통 사람보다는 훨씬 깊었다. 그가 5만 냥을 내놓아 목숨을 구한 것이 잘한 일인가 못한 일인가. 아니, 보통 사람 같으면 평생 만져 보지도 못할 5만 냥 거금을 던져주고 태연할 수가 있을 것인가.

대조하기가 좀 우습지만 뒷날 우리나라 여류 갑부로 평양에다 '백선행(白善行) 기념관'을 짓게 했던 백선행 할머니는 한번은 밤에 칼을 들고 침입한 도둑과 맞선 일이 있었다.

칼든 도둑과 싸우느라고 피투성이가 된 백선행 할머니에게

"그까짓 돈을 좀 주어서 보낼 것이지 목숨이 위태로운데 왜 칼든 도둑놈과 싸우셨습니까?"

하고 누군가가 물었더니

"좋은 일 하는데 쓰자 해도 돈이 모자라는 세상에 칼든 도둑놈에게까지 줄 돈이 어디 있겠나?"

하더라는 것. 이런 경우 누가 고수(高手)랄 수 있을까.

절세의 이재(異才)요 시운을 잘 탔던 임상옥은 1855년(철종 6)에 의주 삼봉산 아래에서 77세로 일생을 마쳤다.

재물 평등하기 물과 같고 사람 바르기 저울같아라

임상옥이 죽던 그해, 임상옥의 부맥(富脈)은 최송설당에 이어져, 바로 그해에 우리나라에는 보기 드문 여류 갑부가 태어났다.

임상옥은 1832년(순조 32) 곽산 군수가 되었다가 홍수로 의주 백성들이 굶어죽을 지경에 이르자 많은 곡식을 내놓아 수재민을 구제했다는 공로로 2년 뒤에는 구성(龜城) 부사가 되었다. 그런데 그때도 그는 비변사의 심한 논척을 당했다.

'일개 장사꾼에게 부사 벼슬이라니 너무 과람하다.'

포만감을 느끼지 전에 수저를 내려놓으라는 말이 있다.

'나는 인생에서 무엇을 남기고 갈까……?'

만년 사색에 잠기는 나날.

어느날 돌연 임상옥은 벼슬을 내던지고 삼봉산 아래 촌장(村莊)에 칩거에 들어간다. 자기 인생관에 상당한 심기변전(心機變轉)을 일으킨 것이다. 이미 50고개를 넘어선 인생——'기량(器量)'이 아무리 커 보았자 양반의 자손이 아닌 사람으로서는 어쩔 수가 없는 한계점에 이른 것이다.

사람은 생사의 일점으로 이 우주에 단단히 매여 있다. 말하자면

우주의 종복이 아닌가. 이를 어찌 거역할 수 있으리오. 임상옥은
허허로이 시를 쓰기 시작했다.

여기서 무엇보다도 궁금한 것은 그의 정확한 가계 계승과 재산의
향방이다. 정사(正史)에는 자세한 대목이 나오지 않는다. 그의 행
장기나 또 의주 읍지에도 그 점이 자세하지가 않지만 이를 인용해
본다.

임상옥은 그의 두 아우와 아들 하나가 일찍 죽고……

이런 행장기로 보아, 그는 적어도 삼형제 이상이었다가 아우 둘
이 먼저 죽었다는 것과, 그의 '아들 하나도 일찍 죽어' 말년이 외로
웠다는 것을 짐작할 수 있다. 그 '아들 하나'가 여러 형제 중의 하
나였는지 아니면 독자였는지, 독자였다면 손자를 보고 난 뒤였는
지, 또 그의 유산을 계승한 후손들이 누구였는지도 분명치가 않다.
그러면서도 임상옥은 그의 후손들이 재산을 오래 간직하도록 하기
위해 토지를 여럿으로 쪼개어 궁장토로 넣었다는 것인데, 그 임상
옥이 궁장토에 넣었던 토지는 서북지방에 유명한 불이농장(不二農
庄)이 되어 일제 때까지 진해져 왔다.
그러나 '토지는 그 토지'지만 주인은 어찌 되었는지…… 궁장토와
역둔토(驛屯土)는 대부분 한일합병이 되면서 일본인들의 손으로 넘
어갔고 불이농장의 실권도 아마 일인들이 쥐었던 것은 아니었을까.
1923년 무렵 어느 잡지 기자는 의주 지방을 지나면서

불이농장의 일망무제한 곡식 물결은 끝이 없었다.

라고 한 대목도 보이고, 1926년 여름의 모습은

소작 쟁의의 불길은 남선으로부터 일기 시작하여 이제는 서선

(西鮮) 지방에까지 뻗쳐 왔다. 재작년 겨울부터 작년 봄이 지나
도록 문제가 되었던 소작인의 불이농장의 소작쟁의는 쌍방의 양
보로 무사히 해결되고…….

그때 불이농장은 평북 용천군(龍川郡) 부라면(府羅面) 벌판을 다
덮은 광대한 농토였으나, 이 무렵의 주인이 임상옥의 후손 아무개
라는 점은 한 군데서도 찾아볼 수 없다. 산천도 무상하고 사람도
무상한데 어찌 재산만이 무상하지 않을 수 있으랴. 어차피 사람도
허무하게 왔다 가고, 재산도 무상하게 모였다가 흩어지는 것이니,
후인된 우리가 더 긴 이야기는 해서 무엇하랴.
　그래서 임상옥은 세상을 덮을 만한 돈을 벌어 쌓아 놓고도 시를
썼던 것일까? 일세의 거부가 시를 쓰고 살았다면 퍽 아이러니컬한
얘기가 아닌가. '돈'은 어디까지나 현실의 세계다. 그러나 시는 이
상의 세계이며 비현실의 세계이다. 그러니까 상인과 시인은 기질적
으로도 달라야 한다. 왜 임상옥은 근대적 국제무역의 선각자적 거
상으로 성공한 뒤 '돈의 현실 세계'를 떠나 '시의 비현실' 속에서 안
주하려고 했을까.
　역발산의 거재(巨才)는 수십 만금을 쌓아올린 성공자였지만 그에
게도 정해진 분복(分福)이 있었던 모양이다. 더 자랄래야 더 자랄
수가 없는 계급사회, 외로운 노경(老境). 그래서 남모르는 눈물을
흘려야 했던 웅도(雄圖)의 거인.
　그렇지만 인생이란 이 얼마나 황망한, 그리고 죽을 때까지 무거
운 짐을 지고 가야 하는 시간의 연속인 것일까.
　생명이 있는 자는 모두 빈손인체 땅으로 돌아간다. 지금 임상옥
의 그 많은 액수의 돈은 간 곳 없고 겨우 시 몇 줄만이 전해 온다.

　　三更官燭怯春寒
　　經歲相逢話萬端

....

去後西州長短事
永淸橋上月團團
(한밤 촛불은 춘한에 놀라 떠는데
해를 넘겨 그대 만나니 할말이 많으나……
길고 짧던 세상 일, 한번 서주로 가버린 뒤
영청교 다리 위로 달만 둥실 떴네.)

財上平如水 人中直似衡
(재물은 평등하기가 물과 같고 사람은 바르기가 저울과 같아
라.)

파천황 이용익
잔잔한 바다에서는 훌륭한 사공이 만들어지지 않음을 알라

거금 36만 원

"조선의 이용익(李容翊)이 일본 제일은행 경성출장소에 맡겨 둔 36만 원이라는 거금이 행방불명되었다. 일본 정부는 그 내막을 철저히 규명하라. 정부라는 권력 집단은 남의 사유재산을 그처럼 근거 없이 압수할 수 있는 것인가?"

아라카와 고로〔荒川五郎〕라는 대의사(代議士)가 단에 올라 쩌렁 쩌렁한 쇳소리로 무려 30분 동안이나 발언대를 떠나지 않고 정부 당국을 공격해댄다. 1922년, 일본 국회에서 참으로 이상야릇한 발언 하나가 우리를 놀라게 한다.

왜, 일본 대의사 아라카와는 배일 친러파인 한말의 내장원경(內藏院卿)이요, 군부대신(軍部大臣)이던 이용익의 사유재산 36만 원이 어디로 갔느냐고 따져 묻는가?

어째서 일본 국회의원이 부끄러운 역사를 들춰 가면서 이용익의 재산 탈취사건을 정치 문제화하여 저희 나라 국회에서 떠들게 되었는가?

러일전쟁이 일어난 1904년.

그 무렵 36만 원이라면 사유재산으로서는 거대한 액수였다.

1904년 대한천일은행(大韓天一銀行)의 급료표에 의하면 은행장인 영친왕 이은(李垠)의 월급이 금화 50원이요, 부은행장이던 이용익의 월급은 25원.

평의장(評議長)이던 민○석(閔○奭)의 월급은 25원, 서기와 사무원들의 월급은 15원이던 시절이었다.

그 무렵 은행이라면 하늘의 별을 보는 것처럼 금전(金錢) 세도가 으리으리하던 때요, 서기나 사무원이라도 요즘 은행의 부장급이나 이사보다 더 많은 월급을 받던 때였다.

그 은행 사무원, 아니 은행장인 영친왕의 월급이 단돈 50원이던 시절에 일본 제일은행 경성출장소에 맡긴 이용익의 돈 36만 원, 요즘으로 치면 억만장자의 거금에 비길 수 있을 만큼 대단한 액수가 아닐 수 없는데, 그 36만 원 보따리로 땅을 사면 대체 얼마만한 넓이의 들판 위에 군림할 수 있었을까.

……땅값으로 말한즉 우리나라의 땅값은 일본의 땅값에 비하면 5분의 1이나 6분의 1의 힐가가 되는고로 일본 농부가 일본에서 一石落十를 팔아 우리나라에 오게 되면 5, 6석락의 庄土를 장만할지며, 또 우리나라에는 일본보다 地價가 헐하고 生利하기도 쉬우며 농작물이 生豊한 고로 일본 농부가 我國土에 到來한 후 일년을 未經하야 本土價의 1백분의 30 이익을 得할지면 3년만 지나면 本土價盡拔이요, 혹 連年凶荒을 당할지라도 10년만 지나면 본토가 可拔이로다. 그런데 현재 우리나라의 땅값으로 말하자면 충청도 지방에서 개간지는 한 평 평균 4錢 4里 4毛半이 보통이다 (1907).

그 무렵 일본 농부들이 왜 그처럼 동양척식주식회사의 그림자를 따라 우리나라에 들어오려고 했는지를 설명하는 신문 논설이다.

그해 우리나라 경기도·충청도 일대의 땅 한 평이 겨우 4전 4리 4모반이었다.

또 충청도 황등(黃登)지방에 있는 땅을 개항장 인천에 나와 있던 일본 거류민단 토지회사들이 들판떼기로 몽땅 사는데, 논은 평균 2전, 밭은 평균 1전 3리로 나타나 있다.

논 한 평에 평균 2전이면 논 1만 평, 즉 50마지기면 단돈 2백 원이요, 1백만 평이면 2만 원. 충청도 들판 1천만 평이면 20만 원이라는 계산이니까 30만 원만 가져도 무려 1천 5백만 평의 논을 살 수가 있었다.

그렇다면 이용익이 그 당시 은행에 예금해 두었던 36만 원이면 무려 8만 마지기 가까운 논을 한번에 장만할 수 있는 액수가 된다.

아무리 충청도 놀미(지금의 논산)·강갱(지금의 강경)이 들판이 넓다고 하더라도 거기 가서 평떼기로 8만 마지기를 소유했다고 가정해 보자.

이쪽 논두렁에서 저쪽 논두렁이 가물가물하게 보이는 들판에 군림한 8만석꾼이 된다.

그처럼 엄청난 돈을 쥔 장본인 이용익은 누구이며, 또 어떻게 그처럼 많은 돈을 휘어잡았을까?

구왕조의 험한 정치 풍토 속에서 늘 푸대접을 받던 '아라스카' 함경도 돌밭, 그런 땅에서 잔뼈가 굵은 이용익이 어떻게 10만석꾼이 되어 해바라기처럼 키가 우쭐하게 솟아 전국을 내려다보는 거물이 되었을까?

1924년 4월 12일자 신문기사 한 줄을 훑어보자.

이용익 씨 嗣子가 79만 원 청구. 李王家·일본정부·제일은행 걸어 東京 지방재판소에 舊韓國시대의 內藏院卿 이용익 씨의 長男 李賢在씨는 李王家를 위시하야 일본정부 및 일본 제일은행을 상대로 불법행위에 인한 손해배상으로 79만 9천 9백 99원을 청구하얏다.

1924년 4월. 이용익의 아들 이현재는 이왕직(李王職)과 일본정
부, 그리고 일본 제일은행을 상대로 아버지가 불법적으로 빼앗긴
돈에 대한 손해 배상금으로 무려 80만 원에 이르는 청구소송을 제
기하고 나선 것이다.
1924년의 80만 원. 세상 사람들은 그 어마어마한 청구 액수에 또
한번 놀랐다.
대체 그 무렵의 물가는 어떠했을까?
서울을 기준으로, 곡식값이 비쌌던 그해 양력 4월의 몇 가지 물
가를 살펴보자.

찹쌀 1말(大斗) 3원 20전
백미 상품 1말(大斗) 2원 20전
팥 1말(大斗) 1원 50전
녹두 1말(大斗) 1원 30전
참깨 1말 2원 20전
수수 1말 90전
쇠고기 1근 43전
북어 1쾌(20마리) 60전
김 1톳 50전
계란 1줄 28전
미나리 1다발 6전
인삼 특대 16냥 1근(120편) 9원
인삼 대 16냥 1근(120편) 5원
녹용 상품 1냥 12원
육미탕(六味湯) 최상품 20첩 3원

녹용 상품 1냥에 12원이요, 육미탕 최상품 20첩에 3원하던 시절이다. 아니 그보다도 인삼 16냥 120편짜리 1근에 단돈 9원밖에 안 했던 시절이요, 쇠고기 1근에 43전 하던 세월이었으니까 1천 근이면 4백 30원, 1만 근이면 4천 3백 원, 1백만 근이라야 43만 원이다.

2002년 현재 쇠고기 1근에 1만 5천 원씩 계산해서 그 당시 80만 원이라면 요샛돈 얼마가 되겠는지 한번 셈해 보면 재미있을 것이다.

불과 80여 년 전의 물가와 비교해 보면 이현재가 일본 제일은행을 상대로 낸 79만 9천 9백 99원이라는 돈의 무게를 실감하게 될 것이다.

그러면 대체 이용익의 아들 이현재는 무엇을 근거로 그처럼 엄청난 돈을 일본 제일은행에 손해배상 청구소송을 하게 되었는가?

첫째, 이는 露日전쟁이 한창 치열한 당시 朝鮮天地가 혼란하얏을 때 이용익이 일본 제일은행 京城出張所에 맡겨둔 예금 총액 36만 원이 어느 사이에 朝鮮王家의 名義로 되었다는 문제에 대하야 둘째, 大正 11년 日本議會에서 荒川五郎씨의 힐문까지 있었던 사건으로 셋째, 이것으로 보면 일본과 露國의 國交가 끊어졌을 當年의 朝鮮 사정을 용이히 추측할 수 있으며 넷째, 그 소송에 사용한 印紙代만도 2천 4백 원으로 엄청난 돈의 행방을 찾아 헤매는 것이다. 다섯째, 그러하나 王家 상대의 소송은 前例가 없어 용이히 접수가 될는지 안 될는지 그 귀추가 주목되고 있다 한다.

즉, 러일전쟁 때 이용익이 진고개(지금의 충무로 3가)에 있던 일본 제일은행 경성출장소에 맡겨둔 36만 원의 주인이 그가 러시아로 망명하고 나서 어느 사이엔가 조선왕조의 명의로 바뀌어졌다는 것인데, 그것은 자기 아버지의 사유재산이니까 마땅히 되돌려 주어야 한다는 것이 소송의 골자였다. 그래서 그 소장(訴狀)에 붙인 인지

값만도 논섬지기 값이 훨씬 넘는 2천 4백 원이나 되어 그 소송은
일본 전국에까지 큰 화젯거리가 되었었다.

　舊韓國시대 내장원경 이용익 씨의 아들 李元載씨가 李王職과
일본 정부와 제일은행을 걸어 소송을 제기한 사실은 이미 앞서서
보도한 바어니와…… 그후 李元載씨는 그 소송을 取下하얏다더라
(1924).

　도쿄발 전보로 발신된 위 기사 중에서 이원재는 이현재의 오자
(誤字)이다. 도쿄 천지가 들썩들썩했던 '해괴한 미궁이 먹어버린
거금 사건'이었다.
　그런데 원고는 왜 이용익의 유금(遺金) 80만 원 청구를 취하해
버렸는지 내막은 알 수 없다.
　그러나 이 사건은 1932년 5월 25일자 신문에 의하면 이현재가
맨 처음 소송을 제기한 지 8년 만에 다시 액수가 불어난 1백 20만

성밖 동대문통, 1900

원 청구소송 사건으로 재등장하고 있다.

그렇다면 1924년에 제기했던 소송은 왜 취하되었고 또다시 8년 만에 청구액이 1백 20만 원으로 늘어난 채 재판을 다시 요구하게 된 까닭은 무엇인가?

당시 원고 이현재가 주장한 것을 보면 원금이 89만 원이요, 그 원액에 이자가 붙어 1백 20만 6천 원이라고 청구하고 나선 것이다.

1924년에 제기했던 원금 36만 원 청구소송 사건과는 또 다른 내용의 청구소송 사건인 점만은 뚜렷하다.

89만 원 소송사건.

백만장자 하나가 달린 운명의 거액 재판——.

그리고 1932년 도쿄 지방재판소에서 청구소송이 접수된 지 한 달 도 못 되어 이용익의 아들인 원고 이현재가 패소했다는 기사가 6월 19일자 신문에 다음과 같이 나와 있다.

90만 원 사건 原告敗訴
이용익의 아들 이현재 17일 敗訴判決
……이용익은 明治 35년에 23만 원, 明治 33년 13만 4천 원 計 36만 4천 원을 제일은행 京城支店에 당좌예금으로 넣었던 바, 그 중에서 3만 원은 찾아갔고 이용익은 그 후 러시아 땅으로 망 명하얏다는 바…… 이에 대하야 은행은 그 돈은 李太王의 내탕금 이요 이용익은 다만 名義人에 불과하다고 하야 不應하얏다더라 (1932).

이용익은 1902년에 23만 원, 1905년에 13만 4천 원을 제일은행 경성출장소에 예금했다.

그 중에서 이용익은 3만 원만 찾아 썼고 나머지 원금 33만 4천 원은 그대로 은행에 당좌예금으로 넣어 둔 채 급박하게 죄어드는 망국의 풍운에 쫓겨 상하이로 망명하지 않을 수가 없었던 처지였다.

이용익의 아들 이현재는 자기 아버지가 맡겼던 그 돈을 내놓으라고 소송을 걸었던 것이다.

여기까지는 사리가 분명하다. 이현재는 그 증거물로서 일본 제일은행이 발행한 당좌예금 통장을 법정에 제시했다.

그런데 이에 대한 일본국의 국책은행이요, 발권은행인 제일은행 측의 답변이 걸작이다.

"사실은 그러하나, 그 돈은 이태왕(고종)의 내탕금이요, 이용익은 다만 그 명의자에 불과하므로 내줄 수 없다."

이것이 은행측이 원고 이현재의 요구에 응할 수 없다는 법정 진술이었다.

그렇다면 그 돈이 내탕금이었느냐, 아니면 이용익의 사유재산이었느냐 하는 점이 밝혀져야 하지만 당사자인 고종과 이용익 두 장본인은 이미 세상을 떠난 지가 오래고, 조선의 마지막 임금 이왕(순종)조차 눈을 감아버린 뒤다.

세상은 이미 조선총독부 치하가 된 지 오래다. 이제와서 원인부터 따진다고 한들 누가 이 일을 들어 그것이 이용익의 재산이다, 이태왕 전하의 내탕금이냐를 가려 줄 수 있을 것인가?

물론 이용익은 내장원경이었으니까 이태왕의 사사로운 돈을 이용익의 이름으로 예금했을 공산도 없지 않다.

그러나 이용익 자신도 1890년대 후반부터 1900년대까지 이 나라 전체 금은방을 손아귀에 쥐고 있던 노다지왕이요 인삼왕으로서 응당 그 정도의 재산은 충분히 모을 수 있었을 것이고 보면, 그것이 단순하게 이용익의 사유재산이 아니었다고 말할 수도 없는 처지였다.

그처럼 애매모호한 사건이지만 엄밀하게 따지면 은행은 정치 행위를 하는 곳이 아니요 상업 행위를 하는 곳이니까, 그 명의인이 누구이건 자기 은행에 예금을 맡긴 사람에게 권리가 있다고 보는 것이 당연한데도 일본 제일은행측이 "그것은 이용익의 사유재산이 아니고 이태왕의 내탕금이니 내줄 수 없다"고 말할 수 있을까?

　　원고 패소의 이유는 원고의 예입금은 원래 先考의 소유금이 아니라 한국 宮內府의 내탕금이고 원고의 부친 在世中에 大臣署理 閔○奭씨에게 예금자의 명의를 변경하얏고 대부분은 지불하얏을 뿐 아니라 잔액은 時效에 의하야 소멸하는 것이라…….

이 재판은 일본 정계와 재계가 떠들썩한 가운데 몇 해를 두고 옥신각신하다가, 결국 은행측도 1905년에 예금했던 13만 4천 원은 이용익 개인 재산으로 인정한다고 굴복하고 말았다.
　'그렇지만 당좌예금 행위는 시효가 5년이므로 이미 시효가 지난 본건 예금 청구소송은 무효다.'
　은행은 억지를 쓰면서 버티었고, 또 그런 은행의 답변을 근거로 도쿄 지방재판소에서는 원고 이현재에게 패소 판결을 내리고 말았다. 그러자 이현재도 곧이어 그에 불복하고 다시 공소를 제기했다는 내용이 그해 11월 26일자 신문에 또 자세하게 보도되어 있다.
　결국 이 사건은 일본 대심원에까지 올라갔던 것이요, 1935년 2월 22일자 신문에 의하면 대심원은 원심을 파기하고 사건을 다시 공소원으로 보냈다는 내용을 싣고 있다.
　일본 대심원은 민사 제5부에서 마에다〔前田〕 재판장이
　'예금의 소멸 시효는 5년이다.'
하는 요지로 1심·2심에서 모두 패소했던 사건을 다시 공소원으로 돌려 보내 심의하도록 했던 것이다.
　그러나 대심원이 원심을 파기한 지 3년 만인 1938년에는 다시 이현재의 재심 청구 요구조차 각하되어 버렸다.

　夢幻의 90만 원

9년 繫爭의 이현재씨對 一銀訴 再審청구까지 却下되어

함경북도 明川郡 上加面 石峴里 이현재씨는 지난 昭和 5년 4월 동씨의 先考 이용익 씨가 元朝鮮 宮內府 內藏院卿으로 在任中 明治 35년 日本의 株式會社 第一銀行 京城支店에 예금한 89만 3천 9백 67원 지불 청구 소송을 제기한 이래 전후 9년에 긍한 분쟁의 결과 大審院에서 原告패소의 확정 판결을 내렸는데 이에 불복 재심을 요구하얏던 바 21일 大審院 古川재판장으로부터 再審申立却下의 판결을 내리었다(1939).

이름만 법이지 법은 코에 걸면 코걸이, 귀에 걸면 귀걸이, 항상 강자의 편에 서는 칼일 뿐이었다.

어찌 일본의 재판부가 1백여 만 원짜리 거금을 이용익의 후손에게 내어주는 판결을 내리겠는가?

한 시대를 뒤흔들던 이용익의 재산.

얼마나 기막힌 이야기인가. 아니 그보다도 한 시대를 흔들 만한 거금을 쥐었던 이용익의 생애 자체가 곧 설움에 찌든 한말의 역사요, 함경도 사람들의 눈물이요, 나라를 잃고 해외로 망명한 우리 유랑 애국시사의 발사취었나.

금광에 신화적 인물

양반의 몰락 과정은 1900년대로 들어서면서 이 땅 위에 펼쳐진 개화극의 일부분이지만, 이보다 2, 30년 더 거슬러 올라간 1870년대까지만 해도 세상은 판이했다.

상놈은 양반 앞에서 긴 담뱃대만 물고 지나가다가 들켜도 엉덩이 볼기짝이 피가 묻어 나오게 버드나무 곤장 매질을 당하던 세상이었다.

하늘은 생겨나면서부터 귀한 자와 천한 자를 따로따로 만들어내 부리는 자와 부림을 당하는 자가 있었다.

또한 항상 때릴 수 있는 권리를 가진 자와 항상 맞아야 하는 의무를 가진 자가, 태어나면서부터 갈라져 있었다.

이런 조선왕조의 정치·사회 조직이라지만 평안도와 함경도에는 '대물림 양반'이 없어 그곳 백성들은 양반의 진짜 맛이 어떤 것인지를 뼈저리게 느낄 수 없는 특수한 환경에 놓여 있었다.

우선 함경도에는 이렇다 할 명문거족의 움이 돋지 않아, 기껏해야 함흥을 중심으로 한 왕가의 묘지기나 국경지대에 진을 치고 있는 절도사 정도의 '벙거지 쓴 족속', 그것도 아니면 삼수갑산 험준한 산중으로 귀양 온 '죄진 양반님네' 정도가 전부였다.

그런 점에서는 오히려 정권의 변두리 지역인 함경도 상놈들이 양반의 착취를 덜 받았고, 그만큼 어중이떠중이 식으로 상놈들끼리만 도토리 키재기를 하면서 살아온 셈이었다. 그들은 전라도나 충청도 상놈들보다는 기를 펴고 살았다 할 수 있지만, 거꾸로 애기하면 그만큼 척박하고 모질며, 험하고 악착스런 기후와 토질 조건 속에서 '잃어버린 지대의 삶'을 누린 셈이었다.

그런데 아무리 함경도 땅이라 해도 우려먹고, 긁어먹고, 빼앗아먹을 것이 있다면 양반이 터를 잡고 종자를 퍼뜨리지 않을 리가 있었겠는가? 그만큼 양반 종자가 번식하기엔 자연 환경이 모진 곳이었다.

그러나 함경도에도 1890년대부터 이용익·이준(李儁)·주석면(朱錫冕)·김홍륙(金鴻陸)·조정윤(趙鼎允)·송병준(宋秉畯)·장박(張博) 등 신식 개화 인물들이 쑥쑥 자라나 역사의 한 페이지를 새롭게 기록하기 시작했다.

그 함경도 신인맥(新人脈)의 제1호인 이용익은 어느 모로 보나 한말의 신화적 존재다. 그 함경도가 낳은, 아니 조선왕조의 금광역사가 낳은 이용익 신화는 어디서부터 시작해야 할까?

나무도 뿌리가 있고 이리 출렁 저리 출렁 물살 따라 흘러다니는 부평초도 뿌리가 있는 법이다. 하물며 사람에게 있어 그 뿌리가 없이 어디서 씨종자가 뚝 불거져 나올 수 있을 것인가.

그래서 누구나 자기를 남 앞에 소개할 때는 아무 조상, 아무 집안의 몇 대 자손이요, 아무개 대감과 도덕 높은 아무개 선생은 제 처삼촌이요, 아무개 군수는 제 외사촌이요 하는 식으로 사돈에 팔촌까지 족보를 들먹이면서 길게 인사를 차리는 게 법식이었다.

조상의 족보를 댈 것이 없으면 15대 할아버지가 사육신 묘에 벌초를 해 준 아무개 처조카의 사촌이었다는 식으로라도 무엇인가 조상 뼈다귀에 얽어서 자기 위치를 설명했다.

그러나 한말에 나타난 함경도의 이용익은 그의 선조는 고사하고 아버지의 이름 석 자도 누구인지조차 분명하게 나타나 있지 않다. 그만큼 이용익은 미천한 가문에서 태어났다.

이용익은 그의 소년시절은 물론 청년시절의 행적조차도 전혀 이렇다 하게 알려진 것이 없다.

이용익은 아버지의 이름뿐 아니라 그 출신지조차 북청군(北靑郡)인지 단천군(端川郡)인지 확실하지 않지만, 1900년대 대한제국사에 있어 그만큼 뚜렷한 존재로 부각된 인물도 없다.

함경도 시골의 이용익이 어떻게 한 나라의 온갖 돈줄을 손아귀에 쥐고 왕궁을 업고서 거국의 부(富)를 요리할 수 있었던가?

단천부사(端川府使) (1882년)

영흥부사(永興府使) (1887년)

감리 함경도 광무(監理咸鏡道鑛務)

함남 병마절도사(咸南兵馬節度使)

강계부사(江界府使) (1888년)

감리 서북 광무(監理西北鑛務)

탁지부 전환국장(度支部典圜局長)

서북 철도국 총재(西北鐵道局總裁)

헌병사령관(憲兵司令官)

탁지부 대신(度支部大臣) (1902년)
군부대신 서리(軍部大臣署理)
대구 관찰사(大邱觀察使)
강원도 관찰사(江原道觀察使)
제실 회계 심사국장(帝室會計審査局長) (1905년)

병마사·관찰사·대신은 물론 철도·군부·전환국·광산·인삼권 등 조선왕조의 돈 산맥은 이용익이 총괄했다. 또 궁중재산 즉 전국에 있는 왕실재정을 도맡아 운영했다.

1900년 전후, 당시의 돈으로 무려 1백만 원 단위의 재산을 자기 손으로 주무르던 인물이었으니, 모르면 몰라도 이용익이야말로 정치·경제·사회·공업 등에서 유례없이 큰 발자취를 근세사 위에 남긴 인물이 아닐 수 없다.

고려대학교와 출판인쇄 보성사를 세운 사람도 이용익이요, 이 땅에서 맨 처음 성냥·제지·유리·벽돌공업 등 근대산업의 서막을 연 것도 이용익이었다.

그뿐만 아니다. 1904년 러일전쟁이 일어날 당시로서도 그는 80만 원짜리 예금통장을 일본 제일은행(조선은행의 전신)에 넣는 등 그의 재력은 당대 제일이었다.

당대 제1권신 초가에 살다

1880년부터 1900년까지 20년 동안, 단 하루 앞도 예측할 수 없이 아침 저녁으로 변하던 한말 정세의 난기류대.

사람들은 저마다가 생각과 행동에 기준을 갖지 못하고 우왕좌왕하는 시대를 만나 어제의 충신이 오늘의 역적으로 몰려 죽임을 당하는 일이 예사이고, 여기저기에서 역적을 몰아세우는 민권, 데모크라시 운동이 목쉰 소리를 돋우어 갔다.

그 정치 난기류에 몰려 하늘에 뜬 구름도 방향을 잡을 수가 없었다. 어제의 명문 출신 청년 정치가가 역적이 되어 타국으로 망명을 해 목숨을 부지하다가 외세를 등에 업고 들어와서 오늘의 대신이 되어 가슴에 훈장을 주렁주렁 달고 거드럭거렸다.

흔히 난세에서 성공하는 데에는 그 첫째는 물론 능력과 수완이라고 하고, 둘째는 후천적인 소질 이상의 것, 즉 '운(運)'이라고 세상에서는 말한다. 그렇다면 이용익은 능력인가 운인가.

걸핏하면 정변, 쿠데타 음모 때문에 고종황제는 자신의 신하 중에서도 진실로 마음을 주어 믿고 의지할 수족 같은 신하가 없었다. 아무도 믿으려 하지 않았다. 아무도 믿을 수가 없었다. 아니 아무도 믿을 수 없는 정세가 제3의 외세에 의해 전개되었다.

그 가운데 단 한 사람의 예외가 있다면 그것은 두말할 것도 없이 내장원경 이용익이었다.

내장원경 이용익.

그는 1882년 단천군수로부터 출발해 1906년 쓸쓸하게 러시아 땅에서 숨을 거둘 때까지 일편단심 고종황제에 대한 충성을 하루도 바꿔 본 일이 없었고, 고종황제도 마음을 다해 믿은 신하가 있었다면 바로 이용익 한 사람뿐이었다.

그러면 어떻게 그런 두터운 군신관계가 싹터서 그처럼 오래 지속될 수 있었을까?

이용익 씨는 奸物이었지만 또한 일종 인물이다. 유형(流刑) 선고를 받은 후에 配所에 가지 않고, 또 배소에서 죽었다는 풍설을 내어 그 종적을 가리고 그 동안에 궁중에 출입하여 가만히 그 세력을 굳게 하얏다가 일조에 특사하시는 왕명을 받자와 몸이 典圜局長이 되고 전국 鑛山권리를 손에 잡아서 폐하의 일등 가는 충신이 되었으니 간물이라는 시비는 면치 못하려니와 한 가지 재주 없고서야 어찌 그러하리요. 그 사람을 欽慕할 인물은 아니로되 어림없이 경멸히 볼 것도 아니로다(1898).

이 기사는 1896년 우리나라 민권운동의 핵심을 이루었던 독립협회가 그 정적 이용익을 말한 대목의 한 토막이다.

독립협회측에서 보면 이용익은 정치악 1호, 인(人)의 장막 1호, 부정축재 1호, 탐관오리 1호, 무식한 고관 1호로 그가 전국 봇짐장수·등짐장수 집단인 황국협회를 막대한 돈을 뿌려서 조종하여 독립협회·만민공동회 연설장을 몽둥이질로 박살을 냈던 '죽일 놈'인 셈이었다.

그 이용익을 '간물(奸物)이지만 또한 인물'이라고 결론내린다. 이것은 참으로 냉정한 인물평이 아닐 수 없다. 그런데 그 냉정한 '이용익론'은 독립신문이 평한 것이 아니라, 일본에서 발행된 어느 신문이 그렇게 이야기한 것을 독립신문이 번역해서 실을 따름이라면서 이렇게 계속하고 있다.

이용익 씨의 오늘날 처신하는 祕術은 다만 君寵을 잃지 말자는 한 가지라, 그를(그것을) 위하야 금일 같은 세력으로도 家門을 장식하지 않고, 그 남은 것은 가져다가 君寵을 사는 자본금을 만드니 이것은 그 사람의 盡忠하는 마음으로 볼 것이 아니라 타일의 큰 수뢰를 바라는 수단이라 하얏으니, 우리는 그 의견을 可좀는 담당하지 아니하되 타국사람이 우리나라 유명한 인물을 의논하얏기에 이에 대강만 번역하노라.

이용익은 당대 제일 가는 세력가요 금력가였다.
또 당대 제일 가는 충신이었다.
그런 이용익이었지만 그는 항상 초라한 초가집에서 살았다.
웅장한 기와집을 짓지 않고 초가집에서 사는 당대 제일의 권신.
최고 금력가요 재산가이긴 했지만 그는 자기 손에는 동전 한 푼 쥐고 있지 않고 모든 것을 고종황제 앞에 바쳤다.
그가 그처럼 당대 제일의 세력가이면서 자기 자신을 위해서는 제

집 사랑방 도배 한 번 안 하고 빗물이 새는 초가집에 살며 모든 것을 왕궁에 바친 충성은 뒷날 더욱 큰 일을 해내기 위한 투자였다지만, 이용익은 끝내 더 큰 일을 해내는 기회를 실현하지 못한 채 망명지에서 외롭게 숨을 거두고 말았다.

노다지에 바친 청춘

이용익은 1882년 임오군란이 나던 해에 29세로 함경도 단천부사가 되어 처음으로 관직에 발을 디뎠다.

그의 소년시절은 끼니를 걱정해야 할 만큼 미천하고 가난한 어느 말장수의 아들로 보내야 했다.

말 거간 노릇도 하고 말의 의사도 되어야 했던 아버지 밑에서, 이용익은 어릴적부터 달리는 말을 뒤쫓아 들판으로 뛰어다니던 '인간 야생마'나 다름없었다.

해가 뜨면 단천 산골짜기는 깊은 물안개가 끼었다. 그는 그 물안개를 헤치고 말을 몰아 몇십 리씩 장삿길 가는 아버지 뒤를 따라다니기도 했다. 그 덕분에 이용익은 어려서부터 남보다도 정강이가 튼튼하게 발달해 걸음 잘 걷고, 키 크고, 건장한 사내로 자라났다.

성질 급히게 날뛰는 '덤베 북청' 미을에서도 다리씨름이리면 니무토막처럼 튼튼하고 길쭉한 정강이를 가진 이용익을 당해 내는 사람이 없었다.

어린 이용익이 큰 장정들과 정강이뼈를 짓누르는 다리씨름을 하자면 뼈가 쑤시고 아프지 않은 것은 아니었지만, 그는 열두세 살 때부터 무패의 다리씨름 챔피언이었다.

뼛속이 아리아리하게 패이고 쓰라려도 졌다는 소리를 하지 않고 끝까지 버티는 지구력, 남자의 고집을 기르는 데는 서로 정강이뼈를 맞대고 문질러대는 다리씨름이 제일이었다.

"용익이 뻬(뼈)는 옹근 장작개비 같습둥! 아무리 비베도 아프다고 스리 우는 뱁이 업쟁이요."

"말장수 아들이느깐드루 말뼈를 많이 먹어스리 말뼈가 됐겠지비!"

이렇게 주위에서 훈수를 해 주면 이용익은 정강이를 발발 떨고, 금방 울음이 터질 정도로 아픈 다리라도 끝내 참아서 상대방 마을 육척 키다리 장정의 항복을 받아내고야 말았다. 그런 고집의 사나이였다. 이용익의 몸은 점점 늘씬한 육척장신으로 해바라기대처럼 뻗어났고 정강이엔 힘과 기운이 올라 그의 달리기는 이웃 동네까지 소문이 쫙 퍼졌다.

뉘 집에 초상이 나 고개 너머 사돈네 집으로 급히 부고를 전할 일이 생기면 이용익을 삯꾼으로 보냈고, 급히 읍내로 약을 지으러 보낼 때도 이용익을 불러다 썼다.

그러나 다리 장군 이용익도 점점 철이 들면서부터는 자기 자신에 대한 각성이 들기 시작했다.

무식하고 가난한 두만강 국경지대의 한 말장수 아들이라는 핏줄이, 또 함경도 사람이라는 5백 년 이래 지역 천민의 숙명이 그를

북청 시장의 장날

내리눌렀다.

멋도 모르고 말꼬리를 따라 뛰고 달리던 이용익. 그냥 긴 정강이 뼈만 자랑하면서 산야를 누비고 다니던 그 야생마 이용익도 차츰 상놈으로서는 헤어날 수 없다는, 사회적 신분의 굴레를 깨닫기 시작한 것이다.

다른 모든 함경도 사람들이 그렇듯 이용익도 어느덧 서민사회의 '보리배꼽' 철학을 생리적으로 터득해 갔다.

그러나 이용익이 17세 되던 해, 그에게는 뜻하지 않은 사건이 일어났다. 이 사건은 그의 운명을 바꾸어 놓는 첫 번째 계기가 되었다.

사십 리나 떨어진 삼태동(三胎童) 마을 포수 아들에게 시집가는 이웃집 색시의 사인교 가마를, 어깨가 벌어지고 다리힘 좋은 이용익이 메게 되었다.

신랑은 말을 타고 떠나고 그 뒤에 신부·함진아비·상객(上客) 등이 줄레줄레 따라서 사십 리 길이나 가자니 갈길은 멀고도 바빴다.

길은 산비탈이어서 냇둑처럼 꼬불꼬불 돌고 뻗쳐 가마꾼들은 그 좁은 길을 가느라고 애를 먹는 판인데, 마침 맞은편에서도 혼행가마 한 채가 이쪽으로 내려오고 있었다.

"비켜라, 비켜!"

"혼행가마 행차시니깐드루 썩 비키라이!"

혼행가마 둘이 길 복판에서 딱 마주치면 좀처럼 서로 먼저 길을 비키려고 하지 않는 것이 예사였다. 다른 때도 아니요, 아무리 상놈이라도 장가가는 날만은 사모관대에 족두리 쓴 신부를 이끌고 의젓한 양반차림으로 나서기 때문이다.

두 혼행가마는 길 가운데서 서로 시비가 붙었다. 세(勢)로 보아 상대편은 지방호족의 가마임에 틀림없었다. 양쪽 하객들이 서로 뜯어말리고 타이르는 바람에 시비의 불꽃은 일단 잡히고 이용익의 가마가 물러나 길을 내주기로 타협이 되었다.

"아, 뉘기 양반이 아니랬습둥, 또 길을 비키지 않겠다고스리 버
텼습둥. 그저 길이 좁아스리 머뭇거리기지. 정말 너무들 하느만
서리. 아, 그렇게 호령을 치다간스리 콩팥에다 간수 뿌리고 두부
내놓으란 격이 되겠습둥."
젊은 혈기의 이용익이 복받치는 울화통을 참으면서 혼잣말로 중
얼거렸다.
"네 이놈! 염병 삼 년에 벼락맞아 뒈질 놈아! 남의 집 가마나
메어먹는 주제에 웬 군소리가 그리 많아? 양반 행차에 눈알을
똑바로 뜨고 시비를 가리다니……."
"……"
"네놈 정강이 멀쑥한 걸 보니 힘꼴이나 쓴다고 그러는 게 아니
냐?"
말 위에 앉아서 긴 담뱃대를 손에 들고 종놈에게 가래침 요강단

안마당의 가마

지까지 들린 사람은 바로 단천부(端川府)의 이방 유패돌이었다.

성질 팍팍하고 됫박이마에다 물메기 수염까지 코밑으로 쭉 째진 그의 생김새 때문에 단천 읍내에서는 진작부터 소문난 왈짜요 세력가로 통했다.

유이방(劉吏房)의 한 마디에 주위에 늘어섰던 종놈 패거리들이 우르르 달려들어 가마를 멘 채 서 있는 이용익을 끌어내 몰매를 가하기 시작했다.

"이놈이 바로 그 이 건달이란 놈이쟁이요?"

"아니 씨름판에 다니면서 눈먼 황소 고삐나 몇 번 만져보았다고 쓸개가 부었지. 이놈아, 너는 눈에 보이는 것이 없느냐?"

"이 상투꼭지에 대못을 박을 자식아!"

"관장 앞에 행패를 부린 놈은 벌을 주어 마땅하니라. 그놈의 상투꼭지를 내 말꼬리에 매달아라!"

이방 유패돌은 이용익의 상투꼭지를 기다란 노끈으로 묶어서 자기 말꼬리에 매달아 끌려가게 했다.

관(官)의 명령은 지엄하다. 아무도 더 대항할 수가 없었다. 초주검이 된 이용익은 상투꼭지를 이방 유패돌의 말꼬리에 매달린 채 5리나 끌려가고 말았다.

결국 이용익은 겨우 동네 사람들의 사정으로 풀려나긴 했다. 그래도 유패돌의 분함은 풀리지 않았는지, 그날 밤 수십 명의 사령들을 풀어 주막집 봉놋방에 누워 앓고 있는 그를 잡아가고 말았다.

이용익은 관청 볼기매를 맞고 단천옥에 갇혀 한겨울 석 달 동안이나 죽을 고생을 했다. 이용익의 아버지는 말장사하던 밑천을 모두 유패돌에게 속전으로 바쳐 거덜이 나 버렸다. 이용익도 더 고향에 있을 수 없어 그 길로 훌쩍 마을을 떠나 버렸다.

그는 울분의 눈물을 삼키면서 그 길로 떠돌이 부보상 패에 몸을 의탁했다.

이용익은 그때부터 등짐장수가 되었던 것이다.

무거운 소금짐을 지고 두만강 연변까지 떠돌며 장사를 했다. 강을 건너 러시아 땅을 밟기도 하고, 러시아에서 들어오는 성냥을 받아 북청·회령 일대에 팔기도 했다.

등짐장수로 떠돈 3년.

어느새 이용익의 나이도 스무 살이 되었다. 그는 그 무렵 함경도 일대에 불어닥친 금점(金店)장사에 눈을 돌리게 되었다.

원산이 개항되고 정식으로 외국과 무역이 시작되기 이전부터도 두만강 일대엔 러시아의 석유와 성냥과 광목이 흘러 들어오고 있었다. 러시아 사람들은 석유와 성냥·광목 등을 대주고 대신 쌀이나 쇠가죽·짐승가죽 등을 사갔지만 그들이 무엇보다도 눈독을 들이는 것은 금이었다.

그러자 함경도 이곳 저곳에서는 러시아 사람들에게 팔기 위해 몰래 금을 캐는 잠채가 늘어나기 시작했다.

여름 한철 농사를 짓고 난 농민들은 가을걷이 추수가 끝나면 산으로 들어가 금을 캐는 것이었고, 부보상들도 더러는 조그만 밑천이 잡히면 산으로 들어가 광산을 하곤 했다.

이용익도 소금장수로 몇백 냥을 손에 쥐자 금점을 찾아 몇 번이고 산으로 들어갔다.

그 이듬해 가을, 금광을 찾아 몇 달씩 반미치광이가 되어 떠돌아다니던 이용익은 어느 산골 주막에 들러 하룻밤을 지내게 되었는데, 그곳에서 재미있는 이야기 한 토막을 들었다.

단천 고불티 고개 아래에 큰 금점이 났다가 얼마 전 폐광이 되어버렸다는 소문이었다.

"아, 그 고불티 금광은 금이 잘 나는 데라고 소문이 난 곳이 아니겠습둥?"

"금이야 많이 났었지비. 그 금광에 손을 대어 몇 사람이 떼부자가 되었으니깐드루……."

"그렇게 금이 많이 나는 광산인데 왜 폐광을 했습둥? 관청에서 못하게 말린 것은 아니겠지비?"

"관청놈들이야, 그까짓거 돈 몇 푼 집어 주면 꿀 먹은 벙어리 마냥 돌아서서 눈을 감아 버리니깐드루 아무 탈이 없겠지비, 또 요새 새로 난 금광파견 나리라는 것들도 돈만 주면 아무 탈 없으니깐드루 그것도 문제가 아니지비."

"그렇다면서리 굴이 무너졌습둥? 아니면 사람이 죽었습둥?"

이용익은 고불티 금광에서 일하다가 또 다른 광산으로 일터를 찾아 간다는 어느 광부와 한방에서 자면서 이런 문답을 주고 받았다.

"사람이 많이 죽은 것도 아니었지비. 꼭 세 사람이 죽었는데 그게 귀신붙은 광산이 되어서 이제는 무서워 아무도 손을 못 대고 다 도망가 버린 게 아니겠습둥."

고불티 금광은 벌써 삼 년째 재미를 보는 곳이었다. 어찌나 금이 많은지 굴 안으로 들어가 호미로 긁적거리기만 하면 쏟아져 나온다고 했다.

원산에서 올라온 아무개도 그 금광에서 돈을 벌었고, 함경도 갑산에서 포수질하던 최 노인도 거기서 팔자를 고쳤다.

그런데 어떻게 된 일인지 그들은 모두 희한한 사고로 목숨을 잃고 말았다는 것이다.

"아니, 어떻게 죽었게서리 말이오?"

"죽어도 참 지랄 같고 이상하게 죽었지비. 원산서 온 사람도 그랬고 갑산 최 포수도 그랬지만, 굴을 뚫는 데 쓰는 거 다이너마이트라는 거 있지 않습둥. 그런데 다이너마이트를 터뜨려 바위와 흙이 공중으로 확 내뿜는데……."

그 흙과 바위덩이에 섞여 세 발이나 되는 큰 구렁이가 공중으로 날아와서 사람의 목을 감아 그만 그 자리에서 기절해서 죽었다는 것이다.

또 공교롭게도 그 세 발이나 되는 구렁인지 독사인지 하는 것은 꼭 일반 광부가 아닌 광주(鑛主)의 목에만 걸쳐져 그때마다 광주가 죽었다고 했다.

무슨 구렁이 귀신이 붙었는지?

고불티 광산에 들어가 금을 캐면 꼭 죽는다는 소문 때문에 이제
는 아무도 그 고불티 광산에 손을 대지 않게 되었다는 것이다.

'그 광산이 구렁이 광산이구먼. 구렁이라……. 사람이 죽으면 한
번 죽지, 두 번 죽는다더냐. 에라, 내가 한 번 그놈의 광산을 해
보리라!'

세상에 있는 모든 사물은 다 임자가 따로 있는 법이라고 했다.
좀 더 앞으로 나아가는 사람만이 무지개를 잡을 수 있는 것이다.
그런 사람에게만 기회가 제 발로 찾아온다. 그 동안 이 광산은 진
짜 임자를 만나지 못해 구렁이가 나왔을지도 모른다.

이용익은 거미줄이 쳐진 채 버려져 있는 폐광의 동굴에서 하룻밤
을 지샜다. 그러고는 우선 인부를 모아 오기 위해 산을 내려왔다.

사흘 동안이나 주막에 머물면서 후한 품삯을 주고 광산에 들어갈
인부를 구해 봤지만 아무도 그를 따라 들어가려고 하는 사람이 없
었다. 그 구렁이 광산에 들어가면 틀림없이 누군가가 죽어 자빠진
다는 소문 때문이었다.

이용익은 혼자서 솥단지를 짊어지고 다시 산으로 들어갔다.

웅장한 산세, 음험하고 살풍경한 폐광, 죽음의 구멍처럼 시커멓
게 입을 딱 벌리고 있는 구덩이 입구, 건넛산에서 내몰아치는 바람
소리, 수십 길 절벽바닥에다 폭포수를 내팽개쳐 떨어뜨리는 웅장한
소리가 산을 온통 뒤집어 놓을 듯이 시끄러운 한밤중, 그 모든 것
이 사람의 소름을 끼치게 했다.

그런 산속에서 이용익은 무엇에 악받친 귀기에 빠진 사내처럼 혼
자 매달려 운명의 망치질을 계속하고 있었다.

하루 이틀……, 열흘…….

그렇게 깊숙이 시커먼 돌 광굴 속을 파들어 가는 이용익의 망치
소리는 한 달이 되고 두 달째 계속되었다.

그런데 웬일인지 그 마(魔)의 광굴에서는 구렁이도 나타나지 않거니와, 좁쌀만한 씨다리 한 줌도 나오지 않았다.

'아니 어떻게 된 일일까. 내가 운이 나쁘다면 벌써 구렁이가 내 목을 감았든지, 굴이 확 무너져 버리든지 할 일이요, 아니면 금을 주든지 은을 주든지 해야 했을 텐데, 씨다리 싸래기 한 톨도 주지 않으니 이놈의 광산이 대체 죽은 놈의 광산이냐 산놈의 광산이냐?'

집념으로 광석과 맞붙은 사나이의 싸움은 눈물과 땀투성이였다. 그러나 중도에 포기하면 아무것도 얻지 못한다. 자기 자신의 성미의 불길로 자신을 불태우지 않고서는 못 배기는 이용익은 망치질에 더욱 힘을 얹었다.

어느덧 여름이 가고 함경도 깊은 산골에 옻나무 잎새가 빨갛게 타들어가는 듯한 가을이 시작되었다.

그동안 이용익은 말처럼 긴 턱에 갈기처럼 수염이 부얼부얼 자라 있었다.

삼베 여름 등거리는 험한 광석에 찢겨 구멍이 숭숭 뚫렸다. 컴컴한 광굴 속에서 망치질을 할 때마다 콰앙 쾅쾅…… 꼬리를 무는 망치소리는 마치 성닌 사자가 울부짖는 소리와 같이 때때로 그는 망치질을 멈추고 울음을 터뜨리곤 했다.

그런 고독과 실의와 울분의 세월……. 어느새 입은 옷은 까마귀 사촌만큼이나 흙과 때가 늘어붙어 번들번들해졌다.

귀신이 아니면, 아니 미친 놈이 아니면 할 수 없는 일이다.

금이 나올지 안 나올지도 모르는 폐광. 소문대로 뭇사람이 요사스러운 잡귀에 목숨을 잃고 쫓겨난 광굴이라면 이용익 그도 목숨을 걸지 않고는 얻을 수 없는 노다지가 아닌가?

그런데 노다지는 나오지 않고 어느새 계절이 바뀌어 추석이 되었다.

사람이란 대개 객지로 외롭게 떠돌다가도 명절이 닥치면 고향 생각을 하게 되는 법이다. 피로하고 고단한 그날그날에 쫓겨 만사를 잊고 지내다가도 명절이 닥치면 고향을 생각하고 자기 신세에 대한 비감에 잠기기 일쑤다.

더구나 죄 아닌 죄를 짓고 떠나온 몸. 그런 이용익에게는 감회가 새롭지 않을 수가 없었다.

'추석이 올 때까지는 버티어 보자.'

추석만 넘기고 나면, 함경도에서는 벌써 추위가 높은 산으로부터 밀려 내려와 혼자서는 더 산속에 남아 있을 수 없다.

추석날도 이용익은 정과 망치를 들고 온종일 광굴 안에서 반미치광이처럼 매달렸지만 아무런 소득이 없었다.

따져 보니까, 이 구렁이 광산에 매달린 지도 다섯 달이 넘었다. 밤낮을 가리지 않고 아무리 두드려도 목석처럼 반응이 없는 광산.

"이 빌어먹을 놈의 서발 장대 구렁이야! 누런 황구렁이야! 당장 대가리를 쳐들고 뛰어나와 내 목줄기를 물든지, 무슨 지랄이건 한번 해 봐라!"

그는 마지막 남은 쌀 한줌을 생쌀째로 입에 털어넣고 아득아득 씹으면서 푸념을 했다.

이미 해가 졌으니 오늘은 광굴 안에 들어가서 자고 내일은 보따리를 싸들고 광산을 하직할 도리밖에 없다.

그렇게 생각하자 이용익은 또 무언지 비감하고 야속스런 마음이 들었다. 그는 돌멩이를 들어 광굴 아가리를 향해 힘껏 내던지면서 욕지거리를 해댔다.

"이 빌어먹을 놈의 구렁이 광산아! 이 돌멩이나 맞고 머리통이 콱 깨져 뒈져 버려라."

이용익은 그렇게 미친놈처럼 중얼거린 뒤, 마지막 남은 백소주 한 병을 들이키고 광굴로 들어가 잠이 들었다.

얼마나 지났을까. 독한 술과 울분에 서려 잠에 곯아떨어졌던 이용익은 무엇이 배 위를 선뜻선뜻 기어가는 것 같은 느낌에 깜짝 놀라 눈을 떴다.

벌떡 일어나 대뜸 배를 만져 보았지만 아무것도 손에 잡히는 게 없었다.

"뭐야, 구렁이가 나올 테면 한번 나와 보라지. 이빨로 대가리를 콱 깨물어 딸기를 쳐줄 테니."

입맛을 다시고 그냥 돌아누워 잠을 청하려고 하는데 굴 안에서 물방울 떨어지는 소리가 들리지 않는가? 이용익이 굴에 들어온 지 여섯 달 만에 굴 안에서 처음 듣는 물방울 소리였다.

이용익은 고개를 돌려 그 물방울이 떨어지는 굴 천장 쪽을 쳐다보다가 깜짝 놀랐다.

바로 자기가 누워 있는 머리맡에서 두어 칸 들어간 북쪽 암벽 천장 사이, 그 물방울이 떨어지는 천장 암벽 사이로 지금 누런 구렁이가 기어 올라가는 것이 아닌가?

잠이 확 달아났다. 이용익은 손에 잡히는 바위 조각을 들어 그 암벽을 타고 올라가는 누런 구렁이를 향해 힘껏 던졌다.

그러나 돌멩이를 얻어맞고도 암벽을 기는 구렁이는 도무지 동요하지 않았다.

사람이란 때로는 미련하고, 때로는 정직하고, 때로는 무서운 마물이 되는 모양이다. 온몸을 전율시키는 싸늘한 무서움과 싸우며 이용익은 이를 악물었다.

'죽든 살든 오늘밤엔 결판을 내자.'

성공하는 이들은 포기하기를 끝까지 거부해 왔다.

어느 결에 들어왔는지 굴 천장에는 다리를 거꾸로 매달고 붙어 잠을 자던 박쥐떼가 후루룩후루룩 놀라 날아다녔다.

그러나 불빛으로 살펴보니 그것은 암벽을 기는 구렁이가 아니었다. 불빛에 드러난 누런 광석 줄기였다.

"노다지다, 노다지야!"

이용익은 반미치광이가 되어, 다시 정과 망치를 들고 그 누르스

름한 광맥을 사정없이 쪼아 내려가기 시작했다. 그는 거의 탈진 상태에서 망치질을 하다가 의식을 잃고 쪼아놓은 바윗돌 무더기 위에 엎드려 잠이 들고 말았다.

이용익이 두 번째의 잠에서 깨어났을 때는 이미 먼동이 트고 굴 안이 희끄무레하게 밝아오기 시작했다.

그는 아침햇살을 보자 밤새 망치질을 해 쪼아낸 새 광석을 쥐고 굴 밖으로 뛰어나갔다. 햇빛에 들고 나가 그것이 얼마만한 금덩이 인가를 확인해 보기 위해서였다.

그러나 그것은 노다지가 아니었다. 자기가 여섯 달 동안이나 파 왔던 다른 광석과 조금도 다르지 않은 돌멩이였다. 색깔도 누르스 름한 것이 아니었다.

이용익은 밤새 헛것을 본 것이다.

실의와 절망, 추위, 배신감. 이제는 굴속에 더 머물고 싶은 욕망 이 나지 않았다. 더 이상 먹을 양식도 없었다.

이용익은 밤새껏 뒤척이며 결정한 대로 이튿날 새벽에 미련없이 산을 내려가고 말았다.

산을 내려온 이용익이 그해 한겨울 동안 다시 보따리를 메고 이 장바닥에서 저 장바닥으로 떠도는 등짐장수 노릇을 했다.

그러다가 그 이듬해 4월, 겨울 동안 등짐장수로 떠돌면서 번, 엽 전 몇 푼을 털어 양식을 사 짊어지고 다시 구렁이 광산으로 들어갔 다.

주모와 하룻밤 이불속 풋정을 맺어도 그 정이 쉽게 잊혀지지 않 거늘 하물며 대장부의 굳은 의지가 불타올랐는데 그 불꽃이 쉽게 사그라들겠는가?

인간은 어디까지나 자기고집의 미망을 벗어나지 못하는 동물인지 모른다.

그해도 늦가을까지 광산에 매달리다가 추위에 쫓겨 산을 내려왔 고, 산을 내려온 이용익은 다시 겨울 동안 등짐장수를 했다. 그렇게 해서 모인 몇 푼의 돈으로 그 이듬해에도 또 양식을 사서 싸 짊어지고 구렁이 광산 광굴 안으로 들어갔다.

그해에도 노다지 귀신은 역시 그의 앞에 그 누르스름한 몰골을 드러내지 않으려는지, 때가 초가을 문턱까지 바싹 다가서도록 헛손질만 해대었다.

사내가 혼자 목적을 향해 돌진하는 그 집념. 그것이 이루어졌을 때의 감격과 이루어지지 않았을 때의 모멸감은 차마 형언키 어려운 갈등을 자아낸다.

초췌해진 이용익은 북두갈고리 같은 손가락으로 잎담배를 한 대 말아 입에 물고 깊이 빨아 들였다가 후욱 내뿜었다. 담배연기는 꼬리를 요리조리 흔들다가 개미허리가 되더니 사방으로 흩어진다. 그는 멍하니 그 사라지는 연기를 바라보며 자신의 초라해진 집념을 혼자 오도독오도독 씹었다.

이용익은 그 연기의 꼬리에 풀기없는 시선을 딸려 보내며 다시 정과 망치를 손아귀에 찾아 쥐었다.

그 순간이다. 암캐 허리처럼 가는 연기의 꼬리가 마지막 트림을 하며 숨어버린 암벽의 귀퉁이에 분명히 누런 구렁이 귀신의 콧수염이 히니기 보였디.

이용익은 또다시 헛것을 본 것일까? 그는 다시 한번 그 앞벽 귀퉁이에 나타난 구렁이의 콧수염을 바라보았다.

구렁이는 아직 정과 망치를 거머쥐고 다가가는 이용익을 눈치채지 못했는지 콧수염을 거둬들이지도 않고 태연했다.

이용익의 집념을 송두리째 뭉개버리려는 악귀.

이용익의 망치는 그 구렁이의 콧잔등을 향해 혼신의 힘을 다해 달려들었다. 그러고 나서 그의 분노한 망치가 사정없이 그 누런 구렁이 콧수염을 다시 한 번 강타했다.

환장을 하면 헛것을 본다더니……. 그 누런 이무기는 낭랑한 콧노래를 째앵 하고 불러댔다.

그 째앵 하는 이무기의 콧노래는 고불티 광굴 가득히 차 넘쳤다. 이용익은 이제 미친 듯이 구렁이 콧수염을 두들겨 댔다.

세 번, 네 번, 다섯 번…… 열 번, 백 번…… 째앵…… 쨍…… 째앵앵…….

이제 이용익의 팔에는 그 구렁이를 더 이상 두드릴 힘이 남아 있지 않았다. 그는 비오듯 쏟아져 내리는 땀줄기 속에서 가늘게 실눈을 뜨고 그 구렁이의 콧잔등을 바라보았다.

아, 그 순간 구렁이는 단숨에 그를 삼킬 듯이 성난 아가리를 한껏 벌리고 있는 게 아닌가.

그 성난 구렁이의 아가리, 그 아가리의 이빨이 번쩍번쩍 빛나는 게 이용익의 시선을 부시게 만들었다.

이용익은 서슴없이 팔뚝을 뻗쳐 구렁이 아가리에 박힌 금 하나를 거머잡았다. 금세 구렁이가 입을 다물어 이용익의 손부터 으적거릴 줄 알았는데 이 또한 해괴한 일이었다. 구렁이는 벌린 입을 다물려고도 하지 않는 게 아닌가?

이용익은 거머잡은 손아귀에 힘을 주어 힘껏 잡아챘다. 그러나 남의 입안에 든 금이 뽑아질 리 있겠는가.

노다지 귀신에 미친 이용익.

두 손으로 그 누런 이빨을 뽑아내려고 끙끙거리는 것이었다.

그런데 죽어라 하고 두드린 콧잔등은 구렁이의 콧잔등이 아니라 진짜 고불티 광산의 노다지 귀신이었다. 그것도 모르고 그토록 두드렸으니 그 금맥이 제멋대로 들쭉날쭉하지 않았겠는가.

이렇게 하여 2관 6돈쭝짜리 금덩이를 캐 쥐고 그는 다시 사흘 동안이나 의식을 잃고 광굴 안에서 쓰러져 있었다.

이용익이 그 구렁이 광산에 홀로 도전한 지 만 4년 만의 개가였다. 길고 긴 세월, 울분과 고독과 분노, 미친 정열을 온통 태우면서 얻은 노다지.

그 노다지를 쥐고 그해 가을 이용익은 함경도를 떠나 서울로 왔다.

일설에는 이용익이 함경도 북청(北靑) 출신이니까 서울에 올라온 후 다른 북청 사람들처럼 물장수를 했다고도 추측하지만 그가 물장수를 했는지의 여부는 분명치 않다.

그가 캐어 차고 올라온 노다지를 누구에게 바쳤으며, 뉘 집 사랑방 문객으로 기웃거리면서 지내게 되었는지는 알 수가 없다.

통뼈 다리를 자랑하던 북청 사나이.

고불티 광산에서 청춘을 불태우던·그 사나이.

그러나 그 함경도의 등짐장수 출신인 이용익에게도 행운의 별은 있었다.

그것은 1882년 이 땅에서 소용돌이쳤던 그 유명한 임오군란이란 난리가 이용익의 운명을 바꿔 놓는 커다란 계기가 되었던 것이다.

군란 돌개바람 속에서

1882년(고종 19) 정국은 아직 난기류대에 휩싸여 잔뜩 찌푸리고 있었다.

수구파 대원군.

개화파 민비 척족.

정치라는 차디찬 계산에 의한 천하의 경영은 육친애나 인정이라는 것과는 상관없이 때로는 이빨을 드러내놓고 상극을 불러오기도 한다.

그들은 여름 하늘의 구름덩이처럼 서로 꼬리를 감고 틀면서 심한 갈등을 빚고 있었다.

1881년 4월 개화파가 주동이 되어 창설한 신식군대 별기군(別技軍)과는 달리 벙거지를 눌러쓴 구식군대는 오뉴월 겉보리 자루 취급도 않고 의붓자식 다루듯 하면서 급료도 열 석 달치나 미루고 있었다.

이듬해인 1882년 6월에 전라도에서 조세로 바치는 곡식을 실은 배가 들어와 우선 무위영(武衛營) 군사들에게 급료를 내주는데 그것도 곰팡이가 시퍼렇게 난 썩은 쌀에다 되질도 속이고, 또 선혜청 창고지기들은 쌀섬 안에다 모래까지 집어넣는 속임수를 부렸던 것이다.

그것이 잔뜩 곪아 있던 무위영 구식군대들의 비위를 건드려 끝내는 군란으로 번졌고, 그 군란을 뒤에서 조종한 대원군은 선혜당상 민겸호(閔謙鎬), 강화유수 민태호(閔台鎬), 경기감사 김보현(金輔鉉)의 집을 박살내고, 불사르고, 분탕질을 치다가 밟아죽인 사태로 번졌다.

피를 본 난민들은 영의정이자 영돈녕부사이던 대원군의 친형 이최응(李最應)도 죽였다.

난군은 일본공사 하나부사 요시모토〔花房義質〕도 몰아내고 공사관 지붕에다 불을 지르고 신식군대를 조직하고 장안거리를 위세당당하게 활보하던 일본 군사교관 호리모토〔堀本〕도 잡아죽였다.

또 한 패는 궁중으로 밀려 들어가 눈에다 쌍불을 켜고 민비를 죽이려고 찾아 나섰다.

그러나 민비는 무예청 별감 홍계훈(洪啓薰)의 기지로 위기일발에서 목숨을 건져 윤태준(尹泰駿)의 집에 숨어들었다.

일국의 왕비가 궁녀 옷으로 변장하고 굿은 비 내리는 사지(死地)에서 무예별감 홍계훈의 등에 업혀 감쪽같이 궁을 빠져나갔던 것이다.

그날 밤이 되어서야 민비의 친정집 일가들인 민긍식(閔肯植)과 민응식(閔應植)이 소식을 얻어듣고 윤태준의 집으로 달려갔다.

"민영익은 어찌 되었느냐?"

"아까 사람을 놓아 소식을 들었습니다. 민영익은 어제 저녁에 머리 깎고 중으로 변장해 양주(楊州) 쪽으로 피신했다고 하오니 아직은 아무 탈이 없는 줄 아옵니다."

그 경황중에도, 민비는 자기의 친정집 조카인 민영익의 행방을 먼저 물었다.

그날 밤을 윤태준의 골방에서 고스란히 뜬눈으로 보낸 민비는 그이튿날에도 난리의 뒤끝이 계속 불티를 내고 있는 것을 보자 더 이상 서울 장안에 몸을 숨기고 있을 수가 없다는 것을 깨달았다.

난군들이 왕궁으로 쳐들어가고 일본 공사관까지 불을 지른 유월 열흘 날 저녁때부터, 처음에는 민영익이 곧 등짐장수 수천 명을 이끌고 동대문으로 쳐들어온다는 뜬소문이 장안에 쫙 퍼졌다.

민영익이 죽지 않고 서울을 빠져나갔다면 그가 전국의 부보상을 움직여 근왕군(勤王軍)을 서울로 불러 올릴 것이라는 가상은 충분히 가능한 것이었다.

부보상 수천 명이 난군을 치기 위해 서울로 쳐들어온다는 소문이 나자 대원군은 온 장안 성문을 굳게 닫고 오가작통법(五家作統法)을 써 저마다 자기 마을을 지키도록 명령을 내렸다.

말하자면 비상조치령을 발표해 무기고를 열고 서울 장안 백성들에게 총을 나누어 주어 등짐장수 부보상의 입성에 대비했던 것이다.

그런 삼엄한 분위기가 계속된 채 하룻밤이 밝고 나자 난군들은 다시 민비와 민영익을 찾느라고 혈안이 되었던 것이다.

호랑이 아가리 속에 갇힌 민비.

아무리 윤태준의 집 골방에 깊숙이 숨어 있다고는 하지만 그것도 언제 어떻게 될지 모르는 일이 아닌가?

열 이튿날 밤, 민비는 윤태준의 집에서 나와 민응식의 집으로 갔다.

민응식의 집에서 다시 하룻밤을 새운 민비는 또 끔찍한 소식을 들었다.

역시 민비당의 한 사람으로 활약하던 참판 민창식(閔昌植)이 자기 집에서 자다가 밤중에 난군들에게 끌려나가 제 집 마당에서 맞아죽었다는 소식이었다.

민비는 더 이상 서울에 숨어 있을 수 없음을 깨달았다. 급히 동대문을 빠져나가 가마 한 채를 세내어 타고 광나루로 향했다.

민비를 노랑저고리에다 남치마를 입힌 시집가는 새각시로 변장시켜 가마 안에 태운 것이다. 광나루에 이르자 또 난관에 부딪히고 말았다. 이미 대원군이 내린 비상조치는 성안 사대문뿐만 아니라 한강 연안의 모든 나루에도 내려 어떤 손님도 강을 건네주지 말도록 뱃사공들에게 엄한 지시가 내려졌기 때문이었다.

첫새벽부터 나와 거의 아침 한나절이나 헤맨 끝에 민긍식은 겨우 나룻배 사공 하나를 찾아 부탁을 했다.

"글쎄, 시집가는 신행가마니 혼사 날짜가 있지 않소? 그래서 그러니 좀 건네 주소!"

"하, 이 양반이 왜 이리 고집이야? 이까짓 물 분 거야 사공길 30년에 겁날 것 없소. 하지만 오늘 새벽 성안에서 전갈이 떨어졌소. 대원위 대감이 분부하시기를 어떤 나루든지 사람을 건네 주지 말라는 명령이오."

얼굴이 시커먼 뱃사공은 민긍식의 차림새를 위아래로 훑어보면서 거절했다.

"그거야 우린들 모르겠소? 그러나 보시다시피 인간대사를 치르는 혼인 가만데 시간이 늦으면 큰일 아니요. 그저 당신이 급한 일 한번 보아 주시오."

워낙 다급했던지 민긍식의 입에서는 사공에게 '하오'하는 존대까지 해가며 사정을 하였다. 이런 수작을 가마 안에서 듣고 있던 민비는 아무 소리도 하지 않은 채 자기 왼손가락에 끼고 있던 금가락지 한 벌을 뽑아 가마 문 밖으로 내밀었다.

그 금가락지를 받아 쥐고서야 뱃사공은 못 이기는 체하고 배를 대어 가마를 올려놓고 물살이 센 한강을 건너 건너편 기슭에다 무사히 대 주었다.

이렇게 해서 임천군수(林川郡守) 이근영(李根永)의 고향집에 들어가 하룻밤을 자고, 이튿날에는 이조판서 민영위(閔泳緯)의 여주

고향집에 들어가 숨게 된 것이다.

민비는 위기일발에서 벗어나 여흥 민씨들의 못자리인 여주로 숨어 들어갔으나 서울에서 난리가 났다는 소문은 이미 여주까지 퍼져 있었고, 그 소문을 뒤밟아 오듯이 민비의 생가를 중심으로 하는 민씨 집안에 군사들의 비밀스러운 정탐의 손길이 뻗쳐왔다. 민비는 민영위의 집 다락방 안에서도 더 이상 마음놓고 숨어 있을 수가 없었다.

그 다음날, 다시 밤을 도와 충주 장호원(長湖院)에 있는 민응식의 집으로 몸을 피했다.

그런데 왜 이 임오군란이 함경도의 일자 무식꾼이요, 등짐장수 꺽다리인 이용익의 운명을 바꿔 놓았다는 것인가?

민비는 경황없이 쫓기고 쫓기면서 목숨을 구해 장호원에 숨어 있었다. 민비 일당은 임오군란의 처참한 난국을 당해 죽지가 부러지고 머리가 터졌지만, 그렇다고 해서 그 민씨당 일파가 모두 죽어버린 것은 아니었다.

석재 운반

자기손으로 상투를 자르고 중의 모습으로 변장한 채 양주지경으로 도망한 민영익은 양주의 산속에 숨어 일단 숨을 돌리자 곧 난국을 수습하기 위한 대책의 손을 비밀리에 움직이기 시작했다. 그때 민영익의 모든 비밀 활동과 편지 심부름을 맡아 이리 뛰고 저리 뛰면서 기민하게 행동한 사람이 바로 등짐장수 출신 이용익이었다.

민영익이 서울에서 돌아가는 정세를 보아 그때 그때 비밀로 편지를 써서 이용익에게 주면, 이용익은 서울에서 장호원까지 3백리 길을 당일로 뛰어가 민비에게 전했고, 다음날 민비가 써 주는 편지를 들고 뛰어와 양주에 숨어 있는 민영익에게 전했던 것이다.

말이 그렇지 사람이 아무리 길을 잘 걷는다고 해도, 허리에 미투리 두 켤레를 차고 첫닭이 우는 꼭두새벽에 길을 나서도 하루 2백리를 가기란 거의 불가능했다.

보통 사람은 빨리 걸어야 하루 백 리, 여자들 걸음이라면 하루 70리를 가면 그냥 지쳐 버려 그날 밤은 초주검이 되어 옴쭉 못하고 곯아떨어지기 마련인데, 이용익은 하루에 서울 장호원 간 3백 리를 거뜬하게 뛰었다니 그야말로 나는 다리요, 초인적인 마라토너였다.

그것도 마음 놓고 큰길로 갈 수 있는 세상도 아니었다. 그런 밀서는 시각을 다투는 정책 음모가 담긴 것이요, 또 그렇기 때문에 한 번 잘못하면 일을 망쳐 버리게 되기 때문에 여간 조심을 하지 않으면 안 되는 것이다.

이용익은 민비가 써 주는 밀서를 심지로 말아 자기의 상투꼭지 머리털 속에 감추어 넣고 부보상으로 차린 채 잠방이 등거리 하나만 걸치고 여름길 3백 리를 거뜬하게 뛰었다. 실로 어려서부터 자기 고향에서 말꼬리를 잡고 달리던 야생아의 기질이 운명을 판가름하는 역사의 전환점에 끼어들고 있는 셈이었다.

남보다 유달리 튼튼하고 긴 정강이뼈, 천부적으로 타고난 뚝심과 고집과 충성심은 바로 이런 때 이렇게 발휘하라고 하늘이 준 것인가?

대개 난리가 났을 때 급히 전하는 작전문서나 사발통문은 걸음을 잘 걷는 비전(飛傳)이라는 역노(驛奴)가 맡아서 전했다.

그 급한 문서를 나르는 비전은 방울을 절렁절렁 흔들어 행인들을 비키도록 하며 비상주행을 했던 것이다.

그러나 관청의 공식문서가 아닌 부보상들의 사발통문 연락 방법은 또 특이한 것이었다.

부보상들은 어느 고을의 임방(任房)에서 급한 사발통문을 낼 때는 자기 임방에서 다음 고을 책임자가 있는 임방까지 전해 주면, 그 다음 고을 임방에서는 또 그 다음 고을 임방까지 밤낮을 가리지 않고 전해주는 소위 릴레이 방법을 썼다.

부보상은 항상 장터에서 장터로 무거운 짐을 지고 다니면서 장사를 해오는 사람들이라서 걸음도 잘 걸을 뿐만 아니라 자기가 활동하는 지방의 산세나 냇물, 그리고 이 마을에서 저 마을로 빨리 달릴 수 있는 지름길을 환히 알기 때문에 한밤중에 통문이 와도, 그 통문을 받는 즉시 그 밤중에 지름길로 뛰어 다음 고을 임방으로 전해 줄 수 있었던 것이다.

그러나 아무리 부보상 출신이라지만 이용익의 경우는 모든 것이 딜렀다.

나라의 운명을 좌우하는 밀서라는 것이요, 그 밀서는 이용익 이외의 다른 사람에게 릴레이로 전할 수 없는 것이었다. 이용익은 거의 초인적인 다리를 기민하게 움직여 하루에 3백 리 길을 뛰어야 했다.

이런 느닷없는 군란이 터지자 청나라의 마건충과 북양 수사제독 정여창 등은 즉각 군함 위원(威遠)·초룡(超龍)·양무호(楊武號) 등을 타고 인천에 도착했다.

그들이 군함 위원·초룡·양무호 등을 끌고 인천에 도착한 것은 임오군란이 터진 지 열여드레 만인 그해 6월 27일.

그런데 공교롭게도 바로 이날, 임오군란으로 공사관인 청수관(淸

水館)을 불태우고 일본으로 줄행랑을 쳤던 일본공사 하나부사 역시 열여드레 만에 '13명의 일본인이 피살당한 일에 엄중히 항의한다'는 내용의 외교문서를 우리나라에 보내 오는데 그 문서를 싣고 오는 배도 바로 그날 인천에 도착했다.

그날에야 비로소 일본측을 통해 임오군란이 터졌다는 사실을 알게 된 청나라의 마건충과 정여창 등은 '일본국이 출병할 기미가 있다'는 판단을 내려 급히 본국에다 '일본군 출병에 대비하여 더욱 많은 병력을 보내 달라'는 보고를 보냄과 동시에, 서리 북양대신 직예 총독(直隸總督)·양광총독인 장수성에게 '조선의 내란을 진압해 달라'고 요청했다.

이러자 본국으로부터 민영익의 연락을 받은 영선사 김윤식과 문의관(問議官) 어윤중(魚允中)은 한·미, 한·영, 한·불, 한·독 등 서양 여러 나라들과 외교 조약을 체결하기 위한 준비작업을 진행하려고 톈진에 머물고 있다가, 역시 직예 톈진 해관도 주복에게 '병력을 파견해 급히 본국의 군란을 진압해 달라'고 호소하게 되었다.

그에 따라 청국에서는 육군 병정 1천 명을 태운 군함을 급히 출동시켰던 것이고, 그 배를 타고 어윤중도 함께 인천으로 돌아오게 되었다.

임오군란은 개화당과 민비당 일파를 몰아내고 정권을 장악했지만 끝내 국제문제로 발전해 대원군의 입장을 난처하게 만들었다.

6월 10일에 겨우 목숨을 부지해 일본으로 도망쳤던 일본공사 하나부사는 그 달 29일에는 다시 일본국 변리공사(辨理公使)라는 직명을 갖고 메이지마루[明治丸]를 타고 인천에 도착했다.

하나부사는 살기등등한 일본 육군 병력 1개 대대를 거느리고 다시 서울 장안으로 들어왔던 것이다.

다음달 그는 7월 10일 직접 고종을 알현하고 일본 국민 13명이 피살된 데 대한 어마어마한 배상금을 요구하면서, 이제부터 일본공사관은 자기들의 병력으로 보호하겠다고 나섰다.

사태가 이렇게 되자 그 이튿날인 11일 대원군은 청국도원(淸國道員) 마건충에게 속히 서울로 돌아와 이 문제를 조정해 달라고 부탁했다.

그때 마건충은 인천이 아닌 충청남도 남양부 마산포에 상륙해 있다가 바로 길을 떠나 7월 12일에 서울로 올라오게 되었다.

다음날인 13일, 청나라의 오장경(吳長慶)·정여창·마건충 등 세 장수는 운현궁으로 대원군을 정중하게 예방했다.

바로 그것이 대원군을 청나라로 잡아가게 된 올가미일 줄이야 누가 짐작이나 했으랴!

대원군이 마건충에게 밀서를 보내 '일본공사 하나부사의 배상금 청구문제를 조사하여 확정해 달라'고 부탁하자, 마건충은 즉시 청나라 군사를 이끌고 입성했던 것이요, 거기다 오장경·정여창 등과 한꺼번에 운현궁으로 대원군을 찾아 인사를 올렸으니, 그 답례로 대원군도 청나라 장수들의 진막(陣幕)을 방문하고 위로하지 않을 수 없게 된 것이다.

그래서 청나라 오장경이 다녀간 이튿날 대원군도 가마를 타고 남대문 밖에다 진을 치고 있는 오장경의 진막을 찾아갔다.

오장경의 진막에 닿으니 주위는 온통 무장한 군사들로 삼엄한 분위기를 자아냈다. 대원군이 타고간 가마는 진문 밖에서 멈추도록 요청받았고, 또 대원군을 수행해 간 조선군사들은 그 진문 밖에서 기다리도록 명령을 받은 것이다.

그러나 남의 나라 장수의 진막을 찾아간 대원군. 아무리 조선 전국을 자기 손바닥 위에 올려놓고 흔드는 대원위 대감이라지만 청나라 진막에 온 이상 그쪽 풍속을 따르지 않을 수가 없어 타고 온 가마와 수행원을 진문 밖에 세워둔 채 혼자서 오장경의 진막 안으로 들어갔다.

그런데 이게 웬일인가?

바로 어제 아침나절에 운현궁으로 대원군을 예방했던 그때의 오장경과는 태도가 전혀 달랐다.

운현궁으로 대원군을 예방 왔을 때의 오장경은 극히 저자세요, 협조적인 언사였는데, 대원군이 그 답례차 진막에 도착하자 그는 자리에서 일어나지도 않은 채 담뱃대를 입에 물고 거만하게 대원군을 맞아들이는 게 아닌가?

"대원위 대감, 찾아오셔서 고맙소."

오장경은 대원군이 진막 안에 들어와 좌정을 하자 그때야 말을 꺼냈다.

대원군도 산전수전 다 겪은 늙은 호랑이다.

눈치를 보니 무엇인지 일이 심상치 않게 틀어져 버린 것이 등골이 으스스한 전율마저 느낄 정도였다.

대원군이 들어와 앉자 오장경의 진막은 벌써 청나라 군사들이 몇 겹으로 둘러싸고 무엇인지 수런수런 귀엣말을 하고 있지 않은가.

대원군은 그런 오장경을 힐끗 쳐다보면서 변죽을 치면서 점잖게 입을 열었다.

"오도독께서는 지금 무슨 생각을 하고 계시오?"

"무슨 생각이라니요? 대원위 대감은 대체 이번 일을 어떻게 처리하려고 생각하시오?"

"글쎄요, 일본 공사 하나부사가 그처럼 강경하게 나오니 그 일을 수습하자는 생각으로 이렇게 찾아오지 않았소?"

"수습해야 할 골치아픈 일을 왜 저질렀단 말이오? 대감은 이번 난군을 뒤에서 조종하여 정권을 잡으려고 난을 일으키지 않았소?"

"그런 것이 아니오. 백성들이 스스로 일어난 것뿐이오."

"무슨 말씀이시오? 이번 민란은 대원위 대감이 조종했고 바로 국왕을 내치고 대감이 정권을 잡으려고 한 것이 틀림없소."

"……"

"그러나 조선 임금은 바로 우리 청나라 황상께서 임명하신 국왕

이오. 그러니 이번 사건은 우리 황제폐하에 대한 불경이라 아니
할 수 없소."
"그렇게 말하면 그렇게 들릴 수도 있는 일이기도 하오만……."
"사실이 그렇지 않소? 대감은 우리 청나라 황제폐하에게 중죄를
지은 것이나 진배없으니 그 일이 큰일 아니오? 그러니 대감이
직접 우리 황제폐하에게 사죄를 하여야 마땅한 도리일 것 같소."
오장경은 이처럼 대원군을 을러가며 콧침을 놓더니 느닷없이
"여봐라!"
진막 뒤에 있는 청나라 군사들에게 호령을 했다.
"대감, 아시겠소? 이 일을 빨리 수습하는 길은 대감이 빨리 청나
라로 가서 황제폐하에게 사죄하고 돌아오는 일이 첫째요!"
하고 말하더니
"대감을 급히 모셔라!"
하는 것이 아닌가.
실로 눈 깜짝할 사이에 벌어진 사건이었다.
오장경의 명령을 들은 청나라 군사들은 벌떼처럼 달려들어 대추
씨처럼 조그만 대원군을 가마 속에 달랑 집어넣고서 건장한 군사들
이 가마채를 메고 뒷문으로 뛰기 시작했다. 앞길이 캄캄한 순간이었다.
그러나 대원군으로서는 거느리고 온 수하 군졸들도 없었다. 주변
엔 조선 사람이라곤 아무도 없었다. 누구에게 말 한 마디 전할 겨
를도 없이, 청나라 군사들이 메고 가는 가마에 실려 그 길로 충청
도 남양만 마산포까지 실려갔고 거기서 다시 군함에 태워져 청나라
로 끌려가고 만 것이다.
이처럼 대원군을 손쉽게 납치해 간 이면에는 민비 일당의 책략이
없었던 것도 아니지만, 그것보다는 청나라와 일본 간에 합의된 은
밀한 계략에 의한 신속한 행동이었던 것이다.
일본공사 하나부사의 입장으로 보면 대원군이 국내에 남아 있는
한 배상금을 아무리 많이 받고, 일단 난국을 수습해 놓는다 하더라

도 뒤가 계속 시끄러울 것이요, 또 대원군이 무슨 음모를 꾸밀지
모르기 때문에 그를 제거하기 위한 계획을 세웠던 것이고, 청나라
의 입장으로 보면 임오군란의 장본인인 대원군을 잡아가 버림으로
써 일본공사 하나부사와 흥정하는 데 있어서 유리한 고지를 잡으려
고 한 데 있었다.

이런 모든 국내 민비당의 책략은 민영익을 중심으로 짜여졌던 것
이다. 또 그 민영익의 손과 발처럼 실수 없이 기민하게 움직여 주
었던 사람은 다름 아닌 이용익이었다.

청나라 군사들은 대원군을 잡아간 이튿날부터 이태원과 왕십리로
돌면서 군란을 일으켰던 주모자 11명을 잡아 목을 베었고, 그 달
25일 봉상정 서상조(徐相租)가 비로소 고종황제에게

"왕비 전하가 장호원 민응식의 집에 잠어(潛御)하시고 계시오."
하고 아뢰었다. 그날로 궁중에서는 총융사 병정 60명을 장호원으로
내려보내 민비를 보호하도록 했고, 그 다음날인 26일, 대원군을 청
나라로 잡아보낸 오장경은 자기 진막의 초관(哨官) 진운용(陳雲龍)
에게 군사 1백 명을 주어 급히 장호원으로 내려가 왕비를 호위하도
록 했던 것이다.

세상은 임오군란이 일어난 지 36일 만에 또 한번 완전히 뒤바뀌
었다. 8월 1일, 죽었다고 국상까지 발표했던 민비는 멀쩡하게 살아
서 다시 왕궁으로 돌아오게 되었다.

민비의 피난 가마를 메고 갔던 가마꾼 김성택(金聖澤)은 그 가마
를 메고 간 공로로 당장에 전라도 장흥부사(長興府使)가 되었고,
민영익의 수하로서 하루 3백 리 길을 달렸던 등짐장수 출신 이용익
은 그 날로 자기 고향인 단천부사 한 자리를 따 가지고 내려가게
되었다.

李容翊有罪罰俸 容翊恃寵驕恣 每燕見 値群臣叢列 輒手招上 就
耳語 無復君臣禮 中外痛嫉之 以上倚其致利 莫能間 至是尹定求訐

奏 有輕罰

1900년(광무 4년) 《매천야록(梅泉野錄)》이 지적하고 있듯이 이용익은 이제 고종의 많은 신하들 중에서도 일등가는 인물이 되었다.

원래 신하는 임금과는 같은 자리에 마주앉을 수도 없거니와 어느 신하가 임금과 단둘이만 만나는 독대도 있을 수가 없는 법이다. 임금은 용상에 앉고 신하는 임금의 발치 아래 한단 낮은 마룻바닥에 엎드려 부복하고 아뢰어야 한다. 임금의 얼굴을 똑바로 쳐다볼 수도 없는 것이다.

그렇게 임금과 신하의 서 있는 자리는 하늘과 땅처럼 지엄한 것인데도, 때때로 고종황제는 그 많은 신하들이 엎드려 있는 가운데서 이용익만을 용상 가까이 불러 그와 귀엣말을 주고받으니 이것은 전무후무한 군신지간의 예였다.

영흥 대금맥

이용익이 단천부사로 내려갔을 당시의 모습이 정교(鄭喬)의 《대한계년사(大韓季年史)》에는 이렇게 기록되이 있다.

그가 北靑 南兵使로 있을 당시 재물을 크게 토색질하얏다. 남병사 이용익은 자기가 타고 다닌 轎子에다 황금의 龍頭를 담았다.

이용익은 자기가 타고 다니던 가마채 머리에 누런 황금으로 용머리를 새겨 장식하고 위세를 부렸다고 하였으나 이와 대조적으로 《한말풍운비사(韓末風雲祕史)》를 쓴 윤효정(尹孝定)은 다음과 같이 정반대의 평가를 하고 있다.

누가 생각해도 그만한 재정권을 잡고 있던 이용익으로서는 응당 기천·기만 석의 추수가 있으리라 믿을 것이나, 이용익은 자기의 자손을 위한 경영이라고는 空空無餘했지만 교육계에는 보성전문학교를 위시해 수십만금을 썼다.

《대한계년사》를 쓴 정교는 독립협회 회원이었으니 이용익에 대해 좋은 평가를 할 리가 없다.

이용익은 1882년 단천부사를 지내다가 5년 만인 1887년에는 영흥부사로 뛰어올랐고, 함경남도 광무감리(鑛務監理) 겸 함경남도 병마절도사를 역임하게 되었다.

그 당시 함경도 영흥에는 전국에서 제일 활발하고 큰 영흥 금광에서 엄청난 금이 쏟아질 때였다. 원산이 개항되고 러시아에서 광목과 석유가 무더기로 쏟아져 들어올 무렵, 그 무더기로 들어오는 광목과 석유를 영흥 금광에서 캐낸 금으로 모두 사들이던 시절이었다.

함경도 최대, 아니 전국 최대의 영흥 금광은 이용익이 부사 겸 광무감리로 도착하기 전인 1885년, 굴속에 들어가 일하는 광부 수만 해도 5천 6백 명이나 되었으며, 그 영흥 금광에서 금을 캐고 세금을 내는 것만도 매월 3관 60문(文)에 이르고 있었다.

광부들이 금을 캐고 그 대가로 나라에 바친 세금 총액이 3관 60문이나 되었지만 그 중에서 겨우 4문이 황실에 바쳐지고 나머지 3관 50여 문은 광무감관 두 명이 나누어 먹었다는 기록이 있다.

나라에 바칠 세금 3관 60문의 금덩이 중 겨우 4문만 황실에 바치고 나눠 먹은 탐관오리.

그러자니까, 그 영흥 금광을 중심으로 한 광산 감독관들은 한번 다녀가기만 하면 당장 몇천 석거리 하나씩 떼 가지고 나갔던 것이다.

그러나 그 전국 최대 영흥 광산에 나타난 이용익은 매달 3관 60문씩 받아들이는 금덩이를 단 한 냥도 축내지 않고 그대로 왕궁에 모두 바쳤다.

"아니, 이제까지는 매월 4문만 들어오던 영흥 광산에서 3관 60문이 올라오니, 대체 이게 어찌된 일이오?"

"모두 이용익이 광산 감독을 잘한 탓으로 아뢰오."

"이용익이 그럴 줄은 짐작했소. 그러나 어떻게 3관 60문이나 바치는 금광에서 이제까지는 겨우 4문밖에 안 올라왔단 말이오?"

"광산 감독은 광산을 아는 사람이 해야 하는 줄로 아뢰옵니다. 이용익은 총각 시절부터 광산 일에 밝다고 하옵니다."

"기특하도다."

이용익이 금광에 특출한 재능을 가지고 있고 광산업에 종사하여 대금을 헌상하였다는 사실에 대해서 그와 같은 시대 사람이었던 윤효정이 쓴 《풍운한말비사》에서 다음과 같이 전하고 있다.

이용익은 광산에 대하여 천부의 기능이 있었으니 그는 말하기를 군주의 응용하실 재정은 국내의 허다한 금광이다. 대군주의 물건인데 하필 백성의 재물을 착취하여 군주에게 바칠 필요가 어디 있느냐 하면서 그는 탐관오리를 심히 증오하고 군주의 財用은 광산으로서 자담한다 하면서 전국의 금광권을 수십 년 장악하여 군주의 私用에 공헌한 것을 스스로 무상의 대충성이리고 믿었고 또 군주도 그를 무상의 충신으로 인정하였다고 한다.

이에 감동하게 된 고종황제는 당시 함경감사 박기양에게 명을 내려 이용익을 즉시 상경토록 하여 친히 배알하였다.

광산에 나간 관리가 5백 냥이 난다고 하면 5백 냥이 나는 줄 알고, 5천 냥이 생산된다면 그냥 그렇게 믿을 수밖에 없다. 더구나 땅에서 나는 곡식 같으면 토지의 넓이가 있고, 씨뿌리는 양이 있고 결(結)·부(負)·속(束)이 있어 대강 그 소출량을 짐작할 수 있는 것이요, 그것에 따라 세금의 양도 대충 파악할 수 있는 것이지만 땅속에서 캐내는 금은 도대체 알 수가 없는 것이다.

지하 삼 척만 들어가도 그 흙속에 돌이 묻혀 있을지 금이 묻혀 있을지 전혀 짐작할 수 없다. 그 광산에 나가 있는 관리가 10냥을 보내고 '이것이 세금이요' 하면 그런 줄 알고 백 냥을 보내고서 '이 만큼 캤소' 하면 그런 줄로 알 수밖에 없으니 임금인들 무슨 수로 속지 않겠는가?

이래서 전국 최대 영흥 광산에 나갔던 감관들은 마음껏 개인적인 욕심을 채우면서 금을 훔쳐먹었던 것이다. 그런데 이용익은 그것을 제대로 바치면서부터 그의 신임도 점차 두터워졌던 것이다.

그러나 일개 등짐장수에서 출세하여 막대한 재원을 움직이는 관리가 되자 이용익은 백성들로부터 지탄을 받은 것도 사실인 것 같다.

1888년, 함경도 병마절도사 이용익이 북청 백성들의 저항을 만나, 고종황제도 할 수 없이 그를 지도 섬으로 귀양을 보내도록 명령했다. 그해 10월 12일자로 그는 전라도 용담(龍潭)으로 잠깐 옮겼다가 곧 유배에서 풀려나 다시 관계에 진출했다.

1894년에는 다시 함북 병마절도사 겸임 광무사(鑛務使)를 지냈고 그 이듬해 7월에는 함흥부 관찰사 겸임 갑산부(甲山府) 관찰사가 되었다.

그런가 하면 1896년 4월 28일자 발령을 보면 이용익은 감리 서북제부(監理西北諸府) 금광사무(金鑛事務)에 임명되었다.

또 1897년 12월 3일자 관보에 의하면 이용익은 종2품, 평안북도 관찰사가 되어 감독 각부 각군(監督各部各郡) 각광사무(各鑛事務)에 임명되어 드디어 전국 광산(금광·은광·동광·철광·석탄광 등)을 그의 손아귀에 쥐게 되었다. 말하자면 이용익이 우리나라 전체 광산을 감독하는 위치에 올라선 것이다.

1882년에 단천부사로부터 시작해 1897년 전국 모든 광산 권리를 손에 쥐기까지 그는 실로 혁혁한 관직을 거쳐 조선왕조 나라 살림의 돈주머니를 차게 된 셈이었다.

이용익은 광산 경영에 남다른 수완을 발휘, 광산은 왕실 재정의 근원이라 하여 그 관리권을 내장원에 소속시키고 외국인의 광산권 침투를 극력 억제하는 한편 국내의 재력 있는 광산업자를 선정하여 그 개발을 촉구했다.

그뿐만 아니다. 그는 평안북도 강계부사·철도사감사·탁지부전환국장·서북철도국총재·헌병사령관 등을 역임하면서 전국 광산권뿐만 아니라 철도와 군사권 및 화폐 발행권, 그 밖에도 전국의 인삼권까지 손에 넣었으니 그야말로 1890년대 후반까지 그는 전국의 경제권을 혼자 쥐고 흔들었다.

> 이용익 씨가 松都로 삼 무역하러 갔는데 삼 값을 7년 전 금으로 사려고 하야 듣지 않는 사람들을 잡아 옥에다 가둔 사람이 어찌 많은지 옥 속이 좁고, 이 때문에 인심이 흉흉하야 민요(民擾)가 나게 되니까 서울서 다리고 간 순검 30여 명이 부족하여서 일전에 군부로 전보하기를 송도에 출주한 군대를 풀어서 막아달라고 하얏으되 군부에서는 듣지 않았다고 하더라(1896).

이용익은 인삼을 관리하면서 송도로 내려가 삼을 사려다가 많은 백성들의 항기에 부딪혀 여기서도 괴로움을 겪는다.

독립협회의 탄핵

엄밀하게 따지고 보면 이것은 이용익이 자기 개인의 자격으로 인삼을 무역하는 상행위가 아니라 그는 내장원경이라는 관직에 있는 황실의 살림꾼으로서 황실 자금을 마련하기 위해 당하는 일이었다. 이용익이 그 황실 자금을 마련하기 위해 인삼값을 호되게 깎아 사들이려다가 말썽을 빚은 이것 역시 그 당시로서는 상당히 시끄러웠다.

대개 짐작하듯이 1890년 무렵부터 왕성해진 민권운동의 독립협회가 각부 대신들의 행정을 신랄하게 규탄하고 죄를 얽어 협공했던 일은 여간 대단한 것이 아니었다.

1898년 8월 2일부터 독립협회는 포문을 열어 이용익을 공격했다.

광산 감독 겸 전환국장 이용익 씨가 죄악이 많으니 그 벼슬을 떼고 그 죄를 상당한 법률로 처치하야지이다라고 독립협회 總代議員 제씨가 일제히 일어났으니 총대의원 남궁억 씨는

첫째, 이용익은 금점하는 일로 전국 각도 각군에 독을 흘린 것과

둘째, 삼포하는 백성의 원망소리를 들었으며

셋째, 광무 2년의 白銅錢 20만 원 지은 것은 이용익의 책임이며 그 중에서 4만 원 가량은 이용익이 횡령하얏으니

넷째, 그는 南兵使 때 두 번이나 민요를 만난 죄를 지고 있다.

독립협회는 이용익을 법부에 고발하여 그의 여섯 가지 죄목을 구체적으로 설명하고 나섰다.

개성 인삼 제조장

이용익이 그처럼 독립협회의 심한 공격을 받게 된 첫째 이유는 그가 러시아 세력과 긴밀한 친러파 거물이었다는 점이었고, 둘째로는 그가 왕궁을 등에 업고 개성의 인삼 경작자들로부터 심한 반발을 산 데 있었다.

이용익은 전국 인삼 행정권을 손에 넣자 개성에 내려가 삼정사(蔘政社)를 설립하고 내장원 직속으로 만들어 황실에서 관리하도록 했다.

삼포 주인들로부터 주주를 모집하고 자본금 4만 원으로 세운 당시 국내 최대 회사였던 개성 삼정사를 내장원 직속으로 이관시키려 들자 일반업자들은 심하게 반발했지만 이용익은 끝내 그 인삼정책을 강행했다.

그때 왕실 최대 재원이 되는 것이 인삼이었으므로, 그 인삼을 자유 경작, 자유 판매를 허락하여 일본 등의 외국 상인들에게 이용당하는 것을 막고, 인삼을 황실에서 총괄하여 그것을 제값을 받고 판 자본으로 은을 사들여 우리나라의 화폐정책을 제대로 밀고 나가려고 했던 것이다.

쉽게 말하면 인삼에 대한 전매제도를 처음 실시한 것이다.

그 정책은 개성 백성들의 심한 반발을 샀다. 또 그 여파는 독립협회 회원들인 강화석(康花錫) 등 세 사람은 한성 서서(西署) 서리방 원동 사는 이용익을 피고로 해 고등재판소에 고발하기에 이르렀다. 그 내용 역시 앞서 남궁억(南宮檍)이 고발했던 것과 비슷한 것이었다.

첫째, 영흥 부서 금광을 亂採하야 분묘와 농지를 파헤쳤고 백골이 피해를 당했으며 또 토지값도 제대로 안 준 죄요

둘째, 白銅貨와 赤銅貨 같은 보조화폐만 주조하고 原貨인 銀貨를 안 찍어내는 화폐정책을 써 화폐질서를 문란하게 한 죄요

셋째, 강원도 인제군에서 백성의 삼포 7백 간과 강원도 회양군에서 백성의 삼포 80간을 탈취하야 이를 그의 鄕第인 홍성에 옮겨 심

고 국가의 삼포라고 거짓 칭하얏으며

넷째, 강원도 백성의 인삼 潛賣를 알고 그 인삼 잠매를 한 백성들로부터 엽전 4천 5백 냥을 토색하얏으며

다섯째, 丙申년 8월 개성 삼포를 헐값으로 사려다가 백성들의 항거를 만나 도망한 일이 있으며

여섯째, 정유년 11월 개성 삼정 감독이 된 이용익은 백성의 人蔘私賣를 엄금하야 개성 백성 백여 명으로부터 궁내부에 呈狀을 당한 죄.

이렇게 여섯 가지 죄목을 들어 이용익을 고등재판소에 고발했던 것이다. 그러나 사실 어떻게 생각하면 이용익의 이런 죄목이 사실인지 아닌지는 둘째 치고라도 그가 우리나라 재정·산업·화폐정책에 끼친 공과 허물은 모두 엇비슷한 그림자를 남기고 있다.

이용익이 1898년 1월부터 1904년 러일전쟁이 일어나 일본에 납치될 때까지 7년 간 장악한 전환국장 시절에 우리나라의 화폐정책은 엉망이었다.

그러나 따지고 보면 오히려 우리나라의 화폐질서를 문란케 하고 경제질서를 어지럽힌 원흉으로는 일본이나 간사한 외국 상인들의 농간을 들지 않을 수 없다.

화폐정책은 1883년부터 엽전을 통일하고 신식화폐를 발행하려는 움직임이 나타나고 있었다.

그때까지는 각도의 감영과 중앙정부의 호조나 병조, 또는 공조나 어영청 등 각 정부기관은 각 소관 기관의 필요에 따라 모두 엽전을 발행했다.

평양감영은 평양감영대로 평양 엽전을 찍어냈고 전라감영은 전라감영대로 전라도 엽전을 찍어서 썼던 것이다.

그러던 것을 1883년 민영익이 처음으로 화폐를 통일하기 위해 창덕궁 왼쪽 원서동 올라가는 길목에 한 민가를 빌려 정낙용(鄭樂容)

을 총무, 김학우(金鶴羽)를 주사, 독일 사람 묄렌도르프를 총감독으로 해서 독일에서 돈 찍어 내는 기계를 수입했다.

그리고 독일 사람 기사 3명을 고용해 신식화폐를 발행하려고 하다가 실패했다.

그러다가 2년 뒤인 1885년에는 다시 남대문 서쪽으로 전환국을 옮겨 일본에서 조각사 이케다 다카오〔池田隆雄〕를 초빙하고 또 기계기술자도 한 명 데려다 1886년부터 신식화폐를 발행하기 시작했다.

그때 발행한 신식화폐는 금화로 20환·10환·5환·1환짜리의 5종과 은화로 1환·5냥·2냥·1냥의 4종류, 적동화로 20문·10문·5문·2문·1문의 5종을 만들어 냈다.

그러나 1886년에 발행한 이런 금화 5종과 은화 4종, 적동화 5종의 신식화폐는 시험제조된 것일 뿐 실제로 일반에 통용되지는 않았다.

그러다가 다시 4년 후인 1890년에 전환국이 생겨 안경수(安駉壽)가 일본 오사카 조폐국을 시찰하고 돌아와 인천에서 신식화폐를 만들었지만 그것도 곧 없어지고 말았다.

이런 복잡한 과정을 거친 전환국은 다시 8년 후인 1898년 이용익이 전환국장이 되면서 용산에다 전환국 건물을 세로 짓고 본격적인 신식화폐를 새로 발행하게 되었던 것이다.

이용익은 전국 제일의 식견을 가진 광산인이요, 또 인삼정책을 국가 황실 통제하에 두는 삼정 전매제도를 설립했고 전환국장이 되어 신식화폐를 발행하는 등 눈부신 재정정책을 강행했지만 앞서 말한 대로 그는 천한 함경도 출신의 무지렁이였다. 그러나 발바닥이 부르트게 이 장 저 장으로 떠돌아다니면서 배운 그 나름대로의 경륜이 있었고 그 나름대로의 식견이 있었다.

그는 공리공론의 이론적 경제정책 수립가라기보다는 자기의 손으로 더듬고 만지고 겪은 경험에 의해 나라살림을 해나가려는 실제적 행동가였다.

이용익은 그 무렵 이 땅으로 풍미해 들어오는 외국의 경제 세력에 맞서 철저한 보호주의적 경제 체제를 정비해보려고 안간힘을 쓴 애국자였다. 비록 그가 제 이름도 못 쓰는 까막눈이라고 공격을 당했지만 그는 국가 경제뿐 아니라 국제 경제에도 일가견을 가진 사람이었다. 무조건 그를 친러파요, 국가의 이권을 돌보지 않은 외세 아부자로 기록한 여러 대목은 지식인들이 그에게 던지는 냉시요, 편파적 비평일 뿐이다.

이용익은 인천이나 원산 등의 개항장 상인들이 외국 거상들의 자본력에 눌려 그들의 생업권을 잃고 허덕이는 것을 보자 그 개항장 상인들이 돈을 합쳐 회사를 조직하고 조합장을 만들어 일본 상인들과 맞서도록 뒤에서 밀어 주었다.

1900년에는 김제정 등에게 흥업회사(興業會社)를 설립하게 했고, 인천의 신상회사(紳商會社)도 이용익이 뒤에서 밀어 인천 거상 서상집(徐相集)이 세운 것이었다.

또 1902년에는 김일진(金一辰) 등으로 하여금 동래에서 상선회사를 세우게 했던 것이요, 또 내장원 직영회사로 한강나루에 도진회사(渡津會社)를 설립토록 한 것도 바로 그였다.

그가 이런 경제정책을 밀고 나가기 위해 세웠던 회사들은 잦은 정변으로 열매를 맺지 못한 것도 많지만, 그가 1902년에 이미 모범 양잠소를 설립한 것이나 공업전습소를 만들어 염직·사기·금속공업·토목공업 등을 익히도록 했던 일이며, 북장동(北莊洞) 마영대(馬營隊) 근처에다 사기 제조소를 만들어 러시아 기술자를 데려다가 백사기를 만들게 했던 일이나, 1903년에는 총기 제조소를 만들어 직접 무기를 생산하는 공장을 세운 것이나, 모두 국가를 위하고자 한 일임엔 틀림이 없지 않은가?

그러나 이 총기 제조소는 이듬해 러일전쟁이 일어나 송두리째 일본사람들에게 빼앗기고 말았다.

그 밖에 경의선·경원선 등 서북철도를 프랑스 기술자를 데려다가 공사를 시작해 직접 우리 힘으로 철도를 놓아보려고 한 노력도 모두 이용익이 철도국 총재로 있을 당시에 이루어진 일이었다.

그러나 그 노력은 일본의 방해로 지지부진하게 제자리걸음만 하다가 1904년 러일전쟁이 일어났을 때 군용철도라는 구실로 부설권을 일본에 빼앗기고 말았다.

특히 이용익의 신문화에 대한 인식은 높았다. 당시 학식이나 문벌이 좋은 인사들보다도 이해가 깊었다. 또 국제정세에 대한 그의 식견은 개화를 구실삼아 지나친 친일로 기울어진 일부 개화파 인사들보다는 월등히 예리하고 정확했다.

그가 재직 당시에 단행한 재정개혁 및 근대공업 건설이 시의를 얻었다면 한국 근대사는 보다 발전하였으리라.

이렇듯 이용익의 행적은 거의 우리나라 경제 산업 전반에 관련되다시피 동분서주했던 것이요, 그러다 보니까 그의 위치는 너무도 중요해져 일거수일투족이 많은 백성들의 이해에 연관되게 된 것도 사실이다.

이용익 씨가 또 종이 만드는 공장의 공역을 설치하려고 농상공부에 말하여 전라남도 관찰부에 훈령맡아 보내고 紙所에 종이 잘 뜨는 사람 2명을 불러 올리라고 하얏다니 이씨의 사업은 참 많더라(1898).

이용익의 온갖 사업은 어디까지가 그의 개인 사업이고 어디까지가 황실의 사업인지 잘 분간할 수가 없지만 하여간 그는 황실 사업을 맡으면서 황실의 이권을 보호하려고 안간힘을 쓰다가 칼날 같고 끓는 물 같은 독립협회의 총공세에 몰려 철도 감독과 전국 광산 자리를 내놓고 물러서기에 이른 것이다.

철도 감독 이용익 씨는 사직상소하고 갈렸으며, 또 궁내부 소관 각도 각광 감독사무 겸하얏던 것을 해임하얏다더라(1898).

그러자 더욱 기승이 오른 독립협회측은 이용익을 법적으로 처리하기 위해 고등재판소에 기소하고 이용익을 잡아 넣으라고 야단을 쳤다. 이래서 그 하늘 아래 둘도 없던 고종황제의 가장 신임하는 돈주머니 이용익도 경무청 순검들에게 쫓겨 도망치는 몸이 되고 말았다.

경무청에서 법무의 훈령을 이어 이용익 씨를 잡으라고 별순검을 파송하얏더니 이용익 씨가 벌써 그 기미를 알고 도망하얏는지라, 별순검들이 이용익 씨의 집을 둘러싸고 뒤지되 간 곳이 없는지라 그 동네 사는 이참봉 중혁 씨의 집이 이용익의 집과 연장 저촉하얏는지라 별순검들이 이중혁 씨를 잡아 경무청으로 데려갔다더라(1898).

하늘은 넓지만 둥근 형상이라 했다. 둥글어서 돌아가는가?
함경도 물장수의 물동이에서 꼬리를 치면서 하늘로 하늘로 고개를 쳐들고 올라가던 용 이용익도 맹렬한 독립협회의 언론 공세 앞에 끝내 녹아 버리고 말았다.
실로 그 당시 독립협회의 그 언론공세에는 무쇠라도 녹여 낼 만한 힘이 있었기 때문에 황실의 돈주머니를 제 허리끈에 차고 나라 살림을 해오던 이용익도 이렇게 뚜렷한 죄목도 없이 일개 별순검의 오랏줄에 쫓겨 행방을 감추어야 했다.
대체 이용익은 그 뒤 어디로 도망쳤을까?
경무청에서 이용익을 잡으려고 포위하고 있다가 집안으로 들이치고 들어가니까 이용익은 벌써 자기를 잡으러 올 기미를 채고 어디론가 사라져 버렸다. 그래서 이웃에 사는 이참봉의 덜미만 잡아 끌고갔다는 것이다.
행방이 묘연해진 이용익은 다른 곳이 아닌 고종황제가 계신 궁중으로 도망쳐 몸을 숨겼다는 소문도 있고, 멀리 바다를 건너 청나라 상하이로 잠적해 버렸다는 소문도 있었다.

결국 경무청 순검들도 이용익의 행방을 알지 못해 그를 잡아들이지 못했으며 장본인 이용익이 없었으므로 재판도 별 의미가 없을 수밖에…….

황국협회와 이용익

독립협회는 이용익의 문제만이 아니라 정부 대신들을 마구 공격해 독립협회측의 공박을 받지 않는 대신들이 거의 없을 지경이었다. 독립협회는 날이면 날마다 집회를 열고 총대의원을 세워 정부의 행정을 낱낱이 간섭하려 들었다.

독립협회가 이렇게 대한제국의 모든 정치를 감독하는 국회나 감사원과 같은 역할을 자임하고 나서자 고종황제도 이윽고 독립협회를 몹시 싫어하게 되었다.

정부와 왕궁에서는 독립협회에 맞서 황국협회를 조직하고 전국에서 덩치 좋고 몽둥이질 잘하며 우락부락한 등짐장수패들을 불러 올려 독립협회 연설장에 투입했던 것이다.

전국 부보상 패들이 모여 만들어진 황국협회는 세칭 '홍길동'이리고 해서 홍종우(洪鍾宇)·길영수(吉永洙)·이기동(李基東) 등 보수적 애국노선을 걷는 세 사람의 손으로 운영되던 모임이었다.

그들은 독립협회측을 예수교를 믿는 개화 패거리며, 외세의 추종자들이라고 공박하면서 그들의 노선을 천명하고 선전포고를 하고 나섰다.

대한 백성이 무삼 마음으로 洋人을 스승하야 천주교를 배우며 부인들은 閨中禮法을 알지 못하고 그릇 사도에 들었으니 진실로 한심치 아니하랴. 우리 부보상들은 상무를 확실케 하니 우리 백성된 자 이것을 버리고 어디로 가리오. 이런 간곡한 말을 하노니 남녀 노인은 어두운 것을 버리고 밝은 데로 나아온즉 말려니와 그렇지 아니하면 會堂을 헐고 교도를 도륙하리니 이것을 깊이 생각하야 후회됨이 없기 바라노라.

황국협회측은 독립협회의 서재필·이승만 등 예수교를 믿는 서양 개화꾼들이 서양사람을 스승으로 하여 내세우는 무슨 연설이니, 집회니 하는 것을 우리의 고유한 풍속을 흐리는 것이라고 했다. 그런 사교(邪敎)에 빠져 헤어나지 않는다면 회당을 헐고 교도를 마구 죽이겠다는 어마어마한 도전장을 낸 것이다.

독립협회의 기관지인 〈독립신문〉을 펴내는 신문사에서는 종이 장사, 연필 장사, 심지어 봉투 장사까지 하여 서양 물건을 이 땅에 팔고 있어서 부보상 보따리 장수들의 반감을 샀던 것도 사실이었다.

황국협회는 사실상 정부의 비호를 받아 일어난 집단이었다. 독립협회를 방해하기 위하여 1898년 12월부터 직접 행동을 개시하였다.

그런데 경무청에서 잡아들이려고 했다가 행방불명이 되어 속수무책으로 내버려 두었던 이용익이 황국협회가 독립협회를 쳐부수는 마당에 나타난 것이다.

이용익의 출현은 독립협회측으로 보면 그야말로 두려운 일이 아닐 수 없었다.

황국협회가 움직이는 비용을 다름아닌 이용익이 대주고 있었기 때문이다.

협회를 구성하고 있는 부보상 단체가 역대 왕조의 어용조직으로서 얼마나 큰 세력을 지닌 것이었느냐 하는 것은 그만두자. 부보상 몽둥이가 독립협회 연설장을 습격해 들어오는 대목과 그 연설장에서 연설을 하고 있던 청년 이승만이 당하는 한 대목을 살펴 그 당시 벌어졌던 충돌사건의 한 장면을 눈앞에 그려보자.

일전에 부상패들이 인화문 밖에 진복하여 있는 공동회(독립협
회가 주관하는 만민공동회) 관민을 진쳐 들어올 때에 공동회 임
시의장은 유학주 씨요, 연단에 올라 연설하는 이는 이승만 씨라.
이승만 씨가 연설하기를 우리가 여기 진복하야 풍찬 노숙하는 것
이 옷을 탐하느냐, 밥을 탐하느냐, 다만 한다는 일이 모두 나라
를 위하고 동포를 사랑함이라(1898).

만민공동회는 인화문 밖에 진을 치고 여러 날 동안 밤을 새워가
면서 맹렬한 데모집회를 계속했다. 정부의 비행과 비리, 탐관오리
정부 대신들의 행위를 통렬히 공박하던 독립협회는 종로거리로 뛰
어나가 백성들 앞에서 그때 유행하기 시작한 '연설'을 퍼붓고 있었
다.

독립협회는 그 무렵부터 모든 의안이나 결의사항을 서양식 회의
진행법에 따라 처리해 갔고, 또 선진제국의 연설 방법을 써서 배재
학당을 비롯한 청년 학생들 사이에 유행시켰던 것이다.

여기에 나오는 이승만도 그 당시엔 새파란 20대의 배재학당 학생
이었다. 연설을 배워 종로 거리에서 그의 특유한 목청으로 사자후
를 토해 냈던 것이다.

"우리 만민공회 모임이 이처럼 찬바람을 맞아가며 엄동설한에 밤
을 새워 모이는 것은 밥을 탐해서 그런 것도 아니요, 옷을 달라
고 하는 것도 아니고, 오직 애국하는 마음에서 그렇게 하고 있을
뿐입니다."

그러나 정부측 입장으로 보면 세상에 귀찮고 다루기 힘든 것이
독립협회였다. 사사건건 거리의 백성들을 모아 놓고 연설로 정부
정책을 비판하는 독립협회가 참으로 성가신 존재가 아닐 수 없었다.

그래서 생각다 못해 눈은 눈으로 이는 이로 갚는다는 격으로 보
따리 장사들을 불러들여 몽둥이질을 하였던 것이다.

지금 들은즉 못된 간세배가 부상패를 불러 우리 만민을 치랴 하야 부상패들이 지금 목전에 당도하얏는지라 우리가 죽드라도 忠愛하는 의리는 가지고 죽을 터이니 신민의 직분에 죽어도 또한 큰 영광이로라 할 즘에 果川郡守 吉永洙 씨가 손에다 큰 뭉치를 들고 내두르며 수천 명 부상패를 거느리고 공동회 선을 에워싸며 어지럽고 지독한 몽둥이들은 시석이 분분한 전장에 못지 않은지라(1898).

선봉장으로 들어오는 사람은 과천 군수 길영수였다. 그가 큰 몽둥이를 들고 내두르면서 독립협회 연설장을 겹겹으로 에워싸고 쳐들어 오는 모습은 꼭 화살과 돌이 분분하게 나르는 전쟁터와 다를 바 없었다.

그러나 이런 부보상패들이 습격해 들어올 때까지도 백성을 앞에 놓고 연단에 올라선 만민공동회의 이승만은 도망치지 않고 죽더라도 충애하는 의리로 죽을 것이니, 충애하는 행동을 하다가 죽는 것은 천추에 길이 남을 영광이 될 것이라고 사자후를 토했다.

이때 여러 만민들은 그 부상패의 몽둥이에 상하야 부득이 물러나는데 임시회장 유학주 씨와 연설하던 이승만 씨는 가장 의리가 추상 같아야 엄연부동하다가 길씨가 도량하야 이리저리 뛰놀며 무인지경 같이 하는 것을 이승만 씨가 너무 분히 여겨 길씨를 붙잡고 꾸짖어 가라대, 너도 명색이 국록지신이요, 너도 소위 대한 백성이지, 네 어찌 간세배와 부동하야 부상패를 모집하야 충애하는 우리 만민을 치느냐 하며 힐망할 지음에 길씨는 몸을 빼어 좌우 충돌하는지라 어떤 유력한 갓쓴 부상 하나가 이승만 씨를 꼭 안아 잡거늘 이승만 씨가 더욱 흥분하야 그 부상을 뿌리치니 다른 부상들이 벌써 에워싸는지라. 이승만 씨가 자기의 가졌던 약한 지팡이로 휘두르며 수천 명 부상이 삼대 같이 둔취한 데를 헤치고 배재학당 앞길로 나서며 땅을 두드리고 하늘을 부르짖으며

통곡하거늘 이승만 씨의 부친이 자기 아들을 안고 또한 통곡하
더라.

부보상 정치

부보상 등짐장수라면 머리에 검은 대패랭이를 쓰고 새우젓 독을
지게에 지고 골목골목 다니면서 목청좋게 외치고 다니는 천한 장사
꾼이었다. 대패랭이 꼭지에 목화송이 두 개를 달고 손에다 물미작
대기나 들고 다니던 것들이 무엇을 안다고 정치 운동에까지 끼어들
어 이 야단을 치는가?

그리고 독립협회도 그 사건을 계기로 한물 수그러져 결국 황실로
부터 불법단체로 낙인찍혀 해체당하고 말았다.

독립협회의 기관지 〈독립신문〉도 그때는 거의 열에 들떠 전후
분별을 못할 만큼 흥분해 있었다.

도망 죄인 이용익이 나서서 수천 명 부보상의 먹을 양식을 댔다
는 것이다.

아무리 부보상 단체가 어용단체요 전국을 떠도는 장사꾼들이라고
해도 그들이 장터로 떠돌면서 버는 장사를 그만두고, 힘좋고 걸음
질 긴고 몽둥이 질 휘두르는 젊은 등짐징수로만 수천 명을 골라 시
울로 불러들이자면 그것도 쉬운 일은 아니다.

그 수천 명 장사꾼들이 제 장사를 버리고 여기까지 올 때는 따로
품삯이나 장사 이문만큼의 돈을 주어야 했을 것은 그만두고 우선
그들을 재우고 먹여야 했던 것이다.

그런 모든 비용을 이용익 혼자서 담당했다. 이용익은 지갑 속에
백 원짜리 지전을 수만 장이나 가지고 있었는데 쌀을 사면서 백 원
짜리 지전을 내놓으니까 쓸 줄을 몰라 아무 소용이 없다며 쌀장수
가 사양하더라는 것이다.

1890년대에 백 원짜리 지전 한 장이 얼마나 큰 돈인지 우리는 상
상이나 할 수 있을 것인가?

시골 장바닥도 아니요, 그래도 서울 한복판에서 아무개노라 하는 큰 쌀장수였으니까 수백 섬 곡식을 척척 들여놓았을 것인데 그런 쌀장수가 백 원짜리 한 장에 코가 숙여졌을 때 이용익은 그 수천 명 부보상 등짐장수패들이 서울로 올라와 독립협회 패거리를 찍소리도 못하게 방망이로 때려잡도록 하는 데 필요한 모든 뒷돈을 혼자 부담한 것이 이렇게 드러나고 있다.

또 금 2백 50냥쭝을 이용익 씨가 팔아서 잡비를 썼다는 풍설이 있으나 우리는 이 말을 믿지 못할 것이 이용익 씨는 전번에 독립협회의 탄핵을 만나 법부대신이 상주하야 잡으라는 처분을 물어왔는데, 그때에 이용익 씨가 상하이로 도망하야 갔다 하는 고로 지우금 잡아 재판도 못 하얏을뿐더러……

상하이로 도망하여 잡아들이지 못했다던 이용익이 도깨비처럼 멀쩡하게 서울 한복판 종로거리에 나타나 이처럼 시퍼런 백 원짜리 지전을 물쓰듯 하고, 또 금 2백 50냥을 팔아 잡비로 대주고 있다니 독립협회측으로 보면 그저 어이가 없을 뿐이었다.

그런 이용익의 모습에 어이가 없는지 〈독립신문〉에는 다음과 같은 기사가 실렸다.

이용익 씨는 拘拿를 어느 때 면하얏으며 상하이로 도망하얏다더니 언제 돌아왔는지 모르되, 이용익 씨가 금번에 무삼 돈을 負商都中에 많이 대어 주어 경비를 쓰게 했다니 이용익 씨는 본래 자기의 재산은 없다고 자칭하는 이요, 다만 나라 금광만 맡아한다는 이라, 금번에 쓰는 재물이 혹 나라에 바치려던 금이나 欠縮을 아니 내었는지 알 수 없으며……

그러나 이용익은 다른 거부장자나 탐관오리들처럼 호화로운 집을 짓거나 호화로운 옷을 입는 법이 없었다.

이 나라 누구보다도 많은 금덩이와 큰 돈을 휘어잡은 장본인. 그럼에도 항상 초라한 초가집에서 가문을 치장하지 않고 사는 대신.

그는 부보상 패거리의 옛모습을 조금도 바꾸지 않는 소탈한 야생마였다.

황국협회가 독립협회를 때려부순 사건이 나기 반년 전만 해도 〈독립신문〉은 스스로 붓을 들어 이렇게 썼다.

……그러나 이용익 씨의 오늘날 처신하는 비술은 다만 군총을 잃지 말자는 한 가지라 그것을 위하야 금일 같은 세력으로 가문을 장식하지 않고, 그 남은 것은 가져다가 군총을 사는 자본금을 만드니……

한말 최대 현금왕

이용익이 황실의 인삼권과 화폐발행권을 계속 쥐고 우리나라의 화폐 정리를 위해 안간힘을 쓰고 있는 대목이 이렇게 나타나고 있다.

今年 蒸蔘은 十分完成하야 품질도 良好하고 傍岐로 漏出함도 無하야 全히 仁港 海關에 運積하얏는데 近日 傳說을 聞한즉 典圜局長 이용익 씨가 白銅貨의 弊源을 確知하고 錢幣改良을 계획하야 銀本位를 夥數鑄出할 터인데 現今國庫에 자본이 不備하기로 今年 蒸造한 元蔘 折蔘與 尾蔘을 외국 港市에 반출하면 百萬元 내외가 될지라 此額으로 자본삼아 地銀을 貿入할 터이오(1899).

이것으로 보면 이용익이 1896년에 개성 백성들로부터 심한 탄핵을 받았던 삼정사(蔘政社)의 인삼 무역권은 황실의 통제하에 들어가게 되었던 것이 분명하고, 이용익은 그렇게 사들인 개성의 인삼을 모두 홍삼으로 쪄서 외국에 수출했던 것이다. 그 인삼값으로 번

돈을 가지고 은을 무역해 들여다가 백동화의 폐해를 막으려고 했
다.

1899년의 인삼 판매액이 1백만 원에 이르고 있는 것을 보면 그
당시 우리나라 최대의 재원은 인삼이었던 것을 알 수 있다.

이용익이 이처럼 우리나라 인삼 판매권을 일원화시켜 국내의 재
정을 정리하려고 안간힘을 쓰자, 그 인삼 수입권을 에워싸고 잔뜩
눈독을 들이고 있던 일본사람들과 맞서게 된 것은 뻔한 일이었다.

그래서 이용익은 일본 상인들이 개성 인삼밭에 들어가 삼을 훔치
거나 거의 강제로 빼앗다시피 헐값으로 우리 인삼을 사가는 것을
막기 위해 개성 삼포에서 생산되는 모든 인삼을 외국 상인들에게
팔 수 없도록 조치하고, 또 일단 생산된 인삼은 자기들끼리 사매매
하는 것도 엄금했다.

그처럼 사매매나 외국 상인들에게 개별적으로 파는 상행위를 엄
금시켜 놓고 황실에서 일괄적으로 사들인 뒤 국제입찰에 붙여 제값
을 받고 수출했던 것이다. 홍삼 국제입찰에는 청나라 거상 동순태
(同順泰)나 독일 거상 세창양행(世昌洋行), 일본 거상 미쓰이물산
회사 등이 입찰을 보았다. 그런데 그런 정책을 입안하고 강행하여
황실의 재정권을 확보하려는 이용익의 계획을 눈의 가시처럼 여기
고 미워한 것이 바로 일본 상인들이었다.

이용익이 그처럼 인삼밭을 둘러싸고 전매정책을 실시하지 않는다
면 일본 장사꾼들은 마음대로 헐값에 인삼을 사들여 막대한 이익을
볼 것이다. 그런데 이용익이 완강하게 인삼 전매정책을 실시하여
일본 상인들은 저희 멋대로 할 수가 없었다.

이것 때문에 이용익은 뒷날 일본 공사관측으로부터 비밀 외교문
서에 올라 경계 인물이 되기도 했지만, 거꾸로 말하면 이용익은 그
만큼 황실재정의 확립을 위해 혼신의 노력을 다했던 것이다.

어수선한 한말, 모두가 대대로 나라의 녹을 먹어오는 명문거족이
요 대신이요 글 많이 읽은 정치가요, 행정가임을 자처하는 마당에

서도, 큰 관리는 큰 관리대로 큰 이권을 팔아먹고, 작은 벼슬아치는 작은 벼슬아치대로 나라것을 훔쳐먹는 판이었다.

그런데도 이용익은 오직 황실 재정을 확보하기 위해 있는 꾀를 다 짜내면서 모진 풍파 앞에 제 한 몸뚱이로 황실의 방탄벽이 되어 화살을 받은 것이었다.

그럴 때마다 고종황제는 이용익의 충정을 믿어 민중으로부터 세찬 돌팔매질을 당하는 이용익을 왕궁에 숨겨 두고 군신간의 애정을 나누었다.

그러나 이용익은 그런 인삼권·화폐권만 장악한 것이 아니었다.

탁지부 협판 이용익 씨는 육군 피복위원장을 임하얏다더라(1901).

그는 탁지부 협판으로 있으면서 우리나라 군대가 입는 군복을 우리 손으로 만들어 입히려고 노력하는 한편 자신이 육군 피복위원장이 되어 국산 군복 생산사업에 나서기도 했다. 그러다가 나중에는 헌병 총사령관, 러일전쟁이 일어나기 직전에는 군부대신까지 올랐지만, 그는 무엇이긴 국내산업을 보호하고 육성시키는 일에는 남다른 지혜를 짜내 강력하게 추진했다.

그러나 이용익이 그처럼 세력이 커지니 그와 정비례해서 받아야 하는 바람도 날이 갈수록 세찬 것이었다.

十一月 李容翊 往糴安南米 容翊以內藏院卿 管上私帑 販権剝割 不顧怨詛 是秋署理度支 督府郡稅逋 囚及妻孥 僇辱搢紳 於是擧朝切齒 苦私讐焉 容翊內黠外騃 嘗面斥上過曰 陛下寵嚴嬪 無異唐明皇之楊貴妃 上笑其痴不罪也 又嘗稱臣於嚴妃 妃不敢當……

이용익이 또다시 심한 탄핵을 받은 것은 1898년의 독립협회 바람이 지난 지 4년 만인 1902년이었다.

그러나 1902년에 일어난 이용익 파문은 실로 쉽게 가라앉을 수 없을 만큼 거센 것이었다. 이번에는 심순택(沈舜澤)·윤용선(尹用善)·조병세(趙秉世) 등이 맹렬하게 상소를 하고 나왔던 것이다.

於是衆謂可藉此爲辭 以罪之 沈舜澤 尹容善 趙秉世 則或聯劄 或獨疏 十部繼之 指以大逆 伏闕不退 伺容翊將撲殺之 上詞之 使伏禁 中旬日 有旨放逐 猶慮蜚禍 潛送上海 糴安南米十餘萬石 至仁港 圻湖賴之 容翊廉而幹 食不重肉 弊袍破笠 無聲色之奉 上信其孤立淸儉 而每有宣索 則百萬可立致 不啻左右手 故擧世欲啗其肉 而終始庇之

그때 이용익이 지은 죄목은 무엇인가?

내장원경이 되어 황실 살림살이를 한쪽에서부터 정리해 나가던 이용익은 나라의 쌀자루가 온통 이 구석 저 구석에 구멍이 나 있는 것을 알았다.

여기서 한 구멍 새고 저기서 한 구멍이 흘러내리고, 움직이면 움직일 때마다 그 수백 개의 구멍에서는 황실의 재산이 흘러나갔다. 나라의 수령·방백들이 국고로 들여와야 할 세금을 중간에서 포탈해 먹고는 내놓지를 않는 탓이었다.

그들은 매관매직으로 한 고을의 원님·군수 자리에 앉은 다음 백성을 닦달해 각종 세금을 거두어들이고 그 돈으로 사사무역이나 고리대금, 장리쌀을 놓아 먹으면서 나라에는 세금을 바치지 않았던 것이다.

이용익은 불같이 노해서 부패한 군수들을 옥에 가두었을 뿐만 아니라 이미 도망친 군수나 관리가 있을 때에는 그들의 처첩이나 부모까지 오랏줄로 엮어다가 가두어 버렸다.

이러니 각 지방의 군수와 내로라 하던 사람들이 자다가 뺨맞은 격이 아닌가?

"세상은 망했다. 어쩌다가 우리가 세금을 좀 훔쳤기로서니 그 함
경도 등짐장수놈에게 이런 꼴을 당해야 한단 말이냐?"

"제놈은 누구뇨? 제놈은 전국의 금광이며 인삼을 혼자 다 훔쳐
먹고 무슨 낯짝으로 우리를 괴롭힌단 말인고?"

"제깐놈이 아무리 내장원경 아니라 내장원경 할아비 벼슬을 해도
어떻게 감히 우리네 양반 거족에게 함부로 손을 댈 수가 있단 말
인가?"

아무리 본 것이 없고 배운 데 없이 자라난 물장수 패거리라 하더
라도, 왕조 5백 년 동안 터럭 하나 다치지 않은 양반들을 그 터럭
수염 아니라 몸뚱이까지 옥에 가두어 놓고 매질을 한단 말인가?

이번에는 백성들이나 독립협회의 탄핵이 아니라 정작 임금의 좌
우에서 항상 큰소리를 쳐오던 중신(重臣)·원로대신들이 호된 탄핵
을 하고 나선 것이다.

그러나 그런 중신·원로대신들이 내장원경 이용익이 황실 재정을
확립하기 위해 범포(犯逋) 군수들을 옥에 가둔 행위만을 가지고 트
집을 잡을 수가 없으니까, 이번에는 윤리적 명분을 내세웠던 것이
다.

"이용익이 엄빈(嚴嬪)을 업신여긴 죄를 디스려 주오."

1902년 7월 15일자 기록에는 중추원 의관 김우용(金禹用)이 상
소를 한 내용에도 이용익이 감히 엄비를 업신여겨 괴롭힌 행위를
통렬히 규탄하면서 '죽이라'고 되어 있다.

민비가 시해당한 뒤 엄상궁이 들어와 고종을 모시는 몸이 되었지
만 사실 엄상궁의 경선궁(慶善宮) 세도도 이용익만은 마음대로 누
를 수가 없었던 것이요, 오히려 이용익이 엄비를 업신여겼다는 정
도로 주위의 시기를 받아야만 했다.

본래 미천한 집안에서 궁녀로 들어갔다가 하루아침에 고종황제의
총애를 입게 되어 미천하던 친정집안이 세도를 부리면서 일어났지
만 황태자(순종)는 때때로 엄비를 향해 윽박지른 사실도 있었다고

한다.

"네가 황후 폐하가 되려 하느냐?"

그런 탓으로 이용익도 엄비를 약간 우습게 보았고 엄비측 세력이 자라나는 것을 의식적으로 누르려고 했던 것 같다.

그러나 엄비도 점차 고종황제의 총애가 두터워짐에 따라 친정 집안인 엄준원(嚴俊源)·엄주익(嚴柱益)·김영진(金永振)·이기동(李基東) 등이 정계에 진출하기 시작하면서는 울타리가 생겼다.

그 중 이기동은 이용익의 그런 행위에 분개한 나머지 권총을 숨겨 가지고 궁중에 들어가 이용익을 암살하려다가 발각된 사건까지 빚었다.

그러나 엄비는 자기의 지위를 확보하기 위해, 또 자기가 낳은 왕자(영친왕)를 왕세자로 책봉하기 위해 일본의 이토 히로부미나 이완용 같은 사람에게 줄을 대지 않은 것도 아니었다.

그런데 어떻게 된 일인지 고종황제가 그 엄비를 사랑하는 정도는 날이 갈수록 깊어만 갔다.

아마도 고종황제가 엄비를 믿고 그에게 총애를 베푸는 행위는 도를 지나쳤던 모양이다.

이용익은 아뢰었다.

"폐하께서 엄비를 총애하심이 너무 지나치십니다. 폐하께서 그처럼 일개 비빈에게 빠지심은 마치 당나라 명황이 양귀비에게 혹한 것이나 무엇이 다르오리까?"

또 이용익은 한번도 엄비 앞에서 스스로를 신하로 일컬은 일이 없었으며, 그렇게 뻣뻣하게 처신하는 이용익을 엄비로서도 감히 어떻게 하지 못하였다. 그러자 심순택·윤용선·조병세 등은 이용익의 그런 행위를 들고 일어났다.

"이용익을 죽이시오."

"이용익을 대역죄로 다스리시오."

넙죽한 입을 열어 엄비를 비호하고 나섰다. 아니 엄비를 비호하고 나선 것이 아니라 이용익을 죽이자고 들고 일어났다.

온 조정 대신들과 전국 선비들이 그처럼 이용익을 죽이라고 들고 일어나자 고종황제도 더 이상 견딜 수가 없었다.

그러나 이용익을 궁 밖으로 내보냈다가는 당장 무슨 일이 일어날지 몰라 고종은 궁궐 안에 수십 일 동안 숨겨두었다가 아무도 몰래 상하이로 내보냈던 것이다.

이용익의 엄비 핍박사건이나 전국 부패 군수 체포령이 윤용선·민영소·김우용 등 국내 원로 대신들의 반발을 불러일으킨 것은 그렇다 치고, 일본 공사관은 왜 이용익을 몰아내도록 우리 정부에 압력을 가해 온 것일까?

일본 공사관에서 이용익 씨 사건에 관하야 일본 정부의 훈령을 承接하야 외부로 問詰한 설은 기왕에 본보에 기재하얏거니와……(1902).

이에 대해 우리 정부는 일본 공사관측에 우리 정부에서 하는 일에 너희가 간섭할 까닭이 어디 있느냐고 침을 놓았던 것이다.

설령 이용익을 우리 정부가 임용하더라도 貴政府에서 간섭할 이유가 無하다고 答照會하얏는데 일본 공사관에서 재차 來照하기를 만약 이용익을 免官치 아니하면 我日本은 수심 不好하니 양국의 돈의를 염하야 기어 면관하라.

그러나 일본 공사관은 이렇게 끝까지 가만 있으려 하지 않았다.

왜 일본 정부는 이용익을 해임하라고 협박까지 하며 제거하려는 걸까?

바로 이런 점이 이용익을 둘러싼 한말 한일 정치 권력 음모의 이면에 놓인 풀 수 없는 수수께끼다.

일본의 입장에서 보면 친러파의 앞잡이요, 한말 국가 재원과 이익의 근원을 러시아나 프랑스에 모두 팔아먹은 장본인으로 기록하고 있지만 이것 역시 수수께끼가 아닐 수 없다. 일본 제국주의적 역사 기록이 이용익의 액면을 정당하게 기록해 놓았을 리 만무하기 때문이다. 그 정당하지 못한 일본측 기록이나 일부 부패 양반들의 붓끝으로 기록해 놓은 것을 잘못 받아들여 혹시 우리는 그를 그대로 욕하고 있는 것은 아닐까?

그런데 이용익은 고국을 떠나 상하이에 피난해 있는 몸으로도 흉년이 든 조국의 백성을 구제하기 위해 안남미(安南米) 수십만 섬을 수입해 왔던 것인데…….

使李容翊 貿安南米三十萬石 米惡不售 京師憂旱 米價日踊 持錢呼飢者相望 政府知照各公館 禁出口米

1901년, 서울에는 지독한 흉년이 들었다. 백성은 돈을 가지고서도 쌀 한 톨 살 수가 없었으며 굶는 사람들이 연이어 울부짖었다. 그래서 정부는 각 공관에 명령을 내려 우리나라 쌀이 외국으로 나가지 못하도록 금지령을 내렸지만 그것으로 흉년이 풀리지는 못했다.

바로 그런 때 내장원경 이용익이 안남미 30만 섬을 사들여 백성을 구제했던 것이며, 그때 이용익의 활동을 1904년 7월 8일자 신문은 다음과 같이 적고 있다.

法國(프랑스)공사 馮道來氏가 我政에 조회하되 내장원경 이용익이 재임시에 法人 용동회사와 계약하고 안남미를 무입하얏는데 該價中 7백여 원을 尙未淸張하얏으니 卽速 支撥하라 하얏다더라.

이용익은 프랑스 용동상회와 계약하고 상하이에서 안남미 30만

섬을 구해다가 서울 백성의 쌀 기근을 해결했던 것이요, 그가 쌀을 들여온 공덕을 기려 그 이듬해엔 서울 청계천 입구에다 불망비(不忘碑)를 세웠다고 이렇게 말하고 있다.

不忘立碑 昨年 歉飢에 내장원경 이용익 씨가 安南米를 購入하야 貧民을 구제한 事로 水標居 金春卿 등이 不忘碑를 竪立하얏는데 石隅 부근지에다 木碑를 위선 建立하얏다더라(1902).

그때 안남미를 구입해 들여오는 배에 이용익은 인도산 코끼리 두 마리를 함께 실어 보냈는데 한 마리는 죽었으나 한 마리는 무사히 들여왔다고 하여 우리나라에 코끼리를 제일 처음 들여온 장본인도 바로 이용익이다.

러일전쟁이 휩쓸고 간 자리

러일전쟁은 이용익의 후반생을 바꿔 놓은 분수령이 되었다.

러일전쟁을 계기로 이 땅에 비친 일본 세력의 그림자는 노골적으로 내정문제에까지 혓바닥을 내밀기 시작했고, 그 간섭할 수 있는 국세법직 빌미를 만든 것이 소위 을사보호조약이었다.

을사보호조약은 1905년에 일본의 '조선에 대한 특수이익의 보장'이란 원칙에서 한 치의 어김도 없이 진행되었다.

그런 엄청난 일본 군국주의 침략에 항거해서 이 나라의 누가 거기에 맞설 수 있을 것인가?

고종황제의 착잡한 마음을 누가 알 수 있으랴.

대한제국도 하나의 나라였다. 하나의 나라인 이상 몸체가 크건 작건 그 국토를 지킬 수 있는 군대를 가지고 있었다.

고종황제는 군권을 총괄할 수 있두록 이용익을 1904년 1월 21자로 헌병사령관에서 군부대신으로 승진시켰다.

그러면 일본은 친러파의 거두요, 군권을 쥔 군부대신 이용익을 그냥 놓아둘 것인가?

이용익은 1904년 1월 11일 진고개 파성관(巴城館)에서 잔치를 베풀고 내외국 신사와 외교사절들을 초청해 취임인사를 했지만 군부대신이 된 지 꼭 한달 하루 만에 그는 일본으로 잡혀가는 몸이 되고 말았다.

　탁지대신 겸 내장원경 이용익 씨 家에 재작일 하오 7시쯤 하야 일본 巡使 幾名이 到來하야 日公使의 請邀하는 意旨를 전하고 즉시 日公館으로 皆到하얏다가 급히 出城하야 기차에 탑재하고 仁港으로 下去하얏는데 傳說에 云하기를 今日 乘船하고 일본으로 향하야 유람할 터이라더라(1904).

군부대신에 탁지부대신·내장원경을 겸임한 이용익이라면 이 나라 일등가는 대신이 아닐 수 없다. 그러나 한 나라의 군부대신인 그가 일본에 잡혀가는 대목이 얼마나 허무하고 기막힌가?

옆구리에 긴 칼을 찬 일본 순사 몇 명이 아직 겨울이 다 풀리지도 않은 2월 중순 땅거미 진 어둠을 뚫고 이용익을 방문했다.

"일본 공사께서 귀 대신을 청하여 모시고 오라 하셨습니다."

이용익은 5백 년 사직의 경제권과 군권을 쥐고 있는 대신이었지만 일본공사 하야시가 부른다는데 아니 갈 수가 없었다.

급히 행장을 수습하고 일본순사를 따라 공사관으로 들어갔다. 일본공사관에서는 물어볼 것도 없이 그를 기차에 싣고 인천으로 가면서 일본에 가서 유람이나 하고 오라며 군함에다 태워 보냈다는 것이 아닌가.

서울 장안에는 이용익이 일본에 끌려갔다는 소문이 금방 퍼졌다. 그래도 조금 세상 돌아가는 사연을 짐작이라도 하는 사람들은 이렇게 쑥덕거렸다.

"아, 내장원경 이용익이 왜 잡혀갔다는가? 어디 돈이라도 많이 집어먹고 배탈난 것일까?"

"잘 모르지만 여순 앞바다에서 일본 배가 러시아 배를 또 부숴 버렸다는 거야. 그런데 그 러시아 것들이 터럭만 숭얼숭얼하고 덩치만 컸지 순호박이야. 그 야무진 일본놈들에게 얻어맞고 배가 깨지는 바람에 여기저기 러시아놈의 송장이 바다 위에 조기 두름 엮은 것처럼 즐비했다누만."

"아따, 자네는 여순 앞바다인지 대순 앞바다인지를 갔다온 사람같이 말하네그려. ……그건 그렇다 치고 대체 이용익이 어떻게 되었다는 건가?"

"그 여순 앞바다에 러시아 병정들 송장이 떠다니는데 그 안에서 아직 죽지 않은 곽광의(郭光義)를 잡았다는군."

여순 앞바다에서 포로로 붙잡힌 곽광의는 주한 러시아 공사관에서 참사관 노릇을 하던 인물이었다.

곽광의를 잡아 심문하던 일본 군부는 이용익이 친러파의 거두로서 러시아 편을 들고 있다는 혐의를 잡고 그 사실을 조사하기 위해 잡아갔다는 것이었다.

그런 소문이 나도는 가운데 이용익을 잡아간 일본 순사들은 당장 이용익의 집을 둘러싸고 집안에 있는 여러 문객들을 모두 쫓아내 버렸다. 주인을 잃고 난장판이 된 이용익의 집은 곧 군인들이 들어와 모든 재산과 가구들을 압류하고 내장원의 장부도 궤짝째 가져갔다.

이용익 씨가 일본을 發往한 이후에 日人이 同氏家에 留連하는 門客을 一倂逐出하며 신체까지 조사한다 하고 又 其 家産什物은 本國 兵丁이 圍立把守한다 하며 또 內藏院의 文簿도 急急 조사한다더라(1904).

陸軍參將 이용익 씨가 일본으로 發往함은 已報어니와 再昨日에 일본 守備隊營 野津氏에게 招去함을 被하야 該營內에 拘留하얏다가 同夜九時에 인천으로 直往하야 昨日朝에 御用船을 搭坐하고

일본으로 馳往했는데 同氏가 去時에 劉臣爀 崔錫肇兩氏를 暫請하
야 面談한 후 大禮服을 伴裝하고 直發하얏다더라(1904).

육군 참장(參將) 이용익이 일본 수비군 노즈[野津]에게 잡혀 영
내에 구류를 당했다가 약 두 시간 만인 그날 밤 9시 캄캄한 야밤중
에 인천으로 끌려가 배에 실려 일본으로 떠나 버렸다. 그 소식을
듣고 놀란 이용익의 측근인 유신혁·최석조 두 사람이 급히 쫓아가
서 만나 보았다는 것이다.
2월 24일에 일본으로 잡혀간 이용익은 그해 12월 18일 다시 돌
아오게 되었다.

外部 고문관 美人 스티븐슨 씨와 일본에 유람차 前往하얏던 이
용익 씨가 再昨日 부산에 도착하얏는데 경부선을 搭乘하고 今日
入城한다더라(1904).

러일전쟁 불티가 이 땅을 스쳐가면서 회오리를 치는 가운데 이용
익은 임오군란 당시 청나라 군사들이 대원군을 저희 나라에 끌고
갔듯이, 일본에 잡혀가 억지 귀양살이를 하고 돌아온 셈이다.
그러나 또 한 가지, 그처럼 이용익을 잡아간 일본 군부가 그의
가택을 수색하고 내장원의 모든 서류를 가져다가 샅샅이 뒤졌지만
결국 이용익이 국고금을 횡령한 증거가 없자 할 수 없이 그를 돌려
보낸 것이라고 말한 기록도 있다.
한 나라의 온 재정을 맡고, 돈더미를 다 맡아 살림을 꾸려나간
이용익에게서는 진짜로 아무런 부정도 나타나지 않은 것이라면 고
종이 이용익을 그처럼 믿은 것에는 이유가 있었던 것이 아닌가.

일진회의 무법천지
일본 정부로서는 이용익이 두려운 존재가 아닐 수 없었다.

난다긴다하는 누대 양반의 가문에서 태어나 세상 돌아가는 것을 알 만한 대신이라는 사람들도 일본 군국주의 앞에서는 설설 기는 판이었다.

이완용이 그랬고, 이윤용이 그랬고, 이지용이 그랬고, 민 아무개와 윤 아무개들이 모두 그랬다.

을사보호늑약을 정식으로 체결하기 위해 말을 건넸을 때도 왕조의 대신이라는 사람들은 변변하게 말 한마디 제대로 못하고 일본공사 하야시 앞에서 절절 맸다.

"지당하신 말씀이오."

"황감하신 처분이오."

소리만 내지 않았을 뿐이지 제 나라 임금 앞에서 '지당'과 '황공'을 욀 때와 똑같은 표정을 지으면서 물러났던 것이다.

그러나 이용익만이 혼자 완강하게 버티면서 항상 항일투쟁의 선두에 섰으며 특히 일진회의 타도를 강력히 주장하고 나섰다. 그 일진회가 첫 목표로 때려잡자는 대상이 바로 이용익이었다.

일진회원들은 서울 장안에 있는 이용익의 집을 에워싸고 날이면 날마다 성토를 하기 시작했다.

"이용익이 나리를 망친디!"

"그놈이 나라 것을 다 훔쳐먹고 올챙이 배가 되었으니 배를 따자!"

"어쨌든 이용익이 궁중에만 다녀오면 탈이 붙는다. 이용익의 정강이를 분질러 다시는 궁중에 드나들지 못하게 하자."

"이용익이 나라의 허리 중둥을 꺾으니 우리가 감시를 철저히 하여 그놈이 꼼짝 못하게 뒤를 밟아 다니자."

이용익의 행동을 감시한다는 구실로 이제는 아주 저희들 패거리 중에 파원(派員) 감찰이라는 것을 만들어 이용익의 집 대문 앞에 몽둥이를 들고 서서 밤을 새우기까지 했다.

일진회 폭력배들이 이용익을 잡겠다고 날마다 집 앞에서 고함을 쳐도 그런 일진회의 무법천지를 막을 사람은 없었다.

일본 헌병대의 비호를 받는 일진회 패거리들은 손에다 몽둥이 하나만 잡으면 서울 장안이 다 저희들 천지로 날뛰어댔다.

한 나라의 치안을 담당하고 있는 대한제국의 경무청이라는 곳에서는 겨우 총순(總巡)을 보내 구슬려 달랬다는 것이다.

"이용익의 집 문밖에서 이렇게 많은 사람들이 떼를 지어 경계할 것이 아니라 그저 서너 사람씩 교대로 지키면 될 것 아니냐?"

이렇게 수백 명이 달라붙어 시끄럽게 할 게 아니라, 남의 눈도 보기 사납고 하니 그저 서너 명씩 와서 지키면 될 것인데 왜 이렇게 요란을 떠느냐고 일러준 것이다.

일진회가 그처럼 이용익을 못살게 굴자 고종황제는 이용익을 피난시키는 셈으로 경상도 대구 관찰사로 임명했다.

"제 놈이 대구 관찰사를 해? 대구 관찰사가 어떤 자린데 이용익이가 해? 제 놈이 대구 관찰사로 내려가서 잘해먹는지 못해먹는지 어디 두고 보자."

"그저 다른 수가 없어. 이용익은 작대기 찜질을 해야 해. 작대기 찜질로 다리를 분질러 버리면 제 놈이 여기서 대구까지 천리길을 기어서 갈 텐가 누워서 갈 텐가?"

"글쎄, 작대기로 다리를 분지르든지 콧잔등이를 깎아내든지간에 이용익 대신을 잘 감시나 하고 있어라."

"그놈이 어떻게 신출귀몰하는지 놓쳤다가는 큰일날 테니 두 눈 부릅뜨고 거울처럼 감시하렸다."

결론은 일진회 수천 회원들이 나서서 이용익이 대구 관찰사로 부임하러 가는 길을 막겠다는 것이었다. 임금이 임명한 한 지방의 관찰사 부임을 이제는 일진회 사냥꾼들이 서울 장안에 앉아서 길을 막겠다는 것이다.

그런 일진회의 무법천지를 어느 누가 막으랴?

오직 결기 있는 함경도 출신의 이준(李儁)이 그 일진회의 무법천지를 규탄하고 그것을 막기 위해 종로 네거리에 나가 연설을 몇 번 했다. 그것에 힘입어 보수 원로 정객들이 일진회 상놈들의 날뛰는 꼴이 싫어 뒤에서 협조하면서 민영소(閔泳昭)가 일진회를 잡는 보안회 회장으로 추대되는 등 움직임이 있었다. 그러나 금방 일본 헌병대에서 민영소를 곱게 잡아다가 족치니까

"나 회장이고 뭐고 안 할라오."

"어이쿠, 이제 보니 일진회 할아버지는 일본 헌병대구먼. 그 헌병대에 끌려가 매맛을 보면 어느 놈이 보안회를 한단 말이냐?"
하였다.

일진회를 잡는다는 명분으로 조직된 보안회는 일본헌병대에 짓밟혀 산산조각이 났다.

주모자인 이준은 전라도 섬으로 귀양을 갔다. 물론 이준을 전라도 섬으로 귀양 보내는 명령을 내린 것은 고종이지만, 그 명령을 내리도록 뒤에서 압력을 넣은 것은 말할 것도 없이 일본 공사관이었다.

이준이 일진회 반대에 앞장섰다가 귀양살이를 가게 되고, 이용익이 그를 구하기 위한 운동을 하고 있다는 소식이 전해지면서 일진회는 아예 몽둥이를 들고 일어났다.

일진회 패거리들의 몽둥이에 겁을 먹은 대신들은 벙어리처럼 입을 딱 봉하고 벌벌 떨고 있는 판이 아닌가?

그러나 이용익은 일진회 앞에 굴복하지 않았다.

以李容翊爲慶北觀察使 容翊之始爲倭拘也 咸謂必死 及倭訊之 以其爲辦財無私贓 縱之歸 容翊旣還 復通禁中 尹炳始等貽書罵之 勸其歸鄕 勿預國政 容翊不聽 始炳輪派會民 監禁其家 及被達察之命 又勒之勿赴 容翊伺間乘電車 猝至大丘 吏民拒不納 願留舊察張承遠 一邊電請 一邊上京伏闕 非承遠之有惠政也

(이용익을 경상북도 관찰사를 삼았다. 이용익이 처음 일본에

잡혀 들어갔을 때에는 다시 살아오지 못할 것이라고들 했다. 그러나 일본이 이용익을 아무리 엄하게 신문을 하고 서류를 조사해도 나라것을 훔쳐먹은 증거가 전혀 나타나지 않아 할 수 없이 이용익을 놓아 보냈던 것이다. 일본에 잡혀 갔다온 후에도 이용익은 다시 왕궁 출입을 하였다. 이러자 윤병시 등 일진회 패거리들은 이용익을 매도하는 글을 올려, 이용익에게 다시는 나라 정치를 참섭하게 해서는 안 되며 그를 시골로 쫓아 버려야 한다고 주장했다. 그러나 이용익이 윤병시 등의 압력에 굴복하지 않자 일진회는 저희 패거리를 보내 이용익의 집을 감시하고 이용익의 왕궁 출입을 막도록 했다. 그러자 황실에서는 이용익을 대구 관찰사로 임명하니 일진회는 이용익이 대구로 부임하지 못하도록 겹겹이 집을 에워싸고 길을 막았다. 그러나 이용익은 어느 날 몰래 집을 빠져 나와 기차에 몸을 싣고 하루 아침에 대구에 나타났던 것이다. 대구 관찰부의 벼슬아치들은 이용익을 받아들이지 않겠다고 앙탈을 치면서 옛 관찰사 장승원(張承遠)을 그대로 유임케 해달라고 서울로 전보를 치는 한편 한패가 올라와 궁문 밖에 엎드려 상소했다. 그러나 이것은 전 관찰사 장승원이 자비로운 정치를 베풀어서 다시 그를 관찰사로 머물도록 상소한 것은 아니었다.)

이용익도 산전수전 다 겪으면서 장바닥의 짠물을 먹어 본 사람이었다.

일진회 놈들이 송사리떼로 변해 몽둥이를 들고 나서건, 눈에다 쌍심지를 켜고 대문만을 지키고 있다 해서 이용익이 꼼짝 못할 사람인가?

어느 한밤중.

하인청 종놈의 옷으로 변복을 한 이용익은 뒷담 개구멍으로 빠져나가 쥐도새도 모르게 기차를 타고 대구에 나타난 것이 아니냐.

이러자 닭쫓던 개가 지붕 쳐다보는 격으로 일진회 패거리들은 어이가 없을 뿐이었다.

이용익의 행동 하나를 감시하자고 날이면 날마다 수십 명이 그의 집 앞에 쭈그리고 앉아 빌린 담뱃대로 연기를 먹어가면서 망을 보고 있었는데 그들은 이용익을 감쪽같이 놓쳐 버린 것이다.

"아따, 그놈이 어디로 빠졌다냐? 이제 우리 대장님한테 욕은 되게 먹어났다."

"아, 글쎄 말야! 감사 행차에 뚜또 날라리 나발을 불면서 요란하게 나올 줄 알았더니 어느 결에 뒷담 개구멍으로 새었으니 개구멍 감사구만."

"개구멍 감사가 아니라 소구멍 감사라도 바로 그 구멍 감사가 문제란 말이다."

"아, 그럼 이판에 개구멍 아니라 어디로든 빠져나가야 살지 그렇지 않음 제가 어떻게 살아?"

"하여간 이용익이 대구에 내려갔으니 이제 대구 놈들은 다 죽었다, 다 죽었어. 이용익이 보통 징글징글한 놈이라야 말이지! 구렁이라도 세 발 구렁이는 된다. 그놈이 능청스럽게 대구 선화당 기와담을 감고 내려와서 경상도 땅을 흰번 흐물기리고 다니면 낙동강 구렁이들이 모두 그한테 와서 진상을 할걸!"

"진상이든지, 마른상이든지간에 어서 대구 백성들이 올라와서 이용익이 잡아가라고 상소를 해야 할 텐데."

"걱정 마라. 그 일도 벌써 우리 일진회 회장님이 대구로 따르르 전화 한번 했으니 대구에서도 우리 몽둥이패가 곧 올라온다."

그러나 번개처럼 개구멍으로 빠져나가 대구 관찰부에 당도한 이용익은 일진회 패거리들이 이야기하는 것같이 그렇게 백성을 못 살게 군 것은 결코 아니었다.

大邱 관찰사 이용익 씨는 부임 이후로 該府內의 陳陳舊習을 일

병 革除하는데 종전으로 對屬의 服着하던 戰服 軍服명색도 제거하고 大喇吹打함도 철거하고 吏校從隷를 一切 감액하고 出入에 前擁後衞하야 呵導辟除하는 習도 革除하고 有時로 一個使僮만 帶率하고 市街로 步行周觀하면서 人民의 情況을 시찰하므로 民間에 칭송이 자자하야 왈 李觀察은 眞觀察이라더라(1905).

이용익은 대구 관찰부에 나타나자 감사가 행차할 때마다 뜰안이 뛰 닐릴리, 처르르 쿵 하고 울린다.

"감사또 행차시오!"

"감사또 행차시오!"

요란하게 감사의 거둥을 알리는 풍습을 없애 버렸다.

기생들에게 남색 전복에 패랭이를 씌우고 활쏘기로 세월을 보내고 놀아대던 행사도 금지했다.

한 고을의 원님은 고사하고 웬만한 시골 마을의 양반 행차만 걸려도 실로 요란한 법인데 한 지방을 맡은 관찰사 이용익은 행차할 때마다 앞서고 뒤서고 시윗소리가 요란한 풍습을 버리고 겨우 하인 하나만 데리고 거리를 돌아다니면서 민심을 살피고 있다니 실로 하늘 아래 처음 보는 관찰사였다.

오백 년 조선왕조 역사상 어떤 관찰사가 제 발로 시장바닥을 걸어다니면서 민정을 살펴 정치를 했던가?

양반이라는 그 주체스러운 체신과 허울에 묶여 아무도 그렇게 할 수가 없었다. 열 발을 가도 행차다. 이웃 동네를 가도 감사또 행차다.

감사또 행차 때마다 수십 명이 좌우를 호위하고 길을 치우면서 요란을 떠는 행차 재미에 감사하는 맛을 만끽하고 있는 것인데 이용익은 스스로 그것을 버렸다.

미투리를 신고 행전치고 대패랭이 쓰고 제 등허리에 무거운 짐짝을 지고 이 시장 저 시장으로 떠돌던 사나이, 비록 한 지방을 맡은 관찰사가 된 것이지만 그의 귀는 항상 장바닥으로 쏠려 있었다.

시장바닥이야말로 인간 생활의 축도요, 말과 도리의 축도요, 돈의 축도이면서 정치의 핵이 돌아가는 축(軸)인 것이다. 그 시장바닥의 참다운 면모를 모르고서야 어떻게 정치를 할 수가 있을 것인가?

조선왕조 5백 년 사직이 허울에 차서 백성을 외면하다가 기운 것도 그 시장바닥의 소리를 들을 수 있는 명정치가가 없었던 탓이었다.

그러나 고종황제는 당신의 오른 팔과 같은 이용익을 지방에다 오래 놓아 둘 수가 없었다. 왕궁의 살림살이 자체가 말이 아니게 거칠어갔다.

사업가는 능력도 중요하지만 그에 앞서 기개가 있어야 한다. 자신의 능력만 믿고 남을 무시하거나 자신보다 뛰어난 사람을 인정하지 않는 안하무인이 되어서는 사람들의 인망을 얻기 어렵다. 하지만 실력을 갖춘 사람은 성깔이 있다. 개성이 강하지만 찌럭소가 일도 잘하는 법이다. 평소에는 자신의 기개를 드러내지 않다가 위기에 닥쳤을 때 놀라운 능력을 발휘하는 이용익과 같은 그런 인물을 고종황제는 놓치고 싶지는 않았을 것이다.

그래서 불과 서너 달도 지니지 않아 경북 관찰사 이용익은 다시 왕명을 받고 서울로 올라왔다.

1905년 8월 이용익이 다시 서울로 돌아오자 신경을 곤두세운 일본공사관은 이용익을 제거하기 위해 더욱 일진회를 꼬드겼고, 그 일진회의 서슬은 날이 갈수록 더욱 심해져 또다시 이용익을 타도하는 성토대회로 하루하루를 보내고 있었다.

이용익의 집을 에워싼 일진회 3백여 명 패거리들이 어찌나 시끄럽게 굴었던지 이용익은 대문 밖에도 나올 수가 없었다. 총대라고 하는 사람이 들랑거리는가 하면 또 평의원이라고 하는 자들이 야료를 놓았다.

수백 명이 거의 한달 동안 집을 에워싸고 외쳐댔다.

“이용익을 몰아내라!”

“이용익을 몰아내라!”

이렇게 대문 밖에 진을 치고 고함을 쳐대는 통에 이용익은 견딜 수가 없었다.

날씨는 또 얼마나 무더운가?

그냥 가만히 앉아 있어도 온몸이 혹혹 쪄대는데 다른 대신들 집처럼 고대광실에서 사는 이용익도 아니다.

2, 30칸짜리 초가집에서 겨우 살아가는 이용익의 몸을 에워싸고 날이면 날마다 이 야단을 쳐대니 삼복 더위에 더운 땀이 비오듯 흘러내렸다.

그 날도 일진회 평의원 김규창(金圭昌)이 3백여 명을 끌고 대문 안 마당까지 들어와 이용익을 붙잡고 한창 성토하고 있었다.

하루 이틀 시달리는 것도 아니고 주야장천으로 자기를 붙잡고 늘어지자 견디다 못한 이용익은 한 가지 꾀를 짜냈다.

“어명이오!”

일진회 패거리들이 진을 치고 있는 마당 한가운데로 느닷없이 문기수(門旗手 ; 훈련도감의 무예청에 소속된 군사의 하나. 뒤에는 대궐의 심부름을 하였음) 하나가 고함을 치며 들어오자 일진회 패거리들은 납작하게 마당 바닥에 엎드리고 말았다.

아직 임금이 엄연하게 계시고 그 임금의 어명을 가지고 외치는 데에야 누가 감히 딴 수작을 걸랴.

“어명이오, 대감을 즉시 궁중으로 들랍시는 어명이오!”

두 눈이 개구리 눈알처럼 툭 불거진 문기수는 마당 한가운데 와서 길게 외웠다.

날까지 잔뜩 덥다. 코앞에 바짝 붙어앉아 주먹질을 해대면서 이용익의 죄상을 묻는다고 괴롭히던 김규창도 더는 어찌할 수가 없었던 모양이다.

“여보, 일진회 평의원 양반, 어명이라니 나 잠깐 궁중에 다녀와야겠소.”

“아니, 대감이 궁중에 들락날락하는 것을 못하도록 우리가 왔는데 우리 앞에서 궁중에 또 들어가시겠단 말이오?”

“어명이오, 너는 모가지가 몇 개나 붙어 있기에 어명 앞에 이러느냐? 이놈!”

처음에는 당신 어쩌고 하더니, 어명 대목 앞에서부터 너는 하더니, 나중에는 이 놈으로 바뀌었어도 어명 앞에서 김규창인들 어떻게 하랴. 어명 소리에 김규창도 방바닥에 납작 엎드려 사시나무 떨 듯 했다.

그러자 이용익은 침착하게 행장을 갖추고 큰소리로 외쳐대지 않는가?

“속히 가마를 대령하라.”

그러자 하인청 하인들이 즉시 마루 밑에 가마를 대령했고 이용익은 가마를 타고 유유히 대문 밖으로 나가 버렸다.

그러나 그것은 이용익이 자기 수하인 문기수와 짜고 연출한 연극한 토막이었다. 그 연극에 감쪽같이 속아넘어간 일진회 회원들은 또 눈앞에서 이용익을 놓치고 말았다.

그러나 고종황세는 이용익이 그런 연극을 꾸며서라도 가까이 온 것을 그저 반가이 여길 뿐이었다.

고독한 망명의 나날

일진회 성토를 피해 궁중으로 들어온 이용익을 보자 고종황제는 그저 안쓰러운 생각뿐이었다. 그 소란스러운 일진회 성토를 피하게 하기 위해 다시 이용익을 강원도 관찰사로 나가 있도록 했다.

이용익은 그 강원도 관찰사로 나간 얼마 뒤에 비밀리에 청나라 상하이로 망명해 버렸다.

이용익이 상하이로 나갔다는 소식이 맨 처음 전해진 것은 1905년 9월 11일자 신문이었다.

춘천관찰사 이용익 씨가 辭職訴를 奉뫼하고 상하이로 前往하얏
는데 替任되얏다더라.

그런데 5일 뒤 신문에는 육군부장 이용익이 프랑스 여행권을 지
니고 위해위(威海衞 ; 지금의 웨이하이)를 거쳐 상하이로 갔다는 전
보가 왔다고 또 이렇게 말하고 있다.

육군副將 이용익氏가 法國護照를 帶同하고 威海衞로 從하야 上
海에 도착하얏다는 전보가 來하얏더라(1905).

그러나 이보다 더 자세하게 일본공사관 기록에는 다음과 같이 적
혀 있다.

이용익 일행 8명이 상하이에 도착한다. 모종의 밀령을 띤 것
같아 이를 감시하기 위해 주 상하이 일본영사관에 특전을 쳐 이
를 알렸다.

이용익 일행 8명이 감쪽같이 어떤 비밀스러운 명령을 받고 상하
이로 망명하자 위의 공사관 기록에도 나와 있는 것처럼 그들은 곧
상하이에 있는 일본영사관으로 전보를 쳐 이용익의 뒤를 밟도록 한
것이며, 그들은 이용익의 국외 탈출에 그만큼 신경을 곤두세우고
있었던 것이다.
이용익의 탈출.
일본공사 하야시는 우리 정부에 압력을 넣어 육군부장 이용익이
프랑스 여행권을 가지고 상하이로 간 것은 불법이라 발표하도록 압
력을 넣었다.
하야시의 압력에 견디지 못한 우리 정부는 곧 외부를 통해, 주
프랑스 공사 민영찬(閔泳瓚)에게 전보로 명령을 내렸던 것이다.

"이용익이 프랑스에 도착하거든 그를 평민으로 대우하고 외교상 사무를 간섭함이 없도록 하라."

그런가 하면 일본 공사관은 또 우리나라 외부에 정식으로 항의해 강경하게 요청하고 나왔다.

"관보(官報)에 의해 이미 징계 면관된 이용익의 프랑스행은 아무 임무도 띠지 않은 한 개인의 사사로운 행동에 불과하다는 점을 프랑스 공사에 통보하고 그 프랑스 공사는 다시 자기 본국에 통보하라."

고종황제는 비밀 지령을 주어 이용익을 해외로 보내 놓고 사면초가에 부딪혀 옴쭉달싹 못하는 꼴이 되고 말았다.

그 뒤 이용익의 망명생활은 그 행적에 구구한 소문이 떠돌았지만 그에 관한 정확한 기록은 남아 있지 않다.

이용익의 사망에 관해서는 상트 페테르부르크에서 암살됐다는 설과 블라디보스토크에서 병사했다는 설로 나뉘어 있지만, 일제는 그 이용익 사건에 관한 뒷처리를 흐지부지해 버려, 죽음 그 자체도 수수께끼다.

일본은 왜 이용익의 그림자를 그토록 뒤쫓았는가?

1936년 〈삼천리〉 잡지 4월호에 의하면 이용익이 망명한 정확한 날짜는 1905년 8월 14일 밤이며, 그는 고종황제가 준 금괴를 여비 삼아 인천에서 중국 사람의 나무배를 타고 망명했다고 씌어 있다.

그렇다면 이용익의 상하이 망명이 우리나라 신문에 맨 처음 보도된 9월 11일보다 거의 25일이나 앞서 그는 아무도 모르게 중국으로 들어갔던 것이고, 뒤늦게 이를 안 일본 공사관측의 맹렬한 항의에 부딪혀 사후 조치를 하고 있는 것이 된다.

한편 앞서 말한 〈삼천리〉 잡지에는 이렇게 실려 있다.

이용익은 상하이에서 프랑스에 도착했다가 다시 아라사로 들어 갔다. 아라사의 수도인 상트 페테르부르크에서 본국서 밀파된 자

객 3명에게 해를 입었다. 그 자객 3명은 육혈포로 쏘아 그를 중
상시켰고, 중상을 입은 이용익은 그곳이 위험해 다시 블라디보스
토크로 갔다가 거기서 한많은 일생을 마쳤다.

그러나 1906년 3월부터 1907년 8월까지 발행된 신문을 샅샅이
뒤져 보면 이용익의 행적은 대체로 이렇게 이어지고 있는 것이 발견된다.

向日俄京彼得堡에 留連하던 이용익氏가 근일 上海로 歸京하얏
다는 電報가 來到하얏다더라(1906).
禮式官 南弼佑씨가 昨年에 李容翊氏를 隨하야 俄國으로 前往하
얏더니 日昨에 귀국 하얏다더라(1906).
李容翊은 지금 上海에 머무는데 의식비 곤란으로 그곳 大韓人
들이 紙貨 1만 환을 모아주고……(1906).
이용익氏는 현금 上海에 유련하는데 衣食之費에 곤란함을 該地
에 거류하는 本國人民 등이 認知하고 화폐 萬圜을 醵集捐給하고
動作出入에 대하야는 杜門 謝客한다더라(1906).

이것으로 보면 1906년 3월 이용익은 러시아의 서울 상트페테르부
르크에 있다가 상하이로 다시 나왔던 사실이 밝혀지고 있으며, 그
해 5월 12일에는 이용익을 따라 러시아에 함께 들어갔던 예식관 남
필우가 귀국한 것으로 되어 있다.
그때 남필우가 왜 귀국했는지 그 자세한 사유는 알 수가 없다.
그러나 아마도 오랜 객지풍상에 시달린 그들은 하루하루 쓰는 여비
조차 쪼들리고 있었던 것 같다.
왜냐하면 1906년 3월 상하이에 들어온 이용익은 그해 12월까지
그곳에 머물러 있었는데, 나중에는 입고 먹고 쓰는 의식비조차 부
족하여 그곳에 거류하는 한국인들이 돈 1만 환을 거두어 주었다는
것이 아닌가.

어쩔 수 없는 대세에 몰려 상하이로, 프랑스로, 러시아로 근 2년 가까이 떠돌던 이용익은 지치고 지쳤다.

이용익의 뒤를 밟으면서 악착같이 그의 행로를 방해하던 일본 정부는 그가 지니고 나간 외교관 자격이나 조선국 육군 참장이요, 고종황제의 밀명을 띠고 있는 공직을 일체 박탈해서 그를 허수아비로 만들고 말았던 것이다.

해외에 떠돌면서 정식 비자 한 장, 또 이렇다 할 외교 특권 하나 없이 나라를 구해보겠다고 여기저기 떠돌아다니는 것이 얼마나 어려운 일이랴.

그처럼 이용익이 해외에서 찬이슬에 젖어 헤맬 때 역시 함경도 출신으로 움이 돋아 나라를 구해보려고 했던 주석면·이범윤·이준 등의 행로 역시 암담하고 찬서리가 내린 길이었을 뿐이다.

망명객 이용익도 보이지 않는 자객의 그림자에 쫓기면서 유랑하고 있었다.

이용익은 정말 돈이 떨어져서 그처럼 고생을 한 것일까?

불어학교 강의실과 학생들

그러나 꼭 그런 것만은 아니었다.

그는 엄청난 액수의 돈을 가지고 국외로 나갔다. 다만 그것이 국고금이었기에 한푼도 손을 대지 않은 것이 분명하며, 자기의 개인 돈을 은행에 꽤 많이 넣어놓고 있으면서도 뒷날 큰일을 할 때 쓰일지 모르기 때문에 돈을 축내지 않았던 것이다. 다음 사실로 확인된다.

七日　李道枡囚裁判所　道枡京師人也　穎悟饒才智　帶太皇帝璽書將赴上海　通于閔泳翊·李允在·玄尙健　使因本國義兵日起之時　糾合義士　來赴國難　而泳翊處　有辛卯·壬辰所送　紅蔘價銀八十萬圜　允在處　有其叔容翊所儲國金二十一萬元于上海露淸銀行　可推用于運動費云　道枡方乘車于南大門　向仁川港　卽爲巡倭所捉　倭歸其璽書于僞造(1909).

1909년 4월.

남대문 정거장에서 체포된 이도표(李道枡) 사건.

이도표는 본래 서울 사람으로 고종황제의 옥새가 찍힌 밀서를 가지고 상하이로 나가 민영익과 이용익의 조카인 이윤재·현상건 등을 만나 '본국에서 의병이 일어날 때 상하이에서도 의사를 규합해 호응하라'는 목적을 띠고 나가다 남대문 정거장에서 일본 경찰에 체포되었던 사건이다.

그때 이도표가 지니고 있던 옥새 찍힌 밀서가 진짜냐 가짜냐 하는 것으로 한때 일본의 신경을 날카롭게 한 일도 있었다. 하여간 이도표가 지닌 고종의 밀서에는 신묘년·임진년에 보냈던 홍삼값 80만 원이 민영익에게 있고, 이용익이 상하이 노청은행(露淸銀行)에 저금한 21만 원이 그의 조카인 이윤재에게 있어 그 돈을 운동비로 쓰려고 했다는 내용이 들어 있었다.

그때 민영익의 홍삼 판 돈 80만 원은 확실한 액수였다.

그러나 이용익도 21만 원이나 되는 거금을 은행에 넣어 놓고 왜 그처럼 곤궁한 생활을 하였을까?

이것이야말로 이용익의 사람됨을 나타내는 것이라고 할 수 있겠다.

그 21만 원이 고종황제가 준 여비인지 아니면 그가 사사로이 만들어 가지고 나간 돈인지는 알 수 없다. 그러나 이미 국권은 기울고 찬서리치는 망명지 상하이에서 이용익이 무엇 때문에 그 21만 원조차 꺼내 쓰지 않았을까? 민영익은 국고금으로 청나라 첩을 얻고 상하이에서도 2, 3층짜리 집을 지니면서 호화롭게 살았는데도 말이다.

함경도 무지렁이 이용익은 왜 그처럼 그곳에 나가 있는 동포들의 동정금을 받으면서까지도 21만 원에 손대지 않았을까?

그 무렵 21만 원이라면 지금 21억 원보다도 큰 돈이다.

이용익은 본국에 있을 때에도 돈 한푼 쓰기를 살 조각 한 점을 떼어내듯이 아끼고 아꼈던 사람이다.

故 내장원경 이용익 씨가 上海露淸銀行에 金一百萬圓을 任置하얏다 함으로 統監府에서 該은행에 교섭하야 任置金을 負來한다는 항설이 有하더라(1907).

여기서 보면 이용익이 상하이 노청은행에 예금한 돈은 21만 원이 아니라 무려 1백만 원. 통감부에서는 노청은행에 교섭하여 그 돈을 도로 가져온다는 소문이다.

객고에 시달리는 망명지에 예금해 둔 무려 1백만 원 돈.

이용익은 고독한 망명의 그림자를 끌고 유랑하면서도 끝내 그 돈을 쓰지 않았을 뿐만 아니라, 1906년 1월부터 그가 최후로 숨을 거둘 때까지의 모습이 이렇게 전해지고 있다.

前大臣 李容翊 씨가 現在 海蔘威하야 前主事 金奭永 씨와 학교를 설립하고 韓人 교육에 열심하는데 該落俄人稅關에서 過境에는 牛一隻에 稅錢이 十兩인데 7냥씩 勒捧하는지라, 李容翊氏가 俄官과

교섭하야 雜稅를 一並勿施하얏다더라(1906).

15일 오후 5시發 伯林電報를 據한즉 俄都에 滯在한 韓國 前軍
部大臣 李容翊氏는 通譯者에게 凶行을 被하얏다고 大韓日報에 揭
載하얏더라(1906).

李容翊死于海蔘威 遺疏請廣建學校 敎育人材 以復國權 謂其子賢
在曰 國已亡矣 我死勿返葬 賢在以異域不可久 月餘啓殯 柩不可動
賢在大慟而止

이용익의 집안들

1902년 6월에 이용익의 양자 이현재는 그의 고향 단천에서 원님
노릇을 하고 있었는데, 꽤 치적이 있어 군민들이 내부에다 상을 줄
것을 청했다.

이용익의 조카인 이윤재는 1903년 영흥군수로 있다가 함북 관찰
사가 되었다고 《매천야록》에 나와 있다. 이용익의 육촌 이용진(李
容進)은 내장원 훈령을 맡아 충청도 음성군(陰城郡)에 나타나 수천
명의 광꾼을 풀어 금을 캐고 있었던 것이다.

그 무렵 금을 캐는 광꾼들의 행패는 대단했었다.

남의 집 조상 뼈가 묻힌 선산줄기를 파헤치는가 하면 강바닥도
파헤치고 논바닥도 파 버려 백성들의 원성이 높았다.

음성군민들이 이용진에게 심한 항의를 했으나 오히려 음성군 서
리 김일현이 이용진의 세력에 붙어 엄명을 내렸다.

"이놈들아, 나라 금을 캐는 광꾼들이 잘 데가 없어서 길에서 자
는 형편이다. 누구든지 만약 방 두 칸을 가진 자는 한 칸은 주인
이 자고 나머지 한 칸은 광꾼이 들어가 자도록 거처를 마련해 주
어라."

광꾼 수천 명은 음성군 마을의 아무 집에나 들어갔다. 큰방은 주

인 영감 내외가 자고 윗방은 부랑자 광꾼들이 들어가 잤다. 한 뜰 안에 낯선 남자들, 상투·고쟁이가 함께 지내게 된 것이다. 낯선 광 꾼들이 그 집 부녀자와 얼굴을 맞대게 되니 천하에 없던 일이 생겨 난다고 개탄했던 것이다.

이용익의 처남인 조정윤(趙鼎允)도 바로 광산에서 몸을 일으켜 이름을 날렸다. 1902년대 후반까지 이 나라에서 열 손가락 안에 들어가는 금광 거부요 또 함경도 제일가는 부자였다.

1905년.

일본 군국주의 세력이 그 서러운 망명자 이용익에게 자객까지 붙일 무렵, 이용익의 고향인 함경도 명천(明川)에서는 어떤 일이 벌어졌던가?

일제는 이용익의 조카인 함북 관찰사 이윤재에게도 터무니 없는 탐학불법이라는 죄목을 씌웠다. 평리원(平理院)에선 두 번이나 잡아들이라는 훈령이 내려왔다.

그 무렵 평리원은 요즘으로 치면 고등법원 정도의 사법부 최고 기관이었다. 친일파 일색으로 판·검사들이 구성되어 있어서 재판은 하나마나한 꼭두각시 놀음에 불과했다.

모든 것은 일본 통감부가 조종하는 대로 진행될 뿐이었다.

평리원은 형식상 탐학불법이라는 죄목을 씌워 이윤재를 잡아들이려고 했으나 이윤재는 병을 핑계대고 잡혀오지 않았던 것이다.

아무리 눈치가 없는 사람이라도 잡혀가면 죽는 줄은 누구나 다 알았다.

그렇기 때문에 경찰서 순사들이 그를 잡으러 올 때마다 이윤재의 아우이며 이용익의 양자인 이현재와 그의 조카인 이종한은 이윤재의 신병을 보호하기 위하여 앞장서서 막았던 것이다.

"병이 나서 꼼짝을 할 수 없으니 병만 나으면 곧 서울로 올라가 도록 하겠소."

"틀림없이 그리 하겠소."

하루는 순사 나부랑이가 저희 상전이었던 관찰사를 잡으러 왔다.

이윤재는 벌써 이용익 일파를 제거하기 위한 일본 앞잡이들의 수작이라는 것을 알고, 며칠째 머리도 빗지 않고 방안에 누워 아픈 시늉을 하고 있었다.

그러나 그런 꾀병 정도를 가지고 위기를 모면할 수 없어 이윤재는 일부러 자기 발등에다 도끼로 상처를 내어 그곳이 퉁퉁 붓고 곪았다.

"너희가 아무리 날 잡으러 온 순사놈이라고 할지라도 너 같으면 이렇게 퉁퉁 부은 다리를 끌고 어떻게 따라갈 수 있겠느냐? 우리가 대대로 여기서 살던 집안인데 어디로 보따리를 싸들고 밤도망을 할 사람들도 아니다. 안심하고 돌아가서 너희 상전에게 일러라. 내가 발등만 나으면 내 발로 걸어가 나타날 테니……."

이렇게 불호령을 쳤던 것이다.

그러나 이윤재를 잡으러 온 순사들도 고분고분하게 물러날 수는 없었다.

"그럼 그 일을 누가 보장하겠소?"

"누가 보장하긴? 내가 하겠네. 아무려면 내가 우리 형님 하나 보장 못하겠나. 우리 형님이 어떻게 되면 대신 나를 잡아가게."

이현재가 대뜸 말문을 막고 나섰다.

그러나 그렇게 책임을 진다는 말만으로는 순사들이 난색을 보이자 이현재는 술값이나 하라면서 돈주머니 하나를 그들의 소매에 넣어 주었다. 그러자 순사들은 못이기는 체하고 발걸음을 돌리고 말았던 것이다.

그런데 그것이 탈이었다.

이윤재는 도끼로 자기 발등을 찍어 위기는 일단 면했으나 또 며칠이 지나면 그를 잡으러 올 것을 뻔히 알았다. 잡혀가면 자기 한 몸은 물론 집안은 엉망진창이 될 것도 뻔한 일이었다.

생각 끝에 이윤재의 아우 이현재와 조카인 이종한은 이윤재를 가

마에 태워 그 밤으로 두만강을 건너 러시아 땅으로 도망을 하고 말
았다.

"아니, 이용익의 집안이 모두 도망을 했다면서리?"

"줄행랑을 놓았다이. 그렇지 않았으믄 모두 죽었겠지비."

"참 세상은 돌고 도는 갑슴둥. 함경도 들판에서 은제 대감이 나
왔었지비? 그래도 등짐장수지만 우리 명천(明川) 고을에서 이용
익 대감이 조선 5백 년 만에 처음으로 대감이 한번 되더니만서리
이꼴이 뭐이요?"

"뭐이긴? 세상이 그렇게 돌아가는 탓이겠지비. 일본놈들이 저렇
게 눈이 시뻘게서리 일을 살피는데야 그 총칼을 누가 당해 내겠
슴둥?"

"분하고 분한 일이지비. 우리 함경도 백성들 그냥 이 꼴을 보고
만 있어야겠슴둥?"

"보고만 있을 순 없겠지비. 벌써 건하면 뛰더라고 싹수가 틀리게
생겨서리. 윤재 아바이도 러시아땅으로 튄 게 아니겠슴둥? 그러
니 윤재 아바이를 잡으러 어느 놈이 우리 동네에 들어오면 그놈
을 박살을 내기요."

그리나 이용익의 형제들을 한 줄로 쓸어 잡으려다가 모두 놓쳐
버린 경성(鏡城) 경찰서에서는 쉴새없이 밀정을 놓아 뒤를 살폈다.

그해 섣달 그믐께 이종한은 자기 할아버지 제사를 지내러 몰래
들어온다. 기미를 챈 총순(總巡) 이관백은 순검 여러 명을 데리고
그를 잡으러 갔다.

이관백이 순사들을 이끌고 마을로 들어가자 동네 사람 수백 명이
에워싸고 순사들에게 빗발 같은 돌질을 해대지 않는가.

"이 도둑놈들아!"

"우리 돌팔매 맛 좀 보겠슴둥."

총순이 번쩍번쩍하는 금테두른 모자를 머리에 얹고 마을로 들어
서자 동네 젊은이들이 팔뚝을 걷고 나와 길을 막았다.

“이놈들! 너희들이 이러면 치안 방해죄가 된다. 치안 방해죄가 되면 어찌 되는 줄 아느냐?”

총순 이관백도 서슬 퍼렇게 호령을 쳤다.

그러나 마을 사람들은 껄껄 웃으면서 총순 이관백 앞에 얼굴을 바짝 들이댔다.

“치안 방해? 치안 방해 좋아함매. 치안 방해면 네 놈이 내 두 손을 이렇게 묶어 가기밖에 더하겠습둥?”

“어디 묶어 보겠습둥? 묶어 보기요! 이 우라질 총순 놈의 간나야!”

“정말 이러면 치안 방해로 묶어 가겠어!”

총순 이관백이 아닌 봉변을 당하자 그를 따라왔던 순사들이, 총순에게 대드는 젊은이를 밀치면서 호령을 했다.

그러자 마을 사람들은 일제히 욕지거리를 퍼붓고 나섰다.

“이런! 해먹을 짓이 없어서리 일본놈 앞잡이가 되어 통감부 순사를 해먹는 기지?”

“네놈들도 함경도 백성이 아님매?”

“우리 함경도에 언제 인물이 있었음매? 이용익 대감을 무슨 죄가 있다고서리 그 지경을 만들어 놓고, 또 무슨 염치로 우리 동네에 들어와 그 집안까지 싹 망치려고 드는 기지? 치안 방해니어서 묶어 가라는데 왜 못 묶어가는 기야?”

“자, 어서 두 손을 꼭 묶어다가서리 매질도 하고 고춧가루물을 주전자에 타서 사람을 거꾸로 매달아 놓고 코에다가 한번 부어 보기요?”

“고춧가루물뿐인 줄 아는감? 저 지독한 순사놈들이 사람 손바닥에다 구멍을 뚫고 거기에다가 철사를 꿰어 데리고 갈 것이다이. 오랏줄은 아주 점잔한 옛날 얘기지비!”

이러자 총순 이관백도 화가 한꺼번에 치솟아 올랐다.

그가 어금니를 꽉 물고 바르르 턱을 떠는데 거센 봄바람이 휙 불어 오더니 금테 두른 모자를 개울 도랑물에 처박아 놓질 않는가.

그것을 보자 마을 사람들은 일제히 입을 벌리고 웃었다.

"하하하하 하하하하……."

"꼴 좋다이! 하늘이 이렇게 바람을 내어 네 놈 금테두리 모자에다 개똥칠을 하는 바에야, 우리 마을에서 자고 갈 생각 말고 어서 썩 돌아가는 게 좋겠음메!"

이제 보니 마을 놈들이 모두 이용익의 집안패다.

이관백은 포승줄로 제일 까다롭게 구는 젊은이 하나를 묶으려고 덤볐다.

그러자 옆에 섰던 젊은이 하나가 총순 이관백의 사타구니를 차버렸다. 그 반동을 이용해 건너편에 있는 순사 한 녀석의 면상을 박치기로 박아 버리지 않는가.

"아이쿠!"

순검 체면 상한다.

두 손으로 얼굴을 감싸더니 주르르 흐르는 코피와 함께 입을 우물우물하다가 침을 탁 뱉는데 하얀 이빨이 두 개나 부러져 나왔다.

이것을 신호로 동네 사람들이 일제히 돌팔매질을 하자, 총순 이관백은 옆구리에 돌멩이를 얻어맞고 도망을 했다.

그 소식을 접한 경성군과 명천군의 순검들은 모두 총에다 칼을 꽂고 그 마을로 습격해 들어갔다는 것이 아닌가? 그 틈을 타 이용익의 손자 이종한은 몸을 피해 다시 두만강을 건너 러시아 땅에 망명하여 버렸다.

본디 이종한은 경성 서구(西區) 창녕동 2통 10호에서 살던 사람으로, 지금의 종로구 당주동 근처에 그의 집이 있었던 것으로 밝혀지고 있다.

1914년 5월 25일자 〈매일신보〉에 보면 경성 중부 전동 44통 2호에 사는 김화하가 경성 서구 야조계 창녕동 2통 10호에 사는 윤의숙을 피고로 해서 이종한이 살던 집을 넘겨달라고 경성 지방법원에 소송을 제기한 기사가 발견된다.

그 소송 내용은

첫째, 피고 윤의숙이 현재 살고 있는 가옥(2천 5백 원 가치)은 지금 블라디보스토크에 있는 죽은 이용익의 손자 이종한의 소유인 바

둘째, 원고 김화하가 작년(1913)에 블라디보스토크에 갔다가 이종한으로부터 그 집에 관한 보관과 사용 수익권을 위임받고 금년 2월 12일에 돌아와

셋째, 그 이종한의 위임장을 보이고 집을 내놓으라고 했으나 윤의숙은 그 위임장을 믿지 않을 뿐만 아니라 이종한으로부터 아무 통지가 없으므로 집을 내줄 수 없다고 거절하기 때문에 고소장을 제기한다는 것이었다.

이종한은 1913년 현재로 러시아 땅에 살고 있었으며, 여기 나오는 윤의숙이라는 여자는 바로 이종한의 집 청지기로 있던 강만용의 아내였다.

이종한이 1907년 2월경에 이종호와 함께 망명하자 그가 살고 있던 집을 청지기 강만용이 지키고 있었던 것이다.

이종한은 당시 부를 누리던 이용익의 손자였다. 이용익이 예전에 독립협회의 공격을 당할 때도 남처럼 요란스럽게 집치장을 하지 않은 것으로 나타나는데, 역시 여기서 발견되고 있는 그의 손자 이종한도 야조계 한구석에 겨우 시가 2천 5백 원짜리 초가집을 지니고 살았던 것이다.

일국의 권세와 돈을 손아귀에 쥐고 있는 그이면서도 그는 가문을 화려하게 장식하지 않고……

윤덕영(尹德榮)이 무려 10여 만 원을 투입해 송석원(松石園) 아방궁을 꾸밀 때였고, 이완용 역시 10여 만 원을 들여 2층 벽돌 저

택을 지을 때였다.

웬만한 큰 대신들은 모두 몇만 원짜리 집을 지니고 있었다. 그러나 일국의 황금을 거의 자기 손아귀에 쥐고 살다시피 했던 이용익의 손자는 그때까지도 초가 10여 칸짜리 2천 5백 원 가치밖에 안 되는 초라한 집에서 산 것이니, 이것으로 보아도 이용익의 한 모습을 그의 후손에게서도 찾아볼 수 있을 것 같다.

역시 호랑이 새끼

1908년 9월이었다.

이용익이 블라디보스토크에서 객사한 지 2년.

이용익의 유산은 고스란히 그의 사랑하는 손자 이종호(李鍾浩)에게 상속되었다.

그런데 그해 9월, 일진회의 건달 송병준이 나타나 이용익의 손자 이종호의 재산 1만 몇천 원을 빼앗으려는 사건이 생겨 세상의 지탄거리가 되었다.

앞서 설명한 것처럼 이용익은 일진회 등살에 못 견디어 해외로 망명해 한많은 일생을 마쳤는데 그가 눈을 감자마자 일진회 세력은 그가 남긴 유산에까지 혀를 날름거리며 핥아먹으려고 덤빈 것이다.

그 일을 두고 일본 사람들의 신문도 송병준의 난폭한 처사를 이렇게 꼬집었다.

去 金曜日 朝鮮타임스에 特筆로 게재한 것을 據한즉 '奇怪한 事實'이라 題하고 '宋秉畯의 暴戾로 私財를 取上'이라 하얏는데 그 內容은 內部大臣 송병준이 李容翊의 孫 李鍾浩의 私財를 탈취하랴 하야 同人을 自邸에 留置하얏던 사실이 有한데 그 事件을 記하건대……(1908).

송병준은 멀쩡한 대낮에 이종호를, 진고개에 있는 그의 술집이자

호화로운 저택인 청화정(淸華亭)에 납치해다 놓고 린치를 가하고
있다.

　첫째, 李容翊의 孫 李鍾浩는 그 祖父의 재산을 분배하야 得한
재산 중 1만 수천 원을 京城 第一銀行에 預金하얏는데 宋秉畯이
此를 知하고 여하한 수단으로 此를 掠奪코저 하야
　둘째, 太皇帝에게 奏하야 '李鍾浩의 私有로 置한 1만 수천 원
은 원래 그 祖父 李容翊이 陛下께 恩寵할 時에 폐하의 內帑金으
로 누누이 下賜하얏으니 臣이 此를 返納할 計를 可모이라' 하고
　셋째, 侍從院卿 趙民熙와 결탁하야 第一銀行서 예금을 찾으려
하나 銀行은 本人이 아니면 내줄 수 없다 하야…….

이종호의 돈 1만 몇천 원은 그 무렵 서울에 와 있던 그의 할아버
지 이용익이 일본 제일은행에 예금해 두었던 것인데, 그것은 국고
금이니 마땅히 몰수해야 하며 그 일을 송병준 자신이 맡아서 하겠
다고 고종황제에게 아뢰었던 것이다.

송병준의 그런 야만적 행동에 고종황제가 무어라고 대답을 했는
지는 알 수 없지만 하여간 이 일은 송병준이 시종원경인 조민희와
결탁하고 나섰다.

송병준은 진고개의 호화로운 저택 안에 이종호를 불러다 놓고
"조카, 안녕하셨던가?"
대뜸 일본인 첩을 시켜 이종호에게 샴페인 잔을 건넸다.

송병준이 누구라고 그까짓 애송이 이종호에게 비싼 샴페인 잔을
내리겠는가.

일국의 내부대신이면서 일진회 총재격인 송병준이 그렇게 나오자
이종호는 조금도 낯빛을 변하지 않고 태연하게 받았다.

"조카(足下)라 이르시니 어느 다리 아래란 말씀이오?"
"……?"

스무남은 살 먹은 이종호에게 자기가 던진 말이 첫마디부터 허리 중간이 딱 잘려 버리자, 송병준은 속으로 '요것 봐라' 하고 입맛을 다셨다.

"아니, 다리 아래라니? 내가 자네 할아버지하고 유별나게 가까이 지냈던 정리로 보더라도 자네한테 조카라고 부른 것이 어디 잘못된 일인가?"

"저희 할아버지와 자별나게 지내 주셔서 고맙기는 하지만 그런 분네가 나 같은 청년에게 조카를 놓으니 그저 황공할 따름이오. 그러나 기왕이면 조카라고 하지 말고 각하(脚下)라고 해주시오."

이종호는 서슴지 않고 송병준이 건네 주는 술을 그대로 쭉 들이키고는 그 잔을 되돌려 상대편에게 넘겨 주었다.

"내부대신 각하는 요즘 정치일이 바쁘신 줄로 아는데 어찌 저 같은 소인을 불러 주셨습니까?"

"정치일이야 늘 바쁜 것이지만, 그래 조카는 어떻게 지내는가?"

"각하가 일진회를 이끌고 정치를 잘 해 주시는 덕택에 그럭저럭 평안한 나날을 보내고 있습니다."

"그래? 하하하……."

"히히히…… 부디 각하의 정치 생명이 오래오래 번성해서 만백성의 칭송을 몇백 년 뒤까지라도 들어 주십시오."

"하하하…… 내장원경 이용익 선생의 손자분께서 내 칭찬을 다 해 주시누만. 나는 그런데 요새 걱정이 하나 생겼소."

"걱정이시라니요?"

"다름이 아니라 황제 폐하께서 말씀하시기를 나라 금고가 날마다 쪼들려서 걱정인데 무슨 도리가 없겠느냐고 하시더구만."

"그런데 소생을 부르신 용건은 무엇입니까?"

이종호도 송병준을 빤히 건너다보자 옆에 앉아 있던 시종원경 조민희가 팔(八)자 수염을 꼬아올리면서 말했다.

"본론부터 얘기합시다. 다름이 아니고 조카의 조부께서 일본 제일은행에 예금해 놓은 돈이 있지 않소?”

“그것은 있소.”

“1만 몇천 원이라고 들었는데 그렇게 많은 돈이 아직도 남아 있
소?”

“남아 있습니다.”

“그 돈을 도로 내놓아야겠소.”

송병준이 남사당 모가비 같은 뱁새눈을 희끗 치떴다. 그의 표정
에는 간교함이 떠올랐다.

“도로 내놓으라니요?”

이종호가 정색을 하고 ‘도로 내놓으라’는 ‘도로’가 무슨 뜻이냐고
따져 묻자 송병준도 어금니를 물고 쏘아붙였다.

“자네는 도로도 모르나? 그 돈은 다른 돈이 아니라 나라의 국고
금일세. 그 국고금을 맡아가지고 있던 자네의 조부가 은행에 맡
겼던 것뿐이니 도로 내놓으라는 말일세.”

“그것은 국고금이 아니라 엄연한 할아버지의 예금 1만 3천 원이
올시다. 할아버지의 재산이요, 엄연히 나에게 남겨준 유산인데
왜 당신에게 내놓아야 된단 말씀이오?”

“개인 재산이 아니라 황제가 내린 내탕금일세.”

“아니오!”

“내탕금이라면 내탕금인 줄 알지 무슨 딴소리가 그렇게 많은가!
조카는 내탕금이 무엇인지나 아나?”

“각하는 사유 재산이 무엇인지나 아시오?”

이용익의 손자 이종호는 장안에서도 이름난 미남이었다. 거기에
다 의지가 굳고 모든 행동이 할아버지를 닮아 항상 담백하면서도
뚝심 센 청년으로 통했다. 호랑이에 호랑이 새끼가 태어난 것이다.

“허허, 이런 말이 어디 있나! 뉘 앞에서 감히 이따위 수작인가?
내탕금이니 썩 내놓으란 말야!”

“내탕금이 분명하면 이 자리서 돌려 드리겠소. 그러나 내탕금이

라면 다시 거두어들인다는 황제폐하의 어명이 있어야 될 것이오.
그 어명을 주시면 내놓을 것이요, 만약 그것이 사재라고 한다면
황제께서 그런 어명을 내리실 리가 없을 테니, 나는 황제폐하의
어명을 받기 전에는 그 돈을 내놓을 수가 없소.”
이렇게 되자 송병준은 낭패하고 말았다.

　첫째, 송병준과 趙民熙는 李鍾浩를 宋의 家에 불러 ‘足下의 예
금은 太皇帝께서 누누이 下賜한 금액이니 이제 모두 返納함이 可
하다’ 하니
　둘째, 李鍾浩는 ‘祖父의 私有재산을 分受한 것을 지금 내가 당
신에게 반납할 이유가 無하다’ 하얏는지라
　셋째, 宋秉畯과 趙民熙는 취조할 事가 有하다 하고 去 20일부
터 李鍾浩를 宋의 家에 拘留한지라……

그러나 송병준은 그 내탕금 예금통장을 내놓기 전에는 이종호를
돌려보낼 수 없다고 이종호를 자기 집안에다 연금하고 말았다.
　송병준은 한 나라의 경찰권과 행정권을 손아귀에 쥐고 있는 내부
대신이다.
　그렇다고 할지라도 이종호를 취조할 일이 있다면 마땅히 경무청
에서 정당한 법적 절차를 밟아 재판을 해야 했다. 그런데도 송병준
은 자기 집으로 이종호를 불러다 연금한 채 취조할 일이 있다고 윽
박지르니 이런 불법행위가 어디 있으랴.
　송병준이 아니고는 감히 생각해 낼 수도 없는 세도였다.
　이종호는 송병준의 집에 갇혀 하루낮 이틀밤을 감금당한 채 돌아
오지 못했다.
　이종호의 집에서는 큰 걱정이 아닐 수 없었다.
　여러 문객들이 모여 그 일을 가지고 탄식을 했지만 어쩔 도리가
없었다.

"분한 것으로야 말할 것이 없지만 대체 이 일을 어떻게 해결하면 좋을지 모르겠소."

"경무청에 잡혀갔다면 모르지만, 대체 내부대신 송병준의 집으로 서방님이 잡혀 들어갈 까닭이 무엇이오?"

"무슨 수를 쓰더라도 송병준을 혼내 주어야 할 텐데……."

"말도 안 되는 소리 마시오. 지금 세상이 어떤 세상인데 송병준이를 혼내 줄 사람이 이 나라 안에 있는 줄 아시오? 온통 일진회 천지고 내각 대신들도 송병준이 앞에 가선 개꼬리를 치면서 손바닥을 핥아 주는 판인데, 누가 송병준이를 야단칠 수 있단 말이오?"

"황제폐하께 이 일을 직접 호소하면 어떻겠소?"

"……."

누가 그것을 모르랴.

그러나 황제폐하도 이제는 황제폐하가 아니다.

송병준을 혼내 주는 것은 황제폐하보다 더 큰 힘을 가지고 있는 사람이어야만 했다.

李鍾浩는 방년 21歲 청년이라, 性이 지극히 溫厚하야 酒色에 탐한 事도 無한 兩班의 子孫이요 珍美한 品行方正의 男子라, 頗히 世人의 信用이 有하니라 하는데, 此點에 대하야 長谷川大將에게 비상히 寵을 受한지라…….

문객 중 누군가가 조선군 사령관 하세가와〔長谷川〕 대장에게 급히 가서 이 일을 호소했다. 그 이야기를 들은 하세가와 대장은 송병준의 행위에 대단히 분개했다.

그때 하세가와 대장이라면 조선군 사령관으로 러일전쟁 당시 무서운 일본군을 이끌고 이 땅에 진주해 온 무골(武骨)이었다.

정치적인 입장으로 보면 하세가와는 일본군 대장이요, 이종호는 바로 그 배일파의 거두인 내장원경 이용익의 손자다.

칼과 칼이 서로 날을 대고 있는 처지이지만 바로 이런 데서 큰 인물들의 인간적인 면모가 엿보이는 구석일까?

하세가와 대장은 이용익의 손자인 그 이종호를 몇 번 만나보고 이종호의 행동에 마음이 끌려 친아들처럼 그를 귀여워해 오던 터였다.

21세의 청년 이종호.

한참 세상 멋도 모르고 날뛸 때요, 자기 할아버지가 남긴 많은 유산으로 주색잡기에 묻혀 살아도 평생을 살 만큼 큰 밑천을 쥐고 있는 청년이었지만 그는 한 번도 그런데 눈을 돌리는 일이 없었다.

그런 이종호가 송병준의 집에 갇혀 괴롭힘을 당한다는 말을 듣자 하세가와 대장은, 즉시 자기의 부관을 보내 직접 송병준을 불러 닦달하기는 좀 무엇했던지, 시종원경 조민희를 먼저 불러 호되게 꾸짖었다.

송병준은 하세가와 대장의 꽁무니에 붙어 한 세상 권도를 조롱하고 있는 판인데 정작 자기 주인이나 같은 하세가와에게 노여움을 샀으니 보통 일이 아닐 수 없었다.

이래서 하세가와 대장의 부관이 송병준 집에 찾아가 그 앞 뒤 경위를 따져 그 불법을 통박하자 송병준과 조민희는 서로 미뤄 가면서 얼버무리고 말았다.

"고종황제께서 허락하신 일이니 상감에게 사유를 아뢰어 처리하겠소."

하세가와 대장이 자기 부관을 보내어 이종호를 즉시 풀어 주도록 명령해도 듣지 않자 통감부의 소네 아라스케〔曾彌荒助〕 통감에게 이 일을 부탁해 끝내 이종호를 석방토록 했다.

그때 하세가와 대장이 이종호의 인품을 높이 사 그처럼 서둘러 주지 않았더라면 이용익이 예금했던 1만여 원은 고스란히 송병준의 주머니 속으로 들어가 버릴 뻔했다.

칼보다 강한 교육의 길로 가라

송병준이 그처럼 이용익의 재산에 눈독을 들이던 바로 그해 이종호는 무려 10만 원의 거금을 평양 대성학교 설립에 기부했다.

이종호는 10만 원을 쾌척하여 우리나라에서는 처음으로 중학교 하나를 평양에 건설하는 일에 자기 손으로 첫 삽질을 했던 것이다. 그것은 곧 자기 할아버지 이용익이 이 나라 청년자제를 교육하라고 남긴 유언을 실천한 것이다.

이용익이 한많은 약소국의 대신으로 일본까지 잡혀갔다가 다시 목숨을 건져 이 나라로 돌아올 때 무엇을 생각하고 무엇을 느꼈을까?

이용익은 일본의 힘이 옳게 쓰이건 나쁘게 쓰이건 간에, 그 바탕은 바로 서양문물을 재빨리 받아들여 그것을 자기 것으로 키우는 교육에 있다고 판단했다.

합리주의적이며 과학적인 교육.

이용익 그 자신은 눈뜬 장님인 문맹자니, 제 이름 석 자도 못쓰는 까막눈이니 하는 비평을 듣던 무식꾼이었다. 그러나 소문과 다르게 이용익은 한문편지를 쓸 수 있을 만큼 글 실력이 있었다고 한다. 그런 소문이 떠돈 것은 기득권 양반들 때문이었다. 사돈이 논을 사도 배가 아픈데 천한 함경도 무지렁이가 자신들의 지위를 위협하니 그런 소문으로 이용익을 눌러댔던 것이다.

그가 서당을 다니며 한문공부를 했는지는 분명하지 않다. 유자후가 《이준 선생전》에서 이용익이 한문편지를 쓴 적이 있다고 특별히 언급한 것은, 그에 대한 그 때 사회의 선입관이 얼마나 지독했는지를 반증한다.

이 책에 따르면 이용익과 동향인 이준이 헤이그 만국평화회의에 참석하기 위해 이위종에게 통역을 부탁하는 서한을 그에게 써줄 것

을 부탁했다. 이용익은 자기는 무식하다고 겸손해 하다가 곧 한통
의 편지를 써주었는데 이준은 "세상사람들이 모두 무식한으로 멸시
하던 이용익이 이처럼 풍부한 내용의 글을 쓰다니" 하고 놀랐다고
한다. 그러나 그가 가지고 있는 지식이란 책상다리를 하고 앉아 서
당방 도련님으로서 배워들은 것이 아니었다. 등짐을 지고 떠다니면
서 세물전 강아지처럼 눈치로 때려 버리는 길 위의 학문이 대부분
이었다.

총·학교·기계·생산·무역·단결…….

그는 유언으로 눈물이 밴 부탁을 했던 것이다.

"지금 우리나라는 무엇보다도 교육이 급하다. 교육의 힘이 아니
고는 이 급박한 세계 정세 속에 나라를 구할 수 없으니 내가 남
긴 모든 유산을 털어 교육에 힘쓰라."

사람은 자기에게 없는 것을 가장 애타게 구한다. 러·일의 고래싸
움에 새우등이 터진 격이었던 이용익.

일본 순검 몇 사람에게 끌려 현해탄을 건너 일본으로 잡혀 들어

서당

가기까지 그는 마음속으로 얼마나 무력함을 통탄했겠는가.

죽을 곳으로 잡혀가는 그의 심사는 착잡하고도 거의 운명을 체념한 달관에 가까운 경지에 이르렀을 것이다.

그 달관에 가까운 체념 속에서 무슨 사사로운 욕심을 부릴 것인가.

만약 사람이 자기의 목숨을 체념한 입장에서 사물을 본다면, 얼마나 담담하게 전체의 진실을 볼 수 있을까?

이용익은 그때 나라를 구하는 지름길은 교육뿐이라는 정확한 판단을 했던 것이다.

이용익은 일본에서 돌아오면서 자기가 가지고 있던 여비를 몽땅 털어 인쇄기계를 사 들여다 보성사(普成社)를 차렸다. 그리고 보성학원도 세웠던 것이니, 이 보성학원이 바로 오늘날의 고려대학교이다.

"이용익 씨가 일본에 유람하여 일본의 교육제도를 시찰하고 회국 시에 각종 서적과 인쇄기 7천 원어치를 가져왔다 한다. 여기에 자금을 내어 한성 내외에 보성학교를 설립할 계획으로 학부에 청원하고…… 교장을 정명섭·김중환 양씨로 정하고 장차 교육을 대발달케 한다더라."

1905년 보성전문은 법률학과 이재학(理財學) 두 과의 2년제 전문학교로 문을 연다.

그리고 1908년 이용익의 손자 이종호가 10만 원을 기부한 사건은 온 세상을 깜짝 놀라게 했던 것이다.

비단 農時方劇으로 佃民이 謀避할 뿐더러 但 役夫 每名에 雇價를 白貨錢 60錢씩 撥給하므로 賃金의 잉여는 물론하고 每名 三時

食價만 打算하야도 60錢으로는 零存이 無하고 기타 酒債 煙草 草覆等費는 支撥이 沒策하므로…….

그때는 이상 노동 경기로 품삯이 풍선처럼 올라갔고 전쟁 인플레가 뒤따르던 참이었다.

10만 원을 토지 면적으로 환산해 보자.

그 무렵 일본군사령부는 군용지라는 이름으로 군용지 위원 박의병(朴義秉)을 시켜 경상남도 진해(鎭海) 땅을 사들였는데 땅값이 평당 3전.

진해 땅 1평이 3전씩으로 토지수용을 당하자 진해 백성들은

"3전은 너무 싸다."

고 평당 9전씩 요구했던 것이요, 아직 백사장에 불과했던 부산의 해운대 별장터는 새로 온천이 발견되었다고 해서 박영효(朴泳孝)가 평당 1전씩 사들이던 무렵이었다.

이종호의 10만 원을 가지고 진해로 내려가서 측량대를 세워놓고 시가지를 사는 데 평당 3전이 아니라 인심 후하게 써서 10전씩 사도 1백만 평…….

부산 해운대로 가서 1평당 1전짜리 온천지대를 사보니까 자그마치 1천만 평이다.

대체 그 당시 세상인심이 어떻기로 《매천야록》은 그처럼 이종호의 장한 행동 앞에 붓을 멈추고 경건한 자세를 취했을까?

高○柱씨는 湖南 巨富로 湖南學會에 내놓겠다던 三百元의 出捐을 背約하고 張○相씨는 嶺南首富로 二十元 기부가 僅有하얏으니 彼其姬妾의 娛樂이나 花柳의 風柳나 골패 花鬪의 消遣이나 江亭山亭의 건축은 기천기만 원을 擲之如芥하고…… 彼華堂錦張에 擁佳人而間臥하고 呂宋煙 枷皮茶에 對賓客面自傲하는 富貴者流는……
…….

1908년 3월, 어느 신문의 사설 한 토막이다.

구태여 남의 이름을 걸어서 이종호의 10만 원을 평가하는 것도 무엇하지만, 하여간 그 당시 돌아가던 세태의 경향을 살펴보는 좋은 참조가 된다.

고○주(高○柱)는 호남에서도 몇 째 안 가는 누대 거문거족이요, 자그마치 만석을 거두던 만석꾼이었다.

그때 한참 호남학회(湖南學會)다, 서북학회·영남학회 등의 운동이 맹렬하게 번질 때 호남지방 사람들도 고○주를 중심인물로 내세워 호남학회를 창립했던 것이다.

다른 것이라면 몰라도 호남에서 학회를 만드는데 직각(直閣) 벼슬에다 정3품 비서승(祕書丞)을 지냈던 인물이다.

이름 몇 자로 보아도 호남학회요, 학자가 바로 배울 학(學)자요, 무리가 여럿 모아서 힘을 내는 회(會)인데 어찌 고학자가 빠질 수 있으랴?

고학자는 지팡이를 짚고 나와서 그 호남학회 창립에 스스로 회장까지 되었던 사람이요, 그 창립하는 자리에서 자기가 맨 처음 돈 3백 원을 내겠다고 생색을 잔뜩 내었던 것이다.

호남 일판에서 쩌렁쩌렁한 누대명문이요, 만석 추수를 거두는 큰 부자가 자기 얼굴을 내놓기 위해 돈 3백 원 기부한 일을 가지고도 회원들은 너무 기뻐 박수와 격려를 퍼부으면서 열광적으로 환영했던 것이다.

그런데 문제는 그 고학자 고직각(高直閣)이 돈 3백 원을 내놓지 않기 위해 어떻게 버둥거리고 시비를 많이 걸었던지 또 세상의 웃음거리가 되었다.

호남학회가 창립된 뒤 얼마가 지나도 고○주는 돈 3백 원 기부하기로 한 것을 까먹고 도무지 기부금 내놓을 생각을 않자 학회에서는 사람을 보내 그 3백 원을 달라고 요구했다.

그때 고○주는

"그것은 내가 돈 3백 원을 꼭 내놓으려는 생각에서가 아니라, 다른 사람에게 좋은 일 하는 걸 권하려고 그렇게 인사로 얘기한 것이오."

그래서 그 고회장의 일을 두고 모든 사람이 손가락질을 하고 웃었다는 것이다.

또, 다른 사람도 아닌 장○상이라면 영남 제일의 부자였다.

그 장○상이 돈 20원을 내놓았다.

호남 거부요 만석꾼인 고○주는 돈 3백 원을 내놓겠다고 했다가 안 내놓으려고 뺀들뺀들해서 남의 웃음을 샀고, 경상도 일판에서 알아 주는 희대의 거부 장○상은 겨우 돈 20원을 기부했다.

말하기가 좋아서 그런 장○상이네 고○주 같은 거부들의 얘기를 예로만 들었을 뿐이지 이것이 사람의 본성이다.

남말 할 것 없이 우리 자신도 무슨 일을 하는데 요샛돈 10만 원이라도 선뜻 내놓기가 얼마나 어려운 것인가를 스스로 잘 알 것이다.

　萬石之穀과　千鎰之金을　藏之於何處이며　逃之於何地乎아. 何其 不思之甚하야　甘作守錢之虜耶아.　崔鳳俊氏는　不惜幾萬元하야　創立　海朝報社 히앗고　李鍾浩씨는　義擲　萬元히야　維持　西北學會 하얏으니……(1907).

그 전해인 1907년 4월, 신문은 다시 붓을 들어 논설로써 그런 거부들의 인색하고 비루한 행위를 붓끝으로 찔러대면서 맨 마지막 결론으로는 너희들도 최봉준(崔鳳俊)과 이종호가 돈 1만 원을 내놓았던 일을 살펴 스스로 부끄러운 줄을 알라고 통박하고 있다.

이때 지적하고 있는 이종호의 돈 1만 원 기부는 바로 서북학회 창립에 기꺼이 거금을 내던진 또 다른 사항이었다.

　西北學會에서　會館及　學校를　3층 양옥으로　改建築한다 함은 已

報어니와 該建築에 대하야 李鍾浩씨는 1만 원, 李甲씨는 1천 원, 柳東說씨는 3백 원, 張博씨는 1백 원을 捐補하얏으며 또 李鍾浩 씨의 친척되는 전 郡守 趙鼎允씨도 5천 원을 특별히 연보하얏다 더라(1907).

다른 일 같으면 몰라도 그 무렵 서북 사람들이 서북학회를 이끌기 위해 보인 성의는 실로 놀라운 것이었다.
이종호는 여기서도 서북학회 회관 건립금으로 1만 원을 내놓은 것인데 바로 같은 날짜에 실린 국채 보상금 경북 문경군 모집 액수를 보자.

慶北 聞慶郡
草谷面 16원 30전
戶縣面 12원 50전
山北面 16원 64전
加南面 12원 20전
山西面 14원
龜洞 平山申氏門中 10원 30전

경상북도 문경군 국채보상금 모금 총액이 81원 94전으로 나타났다. 그때 국채 보상금은 일본에 진 빚을 갚고 하루빨리 국권을 회복하자는 범국민 운동으로, 돈 1전만 내도 〈황성신문〉이나 〈매일신보〉가 그날 그날 온 지면을 내던져 이름 석자를 똑똑하게 내주던 판국이었다.
그렇게 전국민 여론이 결사적으로 운동을 전개한 그 국채보상금으로 일개 군에서 거두어 들인 돈이 겨우 81원 94전이던 시절이다. 그런 때 이종호가 서북회관 건립에 혼자 기부한 돈이 1만 원이었다.

아니 그보다도 더 실감나는 예를 하나 더 들어보자.

바로 그날 임금의 탄신일을 축하하여 각 기관에서 건원절(乾元節) 기부금을 냈던 것인데 우리 조선 사람들의 손으로 만들어진 최대의 은행이라는 한성은행이 돈 10원을 내놓았고, 한성 공동창고·대한천일은행·광장회사(廣藏會社) 등이 역시 5원을 내놓고 있다.

또 당대의 거부라는 백주현(白周鉉)·김시현(金時鉉) 등 난다 긴다 하며 이름 석자 내놓기 좋아하는 사람들도 단돈 5원을 내놓고 얼굴이 번쩍번쩍하게 생색을 내는 판이었다.

그래서 서북학회와 대성학교·협성학교에 거금을 내던진 이종호의 행위는 서북 사람들의 열렬한 박수를 받았다.

1907년 12월 17일자 〈대한 매일신보〉에는 이종호의 동생 이종만(李鍾萬)이 원산항 가을운동회에 나와서 금화 1백 원을 기부한 일도 원산 주민들의 큰 화제가 되고 있었다.

이종호는 자기 할아버지 이용익의 정신을 조금도 어김없이 뒤따른 보기드문 인물이었다.

그는 전 재산을 들여 교육 운동에 앞장섰을 뿐만 아니라 자기 집에서 부리는 여자종 30여 명도 하루아침에 문서를 모두 불태워 버리고 풀어 주었던 것이다.

이보다 몇 년이 지난 뒤에도 일국의 대신 이 아무개, 민 아무개들은 얼마나 인색했던지 자기 집에서 부리던 노비 하나를 풀어 주면서도 재판을 해야 했고, 자기가 돈을 들여 사온 노비의 몸값이 아깝다며 노비가 입은 삼베치마 속곳 하나까지 벗겨서 대문 밖으로 내쫓는 판인데 이종호는 30여 명의 노비를 한꺼번에 해방시켜 준 것이다.

李侍從 李鍾浩씨가 自家의 所有한 女婢 30명을 盡爲석방하므로 同氏의 開明上 意見과 慈善的主義를 人皆 칭송하더라.

이종호는 1885년생.

그는 1931년에 세상을 떠날 때까지 할아버지가 남겨 준 거룩한 재산을 사회에 전부 털어서 기부하고 자신은 살 집이 없어서 남에게 차압을 당해 상하이로, 러시아로, 또 고향인 함경도 초가집으로 쫓겨다니면서 살았다.

1906년 자신의 할아버지 이용익이 블라디보스토크에서 서럽고 분한 한 생을 마치자 이종호는 바로 자기 할아버지가 건립한 보성학교를 인수해 2대 교주(校主)가 되었다.

서북학회에도 속성 사범과를 설치하여 국민학교 교사를 대거 양성하여 이 나라의 문명개화를 서두르려고 안간힘을 썼다.

이종호는 서울에서뿐만 아니라 어디든 학교를 짓는 곳이면 얼굴을 내밀지 않는 일이 없었다.

협성학교를 만들었고, 또 보성학교를 지었다.

평양 대성학교 설립에도 앞장섰다.

보성사 인쇄소를 만들어 교과서를 찍어 학생들에게 무료로 공급했다.

그뿐만 아니라 강화도 안에서 보창(普昌)학교가 세워질 때도 이종호는 서슴없이 자기 재산을 털어서 도왔다.

또 이종호는 1910년 한일합병이 되어 나라가 없어지게 되자 러시아 땅으로 망명, 블라디보스토크에서 교민들을 모아 권업회(勸業會)를 조직했고, 러시아 땅에서 흩어져 사는 우리 동포들의 자제들을 가르치기 위해 그곳에도 학교 네 개를 설립했다.

그들의 눈을 띄어 주기 위해 권업신문도 발행했다.

그 후 다시 상하이로 건너가 활약하다가 1917년 그곳에서 일본 경찰에 체포되어 귀국했다.

그러나 이렇다할 죄목이 발견되지 않자 일본 경찰은 이종호에게 그의 고향인 함경북도 명천에 주거제한 명령을 내려 발을 묶었다.

1918년, 이종호는 다시 서울로 들어와 할아버지가 세웠던 보성학교와 보성출판인쇄소가 천도교(손병희 운영)에 넘어가 버렸음을 보고 그것을 다시 인수하려고 하였으나 그것마저 일본 경찰의 방해로 실패하고 말았다.

보성학교는 이용익·이종호의 조손(祖孫) 3대가 온 가산을 털어넣어 세웠던 것이었다.

이용익의 보성학교.

이용익의 손자 이종호가 한일합병 직전에 러시아로 망명하면서 보성학교는 이종영(李宗榮)에게 운영을 부탁했었다.

이종영은 바로 해방 후 법무장관을 지내고 청렴결백한 법관으로 이름난 이인(李仁)의 아버지이다.

그는 대한자강회·대한협회 등에 관계를 가진 리더였으며, 헤이그 밀사 사건의 주인공인 이준 열사와도 결의형제를 맺고 지내던 터였다.

이종영은 이종호로부터 보성학교 운영을 부탁받고 그것을 살려 보려고 무진 애를 썼지만 뜻대로 되지 않았다.

요즘도 사립학교 하나가 운영되려면 재단은 생색만 낼 뿐 거의 학생들이 낸 돈으로 운영되는 실정이 아닌가.

하물며 그 당시 한 개인의 힘으로 학교 하나를 바르게 운영하기기 얼마니 힘이 들었겠는기?

이종영은 한미실업주식회사에 관계해 무역업에 손을 대어 그 이익금으로 학교를 운영해 보려고 하였으나 그 사업이 실패하는 바람에 할 수 없이 보성학교를 천도교의 손에 넘겨주고 말았던 것이다.

보성인쇄소는 뒷날 손병희 선생이 주동이 되어 1919년 3·1독립 선언서를 인쇄하였던 바로 그 보성사였다.

그러나 그처럼 전재산을 다 내던져 학교를 세웠던 장본인인 이종호의 사생활은 결코 호화로운 것도 넉넉한 것도 아니었다.

그는 자기가 세운 학교를, 일제의 온갖 방해 아래서도 자기 힘으로 경영해 보려고 재력을 다 털어 바치다가 끝내는 자기가 살던 집까지 남의 손에 넘겨졌으며, 그 이종호가 살던 집을 차압하고 들어간 사람이 윤치소(尹致昭)였다는 대목이 이렇게 나타나고 있다.

> 磚洞私立 普成學校를 李鍾浩氏가 主幹유지하던 것을 近聞한즉 元杜尤씨가 맡기로 하얏다 하며 節洞 李鍾浩氏의 家舍는 尹致昭씨의 債權으로 一昨에 집행을 당하얏다더라(1910).

이용익이 세웠던 보성학교는 천도교가 경영하다가 진주의 거부 김기태(金琪邰), 전라도 거부 김성수(金性洙)의 손으로 넘어가 일제 때에는 전문학교로, 또 해방 뒤에는 우리나라 최고의 역사와 전통을 자랑하는 고려대학교로 이어져 오고 있다.

그 고려대학교 창립에 첫 주춧돌을 놓은 사람은 바로 눈물어린 육영사업으로 평생을 바쳤던 망명객 이용익과 이종호의 조손 3대에 걸친 사람들이다.

그런가 하면 이종호가 죽고 난 뒤 이종호의 아버지이며 이용익의 아들인 이현재는 1940년에도 이용익이 세웠던 협성학교를 살리기 위해 경기도 양주군에 있는 땅 30만 평을 팔아다가 모두 기부했다.

> 協成學校의 瑞光 30만 평 土地 희사. 興一社社長 李賢在씨 府內 內需洞에 있는 協成심상 小學校는 38년 전 元杜宇씨가 창설한 후…… 그후 南大門通 興一社 사장 李賢在씨가 이번에 楊州郡에 있는 자기 소유 土地 30만 평을 자진 희사하야 학교를 인수하고 理事長에……(1940).

하나하나 따지면 우리나라에는 사학도 많고 많은 부자들이 돈을 내놓아 곳곳에 신교육기관을 세웠다. 이종호에 비하면 실로 대단치도 않은 것을 가지고 뒷날 그들은 자기의 자손을 통해, 그들이 경영하는 '입'을 통해, 제 조상 자랑을 너무도 허황스럽게 늘어놓고 있는 걸 보면 참으로 딱한 일이 아닐 수 없다.

가풍이란 당대에 이루어지는 것이 아니라 평소부터 엄격히 배양

하여 전해야 하는가 보다.

먹고 싶은 고기 한 점 먹지 못하고, 보리밥 한 알까지 아껴 가면서 모은 돈을 기꺼이 교육사업에 몽땅 내놓은 이종호.

이용익, 일개 부보상으로 출발하여 나라의 재정을 한손에 쥐고 다스리는 최고위직에 오르내리며 그처럼 우국의 파천황적 승부근성으로 한생애를 보낸 사람이 또 어디에 있을까.

불세출 최봉준
난세에 태어나 이국에서 장사꾼으로 돈을 벌어
민족과 나라를 구함은 조선인의 책무임을 알라

천만장자 탄생

최봉준(崔鳳俊)은 상선 준창호(俊昌號)의 선주로서 19세기말 블라디보스토크로 건너가 한국민회를 조직하였고 1908년 〈해조신문(海潮新聞)〉을 창간하여 항일정신과 민족정기를 드높였다.

〈해조신문〉은 1908년 2월 26일 창간호를 내어 해외에서 처음으로 우리말로 발행된 일간신문. 순국문 석판인쇄인 이 신문은 일본 제국주의 침략을 규탄하고 국권회복운동을 전개하기 위하여 블라디보스토크와 원산 사이를 내왕하던 거부 최봉준이 사장을 맡고, 왕창동(王昌東)이 편집을 전담하였다. 또 '이 날에 목놓아 우노라 是日也放聲大哭'는 명문으로 민족의 울분을 대변한 황성신문사(皇城新聞社) 사장직을 물러난 장지연(張志淵)을 주필로 초빙하여 항일 애국의 논설을 집필하게 하였다. 발족취지문에서 "일반국민의 보통지식을 계발하여 국권을 회복하여 독립을 완전하게 하기로 목적함"이라고 밝히는 것처럼 애국독립투쟁을 고무하는 데 큰 공헌을 하였다. 보급도 비단 러시아 영내뿐 아니라 경성(京城)·원산·인천·평양에 지국을 설치하고 선편으로 원산항을 거쳐 국내 각지로 반포하였다.

〈해조신문〉은 조선 민족의 잠을 깨우는 논설, 국내외 소식, 교민 사회의 동향, 계몽기사로 이루어졌고, 특별히 매호마다 격렬한 항일구국논설을 실어 애국지사의 피를 들끓게 하고 일본통감부의 간담을 서늘하게 하였다. 일제의 통감부는 〈해조신문〉 등 해외교포 발행 신문이 국내에 흘러들어와 국민에게 크게 영향을 미치자 이에 놀라 1907년 7월에 제정된 신문지법(新聞紙法)을 이듬해 4월에 뜯어고쳐 국내 판매를 금지하고 신문을 압수하였다. 〈해조신문〉은 1908년 4월 이후 2개월 미만에 발매반포금지 횟수가 17회이며, 입수된 부수는 1,569부에 이르렀다. 이렇듯 국내 보급이 어려워지고 일제가 사장 최봉준에게 폐간을 강요하며 갖은 압력을 가하자, 최봉준은 자신의 사업마저 어려워져 1908년 5월 26일자(제75호)를 마지막으로 폐간하고 말았다.

「동서문화사 한국세계대백과사전」

천만장자. 조선왕조 끝무렵에 우리나라 사람으로서 천만장자가 있었다면 그것이 과연 실감나는 이야기일까? 한밑에 등장한 천만장자 최봉준. 상식으로 생각해 보면 있을 수 없는 이야기처럼 들린다. 그 시절 억대란 감히 상상도 못할 천문학적 숫자였다.

1890년대까지만 해도 조선에는 성냥공장은커녕 이렇다 할 벽돌공장이나 유리공장·양말공장, 하다못해 정미소조차 없었다. 아니 정미소는 고사하고 양수기 한 대도 없었다.

동력과 기술이 동원되는 근대식 생산공업은 아직도 캄캄한 겨울밤이었다. 서울 장안에 전차가 나타난 것이나 최초의 철도인 경인철도가 생겨난 것도 1899년에서 1900년 사이다.

그 때까지만 해도 거부라면 경상도의 장승원·장길상(장택상 집안) 집안과 전라도의 김기중(金祺中)·김경중(김성수 집안) 집안처

럼 널찍널찍한 들판에서 수만 석을 거두는 사람을 백만장자로 쳤
다.

그리고 우리나라 전체 거부의 5분의 2쯤 모여 살던 거상촌(巨商
村)이요 거전촌(巨錢村)인 마포 일대에서 임종상(林宗相)의 집안
이 두각을 나타내는 정도였다.

대한제국 최대 갑부이던 민영휘(閔泳徽)의 집안이 있다. 민영휘
시대에서 조금 지나면 이완용(李完用)·안경수(安駉壽)·이용익(李
容翊) 같은 신진 거부들이 탄생하고, 1900년 후반에 들어서면 비로
소 신흥 거부들이 서양식 2층 양옥저택을 짓고 사는 시대가 열린
다.

그러나 그들이 기껏 쥐고 있는 돈이라야 몇백만 냥 아니면 2, 3
만 석, 최고가 5만 석 정도였다. 5만 석 땅덩어리가 결코 적은 것
은 아니지만, 그것을 금화인 신식화폐로 계산해 보면 10만 원 한
장 쥔 거부가 되기도 그리 쉽지 않았다.

우리나라에 있는 은행들의 총자본금을 다 합쳐 봐야 10만 원도
못 되었다. 2만 5천 원 내지 3만 원만 가지면 아무 걱정 없이 은행
하나를 설립할 수 있던 때였다. 그런 시절에 어떻게 우리나라에 천
만장자, 아니 백만장자라도 있을 수 있을 것인가? 도저히 상상할
수도 없다. 회사라야 겨우 이완용이 꾸민 마차회사나 전당포·집주
릅들이 모여서 꾸미는 전당회사 정도가 고작이던 때였다.

사람에게는 저마다 타고 나는 운이 있다고 한다. 이 운을 붙잡느
냐 버리느냐에 따라 인간의 희비가 엇갈리기도 하고 성패가 좌우되
기도 한다는 것이다. 그러나 기회는 포착할 준비가 된 사람들에게
만 오는 것이 아닐까.

기회를 적시에 움켜잡는 것은 결국 세상이 어떻게 돌아가는지를
모르고서는 할 수 없다. 세상의 큰 흐름을 아는 것이 장사의 요체
다. 그 흐름을 모르면 남보다 뒤처지게 마련이다. 마냥 때만 기다
리는 것은 흐름을 잡아 결단을 내리는 것만 못하다. 어려워 보이던

일들이 의외로 순조롭게 이루어지는 것은 현실의 흐름에 순발력 있게 적응을 잘 했기 때문이다. 최봉준은 어릴적 생명의 은인이며 대부(代父)인 야린스키가 임종시에 남긴 '처세정신 10조'를 바탕으로 세상의 큰 흐름을 볼 수 있는 혜안이 있었기에 거만의 부를 쌓을 수 있었던 것이다.

또한 최봉준은 실질을 가장 중시했다. 누군가와 손을 잡고 힘을 모아야 성공한다는 것을 알고 있었다. 혼자 힘으로는 아무것도 이룰 수 없다. 사업의 흥륭은 다양한 힘을 모으는 데 있다. 그는 그즈음 남진정책을 추진하는 러시아 세력에 주목하여 블라디보스토크에 살고 있는 한국인들의 힘을 모아야겠다고 생각했다.

신화로 남은 사나이

한말 최대의 국제 거상 최봉준은 신화적 거인이었다.

그는 블라디보스토크를 오가던 준창호의 선주였으며, 1909년 안중근의사가 대한독립군 중장 자격으로 조선 침략의 원흉 이토

블라디보스토크 조선인 만세운동

히로부미를 만주 하얼빈 역두에서 처형하고 체포되어 재판을 받을 때 변호사 비용을 대고 유족들의 생계비도 남모르게 후원한다. 그는 만주·러시아에서 활동하는 독립운동가들의 숨은 자금원이기도 했다. 이처럼 그는 목숨을 내놓고 독립운동가를 지원했는데, 일제의 마수도 어쩔 수 없었던 것은 그가 러시아 국적을 가졌으며 러시아 정부의 막강한 지원세력을 등에 업고 이름을 떨치는 국제적 거상으로 존경받는 명부(名富)였기 때문이었다.

또한 최봉준을 '신화 속 거상'이라고 표현한 러시아·간도(間島)·훈춘(琿春) 지방에 명성을 크게 떨친 일도 그 한 이유가 되지만 무엇보다 '5, 6백만 원을 움직인 거상'이라는 점 때문이었다.

우리나라 노다지 갑부로 군림했던 최창학도 해방 당시 그의 현금재산은 5백만 원대를 넘지 못했다. 그런데 최봉준이 어떻게 5, 6백만 원을 쥔 거부일 수 있었을까.

관북 지방에서는 뒷날 또 하나의 신화거부 김기덕(金基德)이 탄생했다. 이 김기덕보다 약 3, 40년 앞서 활동한 최봉준은 본디 함경북도 경흥(慶興) 출신이다. 대러시아 무역으로 거금을 잡은 최봉준을 설명하기 위해서는 먼저 관북지방의 대러시아 무역상황을 살펴보아야 한다.

조선왕조 최대 무역왕

1890년대 함경도 성진항에 혜성처럼 등장해 세상을 깜짝 놀라게 한 최봉준.

우선 전하는 기록을 통해서 그의 행적을 찾아내 보자.

본인이 성진항 각국 거류지에 物貨 대판매소를 설시하고 상해·홍콩·해삼위·일본 각지의 유명한 주단·洋木 등 상품 물화를 다수 貿來하고 혹 특약 구입하여 음력 8월부터 개시하고 염가방매하겠사오니 국내 紳商諸彦은 기만 원어치라도 益益來求하시기 무망하나이다……성진항 각국 거류지 大販賣主人 최봉준 啓白.

1905년 9월 1일자 신문에 난 광고문이다. 광고주는 최봉준이었다.

최봉준이 1905년 음력 8월부터 함경도 성진항 각국 거류지에 물화 판매소를 열고 상해·홍콩·블라디보스토크·일본에서 나오는 각종 비단 종류와 양목 따위를 무역하여 쌓아 놓고 장사를 시작했으니 몇만 원어치라도 모두 와서 사가라고 선언한 것이다.

1905년이라면 러일전쟁 다음해다.

최봉준이 자리를 잡은 곳은 성진이었다. 최봉준은 성진을 중심으로 원산·경흥·블라디보스토크에서 부산·홍콩·상해·일본까지 활동 무대로 삼고 있었다.

그런데 최봉준이 그처럼 엄청난 국제 거상으로 등장하여 '수만 원어치씩이라도 얼마든지 팔 테니 사가시오' 하고 선언할 그 때에 수만 원이 의미하는 것은 무엇인가?

그즈음 우리나라 경제 시장은 충청도 강경포의 소금장사가 컸다.

성진 시가지

전라도 법성포의 쌀장사가 크고, 팔도 물화가 다 모여드는 삼개(서울 마포)의 무역상들이 굵직굵직한 머리를 드러내었지만 그들 가운데 누구도 감히 '수만 원어치라도 얼마든지 팔 터이니 와서들 사가시오' 하고 선언할 수가 없었다. 수만 원어치는 고사하고 수천 원, 수백 원어치라도 마음놓고 팔 수 있는 재고량을 갖춘 상인조차 없었다.

그런 때 최봉준은 당당하게 수만 원어치씩이라도 얼마든지 팔 터이니 사 가라고 했으니 그 배짱 두둑함과 그 창고의 어마어마한 규모가 조선 최대의 국제 무역왕이요, 최대의 현금왕임을 여실히 보여 주는 것이다.

도대체 1905년 당시 함경도 지방의 물가가 어느 정도였기에 최봉준이 그처럼 수만 원 단위의 상품 매매도 가능하다고 선언할 수 있었을까?

함경도가 1880년대부터 근 20여 년 동안 주종 상품으로 삼았던 것은 콩과 소였다.

1905년 당시 함경도의 콩값은 얼마가 됐는가?

그 즈음 함경도의 콩은 1902년부터 1904년까지 내리 3년 동안 흉작을 거듭하여 그 값이 엄청나게 폭등하였다. 그래서 함경도의 콩은 거의 씨가 마르다시피 되었는데 1905년에야 비로소 함경도 영흥·문천·고원·함흥 방면에서 겨우 평년작이 넘는 콩은 생산하여 그해 가을 원산역 안변시장 시세로 콩 한 섬에 극상품이 8원 50전이었고 최하품은 6원 50전이었다. 그러니까 콩 한 가마가 4원에서 3원 사이의 시세를 보였던 것이다.

또 그 당시 함경도 지방에서 거래된 쇠가죽은 1905년 7월에 원산 지방 시세로 1백 근에 50전 하던 것이 그해 가을인 11월 20일자 〈매일신보〉 기사에 따르면 쇠가죽 값이 떨어져 좋은 것이 1백 근에 35전, 보통은 30전이었으며, 그 쇠가죽들은 모두 일본 오사카로 수출되었다고 한다.

또 러시아로 팔려 나가던 소 가격도 큰 황소가 최고 40원에서 최저 30원 하는 시세였다. 소 한 마리에 최고 40원으로 쳐도 수만 원 단위라면 과연 큰 돈이 아닐 수 없는 것이다.

최봉준은 앞 광고문에도 나타났듯이 러시아·일본·중국에서 각종 수입품, 특별히 비단이며 광목·석유를 들여와 함경도 일대는 물론 부산에서 동해안을 거쳐 러시아 블라디보스토크까지 지배하는 거상이었다. 광목이니 석유니 하는 것은 구색 삼아서 하던 장사였고, 최봉준의 진면모가 드러나는 것은 그보다 훨씬 큰 마당이었다.

최봉준은 직접 자기의 화물선, 그것도 거대한 화물선을 가지고 있었다. 그는 부산과 인천·홍콩·상해·일본·블라디보스토크까지 취항하면서 온 바다를 주름잡고 다녔던 것이다.

해운왕 최봉준. 얼른 실감이 나지 않을지도 모른다.

100년 전인 그 당시만 해도 화륜선(火輪船) 한 척이면 하늘이 흔들흔들할 정도의 재력을 상징했던 것이다. 그 때 우리나라가 가지고 있던 국유 화물선은 겨우 세 척. 그것도 고장나서 제대로 운항을 못 해 팔아버린 형편이었는데, 최봉준은 자기 소유의 화물선을 당당하게 국제 항로에 취항시켰던 것이다.

지금은 우리도 수십만 톤급 선박을 우리 손으로 만드는 세세 으뜸의 조선국이 되었고, 오대양을 누비는 화물선·유조선, 아프리카 남단까지 나가서 조업하는 원양어선단을 가지고 있지만, 아직 화륜선조차 귀하던 시절에 한낱 상인이 선박을 가지고 있던 것은 정말 놀라운 일이었다.

최봉준이 화물선 준창호를 갖고 있을 그 당시 동양의 해군국임을 자랑하던 일본도 겨우 2, 30척의 선박밖에 없었다.

시월 중에 2백 57두의 생우(生牛) 전부가 해삼위에 수출되얏는데 이는 모두 최봉준의 소유선 준창호와 유상진(劉尙鎭)의 소유선 현익호로 수출한지라(1905).

이 기사에서도 최봉준의 거부 면모는 여실히 드러나고 있다.

함경도 성진·원산항 등에서 10월중에 2백 57두의 소를 러시아의 블라디보스토크에 수출했는데 이것은 모두 최봉준의 준창호와 유상진의 현익호로 운송되었다는 것이다.

그 무렵 유상진 역시 거부로 현익호를 소유했는데, 이 현익호는 바로 인천항에 들어와 있던 서양 상인 세창양행(世昌洋行)에서 왕실이 엄청난 돈으로 사들였으나 몇 해 못 가서 불하하게 돼 유상진이 사들인 것이다.

성진항에 튼 무역센터

최봉준은 1906년 4월 30일자 신문에다 또 이런 광고를 냈다.

본인이 1천 4백여 톤 윤선 伏見丸을 購買來하야 원산·성진·해삼위 항으로 일주일에 일차씩 내왕하옵는데 본인 소용 牛隻을 每朔에 1천여 두씩 賣得할 터이오니 각처 牛商 제현은 원산·성진 兩處로 牛를 持來多賣하시고 삼항 왕래 客員도 多來 搭上하심을 희망……城津 준창호 최봉준 告白.

이 광고에 나와 있는 것처럼 최봉준은 1906년 4월 일본 화륜선 1천 4백 톤짜리 배 후시미마루[伏見丸]를 사들였다.

이 후시미마루는 러일·청일 두 전쟁에서 동양의 바다를 주름잡던 일본 해군 군함 가운데 거함으로 손꼽히던 하나였다. 아직 가시지 않은 화약 냄새를 풍기며 유유히 파도를 헤치고 다니던 그 웅자는 실로 대단했다 한다.

최봉준은 그 군함을 사들여 자가용 수송선으로 쓰고 있는 것이다.

지금도 1천 4백 톤짜리 선박이라면 그리 만만하지 않을진대, 하물며 이 땅에 겨우 철도가 놓이기 시작한 100여 년 전에야 어땠을까. 그런데 최봉준은 1천 4백 톤짜리 배를 사들여 원산·성진·블라디보스토크에 이르는 동해 북부 해안에서부터 러시아 연안까지 1주일에 한 번씩 정기로 운항했던 것이다.

최봉준은 준창호를 경영하는 한편 후시미마루로 매달 1천여 마리의 소를 러시아에 수출했다. 소 한 마리당 40원으로 쳐 연평균 생우 수출량만도 50만 원을 넘어선다.

1년에 생우 수출고 50만 원을 올린 최봉준. 그는 그런 소장사만 한 것이 아니었고 광목과 또 중국에서 무역한 비단을 취급하여 엄청난 이익을 올렸다.

해마다 함경도 지방에서 러시아의 블라디보스토크로 흘러나가는 계절 노동자가 몇만 명에 이르렀다. 그들 또한 최봉준의 배를 타고 건너갔으니 원산과 성진은 물론이요, 블라디보스토크와 우리나라 사이의 모든 수출입을 완전 독점했던 것이다.

해방 이후 우리나라 최대의 우(牛)시장이던 경상도 안동이나 경기도 수원, 또 충청도 홍성의 시장을 봐도 한 장거리에 모인 소는 기껏해야 5백 마리에서 1천 마리에 지나지 않았다. 그래도 시장 부근의 들판까지 완전히 누렇게 덮었던 것이다.

농촌에시는 소 한 마리를 흥정해 매매하는 깃이 최대의 자금 융통 루트였고, 소를 사고 파는 것은 그 집 살림 전체가 왔다갔다 하는 것이었다.

그런 소를 최봉준은 원산과 성진항에 앉아 혼자서 사고 판 것이 매달 1천 마리가 넘었고, 그것도 그냥 그 자리에다 놓고 매매하는 흥정이 아니라 한 마리 한 마리를 모두 배에 싣고 러시아 땅까지 가서 팔았으니, 막대한 이익을 남겼으리라는 걸 쉽게 추측할 수 있다. 이렇게 해서 최봉준은 천만장자의 탄탄대로를 달리게 되었다.

최봉준이 조국에 돌아와 사업에 크게 성공할 수 있었던 또 하나의 비결은 그의 고향에 대한 사랑이 남달랐기 때문이었다. 그가 살길을 찾아 주린 배를 움켜쥐고 러시아로 건너간 것이 12세 때요,

고국으로 돌아온 것이 45세였으니, 무려 30여년이라는 오랜 세월을
외국에서 보낸 셈이 된다. 그는 황금 같은 젊은 날을 이국땅에서
고향을 그리워하며 지냈다.

그러한 최봉준은 고국에 돌아온 뒤 고향의 나무 한 그루 풀 한
포기에까지 세심하게 마음썼고, 고향 사람들에게 따뜻하게 대해주
었다. 몇천만금을 거머쥐고 금의환향한 그였지만 새로 둥지를 튼
성진의 거리에서 만나는 사람들에게 남녀노소를 막론하고 허리굽혀
인사했으며 따듯한 미소를 잊지 않았다. 이것은 '부자가 된 뒤에도
근본을 잊지 않는다'는 최봉준이 지닌 상인정신의 발로였다. 재물
의 가치는 재물 그 자체에 있는 것이 아니다. 이를 유통하고 소비
하는 과정에서 찾게 되는 만족감이라는 것을 몸소 실천한 최봉준은
부자가 되어서도 덕을 잃지 않았고 이웃에게 복을 베풀고 함께 누
리는 것을 좋아했다. 그래서 최봉준의 일이라면 누구나 팔소매를
걷어붙이고 도와주려 했다.

한번은 이러한 일도 있었다.

소장수들에게 소를 사서 선적하기 위해 부둣가 가까운 농막에 매

원산 잔교

어놓고 대기하던 중 10여 마리를 도둑맞고 말았다. 이 소식을 들은 사람들은 자기 일같이 놀라고 분해서 팔뚝을 걷고 모여들었다.

"무스개스리. 어떤 간나이 새끼가 장난을 쳤습메."

"그랬습메. 내 이 간나이 새끼를 잡으면 두다리를 분질러버리겠습둥."

"소를 끌고 갔으니끼리 아마 그리 멀리 가지는 못했겠습메."

"자, 찾아봅세."

사람들은 저마다 횃불을 들고 패를 나누어 소도둑이 달아났음직한 산길로 달려갔다. 결국 얼마 되지 않아 소를 끌고 가던 소도둑들은 뒤에서 마을 사람들이 추격해 오는 것을 알고 소를 그대로 놓아둔 채 도망쳐 무사히 소를 찾아올 수 있었다.

작은 장사를 하려면 그때그때 상황에 따라 순응하면 되지만 큰장사를 하려면 먼저 내 이웃과 마을과 나라의 이익을 먼저 생각해야 한다는 말처럼 최봉준이 천만장자의 대도를 거침없이 달릴 수 있었던 것은 그가 고국에 돌아와서도 고향 사람들에게 진심으로 대하고 사랑했기 때문이었다.

게다가 우리를 더욱 놀라게 하는 것은 1897, 8년 무렵 최봉준이 리시아에서 돌아와 성진힝에 자리를 잡았을 때의 모습이다.

"천백만 재산 쌓고 들어온 사람이 아라사 사람 맞습메?"

"아님둥."

"그럼, 일인이겠지비?"

"기것도 아니겠습둥. 성은 최씨, 조선사람이라고들 하잖습메."

"그럼, 민영휘는 최씨에 비하면 조족지혈(鳥足之血)이지 않갔습메?"

"새발에 피지."

"그곳이 장사하는 터일 텐데. 아라사에선 왜 돌아왔습둥?"

"그거이……."

우물쭈물하고 있을 때 또 다른 이가 끼어든다. 신문을 펼치며 최봉준에 대한 기사를 읽는다.

"'마흔 다섯에 천백만 재산을 쌓았으나 고향에 돌아갈 미비한 구실을 읊조리던 중, 닫아건 집안에 울리는 고향으로 돌아가고픈 귀심(歸心)이 화살과 같아' 돌아왔다고 신문에 났지 않갔습둥."

한자가 촘촘히 박힌 신문의 기사를 제법 그럴싸하게 역(譯)한 이가 자랑삼아 둘에게 신문을 내보인다.

"신문에도 났습메?"

연신 감탄하는 두 사람은 신문을 들여다보지만 한자엔 까막눈이다.

그 때 사람들은 모두 최씨 성을 가진 사람이, 아니 우리나라 사람으로 그처럼 큰 부자가 있을까 하고 최봉준의 재산에 새삼 혀를 내둘렀다.

年及 45才에 財成 千百萬이라. 詠式微賦타가 聞杜宇聲 歸心이 如矢라. 歸還于 본국 城律港하야 招致 日本材工 百人하고 投費 5만여 원하야 建其 2층 高臺하니 上下之間이 60여 간이요, 外環 상점이 1백여 간이요, 中處 鐵庫는 60여 간인데……(1905).

최봉준이 러시아 땅에서 성진항에 돌아왔을 때는 45세였다.

30여 년 만에 최봉준은 꿈에도 그리던 조국에 맨손으로 돌아와 함경도 소장수나 광목 장수로 돈을 번 것이 아니었다. 이미 '재성 천백만'이라 한 것처럼 러시아의 블라디보스토크에서도 천만장자로 이름을 날리며 기세 좋게 함경도 땅에 첫발을 디딘 것이다.

나이 12세에 거센 눈보라 속을 헤치며 두만강을 건너갔던 최봉준이 그 동안 쌓고 쌓은 돈이 천백만.

고향을 어이 잊으리

달이 유난히 밝은 밤 눈덮인 평원에서 반사하는 빛이 최봉준의 주름진 얼굴에 비쳤다. 저도 모르게 짙은 향수와 회한에 젖어 눈물이 주름진 볼을 타고 하염없이 흘러내렸다.

잃어버린 고향.

잃어버린 애정.

나이 45세.

굳세기만 했던 최봉준의 마음에는 그 무상한 계절을 앞두고 잔잔한 파문이 일기 시작했다.

그 동안 나는 얼마나 촘촘한 거미줄에 얽혀 살아왔던가.

돌아보면 한없이 괴롭고 외로워 흘린 눈물과 땀으로 얼룩진 전반생이었다. 무엇을 위해 자신은 눈발이 휘날리는 이국땅 러시아에서 주린 배를 움켜쥐며 '돈을 벌어야 한다. 돈을 모아야 한다'고 스스로 채찍질했던가? 돈을 모으겠다는 독하고도 당찬 그 마음 하나로 인생의 황금시절을 다 보내고 이제 인생의 가을을 맞은 천만장자 최봉준은 깊은 회의에 빠지지 않을 수 없었다.

돈을 벌어서 무엇을 하자는 것인가? 아니, 자신은 무엇을 위해서 이처럼 악착같이 돈을 모았던가?

이제 이 재산을 어떻게 할 것인가?

최봉준은 자기가 걸어온 지난 반생을 되새기면서 밤잠을 이루시 못하는 날이 많았다.

고독한 조선인

최봉준은 그 사업의 출발점이며 활동범위가 다른 장사꾼과는 달랐으므로 큰 상인으로서의 면모나 기백 또한 남다를 수밖에 없었다. 그가 크게 성공할 수 있었던 것은 한말의 혼란한 소용돌이 속에서 만들어진 기회를 놓치지 않고 시대를 꿰뚫어보는 안목과 기백을 갖고 있었기 때문이다. 그는 적어도 상인이라면 어떠한 불구덩이 속이라도 두려움없이 뛰어들 용기가 필요하다고 말했다. 그는 언제 위험이 닥칠지 모르는 곳에서도 사업의 기회를 찾아냈고 과감한 결단을 내렸다.

먼저 최봉준이 사업을 크게 일으킨 1900년대를 전후한 극동에서의 정세를 알아보는 것도 그의 큰 상인됨을 증명해 주는 단초가 될 것이다.

1900년대초 러시아는 동방정책의 일환으로 만주에서의 둥칭〔東淸〕 철도 부설권 획득과 뤼순〔旅順〕·다렌〔大連〕 조차를 통해 남만주를 지배하고 한국에도 진출하여 군사교관과 재정고문을 두고 남해안 마산항까지도 조차를 꾀했다. 1903년에는 더욱 적극적인 대극동정책을 꾀해 압록강 연안의 목재 이권 확보를 위해 느닷없이 용암포(龍巖浦)를 무단 점령하고 뤼순에 극동총독을 신설하였다.

이에 일본은 한국에 대한 자신들의 이권에 위협을 느낀 나머지 1904년 2월 10일 러시아를 기습공격, 압록강에서 러시아군을 격파한 뒤 만주로 옮겨가 랴오양〔遼陽〕·뤼순·선양〔瀋陽〕·펑톈〔奉天〕을 차례로 점령하고 대한해협에서 러시아 발트함대를 격퇴하였다. 다음해인 10월 11일 미국의 중재로 포츠머스조약이 체결되고 러일전쟁은 끝났으나 러시아의 극동정책은 저지되었다.

이 해 9월 1일 최봉준이 성진항 각국 거류지에 상하이·홍콩·블라디보스토크·일본 등지에서 수입해 온 비단·서양목 등을 염가판매한다는 신문광고를 낸 것으로 보아 그는 만주벌판에서 러일전쟁이 한창 기세를 올릴 때에도 해외와의 수출입을 계속했던 것으로 보인다. 더구나 최봉준은 발트해의 러시아 최대 주력함대가 동지나해를 거쳐 대한해협으로 들어가는 길목에 태연하게 무역선을 띄웠다. 언제 터질지 모르는 대회전의 포화 밑으로 목을 들이밀었다. 위험이 가득한 곳에 위험을 무릅쓰고 무역선을 띄운 것이다.

이것은 상인이 갖추어야 할 '용(勇)'인 것이다. 만일 최봉준의 무역선이 러시아와 일본의 불꽃 튀는 해전의 와중에 휩쓸리기라도 한다면 일거에 풍비박산이 될 수도 있다.

그런데도 그는 배를 띄웠다. 대단한 결단을 요하는 대목이 아닐 수 없다. 최봉준은 좋은 기회일수록 위험이 더많은 법이라는 것을 모를 리 없었다. 하지만 과감한 용기는 큰 상인만이 낼 수 있는 용기인 것이다.

최봉준의 남다른 기백과 대인다운 면모는 1909년 10월 26일 안중근이 만주 하얼빈〔哈爾賓〕 역두에서 이토 히로부미〔伊藤博文〕를 처단하고 체포되어 재판을 받을 때 변호사비용을 대고 유족의 생계비를 남모르게 후원한 것에서도 약여하게 빛난다. 그는 상인이기에 앞서 독립운동가이기도 하였다.

안중근은 의거 뒤 자신은 대한의용군사령관의 자격으로 대한독립주권을 침탈한 원흉 이토를 처형한 것이니 전쟁포로로 취급해줄 것을 당당히 주장하였고, 관선변호사인 일본인 미즈노〔水野吉太郎〕마저도 '이토를 죽이지 않으면 한국은 독립할 수 없다는 조국에 대한 적성(赤誠)에서 한 일임에 의심할 여지가 없다'고 변론하였다. 최봉준은 이 재판의 변호사비용을 선뜻 내놓았을 뿐 아니라 블라디보스토크에서 활동하는 독립투사들도 음으로 양으로 돕고 있었다. 당시 블라디보스토크에는 이범윤(李範允)을 비롯 김두성(金斗星)·김기룡(金起龍) 등이, 만주에는 이상설(李相卨)·이범석(李範奭) 등 쟁쟁한 인사들이 국권회복운동에 매진하고 있었다.

어느 날 밤이었다.

그날도 최봉준은 잠을 못룬 채 서성이고 있는데 갑자기 벌컥 문이 열리며 복면한 사나이가 뛰어들었다. 최봉준은 직감으로 여느 강도가 아니라는 것을 즉각 알아챌 수 있었다.

"성제 선생께서……."

"얼마가 필요한가?"

최봉준의 첫마디는 이러했다. 놀란 것은 오히려 복면한 사나이 쪽이었다. 뒷날 임정국무총리에 오르는 고향 청년으로 일찍이 항일운동에 나선 성제(誠齊) 이동휘(李東輝)가 보낸 그 사나이는 감격하여 그 자리에 무릎꿇고 복면을 벗었다. 아직 20세도 채 안된 앳된 얼굴이었다. 그는 흥분과 놀라움으로 얼굴이 빨갛게 상기되어 있었다.

강인함을 느끼게 하는 청년 이동휘의 다부진 얼굴이 떠올랐다. 지난 해 고향 함경도 단천 출신이라며 그가 찾아와 인사를 받은 적이 있었다. 이동휘는 약관의 나이로 항일전선에서 뛰어난 활동을 보이는 준재였다.

최봉준은 금고를 열고 손에 잡히는 돈다발을 꺼내 젊은이 앞으로 밀어놓았다. 젊은이의 볼 위로 한 줄기 눈물이 주르르 흘러내렸다. 둘 사이에는 더이상 아무 말도 필요없었다.

"우리 조선의 국권을 회복할 수만 있다면 무엇이 아까웁겠나. 성제 선생께 군자금이 필요하시면 언제라도 연락주시도록 말씀드리게."

최봉준은 돌아섰다. 그의 눈가에도 소리없이 한 줄기 눈물이 흘러내렸다.

"이제 나도 고향으로 돌아가야지……."

그 소리는 목안으로 잠겨들었다.

인간은 큰 부자이건, 권력가이건, 또는 사회에서 이름난 명사이건 그들이 쌓아온 큰 성공에 비례해 마음 한구석에는 외롭고 고립된 짙은 슬픔이 깔려 있는 경우가 많다.

권력과 돈과 명예를 쫓는 동안, 그 일에 몰두하여 달리는 동안 그만큼 사람다움을 많이 잃어버리지는 않았을까.

인간은 자기에게 없는 것에 애착하고 또 그것을 가장 귀하게 여겨 갈구하는 특성이 있다. 늙은 사람에게는 젊음이 가장 귀하고, 죽어가는 사람에게는 생명이 가장 귀하며, 굶주리는 사람에게는 이 세상에서 무엇보다도 먹을 게 가장 귀할 것이다.

천만금을 쥔 최봉준에게는 무엇이 가장 절실했을까? 그것은 조선의 고향 땅이었다. 따뜻한 인정이었다. 정다운 얼굴들, 감칠맛나는 함경도 말씨들, 한 핏줄을 가진 내 동포들이 사는 조국이었다.

최봉준은 봄날 간간이 들려오는 소쩍새 울음소리에도 마음이 흔들렸고, 바람만 설핏 불어도 애절한 향수로 견딜 수 없었다. 최봉준은 잃어버리고 살아온 고향에 대한 향수병을 더 참을 수 없어 마침내 재산을 정리하여 고향 함경도로 돌아왔다.

앞의 기사는 1905년 9월 25일자로 나간 것이지만 다른 설명을 보면, 최봉준이 성진에 돌아와 집을 짓기 시작한 것은 아마도 1897, 8년 무렵이 아니었던가 싶다.

그 무렵 이 나라 최대의 왕성(王城)인 서울에도 일본 공사관과 서양 공사관과 명동성당 등 겨우 몇 채의 양관(洋館)이 있었을 뿐이다. 그 뒤 한참 지나서 종로 거리에 2층도 못 되는 몇 채의 소규모 양관이 들어서기 시작했다.

덕수궁 뒷담의 정동 일대에 늘어선 서양 상점이라든지 '손탁 호텔' 같은 것도 사실 그 규모로 보아서는 그리 웅장한 건물들이 아니었다.

그런데 1899년 무렵 완성된 성진항의 최봉준 집은 그즈음 우리나라 사람의 개인 집으로는 최초이자 최대 규모를 자랑하는 하나의 성이었다.

최봉준은 지기 저택이자 점포인 웅장한 양관을 지으면서, 그 지방에서 만들어지지 않는 벽돌까지 모두 블라디보스토크에서 가져다 썼다. 게다가 조선에는 2층 양관을 지을 수 있는 목수나 미장이가 없었다. 그래서 일본에서 1백여 명의 목공·석공·벽돌공을 불러다가 서양식 건물을 짓게 했다니 과연 대단한 사건이 아닐 수 없었다.

그 무렵 최대의 신식 자본 기관으로 등장했던 은행도 이렇다 할 건물 하나 없이 종로 네거리에서 겨우 4, 50평 되는 한식 2층집을 빌려 운영하였다.

그런데 최봉준이 완성한 그 거대한 건물공사는 크기가 2층 60여 칸이요, 또 그 밖으로 둘러친 회랑(回廊) 상점이 1백여 칸이었다. 그 회랑 가운데에 다시 철고(鐵庫)를 지었으며, 60여 칸에 이르렀다고 한다.

건물의 총 칸수는 2백 20칸에 이르렀다. 그것도 산비탈에 세워 놓은 여느 별장이 아니라 성진항의 외국인 조계 안에 당당하게 지은 개인 소유 대양관이었다. 아마 이 무렵을 전후로 몇십 년까지도 조선에서 이렇듯 거대한 양관 건축공사가 벌어진 일은 없었을 것이다.

참고삼아 그 무렵 화제가 되었던 큰 건축공사들을 살펴보자.

진주의 갑부로 수만 석을 거두었던 김기태가 충청도 옥천에 어마어마한 집을 지을 때 서울에서 60명의 목수를 데려간 일을 들 수 있다. 또 1916, 7년 무렵 완성된 윤덕영의 수정궁은 중국 목수들이 와서 지었다. 이 윤덕영의 수정궁이 최봉준의 양관공사와 맞먹을 만한 것이 아니었을까 싶다.

윤덕영의 저택은 천장 위에서 잉어가 논다는 소문이 날 정도로 사상 초유의 호화 저택으로 화제를 뿌렸다. 하지만 그보다 20여 년이나 앞서 지은 최봉준의 양관공사야말로 뭇사람들의 이목을 집중시킨 거대한 역사였다고 할 것이다. 윤덕영이 그 호화 저택을 완성했을 때만 해도 우리나라는 많이 개화된 뒤였다.

걸출한 소년

최봉준은 대체 누구일까?

그의 가계와 부모에 대해서는 전혀 알 수 없다.

1905년 9월 25일자 신문 광고를 보자.

함경북도 慶興人 최봉준이 早遭父喪하고 本無祖業者로 年至 12歲以 子子單身으로 不勝風樹之悲하야 漂落於俄境에……

이것으로 보면 거상 최봉준의 출생지는 함경북도 두만강 연안의 경흥이다. 최봉준은 나이 12세 때 아버지를 잃고 혈혈단신이 되었다. 그렇다면 어머니는 그 전에 잃었다는 이야기가 된다.

또한 '본무조업자(本無祖業者)'라고 표현한 것으로 보아 최봉준은 본래 가난한 집의 아들로서 조업으로 받은 게 아무것도 없음을 알 수 있다.

12세에 부모를 모두 잃고 가까운 친척 하나 없자 그는 완전히 내버린 외톨이가 되었다. 비록 어린 나이에 부모를 모두 여의었다고 하지만 겨우 12세짜리 까까머리 소년이 두만강 살얼음을 타고 흘러가는 계절 노동자들의 꽁무니를 홀로 따라갔을까? 말도 설고, 풍속도 설고, 사람의 얼굴 생김새까지 생소한 러시아 땅까지 속절없이 흘러갔을까?

그 무렵 함경도 사람들의 상당수가 가을 추수가 끝나면 이듬해 봄까지 러시아 땅 깊숙이 흘러들어가 품을 팔았다.

경흥인 손주환 씨가 통역으로 俄國內地 船坊子에 입주한 지가 수십 년인데 한인 노동자를 위하야 雇價도 厚給하고 질병에 施藥力救하며 본국으로 귀환하는 자에게는 노자를 又給한다고 韓人들이 경흥부에 呈單請褒하얏다더라(1902).

이 기사를 참조하면 경흥 사람 손주환은 통역을 하며 러시아 땅 선방자에 입주한 지가 벌써 수십 년이라고 한다. 이런 손씨 같은 사람은 이미 1870년대나 1880년대에 러시아 땅에 들어가 농장을 경영하여 상당히 성공한 경우다.

손씨는 그의 농장에 많은 한국 노동자를 쓰면서 품값을 후하게 주고, 갑자기 달라진 기후에 적응하지 못하여 병이라도 걸리면 약을 써서 병구완도 정성스럽게 해 주고, 또 본국에 돌아가려는 사람들에게는 노자까지 후히 주며 선행을 베푸는 부농(富農)이었다.

이것으로 보아도 이미 1870년대나 1880년대 우리나라 함경도 경흥 사람들의 상당수가 간도나 러시아 땅까지 깊숙이 진출해 들어간 것을 알 수 있다. 어린 최봉준도 그런 유민 인파, 가난한 품팔이꾼들의 뒤를 따라 두만강을 건너간 것 같다.

본디 함경북도, 특별히 두만강 연안의 땅은 행정에 따라서 조선에 들어가기는 했지만 지역을 기준으로 하면 간도나 연해주에 가까웠다. 경제교류도 그쪽과 더 많았다.

조선 중기에도 왜인들은 부산〔東萊〕에서, 청국은 의주에서, 그리고 여진족은 경흥에서 무역을 했다. 경흥은 수백 년 동안 조선의 3대 대외 무역항의 하나로 등장해 막강한 경제력을 과시할 만한 조건을 갖추고 있었다.

일찍이 이성계는 관북지방에서 몸을 일으켜 결국 군대의 힘을 빌려 조선이라는 나라를 얻었지만, 자기 고향이었던 함경도는 별로 돌보지 않았다. 그뒤 함경도에는 큰 관권을 구사한 높은 관리도 없었고, 누대명문의 양반도 없었다. 말하자면 조선왕조의 소외지대였다.

그러다가 개항 이후 경장(更張)이 되면서부터 이름을 드러내는 인물들이 나타났고, 그들은 거의 다 지역이 밀접했던 관계에 따라 러시아에 친근한 행동을 했다.

이용익(李容翊) : 명천(明川) 출신 내장원경, 친러파.
김학우(金鶴羽) : 경성(鏡城) 출신 김홍집 내각 때 법부협판.
장석주(張錫周) : 경성 출신 김홍집 내각 때 법부대신, 한성순보 주필.
김홍륙(金鴻陸) : 경성 출신 왕실의 러시아어 통역관, 친러파.
송병준(宋秉畯) : 장진(長津) 출신 일진회장.
이준(李儁) : 북청(北青) 출신 평리원 검사, 헤이그밀사.

관북 인사가 친러파의 핵심으로 등장하고 있는 것만 보아도 관북지방과 러시아 지역의 밀접한 관계를 짐작할 수 있다. 이들은 산악지대에서 사는 탓으로 활발하고 진취의 기상이 있고 모범이 될 만

하며 개척자 정신이 강한 기질을 지녔다. 그래서 러시아령 연해주를 통해 앞선 서구문명의 개화사상을 내륙지방보다 훨씬 먼저 받아들이게 되었다.

두만강 연안 한국 주민들은 대부분 농민이었다. 하지만 그들은 가끔 '엄청난 가축떼를 몰고 러시아로 들어가 교역하고 그것으로 큰 이득을 얻었다'는 대목이 '마추닌'의 기록에도 여러 군데 나온다.

개항기의 무역항으로 등장한 부산이나 인천은 바다로 막혀 외인 무역·밀무역에 상당한 제약을 받을 수밖에 없었지만 경흥지방은 달랐다. 사람과 상품, 가축떼들이 얼마든지 강 하나를 건너서 직접 간도나 연해주로 자유롭게 드나들 수 있었던 것이다.

1894년 南우수리 지방에 入한 한국인은 약 5천 명 가까이 되었다. 그들은 한 손에 지팡이, 다른 손엔 담뱃대를 들었을 뿐, 그 밖엔 아무런 짐짝도 들지 않았다.

세상에 이렇게 허술한 국경이 어디 있는가? 그 무렵만 해도 청나라나 리시아나 모두 국내 정치 정세가 불인하고 또 넓이시 긴도·연해주 일대는 거의 버린 땅이나 다름없었다. 두만강 일대 우리 백성은 거의 사람이 살지 않는 넓은 땅으로 하나 둘 흘러들어가 저마다 보금자리를 만들었다.

사람이 점점 많이 몰려 살게 되자 장삿일이 생기는 것은 당연했다.

한 손에 지팡이, 한 손에 담뱃대만 들고 두만강을 넘어 러시아 땅으로 옮기는 관북 농사꾼들은 무엇을 구하려고 그 황막한 땅에 그렇게 철새처럼 흘러 들어갔을까.

이들은 10, 20명씩 무리를 지어서 들어왔으며 그 다수는 이미

露領 안에 들어와서 거주하는 한인 농장에 使役되며 한철에 50루블의 품삯을 받았다.

말하자면 계절 노동자로 러시아 땅에 들어가서 품을 팔아 50루블쯤 버는데, 주목해야 할 것은 '그들은 품삯받은 돈으로 돌아갈 때는 달걀을 사 가서 큰 이익을 본다'는 재미있는 사실이다. 그 무렵 달걀은 둘도 없는 인기 품목이었다.

그러면 왜 달걀이 외국 땅에서 들어올 만큼 인기품이고 어째서 그런 현상이 일어났을까. 이처럼 달걀이 바람을 일으키는 히트 상품이었다면 최봉준의 무역선도 러시아 땅에서 달걀을 수입하지 않았을까?

석유·달걀·양초·성냥…….

유민 따라 러시아로

잿빛 하늘에서는 새털 같은 함박눈이 쏟아지고 있었다.

이렇게 포근하게 눈이 내리는 날이면 두만강 연변의 세찬 겨울 바람도 꼬리를 감춘다. 오직 살 길을 찾아 끝없는 행로에 오른 가난한 조선 유민들만이 정적이 내리깔린 강 위를 묵묵히 흘러 나가고 있을 뿐이었다.

최봉준도 그 유민을 따라 허리춤에 보리쌀 두 되와 엽전 20냥을 꽁꽁 감아 차고 두만강을 건넜다. 끝없는 눈벌판을 걷기 시작한 지 이틀이 지났다. 백 리쯤은 들어간 것 같았다.

서넛씩 짝을 지어 품팔이터를 찾아가던 유민들은 일단 간도의 국자가(局子街)에 이르자 거기서부터 저마다 흩어졌다.

언제나 늦가을철이 되면 국자가에는 러시아 사람과 중국 사람과 조선 사람이 일거리를 찾아 흘러들어온 노동자 무리가 되어 장사진을 이룬다.

러시아 사람들은 국자가까지 나와 직업 소개소 같은 곳을 꾸며

놓고 일꾼들을 뽑아 갔다. 우리나라 유민들 가운데 이미 나무를 베
는 벌채업에 손을 대 제법 성공한 사람도 있었고, 땅을 일구어 농
장을 이룬 사람들도 있어서 그들이 쓰는 일꾼들도 적지 않았다.

최봉준이 보리쌀 두 되를 비상식량으로 자루에 담아 허리춤에 차
고 국자가에 도착하였을 때는 초겨울이었다. 고향인 함경도 경흥의
동지 섣달 얼음 어는 것보다도 더 두껍게 어는 겨울이었다.

그렇게 흘러간 유민들은 국자가에서 대부분 우리나라 사람이 경
영하는 농장의 품팔이꾼으로 팔려 나가는 것이 보통이었다. 러시아
나 청나라 사람의 농장에 고용되면 품삯을 후하게 주었지만 말이
통하지 않아 갈 수가 없었던 것이다.

소년 최봉준이 국자가에 이르렀을 때는 이미 철이 지나 일꾼을
뽑는 소개소의 문이 닫힌 뒤였다. 최봉준은 거기서 다시 어른들 몇
명과 함께 북쪽으로 북쪽으로 끝없이 펼쳐진 설원을 따라 새로운
일터를 찾아 들어갔다.

"이렇게 자꾸 올라가노라면 무슨 수가 생기겠지비."

러시아인의 내방

"그러기말이재, 정말 무슨 수라도 생겨야지비, 이렇게 막연하게 헤매다가는 돈벌이는 고사하고 아라사 벌판에서 얼어죽기 십상이 겠습둥."

"여기서리 이틀이나 사흘쯤만 더 올라가면서리 큰 산판이 벌어졌다는데 그곳까지만 한 번 찾아가 봅세."

유민들은 며칠만 더 고생하면 품팔이를 할 수 있을 것이라는 희망을 가지고 계속 유랑을 하였다.

그런데 7명의 함경도 유민들이 그 고생을 하면서 일터를 찾아헤 맸건만 러시아 사람들의 산판조차 강추위 때문에 문을 닫아 버렸다. 일꾼들이 이미 떠나 버린 산판은 삭막하기 짝이 없었다. 끝없는 설원 위에 훈기 없는 빈집들만 여기저기 흩어져 있을 뿐이었다. 마지막 걸었던 한 가닥 희망마저 사라지자 추위와 배고픔에 시달려 온 최봉준 일행은 그냥 그 자리에 풀썩 주저앉고 말았다.

그곳에서 하룻밤을 지냈다. 이튿날 다시 발걸음을 돌려 국자가로 돌아간 사람도 있고, 또 러시아 사람들이 남기고 간 산판의 나무를 잘라다 장작을 만들어 팔아가며 봄이 올 때까지 기다려 보겠다고 남은 사람도 있다. 일곱 사람 가운데에서 세 사람은 다시 국자가로 돌아가고 네 사람이 남았다. 최봉준은 남아 있는 세 사람과 함께 그 곳에서 봄이 올 때까지 지내기로 했다.

그들은 도끼를 메고 산으로 들어가 우거진 나무를 잘라 통나무를 쌓아두고 팔 곳을 찾았다.

그러나 사람이 사는 곳이라고는 몇십 리나 떨어진 곳에 조그마한 동네가 하나 있을 뿐, 그 폐광 터처럼 깊은 산 속에는 땔감을 사러 오는 사람은커녕 지나가는 길손의 그림자조차도 찾아보기 힘들었다. 비상 식량이 떨어지자 직접 마을로 내려가 나무를 팔아 겨우 나날의 양식을 구해오기도 했다.

그렇게 두 달쯤 지냈을 때였다. 40대의 박씨라는 사람과 22세 된 청년 최씨가 나무를 메고 읍내에 나가서 그 이튿날이 되도록 돌아오지 않았다.

"아마 로스케(Russkii : 일본 사람들이 러시아 사람을 얕잡아 부르던 말)들한테 도둑놈으로 몰려 잡혀갔는지도 모르겠습둥."

"하기야 남의 빈 산판에 들어와서 나무를 베었으니 도둑질이나 진배없쟁이요."

"이 썩을 자석아, 이게 무슨 도둑질임둥? 아, 그러면 두 손 꽁꽁 묶어 놓고 앉아서리 오들오들 떨다가 굶어 죽어야 옳단 말임둥?"

"어서 잠이나 잡세. 날이 새면서리 설마 돌아오겠지비."

"차라리 로스케한테 잡혀라도 갔으면서리 안심이 되겠습둥……."

최봉준과 오씨라고 하는 노인이 그 빈 산판 속에서 하룻밤을 걱정으로 지새우며 나눈 이야기였다. 어디서 강도를 만나지나 않았을까, 험한 들짐승을 만나 변이라도 당하지나 않았을까. 그 다음 다음날이 되어도 두 사람은 돌아오지 않았다. 먹을 것은 다 떨어졌다. 언제까지나 기다리고 있을 수만도 없었다. 그렇다고 이미 60이 넘은 오씨 노인이나 12살 먹은 최봉준이 그 무거운 나뭇단을 짊어지고 마을로 내려가 먹을 것을 구해 오기란 거의 불가능했다.

하지만 힘이 든다고 해서 두 사람 모두 손발을 뻗고 있을 수도 없었다. 다음날 하는 수 없이 오 노인은 해소 천식으로 골골거리면서 나뭇단을 짊어지고 눈이 쏟아지는 황량한 들판을 지나 마을로 내려갔다. 그런데 무슨 변인지 그 오 노인마저도 돌아오지 않았다. 그 다음날도 다음날도 오 노인은 돌아올 줄을 몰랐다.

최봉준은 혼자 남게 되자 추위와 배고픔보다 무서움 때문에 더 견딜 수 없었다. 어떻게든 마을로 내려가 소식을 알아봐야 했다. 최봉준은 그곳을 떠났다.

그가 험한 눈벌판을 거의 뒹굴다시피 달려 60리나 떨어진 주막거리에 이르렀을 때는 그 날 3시쯤이었다. 추위와 피로로 거의 기진맥진했지만 행방불명된 어른들의 소식을 알아 내야만 했다.

"오씨라고 천식으로 골골거리는 노인 못봤습메?"

“어데서 조선 사람 못 봤습메.”

그는 영하의 혹한 속에서도 땀을 뻘뻘 흘리며, 만나는 사람마다 붙잡고 손짓 발짓을 해가며 물어 보았다. 하지만 러시아 사람들은 거지 몰골을 한 이 낯선 조선 소년을 멀뚱멀뚱 바라보기만 할 뿐이었다. 어린 소년 최봉준은 일시에 기운이 쫙 빠졌다. 끝내 그는 그 자리에 그대로 쓰러지고 말았다.

그때였다.

러시아 사람의 아내가 된 한 조선 여자가 지나가다가 이 광경을 보았다. 낯선 땅에서 동포를 만난 반가움과 동정심에 최봉준을 그녀의 집으로 데리고 갔다. 거기서 사정을 알게 된 조선 여인은 백방으로 수소문해 그들의 소식을 알아냈다. 모두 남의 산판에서 나무를 벤 도둑으로 몰려 러시아 산림간수들에게 잡혀간 사실을 알게 되었다. 소식을 들은 최봉준은 눈앞이 캄캄했다.

“그러면 우리 아저씨들은 어디로 잡혀갔습둥? 어디로 가면 만날 수 있습둥?”

“글쎄, 그건 나도 모르지. 다만 산림간수 경찰서가 코란스키에 있으니 혹시 그리로 데려가지 않았을까?”

“코란스키요? 거기가 여기서 얼마쯤 되겠습매?”

“여기서 북쪽으로 한 70리쯤 올라가면 되지만, 말이 70리지 그 들판에는 이리떼가 많아서 지금은 못 가. 날이 좀 풀리면 가보는 게 어떻겠니?”

“아님둥, 아주머니 말씀은 감사합니다만서리 저는 아저씨들을 찾아야 되겠습매. 아저씨들은 도둑이 아니니깐드루 제가 가설라무네 그 억울한 사정을 간수들께 잘 말씀드리면 아저씨들은 풀려나시게 될 것임매.”

“그래, 네가 그렇게 꼭 가야겠다면 할 수 없지. 그럼, 내가 준비를 해 주마.”

“감사합매, 아주머니. 정말 고맙습매.”

최봉준은 그 마음 착한 조선 여자의 호의로 비상식량을 갖추고, 개 두 마리가 끄는 썰매까지 빌려 코란스키라는 마을을 찾아 떠나게 되었다. 그 날도 눈은 한없이 퍼붓고 있었다.

눈보라가 너무 심해 방향을 분간할 수 없었던 탓인지 개조차 길을 찾지 못하고 지쳐 버렸다. '설원의 미아'가 되어 버린 소년 최봉준은 무어라 말할 수 없는 두려움에 울음을 터뜨리고 말았다. 도대체 끝이 없을 것 같은 광막한 눈벌판이었다. 그 벌판을 울리는 건 모진 바람소리와 최봉준의 울부짖음뿐이었다.

추위와 공포에 지친 개와 소년. 하는 수 없이 최봉준은 썰매를 돌렸다. 날이 더 어둡기 전에 마을로 돌아오기 위해 안간힘을 썼다. 개도 죽을 힘을 다했다.

그러나 안내자도 없이 저물어 오는 눈벌판을 달리는 것은 무리였다. 결국 최봉준은 돌아오는 길조차 제대로 찾지 못해 또다시 미아가 되고 말았다.

설상가상으로 이제는 날까지 완전히 저물어 버렸다. 그래도 이대로 들판에서 얼어죽을 수는 없다. 사력을 다해서 더듬어 가는 수밖에 없었다. 죽지 않으려면 어떻게든지 이 어둠과 추위와 이리떼와 싸워 날이 샐 때까지 견뎌야 한다. 날이 새야 길이라도 찾지 이 밤중에 한 걸음이라도 움직인다는 것은 한 걸음 더 깊은 미로로 빠져드는 것이다.

최봉준은 우선 들판에서 개를 끌고 산 밑으로 기어들어가 의지하려 했다. 개들과 빵을 나눠 먹고 서로 꼭 끌어안고 의지하면서 날을 새우는 수밖에 없었다. 최봉준이 개를 몰고 산 밑을 향해 막 움직이려는 찰나 어둠 저쪽에서 짐승의 울음소리가 들렸다.

'아! 이리떼다.'

등골이 오싹했다. 이리 한 마리가 어둠 속에서 움직이는 썰매를 따라 서서히 다가오고 있었다.

이리의 울부짖음이 캄캄한 하늘 저쪽 끝에 메아리쳐 사라진다.

그러자 그 메아리가 사라진 쪽에서 더 팽팽하고 기분 나쁜 소리가 주위 공기를 흔들었다.

얼어죽기 전에 이리떼의 밥이 될 모양이구나. 최봉준은 온몸에 소름이 끼쳤다.

'나는 절대로 죽을 수 없다. 이대로, 이대로 죽을 수는 없다.'

인간은 아무리 절박한 순간이라도 확실한 신념이 있고 자기 안의 걱정과 두려움을 지배할 수 있으면, 외부의 것들이 스스로 지배당하는 위대한 힘을 가졌다.

재빨리 품속에서 칼을 꺼내어 이리를 향해 겨누었다. 이리는 그렇게 냉큼 덤벼들지 않았다. 이리는 어둠과 시간과 자기들의 무리를 불러들여 상대를 서서히 죽이는 음흉한 짐승이다. 순간 어둠 속에서 이리의 눈이 반짝 했다. 여기저기에서 하나 둘 이리떼가 움직이는 것을 느낄 수 있었다.

'죽는다!'

그러나 그는 죽음을 감지하는 순간 팔딱거리는 심장에서 거선의 기관과 같은 거센 고동소리를 들었다. 최봉준은 품에서 꺼낸 칼을 바짝 쥐고 급히 개를 몰아 죽을 힘을 다해 산 밑으로 내리뛰었다. 그리고는 재빨리 나무를 잘라 모으고 불을 지폈다. 어릴 때 고향 마을 어른들이 늘 말씀하시던 '짐승에 쫓길 때는 불을 피워 방어하라'는 말이 생각났던 것이다.

그러면서 개가 놀라지 않도록 고삐를 나무등치에 바짝 매어 놓고 품에 지녔던 식빵 반쪽을 잘라서 주었다. 최봉준은 한 손으로는 식빵을 들고 씹으며 한 손으로는 나뭇가지를 계속 불 속에 집어넣으면서 계속 고함을 질러댔다. 그렇게 불길을 올리면서 고함을 지르자 음산하게 으르렁거리던 이리들은 어둠 속으로 자취를 감추었다.

그러나 그것도 잠시, 불길이 사그라지기 무섭게 음흉스런 눈빛들이 번쩍이며 다시 주위를 맴돌아 원무를 추기 시작했다.

소년 최봉준은 죽음을 각오하고 나뭇가지를 꺾어 불을 지폈다.

그러나 졸음과 피로감이 자꾸만 눈꺼풀을 무겁게 덮쳐눌렀다. 한 시간, 두 시간, 네 시간, 다섯 시간…… 그러나 최봉준의 팽팽한 정신력도 한계가 있었다.

"이놈의 이리 간나새끼야, 올 테면 와봅세. 나는 하나도 무섭지 않습매. 오기만 오면 이 불로 당장 지져 버릴……."

이제는 고함이 아니라 말을 끝맺을 힘도 없었다. 그는 하늘을 보며 어머니를 불렀다. 어머니를 되뇌는 최봉준의 볼 위로 소리없이 눈물이 자꾸만 흘러내렸다. 눈물의 감촉에 깜짝 놀라 정신을 차린 그는 불이 꺼지지 않도록 나무토막을 자꾸 던지면서 사방을 향해 고함을 질러댔다.

"사람 살립세! 사람 살려줍세!"

그는 시시각각 엄습해 오는 한밤중의 어둠을 향해, 모질고 악랄한 이리떼를 향해 오직 불붙은 나무토막 하나와, 죽을 수 없다는 처절한 신념만으로 버티고 있었다. 늑대들은 좀처럼 가까이 덤벼들지도 않았고, 최봉준이 피운 불빛에 정체를 드러내지도 않았다.

최봉준은 지치고 지쳐 버렸다. 나중에는 무엇이 무엇인지 분간도 못할 정도로 손발을 허우적거리다가 그만 의식을 잃고 말았다.

설원의 은인 야린스키

새벽녘, 정신을 잃고 쓰러진 소년은 무엇인가가 심하게 자기 얼굴을 핥는 뜨뜻한 감촉에 놀라 번쩍 눈을 떴다. 먼동이 터오는 새벽녘인 것 같았고, 아직 모닥불은 꺼지지 않고 조금씩 연기를 내며 타오르고 있었다.

번쩍 눈을 뜬 소년의 시야에 얼굴 가득히 들어오는 짐승!

이리였다.

그 포악한 이리가 자기 얼굴을 핥고 있었던 것이다.

순간 최봉준은 등골을 서늘하게 지나가는 한기를 느꼈다. 소년은 주먹을 휘두르면서 벌떡 일어나 고함질렀다.

“이 썩을 놈의 이리새끼!”

그러나 다음 순간 최봉준은 겁에 질려 또다시 정신을 잃어 버리고 말았다. 그리고 시간이 얼마쯤 지났을까. 다시 자기 얼굴을 핥는 감각에 눈을 떴다. 날은 완전히 밝았다. 그리고 자기 얼굴을 핥고 있는 것과 귀청이 찢어지도록 짖어대는 것은 이리가 아니라 개라는 사실을 알게 되었다.

이것은 또 무슨 까닭인가?

썰매를 끌고 온 개는 분명 두 마리였다. 그 개들은 이리떼에 놀랄까봐 엊저녁에 분명 나무둥치에 묶어 놓았으니 자기 얼굴을 핥는 것은 다른 개가 아닌가?

그제야 최봉준은 정신을 가다듬어 사방을 살펴보았으나 역시 아무것도 없는 회백색의 끝간 데 없는 설원뿐이었다. 눈은 역시 열 발자국 앞도 분간할 수 없도록 펑펑 쏟아지고 있었다.

그 커다란 러시아 개는 최봉준의 얼굴을 핥다가 주춤 물러서더니 다시 손등을 핥았다. 그러더니 목에 두른 방울을 절렁거리며 자꾸 고개를 흔들어 댔다. 자세히 살펴보니 사나운 들개가 아니었다. 분명히 잘 길들인 집개였다. 개가 목을 자꾸 흔들어 대 최봉준은 목덜미 쪽을 살펴봤다. 목 뒤에 병을 달고 있었다. 게다가 개의 몸뚱이에 털담요가 둘러져 있지 않는가? 순간 최봉준은 이제 살았구나 하는 안도의 숨을 길게 내쉬었다. 최봉준은 그 개의 목에 달린 위스키병을 꺼내 한 모금 마셨다. 그리고 담요를 벗겨 몸에 두르자 그 개는 유순하게 한번 ‘컹’ 하고 짖더니 어디론지 급히 달려가 자취를 감추고 말았다.

‘누가 보낸 개일까?’

최봉준은 위스키로 얼어붙은 속을 녹였다. 알지도 못하는 한 사람의 따뜻한 인간애가 그를 살린 것이었다. 소년은 가슴 속 저 깊은 곳에서 우러나오는 뿌듯한 감동에 뜨거운 눈물을 흘리고 있었다. 안도감이 밀물처럼 밀려왔다. 이런 황량한 무인(無人)의 들판

한구석에도 사람을 애정으로 감싸주는 이름 없는 인도주의자가 있었다. 소년은 새삼스레 삶의 찬란한 기쁨을 느꼈다.

최봉준이 담요로 몸을 두르고 술로 조그만 몸뚱이를 녹이면서 눈이 펑펑 쏟아지는 하늘을 쳐다보고 있은 지 거의 한나절이 지나서였다. 까마득한 설원 저쪽에서 갑자기 요란한 말방울소리와 개 짖는 소리가 들려왔다. 어느 새 외투에 몸을 감싼 훤칠한 러시아 사람 하나가 나타났다.

그 사람은 바로 최봉준의 목숨을 구해 주었을 뿐 아니라 최봉준이 뒷날 천만장자로 성공하는 데 결정적인 역할을 하는 백계 러시아 귀족 야린스키였다. 야린스키는 자신의 분명한 신분과 내력을 한 번도 남에게 소상하게 말한 적이 없었다. 그러나 어느 귀족 출신의 당당한 가문이었다고 전해진다.

야린스키가 왜 그 황막한 무인지경의 시베리아 벌판에 별장을 지었는지 그 까닭은 알 수가 없다. 야린스키는 겨울 한철 그곳에서 사냥하면서 혼자 지내다가 봄이면 돌아갔다. 그는 독실한 그리스정교회 신자였다. 매일 밤 일과가 끝나면 자기가 데리고 다니던 사냥개에다 브랜디병과 담요를 매어 밖으로 내보냈다.

혹시라도 길을 잃고 이 근처를 지나가는 나그네가 있으면 개에게 그것을 전해 주게 하고, 그 개가 다시 나그네를 인도하여 돌아오게 하려는 것이었다.

생명의 은인 야린스키와 이국 소년 최봉준.

그 인연으로 최봉준은 야린스키가 73세로 눈을 감을 때까지 7년 동안 그의 밑에서 양아들 겸 별장지기로 지내게 되었다. 야린스키와 지내는 동안 12살짜리 어린 소년 최봉준은 19세의 어엿한 청년이 되었다. 러시아말을 완전히 익히고, 러시아 국적도 갖게 되었다. 최봉준은 야린스키가 별장에서 한겨울을 지내고 봄이면 도시로 나갔다가 다음 해 겨울 다시 찾아올 때까지 그 별장을 지키면서 혼자 지냈다.

별장에는 꽤 큰 산과 농장도 딸려 있었다. 최봉준은 여름에는 농장관리인으로 일하고, 겨울이면 야린스키와 함께 날마다 개의 목에 위스키병과 담요를 감아 나그네를 구하는 일을 했다. 그동안 야린스키와 최봉준이 보낸 개 때문에 구조된 사람도 수십 명이었다.

최봉준은 야린스키에게서 사랑과 봉사와 인도주의적 인간애라는 고귀함을 바탕으로 한 인생처세 가르침을 받는다. 그는 세상을 떠나며 최봉준에게 세상을 지혜롭게 살아가라는 유훈으로 야린스키 처세정신 10조를 남긴다. 그리고 그의 별장과 농장을 넘겨준다. 실제 상속자가 되었다. 최봉준은 밤마다 야린스키가 했던 그 일을 똑같이 실천하며 근면하게 살았다.

최봉준은 야린스키 유훈 처세정신 10조를 첩으로 만들어 평생 머리맡에 두고 수시 읽으며 마음을 가다듬어 나갔다.

야린스키 유훈 처세정신 10조

자신이 가장 잘할 수 있는 일을 찾아라

'날 때부터 게으른 사람은 없다.' 그렇다. 날 때부터 게으른 사람은 없다. 몸이 아프지 않은 한 무언가를 하고자 하는 것이 인간의 본성이다. 병으로 앓아 누웠다가도 회복되기 시작하면 자리에서 일어나 돌아다니고 싶고, 다시 일을 하고 싶은 의욕이 솟는다.

다시 말해 무위는 권태로, 권태는 게으름으로 이어진다. 반대로 활동은 관심으로, 관심은 열성과 야망으로 이어진다.

따라서 자신이 가장 잘할 수 있는 일, 즐겁게 할 수 있는 일을 찾고, 그 일에서 최선을 다하겠다는 불타는 열망을 품어라. 그리고 즉시 행동에 들어가라.

명확한 목표를 세워라

배의 항해도를 자세히 분석해보면 출발지에서 도착지까지 직선으로 똑바로 가는 것이 아니라 지그재그 식으로 나아간다는 걸 발견하게 될 것이다.

이를테면 배는 외부요건들에 의해 항로를 벗어나게 마련이고, 선장은 그런 외부요건들에 의한 변화에 대응하여 계속 항로를 수정한다. 항해중에 변하지 않는 건 오직 목적지뿐이다.

사람의 경우도 마찬가지이다. 자신의 궁극적인 인생 계획이 어떤 것이든 자신이 통제할 수 없는 외부의 영향력은 항상 있게 마련이다. 따라서 진로를 수정하면서 목적지를 향해 나아가야 한다. 비결이라면 목적지를 항상 명심하여 물결치는 대로 흘러가지 않도록 하는 것이다.

할 수 있다고 믿는다면 정말 해낼 수 있다

우리가 생각하고 믿는 일이 실제로 일어나는 현상을 가리켜 '자기 달성적인 예언'이라고 부른다. 이처럼 우리의 정신은 우리가 늘 생각하는 것들을 물리적인 현실로 바꾸려는 끝없는 모색을 하도록 이루어져 있다.

그런데 대부분의 사람들은 일반적으로 불가능하다고 믿어지는 일들을 자신이 해낼 수 있다고 믿으려 하지 않기 때문에 자신이 지닌 어마어마한 잠재성을 깨닫지 못하고 산다.

특히 '불가능한' 일들은 더 많은 노력과 집중력과 긍정적인 정신자세를 요한다.

하지만 일단 이루어내면——경제적으로나 정신적으로나——그 노력에 상응하는 보상이 주어진다.

상대의 입장에 서서 행동하라

'남이 너에게 해주기를 원하는 대로 남에게 해주어라'는 단순히 도덕적인 행동의 원칙을 넘어서서 수많은 사람들의 삶에 유익한 영향력을 행사하는 원동력이다.

따라서 네가 항상 상대의 입장에 서서 행동한다면 다른 사람들에게 선의를 전파하는 것이며, 그들도 감화를 받아 너처럼 행동하게 될 것이다. 게다가 그들의 행동은 더 많은 사람들에게 영향을 끼칠 것이고, 그 사람들은 또 더 많은 사람들에게 선의를 전파할 것이다. 더욱이 이러한 선의의 힘은 기하급수적으로 증가해 전혀 새로운 곳으로부터 너에게 돌아올 것이다.

자기계발에 힘써라

내가 세운 목표들은 나에게 가장 중요한 보상을 주는 것이어야 한다. 따라서 나 자신이 진정 무엇을 좋아하는지, 또 어떤 일을 제일 잘할 수 있는지 정확히 알아내려면 젊은 시절에 실험을 좀 해보아야 할 수도 있다.

특히 일과 재정적인 목표들은 인간적인 목표들과——예를 들면 가장 소중한 사람들과의 관계 유지 같은——균형을 이루어야 한다. 또 인생에 대한 계획에는 취미로 즐길 수 있는 것들에 대한 목표들도 들어 있어야 한다.

정신적인 발달 또한 행복하고 다재다능한 사람이 되는 데 중요한 요소이다. 따라서 자기계발의 모든 중요한 측면들에 반드시 시간을 할애해야 한다.

기회는 역경의 시기에 찾아온다

내 자신의 삶과 내가 흠모하는 이들의 삶을 주의깊게 연구해 보면 가장 훌륭한 기회들은 역경의 시기에 찾아오는 경우가 많다는 것을 반드시 깨닫게 될 것이다.

또한 우리는 실패의 가능성을 목전에 두고 있어야만 그때서야 비로소 급격한 변화들을 받아들이고, 위대한 성공으로 이끄는 모험들을 걸게 된다.

따라서 내가 실패했을 때 그것이 '일시적인' 것임을 알고 있다면 역경에 늘 수반되는 기회들을 잡을 수 있을 것이다.

성공은 냉철한 자기 분석에서부터 시작된다

생각이 선행되지 않는 행동은 있을 수 없다. 따라서 지금 당신이 처해 있는 상황이 만족스럽지 못하다면 생각의 힘으로 상황을 개선시킬 수 있다. 긍정적인 사고로 부정적인 삶을 사라지게 할 수 있는 것처럼 말이다.

한마디로 성공은 현재의 상황에 대한 정직한 분석, 삶에 대한 책임감, 소망을 이룰 수 있는 실현 가능한 계획을 세우는 것에서 시작된다.

경쟁보다는 협력을 하라

우리가 사는 우주는 질서와 조화가 잘 이루어져 있다. 하지만 유독 인간관계만은 질서와 조화를 찾으려면 부단한 노력을 계속 기울어야 한다.

그런데 인간들은 서로 협력하는 걸 자연에 어긋나는 일로 보고 있는 듯하다. 성공적인 사람들은 세상의 풍조에 거슬러 남들이 싫어하는 일을 할 줄 아는 이들이다. 그들은 전체의 이익을 위해 함께 일하는 법을 배워서 알고 있다.

물론 사업적인 관계든 개인적인 관계든 조화를 이루려면 부단한 노력이 필요하다. 따라서 서로 경쟁하는 것보다는 협력을 통해 훨씬 더 많은 걸 이룰 수 있다는 사실에서 위안을 찾아라.

실패를 귀중한 교훈으로 삼아라

세상에는 뜻대로 할 수 없는 것들이 많지만, 그것들을 향한 너의 자세만큼은 항상 네가 지배할 수 있다. 실패는 너의 용납 없이는 절대 영원할 수 없기 때문이다.

다시 말해 네가 긍정적인 정신자세의 소유자라면 실패의 정체는 다음에 성공할 수 있도록 도와주는 학습 체험이며 귀중한 교훈임을 깨닫게 될 것이다. 따라서 이렇게 자문하라.

"내가 어떻게 했더라면 이런 결과가 나오지 않았을까? 앞으로 문제들과 실수들을 최소화하기 위해 어떻게 하면 될까? 나는 이번 경험을 통해 다음에 유용하게 쓸 수 있는 어떤 것을 얻었는가?"

이렇게 자문하면서 긍정적인 자세로 장애들과 실패들에 접근한다면 네 자신도 깜짝 놀랄 정도로 빨리 패배를 승리로 바꿔놓을 수 있을 것이다.

하루하루를 오늘이 마지막 날이라고 생각하라

만일 살 날이 하루밖에 남지 않았다면 감수성이 얼마나 예민해질까. 그러면 자연의 아름다움과 삶의 소박한 기쁨들에 경탄을 금치 못할 것이고 촌각을 다투어 가족들과 질적인 시간을 보낼 것이며, 친구들, 아는 사람들, 함께 일하는 동료들과 유대를 돈독히 하려고 노력할 것이다.

또한 집중력이 매우 강해져서 하는 생각마다 예리함이 번뜩일 것이다. 따라서 오늘 있는 기회는 오늘이 마지막이라고 생각하면서 그 기회를 놓치지 말고 꼭 잡아라.

운명의 힘

청년 최봉준에게 새로운 운명이 기다리고 있었다. 그것은 어느 날 뜻밖에 날아온 한 통의 편지에서 시작된다.

야린스키가 생전에 블라디보스토크의 어느 조그만 상점에 투자했던 주식이 점점 불어나 상당한 돈이 되었는데, 그것이 야린스키의 유언에 따라 최봉준의 소유가 되었다는 통보였다.

최봉준은 23세 때 야린스키의 그 별장을 다른 사람에게 맡겼다. 그리고 러시아 국적을 가진 야심만만한 청년이 되어 블라디보스토크로 나갔다. 공교롭게도 그 무렵부터 한러무역 장정에 따른 러시아와 함경도 무역의 새로운 시대가 열리기 시작했다.

러시아와 함경도의 교역.

러시아의 야심찬 큰 상인들이 함경도와 무역을 하기 위해 한국말과 러시아 말에 밝은 사람을 앞세울 것은 너무나도 당연했다.

1888년 '한러 국경 육지무역'이 정식으로 허용되고부터 함경도 사람들의 대러시아 무역은 더욱 활발해졌다. 두만강만 건너면 러시아 땅이다. 함경도 농사꾼 수천 명은 철따라 간도·연해주로 들어가서 품을 팔고 장사를 하는 계절 이민자가 되었다.

한·러 무역이 정식으로 허용되자 러시아 사람 세베레프는 재빨리 블라디보스토크에서 원산·부산을 거쳐 일본의 나가사키·상하이까지 잇는 정기 항로를 개설했다.

그 때 세베레프의 정기항로는 15년 기한으로 우리나라의 원산·부산에도 기항하는 것이 허락되었다. 그때부터 대러시아 무역은 화물선을 이용하는 물량주의 무역으로 엄청난 물량이 교역되기 시작했다. 세베레프의 원산·부산 항로가 등장한 것은 1891년부터였다. 그 뒤에도 러시아 선박은 매년 30척쯤씩 기항해 왔고, 1892년에는 4, 50척에 이르렀다. 그런 상황 속에서 우리나라 초기 러시아 무역왕으로 최봉준이 등장한 것이다.

1894년에 러시아 무역관리가 직접 배치되었고, 우리나라에서도 1898년에는 경흥에 무역관을 배치하여 교역을 했다. 이와 같은 형태의 한러 국경무역은 1904년 러일전쟁이 끝날 때까지 계속되었다. 그러나 한러무역은 그런 정기항로를 따르는 공식 무역보다도 사무역이 훨씬 왕성했다고 한다.

간도 이민 시대

　그러나 두만강을 넘나든 私貿易이 더 활발했다.　조선상인들은 수시로 러시아 연해주로 출입하였다.　두만강을 넘어 육로로 교역하는 일도 많았지만 대부분의 거상들은 정크선을 만들어 그 배에 소·말·燕麥·大豆·쌀·담배·해삼·김·魚類 등을 싣고 入露하였다.

　그 당시 블라디보스토크 항로로 이어진 우리나라 관북지방의 무역처는 경성·명천·어대진·길주·단천·신장·신포·서호 등지였다.
　러시아에서 흘러나오는 석유는 이런 관북지방만이 아니라 1890년까지는 부산까지 내려가 활발하게 거래된 흔적이 〈독립신문〉의 물가란에서도 자주 볼 수 있다.

　그 당시 한국 정크선은 블라디보스토크까지 45척쯤 왕래하고 있었다.　그 한국 정크선들의 척당 적재량은 약 1천 파운드였고, 10명 내지 30명씩 승객들을 싣고 다녔다.

　관북지방에서 블라디보스토크까지 배가 출입할 수 있던 시기는 대개 겨울 동안을 뺀 연중 8개월.　그들은 바다가 꽁꽁 얼어붙지 않는 그 8개월 동안 보통 5, 6회씩 왕래했다고 한다.
　그런 시기에 최봉준은 갑판에 올라 직접 정크선들을 전두지휘하여 블라디보스토크와 관북지방 사이의 검푸른 바다를 힘차게 가르고 있었다.　뱃머리에 포말을 튀기며 청동 말떼들처럼 힘찬 동력을 자랑하며 푸른 바다를 달려나가는 정크선의 갑판에 서 있노라면, 그의 마음은 푸른 평원에서 수천의 말을 부리는 소년처럼 벅차오르고 배 언저리를 날아다니는 갈매기떼들처럼 한없이 자유로웠다.

조국을 향한 일편단심
　최봉준은 유창한 러시아 말과 소년시절부터 닦아온 기량과 두뇌, 그 두 가지 요소를 아우르는 품성으로 많은 사람에게 호감을 주었다. 야린스키가 남겨 준 처세정신 10조와 재산을 밑천으로 점점 큰 장사꾼으로 성장해갔다.

그 때 최봉준이 맨 먼저 손댄 것은 러시아 사람들 농가에서 사들인 달걀을 함경도에 가져와 파는 일이었다. 이미 러시아 사람들은 소위 개량종 양계법에 따라 달걀을 대량 생산하기 시작했다. 그 달걀은 많은 노동자 유민들의 비상식량이기도 했으며, 또 달걀을 함경도까지 그대로 가지고 나가면 보통 2배 이상의 이익이 남았다.

그렇게 블라디보스토크를 근거지로 러시아 농가에서 생산된 달걀을 함경도 지방에서 파는 것으로 차츰 기반을 닦은 최봉준은 1890년대 후반, 민비가 소위 친러파 정객들과 어울려 러시아와 긴밀한 관계를 맺기 시작했을 즈음에는 달걀장사가 아닌 소장사로서 돈을 불리기 시작했다. 가신이 가장 잘할 수 있는 일을 찾은 것이다.

함경도의 소를 실어다 러시아에 파는 거상 최봉준은 어려서부터 45세가 될 때까지 거의 전반생을 러시아에서 살았고 또 그 나라 국적까지 가지고 있었지만, 그의 풍모와 본심을 두고 1905년 9월 25일자 신문은 이렇게 설명하고 있다.

異域風度는 耳目關係나 然而 不改本心하고 시회아도하니 身雖在於異域이나 心常歸於本國이라. 及其 장성해 有室有家 所爲 計活은 爲商爲賈하야 由來로 長於俄國之水土로 剃髮付籍於俄國이러니…….

요즘 볼 수 있는 도피행 이민이나 사치성 이민과는 거리가 먼 이야기다.

최봉준은 러시아에서 자라고 그 풍속에 물들어 그쪽 말을 쓰고 있을지라도, 비록 단발하고 양복을 입었을지라도, 러시아인 아내를 데리고 살지라도 그 마음은 늘 고국에 있었다.

1898, 9년 무렵 성진에 돌아와 거상으로 자리잡은 최봉준의 호화

스러운 저택과 상권은 실로 만인이 부러워할 만한 것이었다. 함경
도 길주에 사는 김기종이라는 사람은 광고문을 내어 그의 저택을 읊었다.

朱欄靑檻은 隱映於蒼山이오 粉壁瓊窓은 光耀碧海로다 靑鶴은
舞於南山由하고 白鷗는 飛於東波로다. 天嶺은 在其西하고 地靈은
鍾於北하니 豈不壯觀이며 豈不讚美哉아…….

난간을 붉게 칠하고 기와는 푸르게 입혔으니 그 휘황한 빛이 멀
리 산그림자를 머금은 듯하였으며, 유리로 문을 달고 꽃종이로 벽
을 바른 집은 성진 앞 바닷물에 비쳐 꿈 속인 양 어른거렸다.
　청학은 남산을 떠나 최봉준의 잘 지은 집 지붕 위를 훨훨 날아다
녔고 푸른 바다 위에서는 백구가 춤을 추었다.
　터를 보아도 천령은 서쪽이요, 지령은 북쪽에 있으니 그 모습이
어찌 장관스럽고 멋지지 아니하랴 하고 최봉준 집의 장엄함과 화려
함에 탄복했다.

今則昔者風樹가 托根於凍土하야 開花於北海라가 結實於本土하
니 人人欽誦之事也…….

최봉준의 모습을 거목에 비유하여, 옛날엔 바람에 흔들리던 나무
와 같던 사람이 이제 뿌리는 언 땅 시베리아에 박고 줄기는 러시아
로 들어가 꽃을 피웠다가 다시 제 나라 함경도에 돌아와 커다란 열
매를 맺었으니 어찌 사람마다 그를 칭송하지 않을 수 있겠느냐고
최봉준의 인간성을 말하고 있다.

故로 日本國人도 亦美大度巨量하야 已現新聞이 非一非兩이오
韓國商民의 發明을 此人이 始함이로다.

윗글에서 말하고 있듯이 그 당시 최봉준의 큰 도량은 일본인들도 탄복하여 신문에 그 성공담을 쓸 정도였다니, 최봉준을 국제 거부라 함은 지나친 말이 아닐 것이다.

그처럼 최봉준이 천만금을 가지고 성진에 돌아와 자리를 잡자 최봉준을 따라 러시아에 가서 살던 김학만·허인학·한익성·조영순·이상운·김익지도 자연히 성진으로 돌아와 장사를 하며 살게 되었다.

以韓國之人으로　僑于俄國者　金學萬·許仁學·韓益星·趙榮淳·李尙云·金밋찌(翼智)　五,　六人도　巨財而來하야　建築屋에　擴張商業하며　使此一落人民으로　團體發達케　하니　同人志業을　人多　칭송하며…….

從此人而到于本落하야　連墻接屋一遵此之制度하야　商業이　日日發達하니　此亦一國之光榮이요　萬商之基源이라　不勝感荷하야　玆이仰佈함……吉州　金基鍾　告白.

이것으로 보면 최봉준을 따라 러시아에 들어갔던 5, 6명의 부유한 조선인 상인들이 1900년대를 전후해 대거 성진에 진출해 왔던 것이다.

그들이 성진에 자리를 잡을 때 맨손으로 왔겠는가? 모두 큰돈을 가지고 돌아와 크게 양관(洋館)을 짓고 장사를 해 성진항 백성들과 더불어 지내게 되었다고 칭송하고 있는 것이다.

최봉준의 행위는 한 나라의 영광이요, 만상(萬商)의 기원이 되어 최봉준의 선행에 감격한 나머지 그 마음을 모든 성진항 백성들과 함께 나누려고 신문에 광고를 낸다는 것이었다.

최봉준은 길주 사는 김기종이 제 돈 내고 신문에 광고까지 내 줄 만큼 훌륭한 인격을 갖춘 거상이었다.

성진·원산 일대의 모든 소·광목·비단·쇠가죽 운송은 최봉준이 한

손아귀에 넣고 관할했으니 요즘으로 치면 수천억 대의 거부가 틀림
없다.

　이처럼 최봉준의 이야기가 온 함경도 들판에 떠오르는 해처럼 빛
을 내기 시작하자 1905년 11월 3일자 〈대한매일신보〉에서도 최봉
준의 인간 스토리를 이렇게 전개하였다.

　함경북도 慶興居 崔鳳俊씨가 幼齡 十二歲에 父母俱沒하고 亦無
兄弟라, 蓬轉他域하야 歷覽各國風土者 殆近二十餘年 卒業于商工
學하야 以商利取利者 千百萬金이라 以越鳥南枝之心으로 年前에
回來于本國城津岸하야 建築洋制高屋六十餘間하고 以本落失業之人
을 賜其資本에 勸商工하야 漸進發達之場에 聞此風聲하고 各國周
覽하던 金學萬·許仁學·韓益星·趙榮淳·李尙云·金翼智(밋찌)　諸人
이 各携巨財하고…….

　지금도 함경도 사람들을 알래스카라는 별명으로 부르는 사람들이
있다. 함경도 사람들의 뚝심 있고 고집센 성격의 강하게 밀고나가
는 일면을 분명하게 나타낸 것이기도 하고, 또 한편으로는 함경도
와 알래스카의 연관을 비유해 부르는 말이기도 하다.

　이런 러시아 무역기(貿易期)에 최봉준이 직접 정크선을 몰고 러
시아까지 드나들다가 나중에는 점점 대금을 모아 수천 톤급 상선
여러 척을 사서 대러시아 무역을 했다.

　이 무렵 수천 톤은 고사하고 수백 톤짜리 화물선으로 곡식을 실
어나르는 데도 국가가 움직여야 했다. 그런 엄청난 자금이 아니면
화륜선을 사서 운행할 엄두도 못 냈던 것이다. 일본에서 사들였던
창룡호나 현익호만 해도 왕실이 막대한 차관을 얻어 구입한 것이었
다. 나중에 그것을 민간에 불하할 때도 현흥택(玄興澤)·이윤용(李
允用) 같은 당대 조선국의 일등 거부들이 꾸민 회사가 아니고는 감
히 엄두를 못 냈던 것이다.

1934년 5월호 〈삼천리〉에는 최봉준을 이렇게 설명하고 있다.

崔鳳俊은 본래 慶興 출신으로 그는 소시 때부터 러시아 영역을 출입하면서 장사를 했고, 뒤에는 러시아 商界에 웅비했다. 당시 5백, 6백만 원의 거부로 소문이 난 그는 수천 톤급 상선 여러 척을 들여서 무역에 종사했으며…….

이 밖에도 〈삼천리〉에는, 최봉준이 쥐고 있는 상권은 블라디보스토크·성진·원산의 항로를 지배했으며, 그는 뒷날 연해주 여러 곳의 한인촌에 한인학교도 설립했다는 이야기가 나와 있다.

1894년 한러 간에 벌어진 공식 무역액수의 집계는 무려 30만 원 내외로 나타나고 있다. 이런 집계는 어디까지나 공식 숫자일 뿐이고, 사무역 액수는 이보다 훨씬 많았다.

관북 두만강 일대 한말 무역 규모는 인천·부산 못지않게 큰 돈이 움직였던 무역지대였다. 그러나 그 지역의 거부들은 지역적으로 소외되고 상당수가 간도나 연해주 쪽으로 나갔기 때문에 우리들의 화제에서는 생소한 인물이 되기 쉬운 점도 있다.

러시아에 '소' 무역권 독점

국제 거부 최봉준은 함경도 원산과 성진을 중심으로 우리나라 소를 무역해 러시아 쪽으로 보내면서 또 한편으로는 성진에 거대한 우피 무역상을 차렸다. 야린스키 유훈에 따라 명확한 목표를 세운 것이다.

크고 무거운 소를 러시아까지 일일이 화물선으로 나르는 데는 그 운임이 상당했다. 때문에 고기가 상할 염려가 없는 겨울에는 직접 원산과 성진에 있는 도살장에서 미리 소를 잡아 그 고기만 블라디보스토크까지 수송했다.

그런데 의아스러운 것은 왜 1900년대를 전후해서 그처럼 엄청난 양의 소가 러시아로 흘러들어갔느냐 하는 점이다. 도대체 그 당시 러시아에서는 왜 그토록 소가 절실히 필요했을까? 시베리아는 사철 눈 덮인 동토의 땅이요, 러시아 쪽에서 보아서는 거의 버린 땅이나 다름없다.

가끔 러시아 작가들의 소설을 보아도 시베리아를 불모의 땅으로 그린다. 그렇듯 시베리아 하면 맨 먼저 연상되는 것은 혹독한 눈보라 속에, 발에 무거운 쇠고랑을 차고 유형을 떠나는 괴로운 죄인들의 무리이다. 시베리아는 죽음의 땅이나 마찬가지였다.

그러나 18세기 이후 영국의 산업혁명으로 시작된 근대의 과학문명은 급속도로 발달하여 새로운 공장이 여기저기 생겨나기 시작했다. 그 눈덮인 시베리아 벌판에도 철도를 놓고 신과학 문명의 훈기가 점점 다가오게 되었다.

드디어 시베리아를 거쳐 만주 북부 하얼빈, 거기서 다시 블라디보스토크까지 뻗친 광활한 지역에 철도를 놓는 사업이 시작되었다. 블라디보스토크 쪽에는 북상해 올라오는 일본 세력을 견제하기 위해 러시아의 동양함대가 주둔하게 되었다.

광막한 눈벌판에 철도 위로 기차가 시커먼 연기를 뿜어 올리며 달리고, 바다에선 화륜선이 거대한 엔진을 달고 힘차게 움직이게 되었다. 대량 생산체제를 갖춘 갖가지 공장들도 문을 열게 되었다.

19세기에 들어서면서부터 세계 모든 나라가 근대 자본주의와 과학문명으로 식민지 확장에 혈안이 되었고, 러시아도 이에 뒤질세라 뛰었다. 연해주 일대에는 동양함대의 기지를 구축하면서 많은 이민을 받아들여 불모의 땅 시베리아를 개발하기 시작했다.

1880년대를 전후해 러시아의 세력은 압록강을 건너 함경도 쪽까지 밀려 내려오기 시작했다. 그러자 얼마 지나지 않아 대륙으로 북상해 올라오는 일본 군국주의 세력과 정면으로 맞부딪혀 우리 땅에서 러일전쟁을 일으키지만, 그 무렵 러시아의 연해주 경영은 눈부신 바가 있었다.

연해주 지방에는 수개 사단에 이르는 극동군사령부가 들어왔고 그 많은 군대를 유지하는 데는 상당한 군수품이 필요했다. 따라서 소와 쇠가죽은 필수불가결한 것이었다.

여름에도 눈이 덮일 정도로 혹독한 기후이니 음식도 자연히 칼로리가 높고 열을 많이 낼 수 있는 고기를 먹어야 했고, 또 모든 무기에서 배낭에 이르기까지 쇠가죽을 쓰지 않는 곳이 없었다.

그런데 그 러시아 군대들이 필요로 하는 쇠가죽과 식료품의 거의 대부분을 최봉준이 맡았다. 최봉준은 함경도와 평안도, 경기도 일대에서 물자를 사들여 러시아로 수출했던 것이다.

1900년 9월 24일자 신문을 보자.

재작일 신문외에서 俄人이 牛 40두를 수매하야 高陽으로 발송하얏다더라.

신문외(지금의 광화문 신문로)의 시장에서 러시아 사람이 소 40마리를 사서 경기도 고양 쪽으로 끌고 갔다는 이야기로 미루어 지금은 상상도 할 수 없을 만큼 그 당시 소나 쇠가죽 상품의 인기는 대단했던 모양이다.

쇠가죽은 주로 일본으로 수출했다. 약삭빠른 일본 상인들은 우리나라 쇠가죽 사기에 혈안이 되어 있었고, 그에 못지않게 러시아 상인들도 혈안이 되어 덤벼들었다.

我國耕牛 上年 수출은 於淸倭 及俄者 2만 4천 두……(1909년).

이렇게 소가 잘 팔렸다. 또 1901년 7월 26일자 신문에는 다음과 같이 적혀 있다.

원산항에서 專히 俄人의 경영으로 매월에 牛 3백 40 내지 3백 50두를 수출하는데 산지는 고원·함흥 등이라 최근 3년 간에 수출한 수가 약 1만 두에 차 시가가 1두에 평균 37, 38원인데 此로 由하야 獸醫 급 通辯을 率하고 該港에 來留한 俄人이 3인이라더라.

이 때는 이미 최봉준이 성진과 원산항을 중심으로 우리나라 생우 무역권을 모두 쥐고 흔들던 무렵이다. 그런데도 우리나라의 생우 수출량은 러시아의 소 수요량을 충족시키지 못했던지 이제는 러시아인 통역관과 수의사를 거느리고 원산에 내려와 자신들이 직접 검역을 하고 소를 사들인다는 것이다.

그런데 1901년부터 계속해 3년 간 원산항에서 러시아로 수출된 소만 해도 무려 1만 두에 이르렀고, 한 마리의 값도 37원에서 38원까지 호가했다고 한다.

그 뒤에도 최봉준만이 아니라 관북지방에서는 10여 명의 거부들이 나타났다.

한말 금광에 손대어 함경도 제일의 거부로 서울·충청도 일대까지 이름을 떨쳤던 조정윤(趙鼎允)은 그만두고라도 먼저 김영학(金永學)·이병균(李丙筠) 집안을 들 수 있다.

김영학은 명천 출신으로 그 지방의 거부이면서도 선각자여서 1900년에 재산을 털어 경성(鏡城)에 함일(咸一) 학교를 세웠다. 이 학교에서는 러시아 어와 일본어를 필수과목으로 가르치게 하여 개화사상을 배우도록 했다. 함일학교가 섰던 해가 1900년이니 평양의 대성학교나 오산학교보다 6, 7년 앞서 세운 사학재단이었으며, 이미 한말에 학교에서 러시아 어를 필수과목으로 가르치게 했던 것은 보통 이야기가 아니다.

이병균은 경성 출신의 독지가였고, 경성 출신의 이운협(李雲協)은 함일학교에 전재산을 바쳤으며, 그의 재종형인 이상호(李相鎬)도 막대한 재산을 희사했다고 한다. 이상호는 3·1운동에 직접 가담하여 4년 동안 옥고를 치르기도 했다.

또 한 사람, 관북지방의 재산가를 이야기하면서 빼 놓을 수 없는 인물이 있다. 서사시 '국경의 밤'으로 두만강의 슬프고도 긴박한 풍정을 읊었던 파인(巴人) 김동환(金東煥)의 아버지 김석구(金錫龜)다. 그는 함일학교에 자기 소유의 토지 1만 평을 기부한 거인이었다고 한다. 파인은 6·25때 납북됐지만 그의 생부 김석구는 시베리아로 망명했다.

일제 때 청진에서 일본 오사카까지 출입하면서 활약했던 거상 이충복(李忠馥)이나 그의 아버지 이면구(李冕求)도 관북에서 손꼽히던 큰 부자들이었다.

지금도 간도와 연해주에 흩어져 있는 우리 동포가 수십만 명이지만, 1911년에도 벌써 50만 명이 두만강 건너 1백 리 벌판까지 나가 살고 있었다. 그러다가 1935년엔 80만 명에 달했고 그 중 80%는 농사를 짓고 살았다. 쌀·수수·콩 등으로 농사를 짓고 장사를 하면서 엄청난 이주 인구가 신천지를 이루고 살자, 몇십 년 뒤에는 용정·훈춘·국자가를 중심으로 해서 한인 거상들이 출현했다.

최봉준은 뒷날 간도의 훈춘을 기점으로 해서 상권을 누리게 됐지만 1920년 간도지방에서 니티니는 우리니리 거상들은 다음과 같다.

金昌根(龍井 綿布商), 金進國(間島鐵物 주식회사), 尹致熙(間島興業組合 자본금 10만원의 貸金業), 林仲列, 南君弼(곡물), 金河千(곡물), 黃淵琦, 韓用熙.

그 밖에도 간도지방에 들어와 성공한 사람으로 함경도 출신이 아닌 김용복(金用福)·강재덕(姜在德)도 있었다. 또 강재후(姜載厚)는 그곳에서 남만(南滿)농사주식회사를 자본금 20만 원으로 경영하던 대지주였다.

보험시대의 첫장은 소

하늘이 넓고 높아도 늘 푸르고 조용하기만 한 것은 아니다.

그 하늘은 언제나 정지된 듯하지만 우리가 모르는 사이 얼마나 많은 변화가 일어나고 있는가. 새파랗게 맑기만 하던 하늘이 어느새 기압골을 형성하여 바람이 일고, 구름이 끼고, 서리가 내리고, 눈발이 날리지 않는가. 인간사회에도 그 천기의 변화와 같은 미미한 움직임이 우리가 잠들어 있는 동안에도 늘 일어나고 있다.

인간은 살아가면서 살고 있음과 동시에 생(生)을 받고 있기도 하다.

그렇게 변화무쌍한 인간사회의 축도라고 할 수 있는 것이 상계(商界)다. 만약 장사하는 시장 바닥의 철학이 '1＋1＝2, 1＋2＝3' 하는 수리 공식에만 의존하고 어느 일정한 상업 법칙에 따라서만 움직여진다면, 우리 주위에서 흔히 볼 수 있는, 사업에 실패한 사람이나 또는 성공한 사람은 있을 수가 없을 것이다.

성공을 위해서 한번쯤 모험을 걸어볼 필요가 있지 않을까.

장사꾼으로는, 농민 기질을 가진 사람보다 어부 기질인 사람이 성공할 확률이 더 크다고 한다.

농업은 한 마지기에 얼마만큼 씨를 뿌리면 얼마쯤 거둘 수 있으리라는 최대 가능성의 한계가 전부 그어져 있다. 그리고 그것은 어쩔 수 없는 천재지변이 일어나지 않는 한 대개 들어맞는다.

그에 반해 수산업은 그물을 들고 바다로 나간 어부의 바구니가 어떤 날은 텅 빌 수도 있고, 또 어떤 날은 바구니가 철철 넘치도록 때아닌 어군을 만나 횡재를 하는 경우도 있을 것이다.

그런 바다 밑의 무한 가능성 x라는 수치처럼 상계도 무한대의 미지수 x가 마구 판치는 마당이다. 시장에서 점포를 경영하는 수십만 아니 수백만 상인 하나하나마다 전부 자기 나름대로 꿈의 x치를 지니고 그 x치의 마력에 이끌려 오늘도 붐비는 시장 안에서 부지런히 일하고 있는 것이다. 마찬가지로 최봉준이 아무리 천만금 거부로 성장했다 할지라도 그는 그대로 운명의 씨름을 계속해야만 했다.

운명이 사람 힘으로 움직이느냐 않느냐? 움직이지 않는 것을 움직이려고 하는 것은 헛된 일이고, 움직이는 것에 손을 대지 않는 것은 태만이 아닐까. 하지만 사람의 움직임에 따라 움직이는 운명과, 운명의 움직임에 따라 움직이는 인생이 확실히 있다고 하지 않는가. 어느 쪽이나 행운을 놓치지 않으려는 욕심에서이기는 하지만.

최봉준은 성진에 자리를 잡은 바로 그 이듬해인 1899년 또 한 번 생우(生牛) 수출에 손을 대 엄청난 이익을 얻었다. 그해 그가 소로 벌어들인 이익은 원금의 무려 10배가 넘었다. 최봉준이 움켜쥔 그 행운은 바로 그 해에 번지기 시작한 소의 유행병으로 인한 소값의 폭락으로 찾아온 생각지도 않은 덤이었다.

최봉준은 1899년 초봄부터 거금을 깔아 경기도 일대에서 소를 사들이기 시작했다. 그런데 그해 초가을부터 전국에 병이 돌기 시작하여 소값이 형편 없이 폭락하고 말았다. 그때만 해도 소나 말이 병이 나면, 소와 말은 사람 약과 같이 쓴다고 하여 침을 놓다가 안 되면 시장에 내다 파는 것이 예사였다.

그런데 최봉준온 재빨리 러시이 블리디보스토크에서 러시이 수의사를 데려다가 아직 병이 깊지 않은 소를 헐값으로 사들여 과학적 방법으로 치료하고, 그렇게 치료한 소를 제값 받고 러시아로 수출했던 것이다.

牛疾이 근일에 대치하얏는데 서울 각처 포사에서들은 좋은 시세나 만난 줄 알고 이전에 천여 냥씩 주고 사던 소들을 불과 백여 냥씩 주고 사서 그 병든 소들을 잡아 그 고기들을 안연히 파는 고로 다른 사람은 그 속도 모르고 전과 같이 사다가 먹고……

1899년 5월 서울의 사정이었다.

전염병이 번지기 시작하자 소값은 폭락했다. 이전까지는 한 마리에 1천 냥씩 호가하던 소가 1백 냥 안팎으로 떨어져 버렸다. 1천 냥짜리 소가 1백 냥으로 떨어졌다면 이것은 무려 10분의 1값에 지나지 않는다. 이것이 그 무렵의 현실이었다.

요즘의 축산법이나 수의학은 눈부시게 발달하여 온갖 예방 처리와 사후처리가 철저하다. 그러나 경기도 일대에 닭병이 번졌을 때 닭값이 얼마나 폭락했는지 기억할 것이다. 또한 사료값이 조금만 움직여도 닭값은 지대한 영향을 받아서 암탉 수탉 할 것 없이 마구 시장으로 쏟아져 나온다. 또 어디서든 닭병이 유행했다 하면 거의 사정없이 그 마을을 휩쓸고 가 집집마다 닭고기 풍년이 들던 경험도 있을 것이다.

마찬가지로 소도 전염병이 있어 전염병이 돌 때는 아무리 최상품의 소라도 형편 없이 폭락하는 것이 예사였다. 이처럼 폭락한 때 소를 사서 가죽을 벗기는 사람, 또는 소를 사서 병이 스쳐가지 않은 어느 산 속으로 끌고 가 병을 피한 사람들은 크게 한몫을 잡았던 것이다.

요즘에야 집을 은행에 담보하고 돈을 얻어쓰는 데도 화재보험에 들어야만 할 정도이고, 비행기가 뜨는 데도, 배가 움직이는 데도, 시장 점포 안에 쌓아둔 상품까지도 모두 보험에 든다. 생명보험이나 재해보험, 화재보험, 해상보험, 비행기보험, 선박보험 같은 보험에 들지 않는 부동산이 없지만 그 때만 해도 우리나라 사람들은 보험이란 말조차 몰랐다.

우리나라에서는 사람이나 다른 물건이 아닌 소가 최초로 보험시대의 막을 열었다. 한국 보험의 제1장 제1막은 소였다.

만근 이래로 우질이 대치하고 적환이 겸해하야 민간에 우척이 죽고 잃는 폐에 농민이 失農하며 빈민이 難保하므로 특자 궁내부로 우본 보험소를 창설하야 본소로 하여금 자본을 세우고 빙표를 간시하되 표비 보조는 매장에 엽 1냥씩 받고 우척이 만일 죽으면 大牛에 엽 1백 냥, 中牛에 70냥, 小牛 40냥 지급하며 낭패한 백성으로 하여금 우척을 대립케 함이요, 빙표를 파시하여 표없이 매매하는 우척은 간위한 죄를 다스릴 지경이면 도적이 감히 투절치 못할 터이니 생민의 혜택이 이에서 더 큼이 어디 있으리요. 연즉 종금 이후로 경향간 우척 1관은 죽고 잃는 패에 전혀 낭패됨을 모를 것이니 그리들 아시요. 우본 보험소는 중서 정선방 이동계요……(1898).

소 전염병이 만연하자 서울 중서 정선방에다 어떤 재주 좋은 친구가 재빨리 소 보험회사를 차린다고 알리는 광고다. 그 보험회사는 궁내부에서 허락을 받은 것인데 이 보험회사야말로 소 생명보험으로, 소가 큰소이면 소값의 10분의 1에 해당하는 1백 냥을 주고 중소는 70냥, 송아지는 40냥을 지급한다는 것이다.

그런 소 보험 자본금을 만들기 위해 장날마다 팔러 오는 소에 엽전 1냥씩을 받고, 소 거래를 할 때마다 허가증을 발행하고 그 허가증이 없으면 소를 사고 파는 기래도 할 수 없으며, 허가증 없는 소는 도둑질한 소로 간주한다는 것이다.

사람은 죽어도 어느 누가 동전 한 푼 줄 데 없는데, 소가 죽으면 돈을 준다는 소 보험회사가 우리나라 보험 시대의 첫문을 열었다. 그 무렵 소가 얼마나 중요한 상품이었던가를 절실히 느끼게 해 주는 사례이다. 이런 소 보험회사가 생긴다고 하자 그 보험회사 때문에 농민들이 피해를 입게 된다고 바로 그 이튿날 〈독립신문〉에서는 통렬하게 비판하고 있다.

우리나라에 보험회사가 생기는 일은 치하할 것이요, 조금도 반대할 일이 아니로되 우리가 소 보험회사를 불긴타 하는 말은 다름아니라 작년(1897)에 이윤용 씨가 농상대신으로 있을 때에 백

성의 편리함을 위하야 소 보험회사를 시작하얏더니 불행히 그 회
사 사무원들이 각처에 다니면서 소 보험한다 칭하고 소 한 필에
엽전 1냥씩 토색하야 민폐가 대단히 많이 된 것은……

위 기사로 볼 때 우리나라에 최초로 소 보험회사가 설립된 것은
1897년이었고 그것을 허가한 사람은 농상대신 이윤용이었다. 그가
설립한 소 보험회사 사무원들은 각처로 돌아다니면서 덮어놓고 소
한 필에 엽전 한 냥씩 거두어 강제로 보험에 들게 했다.
　농상대신 정낙용(鄭洛容)은 소 보험회사를 곧장 철폐해 버렸다.

　보험회사는 마땅히 보험하야 달라는 사람만 해 줄 일이지 억지
로 보험에 들게 하야 백성에게 토색을 가함은 불가함이니……

이처럼 소가 사람보다 먼저 보험을 들 정도의 소 시대였으니, 우
리나라 최대의 소 무역왕으로 등장한 최봉준이 1899년에 무려 10
배의 이익을 남기고 또 한번 허물을 벗어 버린 것을 반드시 시운
(時運)이라고만 할 수 없을 것이다.

세상에 태어난 책무

천만장자 최봉준이 평생을 통해 모은 수천만금의 재산은 그가 죽
은 뒤 어떻게 되었을까. 어디에 재투자를 했다든지, 유산으로 자손
들에게 남겨졌다든지 하는 기록이 없으니 그 역시 신화 속의 거상
답게 오리무중이다.
　그 까닭은 원래 그의 활동무대가 멀리 해외인 블라디보스토크이
기도 하지만, 평소 그는 돈이란 부질없는 것이라고 말해온 것으로
보아 다음 몇 갈래로 나누어 추정해볼 뿐이다.
　첫째, 육영사업의 투자이다. 1906년에 막대한 재산을 계동(啓東)
학교 설립에 쾌척했으며 그전에도 연해주 여러 곳 한인촌에 학교를

설립하여 인재양성에 심혈을 기울였다.

"인재란 그냥 만들어지는 것이 아냐. 돈이 있어야 인재를 만들 수 있지. 사람은 배워야 깨달을 수가 있고 그 깨달음이 바로 힘인 거야. 힘없이 어떻게 나라를 지탱해 나갈 것이며 부강함을 도모해나갈 수 있겠는가."

둘째는 언론사업에의 투자이다. 그는 1908년에 직접 막대한 자금을 투자하여 〈해조신문〉을 창간하고 블라디보스토크 한국민회 기관지 〈대동공보〉의 운영자금을 대주었다. 그의 언론관은 지식의 계발이요, 국권의 회복이요, 독립의 쟁취였다. 마지막으로 국권회복과 독립을 위한 비밀결사의 활동비와 군자금을 몰래 후원하는 일이었다. 이를 위해 그는 아낌없이 돈을 내놓았다.

최봉준은 돈이란 일회용이기 때문에 버는 것보다는 어떻게 쓰느냐 중요하다고 말했다.

"나는 본래 조실부모한 신세라 단지 배고픔을 면할까 하여 맨손과 맨주먹으로 시베리아까지 흘러들었다. 추위에 얼어죽을 뻔도 했고 이리떼의 밥이 될 뻔도 했다. 다행히 러시아 사람인 야린스키의 도움을 받아 구사일생으로 살아났다. 최소한 그한테 받은 은혜만이라도 갚아야 할 것이 아닌가."

1899년 러시아에서 같이 살다가 귀국한 친구 한익성이 성진에 지은 최봉준의 2백 20칸 대양관(大洋館)의 기공식에서 이제는 왠만큼 돈도 벌었고, 이렇게 큰 건물도 마련했으니, 지금부터는 편하게 지내는 것이 어떠냐고 물었더니 최봉준은 고개를 저었다.

"물론 나도 편하게 지내고 싶지. 오늘의 사업은 분명 내가 일구어낸 것이지만 세상과 밀접한 관계를 맺고 있으므로 나하나 편하겠다고 물러날 수는 없지 않겠나. 사업가에게는 사회적 책임이 더 무거운 거야. 나 하나는 문제가 아니지. 내가 없어져 회사가 잘못되면 내 회사에 투자한 많은 투자자와 고객들은 어떻게 되겠나. 또 수많은 고용원들은 어찌 되겠나. 나는 이들에 대한 책임과 세상에 보답하기 위해서라도 더 열심히 일할 수밖에 없다네."

최봉준은 인간의 목숨 또한 유한하다는 것을 늘 마음에 새기고 있었다. 어려서 죽을 고비를 여러 번 겪었기 때문에 생명의 근본과 고귀함을 깊이 느낄 수 있었던 것이다. 하늘은 누구에게나 똑같이 생명을 주었지만 재물은 주지 않았다. 그들은 태어날 때나 죽을 때나 빈손으로 왔다가 빈손으로 가지 않던가.

최봉준은 이렇게 말한다.

"우리가 살아 있을 때 조선인으로서 한 가지라도 더 의미있는 일을 해야 죽었을 때 동포들이 우릴 그리워하고 추모하지 않겠나. 세상에 태어난 책무를 다하는 것. 가치있는 인생이란 바로 그런 것이 아니겠나!"

동토의 나라 러시아 시베리아 설원에 던져져 생사의 고비를 헤매던 고아 소년에서 불세출의 거부로 일어선 북변(北邊) 기적의 사람 최봉준. 야린스키를 만나 처세정신 10조를 유훈으로 물려받아 대망을 이루어낸 최봉준은 '블라디보스토크의 거인 맹상군(孟嘗君)'으로 많은 사람들에게 오래도록 기억될 것이다.

우국거상 이승훈

이 젊은 놈들아 정신차려라

사람은 평생 열 번 된다

마음먹기에 따라 사람은 열 번 자기 모습을 바꿀 수 있다고 한
다. 1905년 운명의 갈림길에서 남강 이승훈이 일생일대 큰돈을 건
쇠가죽장사에서 일패도지로 망해 버리지 않았더라면, 역사 속에 그
만큼 훈훈하고 향기로운 이름과 업적을 남길 수 있었을 것인가. 그
런 일이 없었다면 남강 이승훈은 탄생하지 못했을 것이다.

사람이고 짐승이고 자기 모습을 탈바꿈하는 데는 그에 필요한 여
건과 자극, 아픔의 고통이 심신에 뼈저린 자국을 남기지 않고서는
불가능하다.

이승훈은 젊어서부터 조용한 사랑방에 두 발을 둥개고 앉아 책장
을 넘기던 백면서생 선비는 아니었다. 그는 발바닥이 부어오르도록
걸음을 많이 걸었던 사람 중 한 사람이었다. 평안도·황해도·서울·
인천, 더 멀리는 중국의 영구·무순까지 돈을 벌기 위해 장사를 다
녔던 장돌뱅이였다. 그런 속에서 살아 있는 거리의 인심과 경세제
민을 직접 산 교육으로 배웠고, 청일·러일전쟁의 그 아프고 쓰라린

역사가 끼치고 지나간 회오리바람이 무엇인가도 몸으로 부딪쳐 뼈저리게 느낀 사람이다.

이승훈은 장사하는 동안 한시도 국내외 정치·사회 변동 등에 무감각할 수 없었다.

마음 속에서 난세를 구해야 한다는 소리없는 소리를 늘 듣기 때문이었다. 그러나 그런 목소리가 울린다고 해서 모두가 난세를 구원할 수 있는 것은 아니다. 무슨 일이든 시야를 넓히고 자기가 할 일을 이 세상의 일과 관련시켜서 생각해왔던 정치가형의 인물만이 가능한 것이다.

이승훈은 바깥 상황에 대해 무엇인가 자기 내심에서 느끼고 울부짖고 바로잡으려는 평안도 사람의 기질과 함께 평민적 장사꾼의 기질을 지니고 있었다. 만약 그가 1905년에 쇠가죽 장사로써 재기불능의 물질적·심리적 타격을 입어 절망에 빠진 일이 없었더라면 그는 과감하게 제2의 공적 인생으로서 이승훈 역사를 열지 못했을지도 모른다.

이승훈은 56세 때 민족대표 33인 중 한 사람으로서 3·1독립운동에 가담한다.

이승훈이 33인에 가담한 자격은 기독교계 대표 목사 신분이었다. 그가 예수교 목사가 되기 위해 평양 신학교에 입학한 것은 52세 때였다. 그런데 그는 왜 수염이 희끗희끗한 나이에 목사가 될 생각을 한 것일까?

요즘도 더러 60세의 대학교 졸업생이 손자와 나란히 학위를 받는 만학의 이야기가 없는 것은 아니다. 그러나 그런 것은 모두 만학이라기보다도 일종의 인생 안주기에 들어선 뒤 여가를 조용하게 학문 속에 묻혀 지내려는 여유있는 이야기일 것이다. 또한 사람에게는 마음을 푹 놓고 쉬고 싶어하는 일면도 있다.

산전수전 겪은 52세의 이승훈이 성경책을 쥔 목사가 되려고 신학교 문을 두드린 것은 그처럼 한가한 마음으로 시작한 것은 아니었다.

그 무렵 이승훈은 105인 사건 이후 10년 징역형을 언도받고 4년여 옥고를 치른 뒤에 다시 세상에 나와 할 일이 태산 같았고, 심기일전 인생을 새롭고 값있게 출발하지 않으면 안 될 바쁜 몸이었기 때문이다.

무엇보다도 중요한 것은 그의 신앙이 깊어진 일이다. 1910년 9월 그는 기독교 신자가 되었다. 전에도 그는 기독교의 설교를 들은 일이 있었으나, 신자가 되려는 생각은 없었다.

합방이 되어 나라가 망하고 나니 마음이 아프고 서러운 것은 이루 말할 길이 없었다. 넘어가려는 나라를 바로 세우려고 애를 태웠는데 끝내 나라는 망했다. 그렇다고 뜻이 약해진 것은 아니지만 일은 더 어렵게 되었다.

이승훈은 답답한 심정을 안고 평양으로 간다. 한석진 목사의 설교가 산정현교회에서 있다고 했다. 한석진 목사는 '십자가의 고난'이란 제목으로 설교를 했는데, 그 한 마디 한 마디가 이승훈의 마음속에 스며들어왔고 그의 모든 고민을 풀어주는 듯했다. 그는 그날 밤부터 기독교를 믿기로 결심했고, 돌아와서 오산학교의 교육도 기독교 정신으로 하기로 마음먹었다. 그런데 감옥에서 몇 해를 지내는 동안 그 믿음이 더 깊어졌다. 나부열 목사가 맨 처음으로 면회를 와서 위로하며 성경과 《천로역정》을 넣어 주었는데, 감옥에서 그는 성경을 백 번이나 읽었다고 한다. 감방에 같이 있었던 사람의 말에 의하면, 남강은 밤중에도 혼자 일어나 꿇어앉아 기도하는 일이 많았다고 한다.

그런데 왜 거기서 이승훈은 예수교 목사라는 직업을 택하려 했을까?

단순한 신앙생활이었다면 그만일는지 모르지만 종교생활의 본바탕으로 뛰어든 이승훈의 마음이야말로 어쩌면 서북지방 사람들이 갖는 마음속의 최대공약수를 찾아 들어간 것이라고 할 수 있다.

　서북 사람들의 마음의 공약수가 왜 예수교 문명인가.

　우선 평안도 사람들 마음의 공약수는 조선 5백 년 동안 중앙 정권에서 소외되었다는 소외 의식이라 할 수 있다.

　난리가 났다 하면 평양 병정이요 평양 박치기요 돌팔매꾼을 화살받이로 앞장세우면서도, 아니 그 숱한 난리에 시달려온 땅이면서도 평안도 사람은 높은 벼슬에 오르지 못하고 소외되었다. 이런 이유로 그들은 수백 년 쌓인 마음의 멍울을 참다 못해 홍경래 난을 일으켰던 것이다.

　반보수적이요 반체제적 저항기질과 그런 진취적 기상을 지닌 그들이, 한말 이래 밀려 들어온 기독교 문명을 매우 빠른 속도로 받아들였던 이유도 바로 그런 평민사상의 사회적·심리적 여건을 바탕으로 한다.

　유교적 전통이 깊숙이 뿌리내려 있던 경상도나 전라도 등에서는 기독교가 빠른 속도로 전파되지 못했다. 평민사상과 쉽게 융화한 기독교 문명은 평안도에서 움이 돋았다. 다른 어떤 지방에서보다도

전도사, 1890

기독교가 재빨리 뿌리를 내렸다. 개화기 이래 근세를 앞장서 달렸던 사람들 대부분은 평안도 출신들이었다.

조선 왕조 말엽 전라도 지방에서 일어나 경상도·충청도로 파급되었던 동학의 평민 사상도 마찬가지다. 정작 전라도 등 본고장에서는 혹독한 외세의 개입으로 씨알이 마를 정도로 잔인하게 짓밟혔다. 그러나 10년, 20년이 지나 오히려 평안도 쪽에서 열매 맺고 고개를 들었다. 그런 이유 또한 사회적·지리적 여건으로 설명될 수 있을 것이다.

평안도 사람들의 정신적 메카라고 할 수 있는 평등주의와 부패한 왕조에 대한 반봉건적 기치는 홍경래가 마지막으로 피를 뿌렸던 정주성 이야기로부터 시작된다.

좋건 싫건 간에 평안도 사람이라면 누구나 한번씩 그 정주성 홍경래 난리의 물결에 휩쓸리지 않은 사람은 없었다.

홍경래 난이 진압된 뒤 정주성은 피바다를 이루며 폐허로 변했다. 홍경래의 난은 민중의 반항, 더구나 '평안도 놈'의 반항이었던만큼 복수는 지독할 수밖에 없었다. 그러므로 홍경래는 실패하고 죽었으나 그대신 천천 만만의 홍경래가 사랑방마다 다시 살아나고 우물디마다 도로 돌아왔다. 웅숭깊은 그 평인도 사람들의 기질로 잡초처럼 다시 일어났다. 폐허가 되었던 정주성, 10년, 20년 만에 사람들은 다시 큰 도읍을 이루고 살게 되었다.

여주 이씨 집안인 이승훈의 선조도 4, 5대조까지는 의주에서 살다가 할아버지대에 선천으로 옮겼다. 남강이 세상에 태어나기 7년 전에 다시 살길을 찾아 그 정주성으로 이사하여 들어왔다.

이것 하나만 보아도 이승훈의 집안은 4, 5대조 이래로 한 지방에 뿌리박지 못하고 일정한 방향 없이 이리저리 살길을 찾아 이사를 다녔던 모양이다.

이승훈의 집은 끼니조차 잇기 어려운 집안이었다. 그가 세상에 태어났을 때에도 그러했다. 이승훈의 아버지 이석주(李碩柱)는 어떻게 된 양반인지 그렇게 먹을 것조차 걱정할 정도로 가난에 찌들어 있으면서도 도무지 일을 하려들지 않았다. 가장으로서 지게 지고 남의 집 품이라도 팔았더라면 좋았으련만, 가끔 책을 내놓고 '진서(眞書)'를 읽거나 아니면 남의 집 인삼 약포(藥圃)를 보아주거나 손바닥만한 텃밭에서 배추농사나 좀 지었을 뿐이었다.

동네마다 있는 서당방 훈장노릇이라도 똑똑히 하였다면 남 밥 먹을 때 죽이라도 먹을 수 있었을 터인데, 남 앞에 내놓고 사서삼경을 줄줄 외어 가면서 가르칠 만한 글 실력은 못 되었던 것 같다.

무능력한 남편을 두고 손이 갈퀴발이 되도록 일하면서 돌아다녀야 했던 그의 어머니는 이승훈을 낳은 지 불과 여덟 달 만에 영양실조와 산후더침이 겹쳐 세상을 떠나고 말았다.

어머니를 여읜 이승훈은 할머니가 얻어다 주는 동냥젖으로 겨우겨우 자랐다. 6세 되던 해에는 정주읍에서 동쪽인 납청정(納淸亭)으로 이사하여 살게 되었다.

납청정으로 이사를 온 뒤 이승훈의 아버지는 유기를 받아다가 길가에 벌여놓고 파는 장사를 시작하면서 끼니를 이어가려고 했지만 그것도 별반 신통한 일이 못 되었던 것 같다.

이석주는 비위도 없고 수완도 없었다. 그렇다고 내놓고 싸구려를 부르면서 떠들 적극성조차 없었다. 이석주의 숟가락장사는 그렇게 시나브로 사그라지더니 별 재미를 못 보고 걷어치우게 되었던 것이다. 할머니는 이승훈을 데리고 산으로 나무를 하러 다닌다든지 남의 집 품을 팔거나 밭을 매러 다녔다.

이승훈만은 어떻게든 눈을 띄어 주려고 서당엘 보냈다.

이승훈은 서당에서 3, 4년 《천자문》을 읽다가 그만두지 않을 수 없게 된다. 그가 납청정으로 이사온 5년 뒤 즉 남강이 열 살 나던 해에 할머니가 앓아눕더니 열흘도 못 가 세상을 떠나버리고 만 것이다. 뒤이어 두 달도 채 못 되어 아버지마저 세상을 뜨고 말았다.

그때부터 이승훈은 15세인 형 이승무와 단둘이 남아 집안을 이끌어가야 할 처지가 되었다.

이승무는 살길을 찾아 이곳저곳에서 남의집살이를 했다. 때로는 열 살 난 어린 동생과 함께 길가로 툇마루가 나 있는 봉놋집을 얻어 막걸리장사와 밥장사를 하기도 했다.

그래도 생계는 항상 위협을 받아 살길이 막연했다.

어떻게 살아가야 할 것인가.

소년 이승훈은 그저 앞이 캄캄하고 슬플 뿐이었다.

굳은 땅에 물이 괸다

승일(이승훈)은 어떤 사람의 소개로 그곳의 이름난 유기상(鍮器商)인 임권일 상점에 잔심부름하는 사환으로 들어가게 되었다. 임권일은 그때 돈으로 직임을 사서 박천군수 차함(借啣)을 가지고 있었다. 사람들은 그를 임박천이라고 불렀다. 그는 납청정 거리에서 제일가는 부자였다. 유기제조 공장을 여러 개 가지고 있었고, 제품을 직접 자기집 사랑에서 도산매하는 공상업을 겸하는 큰 상점도 가지고 있었다.

그 무렵 납청정은 서북지방 최대 유기공업을 일으켰던 곳이다. 경기도 안성 유기와 경상도 울신의 담뱃대 공업과 함께 명성을 떨치던 고을이기도 했다.

대개 철물 공장은 고을마다 있어 낫·호미·쟁기·괭이·쇠스랑 등의 농기구를 생산하고 있었지만 유기공업이란 그런 농기구 철물공업보다 훨씬 고도의 기술을 요하는 것이었다.

놋대야·놋양푼·놋그릇·놋종지에서 놋숟갈·놋요강에 이르기까지 놋기구 일체를 생산해 내던 납청정은 조선 중엽부터 전통을 이어왔다. 평안도의 유기제품은 모두 이곳에서 공급하다시피 했다. 장사가 잘되어 큰 부자들이 납청정에 돈을 대곤 했다.

이승훈의 아버지 이석주는 활발한 공업도시인 이곳에는 무엇이든 벌이할 것이 있을 것이라는 기대를 갖고 정주 성안에서 살다가 납청정으로 이사를 온다.

이사한 지 5년 만에 고아가 된 이승훈을 임박천이 거둬들이게 된 것은 요강 비우는 일이라도 시킬까 해서였다.

얼굴이 둥그스름하고 얌전하게 생겨 믿을 만한 구석이 있어 보였다. 먹여주고 재워주면 자질구레한 일은 잘할 것 같았다.

궂은 일을 하면서도 틈만 나면 그는 봉놋방에 나가 유기행상들의 이야기를 귀담아들었다.

겨울이면 겨울대로 여름이면 여름대로 두 달이고 일 년이고 이 장에서 저 장으로 유기 보따리를 짊어지고 흘러다니는 장돌뱅이들이었다. 버선 발꿈재기에는 때가 끼고 고린내나기가 일쑤였다. 옷을 빨아 입는다는 것은 그런 장돌뱅이들에겐 거의 불가능한 일이었다.

옷은 늘 퀴퀴한 땀내로 절어 있었다. 상투머리는 서캐 투성이였고 그 위로 이가 슬슬 기어다녔다. 이불을 젖히면 퀴퀴한 땀내와 인내가 절어 있었다. 그러나 싫단 소리 하나 없이 어린 이승훈은 장돌뱅이들의 방에 군불 때고 이불을 널어 말리면서 온갖 잡다한 봉놋방 애기에 귀를 기울였다.

그러나 범을 잡으려면 산으로 가야 하듯 돈을 잡으려면 장돌뱅이 사회를 알아야 했다. 깨끗하건 더럽건 간에 유기장수들의 경험담을 귀담아 듣지 않을 수가 없었다.

주인이 경영하는 유기공장은 사랑에서 조금 떨어진 곳에 있었다. 주인이나 손님의 부탁으로 하루에도 몇 차례씩 그곳에 가게 되었다. 처음에는 요란한 소리만 귀를 아프게 했을 뿐 무엇이 무엇인지 몰랐다. 사람들의 움직임도 이해하기 힘들었다. 그러나 차츰 그 공장에서 하는 일의 종류와 공정을 알게 되었다. 매사에 심상치 않은 관찰력을 가진 어린 소년은 틈만 나면 공장 일 하나하나에 주의하기 시작했다.

공장에서는 주석과 구리를 섞어서 놋쇠 그릇과 퉁쇠 그릇 두 가지를 만들어 내고 있었다. 놋쇠 그릇은 놋쇠를 두들겨 만들었다. 퉁쇠 그릇은 먼저 고운 흙으로 본을 만들고 퉁쇠를 뜨거운 불에 녹여 그 쇠물을 거푸집에 부어 만들었다. 그렇게 거푸집에 부어 만든 다음 겉에 있는 본을 깨뜨리면 그릇이 되었으나 빛이 검고 우툴두툴한 데가 많았다. 그래서 그 그릇의 안과 밖을 기계로 깎아야 했다. 그러면 비로소 반짝반짝 빛나고 평탄해져 완전한 그릇이 되었다. 그렇게 두들겨 만드는 그릇 한 개에 놋쇠가 몇 냥쯤 든다는 것은 저울에 달아보면 안다. 그렇게 두들겨 만드는 그릇은 쇠가 좋아야 한다. 만일 쇠가 나쁘면 두드릴 때 깨어지거나 부러지거나 했다.

이승훈은 공장과 행상들의 봉놋방, 주인영감의 사랑방 등을 왔다 갔다 하면서 유기공장 일을 하나하나 배워 나갔다.

남강은 인간이란 죽는 순간까지 무엇인가 하나씩 배워서는 뻗어 가고, 뻗어서는 배워가는 것이라고 굳게 믿었다. 그래서 놋쇠 몇 근을 두들기면 놋대야 몇 개가 나오고, 퉁쇠는 몇 근을 녹여 무엇을 만들면 얼미찌리기 니오며, 행상들의 손에는 얼미에 넘기며, 행상들은 그것을 가지고 어느 장에 가서 얼마를 받는지를 익혔다. 또 그들은 어느 마을 어느 성씨들에게 벼 얼마를 받기로 하고 외상을 내준다는 것도 배워나갔던 것이다.

이렇듯 이승훈은 임권일의 사랑방에 들어가 가래침 요강을 부신 지 4년 만에 주인영감에게서 장기와 편지 쓰는 법 등도 배우게 된다.

이를테면 경리장부를 정리하는 요령과 상업문서 처리하는 방법 등도 배운 것이다. 사람이 똑똑하고 속일 줄 모르는 인품을 값있게 샀던지 임박천은 열네 살 먹은 이승훈에게 자기가 거래하는 행상들이나 외상으로 물건을 놓았던 집에 돈을 받으러 보내는 수금 일도 맡기게 되었다.

사람의 몸뚱이는 쓰지 않고 버려두면 마음까지 답답하고 쓸쓸해져서 녹슬어버린다.

남강은 뒷날 거상으로서 일가를 이루는데 그런 것은 모두 가만히 앉아서 맺은 열매가 아니었다. 남다르게 부지런하고 자기 발로 직접 걸어다니며 세상 물정을 살폈기 때문이었다. 남강이 평생 지켜 왔던 조그마한 습성 때문에 그 열매를 맺는 게 가능했던 것이다.

나중에 남강은 민족적 추앙을 받는 사표(師表)가 되자 더욱 자기 수양을 쌓는데 힘을 기울였다. 많은 사람이 자기를 바라보게 되므로 스스로 몸가짐을 조심했을 것은 당연한 이야기다. 그러나 남강이 처음부터 그처럼 근엄하고 행실 바른 사람이었던 것은 아니다.

남강도 심기일전하기 이전에는 골패짝을 손에 쥐고 노름도 했던 사람이요, 술 또한 지나치게 마셨던 사람이었다.

그러나 이승훈은 44세 때까지 지속되었던 그런 생활을 모두 청산하게 된다.

남강은 어릴 때 다음 세 가지 일을 신조로 삼아 실천했다.

유기 장수

첫째, 바로 걷는 것.

둘째, 어디에 기대지 않고 바르게 앉는 것.

셋째, 무슨 물건이나 조심스럽게 다루는 것이었다.

바로 걷는 것은 남강의 걸음걸이 철학으로서 그가 뒷날 만인의 존경을 받을 때에도 항상 입버릇처럼 말했던 대목이다.

남강은 걸음이 빨랐고 걸음 걷는 자세가 발랐다.

남강이 뒤에 오산학교를 세우고 나서였다. 그는 정거장에서 내려 용동 집에 들르지 않고 바로 학교까지 쏜살같이 걸어오곤 했다. 이 걸음은 등짐장수 시절에 걷던 그 걸음이었다.

뒷날 이 걸음에 대해서도 남강은 독특한 생각을 갖게 된다.

걸음 걸을 때는 자세를 똑바로 해야 한다는 것과 땅을 내려다보거나 딴 생각을 해서는 안 된다는 것, 양반티를 내어 느릿느릿 걸어서는 안 된다는 것, 한 걸음 한 걸음 일정한 속도로 한결같이 걸어야 한다는 것, 가다가 도중에 쓸데없이 지체해서는 안 된다는 것과 먼산을 쳐다본다든지 손을 내저으면서 콧노래를 해서는 절대로 안 된다는 깃……

그는 학생들을 가르칠 때 '전진'이라는 뜻으로 '나음나음나감'이라는 말을 즐겨 썼다. 그리고 자기 동상을 서 있는 자세로 만들지 말고 걸어가는 자세로 만들라고 했다. 모두 그의 부보상 시절 배웠던 걸음의 교훈이기도 하지만, 이것은 곧 쉬지 않고 자기 인생을 전진해 나가는 것을 뜻했다.

남강은 남의 집 요강부시던 시절부터 몸을 기대어 앉는 일이 없었다고 한다. 어려서부터 의타심이 없었다는 뜻이다. 사람이 다른 사람이나 물건에 몸을 기대고 앉는 것은 참으로 편하고 아늑한 일이다. 독자들도 여남은 살 먹을 때까지 할머니나 어머니의 몸에 몸을 기대고 앉아 있던 것을 기억할지 모르겠다. 그러고 있노라면 그렇게 편하고 든든할 수가 없다. 그러나 어려서부터 어머니 몸에 기대기 좋아하는 아이치고 강인한 인간성을 지닌 성인으로 자라는 경우가 드물다.

이처럼 남에게 몸을 기대지 않는 버릇 하나가 이승훈이라는 인간을 형성하는 데 얼마나 값진 것이었느냐 하는 점은 한 일화에서 나타난다.

그가 12세 때이다. 임권일 상점의 수금원으로 돈을 받으러 갔을 때이다.

여기저기 거래를 하고 있던 주인 임권일은 그날 이승훈을 불렀다.

"영변 아무데 아무개한테 가서 유기값 얼마를 받아 오너라."

이승훈은 납청정에서 영변까지 수십 리 길을 부지런히 걸어 찾아갔다.

그런데 그 영변에 사는 아무개는 어지간히 뺀들뺀들한 사람이었는지 유기값을 이 핑계 저 핑계로 내놓지 않고 거의 해거름녘에 가서야 "다음 장날 오너라" 하고 미뤄 버렸다.

어린 소년은 주먹에 피천 한 푼 쥔 것 없이 점심까지 굶고 영변에서 다시 수십 리 길을 걸어서 돌아왔다.

늦가을.

노루꼬리만큼 남은 해를 밟으면서 정신없이 주인집으로 돌아오던 길이었다.

점심까지 굶은 소년이 종일 신경전을 벌이다가 맨손으로 돌아오려니 몸인들 어찌 피로하지 않겠는가. 길동무 없이 혼자 돌아오다가 마침 도중에서 잘 아는 노인 한 분을 만났다.

노인과 함께 걷자니 아무래도 걸음이 뜰 수밖에 없었다. 결국 노인도 지치고 소년 이승훈도 지쳤다. 속이 허출하고 지쳐서 길 걷는 고역이란 이만저만이 아니다.

노인은 평지원(平地院) 가까이 오더니 말했다.

“애야, 우리 배도 고프고 몸도 고단한데 저기 가서 좀 쉬어 가자.”

“저기라니요?”

“아, 저기 평지원 거북 마을에 사는 김진사 집 말이다. 너도 배가 고프지? 나도 배가 고파서 오늘은 더 못 걷겠다. 암만해도 오늘 해 안으로는 집에 돌아가지 못할 것 같으니 저 김진사댁 사랑에 가서 하룻저녁 신세를 지자꾸나.”

“김 진사댁 사랑이 넓은가요?”

“넓다뿐이겠어? 김진사가 어찌나 마음이 좋은 양반인지 자기집 앞을 지나가는 나그네를 보면 그냥 보내는 일이 없지. 그 댁에만 들어가면 술도 있고 떡도 있어. 배고픈 김에 그 댁에 들어가서 술도 먹고 떡도 먹고 편안히 쉬어 가자.”

“그 댁에서는 왜 그렇게 지나가는 나그네를 후하게 대하는 건가요?”

“인심을 얻기 위해서지.”

“정 그러시면 노인장께서나 들어가서 쉬었다가 오십시오. 저는 그냥 가렵니다.”

“뭐, 그냥 가다니? 점심도 굶고 저녁까지 굶겠단 말이냐. 이렇게 춥고 배가 고픈데…… 이러다가는 큰 병 난다. 인석아, 아무 소리 말고 나하고 김진사댁에 들어가서 저녁을 얻어먹자꾸나!”

“말씀은 고맙지만 제 볼일 다니면서 왜 공연히 남의 집 술과 밥을 얻어먹고 다닌답니까? 저는 그냥 갈랍니다.”

이래서 노인과 12세의 이승훈은 길가에서 서로 옥신각신하게 되었다. 쉬었다 가겠다느니 그냥 가겠다느니 서로 고집을 부렸다.

배고픈 김에 들어가 떡과 밥을 얻어먹고 편안히 쉬어 가면 제 몸 편한 줄을 이승훈이라고 해서 몰랐을 까닭이 없다.

그런데도 그는 남에게 까닭없이 의탁하고 싶지는 않았다. 남의 집에 들어가서 하룻밤 신세지는 것도 완강하게 거부했던 것이다.

마침 대문께에 나왔던 주인 김진사가 노인과 소년이 자기 집 앞
길에서 실랑이를 하는 광경을 보고 집에 들어가 하룻저녁 쉬고 가
도록 일렀으나, 이승훈은 끝내 이를 거절했다.

"진사님, 고마운 말씀이기는 하지만 저는 제 볼일로 장사 다니는
사람이니 그런 폐는 끼치지 않겠습니다."

이러면서 고집을 부리자 노인은 달래고 으르다 못해 이승훈더러
곧 나올 테니 기다리라고 하고서 자기만 들어가 고기에 술에 취하
여 해가 넘어갈 무렵에야 투덜투덜하며 나왔다.

이승훈은 말년에

"어째서 김진사 집에 들어가기를 거절했느냐 하면, 그때 생각에
나도 사람이 되어야 하겠는데 지금부터 부잣집에 드나들면 어찌
될 수 있겠느냐 하는 생각에서였다."

이처럼 아무것도 아닌 일이지만 이승훈은 뒷날 거상으로 일가를
이룩할 만한 강한 독립심의 일면을 보여주었던 것이다. 어린 이승
훈에게 오히려 감탄한 김진사는 뒷날 자기 둘째아들 김자열(金子
烈)을 남강이 세운 오산학교에 보내 글을 배우도록 했고, 그 김자
열은 바로 남강 선생의 사위가 되었다.

나는 부보상이외다

참되고 미덥기도 했지만 그는 또 장사에 타고난 재주가 있었다.
이승훈이 열다섯 살 때 일이다. 하루는 황해도 안악(安岳)의 어떤
사람이 와서 수천 냥의 놋그릇을 주문하고는 그 값의 일부를 치르
고 나머지는 그릇을 가지고 가서 보낸다고 했다. 주인은 인심 좋게
허락했으나, 그때 이미 서사를 겸해 하던 남강이 주인에게 믿을 수
없지 않느냐고 말했다. 그제서야 주인도 깨닫고 남강을 시켜 안악
까지 동행하여 돈을 받아 오도록 했다. 배에다 짐을 싣고 가서 안
악 해창에 닿았을 때 손님은 마소를 가지고 온다 하고 집으로 가버
렸다.

소년 남강은 손님을 집에 보내 놓은 뒤 다시 생각하고 짐을 전부 풀어 창고에 들이고는, 창고 주인더러 내 허락이 있기 전에는 어떤 사람이 와도 내주지 말라고 했다. 얼마 후에 손님은 마소를 가지고 왔으나 소년은 값을 치르기 전에는 안 된다고 거절했다. 손님은 남강이 나이 어린 것을 보고 혹은 으르고 혹은 달랬으나 끝내 듣지 않으므로 하는 수 없이 그냥 가버렸다.

후에 알고 보니 과연 그는 처음부터 속일 작정으로 그렇게 했더라는 것이다. 그리하여 이 소년 장사꾼은 거기 몇 달을 머물며 마침내 한 푼 손해 없이 대금을 받아 가지고 돌아왔으므로 주인 임씨가 탄복을 했다.

이러한 이승훈은 나이 15세 때 이미 남의 눈에 띄어 딸을 주마하는 사람이 많았는데, 그 중에서 그는 이도제의 딸을 아내로 맞이하였다. 그리고 10세 때부터 15세 때까지 6년 동안 임권일의 상점에 사환으로 들어가 수금원이 될 때까지 푼푼이 저축한 돈 30냥으로 독립을 해서 나온 것이다.

어엿하게 장가를 들어 색시까지 데려다 놓은 이승훈은 비록 15세이지만 상투를 틀고 나니 제법 어른티가 났다.

장가를 들었으니 살림을 내야 하고 새 살림을 내사니 이것서것이 필요했다. 요·이불·숟가락 나부랑이며 상다리까지 모든 것이 신접이라 새경으로 받았던 30냥은 온데간데없이 다 없어졌다.

그러나 이승훈은 즐겁기만 했다.

우선 참하게 생긴 색시가 마음에 들었다. 그뿐만 아니라 고아 신세로 집도 절도 없이 남의 집 사랑방에서 헌 이불을 덮고 자다가 포근한 이불에 훈훈한 색시를 끼고 자니 그 재미가 여간이 아니었다.

그는 사흘 동안 신혼 재미를 마음껏 품고 난 뒤, 다시 장삿길을 떠나기로 했다.

주인집인 임박천에게서 외상으로 숟가락 한 짐을 얻어 가지고 행상을 시작하기로 한 것이다.

이것이 이승훈이 맨 처음 한 자기 장사의 첫출발이었다. 그는 숟가락 한 짐을 보따리에 싸 짊어지고 장돌뱅이길로 나섰다. 말하자면 숟가락을 가지고 이 장 저 장 다니면서 행상을 한 것이다.

그때 매매 즉 물품거래라는 것은 대개 중요한 곳에 장거리가 있고 거기에 장날이 되면 사방에서 장사하는 상인들이 물건을 가지고 와서 장을 벌였다. 장거리에서는 그곳에 상품을 펴놓고 앉아서 파는 좌상도 있고 장날을 따라 다니면서 물건을 짊어지고 다니며 파는 행상도 있었다. 이 행상들이 벌여놓은 길바닥 가게란 항상 좌상들보다 싼값으로 팔았다.

부보상이란 별것이 아니었다.

무거운 물건을 등에 짊어지고 다니면서 파는 새우젓장수·나무장수·절구통장수·키장수 등은 부상이요, 숟가락장수·방물장수·필목장수들처럼 보따리에 싸 짊어지고 다니면서 파는 것은 보상이었다.

그런데 이승훈은 그런 숟가락 보따리를 짊어지고 다니면서 초하루 엿새로 열리는 정주장, 이틀과 이레로 열리는 고읍장, 사흘과 여드레로 열리는 청정(납챙이)장, 나흘 아흐레로 열리는 운전(雲田)장, 닷새 열흘로 열리는 곽산(郭山)장으로 부지런히 떠돌면서 행상을 했던 것이다.

그런 장날은 요즘처럼 온종일 싸구려를 외치며 열리는 것이 아니었다. 대개는 그날 아침 일찍 날이 새기 전에 매매가 성립되어 아침 반나절만 되면 벌써 파장이 되어 버리기 일쑤였다. 등짐장수들은 전날 저녁에 미리 자리를 잡고 기다렸다가 새벽장을 열기도 했다. 때로는 부지런히 장날에 맞추어 들어가 남의 집 처마 밑에 서서 날밝기를 기다렸다가 좋은 목을 잡아 얼른 전을 벌여놓기도 했다.

남강도 숟가락을 보에 싸서 짊어지고 행상하는 사람들을 따라서 많은 밤길과 새벽길을 걸어야 했다. 그러는 가운데 남강은 차츰 그 유기장수 행상에 익숙해지기 시작했다. 어느 장에서는 유기가 많이 나가고, 자리는 어디가 좋고, 시기는 어느 때가 좋으며, 어느 마을 어느 촌중은 부촌이어서 유기를 많이 산다는 등 장사에 대한 견문을 점점 넓혀갔다.

그동안 세상 형편에 관한 많은 새로운 이야기도 듣고 달고 쓰고 즐겁고 추한 여러 가지 시장바닥의 일도 경험하게 되었다. 장을 따라 다니는 행상 노릇을 하자면 봄과 가을은 서늘하여 그런대로 쫓아 다닐 만했지만 여름엔 덥고 겨울엔 몹시 추워 고생을 하지 않을 수 없었다.

추울 때는 영하 15, 6도가 보통인 그 평안도 장바닥에서 새벽길을 떠나는 고통이야말로 비할 데가 없었다. 그런 추운 새벽길이나 밤길을 걸을 때는 대개 술을 마시고 몸을 덥게 하는 사람도 있었다. 그러나 술이 깨면 도리어 추위가 더 심해져서 유기장사들은 비상을 사용했다.

비상을 싸래기만큼 먹고 나서 걸으면 아무리 추운 날이라도 몸이 후끈후끈하였다. 이승훈도 다른 어른 행상들이 하는 것처럼 겨울에는 비상을 조금 먹고 짐을 지고 따라다녔다.

행상꾼들은 마치 사막의 낙타 모양으로 떼를 지어 다니곤 했다. 남강도 그들 사이에 끼어 짐을 지고 숨을 헐떡거리면서 따라갔다.

사람의 인생 또한 무거운 짐을 지고 먼길을 가는 것과 같다. 인간의 일상사란 짐을 지고 있는 것처럼 부자유스럽기 마련이다. 그런 짐을 짐이라고 여기는 사람은 늘 짐의 무게를 실감할 것이요, 그렇지 않은 사람은 다리에 날개가 달린 것처럼 인생의 발걸음이 가볍기만 할 것이다.

눈비가 내리고 캄캄해서 길이 안 보이는 밤길 걷기를 어느덧 몇 년. 그 캄캄한 밤길을 따라 장날에 늦지 않게 대어 가려고 10리고 20리고 무거운 숟가락 짐을 지고 가노라면 어느새 닭이 울고 동이

텄다. 새벽빛을 받아 펼쳐지는 싱그러운 아침 풍경을 보면서 어린
행상 이승훈은 또한 기개와 희망을 길렀다.

　그 행상들 중에는 걸음을 빨리 걷는 사람도 있고 나이 먹고 힘이
부쳐 뒤쳐져 걸어오는 사람도 있었다. 그런데 납청정에 사는 이용
화라는 사람이 있었다. 키가 크고 기운도 세어 새벽길을 떠날 때는
비상을 조금 먹고 함께 떠나곤 했다. 그는 어떻게나 걸음을 잘 걷
는지 사람이 걸어가는 것이 아니라 산이 뒤로 가는 것이라고 할 만
큼 발이 빨랐다. 이승훈은 걸음이 빠른 이용화를 놓치지 않고 따라
다니느라고 숨을 헐떡거리고 한겨울에도 온몸이 철벅거릴 지경이었
지만 이를 악물고 빠른 이용화를 따라다녔던 것이다.

　걷는다는 것. 그것도 제 등허리에 무거운 짐을 지고 걷는다는
것.

　그것도 어쩌다 한두 번 그러는 것이 아니라 항상 무거운 짐을 지
고 오늘은 이 장에서 내일은 저 장으로 떠돌아다닌다는 것은 얼마
나 고역스러운 팔자인가.

겨울철의 방한모

때문에 장사는 천하다고 했다.

시절 좋은 봄철에 담뱃대나 물고 어슬렁어슬렁 뒷동산에 올라가 꽃구경을 하거나 뒷짐지고 논두렁을 왔다갔다 하면서 감농(監農)을 하는 것은 어떤가?

그렇게 조금씩 걸어 다니는 것도 숨을 헐떡거리며 다리가 쑤시네 아프네 하여 어떤 양반들은, 촌보도 제 발로 걷지 않고 항상 종놈이 대령하는 당나귀 등에 올라앉거나 가마를 타고 행차를 했다.

행상들은 자기 고향 마을에 편안히 앉아 사는 것이 아니다. 한번 장사 보따리를 짊어지고 나서면 이 장에서 저 장으로, 저 장에서 이 장으로 백 리 아니면 수백 리 길을 돈을 따라 물건을 따라 흘러 다녀야 했다. 그러는 동안 그들은 언제 한밑천 잡아 편안히 살까 하는 꿈을 먹고 사는 것이다.

이승훈도 나이 15세에 숟가락짐을 등허리에 짊어지고 떠돌면서 걸음품을 팔아 장사를 했다. 16세 때부터는 납챙이(납청정) 유기를 들고 황해도 쪽으로 건너가 새로운 시장을 개척하게 되었다.

그 경위를 이렇게 말하고 있다.

남강은 15세 때에 나이 어린 유기행상으로 정주 일경을 돌아다녔는데 그 이듬해부터는 새로운 시정을 찾기 위하여 황해도로 나가게 되었다. 황해도 안악·재령·신천 등지는 땅이 기름지고 곡식이 많이 나는 곡창으로 옛날부터 유명했다. 이곳의 여러 장날이면 멀리서 나온 나이 어린 행상은 낯선 풍물과 처음 듣는 사투리를 들으면서 유기그릇 파는 일을 계속하였다. 정주 납챙이 유기라면 이름도 났고 또 이 지방 사람들은 생활도 넉넉하여 팔리는 수요는 날로 늘어 갔다.

이승훈은 처음에는 유기를 등에다 지고 다니다가 그 팔리는 수효가 점점 늘어나자 나귀를 하나 사가지고 그 나귀 등에다가 유기를 싣고 다녔다. 정주에서 하던 유기행상에 비하면, 황해도 지방에서의 유기행상은 여간 물건이 잘 팔리는 것이 아니었다. 평안도 지방

에는 유기장수들이 샅샅이 돌아다녔기 때문에 오래 다녀 얼굴을 잘
아는 사람이 아니면 좀처럼 사 주지 않았다. 단골들이 이미 다 잡
혀 있어서 처음 가는 뜨내기 장수는 도저히 새로운 단골을 잡아 장
사를 확장하기가 힘들었다.

　그런데 황해도 지방으로 나와 보니 의외로 이곳은 평안도 납챙이
유기장수들이 아직 상권을 확보하지 못했다. 거기다 황해도는 인심
이 매우 순박하고 생활이 풍족하여 장사하는 사람에게 약속까지 잘
지켜 주었다. 그뿐만이 아니라 황해도 지방에서는 그때까지도 유기
를 그렇게 많이 쓰지 않다가 품질이 좋은 납챙이 유기를 보자 여간
좋아하는 것이 아니었다.

　으레 시집 장가 가서 새살림을 나려면 그릇부터 장만하지 않을
수 없었다. 놋대야·놋요강·놋숟갈·놋양푼 등 생활기구 일습을 새로
장만해야 했기 때문에 혼례식이 잦은 매년 가을이 되면 그 놋그릇
의 수요는 엄청나게 늘었던 것이다.

　그러니 유기행상이란 농사가 풍작을 이루는 가을을 한몫 노리는
것이다. 거기다가 어느 고을 어느 동네에서 누구네 딸을 여읜다든
지 누구네 할머니 환갑잔치가 돌아온다는 등 큰일 있는 집을 미리
수소문하여 알아 두었다가 물건을 대어 준다. 한 해 두 해 얼굴이
익고 그 집 살림살이를 짐작하게 되면 아무 때든지 유기를 주고 가
을에 농사를 지은 뒤에 받아내기도 했다. 그렇게 외상을 깔아 두어
도 인심이 순박한 황해도 사람들은 가을걷이가 끝나면 틀림없이 꼬
박꼬박 갚아 주었던 것이다.

　거기다 이승훈은 새로운 개척지에서 얼굴도 반반하고 말씨도 싹
싹한데다 물건값도 헐하게 내주어 동네부인들에게 인기가 많았다.

　이승훈이 특히 재미를 본 곳은 재령평야를 중심으로 한 새로운
평야지대의 마을들이었다.

　재령의 나무리벌은 넓고 기름져서 옛날부터 쌀이 쏟아지던 고장

이었다. 어쩌나 벌판이 넓고 큰지 다 가꿀 수가 없어 많은 땅이 그
대로 비어 있어 사방에서 소작인들이 밀려들었다.

공토나 새로운 개척지 벌판에서 농사짓는 농민들은 다른 지방보
다 훨씬 싼 소작료를 물었기 때문에 자연히 생활에 여유가 생겼다.
그런 여유가 생기게 되니 농사 지으면 딸 여의고 아들 여의는 데다
가 납챙이 유기를 많이 사주었던 것이다.

나무리벌에 사는 사람들은 유기장수가 가기만 하면 짐털이를
하는 일이 가끔 있어 이승훈은 나무리벌로 들어갈 때면 미리 나
귀나 소에 갖가지 유기를 구색 맞추어 싣고 들어가지만 사흘도
못 가 짐털이를 하고 나왔다. 다만 불편한 것은 신환포(新換浦)
의 나루 건너기와 재령읍의 음료수가 귀하다는 것이었다. 그 재
령읍은 들판 가운데 있는 마을이어서 우물을 파도 논골물과 개울
물이 그대로 솟아나와 모래와 숯을 통궤 속에 넣고 물을 걸러 먹
어야 했다. 그렇게 해도 여름철에는 배앓이 병이 잘 돌았다. 그
래서 이승훈은 그 신환포로 갈 때는 미리 나귀등에 따로 음료수
를 담아 가지고 간 일도 있었고 유기장사에 겸하여 배앓이에 좋
은 환약들을 가지고 가서 약장사도 하였다.

16세 행상꾼 이승훈은 유기장사에 재미를 붙여 처음에는 등에
지고 다니던 유기짐이 늘어 나귀에 싣고 그 다음에는 점점 장사
가 번성하자 소달구지에 싣고 다녔다. 경험이 늘고 자본이 늘어
제법 알찬 돈을 벌게 된 것이다. 이러자 이승훈은 유기를 외상으
로 깔아 가을에 쌀로 받아들였을 뿐만 아니라 그 농가에서 짓는
목화를 대신 받기도 했다. 그런데 그 황해도 재령·은율·신천 지
방에서 나는 무진장한 목화가 이승훈으로 하여금 또 큰돈을 잡게
만들었던 것이다.

황해도 재령평야 일대에서 생산되는 목화는 전국적으로 유명했
다. 이승훈은 그것을 해마다 몽땅 사들여 신환포 나루에서 배에

가득 싣고, 평양이나 정주로 돌아가 팔아 큰 이익을 남겼던 것이다. 그런데 시집장가를 갈 때는 으레 새솜으로 이불과 요를 만들기 때문에 목화솜의 수요도 엄청나게 많았던 것이다. 특히 평안도 사람들은 그 재령평야에서 건너온 황해도 솜을 첫해에는 이불솜으로 넣어 쓰다가 그 다음해 그 이불솜을 꺼내 다시 베를 짜입는 것이 보통이다. 그렇게 하면 햇솜으로 바로 베를 짜입는 것보다 훨씬 더 질기다고 하여 인기가 있었다.

두드리면 열리리

16세부터 23세까지 황해도로 들어가 돈을 번 이승훈은 24세(1887년) 때 고향으로 돌아왔다.

어지간히 한밑천을 잡자 이승훈도 이제는 유기공장을 직접 차려 행상을 두고 더 큰 장사를 해보고 싶었다. 그런데 유기공장 하나를 새로 세우자면 우선 튼튼한 자본력이 있어야 했다.

공장을 마련하는 것은 그만두고라도 한꺼번에 몇백 몇천 근의 통쇠와 놋쇠·풀무가 필요했다. 또 많은 행상에게 외상물건을 내줄 수 있어야 했다.

그러자니 큰 자본이 필요했던 것인데 이승훈은 그렇게 큰 돈을 마련할 길이 없었다. 그래도 그는 유기공장을 세우고 싶은 의욕에 안간힘을 다 써보지 않을 수 없었다.

이승훈은 당시 평안도의 유명한 부자 철산 오희순(吳熙淳)에게서 돈을 빌려오기로 하는데 그 경위는 이러했다.

정주에 박창엽(朴昌燁)·박순일(朴順一) 두 총각이 있었는데 두 사람 모두 집이 가난하여 서른이 넘도록 장가도 못들고 머리를 땋고 다녔다. 그러다가 어찌어찌하여 유기장사로 돈을 모으고 장가도 들어 이제는 제법 큰 부자 행세를 하게 되었다.

두 박씨는 빈곤한 가정에서 자수성가한 사람들로서 장래가 유망한 이승훈의 뒤를 돌봐 주기로 하고, 두 사람이 함께 철산 오씨네 집에 이승훈을 소개해 주고 자금융통에 연명으로 보증도 서 주었다.

이승훈은 두 박씨의 도움으로 평안도 거부 철산 오씨네 자금을 빌려다가 납청정에 어엿한 유기공장을 차렸다. 이승훈의 유기공장은 그가 한때 가래침 요강을 부시면서 밥을 얻어먹던 옛주인 임권일의 상점보다도 더 큰 규모로 꾸며서 사람들을 깜짝 놀라게 했다.

그 철산 오씨네 집으로 돈을 빌리러 갔던 이승훈은 또 이런 에피소드를 낳고 있다.

보증을 서 준 박순일과 함께 철산 오씨네 돈을 얻어내려고 찾아갔다. 그때는 요즘같이 은행이 없던 터이므로 오씨네는 돈을 늘리기 위하여 신용할 만한 상점이나 공장에 돈을 대주었다. 남강이 박순일을 따라 오씨네 사랑에서 묵는데 저녁에 주인 오희순이 나오더니, 여러 손님들이 들으라고 자기 선조 묘소에 석물(비석) 세운 이야기를 하면서 금년 들어 가장 큰일을 했노라고 자랑했다. 거기 모인 사람들은 주인의 말이 떨어지기가 바쁘게 모두 어려운 일을 했다고 칭송하기를 마지 않았다. 거기다 오희순은 자기 삼촌 아무개가 몇 번째 살림을 내주어도 돈을 다 없애 또한 살림을 차려 주었지만, 이런 일 저런 일을 생각하면 돈 많은 것도 그 나쁜 삼촌 때문에 골칫거리라고 이야기를 했던 것이다.

이렇게 오희순은 자랑삼아 자기집으로 돈을 빌리러 온 여러 행객들 앞에 집안 이야기를 하면서 삼촌 신상 문제에까지 말이 미치게 되었다.

그런데 그런 이야기를 한참 자랑스럽게 하고 있을 때였다. 아직 나이도 어리고 처음 찾아온 이승훈이 아랫방 윗목도 아니요, 윗방 윗목에 앉아 듣고 있다가 여러 사람의 말이 끝나자 조금 앞으로 나서면서 말했다.

"영감님께서 자기집 산소에 스스로 석물을 해놓은 게 여러 사람 앞에 무슨 자랑거리가 됩니까? 자기집 일을 자기가 한 것이니 그것은 자랑할 일이 못 됩니다. 게다가 여러 젊은 사람 앞에서 자기 삼촌 이야기를 그렇게 자랑스레 하는 것도 도리에 맞지 않은 애깁니다."

쑥 나서면서 이렇게 말하는 것이 아닌가.

오희순은 그동안 입에 침이 마르도록 여러 사람에게서 칭송만 들어왔던 터였다. 모두들 돈을 빌려가려고 오희순에게 뭐든지 잘한다는 소리만 했던 것이다.

사실 마음이란 묘한 것이어서 자기에게 아첨을 하는 줄 알면서도 칭찬을 들으면 기분이 나쁘지 않은 법이다.

그런데 늘 흉허물없이 다니는 행객도 아니요, 또 자기와 나이가 비슷한 처지도 아닌 처음 보는 이서방이란 젊은이가 당돌하게 나서서 말꼬리를 잡는 게 아닌가.

"고얀놈, 저렇게 입바른 소리 잘하는 놈이 어떻게 장사꾼 노릇을 해. 그저 장사라는 것은 구렁이 담 넘듯이 한 자락은 이리 걸치고 한 자락은 저리 걸치고 눈치껏 돈을 빌려다가 제 이문만 챙기면 되는 것인데 여기가 무슨 서당방 강론을 하는 자린가? 공자님 도덕 말씀을 대보는 덴가? 젊은 사람이 상당히 되바라지고 배꼽 튀어나온 소리를 하는구나!"

오희순은 혼자 얼굴이 벌겋게 상기되어 달다 쓰다 말을 더 꼬리달아 이을 것도 없이 안사랑으로 휭하니 들어가 버렸다.

이러자 사랑방에 모였던 여러 행객들은 얼굴이 노래졌다.

그 중에서도 가장 놀라고 화가 났던 것은 이승훈의 돈보증을 서기 위해 함께 온 박순일이었다.

"아, 이 사람아! 무슨 입이 그렇게 뾰족한가? 자네 때문에 내 일도 망쳤네. 아, 돈을 얻으러 와서 주인 영감의 비위를 거슬러 놓았으니, 그것이 무슨 방자한 수작이야?"

이러자 사랑방꾼들도 한소리씩 했다.

"매 맞으러 온 놈이 주인 턱주거리에 난 사마귀가 고우니 미우니 할 게 뭐 있어? 이 젊은 친구 상투는 꼽았지만 아직 대갱이에 쇠똥도 덜 마른 수작을 하누만."

"글쎄 말이야. 이제 주인영감 화를 돋우어 놨으니 돈 빌려가기는 다 틀렸네."

"그게 다 저 이서방 때문이 아닌가?"

"아니 어쩌자고 이서방은 그렇게 주둥이가 발라?"

이렇게 웅성웅성 모두 돈 빌리기는 틀렸다고 이승훈에게 타박을 주었다. 이승훈은 잠자코 앉아 아무말도 하지 않았다.

하기야 너무 입바른 소리를 한 것인지도 몰랐다.

그러나 그만한 사리도 분별할 줄 모르는 오희순이라면, 그의 돈도 곰팡이 슬 날이 멀지 않을 것이 아니냐고 혼자 뱃심을 세우고 하룻저녁을 지냈다.

그런데 아니나 다를까. 그 이튿날 아침 일찌감치 오희순은 여러 행객들이 묵고 있는 사랑으로 내려와 어제 저녁에 여러 사람 앞에서 자기 말 중동을 딱 분질러 무안을 주었던 그 젊은 이승훈에게 먼저 말을 꺼내지 않는가.

"내가 어제 지역에는 화가 좀 나고 섭섭했는데 안에 들어가서 곰곰 생각해 보니 자네 말이 옳으이. 역시 자기 조상 묘에 자기가 석물 해 놓고 자랑할 일은 못되지. 거기다 삼촌 이야기를 한 것도 내 잘못이었네. 그런 일을 젊은 자네가 생각한 대로 꿋꿋이 말해 준 것이 오히려 내 허물을 고치는 데 도움이 됐구면."

이렇게 사과를 하고 이승훈에게 필요한 만큼의 돈을 선뜻 내주었던 것이다.

사람에겐 저마다 가지고 태어난 그릇의 크고 작음이 있다. 오희순의 사람됨도 작은 그릇은 아니다. 그 또한 당대 거상이었다. 그는 뒤에 이러한 말을 남겼다.

"장사란 사람이 하는 것일세. 큰 그릇이라야 큰 물건을 담을 수 있듯 큰일을 하려면 큰 재목을 찾아야 하는데. 이 세상에 완전한 인재란 없어. 쓸만한 장점이 하나라도 있다면 단점은 덮어두는 거야. 나무 한 그루로 숲을 이룰 수는 없거든. 아무리 뛰어난 능력을 가진 사람일지라도 인재들을 모아 각각 활용하기에 따라 큰 재목 작은 재목이 되어 사업의 성패가 가름되는 것은 만고의 진리지. 한 가지라도 재능을 가진 인재는 과감하게 받아들이게.”

이승훈은 그 철산 오희순의 돈을 가져다가 점포를 넓히고 자기 공장에서 생산되는 유기를 평양으로 내놓아 큰 장사를 벌였다.

그때부터 이승훈은 납청정 본점만이 아니라 평양으로 드나들면서 역시 평안도 부자로 이름이 높던 김인오(金仁梧)·윤성운(尹聖運)·문도원(文道元) 등과 함께 사귀게 되었고, 김인오의 자금을 지원받아 사업을 크게 확장해 나갔던 것이다.

김인오는 바로 왕조 시절에 안주 병영에서 첨사(僉使) 노릇을 하다가 거금을 잡고 일제강점기 한때는 압록강변 수풍댐 일대의 땅을 사두었다가 수풍댐이 생길 때 제값을 받고 팔아 일약 5만여 석거리의 거부가 된 사람이다.

김인오는 뒷날 안주중학교를 세우는 데 수십만 금을 내놓아 사회사업을 했던 인물이기도 하다.

그런데 이미 1880년대 후반에 이승훈 역시 그 김인오와 손을 잡고 평양 상권을 장악하기 시작했으니 여러모로 인연이라 하지 않을 수 없다.

그 후 몇 해 동안은 철산 오희순의 자본을 끌어와 사업을 크게 확장하고 평양과 인천에 본거를 두고 눈부신 활동을 하게 되었다. 그리하여 마침내 나라에서 제일 가는 큰 무역상이 되어 서울과 지방에 돈거래하는 사람들 대부분 그를 통해 환을 놓게 되었다. ‘이 아무개가 물건 사들인다’ 하면 물가가 오르고 ‘이 아무개가 낸다’ 하면 물가가 내릴 정도로 전국의 경제계를 지배하는 지경에까지 이르렀다.

그의 성공 비결은 무엇일까? 비결은 없다. 그는 술책을 모르는 사람이요 수단을 모르는 사람이다. 오로지 청천백일 같은 그의 인격으로 된 것이다.

자신에 대한 정직이 자기 발전의 첫걸음이라는 신념을 몸소 실천한 것만이 성공의 열쇠였던 것이다.

이처럼 어떠한 경우에도 이승훈의 행위엔 거짓이 없었다. 어려운 사업에 임할 때도 언제나 어린아이같은 순수함과 정직으로 부딪혀 갔으며, 자신의 신념이 현실화하기까지 억척같이 돌진해갔다.

차마 삼심육계 줄행랑칠 수 없다

그러나 누가 상상이나 했으랴!

1894년 동학농민운동이 일어나고 청일 양국이 전쟁을 하게 되자 그 난리바람은 이승훈이 쌓아올렸던 납쟁이 유기공장을 송두리째 잿더미로 만들어 버렸다.

평양 싸움에서 밀린 청나라 병사들은 흩어져 달아나는데 안주를 거쳐 가산의 효성령을 넘어 납청정으로 밀려 들었다. 패잔병들은 밀리는 곳미다 소잡이 먹고 돼지·닭을 미구 잡이먹으면서 사람을 만나면 때리고 쏘고 여자는 욕을 보이기 때문에 사람들이 모두 도망가 인가는 비고 들에는 먹을 것이 없게 된 황량한 천지로 변했다. 남강의 가족들도 상점과 공장을 그대로 내버리고 덕천 산골로 피난해 갔다. 남강은 평양에서 얼마 뒤 납청정을 거쳐 상점과 공장이 유린당한 양을 보고 덕천으로 들어가 가족들과 만났다. 전쟁은 모든 것을 쓸어갔다. 사나운 태풍마냥 사람과 집과 동리와 논밭을 모조리 쓸어갔다. 평화스럽게 살고 있을 때 갖고 있던 모든 것을 쓰러뜨리고 짓밟고 불태우고 빼앗아 갔다. 남강은 이제 손에 지푸라기 하나 없는 가난뱅이가 되었다. 31년 동안의 고된 생활이 꿈인 양 그에게는 허무했다.

청일전쟁이 일어나자 이승훈도 난을 피해 덕천 산골로 들어가 옥수수로 연명하면서 2년을 지내다가 가족들을 데리고 총총히 납청정으로 돌아왔다. 돌아와 보니 시가가 황폐하고 집도 빈집들뿐이었다. 상점과 공장은 모두 부서지고 뜯어가고 모든 것은 패잔병으로 달아나던 청나라 군사들이 불지르고 값이 될 만한 통쇠며 놋쇠덩이는 짊어지고 도망쳐 버렸고 상점마다 가득이 쌓아 두었던 제품들도 무엇 하나 남아 있지 않았다.

전쟁이라는 불가항력의 태풍 앞에 모든 것을 잃어버린 이승훈.

그는 31세 때 전쟁으로 모든 것을 휩쓸려 보내고 다시 재기불능 폐허 위에 서서 통곡하지 않을 수 없었다.

남은 것은 집터와 상점자리에 수북이 쌓인 재뿐이었다. 수십 년 동안 쉬지 않고 입지도 먹지도 못하면서 남에게 좋은 소리 듣지 못하면서 각고면려한 것이 이것이라고 생각할 때 이승훈은 가슴이 아팠다. 사람이 들끓던 납청정 시가에는 잡초만 우거지고 밤이면 벌레소리만 구슬피 들려 마치 어디 딴 세상에 온 것만 같았다.

이승훈은 평양에 벌여 두었던 상점 일이 궁금하여 곧 평양으로 가 보았다. 그러나 평양도 역시 그 번화하던 거리가 말이 아니었다. 직접 전란으로 파괴된 것도 파괴된 것이지만 대개는 시민들이 산골로 피난을 가 버렸기 때문에 시가지는 빈 도깨비굴처럼 여기저기 부서진 채 널려 있을 뿐이었다. 평양은 거의 1년 동안이나 도둑과 거지 소굴이 되었다. 이승훈의 상점 일을 맡아보던 사람들도 피난을 갔기 때문에 그곳에도 역시 남은 물건이라고는 아무것도 없었다.

전쟁은 모든 것을 쓸어가 버렸다.

이승훈만이 아니라 납청정 유기 마을에서 큰 장사를 하던 사람들 모두가 맨주먹이 되어 버렸고 평양에서 의주 일대까지 널린 인가들도 거의 폐허나 다름없이 부서져 버렸다.

남은 것이라곤 철산 오희순한테 진 산더미 같은 빚뿐이 아닌가?

납청정 마을에서 오희순의 돈을 빌려다가 장사를 했던 많은 사람들은 하나 둘씩 슬그머니 자취를 감추어 도망을 해 버렸다.

"여보게, 승훈이! 자네는 어떻게 하려는가?"

"글쎄, 하늘이 무너지는 것 같군. 난리통에 이 신세가 되었으니 어떻게 하면 좋을꼬."

"무엇보담도 오희순 영감에게 진 빚을 어떻게 갚어? 빚은 고사하고 당장 먹고 살길도 막연하니 이 일을 어쩔 것인가?"

"먹고 살 것은 그래도 설마하니 산 입에 거미줄이야 치겠는가마는 그 오희순네 빚을 어떻게 갚을지 하늘이 노랗구만."

"하늘이 노랗기는 이 사람 횟배 앓나? 이런 난리통에 어떻게 빚을 갚아?"

"그럼 남의 빚 안 갚고 어떻게 할 것인가?"

"아, 어떻게 하긴, 두 주먹 쥐고 다리야 나 살려라 하면 되지."

"그래, 삼십육계 줄행랑을 치잔 말인가?"

"그 수 아니고 무슨 수가 있어? 이 수 저 수 해도 이런 때는 도망수가 제일이라네."

"하기야, 그 수밖에 없구만. 그러니 승일이 자네도 오늘 저녁에라도 그저 이불 보따리에 솥단지 하나만 짊어지고 어디로 내빼게. 황해도로 내빼든 경기도로 내빼든 안 뵈는 데로 멀리 없어져 버리면 누가 알 것인가? 아마 빚준 오희순 영감도 난리통에 이 놈들이 죽었는가 보다고 할지 모르지."

"아, 제가 찾으면 대수야? 술 먹고 기집질해서 없앤 돈도 아니고 난리통에 청나라, 일본 병정놈들이 대포 놓고 불질러서 다 가져 갔는데 우리 보고 어떻게 하라는 것인가? 오희순 아니라 오희순 할아비가 온다 해도 못 갚는 빚은 못 갚는 거야."

"그래, 그건 그렇지만 눈앞에 알랑거리면서 내 배 받아라 할 수도 없고 빚진 죄인이니 안 뵈는 곳으로 없어지는 것이 최상책일세."

이렇게 해서 빚진 장사꾼들은 거의 다 고향을 떠나 어디론가 멀리 도망을 쳐 버렸다.

그러나 이승훈으로서는 차마 그럴 수가 없었다. 죄가 있다면 전쟁이 죄다.

사내자식이, 더구나 장사하여 살겠다고 장바닥으로 나선 놈이 남의 빚을 떼어먹고 어디로 도망칠 것인가. 천한 장사꾼일수록, 남의 돈을 돌려다가 영업을 하는 장사꾼일수록 신용이 있어야 한다.

그 신용이란 신의가 아니겠는가. 나를 믿고 그 오희순은 금덩이 같은 돈을 빌려줬던 것이 아닌가.

그런데 그 돈을 가져다가 장사를 하던 내가 모른다고 도망쳐 버린대서야 말도 안 되는 소리다.

사람은 정직, 아니면 부정직 둘 중 하나이다. 부정직한 행동은 결국 파멸을 부른다.

죽을 때 죽을망정 사람은 당당해야 한다.

남의 신세를 졌으면 갚아야 한다. 힘이 없어 못 갚을 경우에는 그 연유라도 알려 주어야 한다. 이렇게 결심하고 이승훈은 상점이며 공장을 세밀히 조사하여 남은 제품을 일일이 기입하고 그동안 오희순에게서 빌려온 자본의 손해액과 이자를 계산하여 자기의 총 부채액이 그날 현재로 얼마라는 명세서를 만들어 가지고 철산 오씨 댁을 찾아갔다.

이승훈은 오희순을 찾아가 인사를 드리고 그동안 난리를 만나 덕천 산속으로 피난갔던 일과 상점과 공장이 모두 난리통에 부서진 일을 알려드리고 겸하여 자기가 빚진 내용을 분명히 계산이라도 해 두려고 찾아왔노라고 하면서 소매 속에 넣어가지고 간 장기를 내보였다.

느닷없이 찾아온 이승훈을 보자 오희순은 우선 사람이 반가웠다. 손바닥에 훗훗하게 황금이 놀 때는 두 칸 장사랑에 하루도 돈 빌리러 오는 손님이 떠날 때가 없었다. 평안도 일대에서 자기돈 갖다가 장사 안 해 본 거상이 있었던가? 모두 자기 돈을 빌려다 큰 장사

를 하던 사람들이 난리가 일어나 쑥밭이 되어 돈자국을 쓸어갔다고
는 하지만 이렇게 세상이 뒤집혀지자 어느 놈 하나 코빼기를 내밀
고 진지 잡수셨느냐는 인사 한마디 하러 오는 놈이 없자 오희순은
세상 인심 돌아가는 것에 대해 느끼는 바가 많았다.

　오희순 역시 난리통에 적지 않은 피해를 입었다. 사방에 깔아 놓
았던 돈과 재물이 제대로 들어오지 않아 마당에는 잡초만 우거지고
사랑에는 휑뎅그렁하니 문풍지가 울었다.

　세상 인심이 이런 것이구나. 사람이 난리를 만나면 이렇게 되는
것이구나. 남의 빚 잘라먹고 잘되는 놈 있던가? 오희순은 그날도
가슴속으로 미어져 올라오는 울화와 울분을 새기지 못해 담뱃대를
재떨이에 탕탕탕 소리나게 털면서 한숨을 내쉬었다. 이렇게 자탄하
던 참에 생각지도 않던 납챙이 이서방이 찾아온 것이다. 이래서 우
선 사람이 반갑다고 한 것이다.

　술상을 차려다가 이승훈과 마주앉아 대작을 하면서 초췌하게 휑
하니 말라 두 눈이 쑥 들어간 이승훈을 바라본다.

　"허어, 자네가 처음 나한테 빚을 얻으러 와서 내가 우리 조상 묘
에 석물한 이야기를 하자 밀허리를 분지르고 나를 니무린 친구
아닌가?"

　"예, 제가 바로 그 이승훈이올시다."

　"허허, 자네가 이승훈이지. 세상이 이렇게 되고는 날 찾아오는
사람이 없네. 나한테 빚을 지고는 자취를 감췄거나 밤도망을 하
여 발길을 끊었지."

　"……."

　오희순 영감은 담배 한 대를 다시 쟁여 물었다.

　"그래 자네는 내 빚을 갚을 생각인가?"

　"갚아야지요."

　이승훈은 정색을 하고 오희순 영감을 바라보았다.

그러면서 자기 소매 속에 넣어 가지고 간 장기(부기책)를 내놓았다.

오씨는 이승훈이 내미는 장기를 받아들고 그 기재가 상세한 데 놀랐다. 사계문서로 깨끗이 기록했는데 공차(公差)가 얼마, 입(入)이 얼마, 상이 얼마, 계(計)가 얼마라고 일목요연하게 적혀 있었다. 그리고 오씨의 자본 얼마에서 그동안의 이자까지 합해서 갚을 빚이 총계 얼마라고 기입돼 있었다.

오희순은 이승훈이 내미는 그 장기 하나하나를 훑어나가다가 장기책을 덮어 버렸다. 그러더니 눈을 감고 담배를 뻐끔뻐끔 빨면서 한참이나 무엇을 깊이 생각한다.

'인생이란 술맛과 흡사하다고 했던가……?'

오희순은 쓴맛을 맛보고 난 뒤 비로소 혓바닥 위에 남는 달콤한 맛을 음미하며 입을 열었다.

"내 돈을 가져다가 장사하는 사람이 수십 명이 넘는데 이번 난리 뒤 모두 숨어 버리고 그림자도 얼씬하지 않거든. 그런데 자네는 날 다시 찾아준 것만도 고마운데 이렇게 장기까지 소상히 뽑아왔으니 장사하는 사람은 이래야 쓰는 법이야. 장사하는 사람일수록 또 세상이 어려워질수록 신의를 지키는 마음이 있어야 하거든. 그렇게 정직한 신의가 없이는 큰 돈을 모을 수 없는 법이야."

"……."

이승훈은 아무 말도 하지 않았다.

인간을 잘 아는 자가 인간을 가장 잘 움직인다고 했던가.

그러자 묵묵히 다시 눈을 감고 무엇을 생각하던 철산 오희순의 눈꼬리가 눈물로 축축하게 젖어온다.

"사람은 마음이 발라야 사는 법일세."

이러면서 반상에 놓여 있는 벼루를 끌어당겨 붓에다 듬뿍 먹을 찍더니 이승훈이 가지고 간 장기 위에다가 열십자로 가위표를 죽죽 긋는 것이 아닌가.

"이제 이것은 지난 일이니 다시 볼 것 없네."

이제까지 이승훈이 진 빚을 모두 탕감하여 버린다고 선언한 것이다.
오희순은 다시 입을 열었다.

"나도 지금이야 난리 끝이라 이러네만 좀 지나면 돈이 풀릴 걸세. 이후부터 자네가 다시 장사를 시작하려면 자금이 있어야 할 것 아닌가? 어려워 말고 필요한 대로 내게 와서 말하게. 내가 돈을 힘닿는 데까지 돌려줌세."

서양 물품으로 거부성 쌓고

동학농민운동 이후 철산 오씨네의 자금을 무제한 끌어다 쓸 수 있었던 이승훈은 주저앉은 자기 사업을 전광석화처럼 재빨리 일으킬 수 있었다.

자금이 없어 다른 경쟁자들이 부서진 유기공장을 다시 일으킬 엄두도 내지 못할 때 평안도 거부 오희순의 자금을 독점하다시피 끌어다 쓴 이승훈은 당장에 납청정 유기공장을 다시 일으켰다.

납청정 유기공업을 독점한 이승훈은 또다시 판매 지점망을 확장하여 평양에 점포를 내고, 개항기 이후 외국 문물이 들어오는 진남포에도 점포를 세웠다.

1896년부터 6, 7년 만에 그는 당시 돈으로 10만 냥을 움직이는 거상이 되어 있었다.

이렇게 몇 해 계속하는 동안에 이승훈이 경영하는 평양의 상사는 평안도 상계를 거의 독점하다시피 하여 많은 이익을 거두었다. 그 무렵 그가 움직인 자본금은 그때 돈으로 70만 냥이 넘었는데 하루 밭갈이에 서 돈, 소 한 필에 한 냥 하던 것을 생각하면 실로 엄청난 돈이었다.

소 한 필에 한 냥이라면 이승훈의 거금 70만 냥은 소 70만 마리 값이 되는 대자본가가 된 것이다.

여기다 평양으로 진출한 이승훈은 김인오의 자금으로 유기만이 아니라 서울·인천으로 출입하면서 그 무렵 새롭게 퍼지기 시작한 석유와 양약의 총대리점을 맡았다.

그즈음 인천항을 통해 들어온 석유가 급작스레 퍼지면서 우리나라는 연료혁명을 일으켰다. 또 독일상사 세창양행에서 수입해 들여온 금계랍(金鷄蠟 ; 해열 진통제, 말라리아 치료제) 역시 기막히게 팔려 잘 나갔던 약품이다.

'하루거리'라고도 하던 학질(말라리아)이 거의 매년처럼 전국을 휩쓸 때 학질에 잘 듣는 금계랍의 위력은 실로 형언하기 어려웠다.

이런 근대 서양 물화의 평안도 공급권을 혼자 손에 쥐다시피 했던 이승훈은 말할 것도 없이 돈방석에 올라앉은 셈이었다. 여기다 그는 석유와 양약뿐만이 아니라 지물·도자기·건축재료·면포·일용잡화 등 무엇이든 돈이 될 수 있는 물품을 무역해 들이는 무역상사로서 서북 일대에서는 최고로 명성을 떨쳤다.

이승훈의 명성은 평안도 지방만이 아니라 서울에서도 자자했다. 그 무렵에 무엇이건 이승훈이 그 물건을 샀다 하면 오르고 이승훈이 내놓는다 하면 값이 내릴 정도의 영향력을 구사했기 때문이었다. 그리고 실지로 1901년 그가 서울 장안에 들어앉아서 전국에서 올라오는 모든 지물을 독점해 버렸을 당시의 이야기 하나로서도 그의 영향력을 짐작할 수 있다.

우리나라의 지물은 매년 추석을 전후하여 창호지가 압도적으로 많이 소모되었다. 이승훈은 7월부터 서울에 들어앉아서 들어오는 족족 경주종이며 대구종이·전주종이 등을 전부 매점해 버렸다.

추석 무렵이 되자 종이 값은 무려 3배나 뛰었다. 그래도 이승훈이 물건을 가둬 놓고 풀지 않자 종이는 사정 없는 기근에 빠졌던 것이다.

물론 이승훈은 크게 이득을 남기고 그 종이를 서서히 풀었다. 한 나라의 물화를 자기손에 쥐락펴락할 수 있었던 그 자본력에는 감히 누구도 대적할 수 없었다.

여기다 그는 서양 물품이 들어오는 인천으로부터 서울까지 운송 사업을 손에 쥐고 있었다. 그뿐 아니라 황해도와 평안도로 공급되는 여러 종류의 양품까지 그의 손을 거쳐야만 했다.

이승훈은 상인으로서 남다른 데가 있었다.

이승훈이 그만큼 성공한 데는 첫째, 장사의 기회를 엿보는 데 민첩했고 둘째, 모든 계획에 치밀했으며 셋째, 동지 사이에 정의를 두텁게 하고 상인으로서 신용을 존중했고 넷째, 그가 쓰는 사람을 믿고 또 가르쳐 가면서 그 방면의 지식을 남보다 앞서 가도록 지도했다는 점이다.

이승훈이 그처럼 남다른 수완으로 평안도 최대의 거상이 될 수 있었던 무기는 다름아닌 정직함과 신의라고 할 수 있다.

한창 때 그가 평양을 출입하면서 돈을 요리하게 되자 평양감사이던 민영휘는 서울로 돈을 보낼 일이 있으면 이승훈의 어음을 떼어 썼다고 한다.

이승훈이 평양감사 민영휘와 거래하면서 본 인물평이다.

당시 민영휘가 평양감사로 있었는데 그 세도는 하늘의 새라도 떨이뜨릴 정도였다. 남강이 장사 일로 납청정에시 평양, 평양에서 서울로 바삐 다녔는데 평양에서 서울이나 서울에서 평양으로 돈을 보낼 사람들은 이것을 남강에게 부탁했다. 그 가운데 하나가 평양감사 민영휘였다. 현금을 평양에서 남강에게 주면 남강은 어음 한 장만 써주어 그 어음이 서울에 가면 남강이 지정한 상사나 점포에서 쓰여진 액수대로 돈을 돌려주는 것이었다. 민영휘는 여러 번 남강의 손을 거쳐서 서울로 돈을 보냈다. 한번은 돈을 받고 나서 고맙다는 인사편지를 보냈는데 끝에 민영휘 포배(捕拜)라고 써서 남강이 그 사람됨의 작음을 나무라고 이것을 면전에서 말한 일이 있었다. 남강은 자기에게 관계된 일이건 아니건 옳지 못한 일은 누구 앞에서나 이것을 말하고 또 본인을 젖혀놓고 다른 사람에게 이야기하는 일이 없었다.

  일개 장사꾼에 불과한 이승훈, 그러나 그는 워낙 돈이 많아 거상
으로 활약하는 한편 요즘으로 치면 은행 같은 역할도 했다. 하늘의
나는 새라도 떨어뜨릴 수 있는 세도를 휘두르던 평양감사 민영휘도
이승훈의 어음을 이용했던 것이다.
  남강은 그 민영휘의 사람 그릇이 적은 것을 나무랐다. 덮어놓고
민영휘에게 매질을 하려는 그러한 옹졸한 사람은 아니었다.
  남강은 무엇보다도 거짓을 미워한 사람이었다.
  흔히 장사는 남을 속이는 것이 그 근본이라고 하지만 남강은 장
사야말로 정직해야 하는 것이라고 주장했다.
  남에게서 물건을 사다 그것을 여러 사람에게 팔 때 신용이야말로
생명이다. 속이고 거짓말 해서 파는 물건은 한두 번은 살지언정 그
속은 것을 깨달은 사람은 두 번 다시 그 사람에게서 물건을 사지 않
을 것이므로, 장사에서는 신의야말로 그 상인을 성공케 하는 것이

곡물시장

라고 믿었던 것이다.

그런데 뒷날 남강은 안창호 선생의 연설에 감복하여 44세부터는 제2의 인생, 공적 인생을 살면서 서북지방 여러 유지들과 손을 잡고 일해 나간다. 그 중에서도 안창호로부터 소개받은 이갑(李甲)은 서북지방이 배출한 걸출한 인물로 가깝게 지냈던 사람 가운데 하나였다.

그런데 이갑의 토지를 한때 평양감사를 살던 민영휘가 뺏었다 하여 심한 말썽을 빚었던 것은 유명한 이야기다. 그 일을 두고 남강은 그 내막을 설명했다.

"남의 땅을 빼앗은 평양감사 민영휘보다도 오히려 나이를 속여 벼슬을 얻으려고 했던 이갑 쪽이 거짓스러우니 옳지 못하다."

민영휘는 평양감사로 있으면서 부호들에게 돈을 많이 긁어 모았다. 그 중에서 가장 유명한 것이 이갑의 재산을 빼앗던 이야기다. 융희황제가 왕세자로 있을 때 이 왕세자와 같은 해인 갑술년에 난 경향의 자제들을 모아 특별히 과거를 보인 일이 있었다. 그런데 이갑의 부형들은 평안도 갑부로서 자기 아들의 귀여움만 생각하고 한 해 뒤에 난 을해생을 갑술생이라고 속여 과거를 보여 진사 첩지를 받았다. 이 일을 탐문한 평양감사 민영휘는 이갑의 부형을 붙들어 기두고 나라의 임금을 속인 죄라 하여 그 진재산을 몰수하였다. 사람들은 이갑의 부형을 나무라는 것보다는 평양감사 민영휘를 더 나무랐다. 그런데 남강은 달랐다. 서울 양반들이나 수령·방백의 백성에 대한 가렴주구가 나쁘기는 하지만 드러난 행패보다 더 나쁜 것은 거짓이라 하였다.

그는 사람이 남을 속이는 것이 용서받을 수 없는 불선(不善)인 것처럼 자기를 속이는 것 또한 불선이라고 말했다.

평안도 거상으로 성장한 이승훈은 그 뒤 자기도 돈을 내놓고 수릉(水陵) 참봉이란 감투를 사서 썼다.

그런데 이승훈이 참봉으로 있을 당시 역시 평양감사로 내려왔던 민영철이 서궁을 짓는다는 명목으로 90만 원을 거둬 상해로 도망친

일이 있었다. 또 민영철은 평양에 있는 애련당(愛蓮堂)을 뜯어서 자기 첩의 집을 지어 주려다가 혼이 난 일이 있었다.

민영철은 서궁 지으려던 일을 폐하였지만 이 일로 주머니에 상당한 돈이 들어왔다. 그때 우리나라 상계에는 이승일(이승훈의 초기 이름)의 이름을 모르는 이가 없었고 전국의 주요 물품이 그의 손을 통하여 나가기 때문에 경제권이 그의 수중에 있었다. 정부에서는 억지로 수릉 참봉이란 감투를 씌워주고 이 청년상인에게서 돈을 빼앗아갔다.

평양감사 민영철은 평양 돈을 긁어 모으려고 평양에 서궁을 짓기로 임금께 여쭈어 승낙을 받고 그 비용을 백성들에게 지우기로 했는데 남강의 반대에 부딪쳐 중도폐지되었다. 평안도 사람들은 조선 5백 년 동안 조정으로부터 심한 천대를 받아 벼슬이라야 미관말직을 면치 못했는데 이제 서궁을 짓는데 향대부첩(鄕大夫帖)이라는 것을 사면 양반과 같은 예우를 받는다고 하여 백성들에게 팔게 했다. 오랫동안 설움을 받아오던 평안도 사람들은 어린아이의 옷고름에 매달렸던 돈까지도 끌러서 첩지를 사려고 했다. 그때 남강은 그것이 부당한 처사라고 가는 곳마다 이야기하여 마침내 그 일을 폐지시켰던 것이다.

또한 민영철은 평양에 애련당이라는 유서 깊은 건물을 자기가 사랑하는 기생에게 주려고 이 건물을 헐어 가려고 한 일이 있었다. 그러자 이번에도 남강이 나서서 애련당은 유서 있는 유적이요, 평양 성중 사람들의 공유물인 이상 아무리 감사라고 하여도 마음대로 헐어갈 수 없다고 반대했다. 감사도 수릉 참봉의 말을 꺾을 길이 없어 하려던 일을 슬그머니 그만두고 말았다. 민영철은 평양감사의 지위에 있으면서도 남강에게 두 번 패한 결과가 되었다.

평양감사 민영철이 수릉 참봉 이승훈에게 두 번이나 꺾여 자기가 하려던 일을 폐기했던 것이다. 이것은 약간 과장된 표현이었을 것이다. 평양감사 민영휘나 민영철이, 아무리 거상으로 자라난 이승훈이라고 하지만 그의 눈과 입이 두려워 할 일을 못할 사람들은 아니었다.

순풍에 돛단배도 물결 헤쳐야 나아간다

이승훈은 1890년대 후반부터 1900년 초까지 평안도 정주나 평양·진남포뿐 아니라 서울·인천 등지에서도 모든 무역업을 좌우하는 존재로 성장했다.

소 70만 마리 값인 거액을 손에 쥔 이승훈은 그 놀라운 자본력으로 무역계를 석권했을 뿐만 아니라 인천에 자리잡고도 항상 새로운 사업의 기회, 새로운 물품의 수입과 그 공급에 신경을 썼다. 한번 무엇이 보인다 하면 석유나 양약·지물, 나중에는 성냥에 이르기까지 과감한 매점을 통해 이 나라 상업계를 지배했던 것이다.

이승훈은 책상물림이 아니었다.

나이 불과 14세 때부터 숟가락 보따리를 짊어지고 다니면서 행상을 했던 사람이요 거기다 평안도는 물론 황해도 일대, 이제는 경기도·서울·인천 등지에 이르기까지 그가 자기 발로 밟아보지 않은 땅이 거의 없을 지경이었다. 어느 고을에서는 어떤 물건이, 언제쯤 얼마만큼 생산되며, 그 물건은 어디로 옮겨져, 얼마에 거래되는 것이고, 이익은 얼마나 된다는 깃까지, 너무나 환히 알고 있있다.

이승훈에게는 무서운 것이 없었다.

이승훈은 무엇이고 손을 댔다 하면 막대한 이익을 남기고 재미를 보았다.

그러나 그의 상운(商運) 역시 한계가 있었다. 길게 보아 인간에게 흥망성쇠가 있듯 상계에도 애당초 영원한 '필승'이나 '정상'이란 것은 있을 수 없다. 있다고 생각하는 것은 인간의 착각에 지나지 않는다.

1901년 그가 시작했던 엽전장사는 이승훈을 대패로 몰아가는 첫 악운의 신호가 되었다.

이승훈은 1901년 그때 돈으로 약 3만여 원에 이르는 엽전을 사들였다. 그는 엽전을 배에다 싣고 인천에서 출발하여 부산으로 향하던 중 목포에서 일본영사관 배와 부딪쳐 엽전 3만 냥을 고스란히 바닷속에 수장시켜 버리는 액운을 당했다.

그 엽전장사 역시 철산 오희순이 뒤를 대주어 그것으로 서울로 내려와 엽전 3만 냥을 수집했던 것이다.

엽전장사를 어떻게 하느냐고 의심이 갈는지 모르지만 그 무렵 우리나라는 화폐제도가 통일되어 있지 않아 서울과 경기·황해도 일대에서는 백동화를 썼지만 전라도·경상도 일대에서는 백동화를 쓰지 않고 여전히 엽전을 통화로 사용하고 있었다.

그렇기 때문에 백동화를 주로 쓰는 경기·황해도 일대에서는 엽전이 별반 소용없는 돈인 데 비해 경상·전라도 일대에서는 백동화가 쓸모없는 돈이어서, 엽전만을 통용하고 있었다. 서울지방에서 3만 냥어치의 엽전을 싣고 경상도 지방으로 가면 고스란히 운임·잡비 제하고도 6만 냥어치가 되는 두 배 장사가 되었던 것이다.

경인 간의 각종 운수사업이며 수하에 수십 척 배를 거느리고 물화를 운반하던 이승훈이 그런 돈장사에 마음을 안 썼을 까닭이 없다.

그는 부랴부랴 엽전 3만 냥어치를 사들여 배에다가 가득 싣고 부산을 향해 떠났다.

그런데 목포 근해까지 간 이승훈의 3만 냥 실은 돈배는 어이없게도 일본 영사관 배와 부딪쳐 엽전 한 닢 건지지 못하고 3만 냥 돈더미를 바닷속에 고스란히 처넣어 버리고 말았다.

이승훈은 일본 영사관을 상대로 하여 수장당한 엽전 3만 냥 손해배상 청구소송을 걸었다. 우리 정부에도 여러 차례 이를 호소했다.

그러나 일본 영사관측에서는 이 돈이 부산에 가면 6만 냥이 되는 것이 분명하니 6만 냥 돈을 물어내라는 이승훈의 말은 들은 체도 하지 않고 한 해 두 해 시빗거리로 재판만 하더니 나중에는 원금 3만 냥만 배상해 주기로 하고 낙찰지었다.

한때 원산의 소금장수 김두원이 자기의 소금값을 받아내기 위해 수십 년 동안 뼈저린 투쟁을 하다가 결국 미쳐 거덜이 났다. 그에 비하면 이승훈은 자제력과 상업계에 세력이 있었기 때문에 3만 냥이라도 건질 수 있었다.

그러나 이승훈으로서는 공연히 3만 냥 돈을 바다에 처넣고 그 3만 냥을 도로 받아내기 위해 몇 해 동안 일본영사관을 상대로 실랑이를 벌인 셈이니 그 손해가 이만저만이 아니었다.

무슨 장사건 손만 대면 잘 되던 이승훈이 왜 이렇게 되었는가?

이승훈은 자기의 상업적 세력이 커가면 커갈수록 한 시대와 나라의 중요성을 뼈저리게 느꼈다.

국권이 튼튼하지 못하고 어떻게 상권이 있을 수 있는가? 국권이 흔들리면 상권 역시 흔들리기 마련이다. 국권이 약하면 아무리 큰 상권이라도 제대로 힘을 내지 못할 것은 너무도 당연한 귀결이었다.

때문에 그는 항상 '관서자상론(關西自商論)'을 내세웠다. 물밀듯 들어오는 일본을 비롯한 외국의 자본력, 외국 상품에 침탈당하는 국내 경제를 일으켜 세우기 위해서는, 서북 사람은 서북 사람대로, 횡해도 사람은 횡해도 사람대로, 또 영남이나 호남지방 사람들은 거기에 뿌리박고 있는 큰 지주나 상인들이 돈을 모아 큰 자본을 이루어 그들과 상권을 대항해 나가야 한다고 했다.

외국 자본력에 비해 국내 시장이나 자본 시장의 판도는 너무나도 취약했다. 때문에 열이면 열 모두가 그들의 손에 넘어가기 일쑤였다. 이것을 막기 위해 우리나라 사람들은 지역별로 자본을 모으고 사업을 일으켜 세워야 할 것이라고 느꼈다.

자신만만했던 이승훈의 배짱은 때로는 지나치게 모험적일 때도 있었기에 지체없이 달려들어 돈장사까지도 서슴지 않았던 것이다.

3만 냥을 고스란히 바다에 수장시킨 이승훈은 그때부터 자기 마음을 가다듬지 못하고 흔들리기 시작했다.

떠오른 해는 지지 않고 언제까지나 영원할 수 없다.

이승훈의 마음은 출렁거리고 흔들렸다.

왜인가?

자기가 입은 손해를 단시일 내에 복구하려는 조급함으로 때때로 이성을 잃고 모험을 하기 때문이다.

이승훈도 1901년 엽전사건이 있은 뒤 그 손해를 만회하기 위해 마음이 흔들렸다.

이승훈은 그 다음에 황해도로 들어가 수수와 옥수수 등 잡곡 수만 석을 매점했다. 그것도 빗나가고 말았다.

해마다 그처럼 가격 폭등을 보이면서 일본이며 외국사람 배가 정신없이 사들여 가던 그 수수와 옥수수 등 황해도 잡곡. 이승훈은 그 수십만 석의 잡곡을 매석하여 노적가리를 쌓아두고 팔리기를 기다렸다. 그러나 그해 전라도 지방에 유례없는 대풍이 들어 황해도 수수 따위는 거들떠 보지도 않고 모든 무역선이 그쪽으로 몰렸다.

황해도 지방에 매석해 놓은 수수와 옥수수 등을 가지고 그 다음해, 다음다음해까지 버텨 보았지만 그 다음해 전라도 지방에 흉년이 들었을 때는 경기도 지방에 풍년이 들어 이승훈의 황해도 수수는 여전히 팔려나가지 않았다. 제때 팔지 못한 곡식들은 싹이 나고 썩어 나중에는 한 섬에 본전에서 서 돈씩이나 밑져가면서 처분할 수밖에 없었다. 거기서도 이승훈은 대패를 하고 말았다.

한 장사가 망하는 때는 크고 작고를 따로 가릴 필요가 없는 법이다. 큰 장사는 크게 손해 보는 일을 벌이는 법이요, 작은 장사는 작게 손해 보는 일을 벌이기 때문이다.

큰 장사를 경영하다가 두 번이나 연거푸 실패를 보자 당황하지 않을 수 없었다.

"허허 이럴 수가 있나? 적어도 이승훈이 이럴 수가 있나?"

그는 술을 마시고 담배를 피웠다. 화가 나서 여기저기를 찾아다니며 골패 노름을 했고, 그럴수록 무슨 정보가 없을까 항상 숨을 헐떡거리며 찾아 다니는 꼴이 되었다.

큰 장사나 큰 돈을 쥔 사람은 움직이지 않아도 여기저기서 돈을 벌 거리를 들고 와서 권하는 법이다.

"이 장사를 좀 해 보시오."

"이것 좀 해 보십시오."

그렇지 않으면

"내가 이 장사를 해 볼 테니 영감님이 돈 얼마를 빌려 주시면 이렇게 이렇게해서 돈을 갚아 나가겠습니다."

제물에 귀띔을 하여 주게 마련이다. 몸이 달아 이곳 저곳 흘러다니며 무슨 돈 벌 것이 없나 엿보는 사람에게, 그것도 마음이 들뜬 사람에게 할 짓이 없겠는가?

이승훈은 1902년 출렁거리는 마음을 안고 함경도 원산에 모습을 드러냈다.

물론 그가 멀리 원산까지 나타났을 때에는 그냥 바다의 파도소리나 들으려고 온 것이 아니었다. 그는 원산지방에서 많이 잡히던 명태로 한몫을 단단히 볼 요량이었다.

원숭이도 나무에서 떨어질 때가

그 무렵 원산지방에서 잡히는 명태는 전국적으로 이름이 나 있었다. 잡히는 양도 어마어마하여 일본으로 수출되던 가장 중요한 상품의 하나였다. 조금 큰 무역상 치고 원산의 명태에 손대지 않은 사람이 거의 없었다.

뒷날 북선 산업은행의 은행장을 지냈던 김승환 역시 이 명태 고장에서 달구지를 끌던 마부로 시작하여 은행장이 된 이야기는 유명하다.

그 무렵 이승훈은 운명을 거는 매점·매석 행위를 감행했다. 자기가 거느리고 있는 서너 명의 중개인들과 함께 원산에 나타나 객주집에 사처를 정하고 들어앉았다. 그는 그해 10월부터 시나브로 소문 안 나게 명태를 매점하기 시작했다.

"소문이 나면 값이 오른다. 선호진·신포 등으로 각자 헤어져 하
루에 몇천 동씩만 소문 안 나게 사들여라."

원산항으로 잡혀 들어오는 명태를 소문없이 자기 수하 중개인들
을 깔아 모두 사들인 이승훈은 객주집 창고 수십 채를 세내어 명태
를 쌓아 두었다.

명태값은 정말 소문 안 나게 뛰기 시작했다.

"영감님, 명태값이 점점 오릅니다."

"오늘은 얼마나 하던가?"

"한 동에 스무 냥씩이나 올랐으니 지금 판다면 매 동에 스무 냥
씩은 남는 것입니다."

"쓸데없는 소리 마라. 한 동에 스무 냥의 이문을 바라고 이 이승
훈이가 원산까지 와서 명태에 손을 댔을 성싶은가?"

이승훈은 들은 체도 하지 않았다. 여전히 객주집 다른 거상들과
함께 골패노름에 정신이 없는 이승훈은 매일같이 자기 수하 중개인
들이 나가 명태를 사들이고 또 명태값이 뛰어오른다고 좋아할 때마
다 회심의 미소를 지었다.

그러면서도 그는 전혀 그런 내색을 하지 않고 성난 얼굴로, 그
중개인들이 오늘은 값이 얼마가 뛰고 또 어디서 얼마큼의 명태를
잡아 두었으니 내일 모레쯤은 틀림없이 값이 얼마쯤은 더 뛰리라고
애기하면 슬며시 옆구리를 쥐어질렀다.

"시끄럽다! 수고들 했으니 계집이나 하나씩 끼고 술이나 실컷
마셔라. 그리고 내일은 각자 천 냥씩 가지고 나가 명태배들이 들
어오는 대로 사두어라!"

일러두고는 여전히 골패노름만 했다. 이렇게 원산 객주에다 사처
를 정하고 명태에 손을 댄 거의 한 달까지 명태는 모두 이승훈의
손으로 들어와 정말 귀신이 곡할 정도로 값이 뛸 수밖에 없었다.
그 정도에 아랑곳하지 않고 자기가 사들인 수십 창고의 명태는 그
대로 가두어 놓고 계속 명태를 사두는 것이었다.

이승훈은 오직 한 가지 운세를 바라고 있었다.

'바람아 불어라, 강풍아 불어라, 명태배야 뒤집어져라! 명태잡이가 콩태잡이가 되든지 생태잡이가 되든지 더 이상 명태가 들어오지만 않는다면 이승훈의 명태는 장땡에다가 구땡이 겹친 땡바람이 불거다!'

어느덧 동짓달이 넘고 섣달로 접어들었다. 날씨가 강파르게 춥고 바람이 거세지자 명태배들은 좀처럼 바다에 나가 조업을 할 기미를 보이지 않았다.

그러나 누가 알았으랴? 여기서도 하늘은 이승훈을 돕지 않았다. 섣달 스무날께가 지나자 하늘엔 눅눅하게 구름이 끼고 그 구름이 낮게 가라앉더니 눈을 펑펑 퍼붓기 시작했다. 그런 온화한 기후에 바람조차 일지 않았다.

명태배들은 정월 섣달 한 대목을 바라보면서 일제히 바다로 떠나갔다. 그해 정월 스무날께가 되자 수백 척 명태배들은 모두 만선 깃발을 달고 징·꽹과리 등 풍물을 울리며 돌아오지 않는가.

선창가 객주집에서 골패노름을 하며 날씨가 궂어지기만을 기다리던 이승훈은 골패짝을 내던지고 울부짖었다.

"허허, 어쩌려고 이러는기? 이놈의 하늘이 날 망히게 만드는구나!"

소용없는 울부짖음이었다. 매 동에 스무 냥, 서른 냥씩 치솟던 명태값은 이제 유례없는 풍어를 이루어 형편없이 값이 떨어지기 시작했다.

대개 명태란 그해 늦가을부터 초겨울에 잡히는 것을 말한다. 그러나 이런 명태 시세는 그해 섣달과 정월에 잡히는 동태가 흔할 때는 값이 나가지 않는 법이다.

금방 섣달 정월 바다 위에서 건져낸 펄펄 뛰는 동태가 싱싱하게 올라오는데 전해 가을에 잡은 명태를 누가 거들떠 보겠는가?

그해 동태잡이가 잘되면 명태는 죽을 쑤는 것이요, 초가을에 매점매석해 놓았던 명태가 그해 정월에 동태잡이가 시원치 않을 때는 그야말로 한몫 잡는 재미를 보게 하는 법이다.

그런데 이승훈이 들어가서 명태를 매점한 그해야말로 어떻게나 동태가 많이 잡히는지 선창가에 썩어나는 것이 명태요, 밟히는 것이 고기였다.

"이젠 망했구나! 동태가 명태를 잡아먹었어, 이젠 망했구나!"

이승훈은 그야말로 두 손 털고 밑천을 하나도 건지지 못한 채 수십 창고의 명태를 내버리는 도리밖에 없었다.

그는 창고에서 이듬해 봄까지 물씬물씬 냄새를 풍기며 썩는 명태처럼 속이 곯아 버렸다. 더 이상 원산에 머물러 있을 필요도 없게 되어 발걸음을 돌리고야 말았다.

명태장사에서도 대패를 하고 만 이승훈.

장사라고 하면 실패를 모르던 이승훈이 아니던가. 손을 대는 것마다 큰 이익을 남겨 불과 20여 년 만에 맨손에서 평안도 제일의 무역상인으로 등장했던 70만 냥 거부 이승훈이 아니던가. 그러던 그가 어느 사이엔지 이렇게 마음이 허랑하게 들떠 가슴을 옹골지게 쥐어뜯는 실패만을 거듭하고 말았다.

서울로 다시 돌아온 이승훈은 마음을 잡을 수가 없었다.

경인선 기차를 타고 인천으로 가서 몇 달을 묵으며 세월을 보냈다. 그러나 그것도 옛날 같지 않았다.

납챙이·정주·진남포 일대에 깔아 놓았던 유기장사도 제대로 될 턱이 없었다.

거기다 철산 오씨네 집에서 끌어온 많은 자본과 안주 거부 김인오에게서 빌려온 자본 등은 이자에 이자가 늘어갔다.

인간의 내부에 숨어 있는 울분은 계곡에 쏟아지는 물의 힘과 흡사하다. 막는 것이 있으면 있을수록 광란의 물보라를 튀기며 기세를 더하는 법이다.

이승훈은 울화를 이길 수 없었다.

'왜 이렇게 실패만 하는가! 이러다가는 정말 폭삭 망하겠다.'

물론 이승훈은 70만 냥의 거금을 쥐고 돈을 평안도 바닥에다 깔고도 남을 만한 거부였던 것은 사실이다. 그러나 남의 돈을 빌려다가 이리저리 때우지 않고 장사를 하는 일이란 있을 수가 없는 법이다.

큰 장사를 하자면 항상 많은 자본이, 더 많은 자본이 필요했던 때문이다. 이자를 감당하고 나면 이승훈의 손에 남는 진짜 재산은 몇십만 냥이나 될 것인가?

진정 나를 버리시나이까

이승훈은 초조했다.

하루에 몇 갑씩이나 되는 궐련을 빨아댔고 몸조차 주색에 곯기 시작했다. 그러나 사람은 그런 궁지에 몰릴수록 더욱 분발하는 분기가 솟아 올라오는 법이다.

부정적인 마음은 부정적인 생각들만 낳을 뿐이다. 불행이 닥쳤을 때 팔자나 탓하고 있다는 것은 시간 낭비일 뿐이다.

이승훈 역시 자기가 몇 해 동안 내리 손해를 본 수십만 냥의 돈을 한번에 복구하기 위해 새로운 기회를 찾아 헤매던 중 마침내 한꺼번에 실패를 만회할 수 있는 호기를 잡았다.

그것은 다름아닌 러일전쟁과 함께 이 땅에 다시 밀려들기 시작한 전쟁 경기였다.

"하늘이 장차 그 사람에게 큰 일을 맡기려 할 때는 반드시 먼저 그 마음과 뜻을 괴롭히고 그 힘줄과 뼈를 아프게 하며 그 살을 마르게 하고 그 몸이 먹을 것을 없이 하며 그 하는 일을 갈수록 뒤틀어지게 하여, 그 마음을 흔들고 그 바탕을 찔러서 그리하여 그 할 수 없던 것을 새로 더 얻도록 한다."

맹자의 이 말은 남강이 평생 한시도 잊은 적이 없다. 곤경에 처할 때마다 이를 되새기며 힘을 얻는 그의 좌우명이기도 했다.

1904년 남강이 마흔 한 살 되던 해, 그가 떠오르는 해같이 희망과 자신감으로 세계 진출의 꿈을 그리고 있을 때, 러일전쟁은 꽤 오래 갈 것으로 보였다. 남강만 아니라 남들도 많이 그렇게 보았다. 그럴 만한 것이, 그때 러시아의 힘은 놀랄 만한 것이요, 그 동양 경영의 야심은 아주 노골적인 것이었다. 러시아가 한번 간섭하면 일본이 모처럼 피를 흘려 빼앗았던 요동 반도를 꿈쩍 못하고 내놓는 판이요, 남의 나라 임금을 자기네 공사관에 데려다 놓고 1년이 넘도록 내놓지 않는 배짱이니, 그 세력이 무서운 것은 의심할 여지가 없다. 그렇다고 일본이 이제껏 공들여온 미끼를 그냥 내놓겠느냐 하면 그럴 리도 없다. 악착같은 일본과 음흉한 러시아가 맞붙었으니 쉽게 떨어질 리가 없었다. 남강 역시 그렇게 보고 전쟁 시에 값나가는 쇠가죽을 대대적으로 사가지고 중국 땅 영구로 가져가기로 했다.

인천 앞바다에서 일본배와 러시아배가 싸우더니 일본 병정들은 까맣게 밀려들어 서울을 거쳐 평양으로, 다시 전열을 가다듬어 압록강으로, 만주 벌판으로 러시아 군대를 쫓으면서 올라갔다.

수십만 명 일본 병정들의 움직임에 따라 유례 없는 전쟁 경기가 이 땅에 엄습해 왔다.

모든 물가가 뛰기 시작했다. 담뱃값이 두 배 세 배로 뛰고 약값이 뛰었다. 군대들을 따라 다니면서 군수물자를 날라다 주는 일당 노동자들의 품삯이 뛰고 목수값이 뛰었다.

경부·경의선 철도를 따라 움직이는 많은 물동량의 새로운 경기로 술렁거렸다.

이때 어찌 이승훈이 두 눈을 감고 우두커니 낮잠을 잘 수가 있을 것인가?

이승훈은 용기를 냈다. 이런 전쟁 마당에 무엇에 손을 댈 것인가? 제일 좋은 것은 우선 군량미라고 할 수 있다.

그러나 쌀은 무게도 무겁거니와 시세가 오르는 만큼 쌀값도 뛰기 때문에 별반 큰 이익을 올릴 수가 없었다.

"쇠가죽이다!"

이승훈은 이렇게 외치면서 자기가 가지고 있던 모든 자본력을 동원하여 쇠가죽 매점에 나섰다. 자기가 거느리고 있는 수십 명의 중개인들을 모아들여 엉덩이에 저울대 하나씩을 차게 하고 전국 요소요소에 파견, 쇠가죽을 사들이게 했다.

"돈은 얼마든지 대줄 테니 쇠가죽을 사들여 한강 용산창으로 가져오너라!"

이승훈은 자기가 지니고 있는 거의 모든 밑천을 들여 쇠가죽을 사들이기 시작했다.

대구에서도 사들이고 평양에서도 사들였다. 이렇게 사들인 쇠가죽을 전부 한강 용산창 벌판에다가 쌓아 놓고 쇠가죽값이 오르기만을 기다렸다.

쇠가죽값은 바로 전쟁의 바로미터 같은 것이어서 전쟁이 격렬해지면 격렬해지는 것만큼 값이 오르는 것이 상식이었다.

청일전쟁 때에도 그랬다. 우선 전쟁이 나면 쇠가죽은 군수품으로 군인들의 배낭이나 구두 등으로 쓰어 막대하게 소요되있다.

이렇게 수십만 장의 쇠가죽을 용산창 모래벌판 위에 야적해 놓고 이승훈은 러일전쟁이 거세어지기만을 바랐다.

"그저 전쟁이 십 년만 가라. 왜놈과 러시아놈들아, 이마빡이 깨지게 싸워 대라!"

사실 이승훈은 청일전쟁 이후 급변하는 국내외 정세의 흐름에 따라 자기 나름대로 구국관을 가지고 있었다.

그는 청일·러일전쟁 등이 이 땅을 휩쓸 때마다 왜 우리나라 땅덩이 위에서 외국 군대가 밀려와 싸워야 하는 것인가, 그런 전쟁의 피해를 약소한 우리 나라가 고래 싸움에 새우등 터지는 격으로 입어야 하는가를 생각하곤 했다.

일본이나 러시아나 미국·영국·독일 등이 이 땅을 호시탐탐 노려 싹이 자랄 틈도 없이 여러 번 밀려와서 짓밟고 경제를 교란시키고 있는 것이었다.

한국이 살 수 있는 길은 무엇이며, 그 방법이란 무엇일까?

이승훈은 일본과 러시아가 맞붙은 이 싸움이 한해라도 더 끌면서 치열하게 계속되기를 빌었다.

싸움은 서울도 아니요, 평양도 아닌 압록강 너머 널찍한 만주벌판에 가서 왜놈이 죽든지 러시아놈이 죽든지 결판을 내도록 빌었던 것이다.

이승훈은 일본과 러시아가 기운이 다하도록 진을 빼면서 전쟁을 5년이고 10년이고 하는 동안에 우리도 국력을 신장시키는 길밖에 다른 도리가 없다고 믿었다.

큰 짐승 두 마리가 으르렁거리고 싸우는 판에, 그 틈에 우리도 얼른 기운이 좀 세지자는 것이다. 러일전쟁은 오래오래 치열하게 끌어야 된다.

그런데 러일전쟁은 일본군이 여순·봉천·하얼빈 등지에서 전과를 거두면서 러시아 군대를 밀어붙이더니 의외로 국제정세에 밀려 일본은 눈물을 머금고 강화조약을 하지 않을 수 없는 입장이 되었다.

그때까지 남하하는 러시아의 세력을 막으려던 미국이 일본에게 전비를 대어주면서 일본을 부추겼다.

"러시아 곰을 잡아라!"

그러자 정작 그 조그만 일본이 고추처럼 맵게 독을 풍기면서 아시아 대륙 깊숙이 화약냄새를 풍기며 밀어올라가자 미국도 필요 이상으로 일본을 비대화시킬 필요가 없다고 느꼈다.

시키는 대로 싸움을 잘 하고 있는 일본의 등을 꽉 잡고 미국이,

"이제는 돈을 대주지 않겠다!"는 것이 아닌가!

어느 나라건 전쟁을 수행하자면 막대한 전비가 필요하다. 더구나 말타고 활쏘면서 사람과 사람이 맞붙어 싸우는 전쟁이 아니고 화약

과 대포가 맞붙은 현대전에서는 일종의 경제 전쟁이라고 해도 지나친 말이 아니다.

일본은 그동안 미국으로부터 막대한 돈을 빚내다가 그 돈으로 무기를 사고 화약을 사들여 만주 벌판으로 돌격과 천황폐하 만세를 외치며 승승장구했다. 그러다가 정작 총구멍에서 나갈 화약값을 대주지 않겠다고 미국이 엄포를 놓자 더 이상 전쟁을 수행할 힘이 없어지고 만 것이다.

비록 러시아가 독오른 일본의 총칼에 밀려 슬슬 뒷걸음을 치며 평양도 내주고 압록강 건너 여순 항구를 함락당하고 봉천을 함락당해 치욕의 패배를 계속하고 있긴 했지만, 그렇다고 해서 러시아가 일본과 전쟁을 수행할 능력이 없는 것은 아니었다.

러시아는 워낙 큰 나라요, 워낙 사람 숫자가 많은 제국이었기 때문에 아직도 일본과는 얼마든지 싸울 수 있는 힘이 남아 있었다.

한겨울에도 끄떡없이 견디는 러시아의 엉큼한 백곰을 당할 수 있을 것인가.

일본은 할 수 없이 전쟁에 이기고도 이렇다 할 배상금도 받지 못한 채 미국이 시키는 대로 포츠머스 조약에 응할 수밖에 없었다.

이렇게 되지 일본의 조야는 물끓듯이 일이났다.

그처럼 막대한 전비를 쏟아 만주 벌판 깊숙이까지 승승장구로 이긴 싸움을 왜 일본측에서 그만두느냐?

전쟁에 이기고서도 러시아로부터 이렇다 할 배상금조차 받아내지 못한다면 미국으로부터 빌려쓴 전비는 누가 갚느냐?

사실 일본은 러일전쟁 한판에 자기들이 근세 개화 이래 쌓아왔던 모든 자본력과 국력을 거의 탕진해 버렸다.

미국이 뒤를 보아주지 않는다면 일본으로서는 단 열흘도 더 전쟁을 끌어갈 능력이 없었다. 그래서 여기저기 민중집회를 열고 대러시아 강화조약을 맺으려는 정부 당국을 비판하면서 끝까지 전쟁을 수행하라고 압력을 넣었다.

이 무렵 이승훈은 서울 한강 용산창 백사장에다 쇠가죽을 엎어 널었다, 뒤집어 널었다, 하면서 시세를 보고 있었다. 이 전쟁은 강화조약이 맺어지지 않고 끝내 계속되리라 믿었던 것이다.

일본놈이 이기는 싸움을 배상금 없이 그만두겠는가? 일본은 틀림없이 전쟁을 다시 계속할 것이다.

인천 앞바다에서 대포 한 방 쏘니까 그 대포알이 러시아 배 굴뚝으로 들어가 펑 터지지 않던가! 이렇게 잘 싸우는 일본이 왜 그 싸움을 그만두겠는가?

한 달을 기다리고 다섯 달을 기다리는 동안 이승훈의 쇠가죽은 그야말로 쉬파리만 꾀고 점점 썩어 들어가기 시작했다.

급하게 모으느라고 생가죽을 모아 잿물칠을 하고 쌓아 두었지만 날씨가 눅눅하고 장마철이 되고 보니 썩지 않을 까닭이 있는가?

한쪽에서는 고약하게 쇠가죽 썩는 냄새가 풍기기 시작했다.

그래도 이승훈은 고집을 부렸다.

전쟁은 틀림없이 계속된다. 그때는 쇠가죽값이 다섯 배, 열 배로 뛴다. 이렇게 거의 악에 바친 이승훈은 매일같이 수백 명 인부를 사들여 쇠가죽을 엎어 말리고 뒤집어 말리는 것이 일과였다.

이 짓도 한 달, 두 달, 석 달을 계속하고 보면 사람이 견딜 노릇인가?

그러는 동안 쇠 터럭은 다 빠지고 거기 들어가는 인건비는 또 얼마나 많은가?

이러면서도 끝까지 버텼지만 끝내 이승훈의 예상을 뒤엎고 러일전쟁은 허망하게 끝나고 말았다.

팽팽하게 기대에 부풀어 설마설마하면서 버텨왔던 이승훈의 희망은 한꺼번에 무너져 내리고 말았다.

전쟁이 끝나 쓸모없게 된 쇠가죽.

그것은 마치 굿 끝난 뒤 광대 탈바가지나 마찬가지다.

이제는 아무도 그 수십만 장 쇠가죽을 돌아볼 사람이 없었다.

이승훈이 사모은 그 쇠가죽을 이제는 어디다 팔 것인가? 아무리 국내 시장 여기저기를 살펴봐도 그 많은 쇠가죽을 팔 곳이 없었다.

할 수 없이 화물선 하나를 전세내어 그 화물선에다 쇠가죽을 잔뜩 싣고 중국 영구 땅으로 건너갔다. 좁은 조선땅에서는 그 많은 쇠가죽을 소모할 길이 없었다. 혹시나 그 중국 넓은 천지에 가면 팔 곳이 생기리라고 막연하게 믿었던 것이다.

이승훈은 화물선 가득 쇠가죽을 싣고 중국 영구항에 들어갔지만, 내내 이승훈의 쇠가죽이 들어오면 사주겠다고 약속했던 상인들은 누구 하나 얼굴을 비치지 않았다.

예나 지금이나 중국 상인들은 신용 있기로 유명하다. 그러나 그

행상

사람들이라고 해서 아무 쓸모없는 쇠가죽을 사들일 까닭이 있는
가?

　배를 대놓고 열흘, 보름을 기다리는 동안, 그 중국 상인들은 어
쩌다 배에 올라와 쇠가죽을 뒤집어 보면서 투덜거렸다.

　"쇠가죽이 썩었군!"

　"왜, 쇠가죽 등판이 이렇게 구멍이 났소?"

　"털은 다 빠지고 쉬파리가 들끓으니 못 쓰겠군."

　그들은 이렇게 트집을 잡으면서 값을 깎기 시작했다.

　철저하게 귀를 짜고 불매운동을 해 버리니 처분할 길 없는 쇠가
죽을 다시 싣고 돌아갈 수도 없고 그렇다고 운임도 빠지지 않는 쇠
가죽을 어디다 내팽개쳐 버릴 수도 없었다.

　결국 싣고 간 쇠가죽 화물선은 달포 이상이나 중국 영구 항구에
매인 채 임자 없이 천시를 받다가 끝내는 겨우 몇천 원을 받고 내
버리다시피 처분하지 않을 수 없었다.

역전의 제2인생

　이승훈은 모든 피가 한꺼번에 온몸에서 다 빠져 나가는 듯한 허
탈감을 맛보면서 터덜터덜 중국 대륙을 건너 고향으로 돌아왔지만
거의 반 죽은 몸이 되고 말았다.

　빈 주먹이 되다시피 한 그는 이제 어떻게 해야 좋을까. 그는 참
담한 실패 앞에 자기의 인생을 되돌아보지 않을 수가 없었다.

　이승훈은 이제 두 번 다시 장사를 하지 않고 은퇴해 버릴 것을
선언하고 쇠약해진 몸을 이끌고 황해도 연등사(燃燈寺)로 들어가
버렸다.

　그는 이 연등사에서 낮이면 나무 사이를 거닐고, 밤이면 누워
서 벌레 소리를 들으며 벌써 엿새를 보냈다. 마침 중국 대련 거
리에서 구한 《월남망국사》한 권이 있어 이 책이 벗이 되었다.

남강의 생각은 언제나 두 차례의 전쟁에 떠돌았다. 청일전쟁 때는 서른 한 살, 러일전쟁 때는 마흔 한 살이었다. 남강은 십 년 사이에 남들이 우리나라 안에서 싸우는 것을 두 번 보았다. 남들이 내 집에 들어와 싸우는 것은 내 힘이 약한 까닭이다. 남강은 남이 우리 땅에 들어와서 싸우는 것이 슬펐다. 청일전쟁 때의 아산만과 성환도 그랬거니와 러일전쟁 때 두 나라의 군함이 충돌한 인천만도 우리 바다요, 일본 육군이 북진한 것도 우리 땅을 거쳤다. 둘이 싸운 정주성도 우리 도성이고 일본 군대가 건너간 압록강도 우리 땅이었다.

남강이 연등사에서 쉬고 있을 때 안중근의 사촌동생 안명근이 찾아와서 교육의 필요성에 대해서 힘써 말하고는 했다.

이승훈은 일패도지한 뒤 마음잡을 길이 없어 공연히 서울로 인천으로 기차를 타고 왔다갔다 했다.

두 번이나 쌓아올린 재물도 모두 전쟁이 휩쓸어 가 버렸다. 그러나 다행히 이승훈은 그가 한창 때인 1890년에 정주에서 이십 리 떨어진 오산 용동(五山龍洞) 본집에다 조금 여재를 축적해 놓은 것이 있었다.

이승훈은 처음으로 돈을 내놓고 참봉 벼슬이라두 하게 되자 오산 용동에다 터를 잡고 사방에 흩어져 사는 여주 이씨 가난한 집안 사람들을 데려다 큰 마을을 이루고 살게 했다. 여주 이씨 마을을 그 용동에다 세우고 그들에게 땅을 주어 농사짓고 살게 하면서 겨울에는 모두 유기짐을 지고 평안도와 함경도로 다니면서 행상하는 법을 가르쳐 생계의 터전을 마련해 준 것이다.

바로 이 용동에 있는 이승훈의 여주 이씨 마을은 뒷날 오산학교를 세우게 된 곳이다. 세파에 시달린 이승훈은 그 마을로 돌아가 지냈다. 그래도 마음을 잡지 못하고 있는데 마침 도산 안창호가 연설을 한다는 소문이 들려왔다. 도산은 이미 청년 애국지사로, 웅변

가로 이름이 높았다. 그동안 미국에 가 있다가 을사조약이 체결되어 나라가 위태롭다는 것을 알고 갑자기 도쿄를 거쳐서 온 것인데, 그가 모란봉에서 연설을 한다는 것이었다.

전부터 도산의 소문을 들어왔던 이승훈도 도산 안창호의 연설을 듣기로 했다. 사람이 구름같이 모였는데, 양복을 입은 30세 청년이 민중 앞에 열성적으로 호소를 하는 것이었다. 그는 세계의 형편과 서양 사람이 그 발달한 문명의 힘을 가지고 동양을 어떻게 침범해 오고 있다는 것과, 일본이 어떻게 그것을 배워 청일·러일 두 전쟁 이후 야심을 가지고 일영동맹으로 영국의 승인을 얻어 우리나라를 먹기로 결심하고 있다는 것을 말했다.

우리가 4천 년 역사의 조국을 잃지 않고 지키려면 썩어빠진 옛날의 모든 나쁜 버릇을 버리고 새 힘을 기르지 않으면 안 된다는 것, 그 힘을 기르는 길은 오로지 새로운 교육으로 국민이 하나가 되어 새 사람이 되는 것밖에 없다는 것을 부르짖었다. 가슴속에서 솟아나와 뜨거운 눈물로써 하는 말은 듣는 사람들의 마음을 가만 두지 않았다. 거기에 커다란 무엇이 폭풍처럼 움직이고 있었다. 청중은 하나가 되었다.

이승훈은 안창호의 연설을 듣고 나서 크게 감동을 받았다. 한 마디 한 마디가 모두 옳다고 생각되었고 이때까지 가슴속에 답답하던 것이 다 풀리는 것 같았다.

이승훈은 연설이 끝나자 곧 연단 앞으로 나가 도산 안창호에게 좋은 말을 해주어 고맙다고 하고, 그 말대로 곧 실행할 것을 굳게 약속하고 손을 잡았다. 도산 편에서도 소문만으로 이승훈을 알고 있었다며 이튿날 다시 만날 것을 약속하고 헤어졌다.

이승훈은 돌아가서 곧 머리를 깎고 술과 담배를 끊기로 결심, 다음날 도산을 다시 만났다. 도산은 거기서 이갑(李甲)을 이승훈에게 소개해 주었고 그들은 앞으로 신민회를 조직할 것에 대해 이야기하고 헤어졌다.

이제 이승훈은 새 사람이 되었다. 이승훈은 자기 갈 길을 찾은 것이다. 흐릿한 정신자세로는 아무것도 할 수 없다. 오랫동안 흐리멍덩하던 것이 이제 분명해졌다. 그의 머리에서 상투가 떨어질 때에 낡은 사회제도와 사상이 떨어져 나간 것이다. 변화는 기꺼이 받아들여야 한다. 술과 담배를 끊기로 결심할 때 그의 앞에 새로운 봉사의 대상이 나타난 것이다.

작고 낡은 옛 자기의 또 한 껍질이 벗겨지고 보다 새롭고 크고 보다 보람있는 자기를 발견한 것이다. 보는 세계가 좀 더 넓어지고 자기가 좀 더 자랐다. 세계가 커지고 자기가 자랐으면 새 도덕이 있을 수밖에 없다. 이제 겉은 여전한 듯해도 속은 새로운 이승훈이다.

평양에서 용동으로 돌아왔을 때, 사람들은 예전의 이승훈이 아님을 느꼈다. 그는 우선 동네 사람들을 모아놓고 자기가 평양에서 도산에게 들은 것을 그들에게 말해 주었다. 그리고 모든 살림을 고쳐 새롭게 할 것을 주장했고, 서당을 그만두고 신학문 교육의 학교를 세우기로 하여 이름도 강명의숙(講明義塾)이라 고쳤다.

이때 이승훈의 일은 거의 종교적 회심이라 해야 옳을 것이다. 사람들이 한때 이승훈을 미쳤다 했던 것도 무리가 아니었다. 지나치게 감격하고 말을 하면 눈물을 흘리는 일이 많았기 때문이었다. 모르는 사람은 그가 사업에 실패하고 마음이 상하여 미친 것이라 했다. 그러나 뜻이 확실한 사람은 자신의 평판에 대해 전전긍긍하지 말아야 한다.

사실 이승훈은 새로 태어난 것이었다. 미쳤다면 잃어버린 돈 때문이 아니라 새로 얻은 나라 때문에 미친 것이었다. 이승훈은 그전에 나라 안에 살고 나라를 위한 일까지 했어도 참 의미에서 나라를 가졌다고는 할 수 없었다. 이제 그는 나라를 가졌다. 살고, 또 죽을 나라를 가지게 되었다. 나라와 하나가 되었다.

씨알의 꿈틀거림

도산을 알게 된 뒤 이승훈은 그와 협력하여 신민회를 조직했고 장차 그 운동을 위하여 전력을 기울이게 된다.

갑신정변 이래 여러 차례 나라를 바로잡으려는 운동이 일어났으나 거의 다 남의 힘을 빌어서 하려는 것이었다. 그러나 아무리 개혁하려는 성의에서 나왔다 하더라도 남의 힘을 빌어 가지고는 될 리가 없다. 그러므로 친청파·친일파·친러파의 예에서 보는 것같이 결과는 점점 외국의 간섭을 끌어오게 되어 결국 나라가 망하기에 이르고 말았다. 그것과는다르게민중의실력을불러일으키자는것이서재필이 주창한 독립협회였으나 그것은 정치비판에만 기울어져 결국 마찰을 일으키고 말았다.

정치는 결국 국민의 실력 없이는 안 되는 것이다. 실력 없는 제 손이나 남의 손을 빌어서거나 군사력만을 가지고 하면, 설혹 한때 성공한다 하더라도 끝내 완전한 독립을 유지해 갈 수 없다. 그러므로 몇 해가 걸리더라도 민중의 실력을 길러야 된다는 것이 도산의 주장이다. 그리하여 생각해낸 것이 이 신민회이다. 이승훈은 도산의 말을 들은 뒤 곧 거기에 찬동하고 몇 차례 서울에 올라가서 만났고, 1907년 9월에 신민회가 조직되었다. 그때 참여했던 사람들은 대개 이러했다.

안창호(安昌浩), 이승훈(李昇薰), 이동녕(李東寧), 이회영(李會榮), 이시영(李始榮), 전덕기(全德基), 주진수(朱鎭洙), 이동휘(李東輝), 이강(李剛), 최광옥(崔光玉), 안태국(安泰國), 김동원(金東元), 이덕환(李德煥), 노백린(盧伯麟), 김구(金九), 이갑(李甲), 유동렬(柳東說), 유동작(柳東作), 양기탁(梁起鐸), 신채호(申采浩), 김홍서(金弘叙), 임치정(林蚩正), 김지간(金志侃).

우리나라는 매양 지방색 때문에 잘못 되는 수가 많다. 그러므로 그것을 막기 위해 이들 대표를 될 수 있으면 도마다 골고루 뽑기로 했다.

회의 조직은 중앙에 총감독·총서기·회계가 있고, 의사원이 있어서 각 도의 인사를 선임했으며, 각 도에는 총감, 군에는 군감을 두었다. 이승훈은 평안북도 총감이었다. 이 회는 비밀결사였고 종으로는 연락이 되나 횡으로는 서로 알 수 없이 만들어 그 비밀을 유지하도록 했다. 일본이 그 경찰망을 가지고도, 105인사건이 일어나 그때 우연히 드러나게 되기까지는 이 회가 있는 줄 알지 못한 것을 보면 그들의 단결이 얼마나 굳었고 어떻게 신의를 지켰던가를 알 수 있다.

그들은 민족의 힘을 기르기 위해 두 가지 일을 하기로 했다. 하나는 교육이요, 또 하나는 실업이다. 그래서 여기에 따라 대성학교, 오산학교 등 여러 학교가 설립되었고, 평양과 대구에 태극서관을 경영했으며, 평양 마산동에 자기회사를 세우게 되었다.

이승훈은 본래 사업에 경험이 많았으므로 실업 부문의 책임을 맡았고 자기회사는 사실 그전부터 이승훈이 창안하여 왔던 것이므로 사장이 되었다. 오산에 돌아와서는 자기의 마을 용동에다가 깅명의숙을 확장하여 오산학교를 세우기로 했다.

이승훈은 성격이 불같았다. 그러므로 한번 옳다, 할 일이다, 생각한 다음에는 곧바로 실행했고, 하면 전력을 다해 정성껏 힘껏 했다. 그러므로 이후 이승훈의 모든 일은 이 주지(主旨)에서 나온 것이다.

신민회는 합방 후 서리를 맞아 그 주요 일꾼들이 거의 다 밖으로 나가게 되었고 실제로 그 운동을 유지해 나간 것은 홀로 남은 이승훈뿐이었다. 이 운동은 우리 민중의 참된 자각운동의 시작이다. 그러므로 이 계통에서 이후 사회 각 방면의 두드러진 지도자가 많이 나왔던 것은 결코 우연이 아니다. 반면에, 우리가 해방운동에 끝내 성공하지 못하고 만 것도 이 운동이 중단되고 말았기 때문이라 할 것이다. 만일 일제 말기까지 이러한 교육과 경제를 통한 저항운동이 줄곧 계속되었던들 해방 후 모양은 달라졌을 것이다.

산업입국의 꿈

그 뒤, 이승훈이 전혀 돈 버는 일에 대해 담을 쌓고 앉아 무력한 선비 노릇만 한 것은 아니었다.

새 인생을 출발한 뒤에도 어떻게든지 산업입국의 꿈을 키워 그 뒤에도 이탈리아 상인 파머와 함께 인천에다 합자로 파머 양행을 세우려고 계획했다. 또 1908년에는 평양으로 나가 종로 태극서관을 열었다.

이 평양 종로 태극서관은 서북 일대에 새로운 지식을 보급하는 가장 큰 책방이었다. 주인은 안태국(安泰國)였으며 이덕환(李德煥)이 사무를 보았다. 1910년 12월 30일자에 난 〈경향신문〉 광고에는 이승훈은 평양만이 아니라 서울에도 제2태극서관을 개설하여 전국적인 최대 서점을 장악하고 있었던 것이 밝혀지고 있다.

평양에 있는 태극서관이 개업 이래로 僉員의 愛顧를 특몽인 바 현에 업무를 크게 확장하고 첨원의 厚恩을 追答키 위하야 도로 원근과 운수 편리를 작량하와 경성 중앙에 제2태극서관을 치하고 각종 서적을 특별 대할인 판매하오니 학생 급 동업 첨원은 육속 청구하시오. 虛譽를 구코저 함이 아니오니 일차 사용하시압. 지방에는 대금 인환을 요함.
　　　　경성 북부 대안동 제2태극서관 관주 이승훈, 주임 안국태

이승훈은 평양 종로에 태극서관을 꾸며 금방 번창하는 영업 실적을 보였다. 그래서 한일합병 직후에는 서울 안국동으로 나와 제2태극서관을 꾸몄다.

그 무렵만 해도 한일병합으로 나라를 잃은 뒤 교육입국을 주장하던 터요, 그런 신교육의 책은 날개돋친 듯 전국으로 퍼져 나가 요즘의 서점과는 입장이나 사업의 번창도가 비교가 안 되었다.

이승훈이 평양에 나와 자기회사를 설립했던 것은 유명한 이야기다.

놋그릇 장사를 했던 이승훈이 왜 평양 마산동에다 사기그릇 장사를 시작하게 되었을까?

여러 가지 이유가 있었지만 이것도 엄밀하게 따지면 어쩔 수 없는 시대의 추이였다.

왜냐하면 그때까지 그렇게도 많이 쓰이던 놋그릇은 일본사람들의 왜사발·왜대접 등 하얀 백자 사기그릇이 들어오면서 도저히 경쟁을 할 수 없는 식기 혁명을 일으켰기 때문이다.

이런 식기 혁명의 바람도 무시할 수 없는 경제계의 변혁이었다.

해방 이후까지 그렇게 흔히 쓰이던 놋그릇이 플라스틱 그릇이 나오기 시작하면서 송두리째 자취를 감춘 일을 우리는 기억한다.

연탄을 사용하게 되면서 부엌에 쌓아둔 놋그릇이 사흘도 안 되어 퍼렇고 까맣게 녹이 스는 일도 귀찮은 일이지만 가볍고 값싼 플라스틱 그릇과 경쟁할 수는 없었다.

뒤에 나온 스테인레스 그릇은 유기그릇을 자취도 없이 쓸어가 버리지 않았던가!

마찬가지로 납챙이·안성 지방을 중심으로 했던 유기공업도 신문명이 등장하기 시작하면서부터 어쩔 수 없이 퇴색하게 되었다. 그것은 그릇이라는 점에서 값싸고 깨끗한 일본 왜사발만 못했다.

대개 놋그릇은 한철이면 몇 번씩 기왓가루로 닦고 또 무슨 잔치나 일이 있을 때마다 부인네들이 나서서 놋그릇과 놋숟가락을 모두 일일이 닦아야 했던 일도 여간 귀찮은 것이 아니었다.

그런데 일본 사람의 왜사기는 우선 눈이 부시게 깨끗하고 하얄뿐만 아니라 녹슬 염려도 없고 그릇을 닦느라고 딴품을 팔 필요도 없었다. 왜사발이 놋그릇을 싹 쓸어가 버리는 시대가 온 것이다.

여기다 놋그릇 공장들이 크게 타격을 입은 것은 담뱃대의 쇠퇴라고 할 수 있다.

담뱃대는 대꼬바리와 물부리를 놋으로 만들고, 놋재떨이도 만들어 많이 소모가 되었는데 이제는 궐련이 상하를 가리지 않고 널리 퍼져 담뱃대의 수요도 그만큼 감소하게 된 것이다.

세상은 사기그릇 일색으로 바뀌게 되었다. 그냥 우두커니 앉은 채로 일본사람 왜사발에 모든 상권을 빼앗기고 말 것인가?

이승훈을 비롯해 지각 있는 서북 사람들은 도자기 공업을 일으켜 그 왜사발과 경쟁하여 나가려고 한 것이다. 이것이 1908년에 설립된 평양자기회사였던 것이다.

이승훈이 그 무렵에 세웠던 평양자기회사 이야기는 1908년 9월 16일자 〈황성신문〉에 이렇게 전하고 있다.

평양군 자기회사가 설립된 것은 前記報道어니와 日昨해 회사에서 新造한 자기를 京中에 送來하얏는데 그 품질이 完好하니 차는 我韓 물품제조의 점차 발달될 효시라고 人多 칭도하더라.

이것으로 보면 평양자기회사는 1908년 9월에 이미 생산을 개시하여 그곳에서 만든 도자기를 서울에 보내어 감정시켰던 바 그 품질이 썩 우수하여 우리나라 공업발달에도 좋은 징조가 될 것이라고 이야기하고 있다.

그런데 자기회사는 사업이 잘 되어 그해 10월에 1천 주의 주식을 추가 모집하여 주주를 전국적으로 모집했다.

평양자기제조회사는 본격적인 주식회사로 발족되면서 자본이 2천 2백 주로 늘어났다. 그 무렵 한 주의 가격은 50원, 총자본금은 6만 원으로 밝혀지고 있다.

평양자기회사의 발기 대표들을 보면 한삼현(韓三賢)·김정민(金

正民 ; 진남포 축동)·윤재명(尹在明)·정인숙(鄭仁淑)·김용정(金庸
正 ; 안악읍)·윤성운(尹聖運 ; 평양 관동)·전재풍(田在豊)·이덕환
(李德煥)·최유문(崔有文)·이승훈(정주 오산동) 등이었다.

그 밖에 1909년 4월 11일자 〈황성신문〉 광고에 보면 평양 대동
문 내리 문동 한 모퉁이 2층집에서 이승훈은 평양상업회의소 소장
으로서 47명의 주주들과 회의를 개최했다.

평양자기회사는 2층집 자기회사를 둘 정도로 번창했던 것이다.
평양상업회의소 회사의 사장은 이승훈, 총무 김남호(金南滈)·정인
숙, 감사 김진후(金鎭厚)·최유문 등으로 나타나고 있다.

평양자기회사는 그야말로 시의를 얻은 것으로 2년 동안에 급격히
성장했다. 그러나 평양자기회사는 한일병합 이후부터는 일본 사기
들이 대량 상륙되고 아주 값싼 가격경쟁을 하는 바람에 가격면에서
더 이상 버티지 못하고 문을 닫고야 말았다.

물론 가격면에서 그런 일본 백사기와 우리나라 사람들의 미숙한
기술로 생산된 사기는 경쟁이 되지 않았다.

그러나 더 근본적인 문제는 일본 사람들의 날렵하고 산뜻하게 만
들어내는 사기를 우리 기술로서는 만들어내지 못한 데 중요한 원인
이 있었다.

그것은 일본사람들이 양잿물을 가지고 사기의 색깔을 하얗게 돋
우고 또 그 위에 여러 가지 그림을 예쁘게 그려 만들 수 있는 데
반해 우리나라 사람들의 사기는 볼품없고 투박했기 때문이다.

아무리 국산품 애용이 그 무렵 전국민의 캐치프레이즈처럼 내세
워진 단어이기는 했지만 이런 상태에서는 어떻게 할 도리가 없었
다.

그러나 이승훈은 제2의 인생을 출발한 이후 그다운 애국심과 정
열로써 사회 각계에 모범을 보였다. 그 이승훈에 대해 1909년 2월
9일자 〈황성신문〉 논설은 이렇게 독자들 앞에 내세우고 이승훈을
본받으라고 쓰고 있다.

태황제폐하 西巡 당시 평북 정주 정거장에 御着하사 該郡교육
과 이승훈을 揮志로 所見하신 사실을 본보에 기재어니와……李承
薰씨는 원래 起身寒微하야 世業을 승적함이 無하고 自少로 상업
에 종사하야 仰事俯育의 恒産을 致하얏는데 心志가 忠實하고 품
행이 단결하므로 도내 실업가의 신용을 득하야 영업은 不滯하나
평생의 의협심을 발휘하야…….

즉 〈황성신문〉은 그 논설로써 이승훈의 일을 들어 세업을 받은
바 없이 맨주먹으로 가업을 일으킨 점을 들어 칭송하고 있다.
1909년 이승훈이 48세 되던 해 융희황제가 서선(西鮮)지방을 돌
던 때 정주역에 나가 임금을 알현했다.
그런데 주목할 것은 보통 이승훈의 이름을 쓸 때는 오를 승(昇)
자로 쓴 데 비해 여기서는 이을승(承)자로 쓴 대목이 나와 웬일인
가 하고 살펴보니 이것은 일시적으로 잘못된 것이었다.
1906년 12월 10일자 〈황성신문〉을 보자.

평안북도 정주 居하는 전 참봉 李昇薰씨가 경성고아원에서 청
조위원을 평양에 파송하얏는데 該 7월분에 평양여관에서 고아원
請助文을 見하고 즉시 주머니를 다 털어 금 5환의 의연을 하더니
또 금방 상경하야 又爲捐助하얏다니 該씨의 자선지심은 莫不感謝
한다더라.

이승훈은 1906년에 경성고아원에 큰 돈을 기부하여 세상의 존경
을 받고 있다.
그는 교육사업에 헌신하면서 민족운동에 가담하던 중 일제의 간
악한 탄압으로 1911년 2월 안악사건에 연루되었다 하여 제주도에서
유배생활을 했다.
이해 가을에는 105인 사건이 일어나 유동열·윤치호·양기탁·안태

국·임치정 등 신민회 간부와 600여 명 애국지사가 잡혔던 바, 그도 주모자로 인정되어 제주도에서 서울로 압송, 1912년 10월 윤치호 등과 함께 징역 10년을 선고받고 1915년 가출옥했다.

오산학교로 돌아와 학교와 교회 일에 정성을 다했으며, 출옥하자 마자 세례를 받고 장로가 되었다가 신학을 공부하기 위하여 평양신학교에 입학했다.

1919년 3·1운동 때에는 민족대표 33인의 한 사람으로 이 운동의 기독교 대표로 참가하여 민족운동을 이끌었다. 3·1운동으로 종로경찰서에 구속되어 다른 47인과 함께 1920년 경성지방법원에서 징역 3년형을 선고받고 마포형무소에서 복역하다가 1922년 가출옥하여 오산학교로 돌아왔다.

이 해 일본시찰을 하여 견문을 넓히고 오산학교 경영에 심혈을 기울이던 중 1924년 김성수의 간청으로 동아일보사 사장에 취임하여 1년 동안 경영을 맡기도 했다.

이때 물산장려운동·민립대학설립운동 등에 가담했으며, 조선교육

평양 장대현교회, 1907

협회에도 관여하여 그 활동범위가 매우 넓었다. 동아일보사장을 물러난 뒤, 다시 오산학교로 돌아와 학교운영에 심혈을 기울었다.

그러나 일제에 의한 이승훈 감시는 끈질기고도 매서웠다. 그의 입에서는 학생들에게 애국애족정신을 고취하고 피끓는 젊은 가슴에 불꽃을 당기는 말이 끊임없이 흘러나왔기 때문이다.

이승훈이 있는 곳에는 어김없이 형사들이 나타났다. 조회시간 때면 이승훈은 운동장에 모인 학생들에게 찌렁찌렁 울리는 쇳소리로

"이 젊은 놈들아, 정신차려라!"

라는 짧은 이 한마디를 남기고 연단에서 내려오곤 했다.

그러면 일본 형사들은 자기들한테 떨어지는 호통인줄 알고 찔끔했다. 그러나 그것은 동시에 젊은 학생들의 학업 분발과 애국심을 일깨우는 준엄한 경책이었던 것이다.

조선상도 우국의 거목 이승훈은 심부름꾼에서 시작하여 심부름꾼으로 살다가 1930년 5월 9일 67세를 일기로 이 세상을 떠난다.

그의 비석에는 이승훈의 사람됨을 옮겨 놓은 다음 글이 씌어 있다.

'일생 남을 위해 살았고, 자기를 위하여는 아무것도 한 것이 없는 이승훈.'

'무력을 쥐어 주면 무서워지는 사람도 있고 권력을 쥐어주면 손도 못댈 자도 있지만 참된 사람은 발가벗겨 놓아도 무섭고 또한 그립다'고 했으니 비석만이 남아 그에 대한 그리움을 더해주고 있다.

인덕 대운 이덕유
부자가 되려면 돈보다 먼저 사람을 얻어라

1천 사람 재물 합친 것보다 많고

《매천야록(梅泉野錄)》은 우리나라 근세사 연구의 중요한 사료(史料)로 쓰일 만큼 그 내용이 거의 완벽하고 정확하다는 것이 정평이다.

李德裕子 京師中人也 富冠一國 比閔泳駿而過之……

《매천야록》에 있는 위 대목은 이덕유라는 중인이 서울에 살고 있었는데, 당대 이 나라 최대의 부자 민영준과 비교해도 그 부력이 떨어지지 않는다고 적고 있다.

민영준은 민영휘의 개명(改名) 전 이름이다. 이 기사가 쓰인 연대는 1884년(고종 21)으로 갑신정변이 일어났던 해다.

그러니까 김옥균·박영효·서재필 등이 개화당 혁명을 일으키려고 할 무렵의 양대 거부는 민영휘와 이덕유였다는 것이다. 이덕유의 재산은 민영휘보다도 모자라지 않았다니 그 이덕유는 누구며 그의 후손과 유산은 어떻게 된 것인가?

당대 조선국 최대갑부의 자료는 너무 빈약해 이덕유가 어떤 사람인가 하는 의문의 열쇠는 처음부터 찾기가 힘들어진다.

少時以譯舌赴燕 過遼東 見一囚 待千金贖死……

이덕유는 우리나라 동지사(冬至使) 등을 따라다닌 역관(譯官). 한번은 요동벌판을 지나다가 죄를 짓고 죽게 된 한 청나라 사람을 구해 주고 그것을 빌미로 일국의 거부가 되었다는 내력 중에서 '소시이역(少時以譯)……'이라 했으니까 《매천야록》이 이덕유 애기를 쓸 당시 그의 나이는 적어도 40대 정도가 아니었을까 짐작이 간다.

나이가 마흔은 넘었으니까 '젊었을 때'라고 말했을 것이다.

그런데 그런 궁금증 속의 인물인 이덕유는 나중 장지연(張志淵)의 《위암문고(韋庵文稿)》에도

宿世種德根 今生善果食 其貨埒千戶 其名滿一國 恂恂持盈戒 儉嗇以自力 韮歌兮一關 送歸西原陌

이런 대목의 한 애사(哀詞)가 보인다.

이덕유가 죽었을 때 장지연은 슬픈 만사시(輓詞詩)를 지어 보낸 것이다.

其貨埒千戶 其名滿一國

그의 부력은 1천 사람의 재물을 합친 것만큼이나 많고, 그 소문은 온 나라에 퍼졌다는 것이다.

그런데 장지연은 1921년에 작고했으니까 이덕유의 사망 연대는 그 이전이 될 것이다.

이덕유의 기록은 1915년에도 그 이름이 한 번 나타난다.

1915년에 편찬된 조선총독부 조사자료 제11집 '조선인의 상업'에는 당시 서울 상계를 주름잡던 팔도물산 객주들의 이름이 나열되어 있다.

　김익수(金益壽) 〈약재·피류(皮類) ——— 강원도〉
　이문영(李文永) 〈곶감·대추 ——— 상주〉
　안창윤(安昌潤) 〈조선지(紙) ——— 전주〉
　박대혁(朴大赫) 〈백지·담뱃대 ——— 전주·고산(高山)〉
　박흥서(朴興瑞) 〈충주 쌀·강원도 꿀〉

여기에서 이덕유는 전주지(창호지·장판지) 도상(都商)이었음을 밝히고 있다

이것으로 보면 이덕유의 사망 연대는 1915년에서 1921년 사이가 된다. 1884년의 기록에 나온 '소시적'을 감안하여 그 당시를 40세로 치면, 1904년이면 70세가 된다. 이덕유는 적어도 80세까지 장수한 셈이다.

이런 것으로 보아서 일딘 '전설속의 기부담' 같은 이덕유는 분명 실존인물이었을 것이고, 장지연의 기록이나 조선총독부 조사자료에 의해서도 또 한번 증명되고 있다.

이렇게 멀쩡한 사람의 '실존'을 일부러 운운하는 것은 이덕유라는 거재(巨財)의 후일담이나 그가 남긴 자취가 너무나 없기 때문이다. 그래서 그가 '그림자 없는 사람'처럼 되어버릴까 싶어서다.

우리나라에는 꿈 같은 '요행수 보은(報恩)'에 관한 이야기가 너무 많다.

어떻게 된 노릇인지 권선징악으로 사람을 일깨우는 많은 민담 중에는 자기가 베푼 조그만 은혜에 비해서 보상은 항상 턱없이 부풀려진 이야기들로 꾸며져 왔다.

흥부의 벼락부자 애기도 그렇고, 또 어떤 나무꾼은 사냥꾼에 쫓겨오는 암사슴 한 마리를 숨겨준 공으로 하늘에서 내려온 선녀 마누라를 얻는 기상천외의 대복(大福) 운수를 누렸다.

사람은 남에게 은혜를 베풀어 놓고 봐야 하는 것이다. 은혜를 입은 쪽이 자신을 위해 발벗고 나서는 친구가 된다면 진정한 친구를 얻는 셈이요, 진정한 친구는 이 세상에서 가장 귀한 선물인 것이다.

이덕유의 치부담(致富談)은 결코 그런 황당무계한 허구는 아니다.

"흔히 장사꾼들은 이익을 위해 온갖 방법과 수단을 동원하여 치열한 경제전쟁을 벌인다. 치열한 전쟁 속에서 쓰러지지 않고 '오뚝이'가 되는 것은 쉬운 일이 아니다. 붓다는 '내가 지옥에 뛰어들지 않으면 누가 지옥에 뛰어들겠는가!'라고 외치며 자신을 희생했다. 이처럼 남을 생각하는 측은지심이 없이는 사업에 크게 성공할 수 없다. 자기 이익만을 위해서 남을 저버리는 행동을 버리고 좋은 인간관계에 힘 쓰는 일이야말로 상도의 으뜸이다."

이덕유가 아직 20세 안팎이던 시절이었다. 이덕유 집안은 본래 중인이었다. 완전 상놈은 아니지만 갓쓴 양반도 못 되니, 지금의 청계천이나 을지로 쪽 어디에 이리저리 청을 쓰고 다니는 하급역관(下級譯官)쯤은 되었을 것이다.

역관도 벼슬이 높아지면 당상관 정삼품(堂上官正三品)까지 될 수 있었지만, 일반 역관들은 통사(通事)라고 해서 청어(淸語)와 왜어(倭語)를 배워 통역일을 했다.

그러나 나중에는 사역원(司譯院)의 소속 역관들도 수가 많아져서 실제 사신행차를 따라 청나라로 들어가려면 정사(正使)나 부사·서장관(書狀官) 등에게 부탁을 해서 여럿 가운데서 뽑혀야 했던 것이다. 그냥 가만히 있는 통사들은 10년이나 5년에 한 번 따라 들어갈 수 있을까 말까 하는 처지였다.

"아, 덕유 자네는 소문 못 들었어?"

"뭐, 동지사 들어간다는 얘기 말인가?"

"어디서 듣기는 들었구만……."

"듣기야 했지."

같은 친구 통사 허건달이 찾아와서 아무날 동지사가 들어가는데 우리도 거기 끼어서 갈 수 있도록 청을 써야 할 게 아니냐고 귀띔을 했다.

"꿈을 꾸어야 임을 본다는데, 통사면 동지사를 따라다녀야지 이러고만 있으면 어떻게 하는가?"

"그걸 누가 몰라서 그래?"

"알면서 왜 바지에다 똥을 싸? 지금 세상에 가만히 앉은 채로 무엇이 되는 줄 아는가? 술잔 잡은 손은 안으로 굽더라고, 다 찾아다니면서 청을 먹이고 코아래 진상을 바쳐야 하네."

틀린 말이 아니다. 그 무렵 동지사를 따라 들어간다 하면 돈은 거저 벌게 되어 있었다. 그래서 아무개가 통사로 청나라로 들어가게 된다는 소문이 퍼지면 개성이나 안주(安州)의 상인들이 돈을 가져다 맡기면서 '이번 사행(使行)길에 장사를 좀 해다 달라'고 부탁을 했던 것이다.

그래서 청나라로 들어가는 사신 행차나 하다못해 통사는 물론 말꾼에게까지 그런 청탁이 갔던 것이다. 그러면 그런 상인들의 부탁을 받고 통사는 그 돈으로 물건을 사 가지고 들어가 장사를 해 돌아왔다.

그것이 소위 팔포(八包) 무역의 테두리 안에서 공공연히 행해지던 사무역(私貿易)이었다. 약삭빠른 개성·안주 상인들은 매년 드나드는 동지사 행차 때마다 통사들에게 인삼보따리를 맡겨 교역시켰다. 거기서 남는 이문은 상인과 통사가 각각 반으로 나눠 갖는 것이 보통이었다.

이처럼 통사들은 청나라에 들어가게만 되면 벌써 상당량의 돈을 벌어 놓는 이권을 잡는 것이다.

그렇게 이권이 붙으니까 통사끼리도 서로 들어가려고 정사나 부사에게 청을 썼던 것이다.

"나는 3백 냥을 바쳤구만. 정사라는 사람도 제가 코아래 구멍의 진상을 받고서야 어쩔 수 있어? 그러니 자네도 급히 무슨 수를 좀 쓰게!"

"수는 무슨 수를 써?"

"이 꽁생원아! 하다못하면 자네 마누라 속곳이라도 전당잡히고 돈을 좀 마련하라구. 아유, 이 꽁생원은 언제나 속이 좀 뚫릴까?"

통사 허건달은 답답한듯 자기 허리에 찬 전대에서 어음 한 장을 꺼내 던져 주며 소리를 지른다.

"어따, 여기 2백 냥!"

그는 이 돈으로라도 청을 쓰라고 한다. 허건달이 볼 적에는 이덕유란 사람이야말로 정말 맹추같은 꽁생원이었다.

사내는 10리 길을 가도 엽전 한 냥 하고 거짓말 한자리는 주머니 속에 넣고 다니라고 했다는데, 이 친구는 어떻게 된 사람인지 요령이라곤 한푼어치도 없으니 옆에서 보는 사람이 답답해서 견딜 수가 없었다.

그러니 꼼꼼쟁이라고도 하고 쥐알 볶아먹게 잘다고도 했다. 하지만 '쇠털을 빼서 제구멍에 도로 박는다'고 호(號)가 붙을 만큼 일만은 틀림이 없고, 남의 듣기 싫은 말이라고는 '저만큼 비켜서라'는 소리도 하기 싫어하는 사람이니 한 가지 믿을만한 데는 있었다.

그래서 허건달은 이번에도 자기가 얻어 온 빚 중에서 2백 냥을 냉큼 떼어 주면서 권했다.

"이 돈으로라도 청을 써서 함께 청나라를 다녀오세."

그런데 말씨조차 뜸부기 콩알 까듯 드문드문한 이덕유는 도로 밀어 내면서 말했다.

"그 돈 집어넣어!"

"임마, 친구가 생각해서 빌려 주는 돈을 고맙다고 하기는커녕 집어넣으라고?"

"빚내다가는 청 안 쓸라네."

"그럼 여편네 속곳이라도 팔래?"

"지랄하네."

"지랄은 네놈이 하지. 임마, 너 돈 있냐?"

"빚지고는 안 살어!"

"하하하…… 야, 너 뭐라고 했냐? 야, 이제보니 너 보통내기가 아니구나. 어디다가 몰래 금송아지라도 키우는가 보구나!"

허건달은 크게 웃고서 두 손으로 이덕유의 손을 꽉 잡았다.

이덕유는 3년 전 청나라 다녀올 때 말굽은(馬蹄銀) 5백 냥을 한번에 벌었다. 물론 다른 통사들도 그만큼씩은 거의 다 벌었다. 그러나 5백 냥을 벌었대도 다른 통사들은 술 사먹고 노름방 다니고 하면서 몇 달만 지나면 또 빚을 내어 살았다.

허건달도 그랬다. 번 돈을 금방 까먹어 버리고 또 무슨 일이 있으면 빚타령이었다.

그렇지만 이덕유는 천성이 꼼꼼하고 돈이라면 기의 인색할 정도로 굳어 술한잔을 먹는데도 입맛을 세 번을 다셨다. 그러니까 친구도 별로 없고, 큰돈도 별로 못 벌었지만 빚은 없이 살 줄만 알았고 다른 통사들은 투전목 한번 안 잡는 이덕유와는 별로 상종을 하지 않았던 것이다.

이것은 뒷날 이덕유가 부관일국(富冠一國)하는 한 나라의 최대 갑부가 된 뒤에도 변함이 없었다. 밥상의 반찬값이 절대로 한 냥을 넘지 않았다고 할 만큼 인색하고 검소한 성격인 것이다.

그러한 소박 검소함 때문에 청복(淸福)을 누릴 수 있었는지도 모른다. 그는 부자가 되어서도 결코 사치하지 않았다.

지금도 세계 최대의 갑부라는 폴 게티가 단돈 10달러를 가지고 어쩐다는 애기가 있긴 하다. 부관일국하는 한 나라의 거부가 된 뒤의 이덕유도 '한끼 밥상의 반찬값이 절대로 한 냥을 넘지 않는다'니, 웬만한 고집이 아니고는 못할 일인 것이다.

이덕유쯤 되면 매일 한상에 천 냥짜리 밥상을 받아 먹을 수 있었다. 그러고도 남아돌 만큼 많은 재산이 있었다.

그런데도 한끼에 한 냥 이상을 쓰지 않는 성품이니 젊어 고생할 때는 오죽했겠는가?

그래서 막걸리 한잔값에도 피가 났지만 빚은 안 지고 살았다. 그런 구두쇠가 2백 냥을 청으로 먹이고 청나라 통사를 따라가려고 한 까닭은 무엇일까?

이덕유의 계산으로 따져도 그렇게 하고서라도 한 번만 다녀오면 돈 3, 4백 냥쯤은 벌 수 있었기 때문이었다.

천금사죄인(千金赦罪人)

이렇게 해서 이덕유와 허건달은 이번에도 멀고 먼 연경(燕京)길 수천 리를 함께 떠나게 되었던 것이다.

말동무가 생겨서 허건달도 좋았고 이덕유도 좋았다.

게다가 "이번에 제 장사 좀 해다 주슈" 하는 개성 상인들의 인삼 보따리 몇 개씩을 두둑히 받아 말등에 싣고 떠나자니 신이 나기도 했다.

"야, 이가(李哥)야."

"왜 그래?"

"네놈은 개자식이지?"

"이런 허방귀 귀신 같은 자식이!"

"하하하…… 내가 귀신으로 뵈나?"

이렇게 두 사람은 심심하고 지루한 여로에 지쳐 심한 욕지거리로 입방아를 찧으면서 압록강을 건너갔다.

이덕유가 요동벌판을 나흘째 지나가고 있을 때였다.

사신행차가 먼지를 일으키면서 길을 가고 있는데 맞은편에서 한 떼의 군마와 함께 청인(淸人) 무리가 떼지어 걸어오고 있었다.

"아니, 웬놈들이 저렇게 몰려오지?"

"되놈 땅에서 되놈 만나면 되는 일 없더라!"

허건달은 버릇처럼 길바닥에다 침을 칵 뱉으면서 씨부렁거렸다.

되놈 땅에서 되놈을 만나는 것이야 하나도 이상할 것이 없다. 되놈 땅에서 조선사람 상투쟁이 사신행차가 떼지어 지나는 일이 더 이상할 것이다.

그런데 이곳은 어찌나 들판이 넓은지 아침밥을 지어 먹고 길을 떠나면 해가 질 때까지 황무지 그대로였다. 풀은 썩어 저절로 퇴비가 되고 나무토막은 썩어 저절로 밭두렁을 이루었다. 그런 넓은 땅에 비해 인가는 몇 10리를 가다가 겨우 마을 하나가 보일 정도로 드문드문했다.

이유인즉 청나라 쪽에서 보면 이곳은 완전한 변경 지대인 탓이었다. 그래서 사람도 드물며 청나라에서도 수자리하는 병정이거나 귀양 온 사람들만이 어쩌다가 길을 지날 뿐이다.

그러니까 지금 허건달이 침을 탁 뱉으면서 되놈 만나면 재수가 없다고 투덜거리는 것은 '또 어느 죄진 놈이 죽으러 가는군!' 하는 뜻이다. 산송장의 사형수 몰골이 별반 눈에 보기 좋을 까닭이 없는 것이다.

"아니, 저건?"

"죽으러 가는 놈이구만!"

다가오는 되놈의 군마떼 뒤에는 웬 죄수를 실은 수레가 끌려오고 있다.

투구와 갑옷에 고리눈을 뜨고 창을 꼬나쥔 군사들 7, 8명에 싸여 수레 위에 나무로 돼지우리처럼 만들어 놓고 그 안에 죄수 하나를 실었다. 죄수의 머리털은 산발이었고, 옷은 갈기갈기 찢기고 매를 맞은 몸뚱이는 피투성이였다.

“물, 물 한모금만 주시오!”

먼지철갑을 한 얼굴에 유난히 쏘아보는 듯한 눈빛만 남은 죄수가 물을 달라고 하였다.

그러자 한 되놈 병정이 말했다.

“이놈아, 곧 죽을 놈이 물은 마셔서 뭘해?”

사방에서 왁자지껄하게 웃고 떠들기만 했지 아무도 물통을 건네주려는 사람이 없다.

“제발 한 모금만 주시오!”

“물? 돈 한 냥만 내면 물을 주지!”

“죽으러 가는 놈에게 무슨 돈이 있겠소, 나으리?”

“그럼 금방 댕강하고 목이 잘릴 놈인데 목구멍에 물을 넣어서 뭘해?”

“……”

죄수는 체념한 듯 고개를 숙이고 눈을 감았다.

그러자 이번에는 군졸놈들이 심심한지 입방아를 찧으며 죄수에게 말을 건다.

“야, 이 죽으러 가는 놈아!”

“……”

“봐라, 이놈아, 세상이 네 죄를 용서하지 않는걸…… 천금사죄인이라고 저렇게 깃발에다 네 죄목을 써붙이고 천리를 걸어왔는데 아무도 돈을 내어 네 목숨을 구해 주는 사람이 없지 않느냐?”

“……”

“이제 5리만 더 가면 사형장이야.”

“……”

“5리만 더 가면 목을 칠 몸뚱이인데 그래도 물을 먹어야 하겠느냐?”

“……”

“하나 한 냥만 내라. 그럼 물을 주지!”

“여보, 나으리! 내가 물을 먹고자 하는 것은 목마른 고통을 참지 못해서가 아니오.”

“그럼?”

“비록 저 세상으로 갈망정 내몸을 함부로 다루고 싶지 않아서 물을 찾는 거요!”

“몸을 함부로 다루고 싶지 않다고? 그러면 몸을 위해야 하느냐?”

“그렇소!”

금방 죽을 놈이 몸뚱이를 위한다. 죄수를 놀리던 병정들은 ‘와하’ 웃음들을 터뜨렸다.

금방 죽을 놈이 몸을 위해야 한다니 그게 무슨 말인가? 그렇게 몸을 위하는 놈이 왜 죄를 짓고 몸뚱이를 제 명에 죽지 못하도록 사형당할 짓을 했느냐는 비웃음이었다.

하늘에서는 해가 쨍쨍 내리쬐고 있었다. 죄수의 달구지를 끌고 가는 소도 너무 먼 길을 걸어온 탓인지 입에서 길다랗고 실같은 허연 침을 흘리면서 숨을 씨근덕거렸다.

“이놈아, 애기나 좀 들어 보자. 금방 죽을 놈이 몸뚱이는 왜 그렇게 위해야 하는지. 그런 놈이 왜 나랏돈 천금은 훔쳐먹고 이렇게 사형장으로 끌려가느냐?”

“공금을 훔친 것은 내가 아니라고 수십 번 애기를 하였으니 이제 더 말해야 소용없을 줄 아오.”

“하하하…… 그런데 몸은 왜 그토록 위해야 하느냐? 그 까닭이나 한번 들어 보자!”

“내 몸은 내 몸뚱이지만 하나가 아니오!”

“뭐? 그럼 네 몸뚱이는 둘이란 말이냐?”

“그런 말이 아니라 내 몸뚱이는 내 아버지께서 끼쳐 지어 주신 것이오. 아버님이 끼쳐 주신 몸뚱이니까 얼마 후에 비록 내 목숨이 끊길망정 소홀하게 함부로 다룰 수가 없는 것이오. 그래서 오늘 아침에도 난 세수를 하고 머리를 깨끗이 감고 싶다고 말한 것이오.”

“뭐?”

병정들은 또 껄껄거리면서 사신행차 앞을 지나가려고 했다.

그때 이덕유는 무엇인지에 뒤통수를 탁 얻어맞는 것 같았다.

‘아버님이 끼쳐 주신 몸뚱이니까 얼마 후에는 죽을 목숨일망정 함부로 천하게 다룰 수가 없는 것이라…… 그래서 오늘 아침에도 사형장으로 끌려 오기 전에 마지막으로 머리를 감고 손과 얼굴을 씻게 해 달라고 했었다?’

이덕유는 타고 가던 말을 우뚝 멈추었다.

‘저런 사람이 죄인일 리가 없다. 사람이 돈은 있다가도 없고 없다가도 있는 것인데 목숨은 한번 없어지면 그만 아닌가? 의기있는 사람이라면 저걸 보고 어찌 그냥 지나칠 수가 있는가?’

이덕유는 말에서 내려 관원인 듯한 사람 앞으로 걸어가며 청국말로 외쳤다.

“여보시오, 나으리!”

둘러섰던 병정들이며 관원들이 일제히 이덕유 쪽을 보았다. 느닷없이 당하는 일이라 허건달도 깜짝 놀라면서 뒤따랐다.

“저 죄인은 아무래도 무슨 억울한 사연이 있는 듯하오만 어째서 죽이려고 하는 것이오?”

관원들은 귀찮다는 듯이 나무토막 위에 엉덩이를 걸치고 앉아 담배를 피우면서 말했다.

“저 깃발에 쓴 것을 보면 알 게 아니오?”

그들은 눈짓으로 죄수 수레 앞에 꽂힌 ‘천금사죄인(千金赦罪人)’ 이라고 씌어 있는 깃발을 가리켰다.

“그럼 돈 천냥만 있으면 저 사람을 속죄할 수 있단 말이오?”

“물론이오!”

이렇게 대답하는데 그때 마침 길 저쪽에서 외치는 소리가 들렸다.

"아버지!"

"아버지, 물 여기 있어요!"

물통을 둘러메고 헐레벌떡 뛰어오는 여남은 살짜리 꼬마가 눈물과 땀투성이로 울부짖었다. 그 아이는 무릎이 까져 피가 흘렀고, 맨발이었다.

이덕유는 죄수와 그의 아들이 물통을 붙잡고 통곡을 하는 순간 이렇게 외쳤다.

"돈은 내가 내리다!"

"……?"

"여기 든 인삼이 천금어치는 넘소. 관인에게 이 인삼을 맡기니 이 인삼을 팔아서 저 죄인을 살려주시오. 여기 10냥은 당신에게 술값으로 주는 것이니 뒷일을 잘 부탁하오!"

이덕유는 싣고 오던 인삼보따리 세 뭉치를 내려놓았다.

"이보게! 지금 뭐하는 짓인가! 생면부지 타국 사람에게 천금 인삼적선이라니, 미쳤는가?"

"돈보다는 사람을 얻으라는 말이 있네. 저 사람 목숨은 왠지 천금보다 더한 가치가 있다는 생각이 드네."

죽음과 삶은 만인에게 똑같이 부과된 엄숙한 환희이며 가혹한 형벌이라는 것을 과연 사람들은 알고 있는 것일까.

그러며 이덕유는 총총히 사신행차의 뒤를 따라 먼저 말을 달렸다.

소설 같은 얘기지만 실지로 이덕유의 치부에 얽힌 얘기 중에서 빼놓을 수 없는 사연이다.

한 알의 씨앗

《매천야록》은 이덕유의 치부담을 설명하면서 이 일을 다음과 같이 기록해 놓고 있다.

過遼東 見一囚 待千金贖死 德裕解橐 子之……

약질(弱質)이 살인 낸다는 말도 있지만 정말 구두쇠 이덕유 통사로서는 상상도 할 수 없는 의기를 발휘한 것이다.

할래서 한 것은 아니었다. 이국땅 나그넷길에서 그의 행동은 이름조차 모르는 사형수의 목숨을 구한 너무나 순간적인 일이었다.

그때 이덕유가 목숨값으로 내던진 그 '천금'이 얼마나 되는 액수인지는 알 수가 없지만 '천금' 하나 때문에 장부의 목숨 하나가 죽는 정도라면 결코 적은 돈은 아니었을 것이다.

그러나 천금이 크다고는 하지만 그 천금이 이덕유를 일국의 관부(冠富)로 만들어 줄 돈으로 타국땅에서 자라나고 있을 줄이야 아무도 몰랐으리라.

결초보은이란 말도 있고 한 알의 씨앗이 남모르는 사이에 자라나 낙락장송이 되는 일도 있다고는 하지만 실로 세월이라는 것의 힘은 그렇게 무섭고도 큰 것이었다.

아니 세월이야 본래 무심히 오고 또 무심히 가는 것일 뿐이다. 그러나 그 무심한 세월 속에 유심(有心)하게 결심을 다지는 한 인간의 마음이 있다면 그것보다 더 무서운 것은 없는 것이다.

아마 이덕유는 그때 내던진 '천금' 사건 하나 때문에 얼마 동안은 가난한 살림에 쪼들리며 살았으리라.

이덕유가 본래 부자로 이름난 사람도 아니고, 그것도 통사가 되어 청나라에 들어간다고 해서 상인들이 '장사를 해 달라'고 맡긴 남의 장사밑천을 가지고 들어가던 몸이니까 자기가 쓴 천금은 남의 돈이었을 것이다.

한때 명나라에 사신으로 들어갔던 홍순언, 그는 뒷날 영의정까지 지낸 사람인데, 아무튼 그는 기루(妓樓)에 몸을 팔려고 나온 한 순결한 처녀의 하룻밤 정조값으로 천금을 내놓았다는 얘기가 있다.

그 처녀는 홍순언이 준 천금으로 정조를 더럽히지 않을 수 있었고 사죄(死罪)를 쓰고 죽게 된 자기 아버지를 살려내고 그 뒤 명나라 병부시랑(兵部侍郞) 석숭(石崇)에게로 시집을 갔다.

임진왜란 때 그 석숭은 자기 아내를 구해 준 조선국 사신 홍순언의 은혜를 갚기 위해 명나라 황제를 움직여 이여송에게 원병(援兵)을 데리고 출병을 명하게 했다는 사화(史話)가 전해 내려오고 있다.

이덕유에게도 그와 비슷한 보답이 돌아왔다. 이덕유는 요동땅에서 천금을 내던져 사형수 하나를 구해 준 일을 까맣게 잊고 그후 20년의 세월이 흘러갔다.

그러다가 오랜만에 또다시 동지사를 따라 청나라에 들어가려고 요동땅을 지나는데 묘한 일이 벌어졌다.

"혹시 당신들은 조선서 나오는 동지사가 아니오?"

"그렇소이다만⋯⋯?"

사신행차가 봉황성을 지나 요하(遼河)를 건너가려고 하는 참이었다. 강가에 있는 여각(旅閣)에서 웬 청국인 하나가 일행 앞에 다가와 공손하게 물었다.

"아, 반갑습니다. 조선서 나오시는 사신행차라면, 혹 이통사(李通使)라는 분이 금년에는 안 나오시는지요?"

"이통사라고만 하면 어찌 알겠소. 조선사람은 이씨 아니면 김씨가 제일 많아서 누가 누군지 알 수 있겠소?"

"저도 성씨가 이씨인 줄만 알고 있을 뿐 하도 오래된 일이라 이름은⋯⋯ 얼굴이 길쭉하고 마르신 분인데 지금 나이는 마흔 쯤 되었을 듯합니다."

무엇인지 초조하게 묻는 그 청국인은 의관도 깨끗하고 썩 점잖아 보였다.

"그럼 그 이통사라는 사람이 키는 어느 정도입니까?"

"중키에 수염이 드문드문 난 듯했습니다."

"그런데 그 이통사란 사람은 왜 찾으시오? 혹 당신에게 술값 빚진 것이라도 있소?”

“아, 아니오이다. 그게 아니라…….”

청국인은 아니라고 손을 저으면서 부인하는 걸 보니 그리 썩 나쁜 일로 이통사를 찾지는 않는 모양이었다.

그러자 누군가가 말했다.

“아, 이덕유 통사도 중키에 얼굴이 길쭉하고 수염이 드문드문하게 났지 않소. 혹시 그 사람일지도 모르겠구먼…….”

“예? 그런 통사님이 이번에 나오십니까? 이덕유 통사라…… 이, 덕, 유…….”

청국인은 지난 일을 기억해 내려는 듯 눈을 깜박였다.

“그분의 왼쪽 눈위에 혹시 까만 사마귀 하나가 있지 않습니까? 그때 제가 하도 경황이 없고 먼발치에서 본 터라…… 곰곰 생각하니 틀림없이 왼쪽 눈위에 사마귀 하나가 있었는 듯한데…….”

그 말을 듣자 사신 일행이 말했다.

“그렇소, 그렇다면 이덕유 통사가 틀림없는 것 같소그려.”

이렇게 말하며 서로 얼굴을 마주보았다.

‘무슨 일로 그러는가?’

모두들 이처럼 수군거리는데 마침 얼굴에 땀투성이가 된 이덕유가 말을 타고 허건달과 함께 들어오고 있다.

“저기 오는 저 사람 아니오?”

청국인은 먼발치에서부터 말을 타고 오는 이덕유를 뚫어져라고 쳐다보다가 탄성을 질렀다.

“아!”

목구멍으로 감격의 신음소리를 내면서 달려갔다.

“은인 어른!”

이덕유는 울부짖는 청국인을 의아스럽게 쳐다봤다.

“은인께서는 제 얼굴을 모르실지 모릅니다만 저는 은인 때문에 목숨을 건졌던 사형수 장가(張哥) 올시다!”

그는 흐르는 눈물로 얼룩져 감격하며 이덕유를 올려다보았다.

"아!"

이덕유도 비명에 가까운 괴성을 지르며 말에서 뛰어내렸다.

"당신이! 그때 물 한모금을 그렇게나 찾던…… 살아 있었군요. 나는 분명 그때 그 이통사요!"

얼싸안고 흐느끼는 두 사람을 바라보고 옆에서 멍하니 바라보고 서 있던 허건달도 눈물을 찔끔찔끔 닦으며 울먹이는 목소리로 말했다.

"살아났구만! 살아났어! 그런데 당신은 지금 어디서 무얼 하고 있소? 죽지 않고 살아 있으면 이렇게 서로 다시 만나는 날도 있소그려!"

허건달이 수선을 떠는 바람에 주위 사람들은 온통 무슨 일인가 싶어 모여들었고, 조선 사신 일행은 영문을 몰라 이덕유를 바라보았다.

둘은 서로 껴안다시피 하고 주막 안으로 들어갔다.

"얘들아, 내가 그처럼 기다리던 은인을 만났다. 오늘은 조선국 동지사 일행을 우리가 하룻밤 모실 테다. 어서 상을 차려 내오고 방을 깨끗이 치워라!"

눈치를 보아하니 청국인 장가라는 사람이 이 주막집의 주인인 듯했다.

주막 안에서 부리는 일꾼들도 7, 8명이나 되는 듯 한쪽에서는 술을 거르고 닭을 잡고 물을 길어 나르고 불을 때고 하느라고 갑자기 술렁술렁한 잔칫집이 되었다.

얼마 후 안방에 조용히 마주앉은 청국인 장가는 이덕유 앞에 다시 큰절을 올렸다.

"은인을 찾기 위해 저는 3년 전부터 여기다 주막을 차려놓고 조선서 사신들이 들어올 때마다 수소문을 했습니다."

"날 3년 전부터 찾았단 말이오?"

“예, 마음 같아서야 하루에도 몇 번씩 은인을 뵙고 싶었지만 저는 20년 동안 한 가지 마음속에 두고 결심한 게 있었습니다. 3년 전 그 결심이 다 이루어져 이렇게 은인을 찾아 이곳에 온 것입니다.”

“그동안 나도 별고없이 지냈소이다. 우리가 이제 기쁜 얼굴로 다시 만나니 이것도 복인가 하오.”

“하하하……자세한 얘기는 내일 제가 은인을 모시고 제 집에 가서 하기로 하고 우선 술부터 드십시오.”

“아니, 집이 어디에 따로 또 있소?”

“예, 아 이게 제 집이라면 제 권속이며 자식들을 불러다가 벌써 은인께 인사를 올리게 했지, 지금껏 이러고 있겠습니까? 이 집은 3년 전에 순전히 은인을 만나기 위해 이 요하 나루터에다 지어놓은 제 가게올시다. 이렇게 여각을 차려 기다리고 있으면 아무래도 사신행차가 나루를 건널 터이니 은인을 쉽게 만날 수 있을까 해서……”

“아, 그렇소? 정말 반갑구료! 이제는 내 잔을 한잔 받으시오.”

이덕유도 기뻐 술잔을 건넸다.

이튿날 청국인 장가는 이덕유를 데리고 그의 집을 향해 길을 떠났다.

아침 일찍 그들은 말을 타고 하인 몇을 앞뒤로 거느리고 나섰다. 늦은 가을, 수수와 기장과 콩은 누렇게 익어서 목을 척척 늘어뜨리고 그 넓은 들판 가운데에는 띄엄띄엄 인가가 있고 벌써 추수를 시작하는 곳도 있었다.

“통사님!”

“예?”

“여기서부터는 남의 땅이 아닙니다. 지형을 잘 보아 두십시오.”

“허허…… 그게 무슨 말씀인지 나는 모르겠구료. 남의 땅이 아니라니……?”

"하하하…… 모르셔도 좋으니 하여간 땅 생긴 것이며 풀 한포기 누워 있는 것, 밭두렁 하나가 뻗어 나간 것, 나무 하나, 돌멩이, 바윗덩이가 산등성이에 누워 있는 것까지 다 마음을 쓰고 보아 두십시오."

"그러지요. 아마 이곳이 장대인(張大人)의 고향인 모양이구료!"

"예……."

가을 들꽃이 만발한 산골짜기의 외딴 농막(農幕)에서 점심을 먹고 일행은 다시 말을 몰아 북쪽을 향해 달려갔다.

거의 무인지경과 같은 들판이었다.

요하의 어느 먼 산등성이에서는 양떼가 노는 곳도 있었고 어느 강가에서는 수백 마리의 오리떼가 모여 꽥꽥거리고 있었다.

햇볕은 들판에 차고도 넘쳤다. 나뭇잎이 쌓이고 썩어서 토질은 비옥하고 산은 수백 리 밖으로 떨어져 보이는데 강물은 넓은 줄기를 이루며 소리도 없이 흐르고 있었다.

그런 들판을 온종일 말을 타고 지나 해질녘에야 겨우 장가의 집

대동강변

에 도착했다. 집은 큰 마을의 한가운데 박혀 있는데 멀리서 보아도 지붕이 크고 웅장하며 뒷동산에는 숲이 빽빽하게 우거져 있었다.

“장대인 오신다!”

“장대인이 손님을 모시고 돌아오신다!”

일행이 다가가자 마을안이 들썩들썩 술렁거렸다. 보아하니 ‘장대인’ ‘장대인’ 하면서 장가 앞에 허리를 굽신굽신하는 마을사람들은 모두 장가의 땅을 부쳐먹고 사는 소작인들인 듯했다.

이덕유는 속으로 ‘이 사람이 본래 굉장히 부자였던 모양이구나. 그런데 이런 부자가 어째서 그때는 천금 때문에 사형수가 되었던가?’ 생각하다가 그동안 20여 년이 지났으니 그후에라도 사람이 결심만 했다면 이런 부자가 못 될 법도 없지 않느냐고 이리저리 궁리를 해 보고 있었다.

“이통사 어른.”

“집이 굉장하군요!”

“이것도 다 통사 어른의 것이나 같습니다. 그때 내가 천금 때문에 죽었다면 어찌 이 집이 있었겠습니까?”

“장대인은 그때 일을 가지고 너무 나를 과찬하는 것 같소. 그러지 말고 어서 지난 얘기나 좀 들어 봅시다그려.”

그날 밤, 장가가 거느린 여러 권속들의 인사를 차례로 받고 난 뒤 이덕유는 한가해진 밤중에 사랑방에서 회고담이나 들어 보자고 입을 열었다.

그러자 장가는 벽장 안에서 자물쇠가 채워진 조그만 문갑 하나를 꺼내더니 방바닥에 내려 놓았다.

“이것이 이통사 어른께 드리려고 제가 20년 동안 마련한 선물이올시다. 통사 어른이 직접 이 열쇠로 문갑 자물쇠를 따고 보아 주십시오!”

“아, 무슨 선물인데…… 나보고 열쇠를 따라고 하시는 거요?”

“열어 보시면 압니다.”

이덕유는 권유에 못 이겨 문갑에 달린 자물쇠를 열고 그 안에 든 종이뭉치를 꺼내보는 순간 깜짝 놀라면서 반문했다.

"아, 이건 토지문서가 아니오?"

"그렇습니다."

"장대인 집 토지문서를 왜 내게 내놓는단 말이오?"

"이름은 제 것으로 되어 있으나 이것은 모두 이통사 어른의 돈으로 산 토지니까 이제는 주인을 찾아 돌려 드리려는 것뿐입니다."

이 대목을 《매천야록》은 이렇게 쓰고 있다.

待朝鮮李某至 曰吾昔者死囚公金 而公不來 遂殖金 買田成大庄…
…

20여 년 전 이덕유가 요동에서 천금을 내어 구해 준 사형수는 그 후 공금을 훔쳐먹은 진짜 범인이 잡히게 되어 이덕유가 청나라 관정(官廷)에 바쳤던 속금(贖金) 천금을 다시 찾게 되었다고 한다.

사형수 장가는 누명을 벗고 조선국 이통사가 자기 목숨을 살려 주기 위해 내놓았던 천금을 들고 한해 두해 이덕유가 다시 동지사를 따라 들어오는가 하고 옛 은인을 찾았으나 만날 길이 없었나.

'이 천금을 쉽게 주인을 찾아 다시 돌려줄 수 없는 바에야……'

식금(殖金)을 하고 매전(買田)을 했다. 그래서 그 천금은 크고 자라고 새끼를 쳐서 5년, 10년, 15년을 지나는 사이에 10배, 20배, 50배, 2백 배로 늘어나 이제는 대장전(大庄田)을 이룬 것이라고 한다.

그 당시 청나라의 금리나 곡리(穀利)가 얼마나 되었는지는 몰라도 추수에 추수가 보태지고 이자에 이자가 붙으면서 20년을 불어났다면 필시 엄청난 재산이 되었을 것이다.

한 사형수가 이국인이 자기의 목숨을 살려준 천금이란 큰돈을 가지고 은혜를 갚자고 결심하고 그 돈을 20년 동안 일전 한푼 축내지 않고 기르고 또 기르면서 따로 장부를 만들어 정리를 해 갔다면 엄청난 돈이 됐음에 틀림없을 것이다.

"이것이 다 그때 돈으로 만든 재산이오?"

"그렇습니다. 그러니 다 이통사 어른의 재산이지요. 저도 저대로 그후 새마음 새결심을 하고 부지런히 노력해서 수천 석거리를 만들었습니다."

"이게 다 그동안 그 돈으로 컸다……?"

"예."

"하지만 이 많은 걸 어떻게 내가 가진단 말이오. 나는 까마득히 잊고 있었는데……."

이덕유는 갑자기 심각한 얼굴이 되었다.

꿈속에서 남에게 빌려준 돈을 이튿날 꿈이 깨서 빚독촉을 하러 가는 사람도 있다고 한다.

돈이라면 누구나 다 그처럼 이악스러운 법이다.

그러나 정말 뜻밖에도 이런 엄청난 대금이 한꺼번에 생기면 사람이 겁이 나고 멍해지는 모양이다. 이덕유는 토지문서를 든 손을 부들부들 떨었다.

"그렇지만……난, 나는 이 돈을 받을 수 없소이다. 장대인이 만든 재산이지 이게 어찌 내 재산이란 말이오."

"통사 어른 돈으로 만들었으니 통사 어른의 돈입니다."

"아니오, 장대인이 만들었으니 장대인의 것이라야 옳소!"

이덕유는 반 울상이 되어 버렸다.

"그러면 반분(半分)이라도 합시다. 그 돈을 본시 내 천금이라고 치더라도 장대인이 그동안 수고를 하여 늘려온 것이오. 반분이라도 한다면 모르되 난 이런 돈을 못 받겠소!"

"하하하…… 통사 어른께서 정 그러시다면 그럼 은인의 뜻대로 하시지요."

"좋소."

"그럼 금년에 추수해 들이는 만석(萬石)은 그대로 조선으로 가지고 돌아가시고 내년부터는 또 내년 추수를 계산해서……."

이렇게 해서 이덕유는 그해 만석 추수를 요동반도에서 거두어 오는 조선국 대부가 되어 버렸다.

이제 엉덩이가 공잇살이 박히게 말등에 몸을 싣고 머나먼 연경 수천 리 험한 길을 드나드는 통사노릇을 하지 않아도 되었다.

아니 이제는 세상에 거칠 것이 없는 만석꾼, 그 '하늘이 알아준다'는 부자가 되었다.

이덕유가 이처럼 자기도 전혀 모르는 가운데 하루아침에 대부가 되어 돌아오자 서울 장안이 술렁술렁했다.

"아, 이통사가 부자가 되었다는구만!"

"그래? 이번 사신행차를 따라갔다 왔다더니 인삼장사를 잘한 모양이구만?"

"이놈아, 정신차려!"

구리개 일대의 장사꾼들은 저희끼리 이덕유의 부자 됐다는 소문을 얘기하면서 서로 우기다가 뺨을 치고 싸우는 일까지 생겼다.

"아, 이자식이 왜 느닷없이 남의 뺨을 치고 지랄이야?"

"이놈아, 뺨 한대 맞은 것이 대수냐? 님은 갑자기 만석꾼이 됐다는데?"

"그래서 뺨을 쳤냐?"

"그렇다, 이놈아. 그 양반이 네놈 골통이 생각해 낸 것처럼 인삼 보따리 장사나 해서 만석꾼이 된 줄 아냐?"

"그럼 어떻게 부자가 됐다더냐? 술값은 내가 낼 테니 도깨비 벼락부자가 되는 애기나 좀 자세하게 해 봐라!"

"술값? 좋다, 그 새알 볶아먹게 배짱 한번 큰 이통사 있지. 그 어른은 남의 나라에 가서 천금으로 은혜를 베풀었더니 그렇게 되었대. 그러니 사람은 은혜를 베풀고 볼 일이다 이거야. 안 그러냐?"

“야 떡보야, 사람은 은혜를 베풀고 봐야 적선지가(積善之家)에
복이 오느니…….”

“그래서?”

“네놈도 그런 부자 한번 안 되고 싶냐?”

“되고 싶지.”

“하하하…… 옳다 옳아. 내가 네놈에게 30냥 빚진 것 있지? 그
것을 기어이 받을래, 안 받을래?”

“빚은 빚이니, 빚을 왜 안 받아?”

“아, 노름방에서 진 빚도 빚이냐? 노름방에서 준 돈은 안 받는
거다. 이 은혜 베풀 줄도 모르는 놈아, 나 그 빚 떼어 잡순다.”

“안 돼!”

“이 자식은 이때껏 이통사 어른 벼락부자된 얘기를 해 주니까 뭣
을 들었어?”

서울 장안 술집에서는 어디를 가나 이통사 얘기로 화젯거리가 되
었다. 대개 벼락부자가 되거나 횡재를 만나면 동티가 나서 사람이
제 명대로 못 살고 죽는 법이다.

그래서 길가에 조그만 쇳조각 하나가 떨어져 있어 철모르는 아이
가 그걸 주우려고 하면 “야, 동티난다!” 하고 어른들은 혼을 내면
서 못 줍게 했던 것이다.

돈도 때에 따라서는 액이 된다. 그래서 몹시 굶주리던 놈이 느닷
없이 밥을 한꺼번에 많이 먹고 죽어 버리는 일도 가끔 생겨 ‘부자
가 될수록 분수를 차리라’고 한 얘기까지 있는 것이다.

벼락부자가 되면 보통 간덩이가 커지고 엉뚱한 짓을 해 죽을 죄
를 짓고 집안이 엉망이 되어 버리는 일도 더러 있었다.

다른 것은 그만두고라도 요즘 누가 몇 십억짜리 복권 하나만 당
첨이 되어도 쉬쉬 하고 소문을 내지 말아야지 아무개에게 공돈 생
겼다고 소문이 나면 별의별 사람이 다 찾아오고 빌려 달라고 조르
는 사람, 하다못해 홀아비 횡재에는 아양떠는 과부귀신까지 붙어서

요절이 나게 마련이다.

내 돈이 최고야

하루아침에 장안의 이름난 부자가 갑자기 태어났으니 당사자인 이덕유의 마음은 어떻겠는가?

보통사람이라면 사시사철 고기반찬에 기생 풍류 호강에다 고대광실 호화주택을 높이 짓고, 출입을 할 때는 가마를 타고 손바닥 넓적넓적하게 대금을 호기 있게 써보고 싶었을 것이다.

그러나 이덕유는 천품이 그렇지가 못했다.

만석추수를 해 온 그해부터 요동벌판에서 커 가는 이덕유의 재산은 아래 문장처럼 실로 엄청났다.

其家馬蹄銀盈數庫 名聞隣國 上海向 中國地方

이덕유의 집안에는 마제은이 창고로 가득 차서 그 부명(富名)은 요동반도 일대는 말할 것도 없고 상해지방까지 '이덕유', '조선부자 이덕유' 하고 알아주었다는 뜻이다.

옛 의주 부지 임상옥도 중국까지 소문난 부자였지만 근 80년이 지난 그 즈음에는 이덕유를 그처럼 알아주었다.

이 무렵은 고종 초에서 중엽 사이다.

그때만 해도 벌써 청국도 변했고 우리나라도 개국 이후 많이 변해 경제기구나 자금력도 근대화 일보 직전이라 그런 당시에 인정을 받은 이덕유의 부력은 여간한 것이 아니었다.

이미 상해나 홍콩에는 서양인 거상들이 진출해 온 후였다.

우리나라에도 부산과 인천, 원산 등이 개항되어 석유·광목이 들어오고 은행 역할을 하는 서양 거상이나 일본의 미쓰이회사나 미쓰비시회사 같은 외국의 대자본도 들어와 슬슬 입김을 뿜던 때였다. 그런 때에 이덕유가 발행하는 어음은 대청 무역의 계정(計定)에서 조선 왕조의 최고 통치자인 고종황제가 발행하는 어음보다도 청나라 상인들이 더 신용을 했다니 얼마나 튼튼한 물주(物主)였을까?

有用財之事　輒徵德裕於音遺之　盖淸商　信上御璽不如信德裕於音也　方言訓劄曰於音

(그래서 고종황제는 돈 쓸 일이 있을 때는 억지로 이덕유의 어음을 가져 오게 해서 썼다. 대개 그때 서울 장안에 와 있는 청나라 거상들도 고종황제의 옥새가 찍힌 어음을 믿기는 했지만 그래도 이덕유가 발행하는 어음을 더 신용했었다. 우리 방언으로 훈별이라고 하는 것이 어음이다.)

유대인을 능가한다는 화상(華商)들의 상술은 세계가 알아준다고 한다. 그들은 끈질기면서도 신용을 생명처럼 알고 거래를 한다고 한다. 그런 '장삿속의 귀신'들이란 화상들이 한 나라의 황제폐하가 발행한 어음보다도 한 상인이 발행하는 어음을 더 신용했다면 알아

부산 부두 하치장, 1903

볼 만한 것이다.

한나라의 국왕인 고종에게는 삼천리 방토가 있었고 거기서 나오는 백성들의 세금이란 재원이 있었다.

아니 그보다도 부산·인천·원산을 통해 들어오는 관세(關稅)라는 재원이 있었다. 그런데도 그런 고종의 지불약속, 옥새가 찍힌 어음보다 한 상인인 이덕유의 어음을 더 받기 좋아했다면 요즘 은행 정도가 아니었던 모양이다.

이덕유가 소유한 수만 석 추수의 요동벌판의 토지, 그의 창고 안에 차곡차곡 쌓여 있는 마제은, 청나라 상인들은 그 재력의 실제성과 안정성을 더 믿었던 것이다.

그때 어음으로 발행했던 증서들은 지금 우리가 쓰고 있는 약속어음과 별로 다른 것이 없다.

기다란 종이에다가 '금 ○○ 만 냥(金○○萬兩). 발행 장소. 발행인 이름 수결(手決). 지불날짜' 등을 쓰고 발행인은 그 종이의 반쪽을 갈라 한쪽은 자기가 가지고 다른 한쪽은 상대방에게 주었다가 그 지불날짜에 다른 한쪽을 가지고 오는 사람의 그것과 자기가 보관한 짝과 맞추어 보아서 자기가 발행한 어음이 확인되면 돈을 내주었던 것이다.

이덕유가 창고 안에 가득 쌓아둔 마제은은 그대로 중국인들이 유통하고 있었던 현금이었다.

마제은은 말굽처럼 은덩이를 뭉쳐 노끈으로 허리를 묶어 가지고 다니면서 그때그때 은의 '개수(介數)'로 달아 통용하던 중국의 화폐였다.

이덕유는 요동벌판 자기 농장에서 거둔 곡식을 그대로 현지에서 마제은으로 바꿔서 실어다가 자기 창고 안에 쌓아 두었다. 중국인들이 요구할 때는 언제나 그 자리에서 마제은을 내놓고 셈을 할 수 있었던 것이다.

그러니까 지금으로 말하면 이덕유는 왕조시대의 외환은행(外換銀

行)이었고 달러 보유고를 엄청나게 소유한 국제금융가였던 것이다.
한창때 이덕유의 돈은 당대의 제일이었다.

我國壤褊而瘠 民居其間 號擁富者 特小小耳 其有庄在他國 自德
裕始……

(우리나라는 본시 땅덩이가 좁고 또 메마르다. 그런 좁고 척박
한 땅에서 백성들이 살고 있기 때문에 혹 큰부잣소리를 듣는 사
람이라 할지라도 실제로는 별 것 아니었다. 그러나 이덕유의 장
토는 수십 수백 리가 뻗친 요동들판에 있다니 장하지 아니하냐.
우리나라 사람으로 타국에다가 자기의 넓은 장토를 지닌 사람으
로는 이덕유가 처음이다.)

손바닥만한 땅덩이에서 부자라는 소리를 듣는 사람도 워낙 나라
가 좁고 작으며 물자가 빈약하니까 큰 나라의 그것에 비하면 아무
것도 아닐는지 모른다.
지금도 웬만한 지방도시에서 '아무개가 억대 갑부다!' 하고 시골
사람들이 입에 침이 마르게 부러워하는 갑부라도 지방도시에서 서
울로만 올라와 봐도 아무것도 아니라는 것을 알게 된다.
방죽이 커야 대어(大魚)가 놀지, 우선 방죽이 손바닥만해 가지고
서야 어떻게 대어가 나오겠는가?

저 하늘에 구름가듯

이덕유는 남의 원망을 사면서 긁어모은 돈이 아니고, 당당하게
중국 대인들만 사는 땅에서도 '조선부자 요동대벌 이대인(李大人)'
소리를 들었으니 알아줄 만한 인물이자 부력이었다.
그런데 이덕유를 남의 나라 사람들은 요동대벌 '이대인' 하며 그
앞에서 허리를 꺾어 존경하는 데 정작 그의 고향인 조선국에서 이
덕유는 여전히 '소인(小人)' 노릇을 하고 있었으니 이것은 무얼 뜻

하는 것일까?

물론 이덕유 자신의 성품에도 까닭이 있을 것이다.

德裕性至儉嗇 出無轎馬 或驢如狗小

(이덕유는 어찌나 성품이 검소하고 인색한지 출입을 할 때에도 가마나 말을 타는 일이 거의 없고 혹 어쩌다가 노새를 타도 그 노새가 어찌나 작고 비루먹어 못났는지 꼭 개만큼밖에 크지 않은 것이었다.)

요새로 말하면 겨우 돈 일억 원 정도만 굴러다녀도 비싼 외제차부터 타고 보는 족속들과는 너무나 심한 대조였다.

그뿐 아니라 일세의 거부이면서도 이덕유는 겨우 개만한 노새를 타고 다니는 것도 꺼려 걸어다니는 때가 많았다. 그뿐 아니라 이덕유는 비단옷도 입지 않고 겨울에도 무명 솜옷을 입으면 그만이었고, 고기반찬도 꺼렸고, 몸에 해로운 과식도 하지 않았다. 한끼 밥상에 한 냥 이상 돈을 쓰지 않았다니 어처구니가 없는 고집이었다.

冬月着木綿裘 每食時饌直限百錢

요즘도 몇십 년 동안 양복에 넥타이 한번 안 매 보면서 거금을 모아 사업을 일으키다는 지독한 사람들의 예는 있고, 또 몇십 년 동안 가락국수 라면만 삶아먹으면서 70평생 돈을 모아 서울서도 이렇다 하는 고층 빌딩의 주인이 되었다는 얘기도 있다.

하지만, 아마 그런 사람들의 성공담도 이덕유와는 비할 바가 못 될 것이다.

이덕유로 치자면 당세 국민 제일의 거부였다. 창고 속의 마제은 하나만 들고 나가도 아마 며칠쯤은 주지육림(酒池肉林)에 파묻혀 꿈같이 살 수 있었다.

그런 것이 수만 아니 수십만 개가 쌓여 있는데도 그의 밥값은 요샛돈으로 치면 불고기백반이나 갈비탕 한 그릇값도 못 되는 한 냥이었다.

요새 국내 10대 재벌, 50대 재벌의 랭킹 안에 든 거부 치고 이렇게 사는 사람이 있다는 소리를 못 들었다.

차관을 얻어다가 빚투성이로 빌딩을 지어놓고 은행빚을 몇십, 몇백억 원씩 짊어지고 살면서도 큰소리를 치는 것이다.

"부채는 재산이야!"

"빚 많이 진 사람이 진짜 부자라구."

"없는 놈은 빚도 없는 거야."

헐한 사고방식으로 편리하게 살아가고 사업을 해 가려는 태도에 비하면 너무도 큰 차이가 있지 않은가. 그 지독한 인색, '굳은 땅에 물이 고인다'는 구두쇠 근성이란 어쩌면 이덕유의 버릴 수 없는 천성이며 어쩌면 사상일지도 모른다.

너무 옹고집스럽게 인생을 살았다고 할는지는 몰라도 이덕유는 대금을 잡은 뒤에도 '살얼음 위를 걸어가듯 인생을 극히 조심스럽게 살았다'는 점은 무엇을 뜻할까?

숨 한번 크게 안 쉬고 살았던 그의 처세훈은 바로 조선이라는 사회의 정세 때문이기도 했고 정치악이니 사회악의 단면이라고도 할 수 있을 것이다.

즉 그는 자신의 보신(保身)을 위해서도 그렇게 살았던 것이다. 그렇게 살지 않았으면 그는 어떤 손이나 모함에 의해서 적몰(籍沒)을 당했거나 재산을 송두리째 박탈당했을지도 모를 일이다.

한때 순조조(純祖朝) 제일의 거부였던 의주의 임상옥이 큰 집을 짓고 별장을 짓자 왕조는 호통을 쳤다.

"상놈의 주제에 집이 너무 과람하다!"

그 죄목 하나로 암행어사 출두를 당하고 새로 짓던 집이 박살나고 임상옥은 끌려가 옥에 갇힌 몸이 되었다.

임상옥으로 치면 다분히 정략적인 상인이었고 권신(權臣) 박종경의 비호와 홍경래란의 공로, 또 국가로부터 얻은 인삼 무역권으로 거부가 되었던 '꾀 있는 사람'이었는데도 그런 곤경을 당했는데 이덕유는 그런 정략가도 상략가(商略家)도 못 되었다.

임상옥은 대금(大金)을 내놓고 벼슬을 사서 상놈 소리를 면했지만 이덕유는 거의 순수할 만큼 식금사업(殖金事業)만 하는 상인이었다.

그 일세의 정략적 기지의 상인이던 임상옥도 나중에는 가슴에 맺힌 것이 있어 비현실적인 시의 세계 속에 파묻혀 숨어 살았다.

이덕유도 그랬다. 그는 시의 비현실 속에 숨은 게 아니라 지독한 검색(儉嗇) 속의 탈부(脫富)의 세계 속에 숨어들어가 버렸다.

不慕宦遠 惟殖財爲樂

그러나 그런 이덕유도 억지로 왕조에서 떠맡기는 '벼슬감투'를 외상값으로 받고 또 막대한 돈을 고종에게 바쳐야만 했다.

고종은 늘 재원(財源)이 궁색하면 차비문(差備門) 밖으로 이덕유를 불러내어 몇만 냥 몇십만 냥씩 어음을 써 바치게 했다.

그러다가 나중에는 돈을 너무 바치게 했던 이덕유에게 체면이 안 섰던지 넌지시 운을 뗐다.

"너도 어디 수령이라두 한자리 해야 할 게 아니냐?"

"소인은 장사꾼이옵니다. 장사꾼이 수령으로 나가서 무엇을 하겠습니까?"

그는 거절을 하였다. 그러고도 나라에서 부르면 언제든지 달려가 돈을 상납해야 했다. 그러다가 한번은 고종황제가 부른다고 해서 또 궁중으로 들어가는데 차비문 밖에 웬 가마 한 채가 놓여 있었다.

"아, 이제 오시오?"

차비문 뒤에서 목소리가 나 돌아보니 고종황제가 아니라 도승지 민영환이 나오는 것이었다.

"예, 소인 부르심을 받자옵고……."

이덕유는 허리를 꺾고 맨땅에 부복했다.

"저 가마를 타시오."

민영환의 말이 떨어지자 가마꾼들이 사방에서 나와 이덕유를 사
인교 안에 밀어넣더니 가마채를 불끈 어깨에 메고 어디론가 부리나
케 달려갔다.

이덕유는 영문을 알 수가 없었다.

'내가 무슨 죽을 죄를 졌나? 날 어쩌자고 불문곡직하고 가마에
태우고 이렇게 달려갈까?'

어디로 끌려가서 하옥이 될 모양이다.

이덕유는 속이 답답했다.

"어디로 가는 거요?"

"우린들 아오? 입을 병마개로 꼭 봉한 듯이 아무말 말고 속히
거행하라는 대감의 분부만 있었소."

가마꾼들은 더 긴말하지 않고 가마문을 탁 닫아 버렸다. 그 가마

부인의 가마 나들이

는 이덕유를 싣고 음죽(陰竹)으로 갔다. 이덕유가 가마문을 열고 나왔을 때 그는 음죽현감에 제수(除授)되어 있었다.

이덕유는 억지춘향격으로 팔자에 없는 음죽현감이 되었지만 불과 서너 달이 지나자 벼슬을 버리고 돌아왔다고 한다.

그것이 당세의 거부가 겪어야 하는 사회상이고 정치상이었다.

부자가 길고 전통 있게 뿌리를 박을 수가 없는 세상이었다.

그래서 이덕유는 다시 전주지(全州紙)를 취급하는 물상객주(物商客主)로 1915년까지 지냈을 것이 분명한데 그 후의 애기는 전혀 찾을 길이 없어 자취가 묘연하다.

아마 요동들판의 땅은 청일·러일 전쟁을 겪고 관동군·만주국 마적단 출몰이라는 불안한 정세 속에서 변화를 겪었을 것이고, 이덕유의 물상객주업은 철도의 등장으로 한물 가고, 식민지 시대가 막을 내림과 동시에 한지의 쇠퇴와 유리의 등장에 따라 한풀이 갔을 것은 뻔하다.

그렇다할지라도 일국의 관부였다면 뒷애기가 남을 만한데도 기록상으로는 후손이나 유업이 어떻게 되었는지 전혀 알 수가 없다.

지금은 그 요동땅에서 석유가 펑펑 쏟아져 나온다는데······.

민본자본 오희순
큰 장사를 하려면 먼저 나라 걱정하고 백성을 위하라

압록강 넘나든 무역상

"에이취! 이놈의 재채기 오삭주(吳朔州)에게로나 가거라!"

한때 평안도 사람들이 재채기를 할 때 유행어처럼 했던 말이다.

왜 그랬는지는 몰라도, 재채기바람은 모두 그 고을 왕거부(王巨富)에게 몰아 주었던 것이 우리나라의 풍습이었다.

그 평안도 사람들의 재채기바람에 오른 오삭주가 바로 철산 사람 오희순(吳熙淳)이다.

그는 조선왕조 5백 년내의 상업거부이던 임상옥처럼 인삼장사로 거부가 된 사람이며, 평안도의 김성수(金性洙)라던 오치은(吳致殷)의 아버지이다.

말고삐를 잡고 인삼바리, 중국비단바리를 따라 압록강을 넘나든 험한 오씨의 풍상.

그러다가 청천강 도깨비운을 잡고 일약 평안도의 왕거부가 되었지만 그는 끝내 술도 담배도 하지 않은 겸허한 거부였다.

훗날 역시 전국적인 거상이었으며 3·1운동의 기독교계 대표자요,

정주(定州) 오산학교 설립자이던 이승훈도 바로 그 오삭주집의 돈으로 자라난 인맥이다.

그 오희순은 사촌인 오희원·오치은·오필은·오익은·오좌은·오상은 등 철산 오씨네 일문의 부맥으로 이어졌는데 그 일문은 별칭이 '9형제 거부'들이었고, 그러면서도 그 9형제집이 모두 한 울타리 안에 살았는데 재산 싸움을 하지 않은 것으로도 유명하다.

그러면 오희순이 연경에서 인삼장사 다니던 애기를 하기 전에 우선 1902년 10월 14일자 신문기사부터 보자.

關西江山에 三志士가 新出現 壯哉라 三氏여, 其德은 如金如玉하고……其金이 皆乃祖乃父의 勤勉勞苦하여 一粉一分式節用鳩聚한 物이나 三氏는 民國에 獻身하고 人物을 養成키 위하여 此金을 捐出하얏으니 三氏乎여 三氏乎여!

(관서지방에 세 지사가 새로 나타났다. 장하도다! 그 세 분 지사여. 그 덕은 금과 옥과 같이 귀하니…… 그들이 내놓은 돈은 거개 그분들의 조부 선대로부터 근면하고 노고하여 한푼 두푼을 절약하여 인물을 양성하려고 돈을 내놓았으니 세 분의 장함이여 세 분의 징힘이여!)

감격기사를 써 찬탄을 하고 있는 내용은 그때 안창호 등이 중심하여 평양에 대성학교를 세우는데 철산 사람 오희원이 5천 원, 평양 사람 김진후가 3천 원, 오치은이 2천 원을 내놓은 것을 치하하고 있는 것이다.

바로 이 대목을 《매천야록》도 다음과 같이 써 놓고 있다.

李鍾浩·尹致昊·安昌浩等設大成中學校于平壤…… 平壤大成學校出三大義捐 吳熙源 五千元(圓) 金鎭厚三千元 吳致殷二千元 皆關西人也

이것으로 보아서도 알 수 있듯이 1908년대 한말 당시 오희원·오치은 등의 철산 오씨 일문은 관서지방을 대표하던 재산가들이었으며, 또 선각적인 민족주의자들이었다.

그 무렵 오희원·오치은 등 오씨 집안에서 내놓은 돈이 7천 원.

당시 쇠고기 한 근에 30전, 이보다 1년이 앞선 1907년 당시의 진남포의 물가를 살펴보면 참깨 한 말에 75전.

쇠고기만을 기준해서 계산해 보면 그 당시 7천 원의 액수란 쇠고기 2만 근 값이니까 지금 돈으로 쳐도 최소 2억 원이요(한 근 1만 원 기준), 쌀로 계산하면 1천 가마가 넘는 값이다.

아니 그보다도 철산 오씨 가문은 1939년 선천 신성학교의 재단을 완성하기 위해 내놓은 기부금으로 더 세인을 감격시켰다.

선천 신성학교는 본래 외국 선교회에서 세워 경영하였는데 일제에 의해 점차 탄압을 받게 되었다.

유서깊은 학교가 문을 닫든지 아니면 한국인의 손으로 인수해서 계속하든지 해야 할 존폐 위기에 놓이게 되었다.

당시는 우리나라에 있던 연전(延專)·경신(儆新)·전주의 신흥학교 등 모든 기독교 계통 학교가 다 같은 운명에 처했던 시기다.

그러자 선천·용천·의산의 삼노회(三老會)에서는 외국 선교사들의 손으로부터 신성학교를 5만 원의 사례금을 내고 인수하는 형식으로 운영을 넘겨받았지만 학교의 재단을 완성할 길이 없었다.

그때 철산 오씨, 아니 평북 일대의 오씨 문중에서 거금 64만 원을 내놓아 신성학교를 소생시켰던 것이다.

여기서 선천 신성학교와 지방민들의 지난 관계를 대충이나마 알고 넘어가야 할 것 같다.

선천 신성학교는 본래 미국 선교회에서 경영하던 미션스쿨이었다.

그런데 1926년, 이 학교는 새로 8만 원을 들여 교사를 지은 일이 있다. 당시 교장은 미국인으로서 한국명은 위대모(魏大模)였다.

그런데 교사 증축을 둘러싸고 지방민과 미국인 교장 간에 미묘한
감정의 대립을 보인 일이 있었다.

선천신성학교는 미국인 선교회의 경영인 바 同校에서는 今春부
터 8만 원의 예산으로 교사 증축을 계획하고 전교장 魏大模군이
北美 본국으로 돌아가 기부 모집을 한 결과, 우선 한 반액 가량
이 모여 공사에 착수키로 한 바…….

교사 증축공사를 놓고 미국인 교장은 소위 입찰을 붙였던 것이
다. 그 지방의 어떤 한국인 업자가 최저가격으로 응찰을 했는데도,
한국인 업자는 자금이 너무 부실하고 기술도 부족하여 맡길 수 없
다고 하면서 중국인 업자에게 공사를 맡겼다. 그래서 지방민들의
반발을 샀던 것이다. 왜냐하면 한국인 업자는 '자금이 부실하다'고
핑계를 대자 그곳의 이름난 부호이던 오정은(吳定殷)은 자기가 그
한국인 업자의 자금을 보증하기 위해 1만 원을 학교에 맡기겠다고

신성학교 밴드부, 1920

했는데도 미국인 교장은 이를 거부해 버렸기 때문이다.

선천을 비롯한 평안도 지방이 본래 개화가 빠르고 기독교 문명을 열광적으로 받아들인 곳이긴 했지만 그런 선교회의 처사에 지방민들의 감정이 상했고, 그 다음 주일날에는 예배당에서 일부 지방 신자들이 조그만 사건을 일으키는 사태까지 일어났다. 즉 주일예배 시간에 그전처럼 미국 처녀 하나가 풍금을 치고 있었다.

그러자 갑자기 어느 신도 하나가

"풍금 같은 것은 우리 손으로도 능히 칠 수 있는데 왜 당신만 늘 치느냐?"

하고 시비를 걸었던 것이다. 끝내는 미국 처녀가 울음을 터뜨리는 '무안 주는 사건'이 되고 말았다.

그런 일이 있은 지 14년이 되는 1939년 오씨 일문에서는 신성학교를 자기들 손으로 인수했던 것이다.

존폐의 기로에서 재단 완성의 서광을 보게 된 신천신성학교는 ……평북의 재산가 오씨 문중에서 거액의 재산을 지불하야 금후의 신성학교의 기초는 견고하게 되었고 64만 1천 6백 34원 70전이란 거액의 재단으로 재단법인 인가를 신청 중이다(1939).

그때 재단에 돈과 토지·대지 등을 낸 사람들의 얼굴을 살펴보면, 오현기·김영례·오익은·오재한·오기태·오필은·오철은·오유은·박문규(朴文圭)·오해은 등이었다.

여기서 보는 바와 같이 거의가 오씨 일문의 사람들이었으며 그 중에서도 오필은·오철은·오유은·오해은 등은 한말의 이름난 부자 오희순의 아들이나 조카들 일족인 것이다.

또 〈대한매일신보〉와 《매천야록》이 그처럼 찬탄했던 오희원은 그 뒤 약 25년이 지난 후에도 전국적인 거부의 모습으로 나타나고 있다.

제2의 東拓이라고 할 수 있는 토지개량주식회사는 점차 실현되어 조선인에게도 주를 모집하는데 평북의 부호로 경성에 在住하는 吳熙源군이 최상으로 1천 3백 주를 응모하얏다고 한다. 배〔梨〕주고 뱃속 빌어먹는 격이지만 오씨는 아마 同회사의 중역자리 하나는 떼어 놓은 당상일걸……(1926).

토지개량주식회사라면 동척 다음가는 큰 회사. 오희원은 그 회사의 주식을 제일 많이 샀고, 또 그 회사 중역으로 들어가는 것은 기정사실화하고 있었다.

이것으로 보면 오희원은 1926년 무렵에 평북을 대표할 만한 오씨 집안 인물이었으며 이미 서울로 이사를 와서 사업을 하다가 그때 발족되기 시작하는 조선토지개량주식회사 주식 1천 3백 주를 사 한국인으로서는 최대의 주주가 되었다는 점을 애기해 주고 있다.

'청천강 도깨비운'

"사업에는 운과 기회가 따르기 마련이다. 아주 쉽게 해낼 수 있는 일도 기회를 놓쳐버리면 뜻을 이루지 못할 때가 있다. 그러나 닌궁에 빠진 일도 기회를 잡으면 뜻하지 않은 성공으로 이끌어낼 수도 있다. 기회를 잘 잡는 것이 중요하다. 아무리 능력이 있어도 운과 기회가 따라주지 않으면 모든 일이 헛수고로 끝나기 쉽다."

그러면 평북의 명문 철산 오씨 일가의 부맥은 대체 어디서 어떤 기회와 운을 잡아 일구어낸 것일까?

그 부맥을 처음 연 사람이 오희원의 형이며 오치은의 아버지인 오희순이었다.

오희순은 1845년 즉 헌종 11년생으로 알려지고 있으니까 당시 세상에서 팔자가 제일 좋다고 알려졌던 '태중귀인(胎中貴人)'이던 조성하·조영하 등과 동갑이다. 또 평양의 여류거부이던 백선행보다는 세 살 위가 된다.

뒷날엔 오희순도 큰돈을 벌어 조선 왕조 삭주군수(朔州郡守)라는 차함(借銜)을 하여 '오삭주(吳朔州)'로 통했고, 오희원은 '오용천(吳龍川)'으로 불렸지만 본래는 청나라를 상대로 무역을 하던 장사꾼 출신이었다.

오희순의 집안은 본래 철산에서 살다가 나중에 선천으로 옮겼는데 젊은 시절에 임상옥처럼 개성에서 인삼을 사서 싣고 중국 연경 사신의 행차길을 따라다녔다고 한다.

박지원의 《열하일기》에서도 설명하고 있듯이 당시 대청 인삼무역권은 안주·의주·송도〔開城〕의 상인들이 쥐고 있었다.

사신으로 떠날 사람은 국법이 정하는 바에 따라 일정량의 무역권을 가졌던 것이며 자기돈이 없어 직접 인삼을 사 가지고 갈 수 없는 사람은 그 무역권을 안주·송도 등지의 상인들에게 넘겨 주었던 것이요, 상인들은 그 무역권을 사서 돈을 벌었던 것이다.

그런데 오희순은 장사꾼은 장사꾼이로되 항상 상도를 지키는 사람이었다.

남에게 뺨 한 대 얻어맞을, 경우에 어긋나는 짓도 하지 않았거니와 남의 뺨을 공짜로 치는 일도 하지 않았다. 술도 마시지 않았다. 남들이 다 피우는 담배도 피우지 않았다.

"술 안 마시고 담배 안 피워 부자되면 뭘하누. 먹을 것 먹고 쓸 것 쓰면서 돈을 모으든지 할 것이지, 그렇게 지독스레 모아서 뭘 하누? 고름이 살 되는 줄 아는 모양이지?"

"내 버려둬! 평양감사도 저 싫으면 안 한다고, 먹기 싫은 술 담배 권하면 뭘해."

"아서라! 오서방 그러지를 말게. 돈 아껴 뭘 하나. 살아 생전 한잔 술이 죽어 열 잔 술보다 낫다네. 이몸 한번 죽어져 봐. 천 당 아니라 나무아미타불님이 계시는 극락에 가 봤자 담배도 없고 술도 없어. 그러니 살아 생전 좋은 친구에게 한잔 술 아끼지 말게나!"

몇 살 때 애긴지는 자세하지 않다. 그러나 오희순은 제법 똘똘한 장사꾼이 되어 여러 짐 말에 싣고 연경 사신들을 따라 안주까지 왔을 때였다.

여러 인삼 장사꾼들과 어울려 숙소에 머무는데 한쪽에서는 술추렴이 벌어져 서로 권커니 자커니 시끌시끌했다. 넉동내기 윷도 놀고 한패는 투전판도 벌였다.

오희순은 그저 남들이 노는 뒷전에 앉아 있을 수밖에 없었다.

"술 좀 마시라니까!"

극성스런 친구들이 술잔을 들이밀면 고개를 절레절레 흔들 뿐이었다. 그는 술을 마실 수 없는 체질이었는지 무슨 엄격한 가훈이라도 있어서 그랬는지는 몰라도 전혀 술을 입에 대지 않았다.

그러나 술추렴 돈을 내놓으라고 하면 그는 서슴없이 그 추렴에 응하는 선심파이기도 했고 호인이기도 했다.

대개 연경 사신행차를 따라다니는 장사꾼들은 송도에서 인삼을 사 싣고 안주쯤 와서 기다리고 있다가 여기서 합류해 가지고 사신행차의 꽁무니를 따라 연경까지 함께 들어가는 것이 예사였다.

그린데 그 안주에시 사흘째나 기다려도 평양을 떠니 이곳에 닿을 사신행차는 도착하지를 않고 꿩 구워 먹은 자리처럼 소식이 없었다. 이렇게 되면 장사꾼들은 안주에서 서로 송별연을 하고 셈도 끝내 버리는 것이 예사였다.

압록강 저쪽은 우리나라 엽전을 가지고는 넘어가 봐야 아무짝에도 쓸 데가 없는 청국 땅이다.

그러니까 수중에 지니고 있는 엽전들은 압록강을 건너기 전에 모두 써 버려야 하는데 청천강을 건너 의주 쪽으로 더 들어가면 거기서부터는 벌써 공기가 변경(邊境) 맛이 난다. 나리들 행차에 걸려 웬만한 장사꾼들은 술추렴 한번 푸짐하게 벌일 만한 곳이 없다.

그래서 장사꾼들의 돈은 안주에서 거의 다 바닥이 나도록 써 버리는 것이 예사였다.

그 당시만 해도 안주 성안은 평안병사(平安兵使)가 있는 3천 호의 큰 읍.

청천강의 수운(水運)을 이용해서 '이신발재(以身發財)'한 거상여각(巨商旅閣)이며 객주집이 즐비하여 희천·운산·강계·영변·박천·영원·덕천·맹산이며 함경도 쪽에서는 장진·갑산·삼수에서까지 장사꾼들이 모여들던 곳이었다.

여기서 오희순 일행도 짐을 푼 지 나흘이나 되었다.

8월 더위는 푹푹 쪄 온다. 성 밑에서 용용히 흐르고 있는 청천강의 물줄기 위에는 돛단배며 세곡선(稅穀船)이 수백 척이나 오리떼처럼 떠가고 있다.

"오서방은 오늘도 안 가?"

"어딜요?"

"병아리네집 보리막걸리 맛이 쌉쌀하게 좋던데. 어때, 한잔하고 나서 쌍과부네 청마루서 낮잠이나 한숨 늘어지게 자고 오지?"

"아, 술을 할 줄 알아야지요."

"제기 원, 이것도 사내라고…… 아, 뚫어진 아가리를 벌리고 술을 부어넣으면 되지 본래 누구는 주태백이 손자놈이던가?"

"형님들이나 다녀오슈."

"이런 쓴 오이꼭지 같은 사람 보았나. 그래, 개밥에 도토리같이 놀긴가? 그럼 벌금으로 형님들 술값이나 내놓게. 술도 안 사 주고서야 형님들을 어떻게 모셔?"

"아따, 벌금을 내느니 오늘은 나도 형님들 술자리를 따라가 안주라도 먹겠소."

이래서 오희순도 따라 나섰다.

헌 미투리 바닥에 구멍이 나서 못 오는가? 사신행차는 그날도 오지 않았다.

장사패들은 따분하다 못해 또 한차례 떼를 지어 나가는 것이었다. 오희순도 그 패거리에 끼어 끌려다니다가 어떻게 어떻게 병아리 오줌만큼이나 술을 마셨고 취기가 올라 저녁도 굶고 객주집 대청에 누운 채 잠이 들었던 모양이다.

어느 사이에 벌써 풀잎 끝에 이슬이 맺히게 밤이 깊어졌다.

오희순은 설핏 한잠이 들었다가 오줌이 마려워 잠을 깼다. 성안은 등불들이 모두 꺼져 칠흑 같고 가끔 순라꾼 도는 소리만 난다.

마당가에 나와 오줌을 누던 오희순은 섬칫 놀랐다.

"후둑!"

"후둑!"

이마에 떨어지는 빗방울.

쳐다보는 하늘은 온통 검은 장막뿐…….

'비가 오려나?'

'사신행차가 얼른 들어와야 할 텐데…….'

오희순은 소피를 끝내고 하늘을 한번 더 쳐다보고 마루에 올라 다시 잠을 청했다.

여름잠은 개잠이라지만 잠이 쉽게도 들었다.

"이놈아!"

"?"

지팡이로 누가 등줄기를 후려치며 고함을 질렀다.

"이놈, 네가 철산 사는 오가지?"

"예."

"나는 청천강 도깨비다!"

키가 아홉 자나 되게 큰 청천강 도깨비는 무슨 연유인지 등불까지 들고 문밖에 서 있다. 도깨비란 본디 방정맞고 요사스러운 게 본색인데 오희순 앞에 나타난 청천강 도깨비는 제법 의젓하게 뒷짐을 짚고 서서 호령을 쳤다.

"이 밤으로 당장 청천강을 건너가거라!"

"예?"

오희순은 주먹으로 벽을 치면서 벌떡 일어났다. 꿈이었다. 이게 무슨 꿈인가?

사방은 후덥지근한 지열로 축 늘어진 채 밤은 깊은 잠속에 빠져 있었고 오희순은 온몸이 땀에 젖어 있었다.

'이런 밤에 나더러 청천강을 왜 건너가라는 것인가…….'

비몽사몽.

그러나 다음 순간 오희순은,

'에라, 도깨비 말을 한번 들어보자.'

무슨 마음이 씌웠는지 청천강을 건너기로 결정을 내린 것이다.

그러나 인삼짐바리를 꾸리고 한편으로는 코가 삐뚤어지게 잠에 떨어진 마부들을 깨우고 하느라니 자연히 이웃방도 깼고 이웃 객주 집의 다른 장사꾼들도 잠이 깼다.

"아니, 이거 아닌 밤중에 홍두깨지. 이 밤중에 무슨 도깨비 짓인 가? 오서방!"

"글쎄, 잠자코 나를 따라올 테면 따라오고 잠을 더 잘 테면 자든 지……."

"지금 몇 시나 됐어?"

"새벽야, 좀 있으면 첫닭이 울 걸세."

오희순은 연경 장삿길을 10여 년이나 함께 다니던 최서방을 깨웠다.

"최서방 같이 가세!"

"오서방! 자네 미쳤구면, 잠 자다가 이게 무슨 짓이야! 귀신이 씌웠나? 조금 있으면 날이 샐 텐데…… 아니, 이 밤중에 청천강 을 건넌단 말인가? 까딱하다 자네 제사도 못 받아 먹는 물귀신 이 된다구!"

연경 장사꾼들이란 연경 사신행차를 따라가야 할 판이니 어차피 사신 일행이 들어와야 한다. 그런데 무엇 때문에 이 밤중에 갑자기 청천강을 건너간단 말인가. 미친 짓이다. 사리를 아무리 따져 봐도 미친 짓이다.

　그런데 오희순은 꿈을 꾸다가 말고 일어나서 그 미친 짓을 감행했던 것이다. 오희순이 청천강을 건너기로 결심한 데는 그 나름대로 생각이 있어서였다.
　'아무래도 이상해! 사신행차가 이날까지 안주성에 도착하지 않은 것이 이상해!
　날고 기는 재주가 없는 한 안주성을 거치지 않고 사신일행이 의주 길로 갔을 리는 없다. 누구든, 청천강을 건너자면 안주성 나루에서 배를 타야만 하는 것이다.
　오희순은 자기가 거느린 마부며 수하인들을 전부 거느리고 길을 떠나며 독촉하였다.
　"빨리 가세! 빨리 가!"
　청천강 나루로 내려가는 길은 코를 베어 가도 모르게 칠흑 같은 어둠이었다.
　바람에 밀려왔다가 밀려가는 청천강의 물결소리만 발 밑에서 처량하게 부서지고 비는 뚝뚝 떨어지기 시작한다. 오희순이 들고 가던 등불마저 바람에 꺼져 버렸다.
　그 칠흑 같은 어둠을 헤치고 그들 일행이 나루터에 이르렀을 때는 온몸이 땀과 빗물로 범벅이 되어 있었다.
　그러나 이 밤중에 뱃사공이 있을 리가 없었다. 배가 없고 사공이 없는데 어떻게 청천강 깊은 물을 건너갈 것인가? 한밤 삼경에 청천강을 건너려고 나루터에 온 오희순이 무엇에 미쳐도 단단히 미친 꼴이 되지 않는가?
　"삐약!"
　"삐약! 삐익."
　"툼벙!"
　"？"
　알 수 없는 일이다.
　그때 저쪽 물 위에서 누군가가 등불을 잡고 상류 쪽으로 툼벙툼

벙 물소리를 내면서 걸어가고 있지 않는가? 얕은 여울 쪽으로 누군가가 청천강을 건너가는 모습이 뿌옇게 보였다.

"도깨비요! 우리가 도깨비에게 홀렸소. 오생원, 어서 왼쪽 다리에다 오줌을 싸시오!"

누군가가 나직이 오희순의 귀에 대고 속삭였다.

"시끄럽다! 내가 먼저 건넌다. 죽어도 내가 먼저 빠져죽을 테니 안심하고 모두 내 뒤만 따라와!"

오희순은 바짓가랑이를 걷어붙이고 첨벙첨벙 물속으로 들어섰다.

도깨비에 홀린다더니, 오희순 일행은 무엇을 어떻게 하였는지는 몰라도 청천강 물살을 상류 쪽으로 몇십 리나 거슬러 올라가서 어느결에 그 도깨비 등불이 앞서가는 대로 따라 꿈속처럼 청천강을 걸어서 건너갔던 것이다.

일행이 완전히 강을 건너자, 이건 또 무슨 일인가? 하늘 한쪽이 갈라지는 것 같은 천둥벼락이 치면서 작살 같은 소낙비가 내리 퍼붓기 시작한다.

나룻배

그밤부터 쏟아지기 시작한 비는 이튿날도, 또 그 이튿날도 숨돌릴 새 없이 쏟아져 내렸다.

청천강 강물은 금방 노도와 같은 흙탕물로 범람했다. 강 위에는 배 한 척 얼씬할 수 없게 되었다.

그런데 진주사(陳奏使)로 떠날 사신 일행은 평양에서 발이 묶여 있었던 것이다. 일행 중 정사(正使)가 배탈이 나서 사흘을 묵다가 더 기한을 지체할 수 없어 안주성에 뒤늦게 도착했으나 이미 강물이 범람해서 강을 건널 수가 없으니 야단이 났던 것이다.

그러나 청나라로 들어가는 사신이란 막중한 국사를 지녔으니, 청천강 강물에 빠져 죽을지언정 나라의 명령을 어길 수 없지 않은가.

그리하여 억수 같은 빗속에서 사신행차들만 평안병사의 진두지휘 아래 죽을 힘을 다해 겨우 강을 건넜다. 나머지 장사꾼들은 어떻게 꼼짝해 볼 방법이 없어 시뻘겋게 범람하는 청천강 둑 위에서 발만 동동 굴렀다.

그렇게 되니 오희순 혼자만이 사신행차의 뒤를 따라 청나라로 들어갔고, 단번에 수십만금을 벌 수가 있었다.

그래서 서북 사람들은 오희순이 '도깨비 왕운'을 타서 벼락부자가 되있다고 했다.

그도 그럴 것이 장사차 들어간 사람은 오희순 혼자였으니 인삼을 비싸게 팔 수 있었고, 돌아올 때는 돈을 모두 털어 비단과 당재(唐材)를 몽땅 사 가지고 나와 또 많은 이익을 보아 단번에 2만여 석거리의 토지를 사들였다고 전한다.

지금도 세상 사람들은 흔히 '벼락부자'를 '도깨비부자'라고들 한다.

그러면 도대체 도깨비가 되었건 귀신이 되었건 그 운이라는 것은 무엇일까?

그가 오줌을 누러 나왔다가 이마에 빗방울을 맞고 먹구름 낀 하늘을 쳐다보고 장마철을 생각하고, 청천강 건널 것을 걱정했으니까 비몽사몽간에도 그런 야간 도강을 결행한 빌미가 될 그 꿈을 꾸게 된 것이 아닐까? 그러나 그러한 영적 힘을 빌어 삶을 유익하게 할 수 있는 것도 개인의 능력 문제이다.

'생각'이 뭉쳐 '꿈'이 된 것이라면 '운'을 말하기 전에 우리는 그의 예단력과 치밀성을 생각해 봐야 할 것이다.

흔히 관상가들은 운을 이렇게 설명하고 있다.

이 세상에는 똑같은 돌이 두 개 있지 않은 것과 마찬가지로 똑같은 사람이 둘 있을 수는 없다.

사람마다 생긴 것이 각양각색이니까 그들은 생각하는 바도 다르고 어떤 일에 부딪쳤을 때 그것에 대응하는 방법도 역시 저마다 다른 것이다.

그것은 이 세상 사람들이 모두 다 저마다 다른 '성격'을 지닌 탓이며 그 성격이 곧 '운'이다.

바로 비가 올 듯하니까 잠을 자다가 일어나서 그밤으로 청천강을 건너간 오희순 같은 사람도 있을 것이고 기지개를 켜며 입맛을 쩝쩝 다시다가 '에이 귀찮다. 잠이나 더 자자' 하며 비가 올 줄 알면서도 그냥 돌아누워 잠을 더 자 버리는 사람도 있을 것이다. 또 아주 일어나 앉아 어두운 밤하늘을 열심히 살피기는 했으나 자기가 무슨 일기예보를 한다고 '비는 오지 않을 것 같다'거나 '비가 좀 온대도 강을 건너지 못하기야 할라구!' 하면서 오희순 같은 뚱딴지짓을 '미친짓!'이라고 웃어 버린 사람도 있을 것이다.

사람이란 그렇게 저마다 다른데 그 사람에게 따라다니는 '운'이 한가지로 같을 수는 없는 것이다. 중요한 것은 그러한 운이 닥쳤을 때 직관을 믿고 내린 결정에 따라야 하는 것이다. 오희순의 '도깨비 왕운'을 단순하게 희한한 일로 돌려 버릴 수만은 없을 것이다.

작은 적선의 열매

오희순이 아직 젊었을 때 강계지방으로 산삼을 사러 들어간 일이 있었다. 당시는 강계에서 백두산 쪽으로 깊숙이 들어간 수백리 산속이 소위 파삼(把蔘)을 캐는 땅이었다.

그 일대는 폐사군(廢四郡)으로 평소에는 사람이 들어가지 않고 있다가 인삼을 캘 때쯤 되면 나라에서 군사들을 풀어 산삼을 지키고, 민간인은 나라에서 주는 출입증을 받아 가지고 삼을 캐러 들어갔던 것이다.

그렇게 나라에서 군사를 풀어 가꾸고 캐는 인삼을 파삼이라 했다. 그 파삼을 캘 때가 되면 백두산 일대와 만주 쪽에서 수백, 수천 명이 모여들었다.

중국 사람들도 돈이나 쌀을 가지고 들어와서 조선 심마니들에게 양식을 대어주고 그들이 캔 산삼을 밀매하기도 했고, 또 도둑의 무리들도 틈을 엿보고 심마니나 삼장수의 뒤를 밟곤 했다.

지금도 물론 산삼 한 뿌리의 값이 기천만 원이라는 엄청난 값에 거래가 되고 있지만 그 당시로서는 산삼이 최고의 황금이었다.

그 황금지대를 노리고 칼을 든 도둑떼들이 무법천지를 이룬 것이다. 그래도 큰 돈벌이를 하자면 삼 고장으로 들어가야 한다. 오희순도 그때 그 험한 강계 산속으로 들어가서 산삼을 사 가지고 나오다가 한번은 도둑떼에게 잡힌 몸이 되었다.

그런 무법지대에서 설치는 도둑들이란 그까짓 사람 목숨 하나쯤은 파리 목숨처럼 죽이는 살인자들이었다.

'이제는 죽었구나!'

산적 무리에 잡혀 꽁꽁 묶인 채 도둑의 소굴로 끌려가는 오희순은 기가 막혔다.

어떻게 어느 길로 끌려다녔는지 온몸은 가시덩굴에 긁히고 나무뿌리에 채여 옷은 찢어지고 발등이며 정강이는 피투성이가 되었다.

"이놈 어서 산삼을 내놓아라!"

"산삼을 당신들이 빼앗는다면 몰라도 내 손으로는 내줄 수 없소!"

오희순의 상투꼭지는 쑥대머리가 되고 저고리 앞가슴은 헤쳐진 채 새가슴처럼 벌렁벌렁 떨려왔다. 하지만 정신차려야 한다. 두려움만 아는 자에겐 비참만이 따를 뿐이다. 침착하자고 그는 마음을 다졌다.

"줄 수는 없어! 왜?"

"이 산삼 한 뿌리가 내 전 재산이요."

"허허, 별놈 다 보겠군!"

이래서 오희순은 봉두난발이 된 채 시퍼런 장두 칼을 쥐고 있는 산적의 두목 앞으로 끌려나갔던 것이다.

"네놈은 대체 누구냐?"

"철산 사는 오서방이오."

산적 두목은 건성으로 묻다가

"뭐, 철산 사는 오서방? 그럼 철산에 살며 연경 장사 다니는 오희순이란 사람을 혹시 아느냐?"

"옛?"

오희순은 산적의 물음에 고개를 번쩍 들었다. 그 오희순의 얼굴을 무심코 건너다보던 도둑 두목은 깜짝 놀랐다.

"아니, 당신은?"

"내가 바로 그 철산 오서방이오!"

"하하하…… 아니 당신이…… 정말 천지는 넓고도 좁구먼!"

산적 두목은 쭈르르 달려와 봉두난발이 된 오희순을 한참 들여다보더니 넙죽 엎드리며 절을 올리지 않는가?

"아니? 강생원!"

"하하하…… 형님 하마터면 큰일 날 뻔했소. 이놈들아! 어서 이 어른의 포승을 끄르고 술 한상을 잘 차려 오너라."

두목은 얼떨떨해하는 졸개들에게 호통을 치면서 이렇게 덧붙였다.

"오생원, 그동안 댁내는 다 무고하시고 장사도 잘 하시는지요.

하하하…… 그러나 저러나 하마터면 강계 땅에 와서 무사하지 못할 뻔했소그려. 그저 이놈의 모진 죄를 용서해 주시오.”

“아니 강생원은 웬일이오? 이런 산속에 들어와서…….”

“예, 그렇게 됐습니다. 그때 안주지방에서 우연히 오생원을 노상에서 만났을 때 초면이지만 오생원은 제 딱한 사정을 들으시고 죽어가는 저희 어머니 약을 지으라고 돈 열 냥을 주시지 않았소. 그 은혜로 어머님은 1년을 더 살다가 돌아가셨지만 그 뒤 어찌어찌해서 이놈은 산속에 들어와서 이렇게 되었소”

오희순은 어느 해인지 안주장터에서 바로 그 강생원을 초면에 만났지만 그의 노모가 위급하게 죽어간다는 사정을 듣고 열 냥 적선을 했던 것이다. 그 열 냥짜리 적선이 엉뚱스럽게 이런 때 오희순을 살려내게 된 것이다.

대금왕(貸金王)의 수난

구사일생 생명을 건진 오희순은 그 후 1880년대에는 평안도를 대표하는 대금왕이 되었다.

그 무렵엔 평안도 일대를 주름잡았던 임상옥은 이미 한물이 가고 그 임상옥의 지리를 세로운 도깨비 왕운 부자 오희순이 철산·정주·삭주·안주 일대까지를 혼자서 주름잡고 있었다.

그래서 그 일대에서 무엇이고 장사를 하는 사람 치고 오희순의 돈을 빌려 쓰지 않은 사람이 거의 없었다고 한다.

특히 의주에서 안주까지 길목은 대청(對淸) 무역로였던 까닭으로 일찍부터 공업이 발달했던 지방이다.

영변·안주 일대의 직조공업은 그때부터 벌써 이름을 날렸고 정주 납쳉이[納淸亭]를 중심으로 유기 공업이 일어났다.

그러니까 오희순은 그 서북지방의 상공업지대에 생산자금·시설자금·상업자금 등을 공급한 지금의 은행 역할을 한 셈이었다.

우선 이승훈의 경우만 해도 그랬다.

우리가 보통 남강 이승훈 선생을 얘기할 때는, 그가 33인의 민족 대표요, 정주 오산학교 설립자이며, 신간회 105인 사건의 주인공으로만 알기가 쉽다. 그러나 그와 같은 생애는 그의 후반기에 나타난 모습이고 그의 전반기의 모습은 보통 사람들이 모르기 쉽다.

이승훈의 전반기는 유명한 장사꾼이었으며 전국적인 거상이었다.

가난하고 불우했던 이승훈은 겨우 10여 세 때부터 정주 납쳉이 유기공장 마을에 들어가서 장사꾼 행상들이 묵는 사랑방의 잔심부름을 하면서 자랐고, 뒷날엔 직접 자기도 등허리에 유기짐을 지고 황해도 일대까지 행상을 다니면서 돈을 모은 사람이다.

그러다가 나중에는 인천으로 들어오는 개화양품을 취급했고, 원산으로 들어가서 명태장사를 했고 러일전쟁 때는 쇠가죽에 손을 댔다가 크게 실패, 거금을 다 잃고 난 뒤에야 심기일전 '새사람'이 되어 애국사업에 발을 들여놓았고 겨우겨우 남의 돈으로 오산학교를 세웠던 것이다.

이승훈이 한때 '내로라' 하는 거상으로 자란 데는 바로 오희순의 자금 원조가 원동력이 되었던 것이다. 오희순과 이승훈이 그런 인간관계를 맺게 된 데는 퍽 재미있는 내막이 있었다.

유기행상을 다니던 이승훈이 '나도 평생 다리 빠지게 행상만 다닐 게 아니라 이제는 유기공장을 만들어 생산업을 한번 하고 싶다'고 했지만 단순한 행상이 아니고 공장을 차리자면 무엇보다도 먼저 자금이 있어야 했다. 그러나 돈을 빌려볼 만한 데가 없었다.

이승훈의 그런 딱한 내력을 듣자 그때까지 행상을 하며 동고동락하다가 성공한 친구 두 사람이 보증을 서 주어 철산의 오씨에게서 돈을 빌렸던 것이다.

그리하여 이승훈은 소원대로 납쳉이 유기마을에다 공장을 세웠다.

행상 떠돌이가 남의 빚으로 산 유기공장이긴 해도 이제는 어엿한 '주인'이 된 것이다.

이승훈은 밤낮을 가리지 않고 풀무질도 하고 대장간 망치질 일도 하면서 1년을 지냈다.

그런데 어쩔 수 없는 변고가 났다. 동학농민운동이 일어났고 곧이어 청일전쟁이 터졌던 것이다.

아산이 깨지느냐 평택이 무너지느냐 하면서 왜군과 되놈〔淸國人〕들이 드디어 일대 결전을 소사(素砂) 벌판에서 치렀던 것이며 거기서 무너진 청병(淸兵)은 연전연패…….

청군은 평양·안주·의주길로 해서 패주를 거듭했다. 그 통에 평안도 지방은 모진 난리를 만났던 것이다.

농사고 장사고 다 팽개치고 사람들은 식구들을 이끌고 피난을 갔다.

이승훈도 유기공장을 팽개치고 깊은 산속으로 피난을 들어갔다가 죽을 고생을 하면서 1년 만에 다시 나와 보니 유기공장은 잿더미만 남았다. 놋쇠도 없고 통쇠도 없고 공장 안의 연장들까지도 무엇 하나 남은 것이 없었다.

청나라 병정들은 평양회전에서 또다시 대패하고 일로 의주 쪽으로 도망치면서 닥치는 대로 불을 지르고, 부녀자를 겁탈하면서 평양·의주 시이를 쑥밭으로 만들었던 것이다.

언제나 전쟁에선 패잔군이 그처럼 더 무서운 법이다.

경기·충청도에는 '안성맞춤'의 안성유기가 있는 것처럼 황해·평안도에서는 모두 납쳉이 유기를 썼다. 그 유기고장 납쳉이도 쑥밭이 되어 버렸다.

이승훈만이 아니라 모든 유기공장들이 도망치는 청병들에 의해 불타거나 도둑을 맞고 재기불능이 되었다.

장사하는 사람들은 너나없이 막대한 빚을 갚을 길이 없게 되었다. 이러자 납쳉이 유기마을에서도 한둘씩 도망자가 생겨났다. 오희순에게 빌려 쓴 빚을 갚을 수가 없자 공장이고 뭐고 다 팽개치고 삼십육계 줄행랑을 쳐 버린 것이다. 이승훈에게 빚보증을 서 줬던

두 사람도 도망을 해 버렸다.

"승훈이 자네도 도망을 하세. 사람이 없는데야 오희순인들 어디
서 빚을 받겠는가?"

"빚을 갚자니 엄두가 나야지. 공장이고 뭐고 다 잿더미가 됐으니
우리가 무얼로 장사를 하고 빚을 갚는단 말인가?"

틀린 말이 아니었다. 유기공장에서 물건을 가져간 행상들마저 난
리통에 죽었는지 살았는지 그림자도 없다. 그러니 아무리 생각해도
오희순에게 진 막대한 빚은 원금은커녕 이자 한푼 갚아나갈 방도가
없었다.

그러니까 이승훈에게도 도망을 가자고 했던 것이다.

그러나 이승훈은 남의 빚을 지고 도망칠 수가 없었다. 사내로 태
어나서 빚을 졌다고 도망을 하다니, 더구나 신용을 생명처럼 내세
우고 남의 돈을 빌려다 쓴 장사꾼으로서는 도저히 용납할 수 없는
행위라는 생각이 들었다.

'죽을 죄를 졌더라도 당당하게 대면을 해서 해결하자!'

이승훈은 며칠 동안이나 곰곰이 생각하다가 그렇게 결론을 내렸
다. 그래서 그동안 자기가 오희순에게서 빌려온 원금이 얼마고 이
자가 얼마인데 자기가 장사를 해서 그 동안 번 돈이 얼마였고 재고
가 얼마, 행상들에게 내주고 못 받은 유기값이 얼마였는데 난리를
만나서 이러이러하게 되었다는 치부책, 말하자면 경리장부를 만들
어서 소매 속에다 넣고 직접 오희순을 찾아갔다.

철산의 오희순의 집을 찾아가니 그 큰 집은 마당에 잡초가 무섭다.

그 큰 부자가 난리를 겪고 나자 이제는 사람이 사는지 안 사는지
도 모르게 집까지 텅 비다시피 적적했다.

항시 돈을 빌리러 오는 사람들로 북적거리던 오삭주의 사랑방엔
누구 하나 찾아오는 사람이라곤 없었다.

오삭주의 돈을 빌려갔던 수십·수백 명의 행상이며 거간꾼이며 물
주들이 거의 다 도망쳤거나 씻은 듯이 자취를 감추고 나타나지를

않은 것이다.

"오삭주 어른, 그동안 어떻게 지내셨습니까?"

"자네는 이승훈이 아닌가!"

그날도 혼자 사랑방에 쓸쓸하게 앉아 있던 오희순은 갑자기 찾아온 이승훈을 보자 반색을 하며 맞아들였다.

"자네가 웬일인가? 자네는 난리를 안 당했는가?"

"어디요, 저도 난리를 만나 그동안 산속으로 피난을 갔다가 돌아와 보니 그만……."

이승훈은 대충 인사가 끝나자, 저고리 소매 속에 넣어 가지고 갔던 물목(物目)을 꺼내 놓았다.

"난리를 만나 이렇게 되었습니다. 그러나 사내자식이 남의 빚을 지고 안 갚을 수야 있습니까. 십 년 이십 년 아니 평생을 걸려서라도 오삭주 어른에게 진 빚은 갚아나가겠으니……."

오희순은 이승훈이 내민 물목을 받아들고 세목마다 따져 보고 말했다.

"그런가? 난리가 끝나고 난 뒤 찾아온 사람은 이제까지 자네 하나뿐이구먼. 의주·안주 3백리 길목 안에서 내 돈 빌려다가 장사 안 한 사람 있는가? 아마 수백 명은 되지. 그런데 모두 닌리통에 어쩌구저쩌구 하면서 난리 핑계로 죽었는지 도망을 쳤는지 얼굴 하나 내미는 사람이 없구먼. 그런데 자네만이 오늘 날 찾아왔어!"

오희순은 추연하고 슬픈 기색으로 이승훈이 내민 물목을 보았다.

"자네것은 전부 탕감일세!"

먹을 듬뿍 찍은 붓을 빚문서 위에 좌우로 좌악 그어 버렸다.

오희순은 이승훈의 정직함에 감명을 받아 빚을 받지 않겠다고 선언해 버린 것이다.

"난리 끝이니 나도 지금은 피해가 많지. 그러나 시일이 걸리면 차차 회복될 걸세."

오희순은 그 자리에서 이승훈에게 오히려 2천 냥을 내주면서 우
선 유기공장을 다시 일으켜 보라고 권했다.

"이제부턴 자네가 사업을 하는데 돈이 필요하다면 내 힘 닿는 데
까지는 밀어줌세!"

그리하여 그 뒤 남들은 자금이 없어 아무도 유기공장을 다시 일
으키지 못하는데 이승훈은 오희순의 돈으로 다시 유기공장을 일으
켜 혼자 납쳉이 유기의 많은 이익을 잡게 되었다.

오희순은 1899년 안면신경통으로 고생을 하다가 세상을 떠났다.
그 때까지 재산문제를 가지고 한번도 형제간에 분쟁을 일으킨 일이
없는 '가화재벌(家和財閥)'을 이룩했던 사람이다.

가화재벌의 본보기

오희순은 9형제 집안에 골고루 재산을 분배해 주고 직계 가업은
아들 오치은(1881~1933)에게 넘겨 계승시켰다.

그런데 오치은은 구한국 시절에 참봉 벼슬을 지냈고 곽산 출신
강인우(姜麟祐)라는 학생을 도와 엽전 5만 냥을 내놓고 일본에 유
학시킨 일이 이렇게 밝혀지고 있다.

　平北道 郭山郡 姜麟祐氏가 幾年前 外國留學하다가 학비곤란으
로 由하야 부득이 還鄕하매 鐵山居 前參奉 吳致殷씨는 好義之士
라 학업의 성취를 위하야 葉五千兩을 辦給하야 更히 日本에 往學
케 하얏다더라(1908).

오치은이 어째서 강인우에게 적지 않은 돈 5천 냥을 학비로 도와
주었는지는 알 수 없으나 어떤 특별한 연고관계나 혈족관계는 아니
었던 것 같다. 다만 글 배우는 선비가 적었던 평안도에 일찍부터
신학문에 눈을 떠 일본에까지 유학했던 강인우의 학비가 부족하다
는 소식을 듣자 쾌금(快金)을 내놓아 그를 도와주었던 것이다.

그런데 몇 년 뒤 강인우는 다시 학비가 떨어져 학업을 중도에 폐지하고 귀국하고 말았다. 그러자 그 소식을 들은 오치은은 다음과 같이 말했다.

"사람을 도와줄 테면 끝까지 도와 주어야지. 열매를 못 맺을 테면 아예 처음부터 모른 체한 것만 같지 않은가? 내가 꿩을 매로 봤건 매를 꿩으로 보았건 한번 그의 학업을 위해 손을 뻗친 이상 그냥 물러설 수는 없다."

이러면서 사람을 시켜 46원을 다시 보내주고 기어이 일본으로 들어가 학업을 끝까지 마치고 오라고 당부하였다.

이런 것으로 보아도 오치은은 의기남아요 돈을 돈답게 쓰는 장부임을 짐작케 한다. 또 1909년 9월에는

鐵山郡居 吳興殷·吳致殷 양씨가 年來에 거대한 資本을 全擔하야 彰東學校를 설립하야 다수 청년을 교육함은 世所共知의 事이어니와…….

오흥은과 오치은은 둘이서 창동학교를 설립하고 그 고장의 신교육에 앞장섰던 것이다. 또 1908년 4월에는

鐵山郡 泉洞里 前主事 吳時殷씨가 各洞 백성을 간절히 권면하야 資本金 60원을 捐助하며 昨年 10月에 學校를 開學하얏는데 생도가 수10명에 至하얏다고 該氏의 熱心을 人皆稱頌한다더라(1908).

철산군에 사는 주사 오시은(吳時殷) 또한 60원을 내놓아 학교를 세우고 그 고장의 신교육에 앞장섰던 것이다.

이런 것으로 보아 오희순의 집안 형제나 그 후예들은 한말의 평북 일대에서 가장 쟁쟁하게 웅거하던 의로운 가문이었던 것이다.

그런데 어떻게 된 것인지……

    鐵山郡居하는 吳碧潼 熙澤씨는 富饒한 資本家로 各學校에 優數히 捐助하야 명예가 자자하더니 日時에 賊漢數十名이 銃劍을 휴대 突入하야 吳氏를 刺殺하얏다더라(1909).

철산에 살던 오희택(吳熙澤)이 수십 명의 도둑떼를 만나 칼을 맞고 비명에 죽은 기사가 1909년 4월 27일자 〈대한매일신보〉에 드러난다.

어찌되었건 무심한 도둑떼일 수밖에 없다.

그런데 여기서 한 가지 궁금한 것은 벽동군수를 지냈다는 오희택이 바로 오희순과 어떤 형제뻘이 되는 사람인지 잘 알 수 없다. 만약 오희택과 오희순이 동일인물이 아닌 것이 분명하다면 오희순만이 아니라 오희택도 벽동군수 차함을 지냈던 거부 중의 거부였음을 짐작케 한다.

그 거부 오씨 집의 철산 본가는 90칸의 기와집, 또 선천에다가도 70칸 기와집을 지어 놓고 한가족이 모두 한 울타리 안에서 화목하게 살았다.

고구려 웅도가 서린 고토로

뒷날 오치은도 21세 때 아버지 오희순으로부터 1만 석을 상속받아 사업을 했다.

오희순 당대에는 돈을 벌어 쌓았고 아들 오치은 대에 이르러서는 그 돈을 활용한 셈이었다.

그러나 '돈'의 양상은 오치은 대에 와서는 완전히 근대적인 모습을 보이기 시작했다.

인삼과 비단으로 번 돈은 대금업과 토지로 보전되어 오다가 그 아들 대에 와서는 산업·생산 자본화하는 과정을 밟게 된 것이다.

평양·선천지방은 조선왕조의 보수양반 세력이 적었던 곳이다. 거기다 기독교 개화바람이 빨리 들어와 지방민들이 일찍 깨어난 곳이기도 하다.

오치은도 재빨리 막대한 자본력을 근대산업화하여 '선천주식회사'를 꾸몄고, 바로 그 회사는 우리나라에서 민간인이 설립한 것으로는 최초의 화력발전소를 세워 전기사업을 일으킨 회사였다.

또 오치은은 마산동(馬山洞)에 자기회사(磁器會社)를 설립하여 이승훈에게 그 운영을 맡기기도 했다.

그러나 그 자기회사는 그리 크게 성공을 거두지 못하고 시세에 눌려 실패하고 말았다.

우리나라의 전통적인 식기이던 유기그릇과 옹기그릇도 그때쯤에는 밀려오는 일본 상품과 그 경제침략 앞에 무릎을 꿇지 않을 수 없었다.

납챙이 놋그릇 장사로 대성했던 이승훈도 러일전쟁 후에 서북지방까지 밀려든 일본 자본의 진출에 견디지를 못했다.

왜사발·양은그릇 시대.

왜사발의 물결은 우리나라의 유기공업을 삼켜 버려 수많은 공장들이 생업을 빼앗기게 되었다. 이에 맞서기 위해 오치은 등은 '산입입국'을 목표로 마산동에다 자기회사를 세워 봤지만 일본의 대자본과 기술에 밀려 왜사발과는 경쟁을 할 수 없었던 것이다.

여기다 '신간회'네, '105인 사건'이네 하면서 일제는 오치은·이승훈을 괴롭혔다.

그래서 오치은은 이승훈·안창호 등의 영향을 입었던지 '나라를 빼앗기고는 산업입국도 못한다'는 것을 뼈저리게 느꼈던 것 같다.

이미 단순하게 연경장사를 다니면서 돈만 벌었던 선대 오희순의 시대와는 '바람' 자체가 달라졌다. 그리하여 오치은은 단순한 '장사꾼'으로 생애를 보내기보다 다분히 사회성이 강한 의식으로 기울어져 구국운동에 막대한 자금을 댔던 것이며, 때로는 자기의 동생 되는 오익은을 시켜서 직접 상해 임시정부에 독립운동 자금을 보낸 일도 있었다고 한다.

이런 점은 경주의 12대 만석꾼이었던 최씨 가문이 부산에 백산상
회를 꾸며 무역업을 표방하면서 상해 임정에 독립운동 자금을 보냈
던 것과 비슷하다.

또 오치은은 이승훈의 오산학교나 안창호의 대성학교 등에도 큰
돈을 내놓았을 뿐 아니라 105인 사건 때는 직접 연루되어 투옥당했
고 일본인 변호사 하나이 타구조 박사를 앞장세워 법정투쟁을 한
일도 있었다.

또 한 가지 곡절이 많았던 일은 소위 요동반도에 있는 타고산농
장(打孤山農場) 사건의 법정투쟁이었다.

오치은은 일본자본의 진출로 마산동에 세웠던 자기회사가 넘어지
고, 또 나라가 망한 뒤 105인사건에 연루되는 등 번번이 일제의 탄
압을 받아 사업은 좌절되고 말았다.

그러자 오치은은 막대한 자금을 가지고 만주벌판으로 옮겨갔다.

일본의 경제침략 앞에 사업적 욕망을 좌절당한 망국의 자본가들
은 한때 만주벌판으로 사업장을 옮겨 보려는 사람이 많았다.

'일제의 간섭이 없는 신천지 만주로 가자.'

'옛 고구려 우리 조상들의 웅도가 서린 고토로 가 보자.'

그 넓은 미개척지대의 기름진 황무지.

그 땅은 야망 있는 투자가들이 눈독을 들일 만큼 '값이 헐한 땅'
이었고, 그 무렵 만주로 간 '조선인' 이주자들을 모아 '쌀농사 짓는
이상농촌'을 꾸며 볼 만한 땅이기도 했다.

오치은뿐만이 아니라 뒷날 개성거부 공성학(孔聖學)의 아들로 유
럽 유학을 하고 돌아온 공진항(孔鎭恒)도 만주벌판을 찾아갔고 이
병○(李丙○)도 만주에서 농장을 개척했던 대표적인 인물이다.

吉林省 懷德縣 지방에 있는 李丙○씨는 韓日合邦 당시 11세의
소년으로 父親 李元植씨를 따라 奉天省 회덕현에 移住한 후로 中

國學校에서 普通科와 師範科를 졸업하고 중국인과 교섭하는데 특별한 才質이 있다고 말할 만한 靑年인데 몇 년간은 吉林省 新安村 新昌학교에서 교편을 잡다가 南地滿洲에 遊離하는 동포의 참상을 보고 中國人地主와 교섭하여 7千日耕의 땅을 얻어 昨今 兩年에 아주 朝鮮농민 1백 56호를 이주케 하야 水田으로 개척한 것이 벌써 7百日耕이 되었으니…….

이것이 3·1운동 5년 만에 보이는 모습인데 그때 만주땅 7천 일경이라면 약 7만 마지기의 농토가 되었던 것이다.

만주 사람들은 그 넓은 농토, 기름진 땅을 두고서도 쌀농사를 할 줄 모르고 겨우 수수만을 갈아 먹고 있었다.

이것을 무논〔水田〕으로 개간하여 쌀을 생산한다면 실로 엄청난 수확이 되는 것이요, 그것은 또 조선땅에서 고토(故土)를 잃고 만주 벌판으로 흘러간 수십만 유랑민 동포들에게 안주할 수 있는 농토를 주는 것이 되니까 간접적인 독립운동도 되고 사회사업도 되었

학교 수업 광경, 1920년대

던 것이다.

'큰 장사꾼이라면 먼저 나라를 걱정하고 백성을 위해야 한다.'

오치은은 마음속으로 되뇌었다.

그래서 오치은도 개간사업을 착수했다.

누가 시켜서 그런 것은 아니었다. 자신의 마음 속에서 '난세의 동포를 구하라'는 소리없는 소리를 들었기 때문이었다.

요동반도 타고산 일대에다 실로 수천만 평의 농토를 한꺼번에 사들여 그것을 논으로 개간하는 엄청난 사업을 시작했다.

그리고 그 농장 안에 우리 이주민 수백 호를 정착시켜 수로를 내고 물을 대는 개간사업을 시작했던 것이다.

그러나 타고산 농장은 시종 말썽거리였다.

왜냐하면 타고산 일대는 본래 장작림(張作霖)의 고토였던 탓으로 가끔 마적단들이 밀려들어와 우리 이주민을 몰아내려고 괴롭혔고 그래서 타고산 문제는 나중에 국제분쟁거리로 등장하게 되었다. 마적단의 방해공작에 견디다 못한 오치은은 만주국을 상대로 손해배상을 청구하고 소유권 확인을 위한 재판까지 일으켰으나 그것도 어이없이 패소를 당하고 말았다.

당시 일제는 친일괴뢰이던 장작림과 장학량을 구슬리던 판이라 장작림 쪽을 두둔하여 오치은이 패소하도록 음모를 꾸몄기 때문이었다. 오치은은 그런 곡절을 겪으면서 시달렸지만, 그러나 오희순·오희원의 막대한 재산은 여러 아들과 조카들에게 계속 인계되어 문중재벌을 이룬 가운데 해방이 될 당시까지도 서북지방에 웅거하는 대표적인 거목이 되어 있었다.

오희원의 아들이던 오좌은은 개화 초기에 이미 일본에 유학하여 메이지대(明治大) 상과를 나와 조선무역주식회사·만주실업주식회사·경성식산주식회사 등에 관여하였고 경성상공주식회사 취체역을 지내던 것이 1938년 무렵이었다.

역시 오치은의 동생 오필은도 일제 때 평안북도 도의원을 지냈고 오상은은 만주실업주식회사 전무, 주식회사 서울사 취체역, 조선무역주식회사 취체역, 경성제피회사(京城製皮會社) 취체역 등을 역임하는 재계 거물로 활동했다.

이것으로 보아 오희순 등 철산 오씨네 자본은 1930년대엔 조선무역주식회사와 만주실업주식회사 등에 투입되어 서울·만주 일대에 뻗쳐 여러 형제들이 모두 큰 책임을 맡아 운영했던 것을 알 수 있다. 그러나 지금에 와서는 모두 옛 얘기가 되었다.

인간만사개유정(人間萬事皆有定)이라지만 서북지방 제일의 철산 오씨네 오삭주·오용천의 거금은 세태에 밀려 흩어져 버렸다.

무릇 사람이나 돈이나 모이면 흩어지고, 흩어지면 다시 모이는 것이 세상만사 아닌가.

최초 백화점 만든 최남

3원 남기고 한 번 오게 보다 1원 남기고 다섯 번 오게 하라

국일관에서 한 잔 하고 동아백화점으로 오세요

1975년 2월 18일 오후 1시 30분께 서울 종로구 관수동 21-1 국일관은 2층 카바레 주방에서 불이 일어나 일본식 목조 2층 건물을 삽시간에 잿더미로 변하고 말았다.

이 국일관 건물은 일제 때부터 장안 최고의 요정으로 명월관(明月館)·식도원(食道園) 등과 함께 화려한 화명(花名)을 떨치던 명기촌이었다. 해방 후에는 장택상(張澤相)·이기붕(李起鵬) 등이 출입했던 정담촌(政談村) 1번지이기도 했으며 뭇사람의 화제에 오르내린 터전이었다.

최남(崔楠)은 바로 1933년에 이 국일관을 지었던 장안의 갑부.

1933년, 최남이 명월관·식도원과 맞먹는 이 국일관 요정을 양재창(梁在昶)과 함께 지었을 때는 건평만도 3백 24평이었다.

지금이야 건평 몇 만 평 짜리 매머드 빌딩들이 많아 3백 24평 짜리 2층 목조건물 같은 것쯤이야 이름만 화려하게 남았지 아무것도 아닐는지 몰라도, 그 당시 국일관은 굉장한 규모와 멋을 부린 새로운 장안명물로 등장하여 소문났던 집이다.

그 후 최남은 국일관을 증축했다. 1층 2백 86평, 2층 1백 96평, 지하 27평의 매머드 요정으로 면모를 일신시켰던 것이다. 자유당 때 부통령·국회의장을 지냈던 이기붕도 한때는 미국 유학을 하고 돌아와 이 요정에서 전무 일을 보면서 불운했던 망국의 시대를 보내기도 했으니 당시 국일관의 존재는 대강 짐작이 갈 것이다.

꽃밭 국일관. 명주(名酒)와 명화(名花)가 기라성처럼 반짝여 정담과 재담이 웃음소리 속에 무르익었던 고급 환락가.

아무리 세월이 불운한 통제 경제하의 일제시대라고 했지만, 돈 있는 사람에게는 역시 큰웃음 웃고 호기를 부릴 꽃밭은 남아 있었던 것이다.

국일관은 해방 직후에 더 유명해졌다.

1945년 해방이 되면서 명월관과 식도원이 장안에서 사라지면서 국일관은 명실공히 우리나라 '요정의 왕'으로 군림했다.

정치 거물 이기붕이 나비넥타이를 매고 앉아서 주판을 놓던 시절의 인연으로 보더라도 국일관은 번창할 수밖에 없었다.

들뜬 민주주의 선거를 거치는 동안, 이 땅에서 돈과 술이 없이는 상층권 기류가 형성되지 못했다. 그런 모의(謀議)·참모정치 풍도 속에 국일관은 사시사철 꽃이 피고 웃음이 피는 환락의 집이 되었다. 아니 그보다도 장택상·이기붕·조병옥·신익희 등 당대의 정치거물들이 정치 얘기를 하고 정치사교를 하던 꽃밭 국일관으로 군림했다.

그러나 국일관은 일류 명기들이 돈 많은 '정치 영감님'들을 물고 나가서 독립적으로 요정들을 차리는 바람에 쇠퇴기에 접어들었다가 한국전쟁을 겪으면서 퇴락하고 말았다.

그 뒤 국일관 건물은 여러 사람의 손으로 넘어가면서 59년엔 정용섭(鄭龍燮)이 인수했다가, 61년엔 조흥은행(朝興銀行)으로, 다시 같은 해에 김용완(金容完)에게 넘어갔다. 73년 7월에는 삼영개발(三榮開發)이 인수하여 운영하다가 2년 만에 불이 나 타버린 것이다.

이런 불운한 세월을 겪으면서 국일관 건물도 특징을 잃어갔다. 카바레·일식집·한식집·세탁소·이발소까지 건물 안에 점포를 냈다. 심지어는 70년대의 일본 관광객들의 대거 내한 붐을 타고 서울의 도심지대까지 재등장한 뱀탕〔生蛇湯〕집까지 들어서게 되었다.

서울의 '청년거부 최남'이라고 하면 일반인들은 잘 모를 것이다. 그래서 일단 '국일관 창업주 최남'으로 얘기의 서두를 꺼내 본다.

최남의 진짜 면모는 국일관이란 요정의 창업주로서가 아니라 한국인으로서 최초로 백화점을 창업했던 아이디어맨이라는 데 더 진가가 있을 것이다.

최남은 1931년, 국일관을 짓기 2년 전에 우리나라 사람으로서는 맨 처음 종로에 동아백화점을 연 사람이었다.

동아백화점.

덕원상회(德元商會).

동아부인상회(東亞婦人商會).

1930년대 우리나라의 주요 도시를 휩쓸고 지나갔던 '동아부인상회'라는 백화점 바람을 지금도 기억하고 있는 사람들은 누구나 다

"아, 그것이 최남의 백화점이었나?"

하고 새삼 감회가 깊을 것이다.

뒷날 최남의 백화점은 박흥식(朴興植)의 화신백화점에 흡수된다. 최남은 백화점에서 손을 떼고 중국 비단장사·국일관 요리장사 등으로 머리를 돌렸지만, 그의 위치는 우리나라 상업사상 결코 지워버릴 수 없는 한 페이지를 차지하고 있다.

더구나 최남은 조업(祖業)이라고는 피천 한푼 받은 것 없이 고학생·광산기사로 전전하다가 백화점 주인이 되었다. 순전히 머리와 상술 하나만을 가지고 입신기산(立身起產)한 청년이었다.

가난이 약이 되어

최남은 1927년 당시 나이 33세로 1895년 생이었다.

본래 경기도 양주군 출생으로 나이 두 살 때 아버지를 여의고 가난한 홀어머니 슬하에서 성장했다. 어머니는 젖먹이 최남을 안은 채 친정인 서울 장교동(長橋洞)으로 와서 친정 살림을 도우면서 살았다. 젖먹이 아들을 업고 과부가 친정집으로 돌아왔다면 시집쪽의 생활이 과히 넉넉하지는 못했던 것 같다.

친정에는 올케와 조카들이 있었다. 남매 사이도 장가가고 시집가기 전의 오누이지, 일단 장가들어 제 자식을 낳아 기르게 되면 입장이 다른 것이다. 거기다 최남의 외가 역시 넉넉한 살림살이가 못되었던 것 같다. 이래서 20대 청상 과부인 최남의 생모는, 몸만 친정에 의지하고 남의 집 삯바느질을 해 주면서 근근히 살아갔다. 그래도 형제간 우애는 어지간했던지 친정 오빠들의 도움으로 외아들 최남을 보성중학교까지 보낼 수 있었다.

그러나 보성중학교를 뒤늦게 들어가 공부를 하자니 여러 가지로

부부 나들이

공부에만 전념할 수 없는 가정형편이어서 나이 스무 살 때 최남은
미련 없이 학교를 그만두었다.

'말은 낳으면 제주도로 보내고 사람은 낳으면 서울로 보내랬다.'

야망과 회의, 자신감과 두려움이 교차되어 이 생각 저 생각으로
머리속이 복잡했다. 그러나 '사람이 좀 더 큰 바닥에 가서 무엇을
하든지 말든지 해야지 성공을 해도 크게 하는 것 아니냐.' 감수성이
예민한 최남으로서는 숨막힐 듯 괴로운 서울생활이었다.

방황하는 배움의 길

최남은 무작정 일본으로 건너가 도쿄까지 흘러들어갔다.

그 해가 1914년. 보성학교에서 겨우 중학교 과정을 중퇴한 최남
은 그때까지만 해도 돈이나 벌겠다는 생각보다는 무작정 일본으로
들어가서 공부를 더 해 볼 생각이었다.

처음에는 돈 8원이 남아서 아는 친구의 하숙집에 기숙했으나 처
음 가 본 도쿄라 전차도 몇 번 타보고 지리를 익히느라고 여기저기
구경을 하는 사이에 열흘도 못 되어서 돈을 다 써버렸다.

"하숙비를 낼 수도 없고, 그렇다고 친구네 하숙밥을 갈라 얻어먹
고만 있을 수도 없었죠. 할 수 없이 콩나물공장이나 두부공장으
로 찾아다니며 배달원 노릇을 시작했습니다."

최남은 자구책을 강구하지 않을 수가 없었다.

사나이 나이 스물인데 무작정 남의 신세만 지는 것도 말이 아니
다. 그래서 최남은 두부공장 배달원 노릇을 하면서, 하숙생 셋이서
방을 얻어 가지고 함께 지내는 곳에 가서 세 학생의 밥을 해 주고
그 대가로 자기는 공짜로 얻어먹기로 했다. 우선 그렇게 입에 풀칠
을 하는 호구지책은 해결해 놓고 낮에 두부배달로 모은 돈은 한푼
한푼 저축을 했다. 그렇게 해서 이듬해 최남은 청운의 꿈을 살려
도쿄 정칙학교(正則學校)에 입학했다.

그러나 그것도 여의치 않았다.

최남은 자기 일기에다 괴로운 방황시기의 하루를 이렇게 기록하고 있다.

사람은 누구나 큰 나무가 되고자 한다. 입신출세해서 이름을 날리고 가문을 빛내고 싶어한다. 거목거수(巨木巨樹)가 되어 울창한 가지를 치고 무성하게 크고 싶어한다. 나도 그런 거목이 되고 싶어 현해탄을 건너왔다. 그러나 각하(脚下)를 보라. 땅이 없이는 어느 씨앗이나 자라지 못하지 않는가? 씨앗은 땅에 뿌리를 박고 자라는 법인데 그 땅은 기름지기도 하고 메마르기도 한다. 메마른 땅에, 물기도 없는 땅에 거목의 씨앗이 떨어졌다고 보자. 그런 메마르고 가파른 불모의 땅에서는 거목은 자랄 수가 없다.

최남은 정칙학교 1년을 다니다가 다시 이듬해 아키다〔秋田〕 광산학교로 학적을 옮긴다. 그곳에서 광산학을 배우고 싶었지만, 그것도 뜻대로 되지 않았다.

8개월만에 아키다 광산학교도 그만두고 귀국할 수밖에 없었다.

학교공부보다도 한푼이라도 벌어들여 당장 어머니와 가족들의 생계를 걱정해야 할 생활전선에 나서야 했던 것이다.

6가지 성공 비결

최남은 1930년대 초반에 '장안의 거상'으로 대성공을 한 사람이지만 그의 청년기는 한마디로 온갖 고생과 실패와 실직상태로 점철된 것이었다.

그런데도 최남은 끝내 상업에 투신하여 자기 손으로 성공을 했던 것이다.

그는 언젠가 '내가 성공한 여섯 가지의 장사 비결'이라는 것을 이렇게 조목을 들어가면서 얘기한 일이 있었다.

그것은 경제학이나 상학(商學) 속에 나오는 고매한 학문적 이론이 아니라 최남이 굴곡 많은 상업 전선의 능선을 헤매면서 배운 6가지 상술학이었다.

첫째, 점포는 항상 합리적으로 경영해야 한다. 합리적 경영이란 뜻은 쓸데없는 경비를 단 한푼이라도 줄이는 데 있다.

둘째, 상품은 언제나 보다 더 싸게 보다 더 좋게 하라.

셋째, 주인은 항상 싸게 많이 파는 박리다매주의를 택하고, 더 많은 고객유치를 염두에 두라. 한 손님에게 3원을 남기고 1번 찾아오게 하는 것보다는 1원을 남기고 5번 찾아오게 하라.

넷째, 점포는 그 위치가 생명이다.

다섯째, 진열은 항상 금방 눈에 띄게 해 놓아라. 손님이 그 점포에 들어서면서 '빵 있어요?' '노트 있어요?' 하고 입으로 일일이 묻게 하는 장사꾼은 상점학의 낙제생이다.

여섯째, 항상 시대를 생각하라. 시대를 더 세분해서 계절을 생각하고, 더 치밀하게 그 주일에 일어날 일, 행사, 아니 내일 ××초등학교 어린이들이 어디로 소풍을 간다든지 운동회를 하는 날까지 생각할 줄 알아야 한다.

1935년 〈삼천리〉 기자가 최남을 찾아가 인터뷰를 하면서,

"당신이 성공한 비결은 무엇입니까?"

하고 묻자 최남은 서슴없이 위에 말한 6가지를 털어놓았던 것이다.

물론 최남은 최남다운 환경, 최남다운 상업전선에서 죽지 않고 살아 남은 노병이었다. 그 노병이 실제로 터득하고 쌓아올린 상술이니, 땀흘리고 굶주리면서 배운 '진리'였을 것이다.

아무리 뛰어난 사람이라도 책에 씌어진 지식만으로는 사업에 성공할 수가 없다. 직접 몸으로 부딪쳐 보지 않고서는 시장판의 생리를 이해할 수가 없기 때문이다.

그는 더 이상 '학교공부'에 미련을 두지 않았다.

22세에 귀국한 최남은 어떤 사람의 소개장 하나를 얻어 가지고 평안도 수안군(遂安郡)에 있던 평원광산으로 찾아갔다.

그 광산은 미국사람이 경영하던 것이었는데 최남은 그곳에 '야외사원(野外社員)'으로 취직했다.

말이 야외사원이었지 망치를 든 광부들과 함께 갱 속에 들어가서 현장을 정리하고 조사하는 일이었다. 책상을 타고 앉아서 글씨나 쓰는 편한 사무원이 아니라 노동자였던 것이다.

월급은 15원. 그때까지는 술도, 담배도 피우지 않았다. 그러면서 최남은 밥값 빼고 한 달에 8원씩을 저축해 나갔다. 악의악식(惡衣惡食)을 하는 광산생활은 그렇게 쉬운 일이 아니었다.

"게를 잡으려고 해도 구럭이 있어야 한다. 장사꾼에게 있어서, 사업가에 있어서 구럭은 다름 아닌 밑천이다. 그 밑천을 마련할 때까지는 무슨 고생을 하더라도 참아야 한다. 목표를 이룰 때까지 포기하지 말아야 한다."

최남은 그 광산의 야외사원을 하면서 40원을 저축해 가지고 떠나왔다. 그때 돈 40원이면 은행의 부장급 월급 한달 치거나 한달 반 치 정도였다.

우리나라 백화점왕 최남이 수안 평원광산에서 월급 15원씩을 받으면서 일하고 있을 때, 뒷날 우리나라 최대의 노다지왕이 되는 최창학과 평인도 거부이던 오치은(吳致殷) 역시 같은 평안도인 선천(宣川)에서 금광을 경영하고 있던 무렵이다.

그러나 최남은 성격이 섬세하고 꼼꼼했으며 계산이 빠른 사람이었다. 또 주판알처럼 그때그때 빛나는 아이디어맨으로서는 광산 같은 데가 잘 맞을 까닭이 없었다.

광산은 머리로, 아이디어로 승부를 내는 도박장이 아니었다. 광산터에서 승부를 걸려면 고집도 세야했고, 체력도 강해야 했으며, 무엇보다 배포가 두둑해야했다. 언제 죽을지 모르는 지하 갱 속에 들어가서 험한 돌을 다루는 광부들은 하나같이 우락부락한 성미일 수밖에 없다. 이러한 광산촌 생리가 꼼꼼한 최남에게는 무모하고 어리석은 일처럼만 느껴졌다.

그래서 광구 하나를 맡아서 노다지를 캐 보자는 덕대(德大)들의 권유를 물리치고 최남은 돈 40원을 모아 가지고 일찌감치 발을 빼고 돌아와 버렸다.

서울로 돌아왔지만 무슨 취직자리를 만들어 놓고 돌아온 것도 아니라서 최남은 또 할 일 없는 실직자가 되고 말았다.

한창 나이 스물 네 살의 실직자. 그래도 보성중학교네, 도쿄 정칙학교네, 아키다 광산학교들을 비록 다 졸업하고 돌아온 것은 아니지만 학교물을 먹어는 본 청년이었다.

그 정도의 학력도 요새로 치면 대학을 나온 학사보다도 더 귀하던 '지식인'인 셈이었다.

'그러나 밥을 먹고 나서 지식이고, 식구를 벌어 먹여 놓고 나서 자존심이지, 병든 홀어머니를 두고 당장 탕약 한 첩 못 쓰는 가난뱅이가 학교 이름만 너절하면 그것이 밥이 되는가?'

최남은 그렇게 며칠 동안 생각하다가 돈 20원을 들고 거리로 나갔다.

발이 닿은 곳은 황금정이었다.

묵은 옷을 벗는 4월. 고추장·간장도 새로 담그고, 장롱 속도 정리하면서 봄살림 채비를 하는데, 이때가 바로 고물장수들의 대목이기도 하다.

최남은 부자동네 골목에서 한두 개씩 나오는 '헌 양복'에 눈독을 들였다.

지금은 거리에 나가도 좀처럼 옷을 기워 입고 다니는 사람을 보기가 힘들지만 그 당시는 그렇지가 않았다.

열이면 두 사람 정도는 덕지덕지 기운 옷을 입고 있었다. 적어도 광복 직후만 해도 기운 양말을 신어 보지 않은 사람은 거의 없을 정도였다.

그런데 최남이 거리를 지나다가 우연히 황금정의 한 골목에 이르니까,

"10원만 해!"

"아니야, 옷이 몇 벌인데, 12원 내라구."

"허허, 너무 비싸. 아는 얼굴에 이러기야?"

"아주머니 떡도 싸야 사먹는다 하지 않아. 얼굴 아는 것은 얼굴 아는 것이고, 시세는 시세지!"

넓은 공터 한쪽에서 엿장수들이 수집해 온 각종 고물을 놓고 엿장수와 수집상들이 둘러서서 흥정을 하고 있었다.

"……?"

최남은 발걸음을 멈추고 그 넝마 흥정판에 끼여서 한참 구경을 했다. 자세히 보니, 각종 고물 중에는 아직 입을 만한 셔츠며 양복, 떨어진 바지와 헌 구두가 상당히 많았다.

"나는 한참 엿장수들이 흥정하는 것을 보다가 돈 20원을 내어 떨어진 속내의 몇 장하고 구두를 샀어요."

이것이 최남이 세상에 나와서 장사를 해 본 첫날이었다고 한다.

최남은 그 고물을 샀으나 대낮에 들고 나가 팔 용기가 안 나서

엿장수

해가 떨어질 무렵까지 흥정판에서 어정거리다가 밤에 고물보따리를 메고 집으로 왔다.

이튿날 그걸 누이동생에게 대충 손보게 한 뒤 그것을 갖고 시내를 돌았다. 헌 구두는 구두수선공에게, 헌 내의는 시장 아낙네들에게 팔아 보았더니 제법 이윤이 남았다.

그 후 최남은,

"황금정에서 헌 넝마 양복을 사서 태평통(太平通) 근처로 나가 고물상에게 넘기는 장사를 시작했더니 6개월만에 2백여 원이 저축되었다."

라고 했다.

가난한 아빠 부자 아들

이듬해 최남은 외가의 주선으로 상업은행 동대문지점에 은행원으로 취직했다.

월급은 13원. 최남은 낮에는 은행에 나가서 근무하면서도 밤에는 옛날처럼 넝마양복을 사다가 고쳐서 되넘겨 파는 장사를 계속했다.

낮에는 멀쩡한 은행원이 되어서 머리에 기름 바르고 양복입고 넥타이 매고 카운터에 앉아서 사무를 보고 밤에는 작업복을 입고 넝마 양복장사를 했는데 수입은 오히려 은행 월급보다도 좋았다.

넝마 양복장사가 차츰 자리를 잡자, 최남은 누이동생에게 헌 재봉틀 한 대를 사주어 본격적으로 양복을 수선시켰다. 장사는 더 잘 되었다. 헌책도 사들여 떨어진 책장을 새로 붙이고 다림질해서 헌 책방에 넘겨보니 그것도 이익이 많이 남았다.

이 점이 바로 뒷날의 거상 최남다운 점이라고 할 수 있다. 웬만한 사람 같으면 그 들어가기 힘든 은행에 들어가서 월급을 받았으면 그럭저럭 생활의 터전이 잡힐 것이고 거기서 안주하고 주저앉았을 것이다.

그러나 현실에 안주하면 성공하지 못한다.

최남은 넝마장사로 7백 원을 모으자 이번에는 집장사를 시작했다. 은행창고의 폐물을 사서 되파는 일도 했다. 양잿물도 팔았다. 이렇게 2, 3년 만에 수천 원을 어렵지 않게 번 것이다.

그러다가 1917년, 최남은 인사동 입구에다 비로소 조그마한 가게 하나를 내고 잡화상을 시작했다. 최남이 낮에 은행에 나가면 누이동생이 점포에 나가 손님을 상대했다.

퇴근을 하면 최남이 또 작업복을 입고 가게에 나가서 손님을 받거나 고물을 떼어오고 하는 동안 가게는 점점 융성하기 시작했다.

"인사동 입구에다가 덕원상점(德元商店)을 내고 잡화상을 시작했는데 참 잘 되었어요. 손님이란 물건이 한푼이라도 싸면 찾아오는 겁니다. 또 자기 상점의 물건을 가지고 손님을 속여먹지 않아야 합니다."

알면서도 일부러 손님을 속여먹는 경우도 있겠지만 가게 주인이 모르고 손님을 속이게 되는 경우도 있다. 그것은 가게 주인이 물건을 잘못 사들여 놓거나 비싸게 샀을 때는 할 수 없이 손님에게 자기가 비싸게 산 허물을 씌워 비싸게 팔아먹는 결과가 되는 것이다.

그러니까 물건을 싸게 사야 하고, 좋은 상품인가, 튼튼한 상품인기를 알고 감식할 수 있이야 한디. 그런 면에 있이서 최남은 우선 천부적인 적성을 타고난 사람이었다.

최남은 첫째 부지런한 사람이었다.

또 하나는, 한번 자기 집에 다녀간 손님이면 금방 얼굴을 기억했다가 다음에 또 가게를 찾아오면,

"아, 먼젓번에 사간 모기약은 잘 듣던가요?"

"그때 데리고 온 애기는 금년에 학교에 입학할 나이죠?"

이런 식으로 손님에게 인사를 걸었다.

그러면 손님은 가게 주인이 자기를 기억해 주는 일에 대해 기분이 좋아지게 마련이다.

바로 이런 상술로 손님을 잡은 것이다.

최남의 고객유치기술은 단순한 '돈 받고 물건 파는 상인'의 차원에서 '대화하는 상인'으로 머리를 쓴 것이다. 자동판매기와 판매대에 앉아 상냥하게 웃고 얘기하는 점원과의 차이도 그런 것일 것이다.

청년 점원 최남은 더욱 고객과 밀착시켜 '한번 찾아온 손님은 꼭 기억하고 알아보는' 상술을 썼던 것이다.

이렇게 큰 점포를 가진 주인이 우리집 아이 학교 입학하는 것도 알아주는구나. 이래서 서로 믿고 가까운 사이가 되어 손님이 손님을 데리고 오는 상점으로 변해 갔다.

또 하나 최남은 잠시도 멍청하게 잠자리에 누웠다가 잠을 잔 일이 없었다고 한다.

그는 항상 '이렇게 하면 어떨까?' 하면서 쉬지 않고 새로운 것을 추구해 가는 성미였다. 그리고 때때로 상품의 진열을 바꾸어 항상 산뜻하고 새로운 기분을 내게 하는 천재였다. 말하자면 '진열의 명수'였다.

"손님들과 얼굴을 익히게 되자, 거의 하루도 빠지지 않고 내가 점포에 직접 나가서 그들을 상대하지 않을 수 없었다. 무슨 물건을 사가면 그 물건을 써 보는 쪽은 손님이다. 좋고 나쁘고의 차이, 이 상품과 저 상품의 차이, 그런 것들은 손님들이 더 잘 알고 있었다."

그렇기 때문에 최남은 손님들과 얘기하고 인사하는 사이에 저절로 상품에 대한 품평을 들었고, 그 물건이 나오는 메이커들의 좋고 나쁜 점 등 모든 정보를 얻어낼 수 있었다.

손님은 그와 같은 존재인 것이다.

단순히 돈을 내고 물건을 사 가는 사람이 아니라 '이 물건은 이렇더라' '저 물건은 저렇더라'고 방향을 일러주는 지침이 되어주기도 했다.

덕원상회가 날로 융성해지자 최남은 은행을 그만두고 나왔다. 그 후부터는 오직 덕원상회를 확장하고 단골손님을 늘리는 데에 전심

전력을 다했다. 자신은 물론 누이, 점원들까지 눈코 뜰 새 없이 바쁜 생활이 계속되었다.

최남에겐 잠자리에 누울 시간도 없었다. 그렇지만 최남은 피로를 느끼지 않았다.

피곤하지 않는 비결은 그가 진정 자신의 일을 즐기는 것에 있었다.

그러다가 인사동에서 종로 큰길가로 새로 가게를 확장해서 이사를 했던 그 이듬해, 거의 예기치도 않은 매기(買氣)가 덕원상회로 밀려들었다.

1919년 봄. 3·1운동이 일어난 해이다.

그 3·1운동의 여운을 몰아 최남의 덕원상회는 자본금을 두 배로 늘리는 데 성공했다. 얼른 생각하면 3·1운동과 종로의 덕원상회가 무슨 연관이 있을까 하고 의아할 일이다. 그러나 그것이 바로 상기 (商機)요, 최남 자신도 미리 예측하지 못했던 상운(商運)이었다.

최남과 3·1운동에 무슨 연관이 있거나 한 것은 전연 아니었다. 그저 덕원상회의 주인이요 장사꾼일 뿐이었다.

그런데 왜 덕원상회는 1919년에 자본금을 두 배나 늘리면서 즐거운 비명을 올렸던가?

3·1 만세사긴이 터지면서 사람들은 묘한 민족직 결속력을 불러 일으켰던 것이고, 그것은 배일 의식을 더욱 부추겼다.

"국산품을 애용하자."

"조선사람은 조선 상인의 물건을 팔아주자."

"종로로 가서 물건을 사자."

그것은 운이었다. 최남이 인사동 입구에서 종로의 큰길가로 점포를 옮겨오자마자 3·1운동이 일어났고, 그 여파는 진고개 왜인상회들을 배격하고 전통적인 조선상가이던 종로 쪽으로 인파가 몰려오게 했던 것이다.

거기서 최남의 덕원상회는 또 한번 기회를 잡았다.

일제시대에 발행된 『조선인 대상점 사전(朝鮮人大商店辭典)』에는

1916년에 자본금 5만 원으로 설립했던 덕원상점의 위치는 종로 2가 26번지. 그 상점에서 취급했던 주요 상품은 양품·잡화·문방구·학생용품이었다고 씌어져 있다.

또 최남의 덕원상점이 대성공을 거둔 것은 철저한 정찰(定札)주의 상술에 있었다고 설명하고 있다.

장돌뱅이 만태

손님은 10원짜리 고구마 하나를 사면서도 에누리를 하지 않으면 기분이 언짢아진다.

물건이 크건 작건 사려는 쪽이 낼 값과 팔려는 쪽이 받으려는 값의 차이는 너무 심해 항상 승강이가 벌어진다. 파는 장사꾼은 바가지를 씌우려 하고, 사는 쪽은 그 바가지를 쓰지 않으려고 밀고 당기는 톱질흥정을 해야 한다.

이 흥정하는 에누리는 그 당시에도 성행하여 점포가 하나 있으면 그 점포에는 소속된 거간들이 2명이고 3명이고 있어서 날마다 아침밥 일찍 해 먹고 나와 담뱃대 물고 점방 앞에 나와서 뒷짐지고 서 있다가 지나가는 사람이 그 점방 안을 한번 기웃이라도 할라치면,

"무엇을 사시려오."

"여기 이 좋은 것으로 쓰시려오?"

말흥정을 걸고 진드기처럼 눌어붙어 웬만한 시골 사람이면 대답도 제대로 못하고 꼼짝없이 바가지를 쓰고 마는 것이다.

그러면 물건을 팔아 준 거간은 그 물건값 중에서 구전을 그 자리에서 받아 가는 것이니 그 거간의 구전까지도 물건 사는 촌놈이 부담해야 했다.

이래서 장돌뱅이라는 말이 나오고 장사는 약삭빠르고 영악스럽고 속이기 잘하고 떠벌리기 잘하고 사람 위아래를 척 훑어보면서 다룰 줄 아는 사람이 장사꾼의 전형처럼 되어 있는 게 아닌가.

영악한 장사꾼들은 어수룩한 시골놈 속여먹는 것은 다반사요, 사

람을 보아 가면서 놀려대기까지 하는 것이다.

동아백화점 사느냐 죽느냐

얼마나 고약한 장사꾼 버릇들인가? 장사가 아니라 사람 둘러먹는 장돌뱅이 짓이었다.

수백 년 동안 내려오던 그런 악습에 찬 흥정법을, 덕원상회의 최남은 과감하게 탈피해 버렸다. 그리고 이것은 얼마요, 저것은 얼마라는 식으로 상품마다 값을 적은 꼬리표를 붙이는 방법, 말하자면 정찰제를 써서 손님을 안심하게 한 것이다. 상품의 값을 믿게 한 것이요, 주인이 정직하다는 문패를 내건 것이다.

덕원상회가 내건 그 정찰제 상술은 당장 효과가 있었다. 손님들이 그 값을 믿고 사가는 것이었다.

이렇게 덕원상회에서 힘을 키운 최남은 1925년부터 동아부인상회를 인수해서 운영하기 시작했다.

지금도 그때의 동아부인상회 건물이 그대로 남아 있지만 그 당시

서울 거리, 1900년대

주소로는 종로 2가 3번지요, 1919년에 5만원으로 발족되었던 점포
였다.

이렇게 해서 일어선 최남은 불과 8년 만에 종로 큰길가에 점포를
5개나 소유하게 되었고, 20여 만원의 자본금에다 점원만도 40여 명
이나 두는 대상점 주인이 되었다.

이것이 1927년의 현황이었다.

여기서 최남은 33세의 야심만만한 사업가가 되어 다시 백화점을
꾸며 보고 싶은 야망에 불탔다.

역시 상점의 왕은 백화점이다.

그런데 큰 백화점들은 모두 일본사람들의 거대한 자본력에 흡수
되어 있어 최남과 같은 2, 30만 원 자본금으로는 도저히 경쟁을 할
수가 없었던 것이다.

서울. 그 서울의 상권을 압축해서 지배하고 있는 일본사람들의
백화점.

지금도 상점의 왕은 백화점이지만 그때는 더했다.

일본은 우리나라에 진출하면서 1906년에 일본의 미쓰코시[三越]
오복점(吳服店)의 출장소를 서울에 상륙시켰고, 그 미쓰코시는
1929년 지금의 미도파 백화점 건물을 짓고 미쓰코시 백화점을 냈던
것이다.

이보다 앞서 1922년에는 역시 일본인이 미나카이[三中井] 백화점
을 시작했고, 1932년에는 7층 건물을 지어 백화점계를 누비고 있었
다. 또 정자옥(丁字屋)은 양복점으로 대금을 잡아 1922년에 남대문
로 2가에다가 양복점을 확장하더니 1934년에는 이것도 백화점으로
등장했다. 1926년에는 히라타[平田] 백화점이 나왔다.

이런 일본사람들의 거대한 백화점들은 서울의 모든 시장과 상가
를 압도하면서 '백화(百貨)의 집'으로서 그야말로 엄청난 손님과 엄
청난 구매자금을 흡수하고 있었다. 최남은 이것에 맞서 자기도 백

화점을 운영해 보고 싶은 욕망에 불탔다.

"서울에는 일본사람들의 백화점이 그처럼 많았죠. 그러나 그것은 조선사람의 백화점이 아니고, 또 모두 남대문로에서 진고개 일대에 밀집되어 있었죠. 나는 전통적인 조선인 상권의 노른자위인 종로에다 백화점을 세우면 성공하리라고 믿었지요."

최남은 '종로'라고 하는 위치를 염두에 두었다.

그래서 몇 달째 그 생각에 골몰하면서 서울의 백화점 중에서도 제일 큰 미쓰코시에 거의 매일같이 출입하면서 상황을 조사하기 시작했다.

구입하는 상품은 하루에 백 원 어치. 비싼 물건은 사지 않았다. 사치품도 제외했다.

어차피 종로에 백화점을 낸다면 그것은 순전히 조선사람 고객을 염두에 둔 것이며, 그렇다면 값이 싼 생활필수품이어야 했던 것이다.

비누.

수건.

와이셔츠.

학용품.

매일 백화점을 어기저기 들르고, 또 시장을 들러 가격차이를 알아보고 하다가 그 날도 미쓰쿄시 백화점에 들어갔다.

"이랏샤이마세 사이상(어서 오십시오, 최 선생)."

2층 양품부에서 물건을 팔고 있던 와타나베〔渡邊〕란 점원이 반갑게 인사를 했다.

"매우 덥죠?"

"하이(예)."

최남도 반갑게 와타나베에게 인사를 건넸다. 최남은 그럭저럭 다섯 달째나 이곳에 들러 와타나베의 양품코너에서 물건을 사가는 동안 두 사람은 어느새 가까운 친구처럼 대하게 되었다.

자연스럽게 사귀기 시작한 와타나베를 최남은 그가 퇴근할 때를 기다렸다가 음식점에도 데리고 가고, 때로는 자기가 경영하는 덕원상회에도 데리고 와 이것저것 장사일을 상담(商談)하는 사이까지 되었다.

보아하니, 와타나베는 불과 서너 달만에 덕원상회에 점원으로 있는 박 양과도 가끔 만나는 눈치였다.

'됐다. 와타나베란 저 친구가 장삿속은 꼼꼼해도 제법 인간은 서글서글한 데가 있거든. 저 친구를 이용하자.'

가만히 보니까 와타나베의 고향은 가고시마[鹿兒島]인데, 그곳에는 늙은 어머니가 한 분 살고 있다는 것이요, 혼자 이곳에 나와 월급생활은 하고 있지만 조금만 힘이 피면 고향에 돌아가서 장가도 가고 늙은 어머니도 모시고 싶어한다는 것을 알았다.

그 해 9월 어느 날, 국화가 뜰에 만발한 때였다.

쉬는 날을 이용해서 최남은 자기 집으로 와타나베를 초청해 점심을 같이하면서 속사정을 애기했다.

종로 쪽에 백화점 하나를 차리고 싶다는 상의였다.

그러면 백화점이 되겠느냐?

50 대 50의 성공률일 것이다. 그러나 나는 50%를 보고 모험을 하겠다.

"어떻겠나? 와타나베 상이 좀 도와주면 난 성공할 자신이 있어."

"제가 도움이 된다면 도와드리죠. 그러나 지금 미쓰코시나 히라타·정자옥과 경쟁을 할 수 있을는지?"

와타나베는 안경 너머로 최남을 넌지시 바라보면서 걱정스럽다는 눈빛으로 물었다.

"그러니까 50%, 50%라고 하지 않았어? 그런데 와타나베 상이 도와만 준다면 성공은 55%로 볼 수 있지."

"뭘 어떻게 도와드려야 되죠?"

"간단해. 나하고 같이 일을 하세!"

최남은 벌떡 일어나서 와타나베에게 큰절을 하면서 부탁을 하지 않는가?

명색이 최남은 50만 원을 가진 거상이다. 그것도 종로에만도 5개나 되는 큰 점포를, 융성하게 일어나는 점포를 가진 사업가다.

그런 최남이 일개 백화점 점원에 불과한 와타나베에게 큰절을 하면서 도움을 청했을 때 와타나베는 고맙기도 하고 한편으로는 당황할 수밖에 없었다.

그렇게 해서 최남은 와타나베를 자기의 덕원상회 지배인으로 우선 끌어들였다.

와타나베는 미쓰코시에서 7년이나 근무한 가장 유능한 점원이었을 뿐만 아니라 그가 가지고 있는 고객과 '미쓰코시 백화점 양품계 직원'이라는 인지도가 있었다. 와타나베가 주는 신용도와 안정성은 일본사람 고객들 사이에서도 정평이 나 있었다.

더구나 와타나베는 아직 총각이었고 생김새도 멀끔해서 일본사람들, 특히 화장품을 많이 쓰는 여성들 사이에는 인기도 높았다.

최남은 미쓰코시가 주는 월급보다도 30원을 더 보태 1백 20원을 주었다. 그러나 최남이 노린 것은 와타나베가 가지고 있는 고객과 상술만이 아니었다.

최남처럼 아이디어가 풍부하고 상술이 뛰어난 사람이라도 혼자서 모든 일을 해낼 수는 없었다. 곁에 능력 있는 조력자가 있다면 자신을 대신할 수 있는 도움을 받을 수 있다. 세상에는 사람을 잘못 써서 사업과 명예를 그르치는 일이 많다. 사업을 경영하려면 무엇보다 올바른 사람을 써야 한다. 그러기 위해서는 먼저 사람을 볼 줄 알고, 그 사람의 성격, 기질, 인품 등을 파악할 수 있어야 한다. 최남은 자신을 대신하여 일을 맡길 수 있는 재능과 인품을 갖춘 재목을 찾아내어 활용할 줄 알았던 것이다.

최남은 먼저 와타나베를 일본으로 출장 보내 상품을 공장에서 직접 백화점, 아니 덕원상회로 사들일 수 있는 상로를 개척하게 했다.

공장에서 상점으로, 그것이 백화점 경영의 입문이 아니겠는가?

최남은 와타나베를 통해 그 길을 뚫어 놓고, '나도 백화점을 차리겠다'는 집념을 더욱 굳혀 가고 있었다.

1931년. 화신백화점과 옆으로 맞붙은 4층 건물 하나가 새로 세워졌다. 그 건물은 민영휘의 아들인 민규식이 4층 1백 50여 평으로 산뜻하게 지어 낙성했던 것이다.

최남은 그 빌딩을 민규식에게서 빌렸다. 그 빌딩에다 동아백화점을 꾸몄다.

최남은 이 건물에 들어서 있던 동아부인상회를 그대로 인수해서 동아백화점을 꾸민 것이다. 한국인이 세운 최초의 백화점이었다.

애초에 동아부인상회는 1919년 3·1운동이 일어났을 때, 민족 자본에 대한 각성과 민족의식이 고조되면서 '우리도 국산을 장려하고 일본사람의 경제 기반에서 벗어나야 한다'는 목표를 세우고 몇몇 사람들이 자본을 모아 설립했던 것이요, 또 전국적으로 전주·평양·대구·부산 등에 지점망을 두고 일종의 연쇄점 형태를 갖고 있었던 것이다.

그러면서 동아부인상회는 '단 한사람의 남자 점원도 두지 않고 여자 점원만의 상점'이었다는 데도 화제를 모았다.

바로 이 점포를, 1925년 우리나라 최초의 백화점 왕 최남이 사들여서 경영한 것이다.

우리나라 사람 중에도 상계의 총아인 백화점을 꿈꾸어 온 사람은 최남만이 아니고 여러 사람이 있었다. 그러나 그들은 거의 다 백화점 형태의 상점 운영은 실패할 수밖에 없다고 판단하여 손을 대지 못했다.

왜냐하면 일본사람들의 거대한 자본력에 맞설 수 있고 없고는 둘째치고, 우선 상품을 제조원으로부터 직접 구입할 길이 없었기 때문이었다.

대개 일본 거상들은 그런 제조원들과 일수판매(一手販賣)라는 허울로 서로 결속되어 있었기 때문에 조선사람에게는 그런 상품 루트를 뚫어 주지 않았다.

조선 상점들은 상품을 모두 일본사람 도매점에서 구입해다가 팔아야 하니 저절로 소매가격이 비싸져서 일본 백화점은커녕 일본인 상점들과도 가격 경쟁을 할 수가 없었던 것이다.

그런데 최남의 덕원상회는 와타나베를 끌어들인 다음 '제조원→덕원상회→소비자'의 길을 뚫어 놓고, '좋은 상품을 싸게 판다!'는 캐치프레이즈를 내걸고 손님을 확보해갔던 것이다.

그러다가 곤경에 빠져 허덕이는 동아부인상회를 인수했고, 함흥·전주·순천·평양·광주·목포·대구·나주 등지에 지점을 개설하면서 본격적인 백화점 운영을 시작했다.

1931년 민규식의 빌딩을 빌어 백화점을 낸 최남은,

첫째, 진열장 배치를 색다르게 한다.

둘째, 2백여 점원 중 여점원을 50퍼센트로 한다.

셋째, 점원은 매일 깨끗한 옷을 입고 나온다.

이런 3대 경영 방침을 세우고 그것을 실천에 옮겼다.

그 무렵 동아백화점 점원 아가씨들의 인기란 실로 대단한 화젯거리였다.

그때까지만 해도 여성들이 점두(店頭)에 나와서 님자손님에게 물건을 파는 일이란 극히 드물던 때였다.

그런데 동아백화점에만 가면 누구라도 울긋불긋하게 차려입은 아가씨들의 얼굴을 얼마든지 쳐다보고, 또 얘기도 걸 수가 있어서 남자 손님들에게는 그야말로 최고의 인기를 얻었던 것이다.

그러나 최남의 동아백화점은 1932년, 화신금은상회의 박흥식에게 매도되었고, 박흥식은 그것을 인수해 화신빌딩과 동아백화점을 벽을 트고 연결해서 유명한 화신백화점을 종로 네거리에 탄생시킨다.

1932년 2월 21일자 〈동아일보〉는 화신상회의 박흥식과 동아백화점의 최남이 일본 요리점 남선장에서 만나 서로 인수인계하기로 합의를 보았다고 보도하고 있다.

그러면, 최남은 왜 동아백화점 운영 1년 만에 박흥식에게 넘겨주었을까? 그것은 종로 네거리에서 두 거상이 맞붙어 경쟁을 한다면 저절로 일본사람 백화점에 이익만 줄 것이 뻔했기 때문이었다.

두 사람은 서로 타협을 했고, 박흥식은 상당한 값을 쳐주고 최남의 상권을 사들였던 것이다.

최남은 그 후에도 성공과 실패의 골짜기를 계속 넘으면서 장사를 계속했고, 해방 후에는 상업은행 이사를 지내는 등 은행계로 복귀하기도 했었다.

신사는 새것이 좋아

동아백화점을 박흥식에게 넘겨준 최남은 그 후 무엇을 했을까?

그에겐 동아백화점을 넘겨준 후에도 3층 짜리 덕원상회가 남아 있었고, 그 이듬해인 1933년에는 장안의 신 명물인 국일관을 지어서 요리장사도 했다.

최남은 항상 한 가지의 상품이나 장사에 머무르지 않고 언제나 새로운 것을 추구하는 아이디어맨이었다.

언제나 긴 담뱃대를 문 보수적 양반들이 사는 북촌(北村) 쪽에 자리를 잡아 사람들을 깜짝 놀라게 했던 것이다.

최남은 동아백화점을 박흥식에게 넘겨주고 다시 전력을 기울여 동순덕(東順德)이란 중국비단 점포를 개설했다.

비단이 장수 왕서방
명월이한테 반해서
비단이 팔아 모은 돈
통통 털어서 다 줬어
띵호와 띵호와
명월이 명월이 띵호와
명월이 하고 살아서

왕서방 죽어도 괜찮다
띵호와 띵호와

중국 사람의 대명사는 '비단 장수'일 만큼 비단에 있어서만은 지금도 중국비단이 세계시장을 압도하고 있다.

최남은 왜 중국비단 장사를 시작했을까?

항상 다른 사람보다 두 발 세 발 앞을 내다보고 통수를 재는 최남이 아무것도 보이지 않는데 쓸데없이 그 짓을 했을 까닭은 절대로 없다.

그 당시는 비단 장사를 하던 중국인 왕서방들이 일본의 만주 진출에 의한 만주사변에 의해 몹시 불안해하고 있던 시대였다.

장차 세상이 어떻게 될지 모르는 시대적인 불안으로 중국상인들은 속속 자기 나라로 귀국하던 때였다. 그런 중국상인들이 많아지자 서울 장안에서도 이렇게 저렇게 이름이 났던 왕서방네 비단가게가 문을 닫는 일이 자꾸 생긴 것이다.

그러나 시대가 불안하고 물가가 올라갈수록 사치품을 취급하라는 말이 있다.

인간심리의 역조(逆潮)로 세상 돌아가는 방향이 뒤뚱거릴수록 술장사가 잘되고, 극장이 잘되고, 보석장사가 잘되고, 비단장사가 잘된다.

그런 사치풍조는 하루아침에 사라지지 않았다. 그런데 옷사치를 하자면 왕서방네 비단이 최고인데, 그 왕서방네 집이 만주사변을 전후해 찬바람이 일기 시작했던 것이다. 바로 그 기회를 이용하여 최남은 왕서방네들이 닦아놓은 그 기반을 이용한 것이다.

상해나 홍콩에서 중국 포목을 직접 수입해서 장사를 했다.

누가 보아도 중국사람 상점처럼 차렸다. 이름도 '동순덕'이라고 상호(商號)를 내걸고 점원도 모두 중국 옷을 입혀 손님을 대하게 했다.

최남은 동순덕을 웅장하고 사치스럽게 장식하고 점포를 화려하게 가꾸어 놓았다. 공단·대단·호박단·갑사·문조·일월단·명월단을 죽 늘어놓고 울긋불긋 꾸며서 모본단·양단으로 치장을 했다.
그렇게 꾸며 놓으니 일반 사람들은 '동순덕'이 중국사람의 가게인지 한국사람 최남의 가게인지 전연 분간할 수가 없었다.
안에는 완전한 중국품이었다.
종업원 역시 '중국사람'을 썼다.
최남은 그 중국사람 점원을 데리고 그들이 거래하던 단골들을 잡고 대외적으로는 조선사람 최남이 경영하는 것을 모르게 했다. 또한 직접 그들을 통해 중국에서 싸게 비단을 직수입해다가 팔게 되니 자연히 점포는 번창했다.
그러나 최남의 동순덕도 1937년 고비를 넘으면서 시세(時勢)의 흐름 앞에는 도리가 없었다. 그것은 바로 그 해에 일어났던 북지나사변(北支那事變)에 이어 1940년에 일어난 태평양전쟁 때문이었다.
전국이 전시 체제로 돌입하자 중국에서 비단을 수입해 올 길이 막혀 버린 것이다. 또한 모든 것이 배급제였다. 먹을 것이 없어 콩깻묵을 먹고 둑새풀을 먹고, 입을 것이 없어서 양말 한 켤레도 없이 사는 세상이 되었는데 어느 겨를에 비단 생각을 하겠는가?

10전 균일시

최남은 1937년을 고비로 점점 쇠운에 접어들고 말았다. 그래도 최남은 실망하지 않았다. 계속 남이 보기에는 '괴짜짓'만 하면서 또 대금을 노리는 아이디어를 짜냈던 것이다.
이번에 시도한 것은 '10전 균일시(十錢均一市)'라는 새로운 상술이었다. 이것은 그때 미국에서 막 탄생해서 인기를 끌고 있던 '10 cent store'의 방법을 재빨리 수입해서 시도해 본 것이다.

즉 무엇이건 '10전 짜리 상품'만을 늘어놓고 파는 것인데 싼 상품을 많이 팔아서 큰 이익을 보려는 생각에서였다.

식민지 수탈정책에 따라 점점 서민들의 생활은 쪼들리고 공장의 생산품도 점차 군수품 생산공장으로 전환해 가는 시기였다.

싸야 한다. 하여간 값이 싸야 잘 팔린다.

미국에서도 '10 cent store'를 생각해내 일대 히트를 치고 있지 않은가.

그러나 우리나라 소비대중들의 민도(民度)는 창업주 최남의 머리처럼 그렇게 빨리 돌아가지 않았다.

소비대중은 오히려 관습적이고 보수적인 데가 있는 법이다.

그만큼 습관화된 일상성을 깨기란 아무리 염불 문자가 좋아도 대중은 쉽사리 몸에 밴 습관을 고치려고 하지 않는 법이다.

창업의 아이디어도 너무 시대보다 열 발 백 발을 앞질러 자기 혼자 뛰어가 버리면 소비대중은 쉽사리 따라가려고 하지 않는다.

최남은 방금 미국 시민 소비층에서 히트를 친 '10전 균일시'를 이 땅에서 그대로 무대 위에 올려놓고 상연을 했다.

"10전 균일시가 무엇이냐?"

구경꾼들은 이 '10전 균일시'린 새로운 말의 출현부디 전혀 이해를 하지 못했던 것이다.

그러자 최남은 대대적인 광고를 하기 시작했다. 전단을 뿌리고 풍각쟁이 굿패를 불러다가 구경꾼을 모으고 새로 탄생한 '10전 균일시'라는 것을 계몽해 나갔다.

깃발을 꽂은 인력거에 기생을 태우고 징과 꽹과리를 치면서 시가를 돌았다. 그렇게 선전에 전력을 기울였다.

"10전시가 그런 것이구먼!"

"응, 싼 것이지."

"뭘, 싼 것이 비지떡이지 별거 있냐."

"그래도 싸야지!"

시민들은 이렇게 쑥덕공론을 하더니 한번 구경이나 해 보자고 최남의 '10전 균일시'로 몰려들기 시작했다.

그러나 손님이 밀려들었는데도 최남의 10전 균일시 상점은 실패를 하고 말았다.

왜 그랬을까?

첫째, 10전 짜리 상품을 파니까 값이 싸서 많이는 팔린다.

둘째, 그러나 10전 짜리 상품은 대개 부피가 컸고, 또 오사카에서 서울까지 실어오자니 운임비가 너무 많이 들었다.

셋째, 상품이 오는 오사카에서 이런 10전시를 했다면 물건이 팔리는 대로 조금씩 금방금방 다시 사다가 상품의 구색을 맞춰 진열해 두고 팔 수도 있지만 서울서는 어느 품목이 품절되어 버리면 그 상품을 다시 가져다 놓기까지 빨라도 1주일 이상의 시일이 소요된다.

넷째, 그러니까 주요 상품의 절품을 막으려면 똑같은 상품을 다량으로 구입해다가 쌓아 두어야 하고

신촌시장, 1890

다섯째, 그러자면 자본의 회전이 너무 늦고 상품이 창고 있는 동안 파손도 많아진다.

여섯째, 그러므로 10전 균일시가 성공하려면 그 상품을 생산하는 공장이 서울에 있어야 한다.

그런데 최남의 10전시는 모든 상품을 일본에서 배로 실어와야 했다. 이런 것들이 실패의 원인이었다.

최남은 변화에 능한 상계의 머리 좋은 개척자였지만 끝내는 멀리만 보고 백리마처럼 눈알을 반짝이며 뛰는 사이에, 자기 발 아래의 현실을 깜빡 잊고 말았던 것이다. 그 탓으로 대성했던 열매를 하나씩 하나씩 까먹어 버리고 만 것이 아닐까?

그 절세의 아이디어맨도 현실을 좀 더 엄밀하게 분석하고 소비자의 민도를 재어 보지 않고 뛰었던 탓으로 10전 균일시는 결국 실패로 돌아간 것이다. 여기서 우리가 잊어서는 안 될 교훈이 있다.

첫째, 상인은 '눈이 빨라야' 한다.

그러나 한번 빠른 눈으로 무엇을 보면 그것에서 쇠운(衰運)이 올 때까지는 함부로 움직여서는 안 된다.

상인이 크게 성공하려면 성미가 진득해야 한다. 아무리 귀재라도 단기진에서만 잎실 뿐 장기진에서 진득함을 보여주지 못한다면 거상이 되기는 힘들다. 느릿하게 움직이는 물은 아주 답답하게 보이기도 하지만 그런 물도 여러 줄기가 모여 흐르다보면 대하(大河)를 이루기 마련이다. 과감하게 새로운 사업을 시작하겠다는 모험심도 좋지만 때로는 사업 종목을 변경하지 않고 진득하게 기다릴 줄도 알아야 하는 것이다.

노다지 최창학
하늘이 무너져도 솟아날 구멍을 찾아라

운을 부르는 사나이

맨손의 조선 갑부요, 어마어마한 운이 쏟아진 고집의 사나이 최창학(崔昌學). 그는 암담한 현실과 가난과 절망의 세월 속에서 허덕이던 식민지시대 우리 청년들에게 무한능력·무한공상의 표적이었다. 그런 점에서 최창학의 이야기는 누대 갑부 수만석꾼들의 술 먹는 얘기와는 그 번지수가 다르다.

인간이란 때때로 자신이 만든 울타리 안에 스스로 갇히는 수가 있다. 이것을 부수고 나가는 사람만이 무한한 푸른 하늘을 활개칠 수가 있는 것이다.

그 무렵 조선 제1호 갑부로 일컬어지던 최창학은 젊은이에게 항상 가능성이라는 꿈을 줄 수 있었다는 점에서 이 나라 경제사는 물론 사회에도 큰 공을 세운 사람이라고 하지 않을 수 없다.

물론 최창학이 슬프고 또 암담한 그 많은 청년들에게 직접 빛을 주지 않았다고 할지라도 스스로 격려하고 용기를 북돋게 하였던 그의 인생담은 천 사람의 고승명사(高僧名士)가 만 마디 말로써 가르쳐 주는 것보다도 더욱 실제적인 용기를 주지는 않았을까?

태어나면서 그릇의 차이는 근소한 것이다. 그러나 환경을 극복하고 범인과의 거리를 넓혀가면 이미 비교할 여지가 없는 인물이 되는 것이다.

그렇다면 최창학은 대체 누구며 세상 사랑방 소문처럼 목침덩이만한 노다지를 정말 무진장 캤던 것인가? 또 부자라면 대체 얼마나 큰 부자였고 그런 부자 최창학이 지닌 인간 면모나 인생 이력서는 어떻게 꾸며졌던 것인가?

한때 조선의 땅덩이를 자기 돈으로 덮을 만했던 그 엄청난 재산은 해방 후 어떻게 서리맞은 황금 구렁이처럼 어느 굴로 숨어 버렸으며 그 자손들은 지금 어디서 무엇을 하고 있는가?

흘러간 재계의 별 최창학의 이름은 잊어버릴 수 없는 재계의 추억이며, 따지고 보면 이것처럼 궁금한 세상의 뒷이야기도 없을 것이다.

조선의 4대 갑부

최창학은 자기 광산에서 노다지를 캐기 시작한 지 불과 10여 년 남짓만에 당당히 민영휘·김성수·박흥식 등과 함께 어깨를 겨루는 4대 갑부의 한 사람으로 떠올랐다.

그것이 1940년 현재 최창학이 등장하여 재계의 풍향을 돌려놓은 우리나라 거부 판도의 기상도였다.

물론 한말 이래 정계에는 가끔 홍길동이 탄생했다. 역성혁명을 하는 자리나 왕권을 뒤집는 그런 마당에 한몫 뛰어들어 자기 인생을 송두리째 바꾸는 돌연변이적 정치 인생은 얼마든지 있었다.

그러나 그런 돌연변이는 정계에만 있는 것이 아니었다.

돈을 움켜쥐고 외장을 치며 나타나는 이 분야에도 10년 또는 20년 세월이 지나는 동안 예상 외의 거부들이 숱하게 탄생했다.

더구나 모든 사회 전반이 개항기 이래 시시각각 돌아가는 급템포적 현상 안에서 그런 돌연변이는 얼마든지 일어났다.

오늘날 우리가 큰 재벌이라고 손꼽는 10대 거부, 아니 20대, 50대 거부들의 얼굴을 한번 살펴보아도 뻔하지 않는가?

해방 30년 동안에 등장한 그 숱한 거부들의 면면이 30년 전만 하더라도 누가 이름 석자나 제대로 기억해 주던 존재들인가?

모두 새사람이요, 해방, 6·25전쟁의 격변기를 거치면서 경제계에 소리 없이 등장해서 소리치며 부상하여 올라간 거부들이 아닌가?

바로 이것이 돈이 주는 교훈이다.

해방 이후 오늘까지의 과정에서는 그들은 파도를 잘 탄 돈의 사공들처럼 바람과 파도를 교묘하게 뚫고 나간 존재들이었다.

이렇게 모든 것이 거의 정체상태에 빠져 있었던 일제강점기의 경제계에 불과 10여 년 만에 조선의 갑부로 등장하는 길은 최창학처럼 노다지로 크게 성공하는 것이었다.

최창학은 해방이 되던 1945년을 기준으로 약 2천 6백만 원 정도의 재산을 소유했던 인물이었다.

황금왕의 좌표

그렇다면 1935년대 후반부터 1940년대까지 이 나라 거부들의 좌표에 일등 거부 풍선을 탄 최창학은 어디쯤 점을 찍어야 할 것인가?

국권피탈의 슬픈 해인 1910년 당시의 우리나라 거부 랭킹으로 26대 부자 명단이 밝혀져 재계의 화제로 떠오른 적이 있었다.

1911년 〈시사신보〉에 나타난, 50만 원 이상의 자본금을 가지고 경영하는 회사 주인들은 다음과 같았다.

농림업　송병준(宋秉畯)·성차영(成次永)
수산업　이윤용(李允用)·박영효(朴泳孝)
광공업　박영효·민병선(閔丙善)·고희경(高義敬)

은행업   이윤용·민병석(閔丙奭)·조진태(趙鎭泰)·민대식(閔大
    植)·김진섭(金鎭燮)·정재학(鄭在學)·장길상(張吉相)·
    고계하(高啓河)
상업   박승직(朴承稷)·김윤면(金潤冕)·김원배(金元培)·김대운
    (金大運)

1910년대부터 3·1운동이 일어나던 1919년 무렵까지만 해도 우리
나라의 거부산맥을 이루고 있는 판도는 거의가 친일 귀족계통들이
다. 1912년에 그들은 조선 귀족회(회장 박영효, 부회장 이완용)를
설립했던 것이며 그 귀족들은 정치로서 할 일이 없게 되자 대부분
교육사업이나 산업계통에 눈을 돌렸다. 그 면면들로는 동양척식회
사 부총재 민영기, 권업주식회사 박영효·김종한(金宗漢)·박기양
(朴箕陽)·조민희, 조선무역주식회사 이재극(李載克)·조중응(趙重
應) 등이었다.
그 무렵 이완용은 조선의 일류 거부가 되어 있었고, 윤비의 친정
집인 윤택영은 그때 돈 3백여만 원의 빚을 지고 상해로 몰래 달아
났다. 윤택영이 이국 땅에서 남의 집 셋방살이로 이리저리 떠돌며
세월을 보내는 동인 같은 형재긴인 '짱구 대감' 윤덕영은 쉬지 않고
전국 곳곳에다 땅을 사들이는 토지 투자가 총독부 관보에 종종 나
타나고 있었다.
송병준은 일진회의 재산을 전부 자기 개인 명의로 올려, 이른바
조선농업주식회사를 설립했다. 이에 반발하여 1913년 5월 조인성
(趙寅星)·김일수(金一洙)·김두선(金斗善) 등이 송병준을 사기 횡
령죄로 고소하는가 하면, 조진태는 전(前) 한성 부민회관(府民會
館) 안에 시장 설치권을 얻어 치부하더니 조선 상업은행의 대표가
되었다고 어떤 신문에서는 비꼬고 있었다.
이완용의 생질이던 한상룡(韓相龍)은 1916년에 예종석(芮宗錫)·
민영기 등과 함께 소위 대정신업친목회를 조직하였지만 1919년 3·

1운동 당시 여러 사람들로부터

"한성은행은 국적(國賊) 은행이다."

라는 규탄을 받아 예금주들이 하루에 20, 30만 원씩 빼가 버리는 통에 큰 곤란을 겪게 된다.

거부의 한 사람으로 꼽지 않을 수 없는 철종의 사위 박영효는 한일합방 이후 조선총독부에서 주는 것인지, 일본 메이지천황이 내리는 것인지, 귀족 칭호를 멋도 모르고 넙죽 받아쓴다. 그러나 1919년 당시 환갑을 1년 앞둔 박영효는 3·1운동이 일어나자 러시아 땅 북간도의 우리 교포들이 설립한 국민회의의 임시정부 부통령이 되었다.

같은 해 47세이던 윤치호(尹致昊)도, 105인 사건으로 10년형을 선고받는 등 지조를 지켰다.

그 무렵 67세인 윤용구(尹用九), 77세인 김윤식 등 정치거물이 아직 살아 있었지만 그들은 정치는 물론 경제일선에서도 이렇다 할 활동을 보이지 않고 있던 때였다.

1920년대 들어서면서 우리나라에는 본격적인 광산 붐이 일었다. 이 광산 붐은 해방이 될 때까지 하루도 쉬지 않고 열풍을 몰아쳐 왔다.

참고로 1936년 2월에 결성되었던 조선 산금조합 간부들의 얼굴을 살펴보자.

조합장　박용운(朴龍雲)

상무이사　임흥순(任興淳)·박기효(朴基孝)·이영찬(李泳贊)·홍정
　　　　　구(洪正求)·임상조(林尙助)

의주　김의명(金義明)·오좌은(吳佐殷)·이하원(李夏沅)·이종만
　　　(李鐘萬)·한백하(韓百夏)·조병상(趙秉相)·정찬주(鄭贊
　　　周)

경주　최준(崔埈)·원윤수(元胤洙)·이성환(李成煥)·김승복(金昇
　　　福)·이용호(李龍豪)·하준석(河俊錫)·임경범(林景範)·전

재희(田在喜)

우선 금광에 종사했던 사람들만으로도 여러 사람이 있다. 우리가 금방 알 수 있는 사람만으로도, 해방 후 자유당 시절에 정계에 이름을 날렸던 임흥순이나 일제시대에 우리나라 최대의 석유 거상으로 등장했던 신의주의 김의명, 그리고 선천 도깨비 부자의 후예인 오좌은, 울산의 이종만, 또 경주의 12대 만석꾼이던 최준 등이 보인다.

이러다가 1930년대 후반에 이르러서는 거부판도는 이렇게 나타났다.

박영철(朴榮喆)
박상룡(朴相龍) 서울
김용규(金容圭) 인천
김정호(金正浩) 개성
한광호(韓光鎬)
최승렬(崔昇烈) 전주
김원희(金源喜)
서병조(徐丙朝) 대구
장직상(張稷相)
정기두(鄭箕斗) 부산
채원혁(蔡元爀) 평양
정재명(鄭在命) 평양
이종섭(李鍾燮) 진남포
임풍(林豊) 신의주
조기주(趙基周) 원산
유병의(劉炳義)
김원근(金元根) 청주
김창수(金昌洙) 충청도 대덕군 지주
임한선(林漢瑄) 개성

이의종(李懿鍾) 김포군 지주
김갑순(金甲淳) 공주 지주
강영식(姜永植) 논산군 지주
박재신(朴在新) 논산군 지주
조유환(曹由煥) 경상도 영천군 지주
유시균(柳時均) 신의주 지주
박인수(朴寅洙) 경상도 상주
박영근(朴永根) 서울
김종섭(金鍾燮) 인천
공진태(孔鎭泰) 개성
차남진(車南鎭) 목포
강반(姜潘)
인창환(印昌桓) 전주
김석현(金錫鉉)
함익동(咸翼東) 대구
김장태(金璋泰) 부산
김능수(金能秀) 평양
윤기원(尹基元) 진남포
김이수(金履洙) 신의주
김경준(金景俊) 원산
신양극(辛良極) 청진

그밖에도 그 무렵에 활동하던 이름난 거부들은 다음과 같다.

전형필(全鎣弼) 서울 종로 4가 112번지
백선행(白善行) 평양 여류 거부
오희원(吳熙源) 종로 2가
고하주(高夏柱) 전남 담양군 창평면 삼천리

고광일(高光馹) 담양군 창평군 삼천리
고광준(高光駿) 담양군 창평면 삼천리
김인오(金仁梧) 안주
조희경(曹喜暻) 전남 영광
이장우(李章雨) 대구부 하서정, 전화 387
김홍조(金弘祖) 대구부 남성정 89
서병조(徐丙朝) 대구부 명치정 2가
김상섭(金商燮) 목포 남교동
김충식(金忠植) 목포 죽동
성문영(成文永) 서울

이런 거부판도를 보이는 가운데 1939년에 최창학이 등장하여 전성시기를 이룰 즈음 우리나라의 실업계 판도는 또 어떻게 변했는가?

그중에는 월급쟁이 사장도 있었지만 직접 자기회사에 막대한 자본을 투자하여 활약하는 사람들의 면면과 그 회사 중 우선 자본금 백만 원 이상의 한국인 기업체만 다음과 같이 열거되었다.

문상우(文尙宇) 해동금융주식회사 사장, 부산
서창규(徐昌圭) 경북무진, 대구
윤국병(尹國秉) 동아흥업
조준호(趙俊鎬) 동아증권·인천미두주식회사
김기태   영화흥업주식회사
백낙천(白樂天) 태창직물, 서울
김연수(金秊洙) 경성방직
김해진(金海鎭) 약품 수입업
김동원(金東元) 평안농사주식회사
김충식(金忠植) 합명회사 동은농장, 전라남도 강진

김연수   삼양농장
김용진(金庸震) 합명회사 김씨 농장, 안악
방의석(方義錫) 함흥 택시
하준석(河駿錫) 동아후생주식회사
민병도(閔丙燾) 계성주식회사, 부동산
정병조(鄭昞朝) 목포토지합자회사
민규식   영보합명회사
박영철(朴榮喆) 산업은행
민규식(閔圭植) 동일은행
정재학   경상합동은행
현준호(玄俊鎬) 호남은행
박흥식   화신연쇄점
최상건(崔相健) 주식회사 최윤식 상점
문재철(文在喆) 선일척식주식회사, 목포
최창학   대창산업주식회사
심동익(沈桐翊) 일선산업주식회사
박창근(朴昌根) 남양광산주식회사
박흥식   대동흥업주식회사, 부동산
성의경(成義慶) 주원산업주식회사, 부동산

1920년 당시에 공칭자본금 1백만 원 이상의 회사 2백 10개 중 우리나라 사람이 소유하고 있던 소위 '조선인 회사'는 30개였던 것이며, 광산업에 종사한 거부로는 최창학과 박창근이 두드러지게 두각을 나타내고 있었다.

대개 이 무렵 활약하던 거부들은 지금도 그 얼굴을 기억하고 있는 독자들이 많이 있고 또 생존해 있는 사람들도 적지 않을 것이므로 구태여 긴 설명은 생략하겠다.

그런데 그 무렵 최창학이 조선 4대 거부의 한 사람으로 등장하여 일약 명성을 떨치고 있는 배경은 무엇인가?

그것은 말할 것도 없이 금을 캐내는 광산이었다.

광산왕 최창학.

노다지를 쏟아내 주었던 평안북도 구성군의 조악동 광산은 대체 어떤 곳이기에 조선거부 최창학을 탄생시켰는가?

최창학이 조악동 광산에서 노다지를 잡아 세상에 얼굴을 내밀기 시작한 것은 1920년대 후반이었다.

그러므로 1920년대 이전의 최창학은 '최'자도 찾아보기 힘든 이름없는 사람이었으며, 최창학이란 이름 석자가 이 땅을 덮어 누르기 시작한 것은 1920년 후반부터 1939년까지로 약 10여 년 동안에 완전히 기틀을 잡은 것이다.

광산에서 굴러 노다지를 잡은 거부에게 집안 내력을 따질 필요는 없다.

'뼈대 있는 자손' 같으면 허리 꽁무니에 망치를 차고 그 깊은 산중에 들어가 밤낮 없이 바위를 깨고 노다지 냄새를 맡고 다녔겠는가?

광산으로 떠도는 사람은 버린 사람 아니면 바람난 건달이었다. 논 팔아 금올 개는 녀석은 집인에서 '못된 놈' '집안 망치는 놈'으로 몰려 내쫓기기가 일쑤였다.

그들은 허황한 무지개를 좇아 화려한 초원으로 덤벼드는 나비들이 아니라 험악한 바위덩이 첩첩산중에서 인생 도박판을 벌이는 광산 노름꾼들이었다. 도박판 중에서도 양반 뼈다귀를 꺾어 하는 바둑놀음이 아니라 그야말로 땀과 눈물이 범벅된 결사의 도박이었다.

그런 노다지 황금의 도박판에서 소리를 치고 나온 최창학.

우선 그를 알아보기 위해 1927년 무렵 그 최창학의 광산이 어떤 모습을 띠고 있었는지 보기로 한다.

초목 없는 窮谷에 定住者만 5천 명. 桑田碧海의 造岳洞.

1922년에 가을 독립단 습격사건으로 유명해진 평북 龜城의 三成金광은 그야말로 조선 3대 금광의 하나로 등장했다. 미국사람이 경영하는 雲山의 北鎭광산보다도 불란서 사람이 경영하는 昌城 大楡洞금광보다도 3, 4배의 産額을 가진 큰 금광이다.

1927년 3월 11일자 기록이다.

한말에 운산광산과 대유동광산이 서양사람들에게 넘겨졌던 바 그 운산광산은 연산액 3백만 원을 상회하는 금구덩이였는데 그런 금구덩이에 비교하면 우리나라 노다지꾼들은 호랑이 앞에서 고양이가 수염을 쓰다듬는 격으로 그 규모가 작았다.

그처럼 운산금광은 동양 최대의 금광이요, 또 세계적인 금광이었으며 창성 대유동금광 역시 1940년도에 그때 돈 1천 3백만 원에 조선총독부 주선으로 일본 광업주식회사가 인수를 했을 정도로 규모가 컸다. 그러나, 광산왕 최창학의 삼성금광만은 운산금광이나 대유동금광과는 비교도 할 수 없을 정도로 노다지 중의 노다지 금광이었다.

왜냐하면 분명히 위의 기사에서는 최창학의 구성 삼성금광 산출량은 운산금광이나 창성 대유동금광에서 파내는 금의 산출량보다도 3, 4배나 된다고 하지 않았는가?

宣川 정거장에서 북쪽으로 1백 10리, 깊은 산속을 가노라면 하늘을 찌를 듯한 天摩山 줄기 한 가닥이 흘러나온 가래봉 밑 막다른 산골에 그야말로 황금의 별천지가 이루어져 있다. 천마산 아래 느닷없이 3, 4년 동안에 하나의 도시가 조성되어 5천여 인구가 들썩거리며 그 깊은 산 속의 조악동 주민들은 금을 캐며 실어 나르고 운반하느라고 소 바리와 말 바리, 당나귀 바리 소리로 집집마다 가득 찼다. 황금의 유혹은 이 산골에 들어서면서부터 천지를 진동하며 퍼져 나간 것 같았다.

조악동 동구에는 산더미 같은 돌무덤이 여기저기 쌓여 있어 산기슭 개천가에도 돌무더기가 수십 무더기씩 무시무시하게 널려 있다.

그러나 이 조악동 산골짜기에는 4, 5년 전만 해도 머루와 다래 덩굴이 온 산을 덮고 인가라고는 단 한 가구도 없던 곳이 아닌가?

그러더니 지금은 백 마력 짜리 발동기가 쿵쿵거리는 소리를 내고 그 발동이 연통에서 뿜어내는 등유의 뿌연 연기가 코를 매캐하게 쏜다. 조악동에는 그 무렵 1천 25호의 주택이 들어서 5천 3백여 명의 광산 인구가 밀집해 있어 그들은 잠을 잘 때나 밥을 먹을 때나 항상 황금의 꿈에 들떠 있다. 이 조악동 주민들은 그야말로 황금의 병이 들어 날만 새면 망치를 들고 산으로 올라가 행여나 어디서 노다지가 쏟아질까 보아 산이라는 산은 모두 구멍을 뻥뻥 뚫어놓아 온통 곰보얼굴을 만들고 벌집이 뚫린 듯이 아가리를 벌리고 있다.

최창학의 구성광산의 위치와 광산촌 모습을 그리면, 이 산속은 1922년경까지만 해도 머루·다래덩굴이 산을 덮었을 뿐 이 산중에 들어와 사는 사람이라고는 하나도 없었다. 이 조악동 경기는 불과 3, 4년 사이에 이렇게 황금몽(黃金夢)에 들떠 있는 것이다.

물론 최창학은 1927년 이후에도 10여 년을 두고 계속 광산에서 노다지를 쏟아내 주어 토지에 투자했고 또 수백만 정보의 압록강 연안 개간산업을 벌이기도 했다.

또 서울 장안에 떵떵거리는 집, 즉 경교장을 짓는 등 그야말로 거부 가도를 치닫고 있었지만, 우선 1927년 무렵 이 조악동 광산에서 최창학이 거부 입문을 하는 것부터 살펴보자.

조악동 광산에서는 연간 약 2백만 원어치의 금이 나온다고 한다. 황금왕국의 총본영인 이곳은 산이나 개천이나 모두 광산왕

최창학의 소유다. 삼성금광 사무소는 그야말로 조선의 황금 왕실
이요, 그 왕실의 대왕으로 등장한 사람은 최창학이지만 이 조악
동 금을 캐려면 최창학의 허락을 얻은 덕대들이 아니면 불가능하
다. 최창학은 덕대들에게 광산구역을 맡기나, 어찌나 금이 많이
나오고 경기가 좋던지 큰 구역이나 오랜 기간 동안을 허락하는
것은 아니라고 한다. 덕대들은 최창학에게 광산구역을 얻어내는
데 그 구역 중 최고로 긴 것이 길이 백척(깊이는 상관없음)이며
기한은 최고 6개월인데, 최씨는 그 덕대들에게 착수금을 받고 허
락한다.

이 광산왕국은 노다지 소문을 듣고 전국 곳곳에서 허리에 망치를
꽂은 덕대와 그 덕대들이 거느린 수십 명 또는 수백 명 단위의 광
부들로 득실거렸는데, 채광구역은 아무리 길어야 사방 백척이었다.
또 그 사방 백척 안의 구역을 허락하면서 파먹을 수 있는 권리기
간은 최고 6개월까지밖에 주지 않았다.
운산광산이나 강원도 금성 당고개 광산 권리를 낼 당시를 보더라
도 이런 광산 허가란 보통 40×60 리거나 아니면 크게는 몇십억 평
에서 몇십만 평씩 내는 것이 상식인데, 어째서 이렇게 최창학의 광
구는 바둑판 모양으로 쪼각쪼각 손바닥만큼씩 나뉜 것인가?
바로 이것이 최창학의 광산이 얼마나 큰 노다지 구멍인가를 그대
로 설명하고 있는 것이다. 그만큼 농도가 짙은 금의 땅이었던 것이다.
그런데 불과 사방 백 자(33미터×33미터)의 광산구역을 6개월
동안 채굴할 수 있는 최고 권리금으로는 8만 원부터 최하는 20원까
지였다.
사방 백 자의 그 광산에서 여섯 달 동안 금을 캐먹는 착수금을
그 당시 돈으로 8만 원을 받았다면 금방 짐작이 갈 이야기가 아닌
가?
덕대들은 그렇게 엄청난 돈을 바치고 광구를 경영하는데 그 8만

원을 내고 자기 마음대로 금을 다 캐갈 수 있는 것은 아니었다. 전 비용을 부담하고 광부들을 거느려 파 들어가서 생산되는 금의 5분의 1은 광주인 최창학에게 바쳐야 하는 것이며, 이 조악동에서 파낸 금덩어리[광석]는 모조리 최창학이 설립해 놓은 최창학제련소로 보내져서 제련비는 또 따로 받았던 것이다.

그러면 새로이 조선의 갑부로 등장한 최창학의 하루 이익은 얼마나 될까? 최창학은 매일같이 이 구성광산에 설비해 놓은 제련

숭례문과 전차, 1904

소에 들어오는 제련비 순이익이 2백 원, 광미(鑛尾) 수입이 2백 원, 태분(汰紛) 수입이 2백 원이며 광굴에서 나오는 순금의 5분의 1씩 받아들인 것이 2천 원, 착수금 기타 순수입이 5백 원 하여 일일 총수익이 3천 1백 원을 내리지 않으며 1달에 9만 3천여 원씩을 벌고 있는 것이다.

요새도 우리는 재벌들의 종합소득세와 한 달 수입이 얼마이고 하루 수입이 얼마이고 하며 놀란다.

또 걸핏하면 이런저런 하는 회사들이 천문학적인 단위의 자본금을 자랑하지만, 그런 큰 회사들도 자기 자본금보다 고정부채나 단기부채 등이 더 많아 배보다 배꼽이 더 큰 경우가 흔하고, 몇십 년씩 갚아야 할 차관 빚도 적지 않은 것으로 나타나고 있다.

그러니 허울만 좋지 실속은 없다는 얘기가 되는 셈인데, 1927년 그 당시에 매일같이 구성광산 한자리에서만 최창학이 벌어들인 돈은 하루 3천 백 원이요 한 달이면 무려 9만 3천 원이었다.

우선 참고 삼아 당시의 물가시세를 자료로 계산해 보지 않을 수가 없다.

그 무렵 금 한 돈쭝에 13원 25전이었으니 1g에 3원 53전.

이 비례로 한번 최창학의 월 9만 3천여 원 수입을 금값으로 계산해 보면 금 얘기하는데 더욱 실감이 날 것이다. 또 당시 서울 장안에서도 땅값이 비싼 삼청동·수송동 일대가 평당 25원, 적선동·소격동 일대가 평당 40원이었고 일반 주택가나 조금 들어가는 골목 안이면 평당 5원을 호가하던 때였다.

아니 그보다도 더 절실한 한 토막을 직접 생활 주변에서 한번 살펴보자.

1925년 7월호 〈개벽〉 잡지는

朝鮮私鐵會社 전무 後藤은 일전에 어떤 日人 기자를 대하여 가

로되 사설철도의 現下의 영업선은 3백 80여 마일인데 이익은 1개
년에 3백만 원이며 중역 20인의 일 개년 상여금은 단 2만 원(1인
당 천 원)에 불과한데 동척 중역의 상여금은 연 15만 원, 조선은
행은 연 10만 원을 계산하고 있으니…….

이것은 그 당시 우리 경제계를 송두리째 침략하고 있던 조선은행
과 동양척식회사 그리고 조선 사설철도회사가 매년 상여금으로 설
정한 예산액수였다. 이들이 이렇게 호화판 인생을 살고 있는데 정
작 이 나라의 주인인 서울 시민들의 일반 생활상은 너무도 기막혔
다고 말한 대목이 있다.

근일 경성부의 조사에 의하면 경성 안에서 움집 생활을 하는
사람이 6백 30호에 2천여 명인데 그들의 생활비는 1일 5전으로
1년 분을 총합한댔자 18원 25전에 불과한데…….

사람이 모질게 살자면 한이 없지만 1925년 당시로 서울 시내의
빈민들은 하루 전체 생활비가 불과 5전 꼴이어서 1년을 종합한댔자
18원 25전에 불과하다고 한탄했던 것이다.
이것이 아마 막벌이꾼들이나 지게꾼들의 생활상이었을 것이다.
이런 인생 밑바닥 부류들이 1년 생활비로 18원 25전을 가지고 살
때, 최창학은 구성광산 한자리에서만도 하루 순이익이 3천 1백 원,
한 달 순이익은 9만 3천 원이었으니 충분히 짐작이 갈 만한 일이
다.
또 그 당시 자동차라면 요즘의 자동차와는 개념이 다르지만 최고
급 승용차이던 토링카 5인승 한 대가 천 6백 원, 화물트럭 한 대가
천 6백 75원이었다.
최창학의 하루수입 3천 1백 원은 매일같이 최고급 승용차 두 대
씩을 살 수 있을 정도의 돈이었다. 숯 5관 짜리 한 통에 1원 20전,

장작 한 관에는 90전, 홈스판 양복 한 벌에 45원, 스코치 한 벌에 60원, 세루 양복 한 벌에는 55원하던 때이니 그의 돈 무게를 짐작하고도 남을 것이다.

그 당시 양복을 입었다면 '양복쟁이'로 불리던 시절인데 그런 양복 한 벌에 최고로 좋아야 60원, 인삼 20편짜리 16냥 한 근으로 최고 상품이 단돈 9원이었으며 보통 인삼이던 1백 20편짜리 한 근에는 단돈 5원이던 때였다.

제일 좋은 논이라야 한 마지기 1백 50원에서 2백 원을 넘지 못했고, 밭은 한 마지기 70원을 주면 얼마든지 골라잡을 수 있던 때였다. 최창학의 하루 수입, 3천 1백 원이면 밭이 40마지기가 넘었다.

이것으로 보면 이 광산의 매일 산금량이 2만 원 이상에 달한다는 계산이요 작년도 (1926년) 총 산금액은 7백만 원이었던 바 최창학 씨의 순이익은 2백만 원이 넘었다.

1926년도에 최창학이 삼성광산에서 번 순수 소득만 해도 2백만 원이 넘었다니 최창학은 과연 최창학이다.

그런데 이처럼 최창학의 조악동 광산이 비싸고도 비싼 값으로 쪼개져 덕대에게 나가지만 그 덕대들도 웬만만 하면 모두 한몫씩 잡고 일어섰던 것이다.

분철업자(分鐵業者)는 칼물고 뜀뛰고 최씨는 꿩 먹고 알 먹는다. 그러나 그 칼물고 뜀뛰는 덕대들도 원체 광산이 좋아서 가끔 꿩 먹고 알 먹는 꿈을 잡는 일도 있다. 작년도에 이 광산에서 나온 최고 노다지는 가래봉 아래 있는 황금곡인 바 11명의 분광업자가 조합을 꾸며 8만 원 착수금을 바치고 6개월 계약을 한 바 비용 덜고 매명에 만 원 이상씩 수입을 올렸다.

이런 황금 골짜기에서 최창학의 하루 이익 3천 1백 원을 이리 저리 계산해 보았으나 정작 그럴 필요도 없을 것 같다.

왜냐하면 당시 그 최창학의 광산에서 일하던 광부들이 돌 한 짐 져나르는데 3전 5리씩 받아 하루종일 일을 하면 하루 최고 70전을 벌었다지 않는가?

그 당시로서는 이런 광부들의 품삯이 아주 헐값도 아니요 그래도 농사짓는 것보다는 훨씬 낫다고 해서 팔도의 떠돌이꾼들이 다 모여들었던 것이다.

조악동 산골의 황금광

최창학의 구성 조악동 광산이 본격적으로 누런 금덩이를 뱉어내기 시작한 것은 1923년 가을부터였다.

남들은 그가 금세 운이 틔어 광산을 연 지 불과 3, 4년 만에 조선 굴지의 노다지왕으로 등장한 일을 손쉽게 이야기할는지 몰라도, 그는 그대로 노다지 광산을 손에 쥘 만한 응분의 대가를 다 치른 셈이었다.

물론 광산일이라는 것은 한 자 땅속을 파보기 전에는 알 수가 없는 것이리서 10지, 1백 자는기녕 수민 길 땅속을 파고시도 눈꼽만한 금싹도 보지 못한 채 손을 털고 돌아서는 불유의 광산 미치광이들이 한둘일까마는, 최창학도 하마터면 그런 불행한 일생으로 끝장을 낼 뻔한 운명의 고비를 여러 번 넘겼다.

최창학은 구성 조악동 금광에서 금이 쏟아진다는 소문이 퍼진 이후에도 보통 사람으로서는 견뎌내기 어려운 시련을 겪은 것이 한두 번이 아니었다.

1924년 1년 동안에 최창학은 소위 시국을 표방한 무장 독립단 내습 4번에 강도를 37번이나 당했다. 거의 한 달에 3번 꼴이요 10일에 1번씩은 강도가 그의 목숨을 노리면서 금덩이를 털어 갔던 것이다.

이런 깊은 산속의 강도·살인·협잡·폭력사건이란 요즘의 우리네

상식으로는 상상하기도 어려울 만큼 막되고 거칠었다. 원래 도박을 하다시피 운명을 걸고 험한 돌덩이를 캐어 짓바수어 금을 내는 사람들이란 성격이 이만저만 거친 것이 아니었다.

거기다 광부들은 거의가 다 뜨내기들이요 그 뜨내기 광부들은 틈만 있으면 금덩이를 숨겨 훔쳐내는 일이 습성처럼 되어 있었다.

더구나 조악동 산골에 느닷없는 황금타운이 형성되자 돈을 좇는 각종 장사꾼들이 몰려 들었다.

담배장수·밥장수·술장수 그밖에 고향에서 호미를 버리고 징과 망치를 들고 이곳에 몰려든 그 많은 사람들의 최후 목적은 모두가 노다지를 캐려는 꿈에 들떠 있었고, 그런 가운데에는 남이 캔 노다지를 훔치려는 강도들까지 날뛰었다.

최창학은 1924년 1년 동안 당한 강도사건이 37번이나 되었지만 그는 그 광산에서 한치도 물러설 수 없었다고 강인한 성격의 일단을 피력한 일이 있었다.

노다지가 쏟아지는 금광에서 기관총을 든 무장 독립단의 내습이나 칼을 들고 덤벼드는 강도떼들을 피해 달아날 최창학이었다면 조선거부 최창학은 처음부터 탄생하지 못했을 것이다.

그는 기관총 세례나 시퍼런 칼날도 무섭지 않을 만큼 황금독이 오른 사람이었다.

금에 독이 오른 사람은 칼에 독이 오른 강도가 무서울 까닭이 없었다. 그는 칼날에 목숨을 맡겨 열흘거리로 한번씩 강도사건을 연달아 당했지만 끝내 금광을 버리지 않았다. 자기의 황금덩이를 한치도 양보하지 않고 목숨을 걸고 지켜냈던 것이다.

1938년 최창학의 나이 49세였으니까 1899년 생이 된다. 그는 전차가 맨 처음 개통되던 해에 평안북도 구성군 구성면 좌부동(左部洞) 53번지에서 가난한 선비의 아들로 태어났다.

최창학은 개성중학교를 졸업한 뒤 별로 이렇다 하게 할 일이 없어 망치를 허리에 차고 직접 노다지를 찾아 산속을 헤매기 시작했다고 한다.

그때부터 최창학은 평북 일대의 산을 전부 헤맸고, 구성군내 어느 폐광에 매달려 망치질을 하기 5년 만에, 드디어 그 노다지 광맥을 발견했다고 한다.

1926년 최창학이 〈동아일보〉 기자들과 만나 이야기한 대목에는, 그가 광산에 매달린 지 10여 년 만인 1923년에 조악동 광산에 손대기까지 10여 년 동안을 실패만 거듭하면서 광산을 헤매어 다녔다는 부분이 나온다. 이것은 그가 1913년경부터 산으로 떠돌았다는 증거가 된다. 그렇다면 불과 15세 전후부터 광산에 뛰어든 셈이다.

그가 언제 개성중학교를 마쳤는지 그것도 알 수 없지만 그 때만해도 광산에 뛰어드는 일이란 모든 사람들이 별로 탐탁하게 여기지 않던 시절이었다.

광산을 한다 하면 집안 망칠 사람, 바람든 청년으로 내놓아 버려 돈이 있어도 좀처럼 그런 광산 미치광이들에게는 돈을 빌려주려 하지 않았다.

광산 황금열이 올라 농사짓던 농군들이 호미를 내던지고 산으로 눌어붙은 것은 세월이 훨씬 흐른 뒤의 이야기지 1910년대 후반까지만 해도 광산은 거의 '사람 못된 놈'이 종사하는 업종으로 쳤던 것이다.

일찍이 개성중학교를 졸업했다면, 그 당시에 군청 서기도 맘대로 골라잡아 갈 수 있는 지식청년이었는데 어째서 그가 광산에 뛰어들었을까?

더러 광구를 사놓고 인부들을 데리고 다니면서 산속을 헤맨 지식인 광산가들이 없었던 것은 아니지만, 그처럼 5년이고 10년을 꽁무니에 망치를 차고 산을 직접 헤매며 망치질을 했던 지식인은 거의 없었다.

그런데 최창학이 실지로 중학교 졸업생으로서 그런 짓을 하고 다녔다면 대담한 청년이라고 하지 않을 수가 없다.

중학 졸업생 최창학은 정말 발을 잘못 들여놓았다.

그러나 1923년 최창학이 구성광산에서 운명의 황금 문을 연 그 극적인 순간만은 우리에게 많은 교훈을 준다. 왜냐하면 최창학과 같은 무서운 집념과 배짱과 강인한 고집이 아니고는 도저히 뚫을 수 없는 문이었기 때문이다.

최창학이 그 구성 조악동 광산에서 남이 버리고 간 폐광 터에 들어가 망치질을 하면서 집념을 불태운 5년 동안, 그는 많은 동업자들과 함께 그야말로 보물찾기 놀이를 하고 있었다.

얼마나 조마조마하고 막막한 노름인가?

그 깊은 산속에서 수백 수천 척 땅속에 들어 있을 그 금덩이를, 보이지 않고 밟히지 않고 만져지지 않는 노다지를 찾아 하루·이틀·열흘·1년…… 5년씩 매달려 보라. 보통 고집으로는 감당하기 어려운 작업이 아닐 수 없을 것이다.

망치질에 손발이 으깨지고 돌을 깨어 채굴하는 작업으로 어깨뼈가 휘는 무서운 중노동의 연속. 그런 정신적으로나 육체적으로 극한상황에 시달리면서 1년이고 5년이고 지구전을 펴는 동안 그 몰골은 어떻게 되겠는가?

남이 모르는 울분과 눈물을 흩뿌리면서, 때로는 산속의 휘영청 밝은 달을 하염없이 쳐다보면서 지나온 자기 인생의 세월을 후회도 하고 눈물도 뿌렸으리라.

그럴수록 성공하고야 말겠다는 불타는 의지를 다져야 한다.

그러나 최창학과 함께 황금의 문을 열기 위해 망치질을 했던 그 많은 사람들이 모두 다 지쳐 산을 떠나고 말았다.

처음에는 1백여 명의 노다지꾼들이 모여들어 망치질을 하다가 1년 지나고 2년 지나는 동안에 20명으로 줄고, 10명으로 줄고, 끝내 5명, 3명으로 줄어 버렸다. 다 지쳐서 떠나 버렸다.

'최고집'으로 버틴 5년

풍덩풍덩 지하수 떨어지는 소리가 들리고 썩은 갱목에서는 버섯이 돋고 박쥐가 날고 독한 산거미가 여기저기 줄을 늘인 으스스한 굴 안에서, 최창학은 무엇을 바라고 30대의 청춘을 불태우면서 덤벼들었던 것일까?

인생 모두를 건 도박만큼 상쾌한 것은 없기 때문이다.

그러나 설마설마 하면서 5년을 매달려 보았지만 금싹은 꼴도 보이지 않았다. 그러나 최창학은 금을 찾다가 울분과 눈물을 흩뿌리고 비참하게 산을 떠나가 버린 그 많은 노다지꾼들처럼 그렇게 떠날 수는 없었다.

그는 성이 최씨였다. 최씨인 이상 오기와 고집이 없을 수 없었다.

"이 오사리 육시랄 헐 놈의 광산! 금이 안 나올 테면 이놈의 구멍 한가운데가 쩍 갈라지게 화약남포라도 터뜨려 줄 테다. 내가 5년 동안 여기서 이 지랄을 하다가 가면 그냥 갈 줄 아느냐? 나도 그냥은 못 가겠다!"

최창학은 온 몸뚱이가 분노로 끓어올랐다.

그 분노는 차츰차츰 열 갈래 스무 갈래로 찢기어 오기로 변하더니 끝내는 최창학 자신을 슬프게 후회시키는 그림자로 밀려들어 왔다.

최창학은 돈 5원을 들고 읍내로 내려가 술집에서 하룻밤 곤죽처럼 지냈다.

그리고 다음날 나오려고 하다가

"에쿠!"

문지방에 걸어 논 물씬한 개대가리와 이마받이를 하고 깜짝 놀랐다.

술집에서는 오늘이 장날이라고 해서 팔기 위해 개대가리 하나를 사다 삶아 쇠갈쿠리에 꿰어 들보에다 매달아 놓은 것이었다.

"아니 이게 뭐야?"

최창학은 불쑥 이 말을 뱉다가 생각했다.

'옳지! 이놈의 개대가리. 옳다, 요놈의 개대가리를 사다가 산신

령놈 아가리에다 처넣어 주자…….'

"이 개대가리 팔 거요?"

"오늘이 장날이라서 팔려고 삶아 놨소."

"얼마면 되겠소?"

"살코기 10근 값은 내야지요."

"살코기 10근? 옜소, 여기 50전이 있으니 모자라는 돈은 내가
내일 주겠소."

"아! 오늘 팔려고 삶은 개머리를 최생원이 왜 몰아 잡아 사가려
고 그러시오? 그것도 외상으로……."

"아따, 언제 내가 외상 지고 장날 넘긴 적 있었소? 내일 갚는다
면 갚는 줄 알고 여러 소리 마슈."

이래서 최창학은 그 술청 들보에 매달려 있던 삶은 개대가리를
삼베자루에 담아 가지고 그 조악동 광산 광굴로 되올라갔다.

'이놈의 산신령, 너도 이제는 늙어 이빨이 빠졌겠다. 옜다, 암내
난 개대가리다. 싫다고 말고 소금 쳐가면서 호물호물 다 먹어라.'

그러고는 그 광굴 앞에다 황토 흙을 깔아 깨끗하게 제단을 만든
뒤 소금 한 주먹을 놓고

"이놈의 산신령아! 네가 제일 싫어하는 암캐 대가리인지 삽살개
대가리인지를 가지고 왔으니 너도 먹고 설사에다 배탈이 섬으로
나서 요란스런 배앓이라도 좀 해라. 그래야 나도 속이 좀 풀리겠
다. 이놈 산신령아! 이제는 네깐 놈이 금을 주지 않아도 나는 안
죽어. 최창학이는 안 죽어. 망치 차고 또 다른 산으로 가볼 테
다. 그 대신 너는 이 개머리를 제일 싫어한다니 너도 나한테 골
탕 좀 먹어 봐라!"

눈물과 분노로 범벅이 된 얼굴을 쳐들고 최창학은 산신령이 들으
라고 큰소리로 구시렁거리면서 미친놈처럼 웃어댔다. 그 집넘도 이
제는 마지막으로, 개대가리로 오기풀이를 하고 끝내 이 산을 떠나
야 할 날이 왔던 것이다.

떠나면서도 그는 그냥 떠나지 않고 산신령이 제일 싫어하는 개, 그 중에서도 호박덩이만한 누런 개대가리를 산신령 앞에 내던져 놓고, 술집에서부터 황새목 병에 담아 가지고 온 소주를 몇 잔이나 혼자서 들이마시고는 그대로 컴컴한 폐광 속에 들어가 마지막 잠을 청했다.

마지막 잠이라고 생각했다.

이제는 모든 것이 끝났다.

모든 것이 끝나고 말았다.

이런 최창학의 마지막 그 밤이 그에게 제2의 운명을 열어 줄 황금의 밤이 될 줄이야 누가 짐작이나 했으랴!

바로 그 밤이 최창학을 금방석 위에 앉힌 결정적 꿈을 꾸게 한 밤이었다.

대개 산속으로 산삼을 찾아 헤매는 심마니들은 산신령에게 제사를 지내고 대낮에도 틈만 있으면 잠을 청해 꿈을 꾸려고 애를 쓴다.

시장(泗川)

그 꿈속에서 그들은 보물을 찾기 위한 산신령의 계시를 기대하는 것이다. 최창학도 과연 꿈을 꾸었다. 개고기를 먹인데 화가 난 산신령은

"이놈아 개고기는 싫다. 기왕이면 네놈의 최가 대가리에 붙은 돼지대가리를 가져와! 어리석은 놈. 배꼽 밑으로 걸리는 것 없이 민둥 훌쩍 넘어간 데만 구멍난 줄 알았냐? 하하하…… 헛곳에다 망치질을 백년 하면 네 팔뚝만 아팠지, 무슨 소용 있느냐? 이놈아, 눈구멍을 크게 뜨고 네 이웃에 있는 널바위를 보아라. 그 널바위 위에 우뚝 솟은 선바위 하나가 안 보이냐? 이 어리석은 놈아! 그 바위 앞에 가서 큰절을 하고 꽉 잡아라."

최창학은 벌떡 일어났다.

어느새 아침해는 불그스름하게 떠올라 그 깊은 광굴 속에까지 한가닥 엷은 햇살을 드리우고 있었다. 최창학은 눈을 비비면서 금방 꾸었던 꿈을 되새겨 보았다.

하필이면, 그놈의 산신령이 어떤 마음을 먹었기에, 제 놈이 제일 싫어하는 개대가리를 쳐안긴 나에게 옳게 계시를 했을 리가 없다.

최창학은 그렇게 생각했다.

미덥지는 않지만 그놈의 넓적바위 위에 있는 선바위를 잡고 망치질을 한들 늙은 귀신인 제가 산 사람인 나에게 무슨 앙갚음을 할 수 있을 것인가?

최창학은 벌떡 일어나

"이놈의 산신령이 끝내 나를 죽이려고 지랄하는구나. 하지만 내가 그 바위를 치면 제가 어쩔 것이야! 네가 해 보라면 한번 해 보자."

망치를 들고 달려가 그 옆 광구에 우뚝 솟은 넓적바위를 두들겨 봤다.

'탕!'

그런데 이건 웬일인가?

최창학이 그 바위에 힘껏 망치질을 하는 순간 '툭!' 하고 둔탁한 소리를 내야 할 텐데 '탱!'

무엇인지 날카롭고 예리한 쇳소리를 내는 것이 아닌가?

최창학은 순간 자기 귀를 의심했다.

'아마 내 귀가 헛소리를 들은 거겠지.'

최창학은 두 번째, 세 번째 망치질을 그 바위에 퍼부으며 제 귀를 의심했다.

그때마다

'쨍!'

'쨍!'

하고 울리는 바윗소리.

그 소리는 이때까지 들어 왔던 소리와는 전혀 달랐다.

최창학은 순간 온몸으로 피가 역류해 오는 것을 느끼면서 '쨍' 소리가 난 바위 조각 한 톨을 들고 나와 망치로 깨어 보니 정말 노다지 금맥이 아닌가?

"아!"

최창학은 아랫도리의 힘이 일시에 빠져 그 자리에 그대로 주저앉고 말았다.

정수리를 얻어맞은 황소처럼 두 다리를 퍽 꺾으며 주저앉았다.

개고기를 먹은 산신령……

최창학은 얼른 그 바윗덩이를 집어 아무도 없는 산속에서 사정없이 망치질을 하여 돌가루를 만들고 그 가루 속에 섞여 있는 누런 금가루를 만져 보면서, 비벼보면서, 미치광이가 되다시피 했다.

절망의 맨 밑바닥까지 샅샅이 빠져본 다음에야, 만의 하나 밖에 없는 가능성의 문이 열리는 듯, 그는 꿈을 실현시킨 것이다.

"이제는 최창학이 살았다!"

금가루를 정신 없이 호주머니에 쓸어 담으면서

"이제는 최창학이 나도 살았다!"

아무도 없는 산에 대고 고함을 쳐대면서

"이놈의 산신령아! 고맙다!"

그는 헛웃음을 치고, 다시 기절하여 쓰러지고 말았다. 다시 깊은 잠에 떨어졌던 최창학은 거의 한나절이나 지난 뒤에야 의식을 회복하기 시작했다.

노다지가 나오면, 사람은 미친다더라. 정신을 차려야겠다. 노다지가 나왔다는 소문이 먼저 퍼지면 이것은 아무것도 아닌 헛일이 되고 마는 것이다.

먼저 출원(出願)을 하여 광구를 확보해 놓아야 하는 것이 급선무였다.

최창학은 바로 자기 주머니에 넣었던 금가루를 꺼내 땅을 깊이 파고 묻어 버린 뒤, 자기가 망치질했던 그 바위의 흔적을 재빨리 지워 버리고 아무 일 없었다는 듯이 다시 폐광으로 돌아왔다.

그 폐광 터 앞에 쭈그리고 앉아 담배 한 대를 다 피고 난 최창학은 생각에 잠겼다.

광산 작업

'그러면 대체 어떻게 해야 할 것인가?'

우선 서울로 달려가 총독부에다가 이 광산을 출원하여 권리를 확보해 놓아야 한다.

그런데 최창학에게는 당장 동전 한푼도 없지 않은가?

최창학은 그 길로 선천으로 내려가 거기서 돈 1백 20원을 꾸려 가지고 밤차를 타고 서울로 올라갔다.

이튿날, 총독부 광산과로 가서 서류를 들이밀었다. 광산과에서는 출원 수속비 중에서 돈 20원이 모자란다고 하여 서류를 퇴짜놔버리는 것이 아닌가?

최창학은 기가 막혔다.

우선 서류를 총독부 광산과에 선착으로 접수라도 시켜 달라고 애걸복걸하면서

"한 시간만 참아 주. 내가 20원을 만들어 가지고 오겠소."

급히 광산과를 나오다가 총독부 마당 한가운데 털썩 주저앉아 하늘을 쳐다보고 한탄을 하지 않을 수 없었다.

"아! 이렇게 사나이 운명이 막막하게 막혀 버리는 것인가! 돈 20원이 모자라 내가 수속을 못해 딴 놈이 발등걸이를 해 버리면 어쩐다……."

아는 놈이라고는 엿장수 하나도 없는 이 서울바닥에서 20원은 어디 가서 얻노? 바짝바짝 목이 타고 초조했다.

바로 그때였다.

사냥모자를 쓴 김대홍이 총독부 마당으로 부랴부랴 들어섰다.

어제까지 조악동 폐광 터에서 최창학과 함께 망치질을 하던 사람이었다.

그 김대홍은 이제까지 폐광 터에 혼자 남아 망치질을 하던 최창학이 갑자기 없어지자 무언가 예감이 이상하여 덮어놓고 총독부 광산과로 달려오던 판이었다.

아무래도 그 고집불통 최창학이 없어진 것은 무엇인가 노다지 맥

을 찾았을 것임에 틀림없고, 그러면 그 일대를 자기가 먼저 광구 설정을 해 버려도 틀림없으리란 생각 때문이었다.

그래서 김대홍은 선천에서 최창학이 돈 1백 20원을 꾸어 급히 서울로 올라갔다는 소문을 듣자 뒤밟아 왔던 것인데, 공교롭게도 이 시간에 총독부 마당 한가운데서 만나게 된 것이다.

최창학도 자기 뒤를 밟아 급히 총독부 마당으로 들어서고 있는 김대홍을 발견하자마자 이상한 예감이 번개처럼 머리를 스쳤다.

최창학은 순간 입술을 떨면서

"너도 노다지가 나왔구나."

하고 말을 건넸다.

이러자 한 걸음 뒤로 풀썩 물러서다시피 놀란 김대홍은

"그걸 네가 어떻게 아느냐?"

자기도 모르게 소스라치게 놀라는 것이 아닌가?

이렇게 되고 보면 인생의 운명은 실로 순간에 왔다갔다하는 것이요, 이 인생의 소용돌이 한가운데서 최창학은 하늘이 준 예지를 발휘해 씨름을 하고 있었던 것이다.

왜냐하면, 김대홍 역시 무엇인가 그 조악동 광산 어디에서 무엇을 잡고 급히 광구설정을 하기 위해 서울로 올라오고 있었던 것이 틀림없는 것이며, 덮어놓고 최창학의 뒤만 밟아온 것도 아니었던 것이다.

그랬으니까 김대홍은 최창학을 보자 오히려 자기가 섬뜩하니 놀랐던 것이요, 최창학이

"너도 노다지가 나왔구나."

하고 말하자 김대홍은 얼떨결에

"그걸 네가 어떻게 아느냐?"

고 묻지 않는가?

그러자 최창학은 곧 껄껄껄 웃으면서

"그래도 네가 한발 늦었어. 꼭 한발 늦었어. 하하하!"

"늦었다니? 그럼 너도……."

“그 조악동 광구는 이미 내가 출원해 버리고 나오는 길일세.”

“뭐라구?”

“하하하하! 지금 막 내가 그 광구를 다 먹고 배가 불러서 이렇게 총독부 마당에 앉아서 하늘을 보고 웃고 있다. 하하하하! 아깝지만 할 수 없지, 네가 한발 늦은 걸 어떻게 해. 한 시간 아니, 반시간만 빨랐어도 그곳은 모두 네가 먹을 뻔했다. 하지만 내가 너하고 지내던 정리를 생각하니…….”

“…….”

김대홍은 순간 얼굴이 백짓장처럼 하얗게 되더니 최창학 앞에 털썩 주저앉아 땅이 꺼지게 한숨을 쉬는 게 아닌가?

최창학은 아무 말 없이 호주머니에서 담배 한 개피를 꺼내 김대홍에게 건네 주었다.

“담배나 피우게. 이것도 다 운인데 어떻게 하겠는가. 그러나 너하고 지내던 정리를 생각하니 좀 안되었군. 정 네가 섭섭하다면 너하고 같이 할 용의는 있어. 어차피 나는 빈털터리요, 그 광산을 운영하자면 막대한 자금이 있어야…….”

“…….”

“이서 일이니. 안됐지만 이 앞에 니기 악주니 한 잔씩 히머……….”

최창학이 일어서자 김대홍도 힘없이 따라 일어섰다.

김대홍의 머리 위에서는 노란 하늘이 한바퀴 팽그르르 돌았다.

돈 20원이 모자라 수속을 완결하지 못했던 최창학의 순간적 예지에 쫓겨 운명이 뒤바뀌는 찰나였다. 김대홍 역시 일건 서류를 꾸며 달려왔다가 열 발만 더 들어가 총독부 광산과에 직접 서류를 내밀어 보았어야 했다. 그렇게만 했더라도――아니 최창학이 수속을 끝냈는지의 여부를 단 한 마디만 물어 보았더라도 상황은 달라졌을 것이다.

그러나 김대홍은 총독부 마당에서 두말없이 최창학의 운에 치여

굴복해 버리고 말았으며, 최창학이 제의한 대로 자금을 대고 동업
하기로 했던 것이다.

이렇게 출원된 것이 바로 황금의 명성이 드높던 구성군 관서면
(館西面) 조악동 금광이었다.

독립운동과 노다지

1923년부터 노다지를 쏟아내 놓기 시작한 구성 조악동 금광 소문
은 금방 온 천지에 시끌벅적하게 퍼져 나갔다.

맨주먹만 쥐고 늘어붙었던 최창학이 하루 사이에 금방석 위에 앉
게 되었다는 소문이 그야말로 후끈한 화제가 되어 서북 일대에 퍼
져나가자, 바로 그 이듬해부터 조악동 광산으로 금을 노리고 덤벼
드는 사나이들이 속속 출현했던 것이다.

또 이런 금광 터로는 독립운동을 빙자한 강도단이, 때로는 직접
독립운동에 참여하는 무장 집단들이 손바닥을 벌리고 들어와 군자
금을 요청한 일이 비일비재(非一非再)였다.

이런 일은 일찍이 1910년에 평안도 의병대장으로 만주 관순현 일
대에서 무력 독립집단을 양성하고 있던 이진용(李振庸)의 부하이던
황봉신(黃鳳信)과 그의 형 황봉운(黃鳳雲) 등이 운산금광에서 금궤
호송차를 습격하려다가 실패했던 사건 이후 줄곧 쉬지 않고 일어났다.

최창학의 조악동 광산이 날마다 노다지를 캐낸다는 소문을 듣자
1924년 6월부터 그 해 12월까지 일어났던 소위 무장 독립단 습격사
건만도 집요하고 끈질기게 계속되었다.

독립자금 10만 원을 지정한 장소에 가져오라고 금광에 突現한
무장단의 後報.

지난달 29일 하오 11시경에 평북 구성군 관서면 조악동에 무장
한 독립단 20여 명이 들어왔다 함은 기보하얏거니와 어제 선천
방면으로 도착한 後報를 듣건대 그들은 경고문과 독립신문을 배

포하고 그곳 삼성금광 사무소에 가서 鑛主 최창학에게 상해 임시
정부의 신임할 만한 문서를 보이고 군자금 10만 원을 청구하였는
데 뒷날 어느 곳에서 청구하던지 곧 지정한 곳으로 보내라 하고
만일 보내지 않으면 뒷날 좋지 못한 얼굴로 만나게 될 터이니 꼭
준비해 놓으라 하고 어느 곳으로 몸을 감추었다 하며 이 소식에
접한 선천경찰서는 총출동하야……(1924).

최창학은 해방 이후 상해 임시정부를 지도하던 김구 선생과 손을
잡게 되지만, 최창학과 상해 임시정부 독립무장단과 인연을 맺게
된 것은 실로 오랜 인연이 아닐 수 없었다.
군자금과 금광 터는 불가분의 관계였다.
이 기사에서도 보이는 바와 같이 무장 독립단 20여 명은 조악동
삼성금광 사무소에 나타나 경고문과 독립신문을 배포하고 상해 임
시정부의 신임할 만한 문서를 보이고 나서 군자금 10만 원을 요구
했던 것이다.
이런 일이 있은 지 불과 두 달도 못 된 그 해 8월 8일에도 역시
최창학은 무장 독립단을 만나 구사일생으로 위기를 모면했던 일이
발생했다.

평북 구성군 관서면 조악동은 유명한 산금지로 이미 삼성 금광
주 최창학 씨가 다량의 금을 캐내었고 따라서 그 금광 소재지인
조악동 일대에는 수천 광부의 거주하는 관계상 즐비한 시가를 이
루어 금과 돈이 샘솟듯 하는 곳이라……

최창학이 조악동 광산을 개광하기 시작한 지 불과 10개월 만인
그 이듬해 8월 이 광산촌에는 수천 명의 광부가 운집하여 금을 캐
는 황금 타운을 이루고 있었던 것이다.
"최창학이가 부자됐다네."

"나도 소문을 들었는데, 최창학이는 이제 금똥을 싼다며?"

"암, 최창학이는 금똥만 싸는 사람이지."

실로 너무도 우수한 금광이었다.

아니 너무도 무한정으로 금을 뱉어내는 황금의 광혈(鑛穴)이었다.

농사꾼 인심은 쌀독에서 나는 법이고 광산꾼 인심은 항상 금이 잘 나는 광산에서 나는 것으로, 한 구역씩 맡아 가지고 덕대로 활약했고, 또 일당을 벌어도 넉넉히 벌 수 있는 소문난 광산으로 광부들이 밀려들었던 것이다.

이렇게 요란하게 조악동 광산이 금을 뱉어내기 시작하자 압록강이나 만주 저쪽 벌판에서 찬이슬을 맞고 밀림 속을 헤매던 무장 독립단원들이 군자금을 마련하기 위해 최창학에게 몇 번이나 덤벼들어 금을 요구했다.

지난 4월 26일에도 독립단이 최창학 鑛主에게 일금 10만 원을 요구하였다는 사실의 보도가 있었는데 그간에 응치 않는다는 이유로 지난 8일 오후 8시경 독립단 수십 명이 삼성금광을 급습하였다는데 현하 피신하여 온 최 鑛主의 말을 듣건대……

그러나 최창학도 밥 먹고살아야 할 텐데, 어떻게 독립단이 요구하는 대로 덥석덥석 금덩이를 주어 보낼 수는 없었다.

이런 승강이를 벌이던 1924년 8월, 한여름의 긴긴 해가 거의 서산에 질 무렵이었다.

수천 광부들이 막 일을 끝내고 해거름판 땅거미를 좇아 산에서 마을로 내려올 무렵 느닷없이 수십 명의 무장 독립군들이 조악동 금광을 습격했다.

최창학에게 요구한 군자금 10만 원을 얼른 내놓지 않자 그 보복을 하기 위한 습격이었다.

지난 8일 오후 8시경 저녁밥을 먹고 전과 같이 해 떨어질 임시하야 다른 데 가서 자려고 담뱃가게에서 담배를 사 가지고 돌아서는 때에 '오늘은 다 죽는다. 움쩍말고 있거라!' 하는 외침을 따라 총소리가 났다. 사면팔방에서 콩볶듯이 퍼붓는 총소리로 나는 進退維谷이 되었다. 얼른 어떤 집모퉁이에 숨어서 의복을 집어내 벗어 던지고 잠방이만 입은 채 남산 꼭대기로 기어올라가서 내려다보니 어느새 깜깜해진 조악동 광산촌은 한쪽에서 '펑! 펑!'화약 터지는 소리와 함께 총소리가 들렸다. 그리고 그야말로 불의 바다를 이룬 火海였다. 만세 소리와 총소리가 끊임없이 볶아대더니 독립단은 삼성광산 사무소에다 불을 질러 금시 사무소는 화염에 싸여 버렸다.

최창학은 그 날 잡혔으면 꼼짝없이 저승으로 갈 사람이었다. 온 광산촌 마을이 불타고 금광 사무소 역시 불타 버렸다.
그래도 독립단은 눈이 벌개서

사금 채취

"최창학은 어디 갔느냐?"

"최창학을 잡아라!"

소리를 고래고래 지르는가 하면 '독립만세'를 요란하게 부르면서 광산을 습격하여 들어왔다.

최창학은 남산 꼭대기에서 이 모양을 보다가 혼비백산하여 산을 넘고 넘어서 어떤 마을까지 내려가 그곳에서 말 하나를 얻어 타고 곧장 선천으로 도망치고 말았다.

이런 무장 독립단의 조악동 광산 습격이 알려지자 그 날 밤으로 선천경찰서 서원들이 무장을 하고 조악동으로 소탕을 나갔지만 독립단은 한 사람도 잡지 못한 채 조선 순사 김용정(金用禎)만 독립단에게 잡혀 총살을 당했고, 문봉현(文鳳賢)은 독립단이 쏜 유탄에 맞아 중상을 입고 선천읍 미동병원으로 호송되어 치료를 받았다.

그 날 저녁 무장 독립단은 삼성광업소에 불을 놓고 철궤를 깨치고 금 50냥 쭝과 현금 5백여 원을 가져갔는데…….

그 날 최창학의 사무소가 입은 손해 액만도 약 7천 원어치였다.

그런데 그날 저녁 무장 독립단은 조악동 광산을 습격하여 약탈과 방화를 하는 일방 광부로 일하던 11명을 독립군으로 납치해 갔다고 한다.

광산을 제대로 해먹자면 독립단에게 돈을 바치지 않을 수 없고, 독립단에게 돈을 바치면 일본 경찰서로부터 쇠좃매를 맞게 되는 진퇴양난의 상황이었다.

장래 사업을 위해 독립군에게 돈을 주려고 하나 줄 만한 기회도 없고 경관의 제재가 심해…….

최창학은 알몸뚱이가 된 채 도망쳤지만 무장 독립단은 8시에 침입해 들어와, 그 날 밤 2시까지 수천 광부들을 모아놓고 그들에게 항일 연설을 하고 만세를 부르면서 즉석에서 독립단에 가담하기를 응낙한 11명을 데리고 갔던 것이다.

과연 최창학의 조악동 광산을 습격했던 그 무장 독립세력이 대체 누구였을까?

선천·신의주 경찰은 그 조악동 일대의 금광을 습격해 온 독립단을 잡으려고 혈안이 되어 비상경계령을 내리고 수색작전을 벌였지만 한 사람도 잡지 못한 채 오리무중이 되고 말았다.

그런데 이 조악동 광산을 습격했던 무장 독립세력은 평북 태천군 강서면 양덕동(陽德洞)에 살던 39세의 나정환(羅正煥)이었던 것으로, 그는 그 해 12월 만주에서 일경에게 허망하게도 체포당했다.

구성 금광을 습격한 독립단 1명이 被捉
최창학 광산 방화
중국 봉황성에서 체포

나정환 체포사건을 보도한 그 해 12월 2일자 신문이다. 신문은 나정환을 기리켜 '무장 독립단 세력인 손대장 밑에서 참시노릇'을 하던 사람으로, 봉황성에서 동양정미소를 경영하고 있다고 했다.

그 나정환이 체포된 동기는 무엇이었을까?

나정환은, 구성금광을 습격하여 가져온 금궤와 자기 애첩에게 자기가 가지고 있는 금 2개(9냥 2돈쭝, 시가 4백 원)를 호기스럽게 보이며 말조심을 못한 것이 탈이었다고 한다.

그런데 이런 무장 독립단 습격이 있기 이전인 바로 그 해 5월 29일자 〈개벽〉지에는 다음과 같은 기사가 또 보인다.

구성군 조악동 금광에 무장 독립단이 출현하여 금 2천 냥쭝을 요구

조악동의 최창학 광산에서는 얼마나 많은 금이 쏟아졌는지는 모르지만, 이렇게 2천 냥쭝씩이나 군자금을 요구하고 있는 것을 보면 얼마나 노다지 소문이 요란했던가 하는 것은 충분히 짐작할 만한 일이다.

악업의 고리

노다지를 잡고 등장한 최창학은 불과 2, 3년 만에 평안도 최대 거부로 명성을 떨치게 되었고, 그런 명성에 못지 않게 최창학은 여기저기 거금을 희사하며 사회사업도 게을리 하지 않았다.

'재물이란 악한 마음가짐으로 쌓을 수 있다. 그럴 경우 재물은 악업의 덩어리이다. 사람을 누르고 괴롭히고, 원망으로 쌓아올린 재물이란 인간을 행복하게 할 수 없다. 아무리 선하게 벌어들인 재물일지라도 악업의 고리를 완벽하게 벗어나 있다고는 할 수 없다.'

일시에 거부로 등장한 최창학의 깨달음이었다.

1928년부터 그 이듬해까지 대공황기에 정주(定州) 오산학교가 심한 운영 난으로 고통을 당하고 있을 때 최창학은 한번에 5만 원을 희사하여 세상 사람을 놀라게 했다.

최창학이 구체적으로 사회사업에 거금을 던진 것은 아마 이것이 처음이었다.

이처럼 1928년에 5만 원을 들여 정주 오산학교를 재건토록 한 것은 최창학이 개광 5년 남짓만에 5만 원씩 내놓을 수 있는 힘이 생겼다는 것을 반증한다.

그런가 하면 1938년에는 거금 1백만 원을 투척하여 압록강 하류 1천 8백여 정보 개간사업에 손을 댔다.

평안북도 용천군 양서면(陽西面)과 북중면(北中面), 두 면에 걸친 압록강 하류 1천 8백여 정보는, 해마다 한물이 질 때면 일대의 농작물을 쓸어가는 홍수 피해상습지로 한때는 4백여 명의 주민들이 홍수에 쓸려가 함몰당하는 비극을 겪던 곳이다.

이 1천 8백여 정보에 둑을 막고 토지개량 사업을 정비하기 위하여 다시 압록강 토지개량회사가 1933년에 본격적으로 개간에 착수했는데 그 당시 예산은 2백만 원이었다.

최창학의 압록강 토지개량주식회사가 토지사업을 벌인 1천 8백여 정보는 얼마나 넓은 땅인가? 1정보가 3천 평이니까 1천 8백여 정보라면 5백 40만 평이었다.

그런데 그 넓고 비옥한 땅을 개량하기 위한 총 예산 2백만 원 중 백만 원은 조선총독부가 출자하고 나머지 백만 원은 순전히 최창학이 출자했으니, 바로 이 1천 8백여 정보 개간사업의 반절을 최창학 개인이 부담한 셈이다. 용천군 양서면과 북중면 일대에 걸친 이 땅은 한때 운현궁이 소유했던 땅이었다.

1935년에는

3만 원 거금을 무이자 대부. 평북 구성군의 3만여 흉작민 구제책은 점차 확대되어 당시 유지 이공후(李共厚)·원봉순(元鳳順)·장용관(張龍官) 제씨의 3인 대표가 상경하여 구성군이 낳은 금광왕 최창학씨에게 농작미 대부 건을 교섭힌비 최씨도 고향의 이재민 참상을 통감하고 3만 원의 무이자 대부를 쾌락하야…….

그 해에 구성군에는 말할 수 없는 흉년이 들어 3만여 명의 군민들이 그대로 굶어 죽을 판이 났다.

가을에 빈 쭉정이만 가득 찬 들판을 보며 한숨을 쉬다 못한 군민들은 어떻게 하면 이 난국을 넘길까 궁리하다가 이공후·원봉순·장용관 세 사람을 서울로 올려보내 최창학에게 구조를 요청했다. 그 소식을 들은 최창학은 자기 고향사람들을 살려내기 위해 3만 원을 이자 없이 돌려주어 구제했던 것이다.

그 밖에도 최창학은 1934년에 송온(松穩) 장학회를 설립하여 장

학금을 내놓았고 경성광업전문학교(서울공대 전신)와 현 경동중고
등학교·무학여자중고등학교 등에도 많은 기부를 하였다. 그의 고향
인 구성군에도 초등학교 4개를 설립해 주었다고 한다.

재성(財星)에도 시련이

최창학은 1937년에 조선군사령부에 비행기 한 대를 헌납하여 또
한번 세상을 놀라게 하였다.

비행기 한 대 헌납. 군 당국 小磯군사령관을 위시하여 최창학
씨 열성에 감격.

북부 중국(북지사변) 풍운이 급박을 고하자 조선군사령부 애국
부에는 국방헌금과 위문금이 답지하야 여러 가지 미담과 가화(佳
話)가 빚어지고 있는데, 16일 경성부 竹添町 1정목 1번지 최창학
씨는 군사령부를 방문하고 애국 비행기 한 대를 헌납하겠다고 신
청하였다. 이에 코이소 군사령관을 위시하여 군 당국은 동씨의
열성에 매우 감격하고⋯⋯(1937).

바로 이때가 소위 북지사변이 일어나 한참 군국주의 제국 일본이
화약 냄새를 풍길 때였다.

이에 그들은 우리나라 거부들에게 음으로 양으로 협박하거나 회
유하여 비행기 헌납금을 받아들였던 것인데, 최창학도 비행기 한
대 값을 선뜻 조선군사령부에 내놓았다.

당시 비행기 한 대 값이 얼마인지는 알 수 없지만 아마 우리나라
사람으로서 이처럼 1930년대에 비행기 한 대를 바치기란 그리 쉬운
일이 아니었다.

1937년부터, 국방헌금은 우리나라 거부 명사들이 한결같이 적지
않은 돈을 내놓아 '당당한 이름'을 드날리고 있었지만, 좋은 의미건
나쁜 의미건 그 당시 천 원 이상의 국방헌금을 낸 면면들을 살펴보

면 다음과 같다.

박영철(朴榮喆) 1만 원
한상룡(韓相龍) 5백 원
김○수(金○洙) 1만 5천 원
민대덕(閔大德) 5천 원
민규식(閔圭植) 5천 원
전형○(全瀅○) 1만 원
백상규(白象圭) 1천 원
민영은(閔泳殷) 1만 원
김○근(金○根) 5천 원
민영택(閔泳澤) 2천 원
이희준(李熙俊) 1천 5백 원

이렇게 무슨 친일파 바람이 불었는지 대거 큰돈이 나오고 있었다.
일제의 협박이나 반 강제력, 거기다 울며 겨자 먹기로 내놓은 것이니까 구태여 이런 것을 놓고 지금 탓할 것은 없지만, 그 무렵 우리나라 거부산맥에 봉우리로 솟아올랐던 그 큰돈의 면모를 살펴보는 의미로 따져봤을 뿐이다.

당시 상업은행 두취였던 박영철이 1만 원을 내놓았고 조선 거부 민영휘의 아들 민규식이 5천 원을 내놓았으며, 이완용의 생질로 한때 한성은행을 쥐고 흔들던 한국의 거부요 친일파의 거두인 한상룡도 겨우 돈 5백 원을 내놓을 수 있을 만큼 몰락해 있던 때였다.

그러던 때에 최창학이 비행기 한 대 값을 선선히 내놓았던 것은 보통 이야기가 아닌 것이다.

왜냐하면 그 해 개성 인삼거부의 후예이던 손홍준(孫洪駿) 역시 1만 원을 헌납하면서 그 명목을 비행기 제작자금의 일부로 내놓았던 것인데, 아마 비행기 한 대는 5, 6만 원 이상 가지 않았을까 한다.

또한 청주에서 어째서 그처럼 많은 국방 헌금이 쏟아져 나왔는지 그 내부 사정은 분명하지 않지만, 그곳에서만 낸 것을 보면 이렇다.

방○구(龐○九) 2천 원
이석래(李錫來) 1천 원
박용래(朴容來) 1천 원
이호신(李鎬新) 1천 원
그밖에도 서울바닥에서 내노라 하는 인물들을 보면 다음과 같다.

이석구(李錫九) 2천 원
윤○소(尹○昭) 2천 원
박영근(朴寧根) 1만 원
김기덕(金基德) 3천 원
김희준(金熙俊) 5천 원
이풍한(李豊漢) 2천 원
김익영(金益泳) 1천 원
이항구(李恒九) 1천 4백 원
이병길(李丙吉) 1천 원
박영효(朴泳孝) 5백 원
윤덕영(尹德榮) 5백 원
이달룡(李達鎔) 5백 원

1937년 무렵 국방헌금을 바칠 때만 해도 박영효나 윤덕영·이달룡 등 한말에 명성을 떨쳤던 거부장자들은 몰락하여 1천 원도 못 되는 5백 원을 내놓고 있다.

이완용의 아들·손자들도 겨우 천 원 내외의 돈을 내놓고 있다.

당시 국방 헌금을 최대로 바쳤던 액수는 얼마였을까?

조선 피혁주식회사가 20만 원을 바쳐 세상을 놀라게 했고, 그보다 더 놀라게 한 것은 김○수(金○洙)의 재벌이던 ○○방직(○○紡織)이 50만 원을 바쳤다.

이 액수는 우리나라 최대의 착취기관이요, 최대의 자본력을 자랑하던 동양척식회사가 겨우 5만 원을 기부했던 액수에 비하면 실로 놀라운 액수였다.

저축은행이 5천 원, 상업은행이 5천 원.

이러던 때에 최창학 개인이 비행기 한 대 값을 내놓았던 것은 그 당시로서는 조선 최대의 국방헌납금이었던 것이다.

최창학이 노다지가 나와서 조선 최대 거부의 성을 쌓고 살기는 한다지만 무슨 정성이 그렇게 많아서 비행기까지 일제에 바치면서 충성(?)을 하였을까?

아무리 얼굴에 금물을 누렇게 들여 번쩍번쩍하는 조선 최대거부의 체면을 세워야 할 상황이라고 해도 불과 20년 전만 해도 그는 떨어진 양복바지에 망치 하나를 차고 남이 파먹고 남은 폐광터를 쓰레기통 뒤지듯이 헤치고 다니던 장본인이 아닌가?

그런 사람이 무엇이 그렇게 체면 차릴 것이 많고 걸릴 것이 많았을까? 돈 만 원이나 내놓으면 넉넉하고 또 넉넉할 것을, 왜 두 날개가 짝 벌어진 번쩍번쩍한 비행기 한 대 값을 직접 조선군사령부로 가 사령관에게 전달했을까?

그 이면을 두고 그의 후손들은 이렇게 설명한 일이 있었다.

최창학은 1927년에 친일파 대명사로 유명했던 박춘금(朴春琴)으로부터 폐광으로 내버렸던 벽동금광(碧潼金鑛)을 싼값에 사둔 일이 있었다고 한다.

그런데 박춘금이 가지고 있을 때에는 금을 캐내지 못했던 그 금광이 최창학에게 넘어오자마자 심심찮게 노다지가 쏟아져 나왔다는 것이다. 사람의 운이란 알 수 없는 것이다.

박춘금으로 보면 자기가 헐값에 넘겨준 벽동광산에서 최창학이 연간 수십만 원어치를 캐내는 노다지 바람을 일으키자 배가 아팠을 것은 뻔하다.

그러자 나는 새도 쳐다보면 떨어진다는 위세를 부렸던 권총 찬 깡패요 일자 무식 친일 거두였던 박춘금은 11년이 지난 바로 그 해에 최창학을 걸어 법원에다 이의를 제기하였다.

자기가 돈 받고 팔아먹은 그 광산을 걸어 최창학에게 시비를 붙은 것이다. 또한 뒤에다 조선총독부를 업고 나왔다.

최창학 역시 견딜 도리가 없어 이리 저리 심리적으로 압력을 받은 끝에 할 수 없이 일제에 비행기 한 대 분을 내놓고 말았다는 것이다.

물론 이것은 1937년의 이야기요, 그 이후에 해방 당시까지 최창학이 일제에 얼마만큼이나 쥐어 짜이고 또 자의반 타의반으로 국방 헌납금을 바쳤는가는 알 수 없다.

백범 김구에게 헌납한 경교장

최창학은 해방이 되자 이번에는 자기가 살던 집을 상해에서 귀국한 김구(金九) 선생에게 재빨리 헌납하여 그 집이 유명한 경교장(京橋莊)이 되었던 것은 세상 사람이 다 아는 이야기다.

그 후 경교장은 주인이 여러 번 바뀌어 지금은 서대문 충정로 언덕 위에 우뚝하게 솟아 있는 삼성병원 자리가 되어 있다.

그 경교장, 아니 최창학의 집만 하더라도 일제시대에 그야말로 우리나라 거부의 호화로움을 그대로 자랑하면서 지어졌던 저택이었다.

1천 7백 평 대지 위에 2백 90평짜리 양옥이었다. 거기다 다시 백 50평 짜리 학이 날아갈 듯한 한식 기와집 추녀…….

문고리·창호지 하나하나가 모두 돈으로 맥질을 하다시피 사치를 했다. 그 집 설계를 위해 일본에서 직접 설계사와 건축사를 초빙해다가 마음먹고 지었던 집이었다.

이 집은 반도호텔 건축비의 절반 정도가 들어갔던 것이라고 하니

우리나라 개인 저택 건축사상에도 한 이정표를 남길 만한 것이었
다.

사람은 가고 집은 남아 도깨비 눈알처럼 흘러가는 세태의 한 단
면을 보여주고 있다.

해방이 되자마자 그 집은 김구 선생의 소유가 되어 선생은 바로
이 경교장에서 안두희(安斗熙)의 권총을 맞고 피살된다. 그런데 그
보다도 더 세태무상을 여실히 드러낸 것은 1960년에서부터 65년에
있었던 최창학의 옛 집터 경교장에 관한 기사 한 토막이다.

　모텔이 된 경교장
　미국인이 전세 내어 영업.
　허가 없이 1년 동안이나
　영업세 등 56만원 포탈.

백범 선생이 살았던 경교장(서대문구 충정로 2가 99의 2)이
미국인의 무허가 모텔로 쓰이고 있어 말썽을 빚고 있다. 이 집은
김구 씨의 令息 金信 씨로부터 세 들어 살고 있는 미국인 라이
(앙친회 대표 72세, 여지)가 영업을 시작힌 것은 직년 2월께부터
게스트 하우스(손님의 집)라는 간판을 걸고 외국인 선교사 가족
을 투숙시키고 있는데 한국인의 출입 및 이용은 거부되고 있다.
영업허가가 없으므로 영업세와 소득세의 포탈은 물론…… 방은
모두 13개이며 한국인 종업원이 7명, 방 하나의 하루 숙박비는 7
달러로 알려졌다.

그 경교장은 김구 선생이 죽은 후 그의 아들 김신에게 상속되었
고, 그것이 다시 미국인에게 세로 주어져 미국 여자가 그곳에서 호
텔인지 모텔을 경영하면서 영업세까지 포탈을 하여 말썽을 빚은 것
이다.

실로 무상하다면 이처럼 무상한 이야기가 또 있을까?

그런데 어째서 최창학은 김구 선생이 상해 임시정부 요원들을 거느리고 이 땅에 들어오자마자 바로 자기 집에 모시고 와 그 집을 헌납하였을까?

이것을 길게 설명할 필요는 없을 것 같다. 왜냐하면 최창학만이 그런 것이 아니라 일제시대 거부였던 임종상의 후예들이 한○당(韓○黨)에 정치자금을 내놓았던 일도 그러하듯 돈과 정치의 함수관계는 세상 사람이 다 알면서도 모르는 이야기이기 때문이다.

해방이 되자 그 해에 최창학 등은 건국자금을 모금하기 위하여 1억 8천만 원의 목표를 세우고 오세창(吳世昌)·송진우(宋鎭禹)·홍○희(洪○喜) 등 1백 33인의 발기로 대한독립 애국헌금협성회를 조직하였고, 그 애국금의 일체의 처리권한은 임시정부에 일임키로 했던 것이다(1945).

최창학은 김구 선생의 임시정부에 한 발을 들여놓고 깊은 관계를 맺은 것이다. 여기다 최창학은 한국전쟁을 겪고 다시 1958년 10월 그가 죽을 때까지 적지 않은 자금을 가지고 사업계의 뒷돈을 조종하던 실력자이기도 했다.

해방과 함께 최창학이 겪어야 했던 몰락의 비운.

해방과 함께 최창학의 총재산 3분의 2에 가까운 8백만 원의 현금과 38도선 이북에 있는 전 부동산과 광산 등은 그대로 동결 당해 '죽은 재산'이 되고 말았다.

최창학이 가지고 있는 전 재산의 3분의 2는 해방과 함께 38도선 이북에 묶여 버린 것이다. 나머지 5백만 원 자본도 당당히 한 나라의 한쪽을 들었다 놓았다 할 만한 거금이었으나 해방 이후 급전하는 여러 가지 정세는 어쩔 수 없이 최창학에게 힘을 쓰지 못하게 만들었다.

우선 해방 직후에 관련을 맺었던 임시정부·한독당·김구 선생과 연관으로 이승만 자유당 정권에게 무참히 패배했으며, 자유당 정부

로부터 미움을 받아 모든 정책적 산업이나 혜택에서 제외되었던 것
이다.

또한 해방, 한국전쟁을 겪는 동안 투지와 배짱으로 일관했던 그
도 온갖 사회적 불안 때문에 적당하게 투자할 마당을 찾지 못하였
다.

결국 그 돈을 대부분 싼 금리로 무역업자들에게 빌려 주었다.

그 당시 무역업에 손댄 사람 치고 최창학의 돈줄에 의지하지 않
은 사람이 거의 없을 정도였다. 그러나 그런 혼란기가 지나는 동안
인플레는 날이 갈수록 고개를 쳐들어 최창학의 돈 가치는 시시각각
떨어져 버렸다.

최창학이 빌려준 돈의 이자가 크는 것보다 몇 배나 빠른 속도로
돈 가치가 떨어져 버렸던 것이다. 사회가 점차 안정되면서 이런 대
금업보다도 생산 공업자가 점차 자리를 잡으면서 최창학의 돈 힘은
줄어들었다.

여기다 자유당 정권에 등을 대고 미국의 원조자금으로 일어서는
기업들에 눌려 최창학은 불운한 세월을 보내다 1958년 10월에 눈
을 감고 말았다.

최창학은 그렇게 악명 높은 거부는 아니었다. 돈이리면 앞 뒤 가
리지 않고 남의 입으로 들어가는 밥숟갈까지 빼앗아서 먹는 사람은
아니었다.

그가 적지 않게 사회사업에 돈을 희사했기에 그 여덕으로 그가
죽자 그의 장학금으로서 끝까지 돌봐준 사람이 무려 5백여 명이나
문상을 왔고, 그중에서도 정주 오산학교 졸업생과 유족들은 그의
은혜를 잊지 못해 최창학이 묻히는 염해군(鹽海郡) 염해면(鹽海面)
상계리(上溪里)까지 상여 뒤를 따라가 애도했다.

그런데 그의 후손으로는 장남 최응호(崔應浩), 장손 최동진(崔東
晉) 등이 있어 유산관리를 하고 있었는데 그가 남기고 간 많은 재
산의 행방은 자세히 알 길이 없지만, 서울 통의동에 있는 백송나무

는 그의 후손이 정부에 바친 것으로 옛 기억을 되살리게 한다.

천연 기념물 4호인 서울 통의동 백송은 개인 소유의 지정 문화재. 崔東勳·崔東晋 양씨는 지난 7월 말 백송과 그 터 40평을 문화재관리국에 기증, 부동산 문화재를 국가에 기증하는 선례를 만들었다.

"조부께서 남긴 마지막 재산입니다만 보상 없이 기증키로 했습니다."

조부란 수십 년 전 당대의 거부였던 최창학. 서울 통의동 일대의 이 땅은 1871년(한말)에 이미 일제의 동양척식주식회사에 넘어갔다가 최씨에게 인수된 것으로 해방 뒤 대지는 모두 분할 매각되고 그 한복판에 39평의 땅만이 한 그루 백송과 함께 남았었다.

이 백송은 일제 때부터 보호대상으로 지정된 만큼 정부에서 보호조처를 해 주지만 개인의 입장으로선 손댈 수 없는 쓸모없는 땅이

장승

다. 백송이 지금 값으로 계산할 수 없는 진귀품임은 물론 땅값만도 2천만 원.

"어떤 사람들은 정부 상대로 환지소송을 해 보라고 권하기도 하지만 조부의 일이라고 생각해 영구히 보존하고 싶군요. 역시 개인 소유보다 국유로 해 두는 것이 보존상 효과적이지 않겠어요?"
관리자 최동훈 씨는 기탁 이유를 그렇게 말한다. 그의 가세는 어려운 처지이나 새삼스레 욕심내지 않기로 했다는 설명이다(1975).

최창학의 손자 최동훈이 할아버지의 마지막 유산인 통의동 백송과 그 소나무 밑에 깔린 40평의 땅을 마지막으로 문화재 관리국에 기증한다는 대목에서도 나타나는 바와 같이, 이 일대 수만 평의 대지는 한때 최창학이 동양척식회사로부터 사들였던 것이고 해방과 함께 그 대지들 역시 모두 분할되어 매각되고 흔적을 남기지 않았던 것이다.
일세의 최대거부이던 최창학의 손자들은 자기 할아버지가 남긴 그 넓은 땅 이야기를 허무하고 감명깊게 되새기면서, 뜬구름처럼 하염없는 인생 무상과 황금 무상에 무엇인지 돈 철학의 한 기닥을 스스로 느끼고 있는 것은 아닐까?
최창학의 집터도 무상하게 변해 ○○병원 자리가 되었으니 그의 손자들은 그 앞을 지날 때마다 무슨 감회를 느끼는지 알 수 없거니와 세월과 함께 씻겨진 모든 자국은 불과 30여 년의 세월 동안에 이렇게 변하고 말았다.
또 유사 이래 최대의 노다지를 그처럼 엄청나게 뱉어냈던 구성 금광터의 금덩이는 어찌 되었으며, 압록강 하류인 용천군 일대에 널린 천 8백여 정보의 비옥한 들판들은 어떤 모습으로 있는가?
이제는 거부 최창학의 옛 이야기를 되살려 볼 길조차 없다.
어차피 모든 이야기는 흘러가고 변하게 마련이니 차라리 오늘밤에는 전등불을 밝히고 그 아래에서 삼라만상이 차면 변하고, 변하면 다시 형용을 이루는 위대한 인간사의 원리를 가르쳐 주는 《주역》이나 읽어볼까?

모든, 생기고 없어짐이여.

대운(大運)의 알파와 오메가

조선 최대의 거부 최창학을 탄생시켰던 조악동 광산도 알고 보면 바로 손바닥 하나를 엎었다 뒤집었다 하는 차이로 이루어진 횡재일는지도 모른다. 살다보면 대운도 아슬아슬한 대목에서 얼마나 기기묘묘하고도 희한하게 놓치는 경우가 많은가?

최창학에게 조악동 광산을 넘겨주었던 광주 유흥룡(兪興龍)은 1938년 10월 그 당시에 황해도 겸이포에서 조용하게 농장을 경영하면서 살고 있었다.

그 유흥룡 역시 최창학과 같은 평북 태생으로 일찍부터 광산에 뛰어들어 칠전팔기로 헤매다가 바로 조악동 광산을 손에 넣고 큰 꿈을 꾸었으나, 아무리 파도 금이 나오지 않아 헐값에 최창학에게

주물공장

넘기고 말았던 것이다.

그 후 그도 어떻게 해서 제법 큰돈을 잡았는지는 알 수 없어도 겸이포 송림면(松林面) 마산리(馬山里)에다 수백 정보의 토지를 사 농장을 경영하고 있었다.

그는 송림면 마산리 농장만이 아니라 북만주에도 토지를 사 농장을 꾸미고 있었다.

유흥룡이 그 조악동 광산을 최창학에게 팔지 않았다면, 조선의 천만장자는 최창학이 아니라 유흥룡이 되어 일세를 주름잡는 돈을 움켜잡았을지 모를 일이다.

그렇지만 사업에는 양면성이 있다. 한쪽에서 이익을 보면 다른 한쪽은 손해를 보기도 한다. 파는 쪽이나 사는 쪽이나 언제나 적대 관계이므로 사는 쪽이 이익을 볼 수도 있고 파는 쪽이 이익을 볼 수도 있다. 하지만 사업을 제대로 하는 사람은 양쪽 모두 이기는 큰 사업을 한다. 적절한 선에서 사고 적절한 선에서 팔기 때문에 누가 지고 이김이 없이 서로 만족해 하며 거래가 이어나간다.

승자도 패자도 없는 사업, 그러한 사업을 크게 일구어내는 사람 이야말로 진정한 사업가이며 존경받는 거상이라 할 것이다.

근대화기업 선구 김익승
미래를 예측할 수 있는 지식을 연마하라

최초 해운회사

우사 김규식 박사에 관한 최초의 공식기록으로 짐작되는 뉴스 속에 김익승이 나오는데 그는 김규식 박사와의 관계뿐만이 아니라 우리나라 초창기 기업계의 여기저기에서 선구자로 두각을 나타낸다.

기선회사 김익승 씨가 일본서 배 한 척을 얻어다가 기선회사를 설립하고 농상공부인가를 얻었다더라(1898).

김익승은 일본에서 화륜선 한 척을 전세로 빌려다가 기선회사를 설립, 우리나라 해운계에서 맨 처음 활약한다.

이보다 앞서 1896년 4월 21일자 관보에는 원산(元山)재판소 판사이던 김익승이 해임되는 대목이 보인다. 또 1899년 3월 29일에는 정부의 참서관이던 김익승이 러시아의 백작 케실링의 고래사건에 연루되어 벼슬을 그만두었다고 나와 있다. 그러나 불과 20여일 만에 발표된 관보에는 김익승이 다시 중추원 의관에 임명되었다고 나와 있다.

그는 한말 경제계에서 팔방미인처럼 모든 방면에서 활동했는데, 1906년에는 건축업계에 발을 들여놓아 용산·마포쪽에다 벽돌공장을 세워 개화기의 우리나라 양옥바람을 타고 한참 재미를 보았다.

김익승은 직조업·주조업의 선구적 인물이기도 하지만 우리나라 건축업·벽돌업에도 맨 처음 손을 댄 인물인 것이다. 그는 스스로 나날이 새로워지지 않으면 빠르게 변화되는 이 세상을 따라갈 수 없다는 것을 누구보다도 먼저 깨달은 사람이었다. 그는 장사를 잘 하려면 총명하고 계산이 빨라야 하는데 이것만으로는 충분하지 않다는 것을 잘 알고 있었다.

"장사의 규모가 커질수록 멀리 내다볼 수 있는 안목이 있어야 한다. 장마가 올 것을 대비하여 우산을 많이 사두는 따위가 장사에서는 필요한 안목이다. '먹다 남은 밥덩이'가 되어서는 안 된다. 난세가 이어지면 금값이 수시 오르내린다. 이런 상황을 미리 내다보는 안목을 기른다면 큰 돈을 벌 수 있다."

淸築會社 총무 金益昇氏가 농상공부에 청원하되 본사 永登浦에 소재한 煉瓦石 製造地段 5천 7백 67평이 京釜철도 정거장에 犯入하야 放棄 사업하며 손해 비상하니 해지단가를 每一坪에 金貨 20圓式 割下하라 하얏다더라(1906).

그런가 하면 김익승은 인천항 매축회사에도 관련하여 축항사업에도 종사했다.

仁川 埋築會社에서 張灘地段事로 李大榮·金益昇 兩氏가 互相爭詰하야 外部에 屢訴不已하는 고로 昨日 外部에서 고문 보좌관 沼野安太郎과 참서관 元應常 兩氏를 파송하야 해 지단을 踏査歸決한다더라……(1907).

또한 그는 1901년에 용산 별영창(別營倉)에 주조장을 만들게 한
장본인이었으니까 근대적 의미의 우리나라 양조사(釀造史)의 효시
도 바로 김익승이 되는 셈이다.

龍山 別營倉 勤業 酒造場 사건으로 前 議官 金益昇씨가 경부에
被囚되얏더니 再昨保放되얏더라(1905).

그밖에 김익승은 우리나라 방적공업에서도 그 첫페이지에 등장한
인물이었고 철도건설을 둘러싸고 운수사업에도 관여해 철도건설회
사 창립에 앞장을 서기도 했다.

본인이 운수회사 부사장(사장 徐五淳)으로 담당하기 難하야 이
미 請願退社하야 운수회사와는 상관이 없기로 자에 광고함. 김익
승……(1902).

우리나라 상공학교 설립이 맨 처음 논의되던 1899년에는 김익승
이 상공학교의 교장으로 임명될 것이라는 기사도 찾아볼 수 있다.

金益昇·朴義秉 양씨가 商工學校 교장을 하라고 方將 주선하는
중이라는데 該 학교에서 장차 설립하랴 한다더라(1899).

김익승은 상공학교 교장 부임설 이전에도 이미 자기집에 배영의
숙(培英義塾)을 두고 모범적으로 신교육 운동을 전개했다.
다음은 1899년 5월 5일자 신문 광고문이다.
本塾을 北松峴 金益昇씨 家에 設立하고 수업은 야학으로 전하
며 시험일자는 本月 20일이오니 願學僉員은 伊日 下午 七點에 來
臨하시오.
培英義塾교사 尹邦鉉, 日人 坂本長隆, 총무원 金聲鎭……

(1899).

그런데 또 한 가지 김익승과 관련하여 특기할 만한 것은 우리나라의 과수농업이다.

물론 과수원사업은 김익승이 직접 첫삽을 들이대 우리나라 과수원 역사의 첫장을 연 것은 아니지만, 김익승이 아니었더라면 우리나라 과수원 역사가 영국인 펜워이에 의해 맨 처음 이루어지지는 못했을 것이다.

김익승은 원산항 감리로 있을 당시 감할촌 일대의 땅 수십 정보를 영국인 펜워이에게 빌려주었다. 그는 그 땅에 과수농업을 시작했고, 이 펜워이의 원산지방 과수원이 우리나라 최초의 본격적 과수농업이 되었기 때문이다.

前 監理 金益昇씨가 元山 감리로 재임시에 該港 가말村의 民有地를 英國人 펜워이에게 1천 3백 50원에 매도하고 證明을 書給할 제 該 가말村民이 發說하되 此土地는 正當한 民有地인데 何人이 매매하느냐 함으로 英人은 가액만 見失하얏다더니 日前 통감부에 청원하고 右 價金을 推覓하라 하얏다더라 (1908).

이 감할촌 영국인 과수농장 문제는 그 뒤 토지관계로 말썽을 빚었다. 또한 김익승이 부산 동래지방에 내려가 그 근처 산과 들을 마구 사들여 일본사람들에게 팔아넘겼다는 대목도 나온다.

校洞居 金益昇씨가 東萊郡에 下住하야 該郡 沙下面 富坪洞에 居하는 尹乃彦氏의 柴場을 金貨 25원에 買得하야 日本人 朝倉에게 1백여 원을 捧受放賣하고 부근지에 在한 李基瑞氏의 山麓을 占奪코저 하므로 李基瑞씨가 경찰서에 호소 安帖하얏다는데 金氏가 近日 釜山港에 下住하야 影島居 宋文現氏를 소개하야 해 산록도

又爲 放賣코저 한다더라(1908).

이쯤되면 김익승은 우리나라 개화기 경제계 제1장 제1과에 등장할 만한 인물이요, 그가 대충 어떤 사연을 지닌 사람이라는 예비지식을 얻게 된 셈이다.

봉변당한 조선 신민

남해안 일대 넓은 바다는 사시사철 '돈'을 건지는 옥고(玉庫)였다.

미역·해초·우뭇가사리·전복·소라·멸치의 보고였다.

그러나 그 어획권을 놓고 조선 시대는 물론 개항기 이후의 우리 어부들은 일본사람들에게 '밥벌이'를 빼앗기지 않으려고 눈물 어린 싸움을 해야만 했다.

경부선 철도 개통과 함께 우리나라의 모든 물화는 부산으로 집산되어 한반도는 일본의 공업을 유지시키는 원료시장이자 일본상품의 소비시장이 되어갔다.

따라서 내륙지방까지 대량운수의 길이 열린 철도개통을 전후해서 우리나라 경제구조는 근본적으로 탈바꿈하기 시작했고 바다의 판도도 매한가지였다.

그 개항장 부산 앞바다에서 해산물 운수업에 손대어 발군의 사업수완을 나타낸 '바다의 거부'가 바로 1906년 동래에서 해산협동회사(海產協同會社)를 차려 어시장의 거두가 된 김익승이었다.

김익승은 어업뿐만 아니라 1890년대 후반에 이미 기선회사를 설립해 해운업을 시작했고 면사회사(綿絲會社)를 차리고, 인쇄기를 사들여 신문사에 빌려주는 등 서울과 부산에서 다각적으로 기업활동을 전개했다.

김익승과 함께 등장한 인물이 윤정석으로 그는 동래지방을 중심으로 보흥운수조합을 세워 원산지방의 명태를 날라다가 부산에 명태 창고를 두고 큰 장사를 했다.

그 무렵 마산·부산 일대를 중심으로 해서 집산되었던 대구·청어·해초·멸치 등의 연간 거래액은 무려 1백만 원이 넘었다고 한다.

윤정석이 동래에다 해산협동회사를 만들기 1년 전이다. 서울에서 한성공동창고주식회사가 한성농공은행(漢城農工銀行)으로 확대 조직될 당시 백완혁·백인기 등 거물 실업가들과 함께 윤정석은 그 창립위원으로 활동했으며 백완혁과 같이 윤정석도 정삼품 벼슬을 받았던 인물이다.

윤정석이 고위 관직에 상당한 재력도 있는 것을 볼 때 처음부터 짠내를 맡으면서 자라난 뱃사람은 아닌 것 같다.

그러나 개화기의 어항을 말하기 전에 우리는 먼저 조선의 어물객주 얘기를 하지 않을 수가 없다.

바다야말로 큰 고기가 작은 고기를 잡아먹는 약육강식의 원리가 철저하게 지배하고 있던 영역이어서 포구마다 통방울눈을 뜬 어물객주들이 고기잡는 일이나 소금 굽는 권리를 전부 독차지하고 있었다.

그 어물객주들이 어장을 독점하고 횡포를 부린 것은, 육지 위에서 지주들이 농사짓는 백성을 부려먹는 것이나 똑같았다. 아니 육지에서 농사를 짓는 사람들보다도 더 심한 뼈다귀 없는 '홍어젓' 노릇을 당해야 했다.

어물객주들은 물고기를 잡으러 나가는 어부들이 한 번 나갈 때 3푼 이자로 돈을 미리 빌려 준다.

어물객주에게서 돈을 빌어간 어부는 잡아온 고기를 다른 곳에는 팔 수가 없다. 돈을 빌어온 객주에게만 팔아야 한다.

그런데 객주와 고기잡이는 언제부터 그렇게 '아저씨 조카' 하는 사이가 되었던지 이자는 이자대로 다 받고도 고기는 덮어놓고 열두 냥금으로 쳐 고기 한 삼태기마다 1냥씩 후려깎아 버렸다.

또 사리때가 되면 어물객주들은 덩달아서 바빴다.

수매선(收買船)을 어장으로 보내 수상들이 직접 어업장에 나가

고기를 사가는데 하는 짓이 썩 맹랑했다.

어찌나 약삭빠른지 수상들은 보통 조기 1천 마리를 7백 마리로 계산하면서 3백 마리는 이자로 그 자리에서 떼어 버렸다.

본래 육지에 있는 산장(山場)이나 바다에 있는 어장(漁場)은 만민공동의 것이다.

그런데 육지 위에 있는 산처럼 바다 위에 있는 어장도 점점 세도 있고 주먹 큰 사람의 독점물이 되고 말았다.

부산지방의 어장에도 그런 객주들이 있었으며 그 중에도 윤정석의 어업권은 대단한 위치였던 것 같다.

1897년 6월 13일자 〈독립신문〉에 다음과 같은 대목이 보인다.

경주 이필진의 보고를 보니 동래부 관찰사 池錫永이가 부산항구 고기잡는 터 열두 곳 집 일로 돈 1만 3천 냥을 농상공부 속인 일이 있고 경주아전 최가를 잡아다가 討索한 돈이 1천만 냥이라고 하얏으니 이 말이 분명한지 우리는 들은 대로 기재만 하노라.

해산물 하치장, 1903

지석영은 우리나라에 종두를 맨 처음 시행했고 되나 말·저울 같은 도량형기를 맨 처음 만든 사람이다. 그런 그가 고기잡는 백성을 토색질했을 리는 없다. 필시 미확인 편지를 가지고 쓴 말일 것이지만 '부산항에 고기잡는 터 열두 곳'이 있어 농상공부에서 세금을 받아갔던 일은 하나의 참조가 되는 얘기다.

그러나 바다 위의 역사도 변해 갔다.

어물객주의 고깃배들도, 그 배에서 노를 저었던 선부(船夫)나 어부들도 개항이 되자 시대에 뒤진 퇴물이 되고 만 것이다.

기술과 장비의 낙후 때문에 온 바다를 제 처갓집 문전처럼 휩쓸고 돌아다니면서 그물질을 해대는 일본 어선들을 당해 낼 방법이 없었다.

어부는 바다를 잃으면 굶어죽는다. 아니 바다가 있고 고기가 무진장 파묻혀 있어도 잡아내는 재주를 모르면 그림의 떡이다.

고기는 배를 타고 가 잡아온다.

통통통 검은 연기를 뿜으면서 쏜살같이 달아나는 근대화한 기계배에 노를 젓거나 바람이 없으면 앉은뱅이 노릇을 해야 하는 돛단배는 상대가 될 수 없었다.

그 현실을 먼저 보고 깨달은 사람들이 김익승·윤정석이다.

이처럼 김익승은 미래를 예측할 수 있는 탁월한 안목과 넓은 시야를 갖추고 있었다.

어물객주식 어업에서 신식 기관배를 부리는 자본주식(資本主式) 어업으로 고기잡이가 기업화하는 과정이 그들의 손으로 이룩되었다.

김익승이 동래에서 해산협동회사를 일으킨 것은 1906년인데 그보다 앞서부터 어업의 근대적 경영 움직임이 부산지방에서 생겨났다.

1893년 홍덕수가 일본사람 이와타의 어선 세 척을 사서 일본 어부들을 고용해 고기를 잡았다.

홍덕수의 배는 상당히 성능이 좋아서 흥양·강진·순천 앞바다까지 나가 조업을 했고 완도에서는 이막의(李寞儀) 등이 1900년에 회사를 설립하고 우뭇가사리 등을 채취했다. 동해안 강원도 영동 9읍을 중심으로 해서는 홍순형이 활동했다.

그러나 김익승은 윤정석과 마찬가지로 어부출신이거나 객주출신의 장사꾼이라기보다는 기업가였으며 일본의 세력 침투로 일자리를 빼앗기는 어부들의 형편에 분개해온 사람이었다.

김익승씨가 원산항 監理로 있을 때에 우리나라 사람들의 영업 없는 것을 항상 憤嘆히 여겼는데 浮船 거룻배 영업까지 일본사람들이 다 맡아 하고 우리나라 사람은 못하는지라…….

김익승이 원상항 감리로 있었을 때는 원산항에 들어온 무역선에 짐을 싣거나 푸는 종선(從船) 영업까지 전부 일본사람들이 차지하고 조선사람은 손도 대지 못하고 있었다.

그래서 김익승은 서양인과 상의하여 일본인들의 부선 거룻배 독점권을 나누어 조선 사람들에게도 그 영업을 하도록 조치해 준 것이다.

김씨가 該港(元山港) 稅務司에 있는 서양사람 오이승 씨와 서로 의논하고 농상공부에 청원하야 인가까지 맡아서 우리나라 사람들의 영업을 위하야 주선하야 주고 실시하게 할새, 우리나라 사람들만 부선영업을 獨히 하거드면 日人이 반드시 방해할 듯하므로 한·일 두 나라 백성이 반분하야 영업을 하게 하얏는지라 일인들이 일로(그일로) 含嫌하야…….

일본사람들이 원산항 감리 김익승에게 행패를 부리는데 그 장면이 기가 막힌다.

원산 거류지에 와 사는 일본 부랑배 뱃놈들이 원산항의 최고 행정책임자인 김익승을 골탕먹이는데——

음력 8월 炎間에 김씨가 該港서 서울로 올라오려고 우리나라 輪船에 올라 미처 떠나지 못하얏는데 일인들이 작당하야 어지러 이 뱃속에 들어와서 김씨를 따리고 또 김씨를 바닷물에다 던졌는 데 공교히 윤선 곁의 다른 작은 배에 떨어지니 김씨가 요행이 바 닷물에 빠져죽지는 않았는지라……

한일병합이 되려면 아직도 12년은 더 있어야 했던 대한제국 고종 황제시절이다.

그 고종황제의 신민, 더구나 우리나라 3대 개항장의 하나이던 원 산항 최고 웃어른인 감리가 바로 자기가 다스리는 원산항 앞바다에 서 이런 꼴을 당했던 것이다.

이래서 이 사건을 원산항 감리서에서는 당시 일본 영사관에 엄중 한 항의를 했다.

그런데 일본 영사관 쪽의 대답이 또 한번 들을 만하다.

도로혀 감리에게 책망으로 笤照會하야 가라대 浮船을 대한사람 들이 舊例를 의지하야 홀로 오로지하는 고로 우리 일본사람들의 원망이 많다고 하더라고……

적반하장이다.

그런 항구의 사정, 어업권의 일본인 침식을 눈으로 보고 체험한 탓인지 김익승은 뒷날 자기가 직접 동래에다 해산물 판매장을 만들 었다. 또한 김익승은 어업뿐만이 아니라 해운업인 기선사업에도 직 접 참여했다.

기업계의 왕발

박기종이 증기선 한 척을 사들여 그 증기선에다 판선(板船)을 달 고 낙동강 하구를 오르내리던 바로 그해 다음과 같은 소식이 보인다.

김익승씨가 일본서 배 한 척을 세내어 기선회사를 설립하고 농
상공부 인가를 내었다더라(1898).

4개월이 지난 11월 21일 김익승은 부산·원산항을 내왕하는 기선
세다가와마루〔瀨田川丸〕한 척을 사서 우체윤선회사(郵遞輪船會社)
를 꾸몄다고 구체적으로 밝히고 있다.

철도왕 박기종의 애기를 할 때 조선 왕조의 화륜선회사는 1884년
에 안경수가 맨 처음 꾸몄다고 설명한 일이 있었지만 그것은 세곡
(稅穀)을 실어나르기 위한 관영선(官營船)이었다.

그때 나라에서 막대한 빚을 얻어다가 사온 화륜선은 창룡(蒼龍)·
현익(顯益)·해룡호(海龍號) 등 세 척이다.

그러나 1894년 청일전쟁이 일어나자 일본은 일본우선회사(日本
郵船會社)에 빌려주는 형식으로 세 척을 빼앗아 3년이나 저희들이
부렸다. 그 뒤 다 썩은 쇳덩어리 같은 고물로 넘겨줘 인천 광도사
(廣道社)에서 1만 원을 내고 한 척을 사가고 나머지 두 척은 일본
사람이 사려고 했다.

일본인에게는 팔 수가 없다고 하자 현흥택이란 친일파가 나서서
자기의 이름 석자를 일본인에게 빌려주어 사게 한 것 외에는 이렇
다 할 해운업이란 게 없었다.

그러더니 1889년에 와서 김익승이 해운업에 얼굴을 내민 것이다.

김익승 씨가 우체윤선회사를 농상공부에 청원하야 인가를 맡아
가지고 부산·원산 두 항구, 瀨田川丸 한 척을 일본서 사다가 지
금 이미 內地 各港 各浦에 내왕하며 우선규칙과 稅納章程도 이미
다 꾸몄는데 또 장차 확장한다더라.

김익승은 바로 그해 10월에는 또 서울에서 직조권업장(織造勸業
場)을 설치 운영할 계획을 세우기도 했다.

김익승씨가 권업할 일로 농상공부에 청원하야 인가를 맡아 가
지고 처소는 東署 전 御營廳으로 정하고 기계는 일본서 무취하야
오고 線絲는 일인 某氏가 담당한다는데 처소 이름은 직조권업장
이라고 하겠다더라.

이 직조공장 문제가 그 후 실현이 되었는지는 알 수가 없으나 만
약 그대로 실현되었다면 김익승은 우리나라 최초의 직조공업 개척
자도 될 것이다.

왜냐하면 그때 김익승이 그 일을 그대로 밀고 나가 직조공업을
영위했다면 낭대호·김덕창 등이 직조업을 시작한 것보다도 거의 6
년 이상 빠르기 때문이다.

그런가 하면 김익승이 언제 인쇄기계를 사왔는지는 몰라도 1898
년 7월 그 무렵에 김익승의 인쇄기 때문에 일일신문사와 매일신문
사가 서로 싸움을 하는 사건도 빚어지고 있다.

일전까지 일일신문 출판하던 鑄字와 기계(인쇄기계)는 본시 김
익승 씨의 물건으로 유영석 씨와 김영근 씨가 세로 얻은 것이더
니 협회에서 전에 출판하다가 잠깐 중지된 매일신문을 다시 출판
하라고 그 주자와 기계를 본주인 김익승 씨에게 산 고로 가져간
다 하야 일일신문과 매일신문이 서로 재판을 한다더라.

김익승은 인쇄업이나 직조업의 분야에서도 우리나라 개화 초창기
기업 인물로 빼놓을 수 없는 사람이며 증기선 구입이나 우선회사
운영면에서도 큰 역할을 하고 있는 것이다.

김익승의 증기선 구입은 나중 이근철·원경상 등이 인천에다 원일
회사(元一會社)를 꾸며 화륜선 한 척을 사왔던 일이나 원산에서 김
정민이 배를 전세내어 운항했던 일보다도 날짜가 약간씩 앞서 있기
때문이다.

원산항 商民 김정민 씨가 일본 상선 셍샹호를 세로 얻어내어 내지 각 항구로 편리하게 왕래하며 무역하기로 外部에 청원하야 인가하야 달라고 한다더라.

그런가 하면 인천항의 우재명이란 사람도 증기선을 사왔다.

인천항 상선회사 사장 우재명씨가 내지 각처에 무역할 양으로 일본 윤선 경기환을 샀는데 각 항구와 기타 沿海沿江에 日便 왕래하겠다고 농상공부에 청원하얏다더라.

개항 이후는 '내륙수운(內陸水運)의 돛단배' 시대에서 해양의 윤선시대로 바뀌었다.

이제는 윤선이 아니면 바다를 정복할 수 없다.

윤선은 바로 바다의 기차였다.

기차가 나타나면서 내륙의 경제체제가 변모했다면 바다에는 윤선이 나타나면서 새로운 판도가 형성되어 갔다.

일본만 해도 윤선 여객사업을 놓고 메이지 초기에 미쓰이와 미쓰비시가 직접 맞붙어 서로 회사의 운명을 걸고 싸운 일이 있다. 이처럼 근대를 향한 이행은 바다에서 먼저 바람이 불어왔고 그 바다의 사자(使者)는 증기선이었다.

그래서 《매천야록》 1905년조에는 우리나라 사람도 증기선을 발명했다고 이런 기록을 남기고 있다.

張善奎 造汽船進水 時年二十

겨우 나이 스무 살에 증기선을 발명하여 진수시험을 했다는 그 국산 증기선의 성능이 어느 정도의 것인지, 또 그 발명의 장본인인 장선규가 어떤 사람이었는지는 밝혀낼 수가 없지만 그만큼 관심을 끈 것이 증기선이었다.

그러나 증기선 사업도 크다고 하겠지만 문제는 그 윤선들이 싣고 다닐 짐이었다.

앞에서도 마산·완도·영동 9읍을 중심으로 몇몇 거상들이 근대적인 바다를 개척하기 위해 나타났다는 얘기를 했지만 그것도 잠깐뿐이었다.

해마다 수백만 원의 어획고를 자랑하던 부산·마산 일대의 황금어장을 고종의 아들 의친왕(義親王) 이강공(李堈公)이 일찌감치 일본사람 카시 겐타로에게 모두 팔아넘겨 버렸기 때문이다.

남들처럼 빨리 눈을 뜨지 못한 것도 한인데 이제는 어장까지 빼앗긴 것이다.

1910년 한일병합이 되기 약 5개월 전 4월 15일 어업사정을 보면 우리나라 어선 총수는 1만 2천 4백 13척, 어부 수는 6만 8천 5백 50명이고 어획고는 3백 13만 9천 원이라고 했다.

그런데 이땅에 흘러와서 어업을 하고 있는 일본어선은 3천 2백 33척, 그 어부는 1만 4천 2백 80명이고, 어획고는 3백 73만 9천 2백 50원이었다.

조선어선은 1만 2천 4백 13척이 3백 13만원을 벌었고 일본어선은 3천 2백 33척이 그보다 더 많은 3백 73만원을 벌었다.

조선왕조 말의 어업권은 벌써 일본사람 손에 넘어간 것이다.

하쿠마 호타로[迫間房太郎]·오이케 타다스케[大池忠助]와 함께 지금도 부산지방의 나이든 어민들이라면 카시 겐타로란 이름을 기억하고 있을 것이다.

먼저 1920년 당시의 〈동아일보〉에 실린 쓰디쓴 옛 어민지(漁民誌)를 한 번 보자.

진해만 일대 漁區 44처가 10여 년래 문제가 되어 오다가 이제 현지 어민 단체들은 눈에 불을 쓰고 상경하여 이 문제 해결을 위한 투쟁을 한다.

의친왕 이강도 총독부에다 부탁을 하고 있다.

그 어장들은 나의 世襲 재산이니 다른 곳으로 권리를 옮기지
말라.

문제의 내용은, 마산포 등 남해안 일대 77개구의 어장권은 의친
왕 이강의 소유였다. 그 어장의 어획권 전부를 1906년 일본에서 건
너온 카시 겐타로에게 20개년 계약으로 양도하여 그것으로 카시는
갑자기 신흥거부가 되었다. 77개구의 어장 중 44개구의 어장권이
지난번부터 이강공가(李堈公家)에서 계약기간이 끝나면 직접 관여
하게 된다는 소식을 듣고 현지의 어민들이 어장 사용권을 이제는
일본인에게 넘기지 말고 자기들에게 넘겨 달라고 투쟁을 하게 된
것이다.

'동양경략'이 뭔 소리여

카시 겐타로는 하쿠마 호타로나 오이케 타다스케보다는 거의 스
무 살이나 젊은 사나이였다.

그는 하쿠마나 오이케처럼 순수한 장사꾼 출신이 아니고 정치가
와 결탁하여 부당한 이익을 노리는 신흥거부였다.

후쿠오카〔福岡縣〕 출신으로 어려서 현양사(玄洋社)에서 배우다가
도쿄로 나가 당시 지사요, 학자로 이름깨나 날리던 카쓰 카이슈〔勝
海舟〕의 제자 노릇을 했던 사람이다.

〈재계인물평론〉을 보면 카시 겐타로는 자신이 부산·마산포 일대
의 황금 어장권을 쥐게 된 경위를 '금일의 대부가 된 데는 노력도
있었으나 행운도 있었다'고 말한다.

1906년 渡韓 때 스승이던 勝海舟의 소개장을 품에 품고 와 통
감부 총무장관이던 鶴源正喬을 찾았고 그것이 빌미가 되어 통감

伊藤博文의 知遇를 입어 당시 義親王宮 이강공으로부터 부산·마산 앞바다의 어업권을 20개년 기한으로 얻어냈다.

그렇게 해서 카시는 그 황금어장에서 연간 50만 원 이상의 어획고를 올려 일약 거부가 됐으니 '개항지 부산'이 신천지의 돈줄인 땅덩이는 현영운이, 어장권은 왕족 이강공이 모두 팔아먹은 셈이었다.

그러니까 카시는 카쓰 카이슈의 소개장 하나로 이토 히로부미의 힘을 입고 남해안의 황금어장을 한물에 쥐게 되었다. 그야말로 맨몸으로 와서 '따라지 거부'가 된 협사(俠士)였다.

금송아지 앞세우고 술집 찾아가는 놈 없다고 한다. 계집 죽고 자식 죽고 짚신 팔아 술사먹고 망건 팔아 엿장사를 시작한다더니 본래 조선이 부산을 개항한 근본 목적은 장사를 좀 해보자는 것이었다.

장사를 하려면 돈을 가져와야 한다.

그런데 참새도 굴레 씌워 잡으려 하는 왜인들은 빈주먹 하나만 쥐고 꾸역꾸역 들어왔다.

왜인들은 키가 땅딸막하고 생김새는 쥐상판으로 좀상스럽게 생겼지만 꾀 하나는 조조(曹操)의 아저씨뻘이 된다.

거기다 원숭이처럼 남의 흉내내는 재주 하나는 이골이 나서 '동양 속의 서양인' 행세를 하려고 드는가 하면 혹자는 '동양경략(東洋經略)'을 꿈꾸면서 침략해 오는 서양 세력을 막으려면 빨리 개화를 하고 신문명을 배워 힘을 길러야 하고 그 힘은 교육에서 나오는 것이라고 힘주어 말했다.

그래서 일본 곳곳에서는 그 '지사'들에 의해서 '××의숙(義塾)' '×××사' 하는 깃발을 높이 세워 올렸고 거기서는 소위 인물 양성을 해낸다고 했다.

그러니까 카시 겐타로쯤 되는 부자면 세 마을을 망치는 부자 정도가 아니라 남해안 수십만 송사리 어부의 생명권을 빼앗고 들어온 '고래'가 되는 셈이다.

그런데 그 남해안의 불가사리는 턱에 석 자 수염까지 달고 '문자(文字)'를 향기롭게 새겼으며 '나는 동양정세를 걱정하는 협사'라고 둘러댔다.

그 무렵의 일본 협사들은 카시 겐타로를 길러 조선에 내보낸 카쓰 카이슈만이 아니고 묘하게도 모두 '조선 걱정'을 유독 많이 하고 있다.

부산바다 불가사리

1899년 일본 〈요미우리신문〉에 난 책 광고를 들어 〈독립신문〉은 도쿄에 있는 호쓰미란 선생이 《대한사의(對韓私議)》를 지었는데

지금 동양에 위태한 기틀이 눈썹 사이에 逼迫히 당하야 머리가 데이고 윗눈썹이 타질 긴급한 문제는 조선이라, 세상사람이 등한히 여겨 던져두는 것을 개탄히 여겨 횃불 같은 눈빛과 칼끝 같은 붓끝을 돌려 그 經綸을 종횡하야 토하며……

라고 말하고 있다.

그러나 말인즉 동양공론이요, 무엇이요 하지만 언제부터 일본이란 나라가 그렇게 박애가 넘치고 흘러서 제집 쌀뒤주를 퍼내 이웃집을 퍼먹였던가?

열흘 가뭄만 들어도 자기 논에 물부터 대고 나서

"농사나 짓고 난 뒤에 아저씨 삼촌을 찾습니다."

한다고 한다.

한 핏줄을 받은 아저씨 조카 사이라도 이러는데 바다 건너 일본인들이 무엇이 답답해서 제 밥그릇을 나눠 가며 '동양 경략'을 위해 뭉치자고 했겠는가?

말짱 속임수고 헛소리였다.

오히려 일본인들은 근대 서양 자본주의의 흉내를 배워 아직 눈딱지가 덜 떨어진 조선을 구슬리고 어르다가 싫다고 돌아앉을 만하면

"이거 안 보여?"

좀상스러운 상판에 독기를 팍 올리면서 요샛말로 말하면 '폼'을 한번씩 잡아 보는 것이다.

야코를 팍 죽이는 일이다.

부산 앞바다에 군함을 세워놓고 서양대포를 쏘아 보이고 인천 앞바다에 운요호를 뛰워 놓고 육전대(陸戰隊)인지 무엇인지 하는 어마어마한 신식무장 군대를 끌고 남의 나라 서울 장안 거리로 들어와 시위를 해댔다.

겁을 주고 생트집으로 '사건'을 만들어서 걸핏하면 이 가난한 나라에 기둥뿌리가 빠질 만한 액수의 '배상금'을 내라고 윽박지르거나, 개화당을 살살 꾀어 국토분열을 일으키고 쿠데타를 모의시키고 하다가 안 되면 망명을 시켜 주고 하는 갖은 '공작'을 해댔던 것이다.

그런 일본사람들이었다.

카시 겐타로도 이름은 협사지만 멀쩡한 남의 나라 수만 어부의 젖줄을 송두리째 빼앗아먹은 '부산 바다의 불가사리'였던 것이다.

엿보다 더 단 것은
진고개 사탕
초보다 더 신 것은
큰애기 궁둥이
눈빠질놈 코빠질놈
다 일본 가고
보기싫은 봉투만
날아온다

임보고 싶으면
사진을 보고
말하고 싶으면
전화로 하라

　영국이 인도를 차지하면서 소위 동인도회사를 세웠던 것과 똑같은 수법으로, 일본이 이땅에 세운 동약척식회사란 것의 정체규명은 그만두고라도 부산 개항 이후 국권피탈이 될 때까지 조선 안에서 일본인들이 짜낸 상리(商利)는 어떠했는가?
　이렇게 급변하던 세태를 타고 부산지방의 어업 발전을 위해 원산항 감리시절부터 활약했던 김익승의 일은 어찌 되었을까.
　국권피탈 이후의 그의 행적은 기록상 좀처럼 나타나지 않는다. 의친왕 이강이 팔아잡순 남해안 바다의 어업권은 해방이 될 때까지 줄곧 서러운 파도 속에 가라앉아 있었다. 카시 겐타로같은 거물에게 가위가 눌려 '바다 위의 큰 부자'는 나타날 수 없었다.

청심보명단 이경봉
두뇌도 쓰지 않으면 녹슨다는 걸 알라

약장수의 입지

1899년 9월 18일 오전 9시.

역사적인 경인철도 개통식은 그대로 이 나라의 경제 문화사를 새롭게 여는 근대화의 신호탄이다.

화륜거.

철마.

근대 과학문명이 멋쟁이 바람을 싣고 온 '풍속열차'였다.

그 철도를 하나 놓기 위해 우리 왕조는 그동안 말썽도 많이 치렀다. 탈도 많았다.

뜸을 들이느라고 생땀을 흘린 적도 한두 번이 아니었다. 결국은 검은 연기를 하늘로 내뿜고 천지가 진동하는 우레 같은 바퀴소리를 내면서 달리기 시작한 기차.

경인선에 첫 화륜거 바퀴가 돌던 그날의 기차를 한번 시승해 보자.

경인철도 회사에서 어저께 개업예식을 하얏는데 인천서 火輪車

가 떠나 麻浦 건너 영등포까지 와서 京城의 내외국 귀빈들을 수레에 영접하야 앉히고 오전 9시에 인천항으로 떠났는데 화륜거 구르는 소리는 우레 같아야 천지가 진동하고 기관거의 굴뚝 연기는 半空에 솟아오르더라.

지금은 '반공(半空)에 높이 솟아오르는 굴뚝' 애기도 옛모습이 되어 버리고 말았다. 시커먼 기관차가 화통에서 시커먼 불연기를 칙칙폭폭 내뿜으면서 호기차게 달려가던 옛 기차의 모습, 야반에 처량하게 울리던 기적소리는 아직도 아련한 향수를 느끼게 한다.

서울 시내에 전차가 맨 처음 놓일 때도 그랬지만, 기차가 놓일 때도 우리 조상들은 쇠길에 대한 공포증이 대단했다.

땅과 쇠, 곧 토(土)와 금(金).

그 쇠(金)는 항상 물기(水)를 말리는 오행(五行) 원칙을 가지고 있다.

땅에 깔리는 쇠, 그 쇠는 또 그냥 쇠가 아니라 번갯불을 번쩍번쩍 태우면서 간다.

그때마다 땅속의 물기가 얼마나 말라 버리겠는가?

농사는 물로 짓는 것인데, 기차가 번갯불로 물기를 다 말려 버리니 가물어진다는 논리였다.

또 하나는 철로 위로 기차가 가면 땅이 흔들린다. 그러면 조상의 산소(山所)가 흔들려 집안이 망한다. 기찻길이 양반집 산소 옆으로 지나가려고만 하면 주민들은 결사 반대를 하고 나섰던 것이다. 기차의 화통연기를 쐬면 나락이 병든다고 해서 그 지방의 큰 지주들이 철도가 들어오는 것을 반대하고 나섰다.

그런 탈을 겪으면서 탄생했던 기차.

그러나 '검은 괴물'이 나타나 이 땅 위를 굴러갈 그 무렵으로서는 정말 경천동지의 놀라움이 아닐 수 없었다.

아, 기차가 저런 것이구나!

저런 기차가 천지를 주름잡으면서 새 세상을 싣고 오는구나!

화륜거는 오랜 폐쇄적 기질을 가진 이 나라 상투쟁이들 사이에 시빗거리가 되는 진통을 겪다가 끝내 역사의 수레바퀴를 굴리며 그 모습을 드러내 놓고 말았다.

애초 그 기찻길이 뚫린다고 할 적에 이 나라 백성들은 얼마나 놀랐던가?

기찻길을 뚫느라고 측량 볼대를 세워 가다가 누대 명문의 선산이 걸리면 그 산을 피해 5리나 10리 떨어진 엉뚱한 들판으로 돌아나가야 했다. 기찻길을 놓기 위해 남의 집 명당 산소 중허리에 화약남포를 틀어 명당의 맥을 끊는 것이 허락되지 않았기 때문이다.

'이놈들이 어디서 무얼 배워 온 놈들이냐? 기차가 뭐냐? 기차 없을 때도 살았다.'

기차를 놓는답시고, 모여든 품삯 모군(募軍) 놈들이 패를 지어 동네 우물가로 웃통 벗고 다니는 일까지 영감님들의 비위를 확확 쑤셔놓았던 것이다.

"요런 망조가 도개로 들린 놈들. 안경 쓰고 모군 목도를 메다가 어장이나 날 놈들. 누구네 집안을 망치려고 남의 집 명당 아래로 '도루꼬'를 들이대는가?"

죽어도 그 일은 안 된다.

문전옥답을 덩어리로 떼어 내줄망정 할아비 뼈 묻힌 산은 흙 한 삼태기도 퍼낼 수 없었던 것이다.

땅속에 묻힌 할아비의 뼈가 기차 지나가는 소리에 놀라 흔들거리면 자연히 송장 뼈의 방위가 틀어질 것이요, 방위가 틀어지면 그 명당의 묏바람이 새어버릴 것은 너무도 뻔한 일이다.

사람의 한평생, 아니 그 집안의 후손들이 대대손손 복락(福樂)을 이어가는 영화가 바로 어디서 오는가. 다 조상 뼈를 명당에 묻은 덕이 아닌가.

기찻길이 가는 동안 대갓집 선산의 산기슭을 조금만 스쳐가도 수백 명 자손들이 몽둥이를 들고 일어났다. 죽었으면 죽었지 이리로 기차는 못 지나간다고 시위를 했던 것이다.

동네 앞으로만 지나려고 하여도 동네 뒷동산 서낭당의 귀신맥을 끊어 놓는다고 해서, 노인네들이 담뱃대를 휘두르며 입에 거품을 물고 반대하고 나섰다.

그런 푸대접과 진통 속에 나타난 기차, 그 기차는 대체 어떤 것인가?

수레 속에 앉아서 영창으로 내다보니 산천초목이 모두 활동하야 닫는 것 같고 나는 새도 미처 따르지 못하더라. 대한 잇수로는 80리 되는 인천을 순식간에 당도하얏는데 귀빈들은 일제히 수레에서 나리어서 각기 유람하다가 오정에 정거장으로 들어가서 예를 행하는데…….

기차 수레 속에 앉아서 영창으로 밖을 내다보니 산천초목이 모두 산 것처럼 활동하여 기차를 향해서 모두 뛰어오는 것 같은데 빠르기가 하늘을 나는 새도 미처 따라오지 못하더란다.

이것은 1899년 9월 18일, 바로 그 경인선 개통 실황을 독자에게 알리는 기사인데 참으로 명문이 아닐 수 없다.

속도감을 알리고 그 경위를 표현함에 있어서 '영창으로 내다보니 산천초목이 모두 움직여 뛰어오는 것 같고 하늘에 날아가는 새도 미처 기차를 따라오지 못한다'는 표현은 군소리가 필요없을 만한 시승기가 아닐 수 없다.

새벽밥을 해먹고 인천에서 떠나 부지런히 걸어야 점심때 오류동에 닿았다. 오류동에서 점심을 배불리 먹고 막걸리 두어 사발을 들이킨 뒤, 그 기운을 그대로 몰아 부지런히 걸어서 성문이 닫히기 전에 서울 남대문 안으로 들어서는 것이 예사였다.

기운 센 장정이 부지런히 하루 걸어야 1백 리, 늙은이나 부인네

걸음으로는 부지런히 걸어야 60리가 보통이었다. 발바닥에 도르레를 단 부보상이라야 맨짐지고 하루 1백 50리를 뛰었다.

이런데 서울·인천 간을 담배 한 대 피울 참인 불과 한 시간 남짓만에 이 화륜거가 달려간다. 달려도 수백 명 승객을 검은 배통 안에 태우고 무겁지도 않은지 칙칙폭폭 코를 불면서 내달아 버린다.

실로 놀라운 일이다. 이런 경인선 기차의 놀라움이 한번 퍼지자 전국 곳곳에서 설멋든 개화꾼들은 논마지기나 팔아 엽전 주머니를 허리 전대에 차고 서울로 올라와 기차를 타 보는 것이 큰 유행이 되었다. 건들건들 설멋들어 이것저것 귀동냥이 밝은 그 고을의 건달 개화꾼들은 그렇다 치고 이 소문의 매력은 완고한 상투쟁이 영감들에게도 미쳤다.

영감네들은 화륜거라면 죽어도 꼴도 안 보겠다더니 논마지기를 팔아 그 돈을 지니고 서울로 올라왔다. 공연히 전차를 타 보고 또 노량진으로 나가 경인선 화륜거도 타 본다. 그 감격스런 놀라움에 못 이겨 입을 딱 벌렸다.

논마지기가 무엇이 아까우랴. 이런 기차는 평생 처음 타보고, 또 이런 구경도 처음이다.

아하, 요것이 개화로구나!

좋건 싫건 그제야 그 상투쟁이들은 서양의 근대 과학 문명이 어떤 것인지 그 실체를 비로소 자기 눈으로 보고, 키 크고 노란털 박혀 그 비린내 나는 서양사람 종자라는 것이 재주는 있어 세상에 별 걸 다 만들어 낸다고 탄복을 했다.

바로 그때.

그 경이의 기차 안에 갈래머리 하고 양복 입고 구두 신고 가죽가방을 옆에 낀 말쑥한 청년 개화쟁이 신사 하나가 나타나 눈웃음을 뱅글뱅글 치면서 좌중을 한바퀴 빙 둘러보는 것이 아닌가?

키는 크지도 작지도 않은 중키에다 광대뼈는 약간 불거졌지만 그리 험상궂은 편은 아니다. 콧수염을 팔자로 기르고 양복을 걸친 모양이 영감들 앞에서 버릇은 좀 없어 보이지만 제법 의젓하고도 돈 있는 집 새서방 같다.

"기찻간에 앉아 계신 여러 어르신네 천위제현(天威諸賢)들께서는 그동안 안녕하셨는지요? 오늘도 이렇게 산천초목이 영창 밖에서 닫는 듯하여 나는 새도 따르지 못할 만큼 빠르게 달리는 기차 안에 앉아 구경하시는 재미가 어떠하신지요?

자, 수인사가 늦었습니다. 이 사람은 인천 축현 사는 이경봉이라는 사람인데, 오늘도 만좌 중인 여러분 앞에 나와서 말 한마디 하려고 이렇게 나섰습니다.

여러 신사분네들, 이렇게 구경을 하시니 사람은 세상을 오래 살고 볼 것이요, 오래 살다 보니까 이렇게 상상도 못하던 검은 쇠수레를 타고 가만히 앉아서 우리가 서울·인천 사이 백리길을 한 시간으로 축지법을 써서 왔다갔다 하게 되었습니다요."
이경봉은 양복조끼 주머니에서 회중시계를 꺼내 높이 들고 척 한

서대문 역, 1900년경

번 쳐다보고 나더니 회중시계를 도로 집어넣었다.

"그런데 이렇게 좋은 구경을 나오신 여러분은 멀리 경상도에서 올라오신 분도 계실 것이요, 전라도 영광 참빗을 들고 팔러 나섰다가 참빗 판 돈으로 에라, 세상에 나서 기차 한번 못 타보고 도로 내려가느냐 하는 생각이 들어서 기차를 타신 분도 계실 것입니다.

참 잘하셨습니다(큼큼, 목이 마른지 기침을 두세 번 하고 나더니).

사람은 오장육부 삼백 예순 가지 기관을 갖고 있지만 눈이 보배요, 그 눈이 아니면 어떻게 우리가 이렇게 좋은 구경을 할 수가 있겠습니까. 그러나 아무리 눈이 보배라고 하여도 사람은 입으로 먹어 그 먹은 음식을 밥통에다 쟁여야 하니 그 밥통이 온 몸뚱이의 중심이 되는 토(土)가 아니겠습니까?

밥통이 토지요. 음양오행 원리원칙으로 따져 식성이 좋아야 그 밥통에서 온 영양을 공급받고 피가 되고 살이 되고 눈은 보고 귀는 듣고 코는 숨쉬고 입은 말하고 다리는 걷고 손은 잡고, 그리고 또 하문으로는 오줌을 싸고 똥을 싸지 않습니까?

어허, 시끄럽다. 여러 점잖으신 어른들 앞에서 똥싸고 오줌싸는 얘기까지 해서야 되겠느냐.

하지만 말이 나온 김에 말이야 바른 말이지, 사람이 윗구멍으로 먹고 아랫구멍으로 내놓지 못한다면야 이건 큰일 아니겠습니까, 하하하하하…… 진드기는 먹고 싸지는 않는다고 하지만 사람은 그럴 수가 없으니 우선 쾌식 쾌변, 잘 먹고 잘 싸야 건강하신 것입니다.

그러니 서양 속담에도 '네가 세상을 다 얻고 난 다음에 네 몸 하나를 잃으면 무슨 소용 있으리요' 하고 예수 선생이 말씀하셨고, 또 여러 성현들께서도 말씀하시기를 '천리의 땅을 갖고 있어도 그 천리의 땅무게가 네 한몸 무게보다도 가볍나니라.

그런즉 어찌 네 몸을 보양하기 위해 천리의 땅을 아낄 수 있느냐' 하지 않았겠습니까. 옛사람은 만석꾼 부자가 천석을 팔아 보약 한 첩을 사 자셨다 하지만 어찌 약이 그렇게 비싸야만 하는 것이겠습니까?

약으로 말하면 그 병에 소용되는 것이면 아무것이라도 약이 될 수가 있는 것입니다. 그러니 개똥도 약으로 쓸 때가 있다는 것입니다. 그래서 이 사람은 여러 어른들 앞에 청심보명단(淸心保命丹)이라는 약을 갖고 나왔습니다."

이제 보니까 그 잘생긴 양복쟁이 신식 청년은 바로 청심보명단을 갖고 나온 별 것 아닌 약장수였던 것이다.

이렇게 자기가 약장수라고 하고 나오자 어디서 또 무슨 대단한 신식 관리가 나와 무서운 소리나 할까 긴장해 있던 손님들은 그제야 마음을 놓았는지 긴 담뱃대에다 담배를 쟁여 무는 사람도 있고, 입을 짝 벌리고 하품을 하는 영감도 있었다.

이경봉은 또 청산유수 같고 산골짝 자갈 사이로 물 흐르는 듯한 연설투로 이렇게 선전을 하기 시작했다.

"자, 밥을 먹고 나면 노곤해서 하품을 하는 분네, 앉았다가 벌떡 일어서면 뒷골을 누가 홱 잡아 흔들 듯이 핑 하니 도는 사람, 십 리만 걸어도 무릎마디가 아픈 사람, 날만 조금 궂어도 어깻죽지 다리가 쏙쏙 쏙쏙 바늘로 찌르듯이 쑤시거나 장딴지에 구정물을 들어부은 듯이 다리가 습차고 묵직한 분네, 자, 이런 분네 안 계십니까?

또 겨울만 오면 기침, 가래, 천식, 재채기, 콧물, 고뿔, 골치가 지끈지끈하여 코 안이 바싹 바싹 말라 비틀어지는 분네 안 계십니까?

또 손끝 다리끝이 차디차고 밥을 먹고 한나절이 지나도 밥이 삭지 않아 '끄윽, 끄윽' 게트림을 하는 분들, 그 게트림을 할 때는 마치 무 썩은 냄새가 쿡쿡 올라오는 분네, 허리 쑤시고, 배가 조금만 차도 뱃속에서 부글부글 죽솥이 끓는 분, 이거 다 밥통이 나빠서 그렇게 되는 것이요.

밥통이 제대로 소화를 시키지 못하니까 자연히 눈도 나빠지고, 간도 나빠지고, 제 발등에다 오줌쌀 만큼 오줌 기운도 없고, 그처럼 오줌줄기가 팽팽하지 못하니, 세상만사에 의욕이 없고, 세상만사에 의욕이 없다 보니 모든 것이 짜증스럴 뿐입니다. 이거 다 어디서 오는 것인 줄 아십니까?

사람 몸뚱이의 중심되는 토(土), 즉 밥통에서 오는 것인즉 내 몸에 병이 있는 줄 모르고서야 모르지만 알고서야 어찌 그 병을 고치지 않을 수 있겠소. 병을 고칩시다. 모든 병 중의 병인 밥통병을 고칩시다.

세상에는 갖가지 약이 있어 병이 백 개면 약은 천 개라지만 그 약이 다 약이냐? 약은 약이로되 약이 아니로다. 그처럼 약이 다 약일진대 세상의 모든 병은 다 병이 아니라서 다 없어지고 말았을 것입니다.

왜 밥 먹으면 끄륵끄륵 가슴이 답답하고, 항상 체해서 고생하는 소화병 환자가 있습니까? 약은 약이지만 진짜 약이 아니요. 약은 약이지만 제 구멍을 찾아 맞춘 마개가 아니기 때문에 장구채로 변죽만 친 듯 병을 긁기만 하고 돌아가 버린 탓입니다.

그러나 여기 가지고 나온 청심보명단으로 말할 것 같으면 인천 축현에 있는 제생당약방에서 만든 신식 명약이올시다.”

이경봉은 그 멋쟁이 검은 가죽가방을 열더니 꼭 성냥알갱이만한 빨간 청심보명단 몇 알을 꺼내 여러 손님들 앞에서 내보였다.

이것을 놓고 이경봉은 또 입을 열었다.

“생기기는 요렇게 성냥알갱이 같고 색깔은 요렇게 빨간 것이 청심보명단이라는 신약이올시다. 어떻게 보면 요새 인단하고 비슷하지요. 그러나 일본에서 건너온 인단은 하얗지만 이것은 빨갛고 약간 굵지 않습니까?

이 청심보명단으로 말씀을 올리면, 첫째 밥을 잡숫고 나서 속이 거북할 때나, 가슴이 메슥메슥해서 뒷골이 펑할 때나 이렇게 좋은 화륜거를 타시고 여행을 하시다가 약간 입이 마르고 목안이 텁텁하실 때 두 알만 입에 넣고 씹으시면 금방 막힌 속이 확 트이고 입안이 화하게 꼭 신선이 되어 하늘로 올라가는 기분이 들 것입니다. 자, 한 개씩 잡숴 보십시오! 자, 우선 한 개씩 잡숴 보십시오!"

허, 젊은 사람. 목구멍에 기름칠을 했는지 말 하나는 미끌미끌 술술 잘도 나온다. 입이 저렇게 넓죽하니 말도 잘 하는가. 그렇다, 요것이 요새 새로 나온 서양 장타령이다.

요새 같으면 버스나 기차를 탔다 하면 온갖 장수들이 나와 행상을 하고, 또 그런 행상꾼들이 별로 신용이 있는 것이 못 되어 귀찮게 여기는 경향이 많지만, 그때만 해도 그렇게 비싼 값의 화륜거를 타고 점잖게 양복 입고 구두 신고 검은 가죽가방까지 든 멋쟁이 일류 개화신사 행상이 거의 없던 때라서 그런 차림의 이경봉이 기차 안에 나타나 약선전을 길게 하자 사람들은 여간 신기해하고 귀를 기울여 경청해 주는 것이 아니었다.

왜냐하면 경인선을 달리는 기차가 세상에 나와 처음 타 보는 개화 괴물이지만, 그 개화 괴물 안에 나타난 이경봉의 차림도 여간 귀한 존재가 아니었기 때문이다.

승객들 거의 전부가 흰 두루마기에 갖신 신은 바지 중의요, 주먹만한 상투 위에 양태가 큼직한 검은 갓을 쓰고 앉아서 한발 가웃이나 되는 담뱃대에다 담배를 쟁여 물고 앉아서 구경을 하는 사람들이었다.

어떤 사람은 아주 종놈에게 가래침 요강단지까지 들려 가지고 기차를 타 주인은 의자에 앉고 종놈은 저만큼 그냥 바닥에 무릎을 꿇고 있는 모습도 보였다.

물론 아직 내외가 심하던 때요, 여자들은 거의 밖에 나돌아다니면서 출입을 하지 않던 때라서 여자승객은 일본사람이나 서양사람을 빼놓고는 없었다.

만병통치 청심보명단

기차간에 나타난 이경봉은 어떻게 저리도 청산유수처럼 말을 잘하고, 또 어디서 저처럼 말쑥한 양복을 해 입고, 구두를 해 신은 신사가 되었는가?

기차도 구경거리지만 양복을 입고 나비넥타이까지 매고 나온 이경봉의 멋진 서양차림도 화제가 될 수밖에 없었다.

그런 이경봉이 일일이 검은 가방을 열고 그 안에서 청심보명단이라는 빨간 약 하나씩을 돌려가면서 나누어 주니 우선 입에 넣고 먹어 보지 않을 수가 없었다.

자, 얼마나 신기한가?

그때까지만 해도 약이라 하면 한약방에서 지어 오는 탕약이 전부였다.

병이 나면 으레 의원을 찾아갔다.

"머리 골치가 팍팍 쑤시고 허리 다리가 쏙쏙 수시고 속이 메슥메슥해요."

환자가 증상을 말하면 그 증상에 따라 약국에서는 온갖 풀껍데기를 저울로 달아서 첩약으로 한 보따리씩 내주었던 것이다.

"생강 세 쪽 하고 대추 세 개를 넣어 푹푹 달여서 잡수시오."

그런 한약을 지어 오면 으레 파 세 뿌리나 대추 세 개, 생강 세 쪽을 넣어 약탕관에 물을 붓고 참숯으로 한나절이나 달였다. 약을 어지간히 달인 후에는 삼베보자기에 쏟아 꼭 짜서 그 뜨거운 약이 반쯤 식었을 때 마시는 것이 예사였다. 그렇게 약을 달여 먹는 동안 쇠붙이 그릇은 전연 쓰지 않는 것이 통례였다.

이렇게 약 한번을 먹자면 일일이 사람이 약방까지 찾아가서 증세를 애기하고 약을 지어다가 달여서 마셔야 하니 아무리 빨라야 한

나절 이상이 걸린다.

그런데 지금 이경봉이 가지고 나온 알약은 어떻게 된 것인지 환으로 지어 그 자리서 먹으면 입이 화하고, 과연 메슥메슥하던 속이 트이지 않는가? 아무리 급체 곽란이 나서 사관침이나 뽀드득소리 나게 맞아야 뚫리게 생긴 경우라도 다섯 알만 입에 넣고 씹으면 효과가 나는 게 아닌가?

정말로 병이 고쳐지는 것인지 아니면 화하니 병을 돌려잡는 것인지는 모르지만 효과가 빠르고, 주머니 속에 가지고 다니다가 등짐장수 콩보리 미숫가루 털어마시듯 언제 어디서나 먹을 수 있는 것이 여간 편리하지가 않았다.

이것이 서양 신식 약인가?

그때 이경봉이 만들어 가지고 나왔던 청심보명단은 일본사람들이 가지고 나왔던 인단 종류와 비슷했다. 하지만 그 안에 박하와 효력이 빠른 양약 종류가 들어 있어 한약보다는 월등하게 약효를 빨리 나타냈던 것이다. 이것을 가지고 풍을 치면서 용수를 채반으로 만들 듯이 천하일색 선전을 했던 것이다.

경인선 열차 안을 무대로 행상을 시작한 청심보명단은 전국에 소문이 퍼져 나가기 시작했다. 또 그 소문을 따라 어느 사이엔가 청심보명단을 팔러 나온 신식 멋쟁이 청년 이경봉은 경인선 열차 안에서는 빼놓을 수 없는 '명물'이 되었다.

경성 남대문안 제생당약방은 청심보명단을 창제 발매한 지 우금 8년에 영업이 발달하므로 사무가 번다하야 주무 이하 점원 급 제약원이 주야를 불문하고 각기 직무를 수하야 비상히 浩繁한 상태를 정한다더라(1910).

이 기사로 미루어 보면, 이경봉이 제생당이란 약방 간판을 내걸고 영업을 시작한 것은 1902년이 된다. 그가 그 제생당약방을 인천에서 서울 남대문 안으로 옮겨 온 것은 1907년이었다.

서울은 경인선뿐만이 아니라 경부선·경의선 등 전국을 남북으로 내리지르는 철도가 놓여 명실공히 정치·문화의 중심지일 뿐만 아니라 상업의 중심지가 되었다.

이경봉도 인천에서 싹이 트고 움이 돋아 장사가 크게 번창하자 서울 남대문 안에 '제생당 대약방'이란 간판을 걸고 그야말로 전국을 주름잡는 약업자가 되었다.

그즈음 제생당 대약방의 캐치프레이즈가 되었던 소화신약(消化新藥) 청심보명단은 한 갑에 80알을 넣어 10전씩 받았다.

더구나 이경봉은 아이디어의 명수였다. 그 청심보명단에는 육군 군의 김수현(金守鉉) 씨가 실험 제조하고 역시 육군 군의였던 장기무 씨가 유효증명을 한다는 단서를 붙인 것으로, 이 청심보명단의 약효 증명은 그야말로 비단옷으로 잘 차려입은 위에 꽃을 꽂고 나선 것만큼이나 대단한 것이었다

약장수가 떠벌리는 대로 덮어놓고 약이 좋네 마네 하던 방식에서 이경봉은 재빨리 육군 군의관 두 사람의 이름을 갖다붙여, 말하자면 지불보증서를 붙인 것처럼 '믿음'을 주는 새로운 상술을 썼다.

또 광고를 낼 때에도 '육군 군의 ○○○ 실험 방제, 육군 군의 ○○○ 유효 증명' 하고 내건 상술은, 확실히 이경봉의 두뇌가 빨리 회전했다는 것을 증명하고 있다.

왜냐하면 그 무렵 2등 군의였던 채영석이 억간산(抑肝散)을 만들어 아이들의 간질병에 잘 듣는다고 해서 퍼뜨렸고, 또 황해도 장연읍에서 헌병 보조원을 다니던 김광현도 아편 해독제를 만들어 그 약이 잘 팔리자 사업을 크게 확장하여 아편 환자들을 치료도 하고 약도 팔았지만, 모두 얼마 가지 않아 사람들이 약을 잘 믿어 주지 않았기 때문이다.

지금도 시끄럽게 잘 떠들면 '약장수 같다'고 하지만 약장수가 그렇게 시끄럽게 떠벌리는 것은 사람들이 그만큼 약을 믿어 주지 않

기 때문에 목 아프게 떠드는 것이 아니겠는가?

요즘도 약광고에는 무슨무슨 의과대학의 아무개 박사가 약효를 증명하고 제약을 했다고 실험성적서를 화려하게 소개하는 방법을 쓰기도 하지만 벌써 80여 년 전에 청년 약장수 이경봉은 바로 그런 방법을 쓰고 있었다.

1908년 11월 4일자 광고에 보면 서울 남대문 안 제생당 대약방은 인천항 축현에 본포를 두고 전국에 지점을 내고 있는데 개성·평양·선천·원산·진남포·부산·마산·사리원 등에도 손을 뻗치고 있었다.

이름을 떨치던 약상인 이경봉은 1909년 12월, 나이 33세로 한창 바쁘게 일을 하다가 느닷없이 숨을 거두고 말았다.

그는 이 땅에 약 중의 약이라는 '청심보명단'을 발명하고 전국 방방곡곡에 풀어 먹였으면서도, 정작 그는 갈 때도 못 되어 허무하게 죽고 만 것이다.

그러나 그가 죽기 전 쌓아올린 제생당약방에서는 '청심보명단' 외에도 근 20종 가까운 약품들을 만들어 파는 대제약업체가 되었다.

淸心保命丹 (化痰止咳·氣順消滯)

蔘茸大補元

蛔積殺蟲散

久滯大通丸

梅花點雪丹 (화류병·양매창)

光明眼藥

回生丹 (토사·이질)

解熱散

止痛健齒水

寸蟲沒出藥

拔根藥 (티눈)

沃度膏 (상처·요오도팅크)

임질약 各種

그 무렵 이경봉과 나란히 어깨를 겨루며 나타난 약업자로 이응선 (李應善)이 있었다. 이경봉과 똑같은 행적을 밟으면서 같은 시기에 인천에서 일어나 같은 무렵에 서울로 올라와 명성을 떨쳤다.

물론 이경봉은 동업자이며 라이벌인 이응선과 치열하게 영업 경쟁을 벌이다가 먼저 죽은 셈이지만, 그가 초창기에 맞닥뜨린 영업의 경쟁자는 어디까지나 일본의 인단(仁丹)장수들이었다.

개항 이후 일본 매약업자와 매약 행상들은 속속 이 땅으로 들어와 사탕장수·빙수(氷水)장수들과 마찬가지로 전국 지방 곳곳 마을까지 누비고 다니면서 약을 팔았다. 일본사람 행상만이 아니라, 미국사람 약장수도 가방에다 금계랍을 넣고 시골로 다니면서 약장사를 했다.

그러나 키큰 서양사람 떠돌이 약행상은 어쩌다가 볼 수 있어 그들이 나타나면 시골 장터의 구경거리가 될 만큼 귀했지만 일본사람 약장수들은 흔하고도 많았다.

그들은 주막에서 주막으로 잠자리를 옮겨다니면서 외쳤다.

"카오루노 사쇼. 쭈꾸미노 가오리노 인단이노 사시오."

"인단이노 사시오, 인단!"

"하이칼라상, 일본 인단이요. 오카미상도 일본 인단이요! 두어 알만 입에 넣고 씹으면 입안이 화하고 밥이노 잘 내려가무니다."

느릿느릿 외고 다니듯이 그들은 거의 모두가 인단을 팔고 다녔다.

개항기 이후부터 무척이나 인기있는 기호약품으로 명성을 떨쳤던 인단을 닮아 '청심보명단'은 꽤 많이 팔리고 있었다.

지금은 그 인단이라는 것을 담배를 못 피우는 사람이나 노인들이 즐겨 심심풀이로 먹고 있지만, 80여 년 전만 해도 이 일본 인단은 덮어놓고 날개돋친 듯이 팔려나갔다.

그때 일본 인단에는 무엇이 들어갔는지는 모르지만 코카콜라처럼 한번 맛을 들이면 혓바닥에 인이 박혀 좀처럼 안 먹고는 못 견딘다는 '마(魔)의 선약(善藥)'인 셈이었다.

팔도를 강타한 인단바람

은단, 아니 인단.

전국을 휩쓰는 일본 인단.

그 인단을 물리치기 위해, 아니 그 유행하는 일본 인단을 모방해, 이경봉은 청심보명단을 만들어 냈던 것이다.

그러나 인단의 인기를 꺾고 올라서기란 여간 힘든 일이 아니었다.

그런 인단 바람은 1905년부터 더욱 세차게 이 땅을 휩쓸었는데 그 '인단 경기'가 노일전쟁과 함수관계가 있다면 이것 또한 재미있는 이야기가 아닌가?

해방 후, 미군과 함께 이 땅에 상륙한 츄잉껌도 느닷없는 명물이었다. 미군 병사들이 항상 입에서 껌을 뱉지 않고 질근질근 씹어대고 또 씹어대고, 한나절 내내 씹어대는 것은 다름아닌 전쟁터의 총알과 포탄, 작열하는 그 화약냄새가 풍기는 긴장과 공포감을 씻기 위해 그렇게 씹어댔다고 한다.

그런 연유에서 껌은 GI들과 전쟁함수를 가지는 데서부터 퍼진 것이라고 할 수 있지만, 그러나 인단은 직접 그런 전쟁터와 연관을 맺은 것이 아니라 1904년 노일 전쟁이 끝난 뒤 엄청나게 불어났다.

러일 전쟁이 끝나자 군문에서 쫓겨난 제대군인과 상이군인들이 새로운 직업을 찾아 거리를 헤맸고 그들 일부가 인단장수가 되어 인단 판매고는 한꺼번에 두 배, 세 배로 늘어났던 것이다.

군인 실업자와 인단.

그 실업 군인들은 일본인 잡화상에서 파는 용각산이나 대학목약(大學目藥), 또는 인단을 받아서 가방에 넣고 낡은 군복 차림에다

금테안경을 쓰고, 가슴에는 녹슨 훈장이 달린 채로 거리로 뛰쳐나와

　"오이치니……. 오이치니……."

하는 이상하고 처량한 듯한 목소리로 외고 다녔다.

　내가 어렸을 때만 해도 거리에 나가서 그 일본 제대군인들이 '오이치니(일본어. 하나둘 하나둘 하고 불러대는 소리)……. 오이치니…….' 하는 알 수 없는 소리를 외면서 골목을 걸어가는 것을 보았다. 그때는 무슨 소리인지 전혀 뜻도 몰랐지만, 그 이상한 차림을 한 군인들이 '오니치니……. 오이치니…….' 하면서 반듯하게 걸어가는 것이 측량사라는 것을 뒤에 알았다. 그 무렵만 해도 서울 골목에 일본사람들이 측량 볼대를 세워놓고 직접 줄자를 뻗쳐 길이를 재는 것이 아니었다. 측량만 하고 나면 문전옥답이 신작로로 들어가고 대대로 수박·참외를 가꿔 먹던 텃밭이 철도 정거장으로 빼앗겨 민심이 흉흉해졌기 때문에 되도록이면 시민들이 모르게 측량을 하려고 줄자를 늘어뜨리고 골목의 길이를 재는 것이 아니라 '오이

평양 남문통의 번화한 모습

치니——오이치니——' 하면서 걷는 제대군인들을 조수로 써서 그
들이 걷는 보행수로 계산했던 것이다. 그런 측량을 하는데 오이치
니 군인들의 정확한 행진식 걸음걸이는 매우 적격이었기 때문이다.

이것은 여운형의 동생 여운홍(呂運弘) 씨가 회고했던 이야기 한
토막이다. 그런데 그 오이치니 군인들은 측량조수로만 나왔던 것이
아니고 가방을 들고 행군하는 모습으로 골목이나 기차 정거장으로
돌아다니면서 인단 장사도 했다.
그때 인단은 한 갑에 10전.
이경봉은 그 인단과 경쟁하기 위해 초창기에는 청심보명단의 값
을 인단의 반절 값인 5전씩에 내놓았다.
그리고 직접 그 청심보명단 약가방을 들고 자기가 경인선 열차
안에서 오이치니 인단장수들과 경쟁을 해가며 행상, 그때 한푼 한
푼 벌어들였던 돈을 축적해 불과 4, 5년 만에 전국적인 제약업자로
성장했던 것이다. 이경봉은 청심보명단이 점점 잘 팔리자 나중에는
군의관 출신 김수현을 고용해 제약을 했지만 초창기에는 그렇지가
못했다.
전날 자기 집 방안에다 밥상을 펴놓고 그 상 위에서 약을 개어
방망이로 밀어 판판하게 깔고 국수 썰 듯 칼로 줄줄이 썰면 식구들
이 모여 앉아 손바닥 위에 올려놓고 비벼서 환을 지었다. 그 환을
아랫목에 말려, 봉지에다 담아가지고 이튿날 이경봉이 가지고 나가
열차에서 팔곤 했다.
그런 수공업 제약과정이었지만 웬일인지 이경봉의 괴상하고 멋진
차림새와 청산유수로 강남제비 지저귀듯 막힐 데 없이 쏟아놓는 말
주변 탓이었는지, 아니면 청심보명단이 참말로 그럴듯한 약효를 나
타냈는지 이경봉의 장사는 점점 더 잘 되어 갔다.
그런데 이경봉의 상술은 대체 무엇이었을까?
사업에 있어서 계책과 수법을 구사할 줄 아는 것이야말로 첫째로

중요한 요소이다. 무슨 일이든 머리를 쓰지 않고서 되는 일이란 없다. 남보다 앞서 머리를 쓰지 않으면 장사의 주도권에서 밀려나기 때문이다. 장사의 승패는 누가 먼저 민첩하고 효과적인 계책과 술법을 구사할 수 있느냐에 따라 판가름난다. 모든 계책이나 술법을 구사함에 있어 그 폭을 넓게 빈틈이 없게 하라는 것이다.

이경봉의 발상법을 언제나 천진난만하였다. 보통 사람들 같으면 어림없는 망상이나 안개나 구름처럼 사라질 것들로 여겼겠지만, 그는 그런 착상을 끈덕지게 다듬어서 기어코 살려내는 천부적인 재주를 지니고 있었다.

이경봉은 자기가 경영하는 약장사는 '선전이 5할'이라는 신념을 굳혔다. 다른 상품과 달리 약은 소비자 한 사람 한 사람을 상대로 세일즈를 해야 한다.

이경봉의 제생당약방은 1920년대에는 매일 저녁때마다 수십 채의 인력거를 불러 그 인력거 채에다 '청심보명단'이라고 쓴 깃발을 꽂고 그 인력거에는 당대 일류 기생들을 태워 장안의 화제와 이목을 끌게 하는 선전술을 썼다.

지금하고 달라서 그때만 해도 인력거 수십 채가 울긋불긋한 깃발을 꽂고 북·장고·피리젓대·징·꽹과리·날나리 등 풍장을 쿵작작 울려대면서 종로거리를 지나가는 일은 보통 큰 구경거리가 아니었다.

그런 걸판스런 기생 풍악잡힌 구경거리는 그날그날 승부를 가리는 큰 극장의 굿패나 서커스단이 들어와야 눈요기를 할 수 있었던 것이었다.

이경봉의 청심보명단 선전술은 그것보다 한술 더 뜬 것으로 호화스러움과 요란스러움, 시끌시끌함이 어우러져 날마다 종로거리에 나타났다. 울긋불긋 여러 종류의 깃발이며 인력거는 물론이지만, 또 삼현육각 닐리리 날라리 풍악놀음도 일급이었고 오색구름이 일 듯하는 만인산(萬人傘) 광고술이며, 장안 일등 기생들이 인력거에 앉아 꽃같은 얼굴과 명성을 직접 시민 앞에 내놓고 애교와 추파를 던지면서 지나가는 모습은 참으로 볼 만한 풍경이었다.

그 무렵의 기생들은 당대의 일류 인기 가수요, 영화 배우요, 탤런트였다. 수십 년 전 웬만한 코미디언 하나만 나타나도 동네 아이들이 구름처럼 모여들지 않았던가.

"야, 저기 합죽이 김○갑이 봐라!"

"야, 저기 비실비실 배○룡과 땅딸이 이아무개 간다!"

골목 개구쟁이들이 줄줄 따라 다녔던 것을 감안하면 그 무렵 이경봉이 썼던 선전술이란 실로 화려한 광고술이 아닐 수 없었다.

그러나 그런 인력거 깃발 광고술은 그 회사가 훨씬 커진 뒤 그 아들인 '이경봉 2세' 때에 취했던 선전술이다. 그보다 10여 년이 앞선 '이경봉 1세' 때의 선전술은 사장이자 약제사이고 판매원이자 회계사인 이경봉 자신이 스스로 선전모델이 되고, 그 도구가 되어 대중 앞에 나섰던 것이다.

물찬 제비같이 말쑥하게 차리고 나온 양복쟁이 신사 이경봉의 모습은 많은 사람들의 눈길을 끌었다.

양복쟁이 지나간다 길을 비켜라/세비로 궁둥이에 빵꾸가 나서/사루마다 속것이 삐쭉삐쭉/멋쟁이 지나간다 길을 비켜라.

이경봉이 지나갈 때면 골목 아이들이 줄줄 따라다니며 이렇게 놀려대는 데도 이경봉은 아이들이 많이 따라다니면 다닐수록 좋아서 구멍난 양복 엉덩이를 해죽해죽 흔들면서 쇼까지 하는 것이었다.

그래야 약장수다. 사람을 모이게 해야 약장수다.

우세하면 오래 산다더니 이경봉은 그런 우세를 일부러 사가면서까지 선전술을 맹렬히 펴는가 하면, 자기의 부인까지 억지로 양장을 시켜 뾰쪽구두를 신기고 양산 들려 자기와 팔짱을 끼고서 종로 거리를 활보하기도 했다.

그때도 물론 이경봉의 손에는 약가방이 들려 있었다.

남자가 양복을 입는 것도 대단한 일이었는데 하물며 여자가 양장하고, 뾰쪽구두 신고, 양산받고 자기 남편과 팔짱을 끼고 나타났으니, 이거야말로 웬만한 촌놈은 넋을 잃고 바라볼 구경거리가 아닐 수 있느냐?

좀 심한 말로 표현하면 세상은 한때 일본사람을 이코노믹 애니멀이라고 비웃었지만 이경봉이야말로 청심보명단 약장수를 하기 위해서 자기자신은 물론이요, 안방 깊숙이 모셔 두어야 할 마누라까지 신식 모델로 삼아 종로바닥으로 끌고 나왔던 것이다.

아마도 그 무렵 여자가 양장한 모습으로 거리로 나선 것은 내부 대신이던 이지용의 부인 이홍경이나, 절세의 요화 배정자 아니면 윤치호 부인 윤고라 각시 정도였을 것이다. 그런데, 거기에 이경봉 부인도 한몫 하고 나왔다면 그 경개(景槪)는 한번 볼 만한 구경이 아닐 수 없었을 것이다.

"저 미국각시로 차린 여자 궁둥이 좀 보게."

"야, 이쁜데, 팔자청산에 버들잎 눈썹……."

전국 휩쓴 호질로 거금 잡아

조선왕조의 양약시장에 염치없이(?) 나타난 이경봉…….

그는 어떠한 사람이었길래 그 '청심보명단'을 들고 나와 거금을 잡는 운을 타고 달릴 수 있었는가?

이경봉은 불과 여남은 살 먹었을 때부터 약저울을 쥐고 자기 형을 따라 건재약국 옆방에서 일을 했다 한다.

이경봉의 고향은 '조선왕조 상인의 메카'이던 개성. 장사 잘 하기로 유명한 송도 태생이었는데 이경봉의 친형(이름은 불명)은 일찍부터 개항장 인천에 나와 약국을 경영했다. 약국은 말할 것도 없이 한약을 취급하는 점포요, 그 한약을 취급하는 점포에 와서 소년 이경봉은 작두로 감초도 썰고, 약봉지를 싸는 법도 배웠다.

그 무렵 개항장 인천은 중국 교역의 문호였으므로 우리나라에 수

입되어 오는 중국 한약재의 집산처였다. 그래서 이경봉의 형이 경
영하는 인천 제생당약방도 중국에서 들어오는 당재를 취급하기도
했고, 이경봉은 그 형을 따라 중국까지 가서 그 약재 수입을 거들
어 장사 심부름을 한 경험도 있었다.

이경봉은 여남은 살부터 약장사를 견습한 셈이요, 나중에는 그
당재에다 꿀과 박하, 그리고 효력이 빠른 양약 종류를 버무려 '청심
보명단'이란 그럴듯한 약을 개발해 낸 것이다.

그 청심보명단은 이름이 좋아서 잘 팔렸을 리는 없다. 또 선전술
이 비상하여서만도 아니었다.

아무리 선전술이 우수하고 이경봉이 약장수 입품을 걸판지게 팔
아댔다고 하더라도 약이 듣지 않고서야 어떻게 10년씩이나 엉터리
약으로 사람들을 쓸어잡을 수 있을 것인가? 그렇게는 안 되는 것
이 세상 이치다. 소비자는 두 번 속지 않는다.

이경봉의 청심보명단은 약 자체가 워낙 우수했다. 왜냐하면 이경
봉의 형이 인천에 앉아서 중국에서 수입한 우수한 약재만 써서 청
심보명단을 빚었기 때문에 인기를 얻었던 것이다.

南大門內 濟生堂藥房主 李庚鳳氏가 淸心保命丹을 발명하야 일
반 동포에게 廣濟의 術을 施함은 世所共知어니와 此時 虎疾의 만
연한 時를 당하야 그 效가 至大함으로 人皆佩服한다더라.

상승일로로 자라나던 이경봉의 제생당약방은 1909년 이 땅을 휩
쓸어 버린 호열자 유행 때 한번에 장원을 불렀다.

세상은 호열자로 죽을 판이 되었는데 이경봉은 살판이 났다.

돈이라는 것은 야금야금 1백 원을 버는 것보다 한번에 50원을 목
돈으로 잡는 것이 훨씬 사업상 유리함은 말할 것도 없다.

1909년 8월, 이 땅을 휩쓴 무서운 호열자는 실로 약업계에 일대
쇼킹한 특수 경기를 불러일으켰다. 서울에서만 2백여 명의 사망자

를 내어 송장을 담아 내가는 관값이 뛰고, 또 상주들이 입는 상복을 짓느라고 삼베 값도 껑충 뛰었다.

그러나 관값이 뛰고 마포값이 뛰는 것은 죽는 놈이 생겼을 때 이야기지, 죽는 놈보다 산 놈이 더 걱정이다.

그 산 사람들의 공포심은 죽지 않기 위해 약을 먹었다.

"호열자에는 청심보명단이 좋다더라."

청심보명단이 호열자의 예방에 약리학상으로 효과가 있을 턱이 없지만, 사람들은 만병통치약이라도 되는 듯 그 약을 맹신했다.

호열자가 유행하자 이경봉의 청심보명단도 그 호열자에 유효한 듯 선전되어 참으로 어처구니없이 마구 팔려 나갔다.

"호열자에 무엇이 좋다던가?"

"호열자에는 소주하고 독한 마늘이 좋다네."

소주값과 마늘값이 뛰었다.

그러나 허리 꼬부라져 속이 밭아 버린 늙은이나 어린애들은 독한 소주를 퍼마실 수 없으니 탈이 아닌가?

역질(疫疾)이 돌 때마다 유행하는 일이지만 그해에도 호열자가 심하게 나돌자 덩달아서 소금값도 뛰어올랐다.

"호열자에는 소금이 제일이야. 그저 한 주먹만 대문 밖에 뿌리고 무당 불러 푸닥거리 한번 잘하면 호열자 안 걸린다누만."

"그러나 소금값이 웬만큼 비싸야지, 소금 한 되에 쌀이 석 되라며?"

이렇게 '소금'이 호열자를 잡던 세월도 있었다. 양잿물값도 껑충 뛰었다. '구레싱'이란 이름의 '크레졸' 소독약값도 껑충껑충 뛰어올랐다.

소금이나 구레싱·양잿물 등은 재고량이 딸려 값이 뛰었지만, 약장수는 모두 한몫을 잡았다. 이경봉의 청심보명단은 아직도 수입약품이 창고마다 가득가득 쌓여 있어 얼마든지 내놓을 수 있었다. 그해를 계기로 이경봉은 전국 요소요소에 약을 무더기로 보내는 대활약을 했다.

그때 호열자가 어찌나 심했던지 갑오동학란 때 전라감사를 살았던 이도재도 그 병에 걸려 죽었고, 시천교주(侍天敎主)이며 일진회장이던 이용구(李容九)의 어머니도 호열자에 걸려 죽었다.

그러나 어떻게 된 노릇인지 호열자가 대유행한 그 해 가을에 정작 남보다도 몇십 년은 더 오래 살아야 했을 이경봉이 허망하게 죽었으니 혹시 그도 무슨 역병에 걸려서 죽었던 것은 아닐까?

仁川 濟生堂 主人 李庚鳳氏가 去月 17日에 醫學視察次로 關西各郡과 淸國 安東縣에 巡行하고 回還할 路에 三南등지를 시찰하고서 今月 20日경 入城한다더라(1908).

1909년 가을 이경봉 1세는 아깝게 죽고, 이어 이경봉 2세가 뒤를 물려받지만 이경봉이 활약하던 1908년 4월 4일자 기록에는 그가 인천을 중심으로 한 중부지방은 물론 평안도 지방, 전라·경상도 지방을 석권한 뒤 멀리 만주땅 안동까지 판매망을 넓혔다고 한다.

집짓는 거미 보고 세운 원대한 계획

이경봉은 순풍에 돛단 듯 인생행로를 헤쳐간 것 같다. 하지만 어느 사람이 고개도 넘지 않고 높은 산등성이까지 힘 안 들이고 기어 올라갈 수 있을까? 어떻게 힘들이지 않고 넓은 시야를 자기 발 아래 내려다볼 수 있겠는가?

에디슨은 1만번의 실패 끝에 전구를 발명해냈다. 성공은 반드시 시련을 통해 먼저 시험한다.

조그만 벌레의 의지도, 이것이 겹치고 겹치면 머잖아 천하를 움직일 때의 힘이 되기도 한다.

이경봉도 땀을 흘리고 고초를 겪으면서 그 높은 '약업계의 산꼭대기'까지 기어 올라간 청년이었다.

아무리 이경봉이 양복 입고 넥타이 매고 금시곗줄 앞에 늘인 일등 신사처럼 차리고 나타나긴 했지만, 그가 진정 신사인가?

그는 신사라기보다 약을 팔기 위한 광고탑이요, 피에로였다. 항상 많은 사람을 상대로 하는 피에로의 마음속에는 남모르는 고통과 비애가 있듯이 이경봉도 그 범주에서 크게 벗어날 수는 없었던 것이다. 그는 나이 겨우 여남은 살 때부터 형 밑에서 약방 심부름을 하다가 열 대여섯 살이 되자 약봉지를 가지고 떠돌아다녔던 것이다.

그는 그 나이 다른 부잣집 막내둥이와는 다르게 약봉지를 차고 거리로 나가서 자기 밥벌이를 해야만 했다.

이경봉의 어린 시절은 결코 순탄한 길이 아니었다.

약봉지를 차고 거리에서 거리로, 이 마을에서 저 장터로 헤매던 어린 시절. 조그만 다리로 떠벌리고 둥개고 장바닥에 앉아서 청심보명단을 아무리 외쳐도 알아주는 사람은 아무도 없었다. 도무지 청심보명단이고 적심보명단이고간에 약장사를 하기에는 너무도 어린 나이였던 탓이다.

다른 상품과 달라 약은 병자가 먹게 마련이요, 그 병자는 자연히 무엇인가를 믿고 의지해 보려는 심리가 생기는 법이다. 아무리 병자요, 또 급하다 해도 누가 코흘리개 말을 믿고 약을 사가겠는가?

도무지 어린 매약상(賣藥商)은 시골 장바닥에서 맥을 출 수 없었다. 물건을 못 팔면 무슨 장사인가?

실패에 실패를 거듭하며 그런 상태에서 빠져나올 수 없는 날들의 연속이었다. 그러나 탈출구가 막힐수록 성공의 길이 가까우며, 새 출발의 기회가 만들어지게 마련이다.

어느 날, 그는 시골 주막에서 하룻밤을 자게 되었다.

해가 지는 석양 무렵.

뒤뜰 대밭에서는 참새들이 하룻밤 깃을 틀기 위해 무던히도 지저귀는 해거름판.

우연히 토방에 앉아 그 빨간 저녁놀을 물끄러미 토담 너머로 바라보고 있던 이경봉의 눈앞으로 무엇인가 검은 것이 공중에서 툭 땅위로 떨어지는 것 같았다.

"저게 뭘까?"

시름없는 생각에 멍하니 앉아 있던 이경봉은 깜짝 놀랐다.

그런데 그것은 처마밑에서 땅으로 떨어진 왕거미 한 마리였다.

"아, 왕거미로구나! 거미가 집을 지으려는 모양이지? 그것 참 묘하거든, 똥구멍에서 실을 질질 내면서 집을 짓다니……."

이경봉은 혼자 중얼거리면서 하염없이 시름을 놓고 그 거미를 주시하고 있었다.

아니나 다를까, 그 거미는 집을 지을 모양이었다. 집을 짓되, 그 희한한 재주와 계획성이 참으로 탄복을 하게 하는 것이었다.

거미는 처마밑에서 주르르 제 꽁무니로 실을 내놓으면서 공중으로 그네뛰듯 몸뚱이를 날려 벽에 붙었다가 다시 그 줄을 타고 올라가 건너 벽으로 몸뚱이를 날려 다시 줄을 치고 또 가로 세로로 튼튼한 씨줄 날줄을 부착해 놓는 것이 아닌가?

얼핏 보면 집을 짓는 것인지, 공연히 서까래에서 벽 사이로 왔

한약방

다 갔다 하는 것인지 모르겠지만 그 거미는 제 머리통의 백 배나 큰 배통을 안고 실을 내어 차곡차곡 그물을 늘여 가지 않는가?

처음 줄을 내리고, 그 줄을 두 번 세 번 왕복하면서 튼튼하게 만들어 놓는 광대한 원모(遠謀).

계획!

그 터무니없는 것 같은 원모는 철저한 계획에 의해 점을 찍어 줄로 잇고, 다시 그 줄 사이를 끊임없이 왕래 반복하면서 치밀하게 엮어 나가는 것이 아닌가?

집이 다 완성되면 거미는 언제 제가 집을 지어 날파리와 모기와 각다귀와 심지어는 나비에서 참새·제비까지 들어붙을 튼튼한 그물을 짜 놓았느냐는 듯 발을 딱 오므리고 죽은 듯이 처박혀 있다가 무엇이 걸리면 쏜살같이 달려나와 항문에서 굵은 거미줄을 무더기로 뽑아내 순식간에 그 먹이를 꽁꽁 묶어 버리는 것이었다.

여름철이면 어느 집 처마밑에서나 볼 수 있는 거미집이다.

그런데 이경봉은 그걸 무심하게 보지 않고 그 무엇인가 결심을 했다.

'거미!'

그 거미란 놈의 계획과 꾀.

엉터리없는 원모에서 치밀하게 엮어 나간 그물. 그 그물에 먹이가 걸렸을 때는 번개처럼 뛰어나와 칭칭 얽어매 버리는 민첩한 행동.

그 거미의 집짓는 모양을 날이 어두워질 때까지 보고 있던 소년 이경봉은 자기도 거미처럼 살아 보고 싶었다.

사람의 꿈이나 희망도 야릇한 계기에서 기발한 착상이 떠오르고 이를 구체화하여 꽃피워가는 것이다. 이경봉은 무엇보다도 거미의 치밀한 본능이 좋았다.

하룻밤 새의 성공은 없다. 포획물을 위해 거미가 실을 짜나가는 것처럼 자신이 원하는 것에 집중하고 단기·중기·장기의 목표를 세워야 한다!

기왕에 이런 약팔이로 나선 몸이라면 잔뼈가 아직 굳지도 않은 시절부터 쌓아올린 견문과 경험을 살려 20세 때의 이경봉, 아니 30세 때의 이경봉의 계획을 세워 놓으리라.

과연 이경봉은 그 후에도 거미를 무척 좋아했던 것 같다.

뒷날 그가 크게 성공해 청심보명단으로 이름을 떨칠 때도 그 청심보명단 약봉지에 큼지막한 왕거미를 그려 그걸로 상표를 삼았다.

"자, 거미표 보명단!"

"자, 약 사시오, 왕거미 집을 짓는 보명단! 먹으면 쿨룩쿨룩하는 기침이 딱 멎고, 꽉 막혔던 체증이 봄눈 녹듯 스르르, 봄색시 눈웃음처럼 스르르, 자! 거미표 보명단 가지고 왔소."

이렇게 외쳐대면서 팔던 창심보명단은 그 거미표가 인상에 남았던지, 나중에는 '청심보명단'이란 약이름보다 그냥 '거미약'으로 시골 사람들에겐 통용되었다.

그래서 그 거미표가 아주 유명해지자 이경봉은 자기의 상권을 확립하기 위해서 1908년, 그 거미표로 상표등록을 하려고 했다.

仁川 濟生堂 主人 李庚鳳씨가 淸心保命丹을 발명하야 蛛票로 商標삼아 一年에 수백만 봉씩 발매하는지라 該商標를 통감부 특허국에 請願承認하야 專賣權이 有한 故로 李氏가 특허국 조례를 의하야 該局에 청원하얏더니 蛛票는 日本國에서 기왕부터 발명한 상표인 고로 承認이 못 된다더라(1908).

아직 한일합병도 되지 않았던 통감부 특허국 시절인데 어떻게 해서 통감부 특허국은 그 거미표가 기왕부터 일본에서 발명하여 쓰고 있는 상표라는 이유로 이경봉의 상표 출원을 받아 주지 않았다.

설령 한일합병 후 빼앗긴 나라라 할지라도 일본은 일본이고 조선은 조선이다. 연방정부를 형성해 가지고 있는 것도 아니요, 동일한 헌법 아래서 통치되는 것도 아닌 조선왕조의 통감부 특허국이 그처럼 월권행위를 할 수 있는가?

일본 인단과 경쟁하는 이경봉의 청심보명단을 그들은 음으로 양으로 방해했던 것이다. 일본 인단 장사들을 보호하기 위해 부당한 탄압을 이런 약사행정까지 발휘한 것이다.

부자동명이 웬말

사람은 태어나면서 각각 운수와 수명을 갖는다. 목숨이 길고 짧은 것이나 흥망성쇠는 모두 하늘이 준 것이다. 어떤 사람도 자신에게 천명으로 내린 춘하추동이 찾아오는 것을 막을 수는 없는 모양이다.

이경봉이 나이 33세로 죽자 그 제생당 대약방의 청심보명단은 그의 아들인 여덟 살짜리 이일동(李日東)이 그 상권을 유산으로 인계받았다. 그러나 겨우 여덟 살의 상속자는 아직 어린아이여서 모든 경영권은 그의 어머니가 맡아서 하게 되었다. 그런데 그 무렵만 해도 지금과는 세상이 또 달랐다.

가족제도 자체가 대가족주의요, 또 제생당의 영업 방법도 이경봉의 형이 인천에서 본포(本鋪)를 두고 거기서 제약 행위를 했던 것이니까, 자연히 이경봉이 죽은 제생당 대약방의 운영권은 인천에 있는 큰집으로 넘어갈 수밖에 없었다.

여덟 살짜리 이일동의 과부 어머니가 아무리 신식물을 먹고 한두 번 양장을 하고 종로를 약 광고 모델삼아 걸어가기는 했어도 여자는 여자요, 또 늙지도 않아 마음이 싱숭생숭한 과부였다. 그런 과부가 앞에 나서서 남자들과 섞여 약방을 경영할 수가 없었던 것이다.

물론 그보다도 몇 해 앞서 헤이그 밀사사건의 주인공이던 이준 열사의 ○○부인이, 우리나라 최초로 거리에 나가 상점을 보는 여점원을 한 일이 있기는 했어도 그것은 어쩌다가 큰 여걸이 하는 짓이요, 보통 여자로는 엄두도 못 냈던 일이다.

1920년대까지, 유교사상이 뿌리박혀 완고한 보수적 기질을 가진 대구 같은 데서는 여자가 점포에 나와 앉아 있을 때는 나지막한 병풍을 쳐 놓고 형식상이나마 내외하는 습관을 보였다.

여자가 점포에 나가 남자들과 상거래를 한 것은 1920년대가 훨씬 지난 뒤였다.

1920년대 전후해서야 최남(崔楠)이 경영하던 동아부인상회나 화신백화점 화장품부 같은 데서 여점원을 두기 시작한 적도 있지만 그것은 서울에서의 이야기이다.

이경봉이 죽은 후 제생당약방은 형식상으로는 여덟 살짜리 아들이 인계했지만 여기에 또 하나의 문제가 생겼다.

즉 제생당약방 개설 허가는 당사자가 살아 있을 때까지만 유효한 것이었기 때문에 새로 딴사람 이름으로 허가증을 갱신하자면 자연히 청심보명단의 대명사나 같았던 '이경봉'은 '이일동'으로 바뀌어야만 했다. 장사를 하는데 있어서 10년 가까이 귀에 익은 '이경봉'이란 이름이 지워진다면 '제생당 대약방'의 이미지도 흐려지고 말 것은 당연한 일이다. 장사를 위해, 아니 자기 아버지가 쌓아올린 상권을 지키기 위해 여덟 살짜리 아들은 법원에 개명신고를 내어 '이경봉'으로 이름을 바꿔 버렸다.

말하자면 아버지도 이경봉이요, 아들도 이경봉이 된 것이다.

아버지 이경봉을 이경봉 1세, 아들을 이경봉 2세라고 통칭하게 되었는데, 이것 역시 그 당시로는 상상도 할 수 없는 비상조치였다.

우리나라에서는 도저히 생각할 수도 없고, 가능하지도 않는 일이었기 때문이다.

서양에서는 그게 가능하지만 우리나라에서는 수천 년 이래 그런 일이 없었다.

아니 자기 아버지의 그림자도 밟지 못한다는 것이 유교의 가르침이었다. 자기 아버지의 그림자도 밟지 못하는 터에, 어찌 자식의 도리로 아버지의 이름자를 부를 수 있는가?

"무슨 자 무슨 자 할아버지."

"바를 정 자 길할 길 자 할아버지께서……."

이름을 똑같이 짓기는 고사하고 이름자를 직접 부를 수도 없기 때문에 자기 조상을 얘기할 때는 이와 같은 식으로 표현하였던 것이다. 또 자기 아버지가 '경'자 돌림이면 그 아들이나 손자 이름에는 경자 돌림은 그만두고 직접 그 경자가 아니고 음만 '경'으로 나와도 안 된다고 해서 딴 글씨나 음운으로 바꿨던 것이다.

그런데 아무리 돈이 좋고 상권이 좋은들 자기 아버지 이름을 자식이 개명까지 하면서 제 이름으로 삼을 수 있는가?

보통사람 같으면 못할 일이지만 이경봉 집안에서는 그런 것쯤은 그렇게 문제삼지 않을 만큼 훨씬 개화(?)해 버렸던 탓인가?

……今에 本人이 本堂 영업을 상속하옵고 또한 통감부 특허국 등록상표법에 상업의 信用을 效하기 위하야 改名以庚鳳하옵고 一般業務를 本人의 從兄에게 委任처리 하오니 內外國僉位께서는……

漢城 南大門 濟生堂 大藥房 主任 李庚鳳

代辯土任 李興國

支配人 金永七(1903).

이로써 여덟 살짜리 이일동, 아니 이경봉이 제생당 대약방을 유산으로 인계받고 자기의 사촌 이흥국이 모든 일을 처리해 나갔던 것이다.

그러나 어떻게 된 일인가?

소문난 잔치 먹을 것 없더라고 그처럼 유명했던 이경봉의 제생당 대약방은 '난부자 든거지'로 나타나는데 그 까닭은 무엇인가?

당사자인 아버지 이경봉만이 알 일이다. 어쨌거나 얼마 가지 않아 이 여덟 살짜리 상속자 이경봉은 인천에 사는 제생당약방 본포 주인인 큰아버지와 재산 분쟁이 일어나 빈털터리가 되고 말았다.

결국 이경봉 2세의 어머니와 큰아버지 사이에 재산싸움이 벌어져 과부 어머니는 어린 자식을 안고 한푼도 없는 빈껍데기로 물러난 것이다.

그 싸움은 꽤 여러 해 동안 계속되었던 모양이다. 그러는 동안 재판 비용으로 얼마 남은 유산까지 모두 날려 버렸다. 그러나 아들 이경봉은 머리가 뛰어나 홀어머니가 삯바느질로 대주는 학비를 가지고 인천 상업학교에 입학했으며 학교 성적은 항상 1등을 달렸다.

그 아들 이경봉의 머릿속에서는 자기 아버지가 화려하게 쌓아올렸다 어이없이 허물어진 청심보명단의 명예를 자기 손으로 기어이 되찾아 보겠다는 결심을 도저히 버릴 수가 없었다.

환상이기도 했고, 이상이기도 했다.

아니 그가 이룩해야 할 목표이기도 했고 의무이기도 했다.

이경봉의 아들이 점점 자라자 홀어머니는 자기의 설움과 외로움을 그 외아들의 몸에 걸고 몸이 부서져라 잡일을 해가면서 뒤를 거들었다. 아들 이경봉은 그 뒷바라지를 받아 하루하루 더 굳은 결심을 했다.

"너의 아버지는 훌륭하셨다. 맨손으로 자수성가하여 그만큼 명성을 쌓아 올리기도 어려운 일이었지. 조선땅은 물론 멀리 만주에까지 뻗쳤던 그 수완……."

어머니가 들려주는 아버지의 애기로 그의 결심은 더욱 굳어져만 갔다.

이경봉 2세는 인천상업학교를 다니다가 조선약학교에 들어가 약 공부를 하기 시작했다. 아버지가 쌓아올렸던 성을 탈환하기 위해서는 자기도 약이 무엇이라는 것을 알아야 했기 때문이다.

조선약학교는 우리나라 최초의 양약 전문학교로, 그 학교를 졸업하면 약제사가 되었다. 그 무렵 최고의 양약 전문학교였던 셈이다.

1926년 아들 이경봉은 전교에서 제일 우수한 성적으로 졸업했다고 한다.

　2세 이경봉은 약제사가 되자 다시 웅장한 사옥을 지었다. '제생당 대약방'이란 간판 밑에서 대성공을 거둬 1930년대 우리나라 약업계의 대표적 인물이 되었다.

　자수성가의 약업 이세.

　이경봉이 다시 맨주먹에서 제생당 대약방을 현대적 제약회사로 대확장할 수 있었던 것은, 어느 일본인 독지자가 약학생인 이경봉

별전

의 재주와 성실성을 보고 자본을 대어주었기 때문이었다.

이경봉 2세는 조선약학교 시절 일본 독지가가 무이자로 대부해준 돈 5백 원을 손에 쥐자 용기백배하였다. 야심과 환희가 차오르기 시작했다. 그때 돈 5백 원이면 큰 액수였다. 그런 돈을 이자 없이 한 학생에게 빌려준다는 것은 그리 쉬운 일이 아니었다.

그 일본인은 이경봉 1세가 쌓아올린 제생당약방 시절부터 거래가 있던 고객의 한 사람이었던 것으로 밝혀졌다. 그 아들 이경봉 2세가 아버지의 명성을 재건하기 위해 심혈을 기울여 공부하는 모습을 보고 감격한 나머지 어린 학생에게 선뜻 5백 원을 빌려 준 것이다.

이경봉은 그 5백 원 대금을 받아 낮에는 학교에 다니고, 밤에는 자기손으로 청심보명단을 빚었다. 그것을 어머니에게 넘겨주면, 어머니는 옛날 낯이 익었던 고객을 찾아다니며 다시 거래를 트기 시작했던 것이다.

인생이란 원래 육친의 희생 위에 쌓여지는 번영에 지나지 않는다. 육친의정성과노력이거름이되어꽃을피우게되는것인지도모른다.

눈물을 흘려 가며 빚어 내는 그 청심보명단으로 제생당약방은 어느 결엔가 다시 빈 껍데기 안에 살이 차오르고 크기 시작했다. 그 일본 독지가가 무이자로 빌려 준 5백 원을 5년 만에 깨끗이 갚고 사옥도 태평로 한복판에 2층으로 확장하였다. 그리고 다시 옛날처럼 인력거채에 청심보명단의 깃발을 요란스럽게 달고 풍악을 잡히면서 종로거리로 선전대가 퍼레이드를 벌였다. 옛날의 대제약업체 제생당약방이 재현되었던 것이다.

그 제생당약방이 지금은 어떻게 되었을까? 진짜는 간데 없고 전국 곳곳에 그 제생당 이름을 딴 약방들만 수없이 흩어져 원조의 신화만을 추억하고 있는 것은 아닌지⋯⋯.

금융왕 조병택
신뢰할만한 사람임을 먼저 증명하라

큰 손자국의 편린

紅樹洞天에 화려한 廣大家屋을 置하고 수천 석 추수하는 대지주가 되어 一時 경성실업계에 誰也某也하던 조병택군은 36만 원의 債務로 화병이 돌발하야 黃泉의 不歸客이 되었다. 此可謂富則多死……(1924).

1924년에 쌀 한 섬에 37원, 그러니까 한 가마에는 18원 50전 꼴이요, 금은 한 냥쭝에 6원이 못 갔었다.

그때 조병택은 무려 36만 원이란 빚을 진 채 사망했다.

부채도 재산이라니까, 36만 원의 빚이면 삼청동(三淸洞) 일등 주택지 땅값으로 쳐서 1만여 평짜리 대지를 살 수 있던 돈이다.

또 1924년 5월 그즈음 서울에서 가장 비싼 땅은 어디였을까?

서울의 땅값 변동은 이 무렵을 고비로 크게 그 판도가 달라졌다.

지금은 명동이나 남대문로 2가, 충무로나 강남 일대가 서울의 노른자위가 되어 평당 수천만 원에서 억대에 이르는 곳도 있다. 그때

는 서울의 근대화, 산업도시화의 중심권은 역시 일본사람이 나와서
판을 치던 충무로·명동 쪽이 노른자위. 이 충무로·명동 일대에 미
스코시 백화점·정자옥(丁字屋)·명동성당·조선은행·일본인 상가들
이 즐비하게 늘어서서 종래의 북촌(北村) 일대나 종로보다 훨씬 빨
리 발전했기 때문이었다. 그러나 엄밀하게 따지고 보면 1924년 무
렵 서울시내에서 제일 땅값이 비싼 곳은 종로였다.

조선총독부가 남산 왜성대(倭城臺) 쪽에서 경복궁 앞으로 옮겨오
게 되자 잠을 자고 있다시피했던 서울 북촌의 땅값은 갑자기 오르
기 시작했다. 삼청동·소격동 일대가 평당 25원, 적선동 일대는 평
당 40원. 그러나 이 북촌에서도 길에서 좀 멀리 떨어지거나 상업지
대 혹은 고급 주택지가 못 되는 곳은 평당 4원짜리까지 있었다.

당시 최고의 땅값은 지금 화신 백화점이 있는 종로 네거리 일대
였는데 평당 최고 1천 2백 원에 거래되어 장안사람들을 깜짝 놀라
게 한 일이 있었다.

종로 네거리의 땅값은 근일에 이르러 한 평에 1천 2백 원이라
는 高價로 사고 팔고 한다고 한다. 조선의 중심되는 서울의 땅값
이 이제야 비로소 1천 원을 부르게 된 것은 오히려 너무 늦었다
는 생각이 없지 않다.

이럴 때에 36만 원이란 빚을 지고 사망한 조병택의 집은 창신동
651번지, 전화는 2187번이었다. 조병택은 1831년생. 한때는 서울
장안에서도 내노라하는 실업가였고 대지주였다.

하의도(荷衣島) 애기가 나왔을 때 하의도를 홍우록이 조병택에게
팔았고 조병택은 다시 목포의 괴아(怪兒) 정병조에게 팔았다고 설
명한 일이 있었다.

그 사고 판 연대가 분명히 알려지지는 않았지만 조병택도 4백 31
만 평이나 되는 하의도·상태도·하태도 등 세 섬을 한때는 완전히

자기 손아귀에 넣었던 거부였다. 그뿐만 아니라 1906년 한일은행을 설립한 은행장이었고 그 뒤 백인기와 은행주도권을 놓고 치열한 혈전을 벌였었지만 이 문제는 근 16년이 지날 때까지 고집 있게 버티어 1912년 한일은행에 민영휘(閔泳徽)가 진출해 들어오기까지는 조병택이 끝내 그 은행의 왕좌를 차지하고 있었다. 그때의 은행장이란 직함은 지금의 은행장과는 그 성격이 판이했다. 아직 자본과 경영이 분리되지 못했던 시절이니까 월급쟁이 은행장이 아니라 최다주주가 은행의 주인인 은행장 노릇을 했다.

1906년 조병택이 중심이 되어 설립했던 한일은행은 순수한 민간 자본만을 가지고 설립했던 순수 민간은행으로서는 우리나라 최초였다.

한일은행을 설립하면서 은행장 조병택이 얼마를 출자했고 그의 재력이 얼마나 되었는지는 분명하지 않다. 그러나 1910년 한일합병될 당시 우리나라의 3대은행이던 대한천일은행·한성은행·한일은행의 총 불입자본금 합계가 16만 4천 원이었던 것이니 꼭 한일은행만을 들어 약체 은행이라고 할 수도 없었던 것이다. 그리고 그 무렵 조병택이 정병조에게 하의·상태·하태도 4백 31만 평을 판 땅값으로 받은 돈만도 5만 7천 원이었으니끼 조병택의 재력도 대단한 위치었다.

한일은행을 설립했던 초대 은행장이며 경성상업회의소 대표 조병택은 1890년대 후반부터 1900년대까지 약 20년 동안 한말의 경제계 한쪽을 들었다 놓았다 했던 거부였다.

그러나 조병택은 숟가락 하나, 깨진 소나무 소반 다리 하나 도움이라고는 받은 적 없이 오직 자기 두 발로 뛰어다닌 덕택에 자수성가한 사람이었다.

남자가 글만 많이 배우면 기백이 약해지고 소심해져서 이것 재고 저것 재고 좌고우면하면서 한나절을 다 보낸다. 그런 사람이란 아는 것만 많아서 입으로만 결판질 뿐 아무 행동력도 없는 샌님일 뿐

이다. 지식만으로는 힘이 될 수 없다. 아는 것 많은 대학교수가 할
일 따로 있고 일선 동장(洞長)이 할 일 따로 있다. 아무리 아는 것
많은 대학교수라도 일선 동장을 맡게 되면 아마 열에 넷은 대부분
부하직원에게 속을 것이다.

한말 무렵, 거부장자들의 출신이 거의 다 문과 출신의 선비들보
다 무과 출신의 선달들이 많았던 것도 이런 인간여건 때문이었다.
시대의 추이에 대한 전기(轉機)·전신(轉身)이 빠르고 또 대담한 행
동력이 그 기질상에 배어 있기 때문에 한말의 거부출신으로는 백남
신·백완혁·김인오·박기종 등이 있었지만 그 대표적인 인물을 찾는
다면 조병택도 빼놓을 수 없는 사람이다. 그 조병택의 내력을 이야
기하기 전에 한때 조병택이 얼마나 큼직한 손자국을 남기면서 장안
거부로 등장했는가 하는 편린부터 먼저 엿보자.

宮內府制度局 理事 金溶濟씨가 各宮에 申飭하야 所管各庄土를
—— 調査하야 백성 등이 各宮의 勢를 빙자하야 田土를 私相 매
매한 것을 일병 公屬케 하는데 天一銀行長 趙秉澤씨의 田畓 二千
石秋收租하던 것을 見奪하얏다는 說이 有하더라(1906).

한자리에서 2천 석 추수하는 땅덩어리를 입으로만 말하는 것은
간단하겠지만 2천 석 전답이면 지금 우리나라의 논 한 평에 평균 3
만 원씩 계산해도, 2백 평 한 마지기면 6백 만 원이 되고 그 6백
만 원을 4천 번 곱해야 논 4천 마지기, 논 4천 마지기라야 1년에 2
천 석을 도조로 받는 법이니 2백 40억 원짜리 땅이 된다.

그런데 무슨 액운이 끼었는지 1906년 궁내부에서 각 왕궁장토를
정리할 때 조병택은 한꺼번에 2천 석 도조를 받는 한 덩어리가 날
아가게 되었던 것. 그 내막은 차치하고라도 웬만큼 큰 부자가 아니
면 감당할 수 없는 손재수였다.

조병택의 출신을 두고 《조선인물관(朝鮮人物觀)》에서 설명했다.

조병택은 苧布貿易과 1894년에 있었던 청일전쟁 당시에 軍糧米를 대주고 富脈을 잡았던 것이다.

　……氏는 본래 父祖의 遺業은 無하고 自手로 治産하야 一大資本家를 成하얏는데 苧麻布 무역과 竹洞宮의 信任을 受한 결과인지 明治 27~28년 淸日戰爭 당시에 不少한 軍糧을 日軍에 捐納한 奇績이 有하나 世人은 不知하는 바이오.

전쟁은 돈벌 기회

인간의 생애에는, 중대한, 중대한 위기가 세 번은 있다. 아이에서 어른이 될 무렵의, 무분별한 색정…… 그리고 장년기의 혈기만 믿는 투쟁심. 그것으로 끝나는가 생각했더니 또 하나 있다. 불혹(不惑)을 넘어서 나는 이제 완성되었다고 생각하는 자만심이다.

위기는 기회다. 이를 잡아야 한다. 운이란 결코 팔짱을 끼고 있는 자를 저 앞에서 손짓해 부르거나 일부러 길을 열어주지 않는다.

조병택은 맨주먹에서 일어나 청일전쟁 때 일본군을 상대로 한 군량미와 저마포 장사로 일약 수십만 장자가 되었던 것이다.

구체적으로 조병택이 어띤 게기를 운으로 잡아 저마포 무역에 손을 댔고 또 청일전쟁 때는 어떻게 군량미를 조달하게 된 기회를 탔는지는 자세하지 않다. 그러나 미루어 판단해볼 때 그 무렵에 군량미를 가지고 한바탕 움직였다면 그야말로 내막이 뻔한 일이다.

갑오년 동학 난리를 진압한다는 명목으로 아산(牙山)·진위(振威)·평양 일대로 왜병과 청병이 교전하면서 수만 명 부대가 상륙해 왔다. 전쟁과 군량미는 실과 바늘의 관계. 더구나 청일 양군의 싸움터인 우리나라에서 군량미는 항상 모자라게 마련이요, 그런 때일수록 양곡의 가격은 뛰어올랐다.

짐작컨대, 조병택이 갑오동학란이 일어나기 직전에 엄청난 양곡을 쌓아 두었다고 가정할 때 그 양곡은 전쟁바람을 타고 값이 몇 배씩 뛰었을 것은 뻔하다. 거기다 어느 나라건 전쟁이 나면 으레 흉년이 겹쳐 곡식값을 부채질한다.

난리통에 제대로 모를 내지 못한 논바닥들. 목숨을 구해 농사와 집을 버리고 산속으로 피난을 다니는 백성. 그 백성들조차 굶주리게 마련이니 전쟁터에서 쌀값이 뛸 것은 너무나 당연한 일이다.

한국 전쟁 때 쌀 한 되는 어떤 가치를 지니던가? 금도, 돈도 가치가 없었다. 피난을 내려온 서울 사람들의 집문서 한 장이나 부잣집 비단이불 한 채도 불과 쌀 몇 되 값이었다. 여기다 조병택은 그 청일전쟁의 뒤안에서 군량미인 쌀·콩만으로 재미를 본 것이 아니었다.

그는 마포(麻布) 무역에서도 전에 없는 전쟁 호경기를 맞았다.

그건 또 무슨 말인가?

대개 큰 홍수 끝에 삼베 값이 오르는 것은 하나의 상식이다.

물난리가 거쳐갔다면 으레 전염병이 도는 것이다. 그런 전염병 끝에는 지금하고 달라서 많은 사람이 죽어 갔다.

지금이야 호열자·장질부사라도 병이 돈다 하면 방역관리가 철저하여 사람이 무더기로 죽어 나가는 일은 거의 없다. 의학이 그만큼 발달한 탓이다. 그래서 현대인의 평균수명이 4, 50년 전에만 비교해도 무려 20년은 더 길어졌지만, 한말시대만 해도 괴질이 한번 돈다 하면 한 마을에서 몇십 채씩 상여 안 나가는 날이 없어 흙내가 고소한 공동묘지의 지장 귀신만 좋아하게 하였다.

그럴 때 상여——상복——삼베의 함수관계는 너무도 자명하지 않은가? 하물며 청일전쟁 싸움난리가 물 한 번 지나가는 홍수에 비길 재난이었겠는가?

홍수보다 열배 백배나 무섭고 혹독한 재난이었다.

전쟁이나 화약냄새를 풍기게 되면 총에 맞아 죽는 사람의 수도 많거니와 자연히 전쟁 끝의 굶주림을 타고 무서운 괴질이 만연되는 것이요, 이 동네 저 동네에서 상두꾼 방울소리가 '어화넘자'로 너울

거리지 않는 날이 없으니 마포값이 뛰어 오른다. 이처럼 전쟁·굶주림·질병·마포·쌀은 모두 한줄에 꿴 담뱃발 가닥처럼 줄줄이 이어져 연쇄반응을 일으키는 것이 공식처럼 되어 있다. 그런 때에 조병택이 어떻게 그처럼 귀신같이 앞일을 내다보고 저마포와 군량미를 쌓아놓고 운을 잡아 당당한 거부로 성공할 수 있었던 것일까?

그러나 소도 언덕이 있어야 비빈다. 조병택이 아무리 날고 기는 재주가 있다고 한들 밑천없이는 경국(傾國)의 재물을 움직일 만한 큰 장사가 가능했을 까닭이 없다.

그때 조병택의 장사 밑천을 밀어준 사람이 죽동궁(竹洞宮) 민영익(閔泳翊) —— 물레는 돌고 씨아는 귀로 돈다.

조병택이 그 죽동궁 돈줄을 등에 댄 이상에는 마음놓고 장사수단과 배포를 자랑해 단시일내에 거부탄생의 장(章)을 쓸 수 있었을 것은 뻔한 일이 아닌가?

그러나 조병택은 소년시절부터 이승훈·민영기들처럼 등짐을 짊어지고 장판을 떠돈 사람은 아니요, 그가 그런 부맥(富脈)을 잡은 장사꾼으로 변신한 것은 아무래도 나이 30이 훨씬 넘어서인 것 같다.

그는 조선달(趙先達)로 떠돌다가 죽동궁을 등에 업고 무과에 올라 중건 또는 고급군인으로서의 경력을 지녔고 나중에는 부맥을 바탕삼아 종2품 벼슬까지 돈으로 샀던 것 같다.

官職으로는 구한국 시대에 武科 출신으로 訓練院主簿·훈련원 判官·管理署副管理·勅任議官을 經하얏고 品位는 從二品에 陞하얏으며…….

청일전쟁 당시 죽동궁의 후광을 업고 큰 이익을 잡았던 조병택은 그 뒤 1904년 러일전쟁이 일어났을 때도 역시 시리(時利)를 잡아 쌀과 콩·쇠가죽·계란 등을 사재기하여 또 한번 명상(名商)의 명수(名手) 풀이를 했다.

조병택은 한말 군수거부(軍需巨富)요 전쟁 상인인 셈이었다.

쌀과 콩, 전쟁물자의 하역작업 등으로 막대한 돈을 잡은 조병택이 건곤일척 갑작스러운 이익을 거듭 잡고 한꺼번에 많은 토지를 사들일 수 있었던 것은 러일전쟁 당시 닭과 계란에 손댔기 때문이라는 말도 있다.

사람이 출세를 하는 것도 그렇지만, 돈이 쌓이는 속도 역시 항상 파란만장한 격동기에 좁은 골짝 벼락치듯 빨리 이루어진다.

십수 년 전에 경험한 에너지파동·석유파동도 그 하나일 것이다. 중동 지방에서 석유란 놈이 재채기 한번을 하니까 세계의 경제가 고뿔이 드는데, 우리나라에도 그 여파가 밀려왔다.

당장 석유류 값이 뛰고 동대문 시장의 물가가 움직였다.

지금이야 공정거래법이나 독과점품목 등의 물가, 하다못해 쇠고기 한근, 목욕값 몇백 원까지도 고삐를 묶어 정부가 생필품값 안정을 위해 감시를 하고 또 컴퓨터를 동원하는 세무 사찰이 뒤따르고 있지만 석유파동이 처음 밀려올 때까지만 해도 양상이 좀 다르지 않았을까?

쉬운 얘기로 재벌급 메이커는 그만두고 웬만한 지방에서 큰 대리점이나 도매상을 경영하는 석유류 제품상인, 면사상인, 하다못해 비닐장판 상인까지도 재고량에 따라서 인상가격 발표와 함께 얼마나 웃고 우는 희비극을 연출시키던가?

환율 한번 변할 때도 시장은 술렁거리며 움직인다.

이치는 마찬가지였다.

난세 부자 탄생

사람도 난세에 영웅이 나는 것처럼 돈도 격변기에 새 부자를 탄생시킨다. 평상시에는 10년에서 20년 걸려야 벌 수 있는 돈을 파동의 시대에는 단 몇 년 만에 벌 수 있기 때문이다.

그런 시대에도 기회란 잡을 용기가 있는 사람에게만 오는 것이다.

폭풍은 무섭지만, 노련한 뱃사공은 오히려 그런 세찬 바람이 바다를 덮어올 때 돛을 올려 하룻밤 사이에 수천 리씩 배를 몰아가는 것 아닌가? 그런 점에서 조병택은 러일전쟁 당시에도 달릴 마당을 찾은 대마(大馬)요 시리마(時利馬)였다.

그런 격변의 물결이 가장 집약되어 나타난 것이 전쟁.

지금도 그렇겠지만 전쟁 양상이 다분히 전근대적 모습을 드러냈던 러일전쟁 당시까지만 해도 싸움터 후일담은 훨씬 구수한 편이었다. 우선 전쟁에는 항상 특수한 경기가 장마전선의 구름처럼 따라다닌다. 전쟁이라고 하면 총알과 대포만 터지는 걸로 안다면 그것은 백면서생 같은 책상 위의 공부이지 장사꾼의 공부는 아닐 것이다.

우리가 6·25 한고비를 겪으면서 많은 사람이 전쟁의 재난에 눈물을 흘렸지만, 한편 기업이나 장사 면에서는 숱한 상업의 기회를 점쳐 큰돈을 잡은 사람이 얼마든지 나왔던 것이다.

전쟁을 하자면 병력이 움직일 뿐만 아니라 전선을 지탱하기 위한 막대한 물자의 소모가 따른다.

일본의 미쓰이나 오쿠라 기하치로 같은 거부도 군함과 병기와 무기 장사, 그리고 병력 수송의 배삯 장사로 일어난 재벌들이 아닌가.

그러나 우리에겐 청일·러일전쟁이 이땅을 휩쓸어 갔지만 한몫을 볼 만한 근대기업이란 그때까지 아무것도 없었다.

당시 우리나라 서선지방 굴지의 거부이며 민족대표 33인 중의 한 사람이던 이승훈이 자기의 전재산과 돈운을 걸고 쇠가죽장사를 했다가 일패도지(一敗塗地), 다시 재기하지 못하고 쓰러졌던 일은 유명한 일화로 남아 있지만, 의외에도 천재적 상인이던 조병택은 계란과 닭을 사재기해 일약 거금을 잡은 것이다.

이렇듯 행운은 준비가 기회를 만났을 때 찾아오는 것이다.

1904년 러일전쟁.

일본은 제정 러시아에 덤벼들었지만 일본이 이기리라고는 아무도 생각할 수 없었다.

원숭이가 잔재주를 부린다고 해서 어떻게 러시아의 곰을 당할까?

명치유신을 하여 일본이 밤낮으로 호밀대처럼 키가 컸다고는 하지만 아직 장딴지에 힘살도 안 박힌 왜국이 러시아를 무엇으로 당하겠느냐?

싸움은커녕 씨름도 안 되겠다고들 했다. 그런데 만인의 당연한 예상은 허망하게도 뒤바뀌고 말았다.

그만큼 일본으로서는 국운을 건 도박이요, 싸움이었다.

《매천야록》을 보면 당시 서울에서 인천까지 깔린 왜병만 5만 명이요, 군마가 1만 필이어서 서울에 들어온 왜병들은 창덕궁·원구단(園丘壇) 등 장안 18개 곳에 진을 쳤다.

連營屯駐 買西門外民家數百區

서대문 밖의 민가 수백 채를 사서 군마의 마굿간으로 썼으며, 한강 연안에다가도 줄줄이 군막을 치고 야영을 했다.

서울·평양·의주·대련·봉천으로 바람같이 북상하는 군대였다.

서울 이북에만 왜병들이 쑥밭을 이룬 것은 아니었다.

동래에서 대구·남해에서 남원·군산에서 전주·평양에서 진남포·원산에서 성진으로 진을 쳤던 것이며, 그 무렵 일본이 움직였던 병력은 상비병이 40만 명, 예비병이 40만 명, 유격병 20만 명의 1백만 명 선이었다고 한다.

이렇게 엄청난 전쟁 한판이 지나가는데 천하의 상인 조병택이 팔짱을 끼고 앉아서 눈을 멀뚱멀뚱 하고만 있을 것인가?

'시국이 어수선하다. 우왕좌왕하다간 마파람에 게눈 감추듯 인생 다 지나간다.'

그렇게 혼잣말을 하는 조병택도 어수선한 시국이 걱정되었다. 그러나 이 시점에서 자신이 원하는 것이 진정 무엇인지 집중해 보았다. 그러자 묘안이 떠오르기 시작했다.

조병택은 재빨리 무역해 둔 미두(米豆)섬을 창고 안에 넣어 두고 서울로 정세를 탐색하기 위해 올라갔다.

'시국은 어떻게 될 것인가? 전쟁은 일본이 이길까, 러시아가 이길까?'

고개를 갸우뚱거리고 생각해 볼 겨를도 없이 어느새 서울바닥의 인심은 좌하게 귀가 돌고 말았다.

'노국놈이 이기면 볼장 다 본다. 그 엉큼한 아라사놈들이 조선사람을 그냥 둘 리가 없다. 초록은 동색이라고 기왕이면 이번 전쟁은 왜놈이 이겨야지.'

대련이 깨지느냐, 의주가 무너지느냐. 일본 아니면…… 어차피 맞을 뺨이면 은가락지 낀 과부손에 맞아 보자는 생각일까?

까마귀떼처럼 밀려들어오는 일본 군대에 기가 질린 백성들은 질겁을 하게 놀랐고 왕실과 대신들도 엄정중립을 표방했지만 벌써 싹수가 오나가나 '기오쓰게' '도쓰게끼'의 일본판이다.

용산에 주둔한 왜병 진영에 고종도 눈치를 보아 가며 은화 28만 원, 삼펴주(三鞭酒) 20병, 왜주(倭酒) 30병, 소 50마리, 궐련 1백 상자, 천구연초(天狗煙草) 3단 상자, 지궐련 30만 갑 등을 위로선물로 보내 비위를 맞추었다.

러일전쟁이 나자 물가가 뛰기 시작했다.

달걀값이 뛰었다.

짚과 멍석, 가마니값이 뛰었다.

쇠가죽값이 뛰었다.

판자와 대나무값이 뛰었다.

개값이 뛰고 닭값이 뛴다.

그러더니 조병택이 쌓아놓은 곡식값은 정말 두길 세길씩 껑충껑충 뛰어올랐다.

물론 왜병들은 저희들 나라에서 군량미를 가져오지 않은 것은 아니었다. 있는 수송력을 다 동원해서 콩과 보릿자루를 실어왔지만 물처럼 퍼 써야 하는 엄청난 전쟁 수요를 당해 낼 수가 없었다.

又徵藁秸, 竹竿·木板·鷄及卵於閭閻 責富戶出米 倭給準直 而官吏攘竊

(일본군은 전쟁을 함에 따라 군막을 치고 가마니에 모래를 넣어 다리를 놓아 군마와 병기를 건네기 위해 가마니를 무한정 사들였다. 야영할 때 필요한 짚이며 장대·송판·닭·달걀도 보이는 대로 거두어 갔고 또 부자들에게는 쌀을 내놓도록 했다. 물론 일본사람들은 모두 그 값을 쳐서 주었지만 한국 관리들이 제 백성의 것을 도둑질해 먹었다.)

러일전쟁 한판을 해보기 위해 일본은 20년 간 국력을 축적한 것. 쉬운 예로 전북 남원에 주둔한 일본병사들의 군량미만도 춘향이가 놀던 광한루에다 무려 6만 부대나 쌓아두었다고 《매천야록》은 설명하고 있지만, 조병택이 손댔던 달걀은 정말 얼마나 뛰었는가?

'달리면서 먹는 물건.'

쉽게 휴대하고 다니면서 간식거리로 먹는 달걀은 그야말로 날개 돋친 듯 팔렸다.

"달걀 사시오 달걀!"

"빠가(바보)."

"나 박가(朴哥) 아니오."

"코라!"

"안 곯았어요!"

일본군 주둔지역을 찾아다니면서 '코라'나 '빠가' 소리로 헛배를 채우면서 달걀을 파는 조선인 행상.

조병택은 수하에 둔 행상꾼과 배를 전부 풀어서 먼저 경상도 쪽으로 내려보내 구포에서 삼랑진·왜관·상주·안동 일대에서 나오는 달걀과 장닭·암탉을 전부 모가지를 획획 비틀어 몰아오게 했다.

그래 놓고, 자기는 일본군 부대를 찾아갔다.

"계란이노 사소!"

"요보상, 계란이오?"

일본군 부대는 계란이라면 얼마든지 사들였고 값도 조병택이 흥정을 거는 대로 올려줄 수밖에 없었다.

왜냐하면 경상도 일대의 계란이 이미 조병택의 손에 다 들어가 있으므로 일본군 부대는 아무리 비싸도 조병택의 달걀을 사들일 수밖에 도리가 없었던 것이다.

그까짓 닭이나 달걀이 오르면 얼마나 올랐기에 조병택이 그걸로 한몫 잡더란 말이냐?

거상치고는 너무 좀스런 장사에 손을 댄 것 같다고 할 터이지만 당시로서는 계란 군납 정도가 그렇게 작은 이익일 수만은 없었다. 계란장사는 러일전쟁 경기가 어찌나 좋았던지 무려 원가의 8배 장사나 했던 것이다.

실례를 들어 보아도 1890년대에서 러일전쟁 직전까지는 모든 물가가 별로 큰 변동이 없었다. 그러다가 전쟁이 터지는 1904년을 고비로 모든 물가는 껑충껑충 뛰어오르고 있었다.

한 되 7전 하던 쌀은 20전으로 뛰어 근 3배 가까이나 폭등을 했다. 품삯도 일등목수가 보통 70전을 받다가 전쟁수요·철도 건설붐을 타고 2배가 되는 1원 40전 내지 1원 50전으로 올랐다.

배에서 짐을 내리는 하역인부도 전수품(戰需品) 붐을 타고 눈코 뜰 새 없이 바빠 품삯이 50전에서 1원 20전으로 뛰었다. 이발값도 덩달아 12전에서 30전으로 뛰어 올랐다.

이처럼 전쟁경기를 타는 상품은 보통 2배 아니면 3배로 뛰어올랐지만, 계란은 무려 7, 8배나 뛰었던 것이다.

16전 하던 닭 한 마리가 65전으로 폭등을 했다.

계란은 한 줄〔10개〕에 4전 5리씩 하더니 무려 35전으로 뛰었다. 러일전쟁은 실로 사상 유례가 없는 계란 폭등을 가져왔던 것이다.

'전쟁이 터지면 계란을 사라!'

대체 어디서 나온 경제학인지는 몰라도 조병택은 장사를 학문으로 배운 것이 아니라 느낌과 영감과 기지로써 배워 남보다 빠른 눈으로 전쟁터의 이면을 볼 수 있던 사람이었다.

이렇게 해서 조병택이 계란값 폭등으로 무려 7, 8배의 깜짝 놀랄 이윤를 얻은 뒤 그 다음 또 한번 힘을 잡은 것은 1907년의 쇠가죽 경기였다.

바람난 쇠가죽 값

경상도 김천·대구 지방의 소는 지금도 많지만 그때도 유명했다.

러일전쟁이 끝나자 쇠가죽은 거들떠보지도 않았다. 그러다가 1907년 무렵부터는 또다시 묘하게 쇠가죽바람이 불어왔다.

러일전쟁이 끝나자 정세는 이미 안정을 되찾았다. 한국은 일본의 보호정치 밑에서 새로 통감부의 정치가 실시되었는데 왜 또 쇠가죽바람이 부는가?

그건 그때 새로 출발한 이토 히로부미 통감부가 신식 경찰관들을 위엄 있게 단장시키는 일 중의 하나에 구두를 신기는 사업이 벌어졌다. 관리들은 모두 구두를 신고 학교 선생님까지 긴 장화구두에 칼을 차고 교단에 서서 글을 가르치게 했다.

그 신식 구두를 만들자니 쇠가죽이 한꺼번에 필요했다. 공급이 달리자 상해에서 직접 구두를 사오고 또 일본에서 맞춰 와야 했다.

그때 조병택은 아무도 몰래 몇 달 전부터 대구 쪽으로 사람을 보내 놓고 있었다.

"대구장에 나오는 쇠가죽을 있는 대로 사들여라."

"한꺼번에 사들이면 남들이 눈치를 채니까 장날마다 시나브로 쇠장을 따라다니면서 쇠가죽을 모조리 거둬들여라.”

조병택은 남이 눈치채지 못하게 거느리고 있는 행상들을 풀어 쇠가죽을 사놓았다가 한배 두배를 채워서 서울 마포로 싣고 올라왔다.

그 쇠가죽장사에서 조병택은 무려 15배나 이문을 남겨 누구도 흔들 수 없는 거상의 자리를 굳히게 되었던 것이다.

지금처럼 시세가 거울바닥같이 맑은 때도 기회를 잡고 사람들이 매점매석이라는 상법을 쓰는데 하물며 어수룩하던 한말 경제계에서는 그런 상법이 장사꾼의 입문서요 정석이었다.

그러나 아무리 몇 배 장사 몇 배 폭리라고는 하지만 세상에 15배가 남는 장사가 어떻게 있을 수 있는가? 더구나 손바닥만한 땅덩이 위에서 넓어보았자 경상도이고 서울인데 15배 남는 장사라는 게 무슨 소리냐?

1907년 10월 18일자 〈경향신문〉 물가시세에서 필자도 몇 번씩 눈을 의심했다.

쇠가죽 가공

대구에서 상미(上米) 한 되 2냥 8전의 시세인데 서울에서는 11
냥 5전이다. 대구에서 콩 한 되에 1냥 3전인데, 서울에서는 5냥 5전이다.
이렇게 차이가 날 수 있는가. 혹시 활자를 잘못 본 게 아닐까 다
시 팥값을 살펴보니까 이것도 역시 그렇다.
대구서는 팥 한 되에 2냥인데 서울서는 8냥. 무려 4배의 차이가
난다. 이상하다. 밀을 살펴보았더니 밀은 대구에서 한 되 1냥 4전
인데 서울에서는 5냥 5전이다. 보리는 대구에서 단돈 8전인데 서울
에서는 2냥 7전 5푼.
대구 곡식과 서울 곡식값이 보통 4, 5배의 차이가 났다.
이런 물가의 차이를 보고 지금쯤 어떤 독자는 이렇게 말할 지 모
르겠다.
"그렇게 어수룩하던 때 같으면 나도 큰돈을 벌었겠다. 쌀이건 보
리건 대구에서 사들여 서울로 가져만 가면 5배가 남지 않는가?"
"아서라! 그러니 옛 성인도 하루만 먼저 내다볼 줄 알면 천하를
얻는다고 하지 않았는가"
요즘같이 장사 하기가 맑은 세상에서는 그야말로 고려 때 같은
소리지만 사실은 사실이 아닌가.
그러나 그때가 늦가을이라 시골장에는 곡식이 한꺼번에 쏟아질
때요, 또 그때만 해도 말이나 되 같은 도량형 기구가 지방에 따라
서 크고 작은 차이가 있고 무엇보다도 운반비가 엄청나던 때라 한
마디로 말하기는 어렵지만 쇠가죽도 마찬가지였다.
그때 대구에서는 쇠가죽 한 칭(秤)에 1백 60냥. 이것을 조병택은
증기선에 싣고 서울로 올려와 2천 3백 냥씩 받는 큰 이익을 낼 수
있었던 것이다.
조병택의 쇠가죽 장사 얘기를 하면서 우리는 또 한 가지 상술과
시류를 둘러싼 '운(運)'이라는 것을 생각지 않을 수 없게 된다.
정주 오산학교 설립자요, 33인의 한 분이던 이승훈 선생도 조병
택과 똑같이 러일전쟁을 무대로 한 쇠가죽 거상이었다.

똑같은 러일전쟁의 무대에서 쇠가죽 장사가 잘 될 것이라는 생각으로 뛰어들었는데 거상 이승훈은 한번에 여지없이 망해 다시 일어설 수 없을 정도로 되었고, 조병택은 큰 이익을 내 일약 부자가 된 차이는 무엇인가?

쇠가죽이 한 사람은 망쳐 놓고 한 사람은 거부로 만들어 놓았다. 그것은 불과 3년 정도의 시간 차였다.

이승훈이 쇠가죽을 매점했던 것은 1905년. 일본이 전쟁 배상금을 받아낼 수 없자 러일전쟁이 재발할 것이냐 아니냐 하던 판가름의 시기였기에, 이승훈은 '전쟁 배상금을 못 받는다면 일본 육군은 반드시 전쟁을 또 터뜨릴 것이다. 그러면 쇠가죽이 군수경기를 타고 뛴다'고 판단했다가 불발탄이 된 것이고, 조병택은 약 2년이 지난 뒤 '일본은 한국에서 특수 이익을 얻고 반드시 군국적인 관료주의 정치를 할 것이다. 그러자면 관장(官裝)과 군장(軍裝)상 구두가 등장하여 바람을 낸다'라고 보고 쇠가죽에 손을 댔던 것이다. 그것이 세상의 이치고 시대의 운이며 거상을 둘러싼 운명의 갈림길이 아닌가.

거상 이승훈도 헐값의 쇠가죽을 중국으로 가지고 가 대실패를 하지 않고 그것을 2년만 더 가지고 버틸 수 있었더리면 어떻게 되었을까.

이러고보면 성공이란 반드시 실력만으로 쟁취되는 것이 아니다. 어디선가 눈에 보이지 않는 운명의 신이 커다란 조종의 실을 감고 있는 줄도 모른다. 그 실의 존재를 깨닫지 못하고 사람들은 종종 억지로 일을 서두르는 어리석음을 자초하기도 한다.

주름잡는 큰 손

조병택은 청일전쟁 직후 우리나라에 와 소위 재정고문으로서 몇 번씩이나 화폐개혁을 하고, 궁중재산을 정리하는 등 일본 경제침략의 선도적 역할을 했던 메가타 고문의 종용을 받고 한일은행을 설립했다.

　실업계에는 京城商業會議所 會頭, 주식회사 韓一銀行頭取의 경력이 有하고 현재는 農工銀行 理事인데 曾者 目賀田씨의 권유로 한일은행을 발기 창립할새 一邊으로 該銀行 家屋건축 及 설비비용을 氏가 先富하고 三千株의 株式을 모집하야 해은행을 개업한 후 해은행의 資本이 不虆하야…….

　경성 상업회의소를 창립했고 한일은행 은행장에다 농공은행 이사이던 조병택——.

　그는 1900년대 초반에 이미 이 나라의 혁혁한 재벌가로 등장하고 있었던 것인데, 더욱이 한일은행의 발족에 맨 처음 주춧돌을 놓은 사람도 조병택이요, 한일은행이 첫걸음을 내디딜 때 필요한 모든 설비와 시설, 주주모집 등은 조병택이 앞장서 길을 열었던 것 같다.

　그러나 앞서 말한 바처럼 궁장토(宮庄土) 정리 당시에 2천 석 땅덩어리를 고스란히 날렸고 거기다 문제되었던 하의도·상태도·하태도 등 수천 석 거리를 마저 팔아서야 1906년에 소위 한일은행을 겨우 설립하게 되었다.

　그러나 이 한일은행조차 조병택은 무슨 액운이 들었는지 전라도 일등부자 백인기(白寅基)와 싸움이 붙어 주도권을 놓고 옥신각신하다가 두 손을 들어 버리고 말았다.

　조병택과 백인기 간에 한일은행을 놓고 싸운 그 한판전이 조병택의 일생에 결정적인 일격을 가한 셈.

　그때부터 한풀이에 힘이 쑥 빠져 조병택의 기울어지던 재력은 흔들거리기 시작했다.

　그러면 그 한일은행 사건은 대체 어떻게 된 것이었는가? 한일은행은 1906년 소위 재정정리를 단행할 당시 일본사람 재정고문 메가

타의 권유로 조병택·정동식·백영수 등 세 사람이 발기하여 탁지부로부터 설립 인가를 얻었던 것이다.

설립 당시의 총 주는 3천 주. 한일은행 매주에 50원씩 정하고 주주를 널리 모집했던 바 자본금 15만 원에 제1회 불입금은 3만 7천 5백 원이 모여 그해(1906년) 8월에 첫개업을 했다.

그런데 한일은행이 1906년 8월에 개업을 하기까지 은행 건물, 은행설립 준비 비용과 제반 시설 비용을 빼고 나니까 자본금은 3만 원에도 미달되는 형편.

1906년 당시라고는 하지만 불입자본금 3만 원도 못 되는 돈으로 은행영업을 제대로 하기는 힘든 형편이었다.

물론 그 무렵 3만 원이 적은 돈은 아니었지만 한 나라의 수도에 자리잡은 은행, 명색이 '은행'인데 돈 3만 원도 못 되는 자본으로 은행장사를 했던 사실을 비추어 보면, 그 무렵 원산·청진지방에 자리잡고 있던 최봉준(崔鳳俊)이 근 1천만 원대에 육박하는 재산을 지니고 있었던 점이나 서울 장안에서 현영운(玄映運) 등이 무려 7만 원대의 거대한 집을 짓고 살았던 점은 상대적으로 그들의 재산이 얼마나 큰 것이었는가 하는 점을 짐작케 해 준다. 하여간 한일은행은 3만 원을 가지고 운영을 하자니 자본이 딸려 어려 가지로 고민을 하던 중 백인기가 사이에 나서서 활약하게 되었다.

당시 백인기의 주는 50주.

백인기는 한일은행의 50주 주주로서 외교수완을 발휘, 내장원 감독 유신혁(劉臣爀)과 상의하고 왕궁에서 특별히 내놓는 내하전(內下錢)으로 3천 주를 응모하도록 주선한 뒤, 은행장 조병택에게 '3천 주는 이미 내하전으로 확보되었으므로 일반주 1천 주를 더 모집하여 모두 7천 주로 늘리자'고 주장했던 것이다.

그 7천 주와 한일은행 창립 당시의 여러 주주들이 이미 출자하기로 약조한 3천 주를 합해 1만 주로 늘린 뒤, 백인기가 전무로 들어앉는다는 조건이었다.

또 궁중 내하전을 소개하여 내놓게 한 내장원 감독 유신혁은 자기의 아우 유병연(劉秉連)에게 중역자리 하나를 내달라고 교섭하고 나섰다.

이때 백인기가 활약한 이런 교섭 내용은 은행설립자 조병택과 직접 협의한 것이 아니라 같은 주주인 정동식이 백인기와 교섭하여 이 일을 꾸미도록 추진했던 것이다.

그러자 그 백인기의 추진 상황에, 조병택은 난색을 나타냈다.

"내하전은 하늘의 뜻이니 미리 확신할 수 없다."

이러자 백인기는 그 뒤 자기가 추진한 계획에 대해 책임을 지겠다고 나섰던 것이다.

"내하전을 못 믿는다면 내하전으로 사기로 한 3천 주는 내가 책임을 지겠소."

이래서 우선 3만 원 가량을 백인기가 주선해 내놓았던 것이다.

그리고 그 3만 원에 대한 이자는 주식 이익배당금으로 몇 년 동안 정리해 나가자고 하여 일은 그대로 추진되어 나갔다.

그 뒤의 일은 어떻게 되어갔는가?

그 후 내장원경 심상훈이 조병택을 불러 은행 내용을 묻고 2만 원을 출급하면서 우선 이 금액을 당좌예금으로 임치하나 불원간 3천 주에 대한 금액을 전액 지급할 터이니 그리 알라.

그에 대해 조병택은 곧장 내장원경이 내리는 2만 원을 받아 주주총회를 열고 증자하기로 결정하였던 것이다.

그러나 모든 일이 그리 순탄하게 돌아가지가 않았다.

왜냐하면 그 뒤 잦은 정변으로 내장원측으로부터 내하전이 계속 들어오지 못했다. 거기다 내하전을 교섭해 오던 내장원경 심상훈이 얼마 지나지 않아 죽고 말았다.

뿐만 아니라 그 뒤 내하전이 뜻대로 나오지 않자 왕궁으로부터 출자는 바라기가 어려웠을 뿐만 아니라, 이미 심상훈을 통해 내려왔던 2만 원도 도로 찾아가 버리고 말았던 것이다.

이러자 한일은행은 엎친 데 덮친 격심한 자금난에 허덕이게 되었고 이에 따라 백인기는 제2단계 작전을 짜 은행을 살리려고 했던 것이다.

백인기는 '내하전 3천 주가 여의치 않을 때는 내가 책임을 지겠다'는 약속대로 3만 원을 은행장 조병택에게 대부(貸付)하기로 하고 자기 은행에 은행장 조병택의 명의로 당좌예금을 했던 것.

그런데 뒤에 백인기의 그 돈 3만 원에 시비가 붙자, 조병택은 "그돈은 백인기가 한일은행에 대부해 준 것이지 한일은행의 주를 산 것이 아니다"라고 주장하였던 것이다.

그러나 백인기의 주장은 그렇지가 않았다.

우선 백인기는 한일은행 전무로 들어가 활약하면서 한일은행의 주식을 하나하나 사들였던 것이요, 얼마 가지 않아 백인기는 한일은행의 주식 3천 주 이상을 가지게 되었고 은행장 조병택에게 대부했던 금액을 주식으로 바꾸게 되면 1만여 주에 이르게 되어 한일은행 전체 주식의 과반수 이상이 백인기의 손에 들어가게 된 것이다.

이러자 백인기는 당초에 3만 원을 '조병택에게 빌려준 것이 아니라 주식을 위탁한 것'이라고 주장하고 나와 조병택과 백인기 사이에는 은행 주도권을 놓고 치열한 싸움이 벌어졌던 것. 백인기는 조병택에게 한일은행 주식을 양도하라고 나섰던 것이다.

그러나 조병택으로서는 2천여 석의 땅덩이가 날라가고 또 여기저기 사두었던 토지가 몸살을 앓아 어떻게 몰리다 보니까 한일은행이 그 꼴이 되었지만 한일은행이야말로 조병택의 손때가 묻게 키워 온 은행이었다.

이제는 틀이 잡혀 당당한 면모를 갖춘 은행이 되었는데 이것을 그대로 백인기에게 넘겨준다면 자기는 그야말로 한심한 신세가 되지 않을 수가 없었다.

어떻게 가꾸어 온 한일은행인가?

제 손으로 집을 짓고 자기집 사랑방에 있는 책상과 걸상을 내다가 은행에 차려놓고 영업을 개시했던 것이다.

그처럼 온갖 정성과 열의가 듬뿍 담긴 조병택의 은행을 어떻게 애송이 같은 새파란 청년거부 백인기에게 내줄 수 있단 말인가? 이래서 조병택과 백인기의 한일은행 주도권 다툼은 급기야 재판으로 맞붙고야 말았던 것이다.

그러나 조병택은 백인기에게 재판에 져 한일은행을 고스란히 넘겨주고 말았던 것이요, 그 뒤 다시 엄비의 친정 집안인 엄준원(嚴俊源)과의 토지소송에도 지게 되어 결국은 울화병이 나 죽기에 이른 것이다.

조병택은 1924년 불과 20여 년 만에 무슨 사업을 어떻게 하다 36만원이란 대금(大金)을 빚지고 죽게 되었는지는 모르지만 1921년 무렵부터 말썽이 되기 시작한 엄주승·엄주익과의 30만 원 토지소송사건 역시 당시 유명한 화젯거리였다.

엄주승·엄주익은 엄비의 친정조카들이요, 그들이 중심이 되어 양정·진명여학교를 세웠던 것도 다 아는 사실이다.

엄주익만 해도 법무협판·육군참장·군부대신서리에다 평리원 재판장·육군법원장을 지내다가 한일합병을 당했던 엄비의 집안 사람이었다.

그런데 왜 같은 명문인 조병택과 엄주익은 30만 원이나 되는 대금을 놓고 서로 재판질을 했을까? 그것은 엄비의 땅을 조병택이 샀느니 안 샀느니, 땅값을 치렀느니 안 받았느니 해서 싸움이 된 것이다.

1921년 10월, 서울 삼각동 15번지에 사는 엄두영은 창신동 151번지에 사는 조병택을 걸어 경성 지방법원에 소송을 냈는데, 그 요지는 다음의 내용이었다.

'황해도 신천군 북부면에 있는 5백 섬지기의 논을 엄두영 앞으로
소유권 이전등기를 해주든지, 아니면 그 대금(代金) 15만 원을
내라. 또 그동안 그 토지에서 나온 벼 소출 1만 8천 2백 25석의
대금 18만 2천 2백 57원을 합친 33만여 원을 내라.'

이것으로 보면 벼 1만 8천 2백 25섬의 대금이 18만 2천 2백 57
원이라고 했으니까 벼 한 섬 값이 약 10원. 그러니까 쌀 한 가마에
10원이 된다는 계산이며, 33만 원 소송이면 쌀 3만 3천 가마가 걸
린 재판이 되는 셈이다.

그런데 엄두영이 조병택을 걸어서 소송을 한 청구요지는 다음과
같다.

'황해도 신천군 북부면에 있는 5백 섬지기 토지는 원래 조병택의
소유였는데, 1904년 6월 조병택은 대금 3만 원에 엄비에게 매도
하였으나, 엄비는 그 관리〔토지〕를 계속 조병택에게 맡겨 왔다.'

그러니까 여기까지 보면 조병택은 하의도 세 섬에 4백 31만 평만
있는 것이 아니라 우리나라에서 제일 옥토요 땅값이 비싸다고 치던
황해도 신천군에도 1만 마지기의 땅을 1904년 그때에 소유했던 거
부였으며, 1904년 당시 그 땅 1만 마지기를 엄비에게 3만 원에 팔
았다면 그때 시세로 논 한 마지기는 일등답으로 쳐서 30원이라는
것을 알 수 있다.

1903년(광무 7) 대한 천일은행 급료표를 보면 다음과 같다.

영친왕(英親王) 은행장 월봉 50원
이용익(李容翊) 부은행장 월봉 25원
민병석(閔丙奭) 평의장 월봉 25원
서기(書記) 사무원 월봉 15원

그때는 대한 천일은행 전체 안에 은행원이라야 20명도 못 되던 시절이었다. 그때 서기나 사무원이라면 지금으로 치면 은행의 부장급 정도는 될 터인데 월급이 쌀 한 가마 반이 아닌가?

또 이런 물가시세로 보면 논값이 굉장히 비쌌다는 것도 알 수 있다.

은행장이던 영친왕의 월급이 쌀 다섯 가마값이니까 쌀도 지금 우리가 생각하는 것처럼 그렇게 혼전만전한 백미시대(白米時代)는 아니었기에 쌀 3만 3천 가마가 걸린 소송이라면 눈이 휘둥그래질 큰 재판이 아닐 수가 없는 것이다.

조병택은 그 신천군 1만 마지기 논을 엄비에게 팔아먹은 후에도

조병택은 공부상 소유증명이 없으면 여러 가지로 불편하다고 해서 엄비는 문부를 빌려 주었고 또 조병택에게 신탁 양도 계약을 해주었던 바…….

엄비는 나중 그 토지를 자기 친정 조카인 엄주승에게 양도한 뒤, 조병택에게 문부를 다시 돌려달라고 하다 보니까, 조병택은 이미 그 문부를 동양척식회사에 잡히고 돈을 얻어 쓴 것이 발각되었다는 것이요, 또 조병택은 그 토지를 일본사람 야마모토 아이노스케에게 팔아 버렸는데, 1921년 7월 21일자로 엄주승은 조씨와의 신탁 관계를 해제하고 엄두영 자기에게 토지를 넘겼으니 그 토지를 되돌려 달라는 청구 요지였다.

조병택은 그 토지를 엄비에게 팔았던 것은 사실이나 다시 엄비에게서 그 토지의 값을 치르고 샀다고 주장했다.

첫째, 황해도 신천군의 그 토지는 1905년(광무 9) 白銅錢 1백 50만 냥에 엄비에게 팔았다.

둘째, 1907년(광무 11) 엄비가 엄주승을 사이에 넣어 '원가격

으로 還退하자'고 하여 조병택은 '그렇게 할 수 없다' 하니까 엄비쪽에서는 '그러면 紙錢 2만 원에 물리자'고 했다는 것이다.

이것으로 보면 그때 지전 2만 원이면 백동전 1백 50만 냥과 비슷한 액수라는 것이요, 조씨는 그렇게 하기로 하여 1만 원은 엄주승이 받아가고 또 1만 원은 엄주승이 보낸 엄주익이 와서 받아갔다고 맞섰던 것이다.

그 신천군 토지사건은 1922년 12월 13일자로 원고이던 엄두영이 패소하고 말았다.

그 뒤 무엇이 어떻게 되었는지는 몰라도 2년 뒤인 1924년 6월에는 조병택이 엄주승을 걸어서 20만 원 손해배상 청구소송을 하였다. 그해가 바로 조병택이 사망하던 해요 36만 원의 빚을 지고 화병이 나 있다고 했는데, 조병택의 주소는 창신동 151번지에서 605번지로 바뀌어 있었다.

그렇다면 조병택은 그 3년 내외에 빚에 쪼들려 집을 줄여서 옮긴 것일까?

그때 엄주승의 주소는 서린동 115번지로 나타나는데 조병택이 엄주승을 걸어서 20만 원 손해배상 청구를 낸 것도 분명 신천군의 그 토지 관계인 듯한데 조병택이 청구한 21만 8천 5백 83원이란 액수는 무엇일까?

아마 이 소송은 지법과 복심법원을 오르락내리락하면서 엎어졌다 뒤집어졌다 하였고, 그때 조병택이 소장(訴狀)에 붙인 인지값만도 1천 8원이었다니까 소 20마리값이 넘는다.

바로 그해의 물가는 좋은 황소 한 마리에 50원이 나갔다.

그 뒤 그 소송사건이 어떻게 처리되었는지는 자세하지 않다. 그러나 엄주익·엄주승 등이 양정·진명학교를 운영했던 자본금은 엄비가 가지고 있던 황해도 신천·재령일대에 있던 토지로써 그것도 학교재단으로 거의 다 흡수했던 것으로 보아 아마 조병택과 소송이 걸렸던 그 토지도 양정·진명학교 재단과 관련이 없을지…….

자고 가는 저 구름아

조병택의 빚이 어떻게 처리되었고 그의 후손들이 어떻게 되었는지는 알 수가 없다. 여기다 조병택의 거금도 뚜렷한 흔적 한자리 못 남기고 뭉게구름 흐르듯 지나가 버린 것만은 사실인 듯하다.

"사업에는 영원한 적이란 있을 수 없고 다만 영원한 이익이 있을 뿐이다. 친구를 하나 더 사귀면 길이 하나 늘지만, 적을 하나 만들면 담장이 하나 더 생긴다. 장사를 하면서 누군가와 적대관계를 갖고 있다면 그만큼 손해를 본다는 뜻이다. 그런 경우 즉시 최선을 다해 화해하는 것이 현명하다. 마음을 가다듬고 중용지도로 생각하라. 그러면 깨닫지 못했던 세상만사 쉽게 풀리고 크고 중요하게 생각했던 것들도 별 것 아니었음을 깨달으리라."

조병택은 이러한 경구를 몰랐던 것일까. 그러나 그는 곡절 많은 후반생을 겪으면서도 아주 구두쇠 같은 사람은 아니었던 모양이다.

일단 백인기와의 싸움에서 지고 자기가 설립했던 은행까지 빼앗겼을 때도 그는 자기 분수를 알았던지 아니면 복잡한 세상만사의 티끌 속에서 잠시라도 벗어나려고 그랬던지 동대문 밖 홍수동에다 으리으리한 별장을 지어놓고 하늘로 떠가는 구름을 보면서 마음을 달랬던 것이다.

정말 인생이란 이 얼마나 황망한, 그리고 살벌한 시간의 연속인 것일까.

紅樹洞天에 화려한 家屋을 置하고 수천 석 추수하는 대지주가 되야 일시 京城實業界에 誰也某也하던 조병택군

장안의 명원(明園)으로 유명한 홍수동 별장이었다.
그런데 이 홍수동 별장은 이미 1914년 당시에도

同氏는 교육에도 注力하야 氏가 거주하는 동리에 一學校가 無함을 개탄하야 私立共成學校를 首唱 창립하얏고 于今은 世事에 斷念하고 城東紅樹里에 別莊을 作하야 閑雲野鶴으로 伴侶를 作하고 但願長醉不願醒이라 하니 소위 四時之序에 成功者退耶아

역시 게는 제 몸뚱이 크기를 생각해서 구멍을 판다.
아무리 한일은행을 빼앗기고 재산이 기울어져 가는 조병택이었지만, 그래도 아직 장안 넓은 바닥에서 조병택이라는 이름 석자를 내세우면 모르는 사람이 없을 만큼 그는 쟁쟁한 재산가였다.
조병택은 인생사의 영고성쇄의 때를 알고 있었다. 예고없이 다가오는 뜻하지 않았던 운명의 함정. 발버둥치면 칠수록, 화를 내면 낼수록 그 함정의 입은 더 벌어지는 것을 그는 알고 있었다.
자기의 두 주먹, 두 다리만으로 당대에 만석꾼 하나를 거뜬히 이룩해 놓은 조병택은 깊은 생각 끝에 일단 사업계 일선에서 은퇴를 한다. 조병택은 홍수동 별장에 은거하여 달 구름 바람을 즐기며 만년을 보냈다.
1914년에 그 면모를 구경한 어느 기자는 이런 글 한 대목을 남겨놓고 있다.

紅樹有感 동대문에서 차를 내려 지팡이와 늦인 걸음으로 紅樹洞 洞天을 접어드니 앞시내와 뒷동산에 이른꽃은 떨어지고 늦은 꽃은 새로 피어 萬紫千紅의 황홀한 풍경은 일시 유흥을 도울 뿐이라 장황히 기록할 바이 없도다. 그러한 洞壑에 어떤 사람의 경영인지 新舊製로 一大家屋을 건축하는데 화려 굉걸한 모양이 진실로 城內城外의 甲第라 할 만하기로 그곳 居民에게 물은즉 이는 곧 재산가로 유명한 조병택군의 별장이라 하거늘 記者이 탄식하야, 때여때여 可히 성인의 세상이라 하겠도다. 이왕 한국시대로 말하면 경향을 물론하고 소위 재산가라 하는 사람들이 포악한 政

슈을 견디지 못하야 재산만 보전치 못할 뿐 아니라 생명까지 보전치 못하고 무삼 죄인과 같이 의복음식과 거처출입을 임의로 못하얏거늘 오늘 저와 같이 활동을 시험하니 엇지 聖上의 덕택이 아니리오. 紅樹洞 막바지로 향한즉 전일 政黨의 채찍을 잡아 사회를 휘동하얏던 尹孝定군의 별장을 바라보니 굉걸한 가옥과 울창한 山林에 한가히 누워서 風雲의 악한 꿈을 깨고 泉石의 재미를 희롱한즉……. 그 홍수동천(紅樹洞天)에 화려한 굉대가옥을 짓고 살았던 창신동 옛 집터가 지금쯤은 어찌 되었는가?

철마 박기종

희망은 절망속에서 피어남을 알라

천민의 자식

한국철도사·부산향토사(釜山鄕土史)·한국교육사, 아니 우리나라 근대기업사의 첫 페이지에 등장하는 인물 박기종(朴琪淙) ——

어떻게 생각하면 조선시대의 이땅 위에 무슨 '철도왕'이며 '기선왕'이 있었겠느냐 하는 의문부터 앞실 것이다. 그 망국의 불모지에서 몸부림쳤던 서러운 기업사(企業史)는 차차 얘기하기로 하고 우선 '박기종이 누구냐?' 하는 데서부터 얘기를 풀어가야 할 것 같다.

박기종의 가계(家系)는 어떻게 되고 또 그 막대한 재산의 향방은 어디로 갔는가.

다만 그가 뒷날 대금을 잡은 뒤, 경상도의 거부이며 구포은행(龜浦銀行)을 설립했던 명문가(名門家)에서 윤상은(尹相殷)을 사위로 맞았고, 박기종과 사위 윤상은은 남해안 일대에 많은 어장과 김해·창원지방에 넓은 땅을 가진 개항기의 대사업가들이었다는 사실은 뚜렷하다.

그러나 코뚫이 송아지가 크면 황소 되는 것이지 황소 종자가 따로 있는가.

박기종은 이름 없는 한 빈천한 상민(商民)의 아들로 태어나 소년 시절부터 왜어(倭語)를 배우면서 인생경력을 쌓아간 것 같다. 그때만 해도 사농공상(士農工商)의 사민(四民) 중 장사치라면 가장 천하게 치던 시대였다.

쩡쩡 울리는 명문가의 형세는 말할 것도 없고 볏섬이나 하는 양반, 아니 이틀 먹을 양식만 밀리면 농사꾼 아들이라도 백수문(白首文) 천자(千字) 뒷다리를 읊기 위해 서당방 문턱을 밟던 시절이었다. 그런 사회제도, 그런 가치체계의 시대 풍속 속에 살면서 여북했으면 코흘리개 꼬마동이가 장돌뱅이들의 뺨가웃 곰방대에 부시나 쳐올리고 임방(任房) 옷목에 굴러다니는 가래침 요강이나 부시면서 자라겠는가?

그런 형세라면 조상의 족보는 구태여 따져보나마나 뻔한 얘기다.

그러나 가오리연이라고 해서 하늘 못 올라가는가?

돌아가면 바람개비요, 오르면 연이던 시대가 왔다. 웬놈은 어머니 배안에서부터 손에다 돈을 쥐고 세상에 나오느냐. 뿔갓(程子冠) 쓴 선비가 제아무리 양반이라지만 고양이 눈깔처럼 세상이 변하는 데서는 쪽을 못쓰는 세상이 왔다. 그러니 '바람'이 불어 온 것이다.

그러면 무엇이 천하고 가난했던 한 천민의 자식을 일약 '새 시대의 총아'로 허물을 벗고 어변성룡(魚變成龍)을 하도록 만들었는가? 그것은 바로 '부산 개항'이다.

박기종은 1876년 부산 개항과 함께 그 이름 석자를 내놓기 시작해서 1900년대 중반까지 개항지 부산이 낳은 최대의 인물로 등장했던 시대적 배경을 지닌다.

부산이 개항되던 1876년 그의 나이는 38세.

그는 이미 사십 고개를 1, 2년 앞둔 장년의 거부였으나 그의 전반생은 미천한 장사꾼으로 잔뼈가 굵었던 관상(館商)이었다. 뒤에 개항기의 흑색거부(黑色巨富)로 40만냥 하나를 손에 잡았던 왜어통사(倭語通事) 최재수(崔在守)의 애기를 할 때 잠깐 박기종의 애기를 비치겠지만 그 당시 박기종은 최재수 밑에서 팔상고(八商賈)의 한사람으로 등장해 상당한 재력과 수완을 가진 상인으로 인정받고 있었다.

"박기종이 요새 콧수염을 길렀다지?"

"허허, 그 무감 양반이 짜가사리 수염을 길렀으면 볼 만하겠는데"

"볼 만하고 말고. 잠만 자고 나면 그 콧수염에다 맹물 발라 빗질을 한다는 걸."

"여하튼 그만 했으면 인물이야. 남처럼 많이 배우기를 했어, 자랑하고 내놓을 조상이 있어? 순전히 제힘으로 그만큼 됐으면 큰 인물이지."

박기종이 가진 무기는 부산 왜관 팔상고의 한 사람으로 어릴 때부터 익힌 눈치와 상재(商才), 그리고 어려서부터 왜관 쓰시마(對馬島) 상인들을 상대하면서 배운 일본어가 밑천이 되었다.

그 왜어를 가지고 우리나라 사람과 일본사람과의 사이에서 거간(居間)으로 구문(口文)을 받아 부(富)를 축적했던 것이다.

그 돈으로 그는 지금의 부산 중부경찰서 앞바다에 해당되는 논치 영선동(瀛仙洞)에 어장을 두고 있었고 또 김해군 대저면(大儲面) 일대에도 수천 두락(斗落)의 땅을 가지고 있었다고 전한다.

이것은 지금도 그의 증손자 박동민(朴東民)씨의 증언과 그의 집에 소장된 박기종의 사진이나 유물에 의해 드러나고 있다.

그중 한 대목을 살펴보면

1880년 5월 通政大夫, 1883년 8월 嘉善大夫, 1886년 10월 3일 부산항 경찰관, 1893년 4월 多大浦 僉節制使 겸 동래 監牧官, 1893년 7월 부산항 司檢官, 1894년 전령진 수군 첨절제사, 1898년 정3품, 외부 참서관 주임관 五等, 1900년 중추원 의원

이렇게 혁혁한 출세가도를 달리던 박기종의 모습은 그의 나이 40 고개가 가까워서야 나타나기 시작했던 것이요, 그 이전의 박기종은 왜관 팔상고 상인에 불과했던 것이다.

그러나 1876년 부산이 개항되면서 한일간에 교섭이 빈번해지자 이땅에는 갑자기 왜어(일본말)를 쓰는 사람이 크게 소용되기 시작했다. 싫다던 왜놈에게 문을 열어주고 상종을 하자니 그럴 수밖에 없었다.

일본과 수교를 맺으면서 우리나라에서는 1차(1876년) 김기수(金綺秀), 2차(1880년) 김홍집(金弘集) 등 두 차례나 수신사(修信使)가 화륜선을 타고 일본으로 들어갔다.

또 1882년에는 소위 신사유람단(紳士遊覽團)이라는 것이 생겨 대거 일본에 들어가 일본땅의 신문명을 보게 되었다.

그 신사유람단 때 들어갔던 사람들이 김옥균(金玉均)·홍영식(洪英植)·박영효(朴泳孝) 등 뒷날 이나라 개화당의 골수세력들이었는데 이처럼 대일 교류가 활발해짐에 따라 자연히 일본말을 아는 왜어 통사들이 많이 등장하게 되었던 것이다.

그때까지는 우리나라의 통사라고 하면 거의 다 청(淸)나라에 드나드는 중국어(中國語)를 쓰는 사람들이거나 왜어 통사도 약간은 있었지만 그들의 직위란 종 9품에 그쳐 요즘으로 치면 말단공무원에 불과했던 것이다.

거기다 해마다 중국으로 드나드는 사신(使臣)들을 따라다녔던 사역원(司譯院)의 중국말 통사들만 잘 팔리고 수입도 괜찮은 탓으로 통사라면 으레 중국말이 판을 쳤을 뿐 왜어 같은 것은 돌아보지도 않았다.

그러던 것이 한일수호조약이 정식으로 맺어져 부산이 개항되고 우리나라 사람이 수신사다 신사유람단이다 해서 대거 일본 출입을 하기 시작하면서 부산쪽의 왜어통들이 팔리게 된 것이고 그에 따라 박기종도 얼굴을 내밀었다.

우선 박기종은 1876년 김기수의 수신사 일행이 일본에 맨 처음 발걸음을 디뎠을 때도 근 20일동안 그를 수행했으며 또 1880년 김홍집(뒷날의 총리대신)이 수신사가 되어 일본에 들어갔을 때도 수행원이 되어 따라 들어갔다.

1880년 김홍집이 제2차 수신사로 일본에 들어갔을 당시의 수행원 명단을 보면 군관 윤웅열(尹雄烈), 사헌부 감찰 이조연(李祖淵), 지석영(池錫永)·박기종 등 모두 39명이었다.

이 명단에서 보이는 것처럼 뒷날 관찰사·군부대신 등으로 혁혁하게 이름을 날렸던 윤웅열이나 개화파의 선두에 나서서 활약한 이조연, 그밖에 우리나라에 최초로 우두를 수입하고 의학교(醫學校)를 세웠던 지석영 등과 함께 박기종도 군관(軍官) 겸 통역관으로 떠났던 것이다.

신사유람단이 일본에 갔을 때도 그들은 보통 다섯 사람이 한 조(組)가 되었고 그 조마다 왜어를 쓰는 통역관이 한 명씩 따랐으니 그중에서도 박기종처럼 나이도 지긋하고 이미 별장(別將) 벼슬을 하고 있던 사람은 금방 눈에 띄어 상류층과 교제를 할 수 있었던 것이다. 그러니까 박기종은 한일수교가 맺어진 이후 우리나라 사람으로 메이지 시대의 일본에 맨 처음 발을 들여놓았던 사람중의 하나이다. 따라서 그가 직접 일본에 가서 견문하고 온 신지식은 실로 대단한 것이 아닐 수 없었다.

시리(時利)는 기리(奇利)를 낳고

그러나 별장 박기종이 장사꾼으로 눈을 돌려 성공을 거둘 수 있었던 것은 무엇이었을까?

무슨 사업이든 세상의 변화에 절대적인 영향을 받는다. 누가 먼저 시대의 흐름을 파악하여 재능을 발휘하느냐에 따라 일을 도모할 수도 있고 허송세월로 흘려 보낼 수도 있다. 시리에 밝다는 것은 그만큼 기회를 많이 잡을 수 있다는 뜻도 된다. 일을 도모하려면

반드시 시류(時流)를 타라. 승부근성으로 기회를 만들어라. 난세가
영웅을 만드는 것도 이와같은 이치이다.
　부산개항 바람은 결코 박기종 혼자서 맞은 시리가 아니었다. 다
만 박기종은 남보다 먼저 그 시리를 보는 '눈'을 길렀다는 점 뿐이
며 그 개항바람을 타고 밀려 들어오는 전대미문(前代未聞)의 '기리
(奇利)'를 박기종은 남먼저 잡은 것이다.

　開港以來 外貨入國之物 厥價甚廉 商民轉販 獲奇利 未數年 倭之
狙詐 甚於我人 皆我國奸民導之也 外貨入國者十 則人造居其九 我
貨出國者十 則天然居九 甚矣 我人之頑鈍也 蓋其入國者 不過繪表
緞鍾綵漆 淫巧奇邪之物 而出國者 擡米豆皮革金銀…….
　(개항이 되자 화륜선에 실려 들어오는 갖가지 상품은 거의 다
헐값이고 값이 쌌다. 그 때문에 그것(수입품·양품)을 받아서 파
는 장사꾼들은 모두 큰 돈을 벌었다. 그러다가 몇 해 못가서 왜
인들이 속여 먹기를 심히 하였는데 그것은 다 왜인장사들의 앞

한국 최초의 기관차, 1899

잡이 노릇을 하는 간상배 때문이었다. 왜인들이 가져오는 물건이 가령 열 개 중에 아홉 개가 인조물(공산품·가공품)이면 우리가 내다 파는 것들은 열중에 아홉 개가 모두 천연자원 그대로다. 심하도다. 이 나라 백성의 어리석음이여! 또 대개 수입해 들여오는 그것들은 비단 위에 그림(물감)을 그린 것이거나 교묘하게 만들어낸 가공품들 뿐이요, 우리가 내다 파는 것은 쌀·콩·가죽·금·은 등 원료 상품들이었다. 이러고서야 나라살림이 마르지 않고 어떻게 견디겠는가?)

《매천야록》의 한 대목도 이렇게 지적하고 있지만 실지로 개항 바람을 타고 들어온 새 풍물지(風物誌)에는 석유·광목·옥양목·성냥·비누·양초·양재기·양은그릇·왜사발·양철동이·양산·구두·혁대·거울·시계·장갑·양말·지갑·화장품······무엇무엇해서 신식 상품이 한꺼번에 기록되기 시작했다.

그중에서도 개항 직후 부산에서 박기종이 손을 댄 것은 가마니·새끼·송판·벽돌·시멘트 같은 건축자재였다고 한다. 그렇다면 부산을 개항하기 전에는 왜인이 부산바닥에 전연 없었고 서양상품들이 전연 들어오지 않았느냐 히면 물론 그런 것은 아니다.

개항 이전에는 소위 '왜관(倭館)'이라는 무역처를 따로 두고 그 왜관에서만 왜인 장사꾼들과 마음대로 거래할 수 있도록 조치했었다. 거기다 우리나라 장사꾼들이 왜관 울타리 안에 들어가서 장사(交易)를 하자면 낱낱이 동래부사(東萊府使)의 허가를 받아야 했고 또 개인들은 왜관(약 12만 평) 울타리 안에서 밖으로는 한발짝도 나올 수가 없었던 것이다.

또 개항 이전 부산에 들어와 장사를 하던 자는 어디까지나 쓰시마 사람이었지 일본 본토인들은 들어올 수가 없었다.

그런데 개항이 된 뒤에는 세상이 달라졌다. 개항이 되면 개화기가 되고, 개화가 되자면 부싯돌 대신에 닥성냥을 그어야 했고,

핫바지 대신에 양복을 입어야 했다. 그 달라지는 세상에 재빨리 순응할 수 있는 요건을 체질적으로 갖추고 있던 사람이 바로 박기종이었다.

그러나 부산개항이 되었다고 해서 왜 그 많은 동래사람 중에서 하필 박기종만이 큰 부자가 되었던가.

앞에서도 말한 바와같이 박기종은 개항 직후 부산땅 거의 절반을 일본사람에게 팔아먹은 현영운(玄映運)이라거나 부산 앞바다만이 아니라 남해안 일대 74개처의 어장을 몽땅 카시이 겐타로에게 팔아 넘긴 의친왕 이 강과 같은 '거물'도 못 되었다.

다만 박기종은 어디까지나 장사꾼이었다.

그러므로 왜관장사를 다니면서 익힌 왜어를 밑천으로 삼아 재빨리 상기(商機)를 보고 거기서 오는 '기리(奇利)'를 잡아 하나하나 큰 사업을 벌여 갔던 것 같다. 그것은 박기종이 상기의 변수(變數)를 보는 예리한 눈을 가졌던 탓이었다.

당시 개항지 부산으로 들어왔던 양대 외래상품은 석유와 광목. 그러나 그것에 못지않게 소자본으로도 큰 재미를 볼 수 있는 인기 상품은 일본에서 들어오는 벽돌과 송판이었다.

개항지 부산의 일본 지경(地境) 안은 해마다 인구가 늘어났다. 이러자면 왜인이 되었든 청인이 되었든 제일 먼저 집부터 지어야 했다. 아무리 웃통 벗고 살기 좋아하는 왜인들이지만, 그들도 두 다리를 가진 사람인 이상, 둥지부터 틀어야 솥단지를 건다.

자, 이제 집을 한 채 지어보자.

아니 시간이 급하니까 여러 목수를 한꺼번에 대어서 얼른 때려 지어보자.

소톱 든 놈, 대톱 든 놈, 소끌 대끌 자귀 든 놈, 변탕 송곳 활 비비 든 놈, 도끼대패 먹통 든 놈, 꾸역꾸역 나오더니 동산 앞 넓은 땅을 팔괘로 담을 치고 터를 닦아 집을 짓는다. 안방·대청·

행랑·곳간·네모기둥 대들보며, 선자추녀·말굽도리에 내외분합 앞
뒷퇴를 널찍하게 물림빼고, 부연을 달아놓고 알매 얹고 개와 덮
어 안벽치고 밖벽친 후, 살미살창 가로닫이 입구자로 지어놓고
안팎 중문·솟을대문·벽장·다락 더욱 좋다

이처럼 목수들이 온갖 연장을 줄줄이 꿰어차고 나와서 집을 꾸미
는데 우리네 재래식 목수는 지금처럼 쓰기 편리한 못(왜못)이나 송
판은 안들고 나오지 않는가?
　"아아, 그렇구나!"
　조선시대에 만들어진 나라의 고궁(古宮)이나 옛집을 보면 거의
'못'이라는 것을 쓰지 않았다. 쓴대도 '재래식' 못은 두껍고 투박해
서 박기도 힘들고 쓰기도 나빴다. 대개는 못을 안 쓰고 나무를 깎
아서 귀를 맞췄고, 나무의 배를 타서 마룻장도 놓았다.
　여기에 '왜못'이 등장했고 왜톱도 등장했다.
　송판과 왜못은 그야말로 박기종을 불과 수년 만에 대상(大商)으
로 만들어 주는 시리의 품목이었다. 얼른 생각하면 그까짓 송판이
무엇이 그렇게 대수냐고 할지 모른다. 그러나 그 당시 송판이라면
우리나라 사람들에게는 기막힌 인기품목이었다.
　지금이야 세 푼 송판이나 종잇장처럼 엷은 나왕 같은 것이 얼마
든지 있는 판이니 말할 것이 없지만 마루 한 장을 놓재도 통나무의
배를 두껍게 타놓은 시절이니 송판의 이용도는 대단했던 것이다.
　장사에 청탁(淸濁)이 어디 있느냐.
　박기종은 송판과 벽돌장사만이 아니라 일본에서 수입되어 오는
가마니도 취급했고 새끼장사도 했다.
　무엇 가져 올 것이 없어서 왜인 장사꾼들은 그 부피가 두툼한 지
푸라기 가마니나 새끼까지 배에 싣고 바다를 건너 들어온다는 말이
냐?
　그러나 개항 직후에는 가마니도 수입품이었다.

왜인들은 우리나라에서 벼(稻)를 사갔고 나중에는 인천 같은 개항지에 미국상인 타운센트가 직접 방앗간을 지어 정미(精米)를 한 쌀로 가져갔지만 그런 정미소가 생기기 전에는 벼를 그냥 싣고 갔던 것이다.

그러자면 그것을 담아 갈 그릇이 있어야 한다.

그런데 우리는 가마니라는 것이 없었다.

원래 우리나라 농촌에서는 '섬'이라고 해서 거적처럼 짚으로 두껍게 엮은 것을 쓰거나 멱둥구미 같은 것은 있었지만, 그것은 부피가 커서 선적(船積)에 까다로웠다. 그래서 왜인들은 저희나라에서 가마니를 들여다와서 우리 농가에 퍼뜨리고 그 가마니에다 벼를 담아오도록 하여 사갔던 것이다.

이런 가마니·송판장사를 하는 동안 부산의 인구와 무역량이 늘어나 박기종의 돈머리 수도 그만큼 늘어갔다.

일본신문은 부산에 있는 일본인 수가 6천 명이 넘으며 호수는 거의 1천여 호인데 점점 인구가 늘어가며 일본거류지 속에 음료수기계와 소학교와 사원이 구비되고 1년 무역액이 1천만 원이 지나고 구라파사람과 미국사람은 적고 아라사(러시아) 사람은 하나도 없다고 하얏더라

지금은 부산 인구가 3백만 명이 넘지만 백여년 전 개항될 그 당시만 해도 부산 한복판은 숫말 오줌 냄새가 찝질하게 풍기던 목마장(牧馬場)이었다.

변두리 해변가에는 몇십 호의 오막살이집들이 드문드문 있을 뿐이었다. 그러더니 개항 후 1896년 4월 〈독립신문〉에는 부산에 와서 사는 일본사람의 수효가 4천 58명이라고 했고 3년이 더 지난 뒤에는 6천명이 넘었다고 했다.

1899년 당시 부산거류 일본인이 6천 명이었다면 서울에는 얼마나 살았을까?

漢城五署내에 거류하는 동서양 각국 사람의 남녀 총수는 남자
가 1천 9백 1명이며 여자는 8백 명이고 호수로는 7백 여호라고
하더라

이미 꿩알 껍데기처럼 알록이 달록이가 되었다. 그러나 당시 서
울 안에 살고 있는 영국·일본·미국·독일·프랑스·이탈리아·청국인
까지 전부 합친 숫자보다도 부산에 거류하는 왜인이 더 많았던 것
이다.

부산에 있는 일본거류민의 통계숫자는 한국에 나와서 사는 전체
일본사람의 거의 절반이 넘었다.

이처럼 부산은 왜인의 거리고, 집짓는 거리가 되었다. 여기서 또
한가지 재미있는 현상이 나타났다.

부산은 어느 사이엔가 일본 '오카미상(술집 안주인)'들이 속곳 안
입고 쪽발 게다짝을 끌고 다니는 '이속(異俗)의 거리'가 된 것이다.

1896년 6월 24일자 〈독립신문〉에는 부산에 거류하는 일본사람이
모두 4천 1백 12명인데 그중 2천 1백 17명이 남자고 2천 9백 95명
이 여자라는 것이다.

이렇게 되면 4천 1백여 명 일본 거류민 중에서 여자가 8백 80여
명이나 더 많은 것이다. 이것은 무슨 현상을 뜻하는 것일까?

일본의 '오카미상'들도 부산의 황금천지로 육화(肉花)를 팔러 왔
었는가?

매도 먼저 맞는게 좋다

박기종은 그의 타고난 상재를 발휘하여 재빨리 석유에도 손을 댔다.

石油産自英美諸國　或言取之海中　或言石炭之源　或言煮石以漉之
其說不一

(석유는 영국·미국, 그밖의 여러나라에서 나는 것이라고 한다.

혹 말하기를 석유는 바닷속에서 나온다고도 하고, 석탄에서 나온다고도 하며, 어떤 사람의 말을 들으면, 돌을 삶아 그 돌의 물을 걸러낸 것이 석유라고도 하여 그 설이 여러 가지다)

이렇게 ‘경이(驚異)의 석유’를 설명해 놓고
　我國自庚辰後始用　期初　色赤而臭極惡　一合可燃十夜　不數年　色漸白臭漸淡　火力頓減　一合僅燃三四夜
　(우리나라에는 경진년 즉 1880년부터 석유가 들어와서 사용하기 시작했다. 처음에는 붉고 냄새가 몹시 났지만 한 홉을 가지면 열흘 밤을 쓸 수가 있었다. 그러더니 3, 4년 지나자 색깔도 희고 냄새도 덜 나는 석유가 들어왔지만 그 화력은 훨씬 떨어져 한 홉을 가지면 겨우 사나흘 밤을 밝힐 수 있었다고 한다)

이렇게 되면 석유는 1880년에 처음으로 들어왔던 것인데

　白石油之出　山野油實不　通國上下　非是無以燃燈
　(석유가 들어오고 난 뒤부터 아주까리·동백·들깨·관솔·쇠기름 등잔불은 씻은 듯이 없어졌고 온 나라가 이제는 석유가 아니면 등잔불을 쓰지 못하게 되었다)

석유가 한번 들어오자 우리나라의 세태는 이렇게 변해 버렸다.
얼마나 무서운 바람인가?
서양사람 타운센트가 부산 절영도(絶影島)에다 석유창고를 짓고 온 나라의 아주까리 동백기름을 전멸시켜 버린 것이다.
현대 무기를 든 ‘석유’군 앞에 아주까리·동백군은 삼지창을 내던지고 무참히 굴복하여 아예 투구를 벗어 버렸다.
이런 개항지 부산에서 타운센트 석유군(石油軍)의 별장으로 출전하여 떼돈을 번 박기종이었지만 그 박기종에 관해 맨 처음 나타난

기록은

　　박기종을 부산항 경찰관으로 임명한다

　1886년 10월 3일자 《승정원일기》의 대목이다.
　1868년이라면 부산이 개항된 지 꼭 10년 만의 일이다.
　부산개항과 함께 박기종은 첫 경찰관으로 출현했다는데 이렇다면 부산개항 이후 10년 동안이란 시차(時差)는 무엇일까?
　10년이란 강산도 변한다고 했다.
　그러나 따지고 보면 별로 시차가 없는 셈이 된다.
　왜냐하면 1876년 2월 27일자로 강화도조약(江華島條約)이 맺어졌고, 그해 8월 24일에 다시 한일수호조약 부록과 한일 무역정장규칙이 체결되어 그해 11월 12일자로 첫 일본인 관리관 콘도 마스키〔近藤眞鋤〕가 부산에 와서 사무실을 냈고, 우리나라측에서는 명목상 부산감리서(釜山監理署)를 둔다고는 했지만 실제로는 1888년에야 동래감리서 분서라는 기관을 부산에 독립해서 설치했기 때문이다.
　그러다가 1896년 8월 7일에야 본격적인 부산감리서가 설치되었다. 이러니까 박기종이 '부산항 경찰관' 발령을 받은 것은 오히려 부산에 동래감리서 분서가 설치되기 2년 전의 일이 되는 것이다.
　이것은 감리서의 보조기관으로서 경찰업무를 맡아보던 판찰서(辦察署)가 동래감리서 분서보다 2년 앞서서 먼저 부산으로 들어가 치안행정을 해오다가 부산항이 점차 기틀이 잡히고 복잡해지니까 감리서가 뒤따라 들어갔던 것이 아닌가 싶다.
　이렇게 따진다면 박기종은 우리나라 최초의 '경찰관'이 된 것이 틀림이 없다.
　당시 감리서는 부산개항지에서 일어나는 무역업무, 외국영사관의 외교문제 등을 관할하던 외부(外部) 직속기관이었고 경무서는 개항지 안의 치안을 맡아보던 내부(內部)의 소속기관이었다.

그러니까 부산에 세워졌던 판찰서의 경찰관 제도는 우리나라 신식 경찰제도의 효시라고 보아야 한다.

물론 기능상으로 보면 옛날에도 도둑을 잡던 포도청(捕盜廳)이란 것이 있었고, 또 순라(巡邏)라는 것이 있었지만 경무청이 제도상으로 처음 생긴 것은 1894년 소위 갑오개혁 때 비롯된 것이다. 그때부터 경무사(警務使)네 총순(總巡)이네 순검(巡檢)이네 하는 말도 나오게 되었지만 내용적으로는 이보다 8년이나 앞선 1886년에 박기종이 '경찰'(포도청이 아닌)이란 낱말을 띤 임명을 받았고 우리나라 근대적 경찰제도 자체도 부산에서 맨 먼저 시행된 것을 알 수 있다.

우리생명 남은생리
항구철도 광산인데
이것저것 다남주고
전국맥락 아주말려
제명맥을 제가끊고
걸핏하면 매사건에
외인고빙 제일이지
본국인은 박대하고
외국인은 후대하기
개화개화 무슨개화
제나라를 허는개화

최초의 민간기업

그후 박기종은 부산항 경무관이 되었고 1889년에는 부산감리서의 속원(屬員)으로 있던 정현철(鄭顯哲)·민건호(閔建鎬)라는 사람과 함께 기선회사(汽船會社)를 설립하였다.

그때 박기종은 경무관을 그만두고 기선회사를 꾸민 것인지 아니면 현직에 있으면서 장사를 한 것인지는 분명치가 않다.

다만 박기종은 일본기선 한 척을 사다가 그 기선꽁무니에 판선을 매달고 연안포구로 다니면서 쌀과 석유 등을 실어날랐다고 한다.

우리나라에 기선회사가 맨 처음 생긴 것은 1884년.

정부에서 해룡호(海龍號) 등 세 척을 사다가 연안 각처의 세곡미를 실어나르게 한 것이었는데 그해가 바로 갑신정변이 일어나던 해요, 그 기선회사 일을 맡은 사람은 개화당의 일파이며 고관이던 안경수(安駉壽)였다.

그러니까 1884년에 세웠던 기선회사는 정부의 관영회사였고 1889년 기선회사 설립허가를 냈던 박기종은 우리나라 최초의 민간기업인 회사의 창립자가 되는 것이다.

본회사 창립하기는 三港口(釜山·仁川·元山) 통상한 지 10여 년에 장사의 業이 흥왕치 못함은 육지로 운수하랴면 도로가 험난하고 부피가 과연다하며(너무 많으며) 물길이 비록 위험타 하나 사세가 고이연이라. 본사에서 새로 정부에 매인 해룡 윤선을 1만 원에 시고 전에 부리던 경제 윤선과 같이 각처 연해지방으로 기한을 정하고 내왕하야 장사의 物貨를 편리케 운수하야 장사의 상업을 흥왕케 하고자 하오니 그리들 아심을 바라오

이것은 박기종보다 8년이 지난 뒤의 1897년 2월 인천항 광통사(廣通社)의 의의 깊은 광고문이다.

철도가 놓이기 전의 대량 물화 수송의 기선.

그 해운사업을 두고 당시 이 나라에 와 있던 중국인 거상 동순태(同順泰)나 세창양행(世昌洋行), 일본사람들 사이에선 그야말로 황금항로의 이권경쟁들이 치열했었다.

그런데 박기종은 인천항의 광통사나 외상(外商)들보다도 훨씬 앞

서 증기선을 사다가 그 꽁무니에 판선을 달고 낙동강을 오르내리면
서 장사를 했다는 것이니 어느 모로 보나 박기종의 상술은 '한발
앞서가는' 장사라고 하지 않을 수가 없다.

요즘도 조그만 시골도시 하나를 지나가는 버스노선 하나에도 이
권이라는 것이 따라 다닌다고 한다.

하물며 사방이 캄캄한데 자기 혼자 서양 증기선을 끌고 다니면서
장사를 독점했던 한 사업가를 상상해 보라.

그뿐만이 아니었다.

박기종은 일본에 첫발을 들여놓았을 때 그 일본에서 무엇을 보았
을까?

그는 고매(高邁)한 이상을 가진 정치가도 아니요, 명문 귀족의
한 사람으로 태어난 선비도 아니었다.

그는 상인이었다. 상인인 만큼 실제적이고 현실적인 곳에 눈을
떴을 것은 당연하다.

박기종은 일본의 신식문화·근대적 공장·산업을 눈여겨 보았고 특
히 서양에서 배워들인 일본의 광산과 철도 등에 감탄했다.

그래서 그는 자기의 큰아들인 박정규(朴晶奎)를 곧 일본 사도(佐
渡) 광산학교에 보내 광산일을 공부하도록 했고, 둘째 아들 박창규
(朴昌奎)는 일본 철도학교에 유학보내어 철도학을 배우도록 했다.

그때만 해도 우리나라에는 그럴 듯한 근대적 채굴법이나 제련법
에 의해 개발된 광산이 하나도 없었으며 더구나 철도는 꿈에서조차
도 생각할 수 없었던 시절이었다.

그럴 때 박기종이 일본에 가서 광산과 철도를 보고 그것을 다 배
워올 틈이 없자 곧 자기의 두 아들을 일본에 보내어 광산과 철도에
관한 공부를 하도록 했던 것은 실로 대단한 선견지명이 아니었던
가?

그런데 박기종에게 있어 철도사업이나 어장 일은 대개 잘 알려져
있지만 그밖에도 그의 새로운 행적의 한 분야가 또 이렇게 발견되

고 있다.

　　박기종씨 등이 日人과 합자하야 농업회사를 설치할 차로 農部
로 청원하되 今我民智未開하며 器機未備하야 引水관개를 未能如
法하며……(1905)

　즉, 박기종이 우리나라에 양수기를 들여다가 일본 사람과 합자해
서 최초로 농지 개척사업 내지는 수리사업을 시작했다는 점이다.
　그 당시 우리는 조금만 논바닥이 높아도 천수답(天水畓)이 되어
하늘에서 비를 내리지 않으면 모를 심지 못했던 시절이었다.
　무자위나 고리박으로 물을 퍼 올리자면 품값이 그 논에서 소출되
는 소득보다도 더 들어 그런 땅은 봉답(奉畓)이니 천수답이니 하여
버려 두고 산도(山稻)나 밭곡식을 갈아 먹었던 것이다.
　지금은 수리조합 제도가 발달했고 또 커다란 댐을 국토 여기저기
에 막아 농용수(農用水)를 마음대로 써 흉년을 모르고 있으니까 무
슨 애긴지 쉽사리 이해가 안 갈 테지만 그 당시로서는 사활이 걸린
문제였다.
　이제는 15도나 30도 경사쯤의 야산도 모두 개간해서 과수를 가꾸
고 유실수(有實樹)를 심어 국토를 완전히 이용하고 있지만 그때만
해도 냇물에서 논바닥이 두자만 높아도 '죽은땅'이나 일반이었다.
　문전옥답(門前沃畓)으로 만산편야(滿山遍野)하게 펼쳐진 김제·
만경 들판이나 진주 앞의 남강(南江) 들판이 기름진 논바닥으로 누
워 있지만 그 당시는 이런 곳조차 갈대밭이나 황무지로 내 버려진
땅들이었다.
　농용수가 없는 농토는 불모의 땅이다.
　그런데 박기종이 일본에 가서 놀란 것은 바로 그처럼 냇물보다
한길이나 두길까지 높은 황무지에 똘을 치고 매시간 몇백 섬이나
되는 물을 펑펑 퍼올릴 수 있는 양수기(揚水機)라는 서양기계였다.

무자위나 고리박으로 물을 퍼올려 농사를 짓던 땅과 석유발동기를 돌려 거기에 양수기를 달아서 물을 펑펑 끌어올리는 그 차이.

박기종은 그런 차이를 '우리의 지식이 미비했던 탓'이요, 그 지식에 미비한 탓으로 이용후생(利用厚生)할 수 있는 새로운 과학기계를 갖추지 못했으며, 그런 과학기계를 갖추지 못하니까 자연히 우리 주변에 있는 풍부한 자원을 썩히고 있다고 결론을 내렸던 것이다.

그래서 그는 누구보다도 맨 먼저 양수기에 눈독을 들여 대대적인 농지사업을 벌였던 것이다.

연장만 굵고, 길고, 빳빳하고, 힘 있으면 늘비하게 누워 그 연장을 기다리고 있는 처녀지(處女地) 조선왕조의 땅.

그 농업회사의 자본금은 50만 원으로 하고 韓·日人이 주주가 되어 一株의 금액은 2백원으로 하야…….

박기종은 거기에 1905년 당시 돈으로 자본금 50만원짜리 거대한 회사 설립에 참여하였던 것이다.

그 당시 이 회사가 제대로 설립이 되어 운영되었는지는 분명치 않지만 처녀지 땅재미를 얼마나 보았을까?

그러면서 박기종은 물이 도는 땅에 씨를 뿌려 어떻게 한다는 것인가?

타인의 高燥田畓을 관개할 경우엔 該 전답 所收米을 2斗씩 債俸하야 관개 경비에 보충할 것이며…….

즉 양수기 연장을 대어 물없는 전답을 관개해서 농사를 짓게 해주고 논 한마지기에 벼 두 말씩을 받아들여 그것으로 관개 경비를 삼는다는 것이었다.

요즘 세상의 수세(水稅)는 얼마나 가는지 모르지만 논 한마지기에 수세가 벼 두말이면 연장 가지고 물 퍼준 대가로는 비싼 값이다.

종마(種馬)도 연장을 휘둘러 줄 때는 수고비로 콩말이나 얻어먹는 법이니까 세상에 공짜는 있을 수가 없는 것이다. 그러나 그때 세상에는 논 한마지기에 쌀 한 섬을 먹으면 상답(上畓)으로 쳤던 시절이니까 양수기 연장으로 물을 뽑아 올리는 물세는 무려 15분의 1이나 되었던 것이다.

그러나 그렇게 비싼 물세를 주고라도 양수기로 물을 퍼서 농사를 짓는 편이 낫지 그대로 황무지로 놀려두면 무슨 수가 있을 것인가?

바로 이때는 박기종이 이미 외부 참사관이나 중추원 의관(中樞院議官) 등의 현직에서 물러난 뒤 그의 나이가 60 고개에 이른 때였는데 그해 6월에 박기종은 다시 변리공사로 임명되어 있기도 했다.

종2품 閔炯植·金重煥 양씨는 특명 전권공사에 임명되고 被命하고 정3품 박기종씨는 변리공사에 피명하얏다더라

철마역사의 사령탑

그뿐만 아니라 박기종은 우리나라 최초의 철도사업가가 되었다.

국내 철도용달회사에서 官民이 자본을 합하야 서울과 원산 사이에 철도를 놓기로 인가를 얻고 役事할 경비를 예산한 즉 1천만 원이 들지라. 該社長 李載純씨와 社員 朴琪淙·이규환 제씨로 더불어 爛漫히 公議하야 가라대 지금 전국에 大小官員을 총계하면 모두 2천여 인이라. 奏任官의 월급은 10분의 2를 감하고, 判任官의 월급은 10분의 1을 감하야 철도 놓을 경비를 補用하여 역사를 끝내기로 정부에 請議한다는 말이 있다더라(1899)

허허, 박기종은 옥색조끼에 부채는 한양 서방님, 구한말 경제계의 팔방미인이구나.

개화 이래 철도·기선·금광·수도·전기·가스·전차 할 것 없이 큰 업종의 이권이라면 '코큰 서방님'들이 다 차지하고, 우리는 겨우 벽돌공장 같은 것이나 해먹는 불모지였지만 알고 보면 박기종 같은 서방님이 전혀 없었던 것은 아니다.

당시 이재순은 왕족의 한 사람이요, 고관인 탓으로 명의상의 사장일 뿐이요, 철도일의 주무는 박기종이 맡고 있었던 것이다.

또 이 기사보다 약 3개월이 앞선 4월 18일자 신문에는 박기종의 철도 일을 또 이렇게 보도하고 있다.

지나간 일요일에 철도용달회사에서 임시사무소를 南署 조동에 개설하고 투표하야 李夏榮씨는 사장이요, 池錫永씨는 부사장이요, 박기종씨는 사무장이요, 이인영씨는 평의장으로 선정하얏는데 일간에 그 사무소를 남대문 밖으로 移設한다더라

이때쯤, 춤추고 돈을 번 박기종은 벌써 '부산의 박기종'이 아니라 우리나라 철도 역사 전체를 좌우하는 인물이 되어 있었다.

그런가 하면 1902년 8월 6일자 주한 일본 공사관 기록 속에도 철도와 관련한 박기종의 기록이 이렇게 보이고 있다.

이 전문(電文)은 당시 주한 일본 공사 하야시(林權助)가 본국의 코바야시(小林) 외무대신에게 친 비밀전보로서 그 내용은

마산 삼랑진간의 철도부설권을 박기종이 가지고 있는 바, 박기종의 힘만으로는 도저히 부설될 가능성이 없다. 그래서 본 公使는 이택근(李澤根)과 김영진(金永振)을 움직여 박기종이 가지고 있는 마산·삼랑진간의 철도부설권을 경부철도회사에 양도케 교섭하려고 그 운동비로 일본정부에 4만 원을 신청한 바 있다. 그 4

만원중 2만원은 왕실에 바치고 2만원은 박기종과 이택근 등에게
지불하려 했던 바, 이택근이 본건 교섭에 성의를 보이지 않는다.
그래서 본 공사는 다시 이지용(李址鎔)에게 교섭토록 협의했으나
이지용은 운동비가 적다는 이유로 움직이지 않으므로 본건 교섭
은 일단 중지하고 있다

이 비밀외교 전문 속에 나오는 이택근과 이지용은 누구나 다 아
는 친일파 거물들이요, 대신들인 것이니 더 말할 필요가 없고, 김
영진은 또 누구일까?
　하도 막이 올랐다 내렸다 하면서 징을 자주 쳐댄 구한말 정치극
(政治劇)이라서 판이 어수선하지만, 자세히 찾아보니까 김영진도
금테 군장(軍裝)을 하고 나왔다 사라졌던 단역 정치배우.
　1905년 을사보호늑약이 체결되고 민중들이 일어나서 친일파 타도
를 벌였을 때 민영환(閔泳煥)·조병세(趙秉世)·홍만식(洪萬植)은
자결(自決)했고 민영철(閔泳喆)은 상해로 도망해 버렸었다.

　　參將金永振逃　永振與嚴俊源　表裏朋奸　行路以目之

　그때 김영진도 엄비(嚴妃)의 조카인 엄준원(嚴俊源)과 어울려 다
닌 인물이었던 것을 알 수가 있다. 이것으로 보면 박기종의 마산·
삼랑진간의 철도 부설권을 빼앗기 위해 일본공사 하야시는 황실에
2만원을 바쳐 정치공작을 할 때 엄비를 통한 고종황제의 루트를 찾
으려 한 것이고 그 엄비에게 뻗는 손길은 엄준원과 제일 가까운 김
영진을 넣어 움직이려 했던 것이다.
　박기종이 마산·삼랑진까지의 철도부설권을 획득한 것은 1898년
이었다. 또 박기종은 마산선(馬山線)뿐만 아니라 1903년에는 9월
8일자로 서울·신의주의 경의선도 관련했고(대한철도회사), 1903년
2월에는 이미 서울·개성의 개성선 부설권도 허락받았다.

　박기종의 대한철도 용달회사에서는 실지로 경원선 하나만이라도 우리네 손으로 놓기 위해 안간힘을 썼고 직접 현지조사단 7명이 원산까지 떠났던 일도 있었다.

　대한철도 용달회사에서 김명집씨 등이 일본 기사 德川熊씨 등과 합 7인이 서울서 원산까지 놓을 철도선로를 踏監할 차로 내려간다는데…….

　철도를 우리 대한사람의 손으로 놓자.
　근대 자본주의의 총아이며 기수인 철도를 놓으려 뛰어든 사업가 박기종.
　자본주의와 군국주의를 양바퀴로 삼아서 달리던 마물(魔物) —— 그 기차는 그야말로 근대경제의 시녀(侍女)이며 첨병(尖兵)이었다.
　철마(鐵馬)가 없었더라면 영국도 인도를 완전히 점령하지는 못했을 것이고 군국주의 일본이 이땅을 완전히 점령하는 데는 적어도 20년 이상은 더 싸워야 했을지도 모른다.

　　京義線 새론철도
　　나오나니 倭兵이니
　　문전옥답 좋은땅은
　　철둑길로 들어가고
　　말마디나 하는놈은
　　駐在所로 들어간다

　그러므로 일본은 경부·경의선 할 것 없이 러일전쟁을 전후해서 모두 '군용선'이란 이름으로 빼앗아 버렸지만, 따지고 보면 조선왕조 말엽에 철도부설권을 둘러싼 이권만큼 복잡다단한 내막을 보이는 것도 없을 것이다.

그러나 장구 없이는 무당이 뛰지 못하는 것처럼, 돈 없이는 사업도 못한다.

철도를 놓자면 돈이 산더미처럼 들텐데 그런 '엄청난 자본'을 어떻게 박기종이 대겠다고 나섰던가? 박기종은 벌써 한 빈민의 아들에서부터 이제는 철도에 손을 댈 만큼 큰 거부가 되었는가?

그러나 철도부설권을 아무런 턱도 없이 빈주머니만 차고 나가서 박기종이 '내가 놓겠다'고 했을 리는·없다.

대체 그 철도란 얼마나 엄청나고 놀라운 사업이냐.

모르스와 콜브란이 경인선 1백 리 철길을 놓는데 두 번 세 번씩 넘어졌다 일어섰다 하면서 코가 깨지는 고경(苦境)을 치른 것만 봐도 철도부설 사업이 얼마나 힘든 일이라는 것을 짐작케 하고 있다.

　광무 2(1898)년 8월 1일에 지금의 독일 領事 구린 씨가 우리나라 外部에 조회하야 일컫기를 서울과 인천 사이와, 서울과 신의주 사이에 철도 허락한 前例를 의지하야 서울과 원산 사이에 철도를 놓겠노라고 한 고로 그때 외부대신 서리 유기환씨가 答照會하기를, 우리나라 철도국에서 장차 차례로 놓을 터인즉 이미 약조 정한 것 이외에는 일절 외국사람에게 허락하지 아니하겠노라 하얏으며…….

이런 비장한 왕조의 결의를 가지고 박기종에게 철도 용달회사를 꾸미게 하고 경원선 부설권 등을 내주었던 것이다.

그래서 1899년 7월 동소문밖 삼선동을 깃점으로 하여 원산가도와 양주 비석거리까지 25리를 직접 측량했다.

또 박기종의 이 철도 용달회사는 '대한철도회사'로 이름을 고쳐 1903년 7월에는 다시 경의선을 놓기 위해 서울·평양간을 답사했던 것이라고 한다.

과연 박기종의 대한철도회사는 단 얼마의 거리라도 실지로 철도를 부설한 실적을 보여준 것인가?

경성에 있는 대한철도회사 사무장 박기종의 집에서 회사운영을 협의키 위해 회사측에서는 正·副社長이, 일본측에서는 명의상의 자본주로 인천 흠렁거상회의 細戶得哉 등이 회합하고 출자계약을 체결 제1회 대출금 15만 원을 지출키로 했다

1903년 9월 8일 3백여 명의 공사장 인부들은 서울 아현리(阿峴里)에서 경의선 기공식을 끝내고 약12㎞나 놓아간 것이다.

이것이 박기종 등이 놓아간 실지 공사였으나 그후 일본은 러일전쟁을 계기로 경의선도 탈취해 저희 공병대와 일진회(一進會) 패거리들로 만들어버린 것이다.

그때 박기종이 놓았던 아현동 기점의 철도는 그후 용산·당인리간에 철도를 놓을 때 그 레일을 가져다 깔았다고 한다.

그리고 일본은 박기종·서오순(徐午淳) 등이 출자금으로 내놓았던 9만 원까지 삼켜 버렸으니 '철도왕'이 될 뻔한 박기종은 시운(時運)이 나빠 움이 채 자라기도 전에 꺾여지고 만 것이었다.

세월 못 만난 박기종, 근대기업과 조서왕조…… 힘없는 조선에서 태어난 비운의 기업인들은 철도와 같은 거대한 '이권탈취'에 자본과 기술을 놓고, 또 국운을 놓고 몸부림을 쳤지만 어쩔 도리가 없었던 것이다.

우리나라에서 철도부설권이 맨먼저 나간 것은 갑오농민운동이 일어났던 다음 다음해인 1896년 3월 29일자로 미국사람 제임스 R. 모르스가 경인선 부설권을 따낸 것으로 되어 있다.

그때 모르스가 경인선 철도부설권을 따낸 것에도 많은 곡절이 따랐다.

어떤 연유인지는 밝혀지지 않고 있지만 일본 요코하마〔橫濱〕에 체류하던 미국사람 모르스는 1891년 우리나라에 와서 대판조선상무

위원(代辦朝鮮商務委員)이란 직함을 받아 가지고 미국 뉴욕으로 들어갔다.

그리고 다음해에는 미국에서 자금을 얻어 우리나라에 철도를 놓으려고 당시 주미 공사관의 참사관으로 있던 이완용을 설득했고 이어 이완용은 고종황제에게 철도부설의 필요성을 역설했던 것이다.

이처럼 모르스의 첫 입국이 1891년으로 나타나고 그 모르스는 조선에 철도를 놓기 위해 다시 미국으로 들어가 자금모집을 한 점으로 미루어 보면, 그에게 '대판조선상무위원'에 '통정대부(通政大夫)'란 벼슬을 내린 내용에 이해가 갈 만하다.

왜냐하면 모르스가 첫 입국을 하기 2년 앞선 1889년에 미국 주재 대리공사로 있다가 귀국했던 이하영이 그때 철도모형을 처음으로 가지고 들어와서 궁내부(宮內府)와 귀족들에게 열람시키고 우리도 철도를 놓아야 한다고 설명했었다.

모르스가 1892년 두 번째로 입국하여 '통정대부'라는 벼슬을 받은 날짜는 3월 24일.

그러다가 4월 12일자 《승정원일기》에는 모르스와 이완용이 경인선 철도부설 문제를 협의하는데

첫째, 부설자금은 모르스가 출자한다.
둘째, 모르스는 경인선 철도에 출자한 자금을 향후 25개년 동안에 걸쳐 회수해 가며
셋째, 그 대가로 정부에서는 모르스에게 5개 금광채굴권을 준다는 조건이었다

이러자 보수파의 정병하(鄭秉夏) 등은 '안될 소리'라고 반대를 하고 나섰다. 이처럼 완강한 반대에 봉착하자 고종도 이완용에게 진행시키던 철도개판회담(鐵道開辦會談)을 중지시키라고 할 수밖에 없었다. 이러자 모르스는 그동안 자기가 미국까지 다녀왔던 왕복

여비, 주미 공사관 자금구조비 등 은화 1만원의 배상금을 청구해 왔던 것이다.

아울러 모르스는 흥정이 깨지자 배상금만이 아니라 이황실에 대해 묵은 빚을 다 달라고 했다.

이렇게 설왕설래해오다가 조선왕조는 4년이 지난 1896년에 할 수 없이 경인선 철도부설권을 모르스에게 넘겨주고 그래도 돈이 모자라 우리나라 최대의 금광이던 평북 운산광산(雲山鑛山)을 덤으로 내줄 수 밖에 없었다.

그러자 모르스는 이듬해(1897년) 자기 친구인 타운센트와 함께 콜브란을 기사장으로 하여 인천 우각리(牛角里)에서 경인철도 기공식을 했던 것이다.

그러니까 1896년 3월 29일에 경인선 부설권을 얻은 모르스는 다음해 3월 29일에 기공식을 해놓고 멀리 미국에서 어마어마한 풍범선(風帆船)으로 침목을 실어오는 등 서둘다가 10개월도 못 된 그해 12월 31일 일본사람 시부사와(澁澤榮一) 등으로 구성된 경인철도 인수조합(引受組合)에 부설권을 팔아 넘기고 말았다.

그로 인해 일본사람들은 경인선 기공식을 1899년 4월 3일 인천에서 다시 열었다.

이것은 스티븐슨이 1814년 증기기관차를 발명, 1825년 영국의 스토크론온트렌트에서 다알링턴간에 첫 기차가 달린 75년 만의 일이요, 인천에서 서울까지 전화가 통한 지 5년만의 일이었다.

불의 철마 달리다

박기종은 무엇을 가지고 자기손으로 철도사업을 이룩해 보려고 했던가?

박기종은 비록 '불의 철마왕'의 꿈을 떡도 떡다웁게 해먹어보지 못하고 선떡으로 판을 망쳤지만 그래도 한때는 부산 일대에 상당히 많은 토지를 소유했던 것 같다.

그 실증(實證)으로 경부선 철도공사 중 부산·초량(草梁)간에 밀
집해 있는 민가들을 헐어냈을 때도

　　부산철도회사에서는 초량 철도부지 철거민들에게 박기종의 토
지로 代土를……。

내주었다는 기록이 있고, 또

　　박기종의 대한철도회사는 서울·평양간 공사를 담당했는데
(1903·7) 그해 9월 8일에는 박기종의 저택에서 회합을 갖고 회
사측에서는 정·부사장을 내고 일본측에서는 명의상의 자본주로서
인천 홈링거상회의……。

이런 내용도 보이는데, 이것으로 보면 박기종은 이때 이미 서울
에도 큰 저택을 가지고 살았던 것을 알 수 있다.
　물론 박기종은 철도사업에 뛰어들어 동분서주했고 때로는 일본사
람들과 합격해서 자의반 타의반으로 철도부설권을 얻어내 그들에게
넘겨주고 말았던 것이다.
　그중에서도 1898년 박기종이 우리나라 최초의 철도회사인 부하철
도회사(釜下鐵道會社)를 설립했던 일은 특기할 만한 일일 것이다.
　박기종은 1898년 부산에서 하단포(下端浦)까지 약 15리길에 걸
쳐 경편철도(輕便鐵道)를 놓을 계획을 세웠던 것이다.
　그 하단포는 부산항 부두에서 15리를 올라간 낙동강 하구에 있던
내륙(內陸)에의 길목이었다.
　지금은 그 하단포가 아무것도 옛 흔적을 남기지 못하고 변해버렸
지만 개항 당시만 해도 하단포는 부산으로 들어오는 모든 물자가
모였고, 다시 이 하단포에서 낙동강 7백리 내륙의 곳곳에 물자를
운반하던 상업의 요지였다.

그뿐만 아니라 이 하단포에는 김해군 명지면(鳴旨面)을 옆에 끼고 있는데 그 김해 명지면에는 우리나라 최대의 염전이 있어 그 염전의 소금이 낙동강을 타고 왜관·삼랑진을 거쳐 상주까지 드나들면서 소위 낙동강 물역시대(物易時代)의 총아로 각광을 받았던 곳이기도 하다.

그래서 하단포에는 큰 장사를 하는 객주들의 도가(都家)가 즐비하게 늘어서 있었다. 또 여기저기 소금 노적가리며 부산항으로 들어온 화륜선(火輪船)들이 쌀과 쇠가죽을 사러 그 하단포 앞까지 몰려들기도 했다.

그래서 박기종은 부산항 부두에서 하단포에 이르는 약 6킬로미터에 경편철도를 계획하고 부하철도회사 설립 신청을 1887년 9월에 제출했었다.

그러나 그 신청서류는 미비한 점이 있다고 해서 일단 각하되었다가 1898년 5월에 재신청을 하여 허가를 얻었다.

그때 박기종이 허가를 얻었던 하단포 철도회사의 내용은 8관 37조(八款三十七條)로 자본금은 10만 5천 61원 37전 7리.

기차는 떠나간다.

정든님을 싣고서……

그러나 부산에서 하단포까지 불과 15리의 경편철도 하나를 놓는데, 그 자본금을 무려 10만 5천원을 계상(計上)하고 있으니 그 당시로서는 단 한뼘의 철도라도 우리 손으로 놓기가 얼마나 어려웠는지를 새삼 느끼게 하고 있다.

우선 철도를 놓아가자면 그 철도가 지나가는 땅을 사야 하고 레일을 깔고 침목을 깔자면 그런 물자를 모두 외국에서 사들여 와야 했던 것이다. 또 모군을 하여 비싼 품삯을 주며 공사를 벌여야 했다.

그래서 박기종의 하단포 철도는 여러 차례 측량만 하다가 실현은 보지 못했지만 그처럼 박기종의 철도회사가 빛을 보지 못한 이유는 자본금의 부족에도 있었지만 무엇보다도 뒤에서 방해하는 일제의 압력 때문이었다.

그밖에 박기종은 1899년 5월 15일자로 대한철도회사에 관여해 경원선과 경의선·함경선 철도를 놓으려고 애를 쓰다가 그것 역시 손을 들고 말았다.

또 무엇보다도 애석한 것은 삼랑진·마산에 이르는 철도를 부설하기 위해 1902년 6월 12자로 부설권을 얻어 놓고 이것 역시 일제의 손에 빼앗긴 것이었다.

공익을 사랑하는 거물

그러나 사업가로서의 박기종뿐만이 아니라 교육가·사회사업가로서의 박기종의 얼굴도 크고 넓적하게 부각되었다.

1896년에 개교된 부산개성학교(釜山開城學校)는 지금의 부산상고(釜山商高) 전신으로 경상남도에 설립된 최초의 신식학교였는데 그 개성학교는 바로 박기종이 설립한 것이었다.

개성학교는 1895년에 영주동에다 대지 1천평과 6채의 건물을 박기종 등 몇 사람이 3천원을 마련하여 세운 교육기관이었다.

그러니까 부산상고는 우리나라에 현존하는 가장 전통이 오랜 교육기관의 하나.

개성학교는 1896년 2월 14일자로 학부(學部)에 설립신청을 내어 3월 1일부터 수업을 개시했고 1897년부터 공립학교로 되어 인천에 있던 관립 외국어학교와 동일하게 국고보조를 받게 되었다.

그러나 기록에 보면, 1897년에 그 개성학교가 공립화되어 버렸는지의 여부는 분명하지 않지만 1901년 3월 13일자 신문기사를 보면 아직도 박기종은 개성학교 교장으로 있던 것이 이렇게 나타나고 있다.

부산항 居 개성학교장 박기종씨가 학부에 報請하되 본교가 흥

황하야 支校를 佐川급 斗毛 兩處에 창설하얏으므로 그 교사 李承
圭·朴演圭 양인으로 教官을 서임하야 勤課케 하얏더라

즉 1901년 3월 현재로 박기종은 부산에 살면서 개성학교 교장으
로 있었는데 이때 개성학교는 더욱 번창하여 그해에 좌천지교(佐川
支校)와 두모지교(斗毛支校)를 창설하였다.
그리고 이승규·박연규 두 사람을 선생으로 보내서 양교에 근무케
해 달라고 학부에 신청하고 있는 것이다.

박기종은 부산지방의 유지 李乃玉·邊漢敬·裵文華·李命瑞 등과
함께 開城學校를 세웠다

또 1898년 12월 14일자 신문에는

東萊 사는 박기종·이내옥·이명서·이승규·변다용·배동인 등 6
인은 의금 3천 60여 원을 내어 該地方에 개성학교를 설립하고 學
員을 모집하야 가르쳐 점점 성취가 있게 하고 開城 사는 이봉규·
현봉구 2인은 해부 공립소학교 경비와 수리등절에 돈을 내어 보
조하며 漢城 南署 홍문동 사는 이시선은 學員을 모집하야 여러해
가르치는데 課程이 官立과 다를 것이 없고…….. 이래서 위의 9
인을 學部에서는 다 포상을 주었다더라

이것으로 보면 박기종은 우리나라 신식교육 실시 이후 민간 교육
공로자로서 최초의 정부 포상을 받은 인물로 되니 과연 박기종은
개화기의 출중한 거물이라 아니 할 수 없다.
그런데 《부산부사(釜山府使)》에는 박기종·이내옥·변한경·배문
화·이명서로 나오는데 신문에는 이명한·배동인·변달용·이승규로
인명이 나와 그들이 동일 인명인지 아니면 그 어느쪽의 기록에 착

오가 생긴 것인지는 정확하게 알 수가 없다.

여하간 박기종은 1880년대에 이미 양복에 보타이를 한 멋쟁이 신사였다.

출신이야 어떻든 그는 사업으로 성공한 선각적(先覺的)인 인물이었으며

또 朴琪淙은 日本 長崎에서 포플라 묘목을 사들여 開城學校 졸업생들에게 나누어 줘 심게 하기도 했다

공론가(空論家)가 아닌 상인교장(商人校長)이었으며, 그 포플라가 연유되어 지금도 부산상고의 상징은 '백양(白楊)'이라는 이야기를 한다.

그런데 필자는 박기종의 행적에 대해서는 꼭 한가지 궁금하게 여기고 있는 것이 있다.

갑신정변이 일어나던 해 4월 1일자 〈한성순보(漢城旬報)〉에 보면

中國新聞載 稱朝鮮帆船 名高高嬌 馬老大 八十七 山解維 上載土貨赴日本貿易云

(중국의 신문에 나기를 고고교·마로대·팔십칠·산해유호 등의 조선 풍범선이 조선의 토화를 배에 싣고 일본에 무역하러 갔다더라)

이것으로 보면 1884년 무렵엔 일본배만 부산에 온 것이 아니고 우리나라 상선도 나가사키까지 건너갔던 것이요, 같은 무렵《윤치호일기(尹致昊日記)》에는 우리 우피 상인(牛皮商人)들이 서양 무역선에 쇠가죽을 싣고 상해까지 무역하러 왔었다는 대목이 보이는 걸로 보아 벌써 우리도 바다를 건너 일본과 상해 등지로 쌀이나 쇠가

죽을 싣고 직접 건너갔던 것을 알 수가 있다.

이런 국제무역에 혹시 박기종이 무역선을 몰고 직접 일본까지 건너다니면서 장사를 하지는 않았을까 하는 추측이 간다.

단정은 할 수 없지만, 일본 무역만은 박기종이 개입되었을 가능성이 퍽 많다.

왜냐하면 그 당시는 오쿠라(大倉喜八郞)와 같은 일본 상계의 대재벌도 직접 부산에 들어와 동광사(東光寺) 뜰에다가 상품을 벌여놓고 '싸구려'를 외쳤고 그런 상품을 도매로 받아다가 판 상인이 박기종 같은 사람들이었기 때문이다.

또 뒷날에는 오쿠라도 메이지시대의 무기상이요, 오쿠라조(大倉組)로 경부선 철도건설에 한몫을 보았고 박기종도 같은 길에 종사하였다.

이것으로 보아 오쿠라와 박기종의 연관성도 아주 없을 수는 없는 것이며 박기종이 직접 물화(物貨)를 일본으로 싣고 들어가 팔고 귀로에 나가사키의 포플라 묘목을 사서 싣고 들어왔을지도 모르는 일이다.

    강산을 割輿하니
    우리동포 유리한다
    승천입지 한단말가
    거접할곳 없어졌다
    火輪車 고동소리에
    산천초록 우는고나
    아리랑 아리랑 아라리오
    아리랑 고개로 날넘겨주오

부동산 귀재 김기덕
한순간 좌절을 영원한 실패로 생각지 말라

한밤을 낭자하게 밝힌 혜성

원산(元山), 성진(城津)에 이어 나진(羅津), 웅기(雄基) 같은 새로운 개항지가 1920년대부터 북선(北鮮) 지방에서 생겨나기 시작했다.

일제 군벌의 반주대륙 진공정책에 따라 나진과 웅기가 느닷없이 항구로 구축되고, 허연 백사지 모래땅 한 평에 그 당시 싯가로 최고 40만원까지 뛰어올라 그 북선지방에서 '천만장자'네, '2천만장자'네 하는 홍길동 벼락부자들이 태어났다.

그때 나타난 홍길동들이 김기덕(金基德)·김기도(金基道) 형제와 홍종화(洪鍾華)였다.

해방 후까지도 '만약에 백만원이 생긴다면' 하고 유행가를 불렀는데 하물며 일제 때 돈으로 '천만장자'라면 도대체 믿을 수가 없다.

그러나 돈에도 운세가 있는 것이기에, 때를 만나면 천만장자가 아니라 억만장자라도 나올 수 있는 것이다.

우리는 심심하면 곧잘 '시대'를 말하고 그 시대에 탄생하는 '영웅'
들 얘기를 한다. 그러면서 시대가 영웅을 만드느냐, 영웅이 시대를
만드느냐 하고 청년시대를 화제로 삼는 일이 있었다. 따지고 보면
대영웅, 대혁명가는 그들이 탄생할 만한 시대나 사회적 여건을 반
드시 자기 주변에 수반하고 등장했다.

히틀러가 그랬고 나폴레옹이 그랬다. 아니 먼 딴 나라에서 찾을
필요가 없이 근세 우리땅에서 탄생했던 대원군·김옥균(金玉均)·이
승만(李承晩)만 보아도 그들이 탄생할 수밖에 없는 여건, 기후의
움직임 같은 것이 있었다.

경제계에서는 그런 법칙이 전연 적용되지 않는 것일까? 지형과
시기에 따라서 움직이는 '기후대(氣候帶)'와 비슷한 '전후대(錢候
帶)'란 말을 경제계에서는 쓸 수가 없을까?

정계에서는 '홍길동'이 이따금씩 탄생하는 것처럼 경제계에서도
'한밤을 낭자하게 밝히는 혜성'들이 나타나는 것이다.

해방 직전 우리나라에서 대개 부자소리를 듣는 사람은 대지주이
거나 고무신공업이나 광목, 인조공장 등에 손을 대고 있거나 양조
장 주인이나 소금 생산업자, 제재업자나 극장업자 같은 사람들이었
다. 그러다가 농지개혁으로 대지주들은 지가증권 몇장으로 서리를
맞고 새로이 탄생한 업종이 '마카오 무역' '원면(原綿) 메리야스'
'구호물자(밀가루, 설탕, 제분업)' '자동차공업' 등등이었다.

근세 이후 우리나라에 불어 온 '돈바람대(帶)'는 1930년을 넘어
서면서는 남·중부지방의 토지·무역바람에서 북부지방의 군항과 자
원으로 옮겨간 추세였다. 따라서 '한밤을 낭자하게 밝힌 혜성 같은
사나이'들은 거의 다 북선지방에서 속속 탄생했던 것이다.

지금도 고속도로나 공업단지를 만들 때는 주변의 땅값이 크게 움
직인다. 그래서 정부에서는 비행기로 그 지방 주민들 몰래 비밀리
에 정밀측량을 끝내고 모든 계획을 완전히 세워놓은 뒤 한꺼번에
발표하며 지가고시제(地價告示制)로 부당한 땅값 조작을 못하게 하

고 있다. 그래도 서울 변두리 지역의 도시계획 발표와 영등포지구 도로계획선 같은 것이 발표될 때마다 엄청나게 땅값이 움직인다. 처음 경부고속도로가 놓이면서 신갈·용인·수원·신탄진 일대까지 서울의 자가용족 토지 브로커들이 들락날락하면서 2배·5배·10배·20배까지 땅값을 조작하고 약삭빠른 재벌급 복덕방 돈주머니들은 몇 백만 평씩 미리 땅을 사두어 폭리를 취했다.

사업이나 투자가 확실한 이익으로 돌아올 것인가를 판단하는 것은 결코 쉬운 일이 아니다. 변화의 커다란 흐름을 놓치지 않는 거시적 안목이 없이는 불가능한 일이다.

김기덕이 느닷없이 전국적인 거부장자로 일확천금(?)하던 1932년 무렵 나진항에 돈바람이 불었다.

나진항에 황금의 소나기! 벼락부자들의 속출! 평당 몇십 전짜리가 일약 20원.

시퍼런 바닷물만 사납게 해변에 부서지던 나진 땅에 '황금의 소나기'가 쏟아졌다고 표현한 돈바람은 얼마나 대단한 경기였던가?

한 평에 10전·20전 하던 땅이 느닷없이 20원에서 최고 40원짜리까지 상승했다니 이것은 10배·20배가 아니라 1백 배·2백 배 단위로 둔갑하는 것이 아닌가?

이 정도의 돈벼락이 떨어졌으니 황금의 소나기라고 표현할 수밖에 없었을 것이다.

그래서 新安面 사무소의 발표에 의하면 羅津洞·間依洞·新安洞·유현동·明湖洞의 5개동에서 증가된 富力만 해도 4, 5백만 원이 되리라고 한다. 이를 동별로 보면 1백만 원 이상이 명호동에서 한명, 간의동에서 10명이 탄생했다.

이런 황금의 소나기에 흠뻑 젖은 나진 땅은 이제 허물을 벗어 거부 탄생의 시대를 맞았다. 땅은 땅이로되 이제 값이 틀렸다. 사람은 옛 나진 사람이로되 이제 그 무게가 달라진 것이다.

그 황금의 소나기가 쏟아졌던 나진 개발기의 대표적인 주인공이 김기덕이다.

그 김기덕은 바로,

> 2천만 평의 海面과 大草島·小草島의 수매값만 5백만 원이 뿌려졌다더라.

라는 대초도·소초도의 버려진(?) 땅의 임자였다.

김기덕은 대초도·소초도 만이 아니라 나진 개항을 예견하고 읍내에도 수십만 평을 사두었던 '세기의 도박사'인 셈이었지만 김기덕이 아니고서는 아무도 그런 노름을 할 수 없을 만한 배짱과 용단이 뒤에 숨어 있었다. 김기덕은 1921년 7월 15일 웅기가 정식으로 개항이 됐을 때도 일확천금을 했던 주인공이다.

그처럼 조선 전체에 '큰소리치는 거부'로 자라나 나중에는 청진에 자리잡으면서 '조만산(朝滿産) 잡곡류 직수이출업(直輸移出業), 함경북도 장려 특제 하복지(夏服地) 마포(麻布) 일수판매(一手販賣)'라는 업종을 가지고 김기덕 상점을 경영하기도 했다.

이런 북선지방 해안도시의 토지값 상승은 1933년 7월 10일자 신문에도 이렇게 설명되고 있다.

> 나진이 滿蒙에 대한 군항으로 결정되자 웅기가 그 자매항구로 크게 발전, 白砂地 한평에 최고 42원, 최저 18원 6전씩이나 토지값이 급등하여 웅기읍에서도 곧 邑有地를 대량 매각하리라 한다.

김기덕은 웅기·나진·청진을 거점으로 토지 도깨비부자로 성장했고 뒷날에는 서울에 와서 학교도 설립한 인물이지만, 처음에는 미천한 한 시골청년에 불과했다.

김기덕의 인물평을 요약한다면 다음과 같다.

첫째, 기골이 장대하고 항상 건강했다.

둘째, 성격이 호탕하고 투기심이 많았다.

셋째, 화술이 뛰어났다.

넷째, 지략을 겸비한 머리를 가졌다.

이것은 그가 '정상(政商)'에 항상 뛰어날 수 있는 요건을 갖췄다는 애기가 된다.

대처로 나가다

김기덕의 출생지는 함북 부령(富寧).

김기덕은 대대로 이 시골에서 농사를 짓는 집안에서 태어났고 그의 아버지인 김형국(金炯國)은 평범한 농사꾼에 불과했다.

그러나 김기덕의 성장과정에서 독특한 견문이나 자극, 또는 분발심을 일으키게 하는 자극제가 있었으므로 김기덕은 집을 뛰쳐나가 대성을 했던 것이 아닐까?

김기덕은 성격이나 체격이 모두 이미니를 닮았기에 남다른 면이 있었다.

김기덕의 아버지 김형국은 한 시골 마을의 평범한 농사꾼에 지나지 않았으나 그의 모친되는 황씨는 시골에서는 드물게 보는 女傑이었다 한다. 모친 황씨가 가계를 꾸렸으며 지모와 체모가 출중했고 김기덕은 그 모친으로부터 지모와 체모를 물려 받았다고 했다.

1892년 김기덕은 청진에서 얼마 떨어지지 않은 곳에서 성장했고, 함경도의 명문이던 함일학교(咸一學校)를 졸업하고는 고향인 청진으로 돌아왔다.

한말이었던 당시에는 원산·청진 등지로 일본 상인들이 수없이 몰려들기 시작했고, 웬만한 큰 거리의 점포는 일본 상인들이 모두 차지하고 있었다. 원산은 차츰 일본인 항구가 되어갔다.

해마다 무엇에 쓰는 것인지 엄청난 만주 고량과 콩이 이쪽으로 흘러와서 거래되었고 일본 상인들은 함경도 곳곳 깊숙이까지 들어와 콩을 사가기도 했다.

일본사람들이 먹는 왜된장을 담그는데 조선이나 만주콩이 그렇게도 좋다고도 했고, 또 어떤 소문으로는 콩이 독일인가 영국까지 흘러나가 무슨 화학품을 뽑는 원료로 쓰인다고도 했다.

미곡이 흉년이면 몇 곱절씩 만주콩 값이 뛰어 올랐다.

"왜놈들은 왜된장 아니면 밥을 못 먹는다지비?"

"아니, 그놈들은 콩 농사도 못 짓는 게 앵이요?"

"와 못 짓겠습둥? 짓기는 짓는데 조선콩으로 메주를 쒀야 제맛이 난다는기 앵이요."

청진항 보정 선착장

"별일도 다 보겠습둥."

"별일일 것 없지비. 위에서 에헴 하고 앉아 있는 놈들이 정치를 잘못해서리 나라가 이꼴이지, 땅덩이야 오죽 좋습둥? 오곡이 모두 기름이 자르르르 흐르지 않습둥?"

이래서 북선지방엔 때아닌 일본 붐이 일어났다. 이런 추세는 원산이나 청진 같은 도시의 일각에서 이는 초기의 바람이었다.

일찍이 개화물을 마셔서 함일학교를 졸업하고 대강 세상 돌아가는 것을 짐작하게 된 김기덕은 몇 가지 생각을 정리해 나가기 시작했다.

이즈음으로 말하면, 대학교를 나온 학사님보다도 더 귀하고 값진 학교[함일학교]를 나온 개화 청년이 그대로 시골구석에 처박혀 농사나 짓고 살 것인가? 좁은 시골구석에 운이 닥치면 얼마나 큰 운이 올 것인가…….

집안에 대대로 내려오는 땅덩이가 넓은 것도 아니건만 공부까지 마친 사람이 빈둥빈둥 사랑방 구석을 찾아다니며 잡담이나 하고 허송세월을 할 수는 없었다.

모름지기 정신이란 써야 자라고 놀리면 퇴화한다. 새로운 가능성에 마음을 열고 다양한 분야의 정보를 습득해두어야 한다.

나가 보기다. 남자는 밖에 나가서리 큰 물을 먹어 봐야지비. 이런 시골구석에 박혀 있으면서리 아무짝에도 쓸 데가 없어지는 것임매.

장남이었지만, 어머니 황씨는 집안 걱정은 당신에게 맡기고 어디로든지 훌훌 대처로 나가서 활로를 찾으라고 등을 떠민 것이다.

김기덕은 곧 청진으로 나가서 우연한 기회에 이와타[岩田]라는 일본인 하나를 사귀었다.

김기덕은 그 이와타가 하는 여관에서 잔심부름을 하고 마당도 쓸어주면서 밥을 얻어먹고, 일본말도 배웠다. 조그만 인연같지만 김기덕이 그때 이와타의 여관에서 심부름꾼 노릇을 하면서 일어를 배우지 않았던들 그의 일생은 크게 달라졌을지도 모른다.

김기덕은 이와타에게서 배운 일본어를 밑천삼아 그후 운을 잡게 된 것이다. 바로 그 무렵 일본상선회사가 청진에 새로 축항공사를 하기 위해 측량에 착수했던 것인데 '측량대도 잡고 잔심부름도 할 만한 소년 하나를 구한다'는 소문을 듣고 이와타의 추천을 받아서 소년 김기덕이 취직을 하게 된 것이다.

김기덕은 함일학교에서 수학 시간에 기하도 조금 배운 일이 있으니 맹물같은 풋내기는 아니었으며 영리하고 눈치가 빠를 뿐만 아니라 일본어도 곧잘하는 소년이었다. 그래서 측량 보조기사로 금방 승진되었고, 1년도 못 되어 김기덕은 어엿한 측량기사가 될 수 있었다.

청진항 측량사업이 끝난 뒤에도 김기덕은 그 일본사람 회사 현장 잡부들에게 잘 보여 인연이 끊어지지 않았고 그들이 일을 끝내고 일본으로 돌아갈 때는 김기덕도 함께 따라가게 되었다.

김기덕은 그후 오사카〔大阪〕로 가서 약 2년간 지냈는데 그때 그는 어느 간장 도매집에서 점원으로 일했다.

여기서도 김기덕은 재치 있고 눈치 빠르고 정직한 점원으로 통했다. 한푼 두푼 월급을 저축해 가면서 일본인들의 상술이며 그들의 풍습 습관을 몸에 익히게 되어 불과 4, 5년 만에 김기덕의 일본말이나 손님 접대술, 화술은 조선사람인지 일본사람인지 구별을 못할 만큼 능란해졌던 것이다.

바로 그 오사카 생활 2년이, 그가 그때 몸으로 익힌 습관과 생활 풍습이 그 뒷날 조선총독부나 조선은행의 일본인 간부들과 접선하는데 크게 활용되었다.

김기덕은 어느덧 스물 세 살. 항상 야심만만하던 그가 청년이 되어 그해(1915년) 오사카에서 귀국하자마자 곧 함북지방이 가지고 있는 지역적인 특성, 물산 교류상의 특성 등을 고려해서 한·러무역에 손을 대기 시작했다.

김기덕은 우피(牛皮)와 곡물 목재를 내보내고 다시 연해주에서 해산물과 잡화를 수입했다. 그때 목재는 간도와 연해주 일대에서 크게 소비되었다.

김기덕의 무역은 예정대로 잘 진행되었다. 특히 김기덕에게 제법 대금을 안겨 준 것은 그때부터 세계의 이목을 끌게 된 연해주의 청어 때문이었다.

그 연해주 앞바다에서 갑자기 청어가 무진장으로 잡혀 세계의 어장으로 등장했던 것이며 김기덕은 그 기미를 잡고 '청어돈'을 잡으면서 청년 국경 무역가로 고개를 들기 시작했다.

한번 실수는 병가상사라

김기덕은 한·러 무역에 종사한 지 2년 만에 잡았던 거금을 모두 날려버리는 비운을 만났다. 그는 무역선을 타고 다니면서 연해주에서 석유·성냥·양초 같은 잡화를 사오고 청어를 떼와서 거금을 잡았으나 곧이어 '루블화(貨)' 돈장사에 손을 댔던 것이다.

지금도 '달러화' 장수가 없는 것은 아니다. 이런 외국돈 장수들은 대개 공정 환율과 암거래 환율 차이에서 오는 프리미엄을 노리고 달러를 샀다 팔았다 한다.

그때도 역시 한·러간에 수호조약을 맺었고 또 무역을 하자니 일정한 법정 환율도 있었을 것이고 실세(實勢) 환율도 있었을 것이다. 아니면 실세환율만 있었다 하더라도 루블화는 러시아의 정화(正貨)니 러시아의 정세에 따라서 그 대외적인 가치, 즉 구매력에 변동이 있을 것은 뻔했다.

그런데 김기덕은 연해주 무역을 하면서 루블화의 가치가 상승하는 현상을 보았다. 연해주에서 물건을 사오고 또 물건을 가지고 가서 팔자면 자연히 그런 루블화의 변동에 민감하지 않을 수가 없었다.

"연해주에서 요즘 갑자기 루블화가 오름세를 보인다고 함매."

"돈이 귀해진다고 함매."

1915년 말부터 그런 소문이 현지 러시아 상인들 사이에서 나돌기 시작하더니 실제로 루블화는 값이 오르는 묘한 현상이 일어났다.

왜 그럴까?

김기덕도 물론 그 이유를 알 수가 없었다. 그러나 일선에서 뛰는 무역상인 만큼 이유는 모르지만 현황을 빨리 알았다. 루블화가 움직인다? 귀해진다?

김기덕은 재빨리 거느리고 있는 일꾼들을 풀어 연해주 일대에서 루블화가 귀해지는 원인을 알기 위해 정보를 수집하도록 했다. 그러나 근 열흘을 두고 수소문을 했지만 겨우 '돈이 본토 쪽으로 흘러나가고 유럽으로도 흘러 나가기 때문이라고 한다'는 정도밖에는 밝혀지지 않았다.

1915년 무렵 러시아의 정정(政情)은 계속 봉기하는 농노(農奴) 해방전선이네, 무력 항쟁이네 했고 그 영향은 연해주 쪽까지 끼쳐왔다. 러시아는 드디어 황제 세력과 농민 세력이 맞서 혁명전선이라는 것이 형성되어 갔던 것이다.

내란이 됐건 전쟁이 됐건 정정이 이렇게 움직이면서 자연히 서로가 무기구입에 신경을 쓰게 되고, 그 무기구입에 막대한 돈이 들어가니 돈이 귀해질 것은 뻔한 일이었다. 이런 기미를 타고 루블화가 모자라는 현상이 나타난 것이다.

청년 무역가, 누구보다도 머리가 빨리 돈다는 김기덕이 이판에 그냥 팔짱만 끼고 있을 리가 있는가?

"루블화를 수집합세."

김기덕은 재빨리 국내에 들어와서 그동안 함경도 지방에 유입되어 막대한 양이 통용되고 있던 루블화를 거둬들였던 것이다.

재빨리 손을 써서 돈을, 재력을 있는 대로 털어서 수백 만 루블을 거둬들였던 것이다.

"이젠 됐습매."

김기덕은 수집된 루블화를 짚섬에 담아 곡물 가마니로 위장하고, 급히 선적을 서둘렀다. 적어도 두 배는 남을 것이다. 열흘만 지나면 이 루블화는 블라디보스토크 항에 떨어져 두 배 이상의 이익을 낼 것이다. 아니 그 동안에 연해주의 사정이 더 급박해졌다면 돈은 더 귀해졌을지 모른다. 김기덕은 회심의 미소를 지었다.

그런데 갑자기 이게 또 무슨 괴보(怪報)인가?

연해주에서 급히 청진으로 들어온 하수인이 가져온 정보는 '웬일인지 루블화가 떨어지기 시작했다'는 것이 아닌가?

김기덕은 한참 멍하니 바다 위로 떠서 흘러가는 구름을 보았다.

'대운을 잡을 것인가, 놓칠 것인가?'

"돈값만 떨어지고 러시아 안에서리 무슨 싸움이 시작됐다는 소문은 없습둥?"

"예, 피난민들이 밀려오고 또 군대도 움직인다고 술렁거렸음매."

"드디어 총을 쏘기 시작했구만서리!"

열흘만 빨랐어도, 열흘만 빨랐어도.

그러나 김기덕은 실망하지 않았다.

"돈섬을 도로 창고 안에 넣어 두고 자물쇠를 단단히 채워 두기요!"

두 달만 기다려 보자.

1916년경 유럽에서는 1차대전이 치열했다. 러시아 국내 정정만이 불안한 게 아니었다. 그런 대전이 나면 인플레가 되고 돈값이 떨어지는 것은 언제든 상례였다.

김기덕은 루블화에 있는 재산을 다 털어서 손을 댄 때는 그 불운의 때였다. 1916년에 이어 1917년에는 루블화 값은 더욱 폭락해 버렸다.

두 달만 참고 기다려 보자는 예견은 완전히 빗나가고 만 것이다. 거기다 김기덕이 쌓아 둔 막대한 루블화는 그후 러시아에 볼셰비키 혁명이 일어나고 화폐계혁이 나서 무용지물이 돼 버렸다.

망했다. 완전히 망했다. 김기덕은 그때 스물 여섯 살. 주먹을 쥐고 제 가슴을 치면서 외쳐 보았지만 '망해버렸다'는 사실에는 틀림이 없었다. 재기불능으로 철저히 망해 버린 것이다.

'아하, 이것이 투기라는 도깨비 장난인가. 그래서 중국사람들은 무슨 물건이건 한 그릇에 다 담아 놓지 말라고 했는가? 재산도 여러 그릇에 나눠서 담아 두라고 했는가. 밑천을, 자본력을 있는 대로 털어서 무슨 사업을 하지 말라고 했는가……'

빈 손으로 재기한 지략가

김기덕은 너무 쉽게 파산을 하고 도로 '맨주먹만 쥔 사나이'가 된 것이다. 그러나 김기덕은 거기서 쓰러지지 않았다. 한순간 좌절은 결코 영원한 실패가 아니다.

결코 죽지 않는다는 신념의 화신이 된 김기덕은 며칠동안 잠을 자지 않고 궁리를 하더니,

"지금 남아 있는 돈이 얼마나 되지비?" 하고 마누라에게 물었다.

김기덕의 부인도 보통 여자가 아니었다.

"당신 너무 걱정하지 맙세."

"다 망했는데?"

"무시기 소리지비, 다 망하지 않았음매."

"어째 다 망하지 않았습둥?"

"하루만 참아 보기요. 설마하니……."

무슨 말인가?

그러나 만약을 대비해서 부인은 그동안 엄청난 금붙이를 따로 모

아왔던 것인데, 남편이 사업에 실패하여 재기불능인 이 마당에야 그냥 보고만 있을 수가 없었던 것이다.

맑은 날에도 우산을 갖고 다니듯 배 부를 때 굶게 될 날을 생각하라는 말이 있다. 김기덕의 부인 또한 남다른 안목을 지니고 있었던 모양이다. 진정한 상인은 어떠한 상황에서도 적절한 대책을 세울 수 있어야 한다. 유리한 상황일 때에는 불리한 상황을 대비하여 발생가능한 모든 재난의 그늘에서 벗어날 수 있도록 준비해 두지 않으면 안된다. 대체로 사업에 실패했을 때는 실의에 빠져 좌절할 때가 많은데 이런 때 부인의 격려는 천군만마의 힘이 되주기도 한다.

우선 금붙이를 모두 처분해서 돈 1만 원을 만들어 왔다.

어느새 김기덕의 부동산은 20만원이 넘는 규모로 자랐던 것인데 그것만 요행으로 아직 남아 있었던 것이다.

'부동산 20만 원, 현금 1만 원——.'

"일보다는 사람노릇 하기가 더 어려운 법. 사업의 성공과 실패는 자신이 하기 나름에 달려 있다. 따라서 남을 속이거나 교활한 방법으로 머리를 굴려 거래를 하는 자는 끝내 허실이 드러나 일을 망치기 때문이다. 사업가의 진정한 가치는 그 자신이 한 말에 제대로 책임과 약속을 지키느냐에 따라서 결정되는데 문제는 자금마련이었다."

먼저 힘있는 자의 믿음을 얻어야 한다. 그리하여 약속을 어김없이 성실하게 지켜나가면 자금융통도 원활해지고 따라서 나의 신용도 올라갈 것이다. 예나 지금이나 상인에게는 사업자금이 있어야 한다. 사업가에게 사업자금은 마치 물고기에게 물이나 다름없는 것이다.

여기서 김기덕은 일생 일대의 기안(奇案)을 짜낸 것이다. 자신의 목표를 관철시키기 위해서는 어떠한 아이디어든 제한을 두지 말아야 한다.

현금 1만 원을 몽땅 들여서 순금으로 괘종시계를 하나 만들었다. 물론 겉은 평범한 나무로 짠 벽시계였지만 추를 순금으로 만들어 그것을 가지고 대담하게 상경했다. 그는 덮어놓고 총독부 국장(局長)을 찾아서 술을 잔뜩 얻어마신 뒤 그집 사모님에게 평범한 벽시계 하나를 선물로 바치고 왔던 것이다.

그 이튿날이었다.

김기덕이 묵고 있는 여관으로 갑자기 총독부 국장이 전화를 걸어

"그게 무슨 짓인가?"

하고 야단을 쳤던 것이다.

"무슨 짓이라니? 자네와는 오랜 친구요, 그동안 신세도 많이 져서리 벽시계 하나쯤 선물했는데 왜 그럼둥?"

김기덕은 시침을 떼고 농담을 하지 않는가. 눈곱만큼도 심각한 말투가 아니다.

"자네, 그거 참말인가?"

"내가 언제 한 입으로 두 말 했읍둥?"

이러자 오히려 당황한 것은 총독부 국장 쪽이 되어 버렸다.

"시계추가 순금덩이가 아닌가?"

"그것이 순금덩이가 아니라 내 불알덩임매."

"뭐라고?"

"내 불알을 떼어서리, 그 벽시계의 추를 만들었지비!"

국장은 그제서야 말뜻을 알아들었다.

한 사나이가 자기 몸뚱이 전체를 걸고 도박을 해 오는 것이구나! 생명을 건 도박을 내게 걸어 오는구나!

고양이가 쥐를 쫓다가 놓쳤다는 우화가 있다. 쥐는 고양이만 보면 두 다리를 발발 떨면서 염라대왕을 만난 것처럼 움직이지 못하고 엎드린 채 잡혀먹히는 게 고양이와 쥐의 관계다.

그런데 고양이가 쥐를 쫓다가 놓쳐서 토끼가 물었다.

"고양이가 쥐 한 마리도 못 잡느냐?"

이러자 고양이는 이런 명답을 했다는 얘기가 있다.

"나는 그 쥐를 쫓다가 놓쳐도 그만, 잡아도 그만인 처지지만 쥐는 제 목숨이 걸려있지 않은가. 쥐가 목숨을 걸고 도망치는데 어떻게 잡느냐?"

비슷한 이야기다.

사나이는 불알 두 쪽의 힘으로 산다. 그런데 그 자기의 불알 두 쪽을 떼어 네게 선물을 한다는 것은 '네게 목숨을 건다'는 은어(隱語)라고밖에 볼 수 없다.

그 뜻을 짐작한 총독부 국장은 감격스럽기도 했고 고맙기도 했다.

사람과 사람 사이를 끈끈한 인연으로 맺어주고 호감을 갖게 하는 것은 전적으로 예의와 이해에 달려 있다. 돈은 그렇게 중요한 것은 아니다. 중요한 것은 상대의 마음을 얻는 것이다.

나를 그렇게 믿고 온몸으로 던져오는 사나이에게 내가 무얼 해줄 수 있을 것인가?

"김군, 잘 알았네. 한번 단둘이 만나세."

"고맙습매!"

이렇게 단독 담판을 짓는데 성공했고, 김기덕은 그 총독부 국장의 보증으로 조선은행에서 50만 원을 융자받는 데 성공했다. 이는 상상력을 이용하여 아이디어를 짜냈기 때문에 가능한 일이었다.

1920년대만 해도 조선사람으로서 한번에 50만 원이란 거액을 조선은행에서 융자받는다는 것은 꿈에도 생각할 수 없던 시절이다. 공공사업체도 아니고, 한 개인 사업가가 재산을 담보로 하고 50만 원을 빼내자 세상은 깜짝 놀랐다.

당시 조선 사람으로 일시에 50만 원을 대부받는다는 건 상상도 못할 일이다(1932).

그 50만 원을 가지고 김기덕은 그야말로 도깨비장난 같은 돈놀음을 시작했다. 첫째, 공동무역상사(共同貿易商社)를 확대해서 동일상사(東一商社)를 꾸몄다(만주·조선·연해주를 연결하는 최대의 국경 무역회사였음).

둘째, 회령에다가 백산상점(白山商店)을 열어 목재업·물화 수집업을 경영했다.

셋째, 무산에다가 목재회사를 설립했다.

넷째, 청진에다가 수남제재소(水南製材所)를 설립했다.

이것만 보아도 연해주·회령·무산·청진 일대를 주름잡으면서 무역과 함께 주업인 목재에다 손을 댄 것이다.

김기덕은 목재업을 대대적으로 넓히면서 또 정상적(政商的)인 비상한 수완을 발휘했다. 북선개발을 타고 함경선(咸鏡線) 등의 철도가 뻗어 올라오고 있었던 것이다.

김기덕은 재빨리 총독부 국장에게 청을 넣어 조선철도국과 계약을 맺고 함경선에 쓰이는 침목(枕木)을 납품했다. 또 뻗어 올라오는 전화·전신의 바람을 타고 전주(電柱) 공급도 시작했다.

조선은행의 융자를 받아서 철도의 침목을 납품하고 전주를 납품한다면 무엇이 위험할까? 그는 싼 금리의 은행돈을 빼다가 정부기관에 물건을, 그것도 엄청나게 많은 물량을 납품했으니 팔아먹을 곳까지 처음부터 보장을 받았던 것이다.

이렇게 해서 루블화로 망했던 김기덕은 불과 5년도 못되어 다시 보기좋게 재기했다.

김기덕은 이처럼 돈을 잃는 데도 배짱이었지만, 다시 벌어들이는 데도 벼락이요 배짱이었다.

그는 새로운 상업상의 기회를 보면(때로는 그 상기를 조작해 내기 위해서도) 서슴없이 돈을 물쓰듯 하는 사업가였다. 김기덕에게는 근검도 없고 저축도 없었다. 노린내 나는 돈을 모아서 대성한 사람도 아니었기에 그는 항상 '내 돈은 서슬이 퍼런 새돈이다' 라고 자랑했다.

새돈을 쓰고 새돈을 버는 사람. 투기가. 정상가(政商家).

지금도 이런 유형의 거부가 전혀 없다고 단언할 수 있을까?

그러나 김기덕이 결정적으로 '천만장자'의 호칭을 듣게 된 계기는 나진항 축항공사 때였다.

땅과 땅, 그리고 땅

그는 조선은행에서 전재산을 담보로 하고 융자받은 50만 원 중에서 상당량을 떼어 내어 대담하게 청진과 나진 일대에 토지를 사두었다. 농사를 짓기 위해 전답을 산 토지매수가 아니었다.

그는 시가지를 꿈꾸고 항구를 꿈꾸고 다시 엉뚱한 투기를 시작했던 것이다.

김기덕은 나진 앞바다에 떠 있는 대초도와 소초도의 두 섬 1백 20만 평을 송두리째 샀다. 은행에서 이잣돈을 얻어다가 나진 앞바다에 떠 있는 돌산 섬을 샀다는 소문이 퍼지자 세상 사람들은 모두 김기덕의 '미친 짓'을 비웃었다.

"미친 놈이지! 그 섬이 농사가 되는 땅임둥? 땔나무가 나오는 섬임둥? 하구많은 논밭을 놔 두고서리 왜 하필이면 아무 쓸모도

무산 시가

없는 대초도를 사는기지?”

“누가 아님둥. 이젠 김기덕이도 망했지비 제가 별수있겠습둥?”

“내버려 둬보오다. 그 짓도 저 하고 싶어서리 하는 짓이니 누가 말리겠습둥.”

“아무리 은행이자가 싸지만서리 어디 그기 공짜임둥? 그것도 잠 안 자고 금리가 크는 돈인데 그런 돈을 빼다가서리 그래 돌섬을 사기요? 하하하…….”

웃을 노릇이었다.

왜냐하면 나진 앞바다에 둥둥 잠길 듯 말 듯 떠 있는 쌍둥이 섬은 이름이 좋아서 대초도요 소초도지 순전히 돌덩어리 산이나 일반이었기 때문이다.

농사를 지을 수 있는 땅도 아니었다. 개펄이 좋아 갈대 농사를 해볼 만한 곳도 못되었다. 아무짝에도 쓸데없는 버려진 땅이었다. 그런 섬이니 값이나 있겠는가?

그러나 마음 속으로 빙그레 웃은 것은 오히려 김기덕이었다. 동서고금을 막론하고 깊이 생각하고 멀리 내다봄으로서 세상의 돌아가는 추세를 파악하는 것은 사업가로서 성공을 보장하는 최고의 비결이다. 김기덕은 남들이 미처 생각지 못한 사실을 감지하고 있었던 것이다. 의심 많은 사람들의 말에 귀를 기울이는 사람은 결코 성공하지 못하는 법이다.

김기덕이 그 섬 두 개를 몽땅 혼자 사들여 놓고 1년 지나고 2년 지났을 무렵이었다.

세상에 이런 도깨비놀음이 어디 있는가?

그 ‘버려진 섬’ 두 개를 가지고 김기덕이 일약 천만장자로 일어설 줄이야…….

1932년 11월 26일자 ‘동아일보’는 이 도깨비 거부 김기덕 얘기를 이렇게 현지 소식으로 전해주고 있었다.

나진의 김기덕 新조선갑부로 출현

이런 제하에 나진항 축항공사로 벼락부자된 사람이 많다고 설명
하면서,

그중의 대표적 벼락 부자로는 나진·청진·웅기에 약 3백만 평의
토지를 소유하야 근 2천만 원(최저 현싯가로 평한 것)의 조선갑
부가 되리라는 청진·웅기의 김기덕·김기도 형제분을 필두로 웅기
의 金永根, 羅南의 洪鍾華씨인데 이 양씨는 나진 웅기에 각각 40
만, 50만 평의 전답을 소유하야 일약 2, 3백만 원의 거부가 되고
…….

이것으로 보면 그 벼락부자인 김기덕 형제는 3백 만 평, 김영근,
홍종화는 50만 평의 땅을 소유했다는 것이요, 땅값이 급등하여 김
기덕은 일약 1933년 돈으로 2천만 장자(長者)로 탄생했다는 것이
다. 그런데 김기덕의 3백만 평 중에는 대초도·소초도 섬이 1백 20
만 평이니, 이 두 섬 값이 1백 50만 원 이상을 차지하고 있지 않은
가? 이것이야말로 기이한 행직이 아닌가?
세상 사람들이 모두 이제는 김기덕이 망할 것이라던 마(魔)의 섬
두 개가 황금의 알을 낳는 두 섬으로 바뀌었으니 알 수 없는 것이
인생사이다.
김기덕이 그런 엉뚱한 짓을 한 것은 '나진은 틀림없이 곧 항구로
된다'는 그런 예견(豫見) 때문이었다. 그리고 그 시기가 아주 코밑
에 육박했다는 예감 때문이었다. 기회란 자신이 직접 만들고 준비
해온 자에게만 돌아가는 법이다.
그래서 그는 나진에서도 중요한 시가지가 될 간의동과 신안동 일
대에도 수십만평을 사 둔 것이다.
김기덕은 나진·웅기의 5백만 평만이 아니라 청진과 나남에도 다

시 5백여만 평의 땅을 사 두었던 것으로 밝혀지고 있다.

김기덕은 거의 땅에 미친 사나이였다.

웅기의 공업지대화를 내다보고 서수라(西水羅)의 해안지대와 은성의 대안(對岸)인 창막동(槍幕洞)에도 손을 뻗쳤다.

웅기·은성 대안 일대의 창막동, 나진·청진·나남.

이렇게 김기덕은 넓은 요지(要地)를 귀신처럼 밟고 다니며 귀신도 모르게 사들였다.

만약 김기덕이 측량기사 출신이 아니었다면 이렇게 노른자위 같은 건설 요지만을 골라서 척척 사들여 둘 수 있었을까.

땅만 해도 청진·나남에 다시 5백만 평을 확보해 놓자 당시 함북의 실업가들은 김기덕이 미쳤다, 너무 무모한 토지를 수매했다고 비웃었으나, 그러나 그 규모에는 모두 혀를 내둘렀다(1935).

과연 김기덕은 대체 무슨 낌새를 채고 이런 '무모'를 거침없이 저질렀을까.

상점이 밀집한 나남 초뢰정 거리

첫째는 그의 투기성일 것이다.

다음으로는 그의 정확한 정보일 것이다.

셋째로는 그의 비상하고 대담한 속결성(速決性)일 것이다.

김기덕을 일생일대의 도박에서 일약 2천만 장자로 만들어 준 나진의 대초도·소초도 도박만 해도 그렇다.

첫째, 1920년대의 공황, 이것의 돌파구를 일본은 반드시 대륙정책으로 뚫으려고 할 것이다.

둘째, 그 기미의 척후병처럼 일본의 군벌은 만주 대륙과 가장 가깝게 통할 수 있는 북선 해안지방에다 새로운 군항 또는 항구 도시를 건설해 갈 것이다.

이런 전제 밑에 일본은 나진을 항구로 개발하리라는 여러 가지 지리적 요건에 심증이 갔다.

왜?

대초도·소초도가 없이는 나진은 항구〔良港〕가 아니었다.

김기덕은 이렇게 측량기사의 지형판단을 내리고 그 대초도·소초도를 서슴없이 손에 넣었던 것이요, 세상 사람들은 그것을 웃었던 것이다. 그러나 1932년에는 나진 축항사업이 확정을 보았고, 김기덕의 예견은 귀신간이 들어맞고 말았다.

나진이 항구가 되자면 배를 댈 수 있는 축항도 축항이지만 첫째는 세차게 불어오는 북선 해안지방의 강풍을 막아야 한다.

나진의 뒷등허리는 험준한 산맥이 막혀 동북풍을 막아 주지만 나진 앞바다에 떠 있는 대초도와 소초도는 바다에서 불어 오는 바람을 막아 주리라. 인천항 앞에 월미도가 있고 부산에는 절영도가 있어 양항이 되는 것과 같은 이치다.

나진 앞바다의 수심은 큰 배가 얼마든지 마음놓고 들어올 수 있는 3백 척 깊이였다. 나진의 배면(背面)에 널린 평야는 시가지 건설, 철도 건설의 요지가 되고 만주의 무진장한 물자는 나진에 떨어져 이곳에서 가장 가깝게 일본의 서해안으로 수송될 수 있을 것 아닌가?

이 비상한 예견은 대초도·소초도 1백 20만 평 하나로, 나진 축항이 시작되면서 무려 2백 배까지 뛴 땅값으로 은행빚 50만 원을 거뜬히 갚아 버릴 수가 있게 되었다.

김기덕은 나진 땅값으로 은행빚을 전부 다 청산하고 다시 국제무역에 손을 뻗쳐 웅기와 청진에다 해산물 무역회사를 차렸고, 무산과 북만주의 明月溝지방까지 진출하여 목재회사를 차렸다. 또 그는 요동반도의 大連에 진출하여 곡물 무역주식회사를 꾸미었고 두만강·압록강 연안을 따라 건설해 둔 제재소만도 20여 군데나 되었다.

사업규모가 얼마나 크다는 것을 한눈으로 알 수 있게 했다. 그는 북만주와 요동반도까지 손을 뻗쳐 '김기덕'을 심고 다녔다.

특히 김기덕은 만주의 대두(大豆)와 목재에 힘을 기울여 약 1천만 원의 재산을 투입했고, 그가 거느리는 종업원만도 1천 5백명이 넘었다.

김기덕은 그후 청진지방에 내려와 동일상회(東一商會)를 경영하였던 것으로 밝혀지고 있는데 그 동일상회는 1923년 3월 20일에 설립된 것으로, 자본금이 그 당시로도 10만 원이었다.

이것이 '조선인 대상점사전(大商店辭典)'에 나타난 김기덕의 행적인데, 김기덕의 동일상회는 주로 청진에서 통관업(通關業)·선박보험대리점·무역업 등을 경영하는 대회사였다.

거금은 나라의 재산이다

1935년 북선, 아니 조선의 신흥거부로 나타난 혜성 김기덕은 어

느 잡지사 기자와 만나서 이런 저런 금전관·인생관을 솔직하게 털
어놓은 일이 있었다.

——당신의 재산관은?

"돈이란 1천, 2천 원, 또는 1만, 2만 원일 때는 개인의 재산이지
만 1백만 원이나 1천만 원이 되고 보면 사회의 공재(公財)를 내
가 맡고 있다는 생각이 든다."

도깨비 살림 몇 번에 천만장자가 커뜬히 돼 버린 김기덕은 이 말
을 자기 진심에서 한 것인지 체면 때문에 한 것인지는 몰라도 '거
금은 공재'라고 이렇게 시원하게 내뱉어 버린 것이다.

짠내 나는 구두쇠, 죽도록 꼽재기 부자는 천만장자가 되기도 힘
들거니와 그런 명답을 하기도 힘들 것이다.

말하자면 '기질'이 그렇다는 것이다.

그러므로 자손에게 많은 재산을 물려준다는 데는 불찬성이다.
그것은 결코 좋은 일이 아니다. 자손에게는 교육을 주고 인격을
줄 일이지 돈을 줄 일이 아니다.

천만장자 김기덕은 청진에다가 청덕학교(淸德學校)를 세웠고, 또
중학교 과정의 청덕전기학교(淸德電氣學校)도 설립했다. 또한 자기
고향인 청진의 교육발전에 아낌없이 큰 돈을 희사했고, 또 서울에
올라와서는 한성실업학교(漢城實業學校)를 인수해서 경영하기도 했
다.

1935년, 20만 원의 거금을 던져 김기덕이 서울에서 교육사업을
하는 대목을 그해 1월 20일자 〈동아일보〉는 이렇게 써놓고 있다.

20만원의 재단으로 實業專修學校 인수 시내 館洞에 있는 경성
실업전수학교는 금번 새 校主를 맞는 동시에 20만 원 재단법인을
설립하였다는데…….

이 학교는 1928년 일본사람 다카하시(高僑)가 설립인가를 내어 운영해 오다가 1933년에 우종관(禹鍾觀)씨 명의로 이전되었는데 심한 경영난에 부닥쳐 이를 김기덕이 인수하여 소생시켰다는 것이다.

벤처의 상인, 김기덕. 그 일세의 거부로 풀기가 빳빳한 대금만 만져오던 김기덕이었지만, 1953년 그가 월남해서 죽을 무렵에는 유산으로 자손들에게 남겨준 것이 별로 없었다고 한다.

모험도 투기도 엄밀히 따지고 보면 시대의 산물이다. 그를 돌봐 주고 키워 주는 권력 또한 세상 변화에 따라 항상 무상한 것이다.

김기덕은 철저한 친일적 정상으로 자라난 사람인 셈인데 그의 아우 김기도는 또 영 딴 길을 걸었다.

김기도 역시 일세의 거부였다.

그는 일본에 건너가 와세다대학을 나온 인텔리였지만 형 김기덕과는 달리 거금을 민족운동에 헌납해서 일경(日警)의 요시찰인물로 항상 괴로움을 당했던 것이다. 한배에서 나온 형제도 오롱이 조롱이라지만 어떤 의미에서 보면 김기덕의 돈에 항거를 한 아우의 민족적 양심이 그렇게 만든 것이 아닐까?

김기덕은 해방이 될 때까지 북선지방에서 그렇게 손꼽힌 거부로 활약하다가 해방이 되고 나자 다시 맨주먹이 되고 말았다.

그 맨주먹을 가지고 그는 38선을 넘어와 남한에서 고려흥업주식회사(高麗興業株式會社)를 설립하고 다시 경제활동을 했으나 큰 득을 보지 못한 것으로 알려지고 있다. 다만 월남해 온 직후 그는 한때 중석(重石)에 손을 대어 중석 해외수출로 힘을 펴는 듯했지만 사업은 연륜이 깊어지면 쇠잔해지는 경향이었다.

김기덕은 그후 어떻게 되었는가?

물론 자세히 내력을 얘기하자면 한이 없겠지만, 우선 다음과 같은 면모를 보면, 그의 세 아들은 서울에 남하하여 장남 김원갑(金元甲)은 서울 한성중고등학교 재단 이사장, 둘째 아들 김부갑(金富

甲)는 시골에서 농장을 경영, 셋째 아들 김경갑(金京甲)은 한국기계(韓國機械) 간부로 활동했다.

지난날 청진의 갑부라면 현재 한성중고등학교 재단 이사장 김원갑씨의 선친 김기덕씨를 들지 않을 수 없다. 김기덕은 일제때 한국사람으로는 함남의 자동차왕 方義錫씨, 서울의 백화점왕 朴興植씨와 함께 3대 재벌로 꼽히던 인물이다. 그는 고향인 청진에 청덕소학교, 서울에 한성중학교를 설립하여……

이렇게 김기덕은 맨손에서 측량기술자로 땅의 가치를 알아보는 눈을 키워 1930년대 우리나라 3대 거부의 하나로서 이름 그대로 '백만장자'의 흔적을 남긴 거인이었다.
이제는 가 볼 수 없는 그 청진·나진·웅기 땅.
김기덕이 이뤄 놓은 수많은 그 부력(富力)의 땅들은 지금 어떻게 변모되어 있을까?

원산 소금왕 김두원
실패에서 성공을 배워라

청염으로 시골아낙 후린다

지금은 다 없어진 말이 되고 말았지만, 한때는 '청염보다도 더 짠 기생'이라느니 '청염으로 시골아낙을 후린다'는 말이 있었다.

청염은 청나라의 산둥반도 쪽에서 들어오던 소금이었다.

그 청염값이 상당히 비싸서 그 소금 한 되면 시골아낙을 후릴 수가 있었다는 것이니 한말 때까지만 해도 굉장히 귀했던 물건이다.

독자 중 시골서 자란 분이라면 어렸을 적에 소금장수 애기를 즐겨 들었을 것이다. 또 산촌 마을에 소금장수가 당나귀에다 소금을 싣고 찾아오면, 마을에서는 흡사 귀한 손님을 맞듯이 소란스러웠던 정경도 보았으리라.

그처럼 우리나라에는 옛날부터 소금이 그렇게 모자랐을까?

천일제염법에 의해 싼값으로 소금이 생산되기 이전에는 사실 소금의 절대량이 모자랐다. 그래서 소금 한 되는 그 귀한 쌀 한 되와 맞바꾸었던 것이 통례였다.

한말 평안북도를 예로 들어보자.

평안북도 주민들이 한해 동안 필요로 하던 소금의 절대 수요량은 약 1천 9백만 근이었다. 그 중에서 정주군 갈지(葛池), 감리면(監里面)과 용천군 외하면(外下面) 등지에서 생산되는 소금은 겨우 1백만 근 정도. 그렇다면 나머지 1천 8백만 근은 충청도 강경포(江景浦)에서 실어오든가, 아니면 중국의 밀수 소금이 배로 실어 오든가, 하여간 어디선가 들여오지 않을 수 없었던 것이다.

왜 소금은 그처럼 절대 생산량이 부족했을까?

그것은 첫째 소금을 '굽는' 방법이 서툴렀던 탓이었다.

바닷물을 햇볕으로 말려 만들어 내는 천일염은 염전에서 생산된다. 그러나 1907년 이전에는 '염전'이라는 말조차 우리에겐 없었다.

그러니 김장을 하고 간장·된장을 만들어 먹자 해도 항상 소금은 모자랄 수밖에……

개화기가 되면서부터는 근대적 어업이 발달하고, 멸치·명태·정어리·청어바람이 불어 고기가 많이 잡히기 시작하면서 소금의 절대량은 더욱 모자라게 되었다.

그래서 궁여지책으로 장작불 대신에 석탄불로 소금을 굽는 방법이 1900년대 들어서면서 나타났던 것이다.

근대적 어업 발달과 함께 소금의 소용이 급성한지라. 이제까지 蔚山에 産出하는 製鹽이 매년 5만 석에 달하야 此로 그 부근 慶州 등 數郡에 供하는데 그 在來 製鹽法은 화덕이 불안전하고 연료 화력이 不強하야 그 産額 不多하므로, 去四月에 石炭을 試하얏더니 결과가 양호한지라, 更히 日本 製鹽法으로 改良하랴 하야 有力한 韓人이 合資로 조직될 方便인데 결과가 양호하면 迎日灣 기타 諸港津에도……

이것만으로도 짐작할 수 있듯이 소금은 대단한 상리상권이 붙은 업종이었던 것이다.

그래서 소금을 좀더 쉽게, 많이, 싸게 생산해 보려고 애를 쓴 것이다.

이놈들아, 내 소금값 물어내라

1899년, 원산항의 소금장수 김두원(金斗源)은 일본공사관에 자기의 소금값 5천 1백여 원을 물어내라고 청구했다.

소금을 도적해 간 乙音 등은 지금 징역하고 유족은 가세가 심히 곤란하야 공사관에서는 일본정부에 救恤金을 청구하얏으니 기다려 달라 하나 김두원은 구휼금은 당치 않다……

우선 1899년 돈으로 소금값 5천여 원이라는 거액에 놀라게 되고 대체 김두원의 소금값 사건이란 무엇인가 하는 데 흥미를 끈다.

김두원 사건.

《구한국 외교문서》, 〈대한매일신보〉, 나중에는 〈동아일보〉에까지 계속 나오며 무려 20여 년을 끈 이 사건은 무언가?

오늘날은 우리가 일상생활에 쓰고 있는 '소금'에 대해서 이렇다 하게 신경을 쓰는 일이 거의 없을 것이다. 소금이 너무 흔하게 생산되기 때문이다.

지금은 천일염이다, 기계염이다 해서 소금생산이 기계처리까지 되고, 아무리 심심산중에 들어간대도 소금은 가장 흔하게 굴러 다니는 싼 상품의 하나가 되어 있다.

그러나 90여 년 전만 해도 소금은 아주 귀한 일상용품이었다.

그 소금 한 되 값은 보통 쌀 한 되 값과 맞먹는 귀중한 물건이었다.

소금은 바닷물을 떠나서는 생산되지 않는 것이다. 그래서 해안에서 멀리 떨어져 있는 내륙지방에서는 항상 소금이 귀했고 지금처럼 교통망이 발달되지 못했던 조선시대에는 심심산골 마을 백성들이 마음대로 소금을 사 쓰기가 그만큼 어려웠다.

바닷물을 가지고 소금을 만들었는데 처음엔 일일이 물지게로 퍼다가 가마솥에 붓고 불을 때어 바닷물을 증발시켜서 얻었다. 소금을 구워내는 생산비도 엄청났다. 소금이 양산체제를 갖추게 된 것은 1900년대에 접어들어 인천 주안지방에서 처음으로 천일염 생산이 시작되면서부터였다.

해변에 염전을 만들고 그곳에 바닷물을 끌어들여 햇볕으로 말려 소금을 생산하면서부터 소금 기근이 풀렸다. 그 이전에는 청나라 상인들이 소위 호염(胡鹽)이라는 소금을 싣고 들어와서 우리나라에 팔았던 수입품이 전부였다. 더구나 조선시대의 평안도의 소금 수급량만 예로 보아도 평안도 지방에서 자체 생산해서 공급했던 국산 소금의 양은 전체의 20분의 2 정도였다.

그렇게 소금이 귀했던 시절이 있었다.

그래서 산골 마을에서는 '소금장수' 애기가 그렇게도 많이 생겨났던 것이며 웬만한 산골에서는 부잣집이라도 소금을 함부로 쓸 수가 없어 소금항아리를 따로 놓아 두고, 김장 때 배추를 절였던 소금물도 한번 쓰고 버리지 않고 다시 쓰고 또 쓰고 했던 것이다.

만약 소금이 없다고, 아니 소금기근이 들었다고 치면 지금도 우리 생활은 열흘도 못 가서 난리기 날 것이다. 소금은 우리 일상생활에 없어서는 안될 생활 필수품이면서도, 오늘날은 너무 손쉽게 생산되기 때문에 그 가치를 모르고 살 뿐이다.

비근한 예로 일제 때 만주 내륙지방에 들어가서 개간사업 인부노릇을 해 본 사람이 있다면 그 내륙지방의 인부들이 소금 배급만 나오면 소금을 마치 설탕 먹듯이 한 주먹씩 집어들고 먹어치우던 일을 기억할 것이다. 또 일본의 패잔병으로 태평양의 어느 외딴 섬에서 혼자 생활하다가 20여년 만엔가 나왔던 요코이(橫井) 애기에서도, 요코이가 비밀 토굴에서 잡혀 나오면서 손을 벌리며 했던 말도 기억할 것이다.

"시오!"

"시오!"

맨 먼저 요구한 것이 소금이었다고 한다.

1899(광무 3)년 당시 원산 소금장수 김두원이 청구한 소금값 5천 1백 19원이라면 대체 그 당시의 물가수준으로 보아 얼마만한 액수냐 하는 것을 알아야 할 것 같다. 이 사건으로 1899년 당시의 우리나라 물가를 정확하게 파악해 보는 것도 경제사나 경제인물, 사회상을 파악하는 데 많은 도움이 될 것이다. 김두원의 소금배 행방불명 사건은 1899년 6월 울릉도에서 일어났던 것인데 이보다 약 4개월이 지난 그해 10월 경성의 물가시세는 어땠는가?

그해 10월 5일 서울 대광통교(大廣通橋) 남천변(南天邊)에 그 당시로서는 장안에서 제일가는 수월루(水月樓)라는 요릿집이 있었다.

그때 마침 우리나라에서는 대한천일은행을 처음 만들기 위해 수월루에서 창립총회를 열고 장안의 거상인 청나라 상인들과 우리나라의 내노라 하는 거물들이 한자리에 모여서 잔치를 연 일이 있었다. 그때 수월루 잔치에 쓴 지출명세서가 은행측 기록에 남아 있어 당시의 물가연구에 귀중한 자료가 되고 있는데 그 세목을 보면 다음과 같다.

청(淸)과자 5백 근 1백 원
팥 4승(升) 49전 6리
백미(白米) 4승 65전 4리
찹쌀 7승 1원 45전 6리
시루떡 5좌(座) 56전
생리(生梨) 59개 2원 36전
홍시감 89개 1원 41전 6리
대추 2승 60전
청근(淸根) 20속(束) 20전

탕육(湯肉)　40전

정육　20전

달걀 30개　27전 6리

미나리 2속　10전

대구어(大口魚) 5마리　50전

돼지 한 마리　4원 80전

국수　60전

하인 품삯　1원

장작 한 바리　1원 8전

주전자 2틀　1원 20전

청주 7병　98전

꿀　20전

침채(沈菜)　16전

땅속에 묻은 밤 2승　40전

　그때 잔치마당의 꽃이라고 할 수 있던 기생 6명의 가마삯·소리채를 모두 합친 화대가 일금 25원이었다.

　아직 수도가 놓이기 전이있으므로 잔칫집에 물을 길어 날라 주었던 급수(汲水)값이 20전이었다.

　또 이보다 약 두 달 앞선 그해(1899년) 8월 29일 고종탄신 기념잔치를 수월루에서 열었을 때도 기생을 태워 온 가마꾼 10명의 품삯이 2원이니까 한 사람 앞에 20전이었다.

　그리고 그때 지게꾼 6명의 하루 품삯은 48전이었으니까 지게꾼 1명엔 단돈 8전이었다.

　이래서 고종탄신 기념잔치를 장안 일등 요리점인 수월루에서 3, 40여 명의 당대 거물들이 기생들 노랫소리를 들어가면서 재미있게 놀고 난 총경비가 1백 34원 34전으로 나와 있다.

　이러던 시절 김두원의 소금값 5천 1백 19원은 얼마나 엄청난 액수라는 것을 금방 짐작할 수가 있을 것이다.

김두원은 원산의 거상이었다. 그때 마침 원산은 개항이 되면서 물화교역이 활발해졌고 원래 함경도는 소금이 귀해 항상 경상도에서 사다쓰고 있었는데 김두원은 그 원산에서도 제일 크게 수상(水商)질을 하는 인물이었던 것 같다.

1899년, 김두원은 그해도 초여름부터 경상도로 배를 타고 들어가 구포·포항 일대를 돌면서 소금을 사서 쌓아두고 있었다.

그때만 해도 아직 소금 가마니라는 것이 없었다. 소금은 항아리나 나무통에 담아 차곡차곡 쌓아두고 장마철을 넘겼다. 대개는 가을 김장철을 전후해서 새우젓이나 조기젓을 담아 그것을 다시 배에다 싣고 원산으로 가서 풀어 2배의 이익을 보는 것이 보통이었다.

김두원은 해마다 그런 경상도 소금장사를 다녀 원산이나 함경도 상권을 주름잡았던 것이다.

김두원은 1920년경 70세의 노인이었으니까 소금사건이 났던 1899년경에는 50여 세의 한창 나이였다. 그는 20여 세 때부터 30여 년 동안 수상을 따라 다니면서 장사하는 재능을 익힌 주인공이다. 이제는 해마다 초봄부터 경상도에 와 소금이 쌀 때 사서 쌓아두었다가 수요기인 가을에 젓을 담아 내거나 그냥 맨소금으로 함경도 쪽에 싣고 가 거리(巨利)로 재미를 톡톡히 보고 장사 밑천도 크게 굴리는 거상이 되었다.

그해도 5월, 김두원은 초봄부터 경상도 쪽으로 내려와 여기 저기 뱃길이 닿는 데서 소금을 사들였고 그 소금을 다시 낙동강 줄기를 타고 올라가 모포(毛浦) 나루에 쌓아두고 있었다.

울릉도 소금해적

"아, 김생원 계슈?"

"응, 나 여기 있네"

막 아침밥을 먹고 나서 그때 한창 부산 모포 쪽으로 퍼지기 시작

한 일본 키자미〔刻煙草〕 담배 한 대를 곰방대에 담아 피워 물고 있
자니까 김두원이 밥을 붙여먹고 있는 김쌍동(金雙童)이가 방문 밖
에서 찾는다.

김쌍동은 모포나루에서도 제일 큰 해산물 객주 영업을 하면서 짭
짤하게 돈을 모은 사람이다. 성격이 화통한 그는 이제는 객주라기
보다도 가까운 동업자나 친구처럼 김두원과는 친분이 익은 사람이다.

"김생원, 좋은 수가 있을 것 같소."

"수는 무슨 수?"

"아, 소금 말이오."

"이 오뉴월에 소금이 어째서?"

"글쎄 잘 하면 두탕 벌이를 할 수도 있을 듯한데……."

김쌍동은 입맛을 다시면서 소금만 많이 있으면 가을까지 기다릴
것도 없이 당장 한판을 하고, 아직 5월 초순이니까 그 돈으로 또
소금을 사모으기 시작하면 가을까지는 넉넉하게 함경도 쪽에도 댈
수가 있다는 것이다.

"그래서 말이요, 지금 김생원이 우리 객주에 쌓아두고 있는 소금
있잖습니까? 아마 한 5천 통은 안 되겠소?"

"아, 쓸데없는 소리 말게. 그것은 그냥 가만히 쌓아두었다가 칠
팔월게 슬슬 원산으로 실어내가면 저절로 2배 장사는 되는데……
……."

"아, 그러니 말이오…… 그러니 당장 한탕을 굴리고 나서 다시
또 소금을 사들이기 시작하면 4배 장사가 아니겠소."

그날 객주 김쌍동이 가져온 정보는 그저께부터 모포나루에 큰 일
본배 한 척이 들어 와 소금 팔 사람을 찾는다는 것이다. 그러니 그
일본배에 소금을 팔고 그 대금으로 또 소금을 무역해 두면 가을 소
금을 대는 장사에 아무 지장이 없을 것이라는 얘기였다.

장사란 상기(商機)를 보는 것이고 돈은 굴려야 돈이다. 1백 원
장사밑천이 한 달에 한 바퀴 도는 것보다는 한 해에 40번 도는 쪽

이 훨씬 나은 것이다.

"일본배가 소금을 사러 왔다고?"

"예, 소금을 있는 대로 사겠다는데 값도 후하게 준다는 거요."

"왜 그렇게 그 사람들이 갑자기 여기까지 들어와 소금을 구한다
지?"

"그건 모르오만…… 하여간 김생원, 밑져야 본전이니까 그 왜상
들을 한번 직접 만나서 얘기나 해 보슈."

김두원은 그날로 일본 장사꾼들과 만났다.

그때 김두원을 찾아온 왜상은 일본국 시마네현〔島根縣〕에 사는
키무라 겐이치로〔木村源一郎〕의 형제상회에 선적을 둔 오키치〔乙
吉〕라는 사나이였다. 그는 김두원에게 소금을 팔라며 값도 후하게
쳐 주겠다고 했지만 김두원은 소금을 팔지 않겠다며 물었다.

"대체 당신들은 왜 그처럼 갑자기 비싼값에 소금을 사러 왔소?"

그러자 오키치는 기왕 당신이 소금을 팔지 않겠다면 할 수 없는
데, 참 딱한 노릇이라면서 수상질을 30여 년이나 다녔다면서 당신
은 지금 울릉도에서 돌아가는 형편도 모르느냐는 것이다.

"울릉도요?"

김두원은 깜짝 놀라면서 재우쳐 묻자 오키치가 대답했다.

"우리 배는 한 보름전에 울릉도에서 떠나왔소. 지금 울릉도에는
때아닌 고기떼가 밀려 들었는데 소금이 없어서 잡은 고기를 썩일
지경이오!"

"……?"

김두원은 두 번째 놀랐다. 장사라는 게 별 것 아니다. 어느 지방
에 모자라고 없는 물건, 귀한 물건을 흔한 지방에서 값싸게 구해
제때에 공급해 주면 되는 것이다. 그것이 상기다.

그 상기는 곧 빠른 정보인 것이며 일단은 어느 지방에서 지금 무
엇이 모자란다는 것을 빨리 얻어 듣거나 눈으로 보고 손을 쓰는 것
이 장사꾼 아닌가.

그런데 지금 울릉도에 소금 기근이 났다. 이유는 갑자기 근해에 풍어장(豊漁場)이 이루어져 밀려든 고깃배가 수백 척이요, 매일 건져내는 고기가 산더미 같은데도 폭폭 찌는 오뉴월 더위에 소금이 없다면 그 고기는 잡으나 마나 폭폭 썩을 것이다.

그런데 그 동해바다 가운데 떠 있는 조그만 울릉도 섬에 쌓아둔 소금이 따로 있을 리가 없으니 지금 소금을 싣고 누구든지 먼저 울릉도로 들어가면 넉넉히 5배 장사를 할 수 있다는 것이다.

그런 울릉도의 소금 기근을 일본에서 들어오던 오키치의 배가 불과 보름 전에 그곳을 지나오면서 보고 왔다는 것이 아닌가?

오키치의 배도 호남지방으로 보리 무역을 하러 가다가 울릉도의 소금 사정을 본 것이다. 그래서 여기 어디 가까운 곳에서 소금만 살 수 있다면 무역이고 뭐고 할 것 없이 소금을 사서 울릉도로 가려 한다는 것이다. 값은 고헐 간에 소금이 있거든 자기들에게 팔아달라는 간청이었다. 사실이 그렇다면 김두원도 20년 동안 수상질을 다닌 거상이다. 그대로 앉아서 금쪽 같은 소금을 왜상들 손에다 넘겨줄 까닭은 없는 것이다.

그러나 쌓아둔 소금을 싣고 동해를 건너가자면 웬만큼 작은 배로는 엄두도 못낼 일이다. 그런데 오키치의 배는 곡물을 싣는 큰배로 단번에 벼 5천 섬도 싣는다는 것이었다.

김두원은 제안을 했다.

"기왕 그렇다면 소금을 당신 배에 실어 가지고 울릉도로 갑시다. 남은 이문의 3할을 배삯과 아울러 당신들에게 주겠소."

김두원은 오키치와 장사흥정을 성립시켰다.

往于鬱陵島 以鹽換太則 利益不少 且裝載渠般 則般貰亦廉云云……

울릉도에 가서 소금을 팔고 돌아올 때는 울릉도 콩을 사서 한배 가득 싣고 온다면 그야말로 일거양득이었다. 왜상 오키치도 이왕 동업을 시작했으니, 배삯을 제값대로 받으려고 우길 수 없진 않은가.

배삯도 훨씬 감해서 받겠다고 아주 아귀가 잘 맞는 흥정이 성립된 것이다.

이렇게 해서 김두원은 모포 김쌍둥이네 객주집에 쌓아둔 소금 1천 88통을 오키치의 배에다 싣고 울릉도로 떠났던 것이다.

소금 1천 88통의 값은 모포나루 시세로 5천 1백 91원 90전어치였다. 모포를 떠난 김두원은 거의 보름이나 걸려 그해 6월 16일 울릉도에 도착한 것으로 기록되어 있다.

물론 김두원도 짠물과 파도에 찌들면서 잔뼈가 굵은 수상 출신이었다. 그렇지만 한여름 파도와 싸우면서 장장 보름 이상을 바다에 시달리며 동해를 건너가자니 지칠 대로 지쳤다. 그러나 날씨는 울릉도에 가까워지자 의외로 맑고 파도도 잔잔했다.

"허허 김두원상(씨)."

"이제 다 왔소이다."

"다 왔소, 김두원상. 이제는 큰 돈을 벌게 됐소."

왜놈 뱃사공들까지 이제는 모두 낯이 익어 큰 재수 볼 일에 가슴이 부풀어 올랐다.

"좋수다. 어서 배나 대고 소금이나 내립시다."

김두원도 망망한 바다에 삼삼오오 흩어져 고기를 잡는 고깃배를 보자 적이 기뻤다.

'이젠 정말 한몫 쥐는가? 왜놈들이 쥐상판 쪽바리라도 수상질을 오래 다녀서 그런지 오키치놈은 속이 좀 트이긴 트였는데…….'

김두원은 뱃머리에 앉아서 이런 생각 저런 생각을 하면서 저물어오는 바다 놀을 멀거니 바라보았다.

'나도 나이 이제 마흔. 손자도 보았고, 이번에 한탕 잘하면 지긋지긋한 장사도 그만두고 고향에 돌아가서 농사나 지으면서 편안히 살아야지!'

그런데 사건은 김두원의 소금배가 울릉도에 닿았던 6월 16일 밤

돌발했다.

오키치의 배에 실은 소금짐이 울릉도 선창에 닿았을 때는 공교롭게도 어둑어둑 땅거미가 지는 시간이었다.

"벌써 날이 어두웠소."

"글쎄요. 횃불 하나 잡히고 배를 댑시다."

그러나 아직 전기도 없고 선창의 하역시설도 제대로 갖추어져 있지 않아 수십 개의 횃불을 들고 선원들이 직접 소금통을 하륙(下陸)해야 했다. 물론 밝은 대낮에 하는 것과 같지 못할 것은 뻔했다.

오키치가 입을 열었다.

"이미 날이 어두워졌으니까 소금짐은 내일 내리기로 하고 김생원은 뭍으로 먼저 올라가서 주무시고 내일 새벽에 배로 내려 오십시오."

김두원은 아니라고 우길 수가 없었다.

오키치를 털끝만큼도 의심하지 않았던 것이다.

그래서 김두원은 자기 혼자만 뭍으로 먼저 오르고 오키치와 그밖의 선원들은 그대로 배안에서 자기로 했다.

김두원은 사정이 그렇게 되었으므로 밤에 배에서 내려 울릉도 도장(島長)인 배계주(裵季周)의 뒷집에 있는 심기수(沈基秀)라는 사람의 집에서 그날 하룻밤을 보내게 됐다.

그런데 그날 밤 자고 아침 첫새벽에 선창으로 나가 보니 소금을 싣고 왔던 오키치의 배가 보이지 않았다.

"아니, 엊저녁 경상도서 온 일본배 못 보셨소?"

"우린 모르오."

"소금을 싣고 온 오키치란 왜놈의 배가 어디로 갔소?"

김두원은 처음에 제 눈을 의심했다.

분명히 선창가에 매어 있어야만 할 오키치의 배가 하룻밤 사이에 종적이 묘연해졌는데 다른 뱃사람들에게 물어보아도 아는 사람은 하나도 없다.

도망을 친 것이다. 오키치의 소금배는 전날 밤 한밤중에 어둠을 뚫고 망망한 동해바다 어디론지 돛을 달고 도망을 쳐 버렸으니 김두원은 이제 무슨 재주로 그놈을 잡을 것인가.

김두원은 그제야 멀쩡한 속임수에 빠진 걸 알게 되었다. 산더미처럼 풍어를 만나 고깃배가 수백 척 몰려 왔다는 것도 거짓말이고 소금이 없어 난리라는 것도 말짱 거짓말이었다.

콩은커녕 팥도 없으니 오키치는 완전히 옛 왜구의 흉내를 내는 해적놈이었다.

하늘이 무너지는 것 같았다. 김두원은 동해 한가운데 섬 울릉도 안에 버려진 채 오도가도 못하는 딱한 신세가 되고 만 것이다.

땅을 치고 분해서 소리 높여 울어봐도 소용없었다.

겨우겨우 도장인 배씨의 집에서 하룻밤을 자고 이튿날 일찍 육지로 나가는 배를 얻어타고 경상도 모포나루로 초주검이 되어서 돌아온 것은 그해 7월 초순이었다. 모포 옛 객주집 김쌍둥이네 집에 와 수소문을 해 봐도 오키치 놈은 오리무중이었다.

"내가 괜히 그 얘기를 했나 보우. 김생원님, 대체 이 일을 어쩌면 좋소?"

김쌍둥이 펄펄 뛰고 억울해 하다가 여비 몇 푼을 마련해 주며 말했다.

"서울로 올라가 나라에다 진정해서 그 일본 도둑놈을 찾아내 보시우……."

김쌍둥으로서도 어이없는 사건이었다.

왜놈인 그 오키치란 선주가 그런 날강도놈인 줄은 꿈에도 생각하지 못했고 그저 소금을 사러 온 왜상이라기에 김두원에게 소개를 했을 뿐이다. 그저 그 날강도 같은 왜놈이 밉기만 했다.

원통해서 못 살겠네

김두원은 부랴부랴 서울로 올라와 당시 우리나라의 외부대신인 박제순(朴齊純)에게 원정(原情)을 했다.

　　追換 貴國北海道島根縣隱岐國 沃崎 附近地方官 答照會內 以金
斗源事件 木村源一郎及 同行船主乙吉招致審査 別的確無疑……

　일본 시마네현에 있는 그들의 본적지에서 키무라 겐이치로와 동
행했던 선주 오키치 등을 불러다가 그곳 지방관청에서 김두원 사건
을 조사한 결과 그 사실이 정확하여 의심할 여지가 없었다고 답조
회를 해 온 것이다.
　그런데 일본 공사관을 통해 외부대신 박제순에게 발송되어 온 그
조회서에는 엉뚱한 소리가 늘어져 있었다.

　　但相續人金之助 貧之無聊云云……

　그들은 이미 잡혀 징역을 살고 있으며 상속인인 키무라 킨노스케
〔木村金之助〕 등은 너무도 가난해서 도저히 김두원의 소금값을 물
어낼 형편이 못 된다고 단서를 붙여 온 것이다.

　　而其時 貴公使 林權助 說此模糊稱而 金斗源恤金 送金幾百圓 則
斗源以義思之 當俸鹽價受之可也 所謂恤金於理不當 故卽其時却之
矣……

　그때 일본공사 하야시가 키무라 겐이치로와 오키치 등이 소금값
을 갚을 수 없는 처지라고 모호하게 얼버무리고 나서 소위 휼금이
라고 해서 기백원을 김두원 앞으로 송금해 왔다고 밝혔다. 김두원
은 그것을 일축해 버렸다.
　"이따위 휼금이라는 것은 말도 안 된다. 당당히 내 소금값을 받
는다면 모르거니와 내가 왜 일본정부서 보내는 휼금을 받는단 말

이냐?"

그때는 아직 1899년, 조선 왕조도 당당한 주권국가였다.

그러나 일단 김두원 사건을 일본국 정부 당국에 조회해서 외교적으로 사건을 밝히는 데까지는 가능했지만 일본정부를 강제로 압박하여 배상금을 받아내게 할 힘은 없었다.

그런데 원산의 소금 거상 김두원이 억울하게 일본사람에게 소금을 잃고 난 뒤에 그가 일본공사관 문앞에서 목을 매달고 죽으려고 했던 일이 1901년 신문에 이렇게 보도되고 있다.

　원산 居 鹽商 김두원이 연전 울릉도에서 일인에게 失鹽한 事로 외부 급 일본공사관에 屢訴하되 尙未出來하므로 日昨 김씨가 일본공사관 문전에서 結項自斃코저 하기로 該館에서 南署로 압송하얏다더라.

답답한 일이었다. 그 거대한 소금을 송두리째 일본놈에게 날강도질을 당한 김두원은 우리나라의 외부는 물론 일본 공사관에 여러 차례 찾아가 이 문제를 해결하여 달라고 호소하였지만 그 일이 해결되지 않자 펄펄 뛰면서 분해 했던 것이다.

그 막대한 빚과 억울함과 기막힘을 어디다 호소할 길이 없었다.

김두원은 몇 번씩 일본 공사관 문을 두드리며 아무리 울고, 불고 해도 해결되지 않자 한번은 그 공사관 문밖에 있는 대문설주에다 자기 허리띠를 풀어 목을 걸려고 했던 것이다. 말하자면 결사의 데모를 감행하려 한 것이다. 일본 공사관 앞에서 그처럼 당돌하고 얼굴 까만 김두원이 목숨을 걸고, 아니 목을 걸고 한 많은 세상을 하직하려 하자 일본 공사관 문지기 순사는 불호령을 쳤다.

"영감이상 죽지노 마이소! 영감이상 어찌 모가지를 걸라카오? 죽으려면 당신집 문설주에 매고 죽소!"

김두원은 허리띠에 목을 걸고 두 다리를 바둥거리며 죽음 직전에

이르렀는데 일본공사관 순사가 달려나와 차고 있던 일본도로 목을
매단 허리띠를 돌려 쳐 버렸다.

"쿵!"

엉덩방아를 찧고 땅에 나가떨어진 소금장수 김두원을 붙잡고 일
본 순사는 그의 따귀를 몇 대 더 올리고는 포승줄로 묶어 남서(南
署)로 보내 버렸다.

김두원이 생각해 보면 대체 자기가 무엇을 잘못해서 이렇게 따귀
까지 맞아야 하는지 기가 막힌 일이었다. 멀쩡한 날강도를 당해 그
날강도를 잡아 훔쳐간 소금을 되돌려 달라는데 왜 이러는가!

기가 막힌 일이었다. 그런가 하면 4년이 지난 1905년 신문에는
김두원이 신문사에 보내는 호소문과 일본 공사관에 보내는 항의문
을 통하여 이렇게 말하고 있다.

본인이 去 己亥 3월 25일분에 商販次로 住于 경상도 馬坪 무역

특실이 있는 개통 당시의 전차

이온 바 同港 居金治順 鹽幕 九釜에서 연일 斗量이 爲 1천 88통
인데 매통에 以恒用 大斗로 4두씩 入盛則 염부에서 例以 1통으로
作爲 1석이온 바 울릉도에 가 太를 바꾸면 4천여 두라 하야……

이것으로 보면 김두원이 경상도 울산 마평에 나와 소금장사를 하
기 시작한 것은 기해년, 즉 1899년 3월 25일이었고, 그 울산 마평
에 사는 김치순의 소금막 아홉 솥에서 매일같이 소금을 구워낸 것
이 1천 88통인데 그 1통에는 언제나 대두로 4말씩 부었다는 것이다.
그리고 그 소금 4말을 부은 1통을 가지고 울릉도에 가서 콩으로
바꾸면 4천여 두(대두), 즉 8백 가마를 바꿀 수 있다는 얘기가 된다.

네가 무슨 공사(公使)냐

김두원은 너무도 어이가 없어 그 소금을 찾으려고 서울에 올라와
호령을 치고 헛웃음을 치다가 반 미치광이가 되었다.
그런데 한번은 일봉공사 하야시가 타고 가는 인력거에 지팡이를
던졌는지 떠밀었는지 하여 대단한 사고를 일으켰던 것이다.
소금장수 늙은이가 천하의 하야시를 인력거째 길바닥에 떠밀쳐
버렸겠느냐고 세상 사람들은 믿지 않았다. 왜냐하면 그 당시 일본
공사 하야시 세도는 '하야시가 쳐다보면 날아가는 새도 떨어진다'고
할 만큼 위세등등하던 때요, 이 나라는 아직 엄연한 조선 왕조이면
서도 왕궁을 비롯한 모든 정계의 권력을 하야시가 제 집 방안에 앉
아서 바둑판에다 바둑알을 놓듯 요리를 하던 판이었기 때문이다.
대신들이 번쩍이는 훈장을 달고 매일같이 하야시를 찾아가 문안
을 하고 그 앞에서 설설 기어 다니는 판인데 어떻게 소금장수 김두
원이 감히 그럴 수 있을까? 일본공사 하야시의 인력거는 고사하고
칼찬 일본순사의 단추 하나만 떼었어도 아마 보통 사람 같으면 살
아남지 못했을 것이다.
그때는 칼찬 일본순사와 그 무서운 헌병을 똑바로 쳐다보는 사람

도 없던 시절이었다. 그런 일본공사 하야시가 으리으리하게 앞뒤로 부하들을 거느리고 서울 장안을 지나가는데, 정말로 김두원이 그 인력거를 뒤엎을 수 있었을까?

믿어지지 않는 이야기다. 당당하게 이 세상의 부당함에 화를 내면서 살아가지 못하는 사람은 인자(仁者)라기보다는 약자라고 할 것이다. 화를 내면서 살아가는 것이 정말 필요할 때가 있다. 그럴 용기도 없는 사람은 인내니 중용이니 하며 스스로 가장하고 자신을 속이는 조그만 행복감을 맛볼 뿐이다. 김두원은 체념하지 않았다. 부당함을 그대로 덮어둘 수는 없었던 것이다. 그는 그동안 백방으로 한국정부에 호소도 해 보았고 일본 공사관이며 통감부로 찾아다니면서 울어도 보고 분노로 치를 떨기도 했다.

한번은 일본공사 하야시가 인력거를 타고 점잖게 서울의 대로를 행차해 가는데 느닷없이 미친 영감 같은 구차한 차림의 늙은이 하나가 지팡이로 공중에다 삿대질을 하면서 뛰어들었다.

"누구의 행차시오?"

그러나 인력거는 여러 채가 하야시 일본공사를 옹위했고 앞에는 칼찬 순사가 서서 미친 늙은이 김두원이 뛰어들자 매섭게 호통을 쳤다.

"비켜라! 일본공사 하야시 어른의 행차시다!"

"일본공사?"

"빨리 못 비키겠나?"

그러자 김두원은 그 인력거 앞에 푹 쓰러지면서 울음을 터뜨리고 말았다.

"분하오. 잠시 행차를 멈추고 나 김두원의 소금값을 받아 주시오!"

김두원은 노안에 눈물을 줄줄 흘리면서 외치다가는 손바닥으로 땅을 치면서 엉엉 통곡을 했다. 김두원으로서는 정말로 맺히고 맺힌 서러움과 분함을 못 이겨 울어 버린 것이다. 그러나 일본공사

하야시의 행차가 어디라고 잡인이 뛰어들어 길을 막는가? 순사들은 호령을 하면서 길바닥에 엎드려 우는 김두원을 안아 길 한쪽으로 몰아붙였다. 그리고 인력거는 다시 움직이기 시작했다.

그때, 울다가 눈에 쌍불을 켠 김두원은 성난 황소처럼 몸을 벌떡 일으켜 하야시가 타고 가는 인력거 앞으로 쏜살같이 달려갔다.

"죽일놈! 네가 무슨 일본국을 대표한 공사냐? 공사면 너희 백성의 도둑질을 그렇게 다스리느냐? 그러고도 너희는 동양의 일등 국가라고 자랑하느냐?"

김두원은 하야시가 타고 있는 금테 두른 인력거채를 손으로 팍 떠밀어 버렸다.

"어어."

인력거는 고귀한 일본공사의 몸뚱이를 태운 채 옆으로 나둥그러지고 말았다.

"저놈! 잡아라."

호위 순사와 헌병들은 순간 넋이 나가 버렸다. 그 속에서 김두원은 입에 거품을 물고 지팡이로는 금테 두른 인력거채를 후려쳤다. 공중제비로 길바닥에 나둥그러진 일본공사 하야시는 코가 깨져 버렸다.

일본공사 하야시의 인력거 전복사건을 두고 당시의 신문이 보도하고 있는 대목은 뚜렷이 발견되고 있다.

元港 居 염상 김두원씨가 일인에게 鹽見失事로 일본공사 林權助씨를 黃土峴에서 示辱한 고로 現今 한성부에 提囚되얏는데 법부에서 외부에 조회하되 누차 심사에……

일본공사 하야시에게 욕을 하고 대든 장소는 지금 광화문 네거리인 황토현이었다.

그 때문에 김두원은 한성부에 잡혀 들어갔고 여러 번 취조를 해

법부에서 외부에 조회한 결과는 다음과 같다.

　누차 심사에 金民이 供稱 高聲에 日使가 落倒하고 人力車夫가
競走한 事요, 日使에게 手犯한 事는 無하다고 완강히 不服하나…
…

사건 전후는 너무나 명백했다.
"내가 큰소리를 쳐서 꾸짖었더니 하야신지 고야신지 하는 일본공
사가 헛총 소리에 눈먼 참새가 뚝 떨어지듯 인력거 위에서 종로
길바닥으로 떨어져 굴렀다. 그러자 하야시를 태운 인력거꾼이 째
진 버선에다 게다를 신고 네 발로 도망간 것뿐이지 내가 어디 일
본공사에게 주먹질을 했더냐! 나는 아무 죄도 없다. 큰소리로
그놈을 꾸짖은 것밖에 없는데 내가 내 목소리로 고함을 친 것이
무엇이 죄가 되길래 이렇게 가둬두고 매를 치느냐?"
김두원은 완강히 항거했다. 물론 김두원으로서야 사활이 걸려 제
정신이 아니었을 것이다. 눈에 보이는 것이라곤 하나도 없으며 마
치 환장한 사람같이 되어 버렸을 것이다.
"네 놈, 거기 있거라! 이놈, 일본놈! 일본놈 도둑 괴수야!"
김두원이 아니고는 아무도 일본공사 하야시 앞에 삿대질을 하며
종로 큰 거리 황토현에서 고래고래 소리치며 대들 수 없었을 것이
다. 워낙 짠물을 먹고 단단하게 영근 목청이라서 그가 한번 눈을
부릅뜨며 고함을 지르자, 깜짝 놀란 하야시는 인력거 높은 곳에 앉
아서 거드름을 피우다가 뚝 떨어졌던 것이다.
그러자 제 주인인 하야시가 떨어지건 말건 인력거꾼은 저 죽을까
겁이 나 네 발로 기어서 도망을 해 버렸다는 기록이다.
그런데 1910년에도 또 김두원은 일본순사에게 욕을 하느니 마느
니 하다가 경시총감이 부르자 가느니 마느니 하면서 분통을 터뜨린
기사가 그해 3월 25일자 〈경향신문〉에 실렸다.

去 18일에 別巡査 2명이 김두원씨를 보고 경시총감이 부르니 곧 가자 하거늘 김씨의 말이 내가 죄가 있으면 잡아가든지 묶어 가든지 할 것이지 무고히 오라 하는 경우에는 아니 갈 터이니, 내 말대로 너희 경시총감에게 고하라 하고 서로 힐난하더니 日巡査 2명이 또 와 간청하며 무슨 일인지 알 수 없으나 총감이 한번 보기를 청하니 가봄이 무방하다 하는지라 김씨가 따라간즉…….

김두원이 경시총감을 만나게 되는 경위를 말하고 나서, 김두원이 경시총감과 만나 따지는 대목을 이렇게 계속하고 있다.

총감이 김씨를 청하야 대청으로 들어간 후 소금값 일에 대하야 설명하기를 소금을 도적하여 간 乙吉 등은 지금 징역하고 그 유족은 가세가 심히 가난하야 소금값 辨出할 도리가 없는 고로 일본정부에서 김씨의 정세를 矜恻히 여겨 救恤金이나 줄 뜻으로 議案을 제출하얏으니 의향이 어떠하뇨 하되 김씨가 대답하기를 그 말은 불가하다, 구휼금은 비록 산더미같이 줄지라도 내가 받을 까닭이 없다 하며 다시 말하되…….

소금을 도둑질하여 간 오키치는 지금 다른 사건에 연루되어 일본에서 감옥살이를 하고 있다.
그 집구석은 서발 장내를 내둘러도 걸릴 것 없이 거덜이 나 처자와 새끼들이 굶는 둥 마는 둥 하는 지경이니 김두원의 소금값을 도저히 변상할 능력이 없다.
그러나 일본사람이 김두원의 소금을 도둑질한 사실만은 명백하므로 일본정부에서는 김두원에게 약간의 구휼금을 줄 뜻을 비치고서 김두원의 의향을 묻자 김두원은 고개를 설레설레 내두르며 거절을 하고 있는 것이다.
김두원의 배짱을 보니 소금장수답게 짭짤하다. 구휼금과 배상금은 엄연히 성격이 다른 것이요, 비록 구휼금은 산더미처럼 줄지라도 자기가 받을 까닭이 없는 것이라고 떵떵거리고 있는 것이다.
김두원은 이렇게 일본 경시총감에게 대들었다.

이왕 일본 風帆船이 우리나라 洪州郡 바윗돌에 부딪혀 파손된 것을 그 바윗돌이 우리나라에 있다 하야 배상금 3천 원을 우리나라 정부에서 받아가고 공주군에 와 있던 일인 廣津太郎은 우리나라 군인과 시비하다가 구타를 당하얏다고 하고 치료비로 5천 원을 받아갔은즉 이 전례와 같이 본인의 소금값 5만 1천 9백 19원도 귀 정부에서 물어 내는 것이 당연한 일이다.

김두원은 조목조목 따졌다.

만일 일본이 소금값을 물어주지 않으면 이왕에 배상금 받아간 것이 만만부당한 것일 뿐더러 어찌 귀국 정치에 손상한 일이 아니리요. 이 사건이 비단 본인에게만 積怨이 아니라 세계의 수치를 면치 못할 일이라 하니 경시총감이 아무 말을 못하거늘 김씨가 즉시 여관으로 돌아왔다더라.

그렇게 조목조목 따지고 난 뒤 김두원은 결론을 내렸다.
"너희가 내 소금값을 물어주지 않는다면 개명(開明)한 나라요, 밝은 나라라고 자랑하는 너희 정부의 옳은 행사가 아니어서 나 한 사람에게 원망을 줄 뿐만 아니라 세계에 대하여도 이런 수치스런 일이 어디 있겠느냐?"

이렇게 대들자 경시총감도 아무 말을 못했다.
독기를 품은 살모사처럼 꼿꼿하게 불의에 맞선 김두원의 태도는 도저히 늙은이에게서 나오는 것이라 할 수 없었다. 진정한 나이는 정신적인 태도에 의해 결정된다.

사실 경시총감 아니라 경시총감에다가 금테를 한 개 더 두른 경시총총감이라 할지라도 할 말이 없었을 것이다.

이것으로 보아도 1899년에 소금 5천여 원어치를 잃어버린 김두원은 그 일 때문에 온 집안이 거덜났던 모양이요, 그 돈을 찾기 위해 그는 서울에 올라와서 여관방 신세를 졌던 것이다.

소금값은 받아내지 못한 채 세월은 그동안 덧없이 흘러 11년이 지나고 있었다. 약 두 달이 지난 그해 5월 6일자 신문에 다시 그의 기사가 실렸다.

원산항 사는 김두원씨가 소금값 사건으로 억울하게 된 것은 모두 아는 바이어니와 일본 내각과 중의원에 세 번이나 長書를 제출하고 소금값을 독촉하되 지금까지 아무 조처가 없는 고로 去月 20일에 또 장서를 제출하얏다더라.

김두원은 끈질기게도 일본정부를 상대로 소금값을 물어 내라고 진정을 했다.

김두원의 그 소금은 사실 짭짤한 수입이 될 수 있는 큰 돈이었다.

앞에서도 말했듯이 소금은 그 당시만 해도 무척 귀한 물건으로 해마다 수입해 들여와야 했던 상품이었기 때문이다.

그해 5월 13일자 신문은 우리나라 수출입 상황과 그 상품을 다음과 같이 설명하고 있다.

우리나라에서 해삼위(블라디보스토크)에만 수출한 액수가 78만 4천 5백 28원이요, 수입은 4만 4천 4백 원인데 수출한 것은 쌀과 소요, 수입한 것은 소금과 어물, 재목 등이라더라.

소금이 중국 쪽에서만 건너오는 줄 알았더니 러시아의 블라디보스토크에서도 수입해 와야 할 만큼 모자란 상품이었다.

이렇게 소금이 금쪽처럼 귀한데 그 귀한 소금을 송두리째 빼앗기고 난 김두원이 억울하고 분통이 터지는 건 당연한 일이었다.

명원장서 올린 지 몇 해던가

결국 왕조의 내각은 우물쭈물 조회나 몇 번하다가 나가떨어지고 이 사건은 김두원 개인과 일본정부 상대의 싸움이 되고 말았다.

그때 김두원은 하야시는 물론 1906년에는 조선통감부의 이토 히로부미에게도, 일본국의 외무대신에게도 줄곧 소금값 배상을 청구하는 소위 명원장서(鳴冤長書)를 발송했고, 김두원의 끈질기고도 정당한 요청에 견디다 못한 이토 히로부미는 그를 달랬다.

"그러면 차라리 내가 1천 원쯤 내주겠다."

"내 소금값은 5천여 원이지 1천 원이 아니다."

김두원은 통감 이토 히로부미의 호의도 거절해 버렸다. 자신이 옳다는 확신이 서면 김두원에겐 대강이나 타협은 용납되지 않았다. 김두원은 끝까지 자신의 확신을 관철해버리고야 마는 대쪽같은 성미였다.

시간이 갈수록 김두원 사건은 민족감정까지 곁들여져 강도 왜인을 타도하려는 말없는 항쟁으로 계속되었다.

김두원의 명원서(鳴冤書)에는 일본정부를 매도하면서 끈질기게 욕을 하며 덤벼들고 있다.

구한국 시대에 일본사람이 승선하고 충청도 홍주군 長古島 바위에 배가 부딪쳐 깨졌을 때는 조선정부가 그 바위의 주인이라 하여 조선에서 국고금 3천 원을 빼앗아간 일이 있었고…….

너희는 너희 배가 홍주 장고도 앞을 지나다가 바위에 부딪쳐 깨진 것도 '바위의 주인'이 조선국이라고 억지를 부려 3천 원을 빼앗아 갔다.

충남 공주군으로 내왕하던 일본사람 하나가 길을 가다가 시비가 벌어졌을 때는 '조선사람에게 매를 맞았다'는 평계로 약값과 치료비라는 조건을 내세워 5천 원을 받아 갔으면서…….

너희는 왜 모든 조회 조사에서 오키치란 놈 일당의 소금 강도사건을 다 인정하면서도 내게는 보상금을 주지 않느냐는 것이었다.

그뿐이 아니다. 소위 함경도 방곡령사건 때도 일본은 조선정부를 트집잡아 막대한 배상금을 빼앗아 갔다.

제 나라에 흉년이 들어 왜상에게 콩을 팔지 못하게 한 것이 한일무역장정에 어긋난다고 배상금을 받아갔다.

임오군란과 갑신정변 때 저희 일본인이 상하면 우리로서는 상상도 못할 엄청난 배상금을 요구해 조선정부의 숨통을 누르고 그때마다 거류민 보호라는 구실로 군대를 보내왔다.

사리로 따진다면 김두원의 보상금 요구는 열 번 백 번 옳다. 그러나 김두원의 명원은 끝내 묵살당했고 그럴수록 김두원은 분에 못이겨 펄펄 뛰면서 호령을 했다.

元山鹽商金斗源 更作鳴冤四度 付于桂太郞 曾彌荒助 長谷川好道及東京滑稽社 社論皆右金斗源 唾罵其官吏之在韓者報館揭以滑稽正論……(1910).

김두원은 1910년 3월 네 번째로 일본국 총리대신 카쓰라 타로〔桂太郞〕를 비롯해서 각계요로 언론기관 등에 자기의 소금값을 정당히 보상해 줄 것을 거듭 요구했고 1909년 8월 29일자 〈대한매일신보〉에 실은 명원서에는 그동안(사건 발생 11년 경과) 물가상승률을 적용하여 소금값도 5만여 원이 된다고 주장했다.

窃計此事 已至十一年之久 則逐朔計理十年十倍之金 金額今爲五

萬一千九百十九圓矣 此非且 韓日兩國之所知 抑世界之 所共博明者 其冤且屈 可謂天地神明 亦所共鑑也 獨貴國公使 與統監府 參事官 之 聽且掩耳者

10년 10배의 이(利) 추세에 따라 소금값은 의당 5만 1천 9백 19원으로 갚아주어야 할 것이라면서 이 일은 한일 양국만이 알고 있는 것이 아니라 세계의 여론이 알고 있고, 또 억울함을 천지신명도 살펴서 알고 있는 바인데 어찌 유독 너희 일본공사관과 통감부의 참사관들만 귀를 막고 모른 체하느냐고 호통을 치고 있는 것이다.

김두원이 이 일을 가지고 10년, 20년 동안을 그 거대한 일본국을 상대로 싸우면서 어느덧 장년기가 지나 노년기가 되어 버렸다. 그러나 늙을수록 김두원의 분함은 응어리로 얽혀 굳어져 갔다. 분함과 함께 고집은 호통이 되고 김두원은 악에 받쳐 서울 거리를 반은 미쳐 버린 상태로 배회했다.

"내 돈 5만 원을 도둑질해 간 놈! 일본놈은 천하에 공명하고 개명개화를 했다면서 왜 이런 무법을 눈감고 있는가?"

김두원 노인은 일본공사 하야시가 타고 있는 인력거를 길바닥에 쓰러뜨린 사건으로 해서 1년 동안 김옥실이를 했다. 그는 인력거채를 떠밀어 버렸던 사건 이전부터 조선정부의 대신대관들에게 거침없이 호령을 쳤다.

1905년 을사보호늑약으로 한창 친일파 고관들이 민중의 지탄을 받고 있을 때였다.

한번은 박제순과 한창수(韓昌洙)를 노상에서 만나자 김두원은 야단을 쳤다.

厲聲大叱曰 現今 城內에 豹虎가 無하거늘 何故로 擔銃兵과 일본헌병 순사를 전후에 옹위하고 다니느뇨? 그대는 身爲參政하여 백성의 생명재산은 보호할 念이 毫無하고 但 경회루 蓮池上과 各

山寺江亭에서 기생풍악으로 消暢度日하고 공연히 기백원 月俸만 낭비하느냐?

이 무례사건으로 그는 또 옥고를 치렀었다. 또한 명원서가 일제의 치안방해라는 죄목에 걸린다고 해서 김두원은 6개월이나 유치장에 갇혀 있기도 했고 섬으로 귀양을 가기도 했다. 그러나 하루 이틀, 1년 2년이 지나고 장장 21년을 거대한 일제의 정부를 상대로 맞서는 동안 김두원은 거덜이 나고 거지가 되다시피 했다.

斗源之情 至于今日 哀極而氣衰 痛切而力弱 行行乞宿 亦不得自由 溝壑之外 更無餘地……

김두원은 살림이 거덜나 길거리에서 밥을 빌어먹고 남의 집 헛간에서 잠자리를 해야 했다.
그동안 식구 넷이 굶주리다가 죽었고 자신도 이제는 늙고 병이 들어 지칠 대로 지쳐 버렸다. 이제는 명원을 할래도, 투쟁을 할래도 당장 움직일 여비조차 없었다.
"인간의 일생이란 어떤 고집 때문에 막을 내릴 수도 있는 것인가."

인간은 곤혹의 밑바닥에서 이따금 이렇게 혼잣말을 중얼대는 법이다. 그것이 혼잣말인 한, 자기 사색의 울타리 안에서 좀처럼 나가지 못한다. 그런데 그곳에 들어 주는 이가 있어 때로 대꾸하며 맞장구를 쳐 주면 반짝하고 크게 창문이 열리는 경우도 있다.
그러나 조선소금일념 김두원에게는 왜놈들 위해 열어줄 창문이 없었다.

이런 그에게 배일감정에 동조하던 제천군의 유지 이회직(李熙直) 같은 사람은 동정금으로 금화 10원을 보내주었다는 기록도 있다.

1920년 5월 17일. 김두원의 호소는 이렇게 실리고 있다.

　어떻게 하든지 생전에 기어이 소금값을 받아야 죽어도 눈을 감겠는 고로 요사이도 쉬지 않고 거의 每朔 要路大官에 명원서를 보내기로만 일삼고 있는데 敬原씨가 총리대신이 된 뒤에도 장서가 벌써 20여 차에 이르렀으되 于今 여하한 소식이 없으므로 이달에 또 장서를 한 바 목숨이 있기까지는 기어이 목적을 이루도록 해 보겠소.

　총리대신이 새로 들어선 후에도 끈질기게 진정서를 올려 20여 차례나 됐다고 한다.
　그러나 김두원은 이미 70세가 훨씬 넘은 노인이었다. 1890년에 5천여 원의 소금값이 1910년에 5만여 원 값어치였다면 다시 여기다 10년 10배의 상승률을 셈해 보면 1920년에는 50만 원이 될 것이다. 그 엄청난 소금값을 놓고 21년 동안이나 울다가 지친 김두원은 끝내 어떻게 되었는가.
　1920년 5월 27일자 신문에는 김두원의 명원서 내용을 이렇게 적고 있다.

　李王職次官 國分象太郎은 공사관 書記生으로 于今 21년 전 사건을 명확하게 알고 있어 斗源之鳴冤情勢를 詳燭하신 바 國分象太郎이 駐美參事官으로 가기 전에 言하되 '몇 달만 기다려 달라' 하더니 이제 20년이 되었고 警視 渡邊鷹次郎은 大正元年 3월 15일에 김두원을 호출하여 相對條約하기를 금월 20일 정오에 소장을 등대하라 하옵기에 조약대로 서류를 가져다 뵈인즉 '此書類를 댁에 留置하라' 하기로 승낙하고 드린즉 '며칠만 더 기다리라'면서 내가 이 사건을 詳探次로 울릉도까지 출장을 나가 살폈기로 자세히 아는 바이니 우선 상부에 보고하겠으니 염려 말라 하더니

그 후 아무 소식이 없었으며…… 인천·진남포·군산 3항구에 전화
로 시세를 분간할 터이오니 下鑑하옵시사 전매특허자 김두원이라
하옵시면 그 간 영업도 흥왕하려니와 20년 간 전후 손해 여부없
이 平生恨을 풀 터이옵고…….

70여 세가 넘은 노인 김두원은 이제 더 싸울 기운도 없어 어깻죽
지가 축 처져 버렸다. 그는 소금 전매제도가 실시되자 인천·진남
포·군산의 세 항구 전매특허(판매) 업자로 지정하여 주면 그동안
손해 여부에 상관없이 평생의 한을 풀겠으니 그 잇권이라도 자기에
게 달라는 내용인 것이다. 김두원의 마지막 소청이 그때 어떻게 처
리되었는지는 잘 알 수가 없다.

'시간──' 그건 얼마나 기묘하고도 불가사의한 것일까. 대체 누
가 어느 때쯤 이 '시간──'을 흘러 보내기 시작한 것일까……? 어
쨌든 시간은 끝을 헤아릴 수 없는 영원한 과거로부터 영원한 미래
를 향해 시시각각 한순간의 게으름도 없이 흘러간다. 그러나 세태
와 인심, 온갖 사물의 모습은 이렇게도 저렇게도 변하기 마련이다.
세상은 기나긴 김두원의 집념을 잊어가고 있었다.

'기동성과 융통성의 마음가짐은 장사에 있어 기본이거늘. 한쪽 구
멍이 터지면 재빨리 다른 쪽 것을 옮겨 메울 수 있어야 한다. 자
금의 흐름과 융통성을 항상 예측하고 있어야 어떤 위기가 닥쳐도
벗어날 수가 있다. 장사는 사고가 났을 때 민첩하면서도 융통성
있게 처리해 나가야 한다. 따라서 어느 한 쪽만 집착 말고 대세
가 기울었다고 생각하면 즉시 그 부분은 과감하게 잘라버리고 잊
어버려야 하는데…….'

한 맺힌 집념의 사나이 김두원의 회한이었다. 그의 볼에 눈물이
주르르 흐른다.

소금장수 김두원 사건을 통해서 일본 선원의 해적행위나 일본정
부측의 부당불법을 이야기할 수도 있지만 그 보다 '영웅도 긴 불운

에는 이기지 못한다'는 엄연한 철리를 다시 한번 깨닫게 된다.

새소금 시대가 열리다

1906년 11월에는 일본사람들이 '조선소금'에 눈독을 들이고 우리
나라에 덤벼드는 모습이 이렇게 나타난다.

京城日本商業會議所에서 조사한·바를 據한즉 我國에서 鹽의 소
비액이 약 2억 5천 3백 12만 근인데 그중 我國 소산액은 약 1억
6천 8백 75만 근이요, 일본에서 수입하는 자는 약 1천 23만 근이
요, 그 나머지는 淸國에서 수입하는 모양이니…….

즉 우리나라의 절대 소비량 2억 5천만 근 중에서 국산 소금은 1
억 6천만 근. 약 1억 근 가까이 모자라는데 일본에서 들여오는 소
금이 1천여 만 근이요, 나머지 모두 청국에서 밀수입해 오는 청염
이라는 것이다.

이런 우리나라의 소금 시장을 차지하기 위해 청국에서 수입되는
밀수 소금의 유통을 막아 버리면 일본 상인들은 큰 이익을 볼 것이
라면서 이런 애기를 하고 있다.

淸國에서 수입하는 자는 全히 山東省에서 輸出禁令을 犯하야
비밀히 수출하는 모양인 고로 淸國으로 하여금 此禁令을 엄수케
하면 本州(日本) 所産者만 수입될 것이요, 특히 我國(한국) 제염
법이 아직 발달치 못하야 現今 百斤 제조비가 90錢 이상에 달하
야 수입지출이 맞지 않는 모양인데 금후 日本이 我國 제염법을
改良하면 전도 유망한 사업이 되리라고 하얏더라.

그 무렵 일본과 대만에서 소금왕으로 거금을 잡고 있던 사람은
고구리 도미지로[小栗富次郎]였다. 그 고구리는 1901년 우리나라에

건너와서 자기가 소금을 제조 판매하겠다고 운동을 하고 다닌 일도 있었다. 1900년에는 변국용(卞國鎔)을 소금 제조기수(製造技手)로 임명해서 인천지방에서 일하도록 했고, 그 변국용은 일본식 제염법을 배우려고 1899년 일본으로 들어간 일도 있었다.

그러다가 1906년, 인천 앞바다 주안에서 첫 천일염을 생산되어(1정보에서 약 2백 50근을 뽑았음), 우리나라에서도 감격적인 '새소금 시대'를 열었던 것이다.

我國政府財政 고문부서에서 시험한 朱安天日鹽 標本三種을 曩者에 日本 大藏省으로 送交하얏는데 금번에 分析 결과를 據한즉 該天日鹽은 廉價로 제조될 뿐 아니라 그 품질이 極佳하다더라.

그 후 우리나라에도 소금 노다지를 캤던 김연수(金秊洙) 집안의 삼양사(三養社)나 대구은행을 창립했던 정재학(鄭在學)도 염전에서 탄생했다.

그러나 불과 70년도 못 흘러 주안염전은 메워져 지금은 인천공업단지가 되어 버렸다.

주안 바다의 염도가 낮아져 소금을 만들어도 수지가 맞지 않을 뿐만 아니라 이제는 화학제염법이 나와 또 한번 허물을 벗은 소금 시대에 살고 있기 때문이다.

생각하면 얼마나 급변한 경제과학사이고 우리의 생활주변사인가 새삼 느끼게 된다.

충청의 토지대왕 김갑순

도둑 들끓는 세상 오직 땅만이 정직하다

관노출신의 거부

'可憎한 地主의 횡포가 있다. 충남 公州에 사는 富者 金甲淳씨는 大田驛 부근에 있는 3백여 두락의 土地에 대하야 작년에는 소작료를 每斗落에 20원 내지 25원씩 現金으로 미리 받았는데, 그 小作人들은 작닌 가을에 곡식값이 폭락하므로 인히야 기을에 낸 소작료는 봄에 낸 소작료의 3할에 불과하야 소작인들의 원성이 자자하야……(1921년)'

충청도 공주(公州) 거부 김갑순. 세상은 공연히 사랑방 얘기로 꾸며 김갑순의 '일본말 무식'을 웃음거리로 삼는다. 그러나 이런 것들은 모두 인간 김갑순을 피상적으로 표현한 것뿐으로, 그것이 김갑순의 내면 전체는 될 수가 없다.

하기 쉬운 말로, 충청도 거부 김갑순은 노랑이요, 악덕지주요, 무식쟁이요, 친일파여서 사람을 많이 웃겼다는 일화——

1930년대. 충청도 사람들은 웃고 싶으면

"오이, 키샤 토마레! 와타쿠시와 김갑순이다!"

(어이, 기차 정거해라! 난 김갑순이다!)

김갑순의 이런 혀짤배기소리를 흉내 내면서 배꼽을 끌어쥐고들 웃었다.

정거장이 아니면, 긴급사고가 있어 차장이 빨간 수기(手旗)를 들어 흔들지 않는 이상, 기관수가 달리는 기차를 도중에 멈추는 일은 없다.

그런데 충청도의 거부요, 세력가 김갑순은 한때 기차가 지나가면 손을 흔들고 뛰어가면서 일본말 반, 조선말 반으로

"오이, 키샤 토마레! 보쿠와 김갑순이다!"

라고, 나를 모르느냐, 내가 너〔기차〕를 타려고 나왔으니 냉큼 멈추라고 호령을 했다는 것이다.

무식한 사람이 아니면 할 수 없는 '돈키호테'같은 짓이요, 또 김갑순이 아니면 달리는 검은 철마(鐵馬 : 기차를 일컫는 말)를 손을 흔들어 세워 타고 가려고 할 만한 사람이 있을 수 없다는 얘기였다.

대전·천안·예산·아산·온양·유성·공주……

그 넓은 들판에서 김갑순이 거둬들이는 소작료만 해도 3만 석이 넘었고, 대전 시가지의 절반 이상을 김감순이 차지하고 대지료를 거둬들였다.

그 김갑순은 대체 누구였을까?

순대국장사를 하는 홀어미 밑에서 자라나 공주군청 원님 밑에서 관노짓을 했다는 사람. 그러나 꿩 잡는 게 매다. 김갑순은 그런 미천한 신분에서 발신(發身)하여 조선왕조의 군수를 몇 번씩이나 지내고, 끝내는 충청도 제일의 거부가 된 사람이었다.

그는 구두쇠와 노랑이로 별호가 붙어 비웃음과 욕지거리 속에 일생을 마쳤지만, 그것만이 김갑순의 전부는 절대로 아니었다.

김갑순에게도 본받고 배울 점이 많다. 그야말로 무일푼에서 오직 자기 힘만으로 80평생 동안의 자기 당대에, 충청도 제일의 거부가

된 자랑스런 이력서를 쓴 사람이었다.

관노에서부터 운이 트여 나이 스물 안팎에 당당히 군수가 된 현 대판 신화.

왜 그를 욕만 하는가?

얼마나 고무적이고, 자랑스런 행로를 걸어간 당당한 인간전사(人間戰士) 김갑순인가?

필자가 조사한 40대 청년, 관노 출신의 군수 김갑순은 굶는 백성에게 자기집 곡식을 풀어 먹이기도 하였고, 신교육을 시키기 위하여 많은 사재(私財)를 내놓은 일도 종종 있었다.

사촌이 논을 사면 배가 아프다는 말도 있지만, 공연히 일도(一道)의 갑부 노인을 비웃고 욕만 하는 것도 못난 근성이고 시골놈의 '방안퉁수'^(밖에 나갈 생각은 안한 채 방안에서 폼만 잡고 있는 사람) 고함이지 뭣인가?

필자는 김갑순을 필요 이상으로 욕할 것도 없고, 필요 이상으로 그의 정체를 우그러뜨려 여러사람의 논쟁의 매질에 함께 발길질을 할 생각은 조금도 없다.

또 기왕에 많은 사람이 알고 있는 김갑순의 얘기니까, 아예 자료에 없는 허튼 소리는 한마디도 할 필요가 없을 것 같다.

충청도 제일의 토지주

지금은 대전시가 서울·부산·인천 다음으로 광주·대구 등과 함께 중부지방의 웅도로 군림하고 있다. 현재의 정확한 대전시 인구와 시가지 넓이는 얼마인지 잘 모르지만, 한때 김갑순은 전 대전시가지 넓이의 약 40%를 점유한 일이 있었다.

그러니까 대전이란 도시를 얘기하면서 김갑순을 빠뜨릴 수는 없을 것이다.

1938년 10월 당시 집을 짓고 사는 대전 시가지는 약 57만 8천 평. 그 57만 8천 평의 시가지 중에서 김갑순의 소유 대지가 약 22만 평이었다.

이러니까 '대전은 김갑순의 것'이라고 표현해도 지나친 말이 아니었다. 여기다 김갑순은 대전 시가지만 소유한 것이 아니고 공주·예산 일대에 약 3만 석거리의 농지를 소유하였고, 또 유성온천과 대전에서 가장 좋은 극장 등을 가지고 있던 충청도 제일의 부자였던 것이다.

1938년 당시 대전 시가지 57만 8천 평은——

'金甲淳 22만 평 日海興業 3만 5천 평
朝鮮興業(日系) 19만 평 辻萬太郎 3천 2백 평
富士平 3만 9천평 小田原正 3천 7백 평'

이렇게 6대 토지재벌이 독점하고 있었다.

그밖에 1938년 당시로 아직 대전 시가지로는 되어 있지 않지만, 장차 시가지가 될 변두리 땅 중에서 조선인이 소유하고 있었던 땅은

'宋鎭億 2만 5백 11평
兪昌穆 1만 2천 6백 50평
李章宇 1만 1천 2백 평'

이처럼 분포되어 있는 통계가 나온다.

김갑순.

대전.

김갑순은 이 대전의 인구 증가, 땅값 상승과 함께 부(富)를 정비례로 성장시켜 온 것이나 진배없었다.

그러면 김갑순이 부를 이룬 근원지인 대전은 어떻게 성장하여 왔는가?

대전은 경부선 철도와 함께 탄생한 신개발지역이었다. 경부선이 처음 이곳을 지나기 전까지는 불과 10여호도 못 되는 마을이 있었

을 뿐이었다.

사방을 둘러봐도 갈대만 무성한 초지와 늪.

그 빈터나 다름없는 산야의 허리를 공허하게 불고 지나가는 스산한 바람뿐이었다.

이름은 '한밭', 행정구역은 회덕현(懷德縣).

이 허허벌판에 경부선 철로가 지나가고 임시 정거장이 생기면서 일본사람 철로 공역군(鐵路工役軍)과 수비대 1개 분대, 그리고 조선사람 모군 몇십 명에다, 이들을 상대로 밀려온 육화(肉花)와 술 파는 낭자군(娘子軍)——

'大田은 京釜線이 부설되어 明治 37년 당시에는 露日전쟁으로 세상이 뒤숭숭해지면서 그 틈사이에서 생겨난 마을이었다.'

1904년에 경부선이 한밭(대전)의 갈대밭으로 가르며 놓여 나갔던 것이다.

'明治 37년 大田이 처음 생겨날 때의 인구는 겨우 1백 80명 정도였다. 그나마 그 인구는 거의 다 일본사람들이었다. 이듬해(明治 38년) 수비대 임시 파견대의 일부 주둔지가 되고, 또 大正 3년(1914)에는 湖南철도가 개통됨에 따라 날로 성장해 갔다.'

1914년, 그해 호남선이 대전을 기점으로 하여 다시 이어지자 대전은 모습을 확 바꿔 그야말로 전국에서 가장 목이 좋은 교통의 중심지가 된 것이다.

원래 이 호남선 철도공사만 해도 조치원·강경·군산으로 이어질 계획으로 여러 번 측량이 되었고, 이른바 호남철도회사를 꾸민 서오순(徐午淳)이나 이윤용(李允用), 그밖에 일진회 송병준 등이 놓겠다고 청원했었다. 그러나 조치원 기점이 아니라 끝내 대전 기점으로 놓여져 대전이 중부지방의 산업과 교통의 중심지로 등장한 것이다.

청주·충주의 상권이 고스란히 대전으로 옮겨왔다.

경기도 안성장의 번영은 경부선 대전으로 물화가 옮겨져 퇴색해가고 말았다.

그 대전 주변에 땅을 사둔 김갑순.

그러나 대전이 새로운 도시로 급성장을 했다고 해도, 경부선을 등에 업고 무럭무럭 자랐다고 해도, 대전의 성장은 지금과 같은 도시확장의 속도를 생각할 수가 없었다.

전국 신흥도시 중에서도 가장 빨리 성장한 대전이었지만, 대전이라는 도시가 처음 생겨난 후, 인구 1만 명을 넘어서기까지는 무려 30년이 걸렸던 것이다.

이런 인구 성장도나 경제적 성장도를 배경에서 이해하지 않고서는 김갑순의 엄청난 경제력도 제대로 이해하기 어려운 것이다.

지금 우리의 경제규모나 재정규모, 임금규모에서 그 당시를 '지금대로' 이해하려고 하면 무엇보다도 판단 기준부터 서로 맞아떨어지지 않는다.

어쨌든 '김갑순의 대전'은 1914년 호남선이 갈려 나가더니 1918년에는 한꺼번에 인구 약 6천여 명이 늘어나서 1만 6천여 명으로 약 70%가 늘어났다. 거기에다 1932년 충청남도 도청이 공주에서 대전으로 옮겨 오자 인구는 3만 4천 명으로 급증. 1937년에는 인구 4만을 포용하는 대도시가 되어 버렸다.

지금 같으면 '인구 4만의 대도시'라고 하면 우스운 애기 같지만 그 당시로서는 서울의 인구가 20만명 선이었으니까, 대전은 결코 적은 인구의 도시라고 할 수가 없었다.

인구와 주택.

사람이 살자면 집이 있어야 하고, 주택을 지으려면 대지문제가 대두되는 것이 기본 상식이다.

'대전 시가지의 40%'를 한손에 쥐고 흔드는 김갑순의 존재가 사회적으로 크게 부각되고 지탄을 받기 시작한 것도 그때부터였다.

'모든 利權이 어떠한 個人에게 독점되는 형태가 전연 나타나지 아니할 수는 없겠지만 우리 大田같이 獨占된 곳은 없을 것이다. 그중에도 현재 주택지와 주택지 될 만한 곳은 전부 몇 사람의 개인이 독점하야……'

즉 김갑순을 맨 처음으로 하여 일본사람 토지재벌 다섯이 한통속이 되어 대전 시가지를 전부 독점해 버렸다.

그런데 그 6대 토지재벌들은 일이 있을 때마다 똘똘 뭉쳤다.

'그들은 무슨 기회가 있을 때마다 共同戰線을 베풀고 흉계를 쓰고 있으므로 땅값은 날로 올라가고 貸借地는 地料를 올림으로 해서……'

결과적으로 대전 시가지가 넓이지고, 도시의 산업이 발달해 가는 것을 저해하면서 그들이 가난한 대전 시민을 괴롭히고 있다는 여론이 들끓었던 것이다.

1937년 2월 대전시에 편입된 밭은 60만 8천 5백 96평, 논은 1백 19만 2천 5백 76평, 대지 57만 7천 5백 59평으로 모두 2백 38만여 평인데, 논과 밭 역시 거의 다 김갑순의 소유였다.

대전의 주인 김갑순이 땅값으로 재미를 혼자 다 본 것은 말할 것도 없이 충청남도 도청이 공주에서 대전으로 옮겨오고 나서였다. 도청이 옮겨오니 군청과 재판소, 경찰서와 학교가 들어오고 뒤이어 장사꾼과 학생이 밀려들어 인구가 급팽창해 버린 것이다.

기관이 늘고 인구가 급팽창하니까 시가지 값이 껑충껑충 뛰고 대전 시가지 땅값이 껑충껑충 뛰는 것은 '김갑순의 재산'이 껑충껑충 뛰어 도깨비 그림자처럼 늘어나는 거와 같았다.

물론 김갑순은 공주에서 대전으로 충청남도 도청이 옮겨 오도록 누구보다도 힘쓴 사람이었다.

충청남도 도청이 들어선 수천 평 터도, 대전경찰서가 들어선 땅도 김갑순이 공짜로 기부했었다.

그러나 그런 수천 평 땅을 중요기관에 거저 내놓고도, 그 기관 주변 상가와 주택지 값이 엄청나게 뛰어 올라 돈은 몇배가 남았다.

'金甲淳씨 같은 분은 昭和7(1932)년 道廳 移轉 전에는 大田府內의 전土地가 거의 1백만 원도 훨씬 못 되던 것이 지금은 2배 이상인 2백만 원도 훨씬 넘게 되었다 한다(1938).'

이것으로 보아도 1938년 당시, 김갑순의 재산은 대전 시가지 땅값만 쳐도 무려 2백만 원이 넘지 않는가?

이것은 해방 되기 7년 전의 애기다.

그때돈 2백만 원이면 얼마나 큰돈일까? 더욱이 그 2백만 원은 김갑순의 전재산이 아니라 대전 시가지에 묻어 둔 땅값에 지나지 않았다. 아니 다른 것은 그만두고, 그 22만평 대전 시가지가 지금까지 그대로 살아 남았다면 평당 10만 원씩만 계산해도 지금 돈으로 2백 22억 원이 된다.

금의환향

구한국시대 관원 이력서를 보면 김갑순은 고종 7(1870)년 경오(庚午) 생이다. 그러니까 김갑순은 유명한 요화 배정자나 이지용, 대원군의 애손(愛孫)인 이준용과 동갑내기가 되며, 평양의 유명했던 목사 길선인보다는 한 살 아래이고, 헤이그 밀사 사건의 이상설

(李相卨) 선생보다는 한 살 위가 된다.

그리고 생일은 음력 5월 22일이나 학력·출생지·본적지 등은 빈 칸으로 비워 두었고, 조선왕조 때 그가 올랐던 가장 높은 벼슬 품계는 종2품.

대신급인 종2품까지 출세를 한 거물 거부가 되었던 김갑순의 전력(前歷)은 무엇일까?

다음 기사를 보자.

'公州來信을 據한則 公州 신임군수 金甲淳씨는 本以 公州官奴라 身致巨富하야 屢轉郡邑이더니 錦衣還鄕之計로 該郡守를 圖得하야 到任次 下去한즉……(1906)'

김갑순은 본래 공주감영에서 심부름하던 '관노'라고 하였다.

말하자면 양반이나 부잣집에서 사사로이 부리는 것은 사노(私奴)이고, 관청에서 부리는 종은 관노(官奴)이다.

지금 새삼스럽게 옛날 종의 신분이 어땠는가 하는 것을 여기서 더 설명할 필요는 없을 것 같다.

다만 사농공상(士農工商)의 지엄한 신분제도 밑에서 반상(班常)의 서열도 하늘같이 달랐지만, 주인과 종놈의 주종관계도 하늘과 땅 같았다.

종놈은 그 주인을 고발하지 못하며, 주인은 종을 매로 치고 다그쳐 부려먹어도, 살인을 해도 크게 문제가 되지 않았던 때였다.

더구나 '계집종년'일 경우는 주인이 '계집종년은 누운 소 타기'라고 하여, 언제 어느 때고 정조를 더럽혀도 문제될 것이 하나도 없는 사유물이었다.

관청에서 부리는 관노도 사람축에는 못 들었다. 사령·통인 등 마당 쓸고 걸레질하는 것도 관노였다.

이런 관노 김갑순이 한 나라의 종2품까지 올라간 세상이었다.

물론 세상이 바뀌어 경장법(更張法)이 실시되고 개화가 된 탓이었다.

그러면 여기서 관노 김갑순이, 언제 공자 맹자 꼬부랑 문자를 배웠을 리도 없고 문지(門地 : 대대로 내려오는 집안의 사회적 신분이나 지위. 문벌)가 혁혁해서 남다른 집안 덕을 보았을 리도 없었을 것이다.

그러면 관노 김갑순은 무엇으로 군수자리를 했을까?

돈으로 매관(賣官)을 했던 것이다.

김갑순이 돈으로 벼슬을 사서 부여군수·노성(魯城 : 지금의 논산시를 이루는 행정구역의 하나인 노성면의 옛 이름)군수·임천군수·공주군수·김화군수 등 충청도와 강원도에 '원님'으로 출두한 내력은 차차 풀어 가기로 하고, 광무 10(1906)년 임천군수에서 자기 고향인 공주군수로 내려오는 대목부터 한번 살펴보자.

김갑순으로서는 충청도 감영이 있는 공주, 그것도 옛날 자기가 '관노'로 굽실굽실 여러 사람에게서 수모를 받던 공주로 원님이 되어서 보란 듯이 내려가는 것이 평생의 바람이었을 것이다.

그러나 그 꿈을 사나이 고집으로 실현했던 김갑순의 공주군수 부임에는 일대 파란이 일어났다.

김갑순과는 거꾸로 공주 양반들의 체면이 말이 아니게 된 것이다.

충청도는 양반고장이라고 이름이 난 곳이다. 아무리 개화가 된 개명세상이라고는 하지만 일이 이렇게 되면, 충청도 양반님들의 오기와 체면이 말이 아니게 된 것이다.

"어참, 놈탔는걸!"

"놈타?"

"우리가 놈탔지 뭔가?"

"놈을 탄 게 아니라 놈놈의 놈을 탔네."

행세깨나 하는 양반집 사랑방에서는 이런 얘기가 흘러 나왔다.

'놈탔다'는 것은, 자기 고을에 새로 부임해 오는 원님이나 관찰사의 가문[門地]이 자기들 가문보다 못하다는 말이다.

　고을 양반들이 놈을 타면, 그 고을의 명문 양반은 군수를 찾아가서 보지 않고 군수가 먼저 자기집 사랑으로 문안을 와서 인사를 여쭐 때까지 꼼짝도 하지 않고 앉아서 절을 받았던 것이다.

　그래서 군수가 명문거족이 즐비한 고을인 경기도 여주나 양주로 새로 부임해 가면 짚신 열 켤레가 다 닳도록 양반집 사랑방으로 돌아다니며 인사를 끝낸 다음에야 비로소 정청(政廳:정무를 살피고 돌보는 관청)에 들어가 백성들의 인사를 받을 수 있었던 것이다.

　법이, 양반 세도법이 그렇게 까다로운 것인데, 아무리 개명한 세상이라지만 관노 출신인 김갑순쯤이면 '놈타는' 정도가 아니라 '놈 놈의 놈을 타도' 기가 막힌 지경이 아닐 수 없었다.

　충청도 양반들은 아예 어처구니가 없어서 대책도 못 세웠던 모양인데, 정작 군수 김갑순의 도임을 앞두고 말썽을 일으킨 것은 양반 부대가 아니라 오히려 옛날 함께 지내던 육방 관속 사령배며 관노들이 아닌가?

　초록은 동색이라더니 관노패들이 먼저 원님 김갑순을 짚둥우리 태워 쫓아보낼 듯이 시위를 한 것이다. 아니 '관노'야 속으로는 은근히 좋아했지만 갓쓴 서리배들이 길길이 뛰면서 나섰던 것이다.

　'군수 金甲淳의 도임을 앞두고 吏校輩가 通文하되 現今時代에 劈破門閥하고 唯財是用하는 세상인들 엇지 吾等이 世稱 紅箭門內 士大夫로 官奴에게 稱小人하고 擧行服役乎아……'

　※ 이교(吏校): 조선 때 신분계급의 하나. 아전(衙前)과 장교(將校)를 일컬으며 관료와 평민 중간계급으로 일정한 직업과 신역(身役)을 세습하였음.

　야단났네.

　이방(吏房)·교방(校房)의 기생 아재비들이 '어떻게 옛 관노 앞에서 우리가 칭소인(稱小人)을 하면서, 네이 네이 하고 긴대답을 해 올린다는 말이냐?' 하고 저희끼리 구를 짜고 통문을 돌렸다는 것이다.

“사또나리 행차시오!”
“여봐라!”
“네이……”
“아무 마을 아무를 들어오라고 해라.”
“네이—— 여봐라, 건너 마을 조서방을 들어오라고 합신다. 어
서 속히 분부를 거행하도록 하라.”

이렇게 내 동네에서 자란 쇠똥몰은 동네 송아지 앞에서 이방·교
방들은 긴소리를 외며 옛날의 관노 앞에서, 자기들이 부리던 관노
김갑순 앞에서
“소인이, 소인이……”
이러면서 허리를 굽히고 굽실굽실 기어다녀야 하니, 세상 참 이
노릇은 못해 먹을 짓이었다.
강류부전석(江流不轉石 : ‘수령은 흘러가는 강물과 같고 향리는
구르지 않는 돌과 같다’는 뜻으로 지방 수령과 향리와의 관계에 대
하여 정약용이 한 말이다. 조선 중기 왜란과 호란을 거치면서 관청
의 기강이 해이해지게 되고 토지나 녹봉을 줄 수 없게 되면서 향리
가 수령과 결탁하여 사리사욕을 채웠다. 거기에다 수령들은 대개
현지 사정에 어두운데다 임기가 짧았기 때문에 토박이인 향리가 사
실상 지방 행정을 좌지우지하게 되면서 이러한 유착관계가 이루어
졌던 것이다.)이라지만, 이 일도 참 어처구니없는 노릇이 아닌가…
…

못 하겠다.
그짓은 차마 못하겠다.

‘그래서 吏校輩들은 郡守 到官하야도 일제히 不爲現身하되 만일
何人이던지 거행하는 者는 撤家踏殺하자고 일제히 퇴거한지라…

...'

원님 김갑순이 와도 이방·사령이며 기생까지 아무도 현신(아랫사람이
윗사람에게
처음으
로 뵘)을 하지 않기로 사발통문을 돌려놓고

'어느 놈이든지 이걸 지키지 않고 김갑순이 앞에 나타나 절하는
놈이 나오면 그놈의 집구석 방바닥은 쇠스랑으로 파 버리고 그놈
은 밟아죽이자.'

이렇게 약속을 한 것이다.
아무러면, 김갑순이 관노 아니라 관노의 손자라도 정작 자기의
고향에서 이런 사람 아닌 대접을 받을 수가 있을까?
머슴살던 놈이 벼슬을 부리면 오히려 무엇이 더 어쩐다더니 이게
무슨 짓인가?
초록은 동색이요 가재는 게 편이라고, 기왕이면 끼리끼리 짚신
제날처럼 어울리는 법이다.
이방·교방의 사령배들이야 김갑순이 군수 되어 내려오는 걸 춤추
고 좋아하지는 못할망정 이게 무슨 노릇인가?
아마 어느 양반집 사랑방꾼이 이들을 꼬드겨서 일대 파란을 일으
키게 한 것인 듯했다. 그래서 사또 김갑순 나으리는

'官門이 如掃에 無一尺童見影故로 金氏가 獨坐空衙하야 수삼일
경과하고 勢不得上京하야 他郡으로 遷轉하기를 강구중이라고 하
더라.'

이런 꼴이 벌어졌다고 했다.
그러나 그런 일쯤에 김갑순이 손을 들고 쫓겨났을까?
천만의 말씀이다.

김갑순은 그 공주에 3년째나 끄덕없이 눌어붙어서 당당히 군수노릇을 하다가 융희 2(1908)년 3월 20일에 강원도 김화(金化)군수로 나갔던 것이다.

금의환향하는 관노군수 김갑순의 꼴이 우습게 된 것 같지만, 이런 기사가 실리고서 꼭 보름 뒤에는 그 일을 놓고

‘公州군수 金甲淳씨가 부임초에 該郡 吏屬이 總히 退去하야 官衙가 공허할 지경에 至하얏다 함을 本報에 已記하얏더니 更聞한즉 지금은 吏屬이나 官隷들이 依舊奉公하야 사무에 방해가 無하다니 ……’

결국 보름도 못 되어 김갑순이 판정승을 거두고 보라는 듯이 군아(郡衙)에 높이 앉아 있는 것이다.

만인산

그런데 ‘관노 김갑순’은 언제 어떤 연유로 하여 벼슬길에 올랐으며, 부맥(富脈)은 어떻게 잡은 것일까?

어떤 기록에는 김갑순의 처음 이름을 ‘김순갑’이었다고 설명하면서 ‘장국밥 장사를 하는 편모슬하에서 외아들로 자라나 일찍이 13세 때부터 돈벌이 전선에 나섰네’라고 적고 있다.

그러다가 김순갑은 19세때 공주감영 관노로 들어가 윗사람을 섬기는데 잔꾀를 익혔다는 것이다.

이 이야기는 물론 어디까지가 확실한지 알 수 없지만 ‘김순갑’ 시절의 김갑순은 그런 터수에서 크게 벗어나지는 않았을 것 같다.

먼저 김갑순이 충청도 최대 거부요, 공주가 낳은 구한말 최대의 서민상(庶民像) 출세담이라는 점을 전제하면서 그에 대한 얘기 한 대목을 보자.

'충청도의 대표적 인물로는 온양온천과 유성온천을 개발한 金甲淳을 꼽는다. 공주 지방에는 물론 대전 등 전국 각지에 그의 땅이 없었던 곳이 거의 없었다. 대전 일대의 옛날 한밭도 모두 그의 것이었다 한다. 서울역과 인천 역전에 굴러다니는 택시가 모두 그의 것이었고, 공주에서 대전까지 가는 동안 그는 남의 땅을 밟지 않았다. 현재 유성 관광호텔 사장으로 있는 金鍾樂씨가 바로 그의 자제이며 김종락씨의 자제가 되는 金漢泰씨는 유성호텔 지배인으로 있다.'

여기서 지적하고 있는 김갑순의 사업 규모는 온양온천과 유성온천이 모두 김갑순이 개발한 것이요, 공주 지방은 물론 대전 지방까지 그의 토지가 없는 곳이 거의 없었다는 점이다. 그리고 서울과 인천 역전에 굴러다니는 택시가 모두 그의 것이었다고 하는, 택시 운수업의 왕으로서 김갑순을 얘기하고 있다.

온양온천은 조선시대부터 임금이 가끔 온천행을 하곤 했지만 본격적으로 개발되기 시작한 것은 1904년 러일전쟁 직후이다. 당시에 군인들을 요양시키기 위하여 그 온양온천 일대로 일본 재벌과 상인들이 몰려들어 말뚝을 바고 접령하기 시작한 때부터였다.

온양온천을 그처럼 일본 사람들이 점거해 들어오자 주민들과 심한 마찰을 빚으며, 온양온천에 일본 군인 요양소가 들어선 직후 교통이 불편하자 천안에서 온양까지 새로 길을 만들기 위하여 조선 조정에 압력을 넣어 국고금으로 신작로를 개발하게 하였던 것이다. 그 신작로를 놓은 뒤 천안에서 온양까지 가마를 왕복시켜, 서양사람들이 온양에 갈 때는 천안에서 가마를 타고 온양에 왔다갔다한 기록이 엿보인다.

그러던 온양온천이 언제 김갑순의 손으로 개발되어 갔는지는 모르겠으나, 그런 일이 있었다면 아마 훨씬 뒤의 애기일 것이다.

또 서울과 인천 역전에 굴러다니는 택시가 모두 김갑순의 것일

만큼 그가 교통의 왕자, 서울과 인천까지 얼굴을 내민 자로 운수업계의 왕자였다는 것도 필자로서는 아직 뚜렷한 자료를 찾지 못하였다.

그러나 김갑순이 김갑순답게 등장하여 인정을 받은 것은 1900년대였다. 즉 고종 말엽부터 그는 심심찮게 뉴스를 탄 인물이었다.

조선왕조 때의 김갑순은 완전하게 '두 얼굴을 가진 사람'으로 부각되고 있다.

대체 김갑순은 세상이 얘기하는 대로 '보기드문 선정군수'냐, 아니면 '위선의 탐관'이냐 하는 점이 두드러져서 그 당시도 이미 말이 많았던 인물이었다.

먼저 김갑순은 서민 출신의 거부요, 목민관이라는 점에서 많은 사람의 화제에 올랐다.

1900년대 초에 충청도에 신화처럼 등장하여 세상사람의 출세가도 위에 화제를 뿌린 김갑순. 그래서 일반 양반계층이나 유학자·지식인 계층에서는 김갑순을 우습게 알았을지는 몰라도, 시정배들의 서민 사회에서는 만인산(萬人傘 : 왕조 시대에 선정을 베푼 고을 원에게 그 덕을 기리는 뜻으로 백성들이 주던 일산(日傘) 모양의 물건.) 을 만들어 서울로 올라와 종로거리를 모로 걸으면서 김갑순의 치적을 전국에 알리는 일도 있었던 것이다.

먼저 1905년 9월 20일자 기사에는

'공주군수 김갑순씨가 금월 12월 폭우에 车隅院 20여 호와 廣庭店 50여호가 漂敗無餘하고 人命致死가 至於多數하여 衆情이 애애한 터에 본 군수 김갑순씨가 載戴米肉하고 매표류가호에 米 5斗, 肉 2근과 집지으라고 자금을 빌려줘……'

하고 나와 있다.

1905년 9월 12일, 공주 모우원과 광정점 일대에는 보기드문 큰 물이 졌고, 그 큰물에 70여채의 집이 말끔히 씻겨 내려간 것이다.

불난 자리보다 큰물진 자리는 피해가 더 심했다.

불탄 자리는 재라도 남지만 홍수가 쓸고 간 자리는 그야말로 검불 하나도 안 남기고 깨끗하게 쓸어가 버린다. 그래서 큰물에 가재를 떠내려 보낸 백성들은 그날로 당장 살길이 막막했던 것이다.

모우원과 광정점의 70여 호 백성들은 큰물이 쓸어간 강가에 나와 모래백사장을 손바닥으로 치면서 울었다.

그러나 아무리 발버둥치면서 울어댄들 무슨 소용이 있으랴.

그처럼 70여 호 마을사람들이 깡그리 큰물에 집과 가재도구를 떠내려 보낸 마당에, 어느 누가 그들을 구해 줄 수 있었을까?

그런데 공주군수 김갑순이 수십 마리의 소와 수십 명의 장정을 동원해, 자기집 창고를 열어 고기를 싣고 지고 그 폐허의 마을에 나타났다고 하지 않는가?

이렇게 나타나서 그는 집을 잃은 매 가호에 쌀 닷말, 고기 두 근씩을 나누어 주어 구호하고 그들에게 집을 지으라고 자금을 빌려주었던 것이다.

이때만 해도 사람 살기가 어렵고 야박해서 백성들이 다 죽어 나가도 누구 하나 돌보는 사람이 없었다. 서로가 너무 가난하여 쌀 한됫박 돌려주는 일조차 어렵던 시절이었다.

여기서 김갑순이 그처럼 베푼 선행은 나랏돈도 아니요, 자기 사비(私費)였던 점에서 많은 사람의 칭송을 받지 않을 수 없었다.

이처럼 떳떳한 행위를 하는 거부가 적어도 그 당시로서는 없었다. 그런가 하면 1906년 3월 21일에는

'충남 공주군수 김갑순씨 치적은 작년 大水에 인명치사와 민자표류를 일일 조사하여 연품 구제하고 26면 秋布 半減充本 行政廉直하시기 一境安堵이옵기로 民不勝頌感하와 일경백성이 향응 成傘頌德 (성상송덕 : 만인산을 만들어 그 덕을 기림.) 하야 玆而 광고함'

하고 감격해 하는 내용이 실리기도 하였다.

돈도 벌어서 이렇게 쓴다면 김갑순이 충청도 제일의 거부가 아니라 팔도 제일의 거부라고 해도 하나도 욕될 것이 없다.

김갑순은 그 전해에 모우원과 광정점에서 70여 호 백성들이 큰물을 만나 집을 잃고 통곡의 바다를 이루고 있을 때 자기집 창고를 열어 선행을 베푼 것은 이미 얘기한 바 있지만, 이 기사를 보면 김갑순은 큰물을 만난 백성들이 살기가 어렵고 농사를 망쳐 버리자 26개 면(面) 가난한 백성들이 가을에 내야하는 호포(戶布 : 봄과 가을 두 철에 각 호를 단위로 면포나 저포를 거두어 들이던 세제. 호별세와 하나임)를 반감하여 나머지 반절은 자기가 채웠다는 것이다.

이래서 김갑순의 선정에 눈물겨워한 나머지 공주지방 일대의 백성들은 만인산을 만들어 그 김갑순의 선정을 그 위에다 시로서 읊고 노래로 불러 칭송하였던 것이다.

그 당시 만인산이라고 하는 것은 여간 치적이 훌륭한 원님이 아니고서는 받을 수 없는 영광이었다.

가령 한 고을의 원님이 백성에게 좋은 치적을 베풀고 임기가 차서 갈려갈 때쯤이면 그 고을 백성들은 만인산을 만들어 받고 서울로 올라와 일종의 선행 광고 시위를 했던 것이다.

그러면 임금도 그 만인산을 받고 백성들로부터 칭송이 자자한 군수는 임기가 차도 갈지 않고서 다시 그 고을을 맡겼던 것이다.

'侯來何暮錦衣還城　保民赤子爲國丹誠　性廉理直刑寬政平　減捧蠲布捐廩濟生　公山始重湖水復淸　均沾惠化爭頌仁聲　一境安堵萬口成碑撫其實績所以作銘'

이 만인산에 씌어진 아름다운 시처럼 공주 백성들은 김갑순에게

'그대여, 어찌하여 금의환향하여 우리 고을 오시기가 그렇게 더디었소? 나라를 위하고 어린 백성을 보살핌이 지극하여라. 선정은 깨끗하고 뜻은 곧으며 매 때릴 형정은 관대하며 백성을 다스

리는 정사는 고르고 평평하다. 백성이 어렵자 그 호포를 그대가
물어 濟生하였으니, 공산의 모습은 비로소 묵직하고 백마강 물은
이제 맑아라. 백성은 골고루 은혜를 입어 그대를 칭송하는 소리
가 높으니 한 지방은 비로소 안도의 숨을 쉬고 만백성의 입에서
나오는 칭송은 그대로 비문이 되겠네.'

이렇게 김갑순의 행적을 읊었던 것이다.

김갑순의 치적이 이처럼 만인의 칭송을 받는 일로 한참 얼굴이
번쩍번쩍하게 빛나기 시작하는데, 이 만인산 문제를 두고 이것을
일종의 관제민의(官製民意 : 요즘말로 하자면 관제데모와 같은 뜻이다)라고 혹독하게 욕을 하고 나온 일이
또 이렇게 나타나고 있다.

공주군수 김갑순의 만인산 송덕이 신문에 광고로 나오고 또 충청
도 일대에 소문이 퍼진 지 한달도 못된 1906년 4월 16일자 신문에는

'공주군수 김갑순씨가 해군 백성에게 暗囑하야 錢 기백 냥을 출
급하고 만인산을 제조하라고 경성에 暗送하고 該 傘을 製飾하얏
는데 해 관찰도에서 根因을 知得하고, 간사하던 백성을 盡爲捕捉
하야 방금 牢囚중이라고 남대인의 전설이 유하더라'

하고 소식을 전했다.

공주군수 김갑순이 그렇게 선정을 베풀어 충청도 일대 백성들의
칭송을 받고 만인산을 만들어 서울 종로거리를 활보하면서 기생을
달고 풍악까지 울리면서 선전을 하는데 이런 일이 생겼다.

"김갑순이 배운 것은 없어도 똑똑하구만!"

"글쎄 말이야, 저렇게 만인산까지 나오는 걸 보니 자기 고향 공
주에 가서 바람 한번 톡톡히 내는 모양이지."

"그러니 원님은 양반이 할 것이 아니라, 과부 설움은 홀아비가
알더라고 우리 없는 사람 설움은 없는 사람이 알아준다니까!"

"뭐, 공주군수가 없는 사람이라고? 공주군수 김갑순은 충청도 제일 가는 부자야, 무슨 소리를 하고 있어?"

"허허, 그걸 누가 모르나? 그렇지만 출신이 우리네와 똑같은 삼팔따라지(별볼일 없는 사람을 이르는 속된 말)로 주먹에 뭐 쥔 것 있었어?"

"어떡어떡하다가 그렇게 되었지."

"이놈아, 그 어떡어떡한 것이 문제야. 어떤 개구리는 올챙이적 안 겪는다더냐? 올챙이적 얘기하면서 사람 말을 그렇게 하는 것이 아니다."

"하기는 그래! 꿩 잡는 게 매라고, 돈 많이 벌어서 없는 사람 호포도 내주고 집 지으라고 돈도 좀 내주고 하면 그게 좋은 일이니까 하는 소리지."

"김갑순쯤 되니까 하는 짓이지."

"맞았어! 까막눈이네 무식쟁이네 해도 그까짓 군수 노릇은 유식하다고 잘 하는 게 아니야. 그저 김갑순이처럼 원님 노릇만 하면 되지!"

공주 금강교

"암 그렇고말고! 하여간 우리도 저 만인산을 본김에 막걸리나 한잔 먹고 만세나 불러 주세."

이렇게 쑥덕공론이 난 것이다.

이래서 만인산을 본 서울 백성들은 금방 종로거리에 앉아서 공주에서 김갑순이 한 치적을 알게 되었고, 또 금방 말에 말이 붙어서 전국으로 퍼져 나갔다.

그처럼 만인산의 효과는 대단한 것이었다.

구한말 무렵 그 만인산은 나중에 허름하게 아무렇게나 만들어져서 값어치가 떨어졌고, 또 얼마 뒤에는 약장수패거리들이 인력거꾼을 앞세우고 약선전에 이용하기도 하고, 또 때로는 협률사나 원각사 놀음패들이 기생 광대들에게 북과 장고를 들려 종로로 울긋불긋하게 인력거 행렬을 벌이면서 만인산을 이용하고, 명월관에서도 술 광고로도 이런 방법을 썼다. 그러나 1900년까지만 해도 이런 만인산은 여간 선정을 베풀지 않은 원님이 아니고서는 감히 받을 수 없는 명예스러운 표창장이었던 것이다.

그런데 공주군수 김갑순의 만인산이 종로거리로 올라가 선전을 하기 시작한다는 소문을 듣자 충청 관찰부에서는 벌컥 화를 내었다. 즉 김갑순이 그 고을 건달패들에게 돈 몇백 냥씩 여비를 주어 그런 만인산 장난을 벌이도록 꾸민 것이지, 사실은 김갑순의 치적이 그렇게 만인산으로 칭송을 받을 만한 것은 못 된다는 이유였다.

그래서 충청 관찰사는 바로 사령·관노들을 풀어, 김갑순의 만인산을 만드는 데 앞장섰던 그 건달패들을 잡아들여 옥에다 가두고 된매를 쳐 다그쳤다.

"이놈! 누가 이 짓을 시켜서 하였느냐?"

"누가 시킨 것이 아니라 우리의 뜻으로 한 일이오."

"쓸데없는 소리 마라! 우리가 벌써 다 안다. 김갑순이 돈 5백 냥을 주더냐?"

"그런 일은 없었소."

이렇게 부인하고 나서는데도 만인산 만든 자를 옥에다 가두고 매를 쳐댔던 것이다. 그런데 왜 공주군수 김갑순의 만인산 칭송 사건을 다른 곳도 아니요, 같은 공주 바닥에 자리잡고 있는 충청 관찰부가 배를 앓으면서 들고 일어났을까?

김갑순의 만인산을 만들었다는 죄로 백성들을 옥에 가두고 매를 치자 홍학수(洪學洙)는 김갑순의 편을 들어 충청 관찰부 대문짝에다 익명서를 내붙여 충청 관찰사의 불법을 항의하였고, 그러자 충청 관찰사는 그 익명서를 내붙인 홍학수를 또 잡아다 옥에 가두고 곤장매를 되게 친 사고가 발생하였다.

바로 이런 일이 있은 약 두 달 뒤에는 또 누가 꼬집고 나와서 김갑순의 간사하고 약삭빠른 일을 이렇게 규탄하고 있다.

'공주군수 김갑순씨는 행정사무를 하이 처판하는지 不知하거니와 일변으로는 선치 수령이라고 만인산을 내부에 輪모도 하고, 일변으로는 욕심이 많고 포학한 군수라 하여 제반 虐政을 나열 청원하는데……(1906)'

김갑순의 두 개의 얼굴.

어느 것이 진짜인지 알 수 없다고 신문에서도 뚜렷하게 애기하고 있는 것이다. 그런데 그 김갑순의 일을 두고서 다른 한편에서는

'일전에 공주군 居하는 兪冀禎씨가 내부에 청원하기를 해 군수는 학식이 滅如하고 全沒治制하며 所歷州郡에 暗囑雜類하야 估得萬人傘이 즉공지량에 斂割民財하고 欺罔政府之計인 바……'

즉, 공주사람 유기정은 내부(內部)에 진정서를 냈는데 그 진정서의 요지에 설명한 김갑순은 '학식이 전혀 없는 무식쟁이라며, 백성을 다스리는 법체를 전혀 모르는 사람으로, 오직 있는 재주는 거쳐

다니는 고을마다 그 고을의 잡류들에게 돈푼깨나 주어 술값·담뱃값으로 쓰도록 하고 만인산이나 만들게 하는 것뿐이며, 그 재주란 백성을 긁어먹고 나라를 속여먹는 일뿐이다'하고 혹독하게 치고 나온 것이다.

그런데 공주 선비 유기정이 그처럼 김갑순을 치고 나온 까닭은 무엇인가?

바로 유기정이 그때 내부에 청원한 진정서 내용을 보면

'일본인 眞田의 訴狀을 인하야 본인의 長姪 석규의 家舍급 田畓 3만금 가치 되는 것을 自官으로 執行歸結하고 헐가 방매하야 乃 作己物하니 豈不抑冤乎아'

이렇게 주장하였다.

즉 공주의 선비요 부자였던 유기정의 큰 조카 유석규(兪錫奎)가 일본사람 마다(眞田)와 무슨 거래관계가 있었던 모양이었다.

그러자 일본사람 마다는 유기정의 큰 조카인 유석규를 상대로 공주군수 김갑순에게 소장을 냈던 것이고, 이 소송사건을 접수한 김갑순은 유석규의 집과 논밭 3만 원 값어치 되는 것을 헐값에 방매하여 일본사람 마다의 빚을 갚도록 하였다는 것이다.

그런데 이것도 알고 보면 김갑순과 일본사람 마다가 뒤에서 꿍꿍이속을 벌여 짜고 한 것이라고 통박하면서, 큰 조카 유석규의 집과 논밭 3만 원 값어치를 결국은 김갑순이 헐값으로 사들여 자신의 것으로 만들었으니 어찌 억울한 일이 아니냐는 것이다.

그러면서 유기정은

'移照法府하야 押上質判후에 조금이라도 틀린 데가 있으면 反坐之律을 即施하더라도 少勿後悔오니 事照處判하라 하얏더라'

이 일을 법부(法部)로 하여금 손을 대게 해서 당장 김갑순을 잡아올려 자기와 대질시키면 이 사건이 명백해질 것이요, 만약 조금이라도 자기가 하는 말에 잘못된 데가 있으면 반좌율(反坐律: 전근대 시대에 남을 무고한 사람에게 그것과 똑같은 형량으로 처벌하던 법률)로써 자기를 죽이더라도 조금도 후회하지 않을 것이니 이 억울함을 풀어 달라고 주장하고 나섰다.

여기서 말하는 반좌율은 곧 고을 백성이 원님을 걸어서 없는 사실을 가지고 무고(誣告)했을 때에 받는 혹독한 벌이었는데, 이렇게 주장하고 나온 것을 보면 유기정의 주장은 상당한 근거가 있었던 일인 것 같다.

그런데 김갑순의 일을 두고 이처럼 유기정이 앞장서서 나오자 같은 해 7월 30일에는

'공주 군민 이응삼씨가 年前에 牛稅派員으로 부여군에 前往 收稅할 새 時任 공주군수 김갑순씨가 부여군수 재임시에 우피 1천 10근을 몰수 늑탈하얏으니 그 값을 추급하라고 내부에 청원했다더라(1906).'

이 내용은 김갑순이 부여군수로 있을 때 부여군 우세파원(牛稅派員)으로 있던 이응삼으로부터 쇠가죽 1천 10근을 강제로 빼앗아갔으니 그 값을 받아 달라고 내부에 청원하고 있는 것이다.

값으로 따지면 그 당시 쇠가죽 1천 근 값이라면 소 한 마리값 정도였는데, 거부 군수 김갑순이 그까짓 쇠가죽 1천 10근을 무엇 때문에 강제로 빼앗았는지는 알 수가 없다. 어떻게 생각하면 이런 것은 순전히 문제를 만들기 위하여 내부에 청원한 것이 아닌가 하는 생각도 든다.

그러나 이런 이보다 약 4년 앞섰던 때의 일로 이런 대목을 찾아볼 수 있다.

김갑순이 1903년 노성군수(魯城郡守)로 있으면서 봉세관

(封稅官 : 세금 거두는
일을 맡아보던 벼슬아치)을 겸임하고 있을 때였다.

연산군(連山郡 : 지금의 논산시를 이루는
행정구역의 하나인 연산면의 옛 이름)에 있는 선희궁(宣禧宮) 땅 사음(舍
音)을 김갑순의 매부인 하치관(河致寬)에게 맡겼던 것인데, 그 하
치관이 선희궁 땅 수천 마지기의 도조(賭租)를 턱없이 거둬들여 백
성들의 원성을 심하게 산 것이다.

'충청 來言을 거한즉 노성군구 김갑순씨가 봉세관을 兼帶한 고로
연산군 소재 선희궁 畓土 舍音을 그 妹夫 하치관에게 작년부터
差任하야 도조 年增이더니 今秋에는 尤爲濫執하야 매 두락에 已
至一石인 고로 해 작인들이⋯⋯(1903)'

이것으로 보면 노성군수 김갑순은 군수일 뿐만 아니라 논산·연산
일대에 널린 선희궁 땅 수천 마지기를 관장하는 일도 맡고 있었는
데, 선희궁 땅 도조 받는 일을 그 매부 하치관에게 맡겼다. 하치관
은 처남 되는 김갑순으로부터 감투를 얻어 쓰더니 백성들로부터 도
조를 심하게 받아 내고 있었던 것이다.

그때나 지금이나 이런 세금관계 조정에는 언제나 크나큰 이권이
붙었던 것이요, 또 넓은 수천 마지기 땅의 사음(舍音) 감투를 쓴다
는 것은 곧 부자가 될 수 있는 전제조건이었다.

선희궁 사음 하치관은 점점 작인들로부터 도조를 가혹하게 받아
내다가 1903년 가을에는, 논 한 마지기에 도조를 벼 한 섬에 이르
도록 함부로 거두어들인다고 하니 이렇게 비싼 도조가 세상천지에
어디 있을 것이냐?

원칙이 그 선희궁 도조를 내는 장정(章程 : 여러 조목으로
나누어 마련한 규정)에는 논 한 마지
기에 수렁배미나 깻묵배미처럼 좋은 논이라야 벼 일곱 말, 중답은
닷 말씩 냈던 것인데, 김갑순의 매부 하치관은 덮어놓고 한 섬 가
까이 몽땅 받아 내어 그 차액은 다 먹는다는 얘기가 된다.

'고로 해 작인들이 果難徵出하야 依章程 매 두락에 상답 7두, 중
답 5두씩 수납할 意로 呈訴중이요 해 군 소재 親武屯糧畓 사음도
차출하야 해 사음배가 濫收執賭하야 인심이 오오하다고 府郡급
내장원에 呼冤한다고 하더라.'

이러고 보니 김갑순이 거부의 기틀을 잡을 수 있었던 것은 바로
연산군에 있는 수천 마지기의 선희궁 땅 사음을 매부에게 맡겨 도
조를 함부로 거두어들여 갈아먹었던 것이요, 또 그곳에 있는 친위
영 군대들의 양식을 마련하기 위하여 있던 땅(屯田이라고 하며, 군
영 농지의 하나이다) 사음 또한 자기 매부에게 맡김으로써 여기서
도 역시 법정 세액 이상의 터무니없는 도조를 받아 백성들의 원망
을 사고 있었던 것이다.

그런데 이런 '두 얼굴을 가진 김갑순'의 정체가 어떻게 평가될 것
인지는 그만 두고라도 1908년 4월 9일자 신문광고에는, 당시로서는
상상도 할 수 없는 한토막 이야기가 이렇게 만천하에 공포되고 있
다. 그 공포문은 바로 김갑순의 부인 최소사(崔召史)가 자기 남편
인 김갑순의 일을 들어 만천하에 공포한 것.

그 내용인즉 김갑순이 첩을 얻어 자기를 돌보지 않는다는 것이었다.

'본인이 與 新任 金化군수 김갑순씨로 동거한 지 6년인데 輓近
氏之何意가 점차 소원하더니 씨가 공주 본향에 率妾한 후 수년
이래로 거의 尤甚한지라……'

이 일로 보면 이 광고를 낸, 서울 북서(北署) 벽동에 살던 최소
사는 1902년부터 김갑순과 동거를 했다.

그런데 그 최소사는 전처인지 또는 김갑순이 중간에 상처하고 새
로 얻은 여자인지는 몰라도 어쨌든 집은 서울 벽동에 두고 있다.
그런데 남편 되는 김갑순이 고향 공주군수로 내려가면서 첩을 얻어

간 뒤로는 자기를 아예 돌보지 않았다는 것. 어쨌든 '최소사'라고
하는 여자는 적어도 '첩'의 위치는 아는 것 같다.

왜냐하면 첩이라고 하면 이 광고문에 '최소사'라고 밝힐 수는 없
었기 때문이다.

다만 그 최소사는 일단 김갑순의 첩이 아닌 처(妻)의 자리로 보
아야 할 것이나, 김갑순과 동거한 지가 6년밖에 되지 않는 점으로
보아 중간에 김갑순이 상처를 하고 서울에서 이 최소사를 얻어 산
것이 아닌가 싶다.

그 당시 최소사는 3, 40대의 여자였던 것 같은데 다음 광고 문구
로 보아서는 사람을 포복절도하게 한다.

'본인은 無依無托하고 不老不少하니 哀此身勢가 若是 악착한 김
씨에게 托身終歲할 길이 없기로 擇人托身하야 欲而終餘年하오니
知舊間 照覽……북서 벽동 최소사 고백(1908)'

물론 최소사와 공주 거부 김갑순과의 인간적 내막은 알 수가 없다.

그러나 이 광고문대로 최소사가 김갑순과 6년 동안 동거하였다면
이 최소사와 동기하는 6년 동인에 김갑순은 공주군수·노성군수·김
화군수·부여군수 등 갖가지 원님을 거치는 등 출세길을 달리기 시
작하였던 무렵이었다.

그렇다면 혹시 김갑순의 출세길을 달리게 한 데 최소사가 재정적
으로 김갑순을 뒤에서 도와준 것이나 아닌가?

그것은 잘 알 수가 없으나 김갑순은 자기 고향인 공주군수로 내
려가면서부터 젊은 새첩을 거느리고, '늙지도 젊지도 않은 최소사'
는 거들떠보지도 않고 발길을 끊었던 모양이다. 최소사는 그처럼
악착한 김갑순에게 자기의 남은 생애를 의탁하고 살 길이 없을 것
같으니, 이제부터는 자기도 새로운 영감을 얻어 몸을 맡기고 시집
을 가 버릴 작정이니 '세상은 그렇게들 아시오' 하고 광고문을 내었

다.

쉽게 얘기하면 최소사는 이런 광고문을 내어 김갑순의 흉을 세상에 드러내고 또 망신을 주어 분풀이를 하자는 속셈인 것 같다.

그러나 최소사가 설령 조강지처는 아니라고 하더라도 일단 첩이 아니고 '안방마님'인데 '나도 서방을 얻어 새로 시집을 가겠으니 그렇게들 아시오' 하고 신문광고까지 내는 것은 기막힌 일이다.

진짜로 김갑순과 쓴맛 단맛을 보면서 댕기머리 마주 푼 내외간이라면 설령 자기 남편이 첩에 미쳐 있다 하더라도 소문 안 나게 새 서방을 보든지 가마를 또 타고 시집을 가면 갔지, 이렇게 신문에 광고를 내어 '나도 시집을 갈 것이니 그렇게들 아시오'까지야 했을 것인가?

13세에 생활전선에 나와 19세에 고을 관노로 들어갔다는 김갑순이라면, 벌려 봤자 거기서 거기가 한발짝이지 별것 있을 리가 없다.

아마 스무 살 직전까지 김갑순은 가난하고 고단한 신세였지 별로 신상에는 큰 변혁을 일으킬 만한 돈은 잡지 못한 것 같다.

그런데 김갑순이 자필(自筆)로 써냈던 관문 이력서에 보면 광무 4(1900)년에 '충북 관찰부 주사(主事) 판임(判任) 8등'의 벼슬을 했고, 이듬해에는 벼슬이 6품으로 올라 중추원 의관을 하다가 1902년 내장원 봉세관(封稅官)이 되는 걸로 나타나는 것은 무엇을 말하는가?

스물 한 살에 판임 8등 주사. 더구나 스물 두 살에 중추원 의관을 지냈으니, 이때 벌써 김갑순은 상당한 돈을 잡고 있던 게 뻔하다.

왜냐하면 '돈'이 아니고서는 더구나 중추원 의관 같은 벼슬은 그 나이에, 그런 미천한 출신으로는 꿈에도 생각 못할 자리이기 때문이다.

그렇다면 김갑순은 스무 살 전후에 이미 고을부자 정도의 부맥은 잡고 있었다는 추측이 갈 일이다. 또 그럴 가능성은 충분히 있다.

그러면 무얼로 그런 부자가 됐을까?

1902년 내장원 봉세관이 되기 이전까지는 김갑순의 처지로 볼 때 원님적 수탈 수단에 의하여 치부(致富)했을 소지는 거의 없다.

그렇다면 초기 스무 살 전후까지의 김갑순의 돈은 모자가 피땀을 짜서 한푼 한푼 모아간 저축이었을 것이다.

그렇게 하다가 어느 정도 돈이 잡히니까 김갑순은 감영에 들어가서 심부름도 하고 서울로 상납품도 가지고 다니면서 '기회'를 노린 것이 아닐까?

그 '기회'란 말할 것도 없이 '벼슬'을 사는 장사요, 그런 벼슬을 사려면 벼슬전(廛)을 열고 있는 서울의 명문 대관집 사랑방을 드나들어야만 했다.

'公州 감영의 상납품을 가지고 서울로 올라가 金甲淳은 어느 大官의 사랑방에 들러 그의 영리함을 인정받아 크게 눈에 들었다.'

즉 청년 김갑순은 관노가 되었건 장국밥장수 홀어머니의 외아들이 되었건간에 '영리하고 똑똑하여' 대관의 눈에 들 만한 요인을 스스로 가지고 있었던 것이며

'그래서 그 大官에게서 淳甲이란 兒名을 甲淳이란 새 이름으로 고쳐받고……'

그때부터 '김갑순'은 세상에 태어나는데, 스물 네 살 때인 1903년 드디어 부여군수 한자리를 얻어 한 고을의 원님으로 나오는 것이다.

얼마나 빠른 가속도 출세인가?

김갑순을 믿어준 그 대관은 민○○이었다는 말도 있고, 이용익이었다는 소문도 있다. 하지만 자료상으로는 전혀 밝혀지지 않고, 반

드시 그런 정도의 세도대신(勢道大臣)이 아니고는 김갑순을 그렇게
빨리 출세시킬 수는 없었을 것이다.

　뒷날 김갑순은 많은 사람의 지탄을 받으면서 '구두쇠' 거부로 불
렸지만, 청년군수 김갑순 시절은 당당하고도 꽤 선정(善政)을 베푼
기록을 찾아볼 수 있다.

　1904년 우리나라에는 러일전쟁이 지나가기도 했지만 지독한 흉년
으로 사방에서 굶는 백성이 속출했었다.

　당장 굶는 백성들은 씨나락까지 까먹고 군수가 있는 읍(邑)으로
밀려와 '먹을 것을 달라'고 우는가 하면, 밤에는 부근 마을로 떼지
어 나가 도둑질을 하는 화적당 노릇을 했다.

　그래서 각 고을에서는 부민(富民)들이 앞장서서 쌀을 사다가 자
기 고을 백성을 먹이고, 내장원경 이용익은 그해에 화륜선으로 안
남미(安南米 : 안남, 지금의 베트남에서 생산되는 쌀) 30만 섬인가를 사들여다가 고을마다 보내 굶는
백성을 먹이도록 싼값으로 풀었었다.　그런 흉년에

　　'扶餘郡守　金甲淳씨가　本家로서　米　四十石을　輸來하여　該郡飢民
　　에게　賑恤하고　또　租　二百石을　境內　貧民에게　種子를　分給하고
　　春戶錢　절반을　自當하얏다더라'

　즉 자기 고을 부여백성을 먹이기 위하여 공주 본집에서 쌀 40섬,
벼 2백 섬을 가져다가 풀었고, 또 군민들의 춘호전(春戶錢)도 반절
을 군수의 자비로 대신 내주었다는 것이다.

　쌀 40섬, 벼 2백 섬의 규모는 흉년이던 그해의 상황으로 보면 전
국적으로 내세울 만한 거액의 자선사업이었다.

　이것으로 보아도 벌써 이 당시만 해도 김갑순은 이름난 부자로,
본가인 공주에는 제법 큰 재산이 있었던 것으로 추측된다.

　그래서 부여군 백성들은 군수 김갑순의 선치(善治)를 들어 만인

산을 만들어 서울로 보내 공적을 치하했었던 것이다.

'꾀보군수' 만세

그런데 김갑순은 골샌님 책상물림이 아니었다. 그는 책속에서 세상 살아가는 재주를 익힌 것이 아니었다. 출신이 그렇듯 김갑순은 장바닥과 길바닥에서 기지를 배운 사람이었다.

1906년 그가 임천군수로 있을 때였다. 그해에 홍주성(洪州城: 지금의 충청남도 홍성군 홍성읍에 있는 성. 사적 제231호)에서는 민종식(閔宗植)이 의병을 일으켜 일본군 수비대를 습격하고 홍주성을 점령하는 등의 유혈항쟁이 일어났다. 정권은 바야흐로 일본세력과 일진회 판이 되어 어수선했으나 이에 맞서는 거족명문이란 거의 없었다.

그런 때 민종식이 앞장서서 의병을 모아 홍주성을 치자 충청도 한쪽에서는 술렁술렁했다.

의병도 일어나고 활빈당(活貧黨) 화적떼도 사방에서 일어났다.

홍주성이 그 야단을 만나자 일본 수비병은 서울에서 급파되어 와 그 홍주성을 다시 뺏고 의병들을 소탕해 버렸지만, 그 의병 활동의 여파는 쉽사리 가라앉지 않고 나라의 변란에 맞서는 의병(義兵)이 사방에서 일어나고 있었다.

그런 그때 5월 24일——

임천군수 김갑순은 사환미(社還米)를 나눠 주기 위하여 지곡면(紙谷面) 탑창(塔倉)에 나갔다.

사환이 창고를 열어놓고 군수 김갑순이 진두지휘하면서 백성들에게 쌀을 나눠 주고 있는데, 그때 느닷없이 수백 명 백성들이 웅성거리는 가운데로

"탕!"

"탕!"

헛총을 쏘아대면서 말탄 의병 한패가 밀려들었다.

"원님은 꼼짝하지 마시오!"

"백성들은 놀라지 마시오!"

"우리는 홍주성에서 민종식 대장이 보내서 온 의병들이오!"

총을 멘 의병 수십 명은 말을 탄 선비인지 대장인지를 에워싸고 다가오면서 외쳤다.

의병——

그러나 느닷없이 나타난 총을 멘 군사들에게 놀란 백성들은 쌀자루를 내버린 채 뿔뿔이 달아나 버렸다.

김갑순은 어이가 없었지만 군수가 이런 경우를 당했다고해서 줄행랑을 놓을 수도 없고 해서, 사령 두엇만 데리고 임시로 만든 장막 속에 좌정을 하고 앉아 있었다.

"전령이오!"

말탄 의병대장을 따라온 군사 하나가 차지(差紙) 석 장을 가지고 들어왔다.

"…… ?"

"우리 의병대장이 군수나리께 전하는 차지요. 읽어 보시고 속히 시행해 주시오."

임천군수 김갑순이 받아 든 차지에는

'의병을 일으켜 왜적을 이땅에서 쫓기 위해 유림(儒林)과 백성은 모두 함께 일어나야 한다. 우리는 홍성(洪城)에서 왜적을 물리쳤다.'

이러면서 군정(軍丁) 수백 명과 화포(火砲) 10문을 모집해 달라고 적혀 있었다.

그러나 김 갑순의 답장은 이러했다.

'군사는 임금의 명령 없이는 한 명도 내줄 수 없고, 또 군정을 모집한다고 하더라도 지금 당장은 불가능하다. 며칠 동안 시간을 달라'

그러자 저쪽에서 두 번째, 세 번째 전령을 보내면서 강경하게 요구했다.

'우리는 선왕의 강토에 몰려온 왜적을 쫓고자 창의한 사람이다. 양식으로 50섬의 쌀이라도 속히 달라'

김갑순은 중과부적(衆寡不敵)이었다.

먼저 그 의병의 요구를 들어주고 안 들어주고는 고사하고 시세가 너무도 뻔하지 않는가?

홍성에서 그 야단이 났지만, 지금 세상 돌아가는 형편으로 보아 의병이 왜병에 쫓겨 자취를 감출 것은 시간문제일 뿐이었다.

더구나 현역 군수 김갑순으로서는 어느모로 보나 의병의 요구를 들어준다는 것은 상상도 할 수 없는 일이었다.

그러나 의병은 당장 총을 메고 있고, 창고의 자물쇠가 열려 있지 않는가?

'쌀을 줄 수가 없다'고 했다가는 당장 그들은 군수 김갑순을 볼모로 잡고 트집을 잡을 것은 너무나도 뻔한 일이었다.

김갑순은 세 번째 온 전령에게 짐짓 목소리를 낮추며 말했다.

"쌀 50섬은 어려워. 50섬이 아니라 다섯 섬이라도 사환미는 나라의 곡식이야. 나라의 곡식을 군수라는 사람이 나랏법을 어기면서까지, 아무리 그대들이 창의를 하는 군사라할지라도, 그것은 어려워. 그러나 어찌 의로운 그대들을 몰인정하게 외면할 수 있겠나. 내 개인의 쌀 30섬은 주겠네."

의병인지, 아니면 의병을 빙자한 부랑당떼인지도 분명히 가릴 수 없는 창졸간의 사건인 것이다.

김갑순은 여기서 반짝 하고 빛난 기지를 보여 꾀를 쓴 것이었다.

그러나 의병들도 창고에 쌓인 쌀을 보자 쉽사리 양보하려고 하지 않았다.

그야말로 살기가 등등하게 사방에서 헛총을 쏘고 무고한 백성들을 잡으려 하였다.

그러자 백성들은

"의병이 백성들을 잡아간댄다!"

하는 소문에 꽁무니를 빼고, 의병들은 군수 김갑순의 통인(通引)까지 납치해 가버렸다.

"이놈, 통인놈아!"

"예……."

의병들에게 잡혀간 통인은 벌벌 떨었다.

"통인아, 네가 짊어지고 다니는 인뚱(관아에서 쓰던 도장을 넣어 두는 궤)을 이리 내놓아라!"

"그것은……"

"군수의 인뚱이 있어야 백성이 믿을 모양이니, 그놈의 허리에 찬 군수의 인뚱을 빼앗아라!"

의병들은 통인에게서 인뚱을 빼앗아 자기들이 쓴 초모서(招募書 : 군대에 지망하는 사람을 모은다는 방. 여기서는 의병을 모집하는 뜻의 방을 말한다)에다 인뚱을 눌러 군수 김갑순의 명령으로 의병을 모은다는 방을 붙이고, 또 사방에서 헛총을 쏘며 군수를 위협하지 않는가?

군수 김갑순은 방법이 없었다. 도망을 칠 수도 없었다.

김갑순은 창고문을 활짝 열게 하고 의병들이 요구하는 대로 쌀 50섬을 내놓겠다고 승낙하였다. 백성들이 나서서 쌀섬을 꾸리고, 그 쌀섬을 짊어지고 나루로 내려가 배에다 차곡차곡 싣고 나자 의병 한 떼는 그 쌀 실은 배에 올라탔다.

그리고 또 한 배에도 역시 쌀섬을 나누어 싣고 나머지 의병과 사공질하는 뱃사람이 각각 둘 탔다.

그 배 두 척이 막 강물을 따라 한 마장 남짓 흘러갔을 때였다.

"풍덩!"

"풍덩!"

두 배에 탄 사공이 똑같은 시각에 옷을 입은 채 강물로 뛰어들지 않는가?

아직 배에 타지 않고 강둑에서 군수 김갑순과 이별주를 나누고 있던 말탄 의병 대장 둘이 깜짝 놀라 일어서려고 하는데

"꼼짝 마라!"

"움쩍도 말고 오라를 받아라!"

장막 뒤에 숨어 있던 관군과 백성들이 우르르 밀려오면서 자칭 의병대장 두 사람을 그 자리에서 잡아 버린 것이다. 말하자면 김갑순은 쌀을 내주는 척하고 수십 명 총가진 군사(의병)들을 두 배에 갈라 실어 병력을 분산시켜 강물 한가운데에 띄워 놓은 뒤, 간단하게 수하의 사령배 두엇을 시켜 두목 둘을 쉽게 잡아 버린 것이다.

말을 타고 있던 두 사람은 이사성(李思聖)과 이한구(李漢龜)란 글줄 깨나 읽은 선비였다.

어쨌든 군수 김갑순은 청년시절 패기와 꾀와 열의로써 백성을 잘 돌본 본보기 군수상을 발휘하였다.

善政官의 치부술은 뭐냐

'林川군수 김갑순씨가 春等戶布를 捐捧特減하야 窮民이 賴安하며 天英學校를 설립하야 補助金 1백원을 내고, 또 학교일에 열심찬성하야 교육을 흥왕케 하매 一境에 頌聲이 戴路하더라'

김갑순은 선정관으로 자주 신문에도 오르고, 또 없는 백성들은 부자군수의 덕을 자주 보았던 것도 사실이었다.

거의 열이면 열 구한말 군수들은 백성을 긁어서 먹었고, 또 재산을 쌓았다.

그러나 김갑순은 군수 한자리를 사서 천민이 사또가 되었을망정, 아직 돈이 많은 탓으로 악정을 베풀어 괴롭힌 흔적은 별로 없다.

그리고 김갑순은 부자라고 했지만 1906년까지의 부력 순위는 그렇게 한 도의 거부 정도는 못 되었다.

한 도는 그만두고, 공주는 그래도 충청도 감영이 있는 곳이라서 아직 뿌리가 대대로 박힌 토호거부(土豪巨富)들이 얼마든지 기라성처럼 빛나고 있었다.

1906년 3월 공주부(公州府)에다 사립 명화학교(明化學校)를 세울 때 공주부의 거부들이 낸 기부금 현황만 보더라도 김갑순은 아직 '공주부자'는 분명히 아니었다.

공주군수 이종렬(李宗烈) 2백 10원
참봉 김영수(金永壽) 1백 원
선달 이교락(李敎樂) 1백 원
이교현(李敎鉉) 1백 원
감찰 김석희(金錫熙) 1백 원
관찰사 이건하(李乾夏) 1백 원

이런 거액 기부자들은 곧 뿌리깊은 부력(富力)을 지녔던 것이며, 그밖에 김재면(金在冕 : 主事)·정태로(鄭泰魯 : 전군수)·김재근(金在勤 : 議官)·이근락(李根樂 : 議官)·박제권(朴齊權 : 議官)·권태용(權泰容 : 군수) 등이 있었다.

이들이 30원, 50원씩 기부할 때 김갑순은 20원을 겨우 기부하고 있는 것이다. 이런 걸로 보아서는 김갑순은 '새부자'이기는 하지만 아직도 '공주부자'로 쳐줄 수 없는 중간정도의 부자였던 것 같다.

물론 김갑순의 돈모으는 방책은 한푼을 쪼개쓰듯 끈기있는 절약에서 대부분이 이루어졌다. 거기에는 김갑순다운 성격의 끈질김과 재치, 어릴 적의 고생으로 배운 참을성이 주축을 이룬 것은 물론이다. 또 김갑순은 청장년 시절의 일선 군수 때 민원(民怨)을 살만큼 대놓고 갈퀴질을 한 것도 아니었다.

그러나 그것만으로 김갑순은 충청도 제일의 부력(富力)을 자기 당대에 쌓아올릴 수 있었을까? 뒷날 세상에서는 김갑순의 노욕(老慾)과 인색함을 두고서 많은 사람들이 욕을 한 것은 사실이다. 먼저 대전이라는 곳의 대지료와 소작료를 두고 김갑순은 조금도 후한 선심을 쓰지 않았다.

그러나 그렇다고 해서 김갑순이 민 아무개들이나 조 아무개들처럼 백성을 수탈을 했다는 조목으로 욕을 먹은 일도 없었지 않은가? 벌어놓은 돈을 한 도의 거부가 흔쾌하게 자국을 남기면서 쓰지 않는다고 욕을 했을 뿐이다.

김갑순은 1910년 국권피탈 때 충청도 아산군수를 지내고 있었다. 강원도 김화군수로 2년을 살다가 충청도 아산군수로 가서 망국을 맞은 것이다.

그때 다른 군수들처럼 국권피탈 바람을 타고 김갑순도 일대 횡재수를 만난 것이다. 뒷날 전라도 갑부로 등장한 박기준도 그랬지만 김갑순도 그때 한 도의 부를 잡는 계기를 만났다.

김갑순 혼자의 경우만은 아니지만 1900년, 1910년대의 우리나라 거부 후예들의 조부 이력서는 거의 다 군수들이다.

군수는 돈을 벌 거리가 그렇게 많은가?

많았다. 많지 않으면야 무엇하려고 논밭을 팔고 씨족들끼리 푼전을 거두어 군수 한 자리씩 사려고 그렇게 싸워 댔겠는가? 군수자리는 무엇으로든 요령만 있으면 한밑천씩 잡을 수 있었다.

먼저 군수가 되면

'첫째, 上納金(稅金) 징수 권한이 있다.

둘째, 用錢辨納權이 있어 그것을 쓰고 바치고 하는 권한이 있다.

셋째, 開墾權을 인정해 주는 권리가 있다.

넷째, 開鑛權을 허락해 주는 권리가 있다.

다섯째, 그 고을의 官給物資를 전부 맡고 市場稅를 거둬 오는 都家임명권이 있다.

여섯째, 土地 소유자에 대해 그 소유 土地 結數에 따라 每結 얼마씩 正稅 이외에 加斂하는 加結權이 있다. (수령들이 가렴주구를 해먹어 백성을 울린다는 말은 바로 이 조목에서 비롯되었다)

일곱째, 加排라는 것이 있다. 郡의 비용이 부족하다고 해서 군내의 各社(향교 등)에서 얼마씩 거두고, 各洞에서도 얼마씩 거두어들이는 名目이 있다.

여덟째, 人情錢이라고 해서 郡守가 갈려갈 때의 여비 등의 명목으로 各戶에서 몇 냥씩 거두는 것이 있다.

아홉째, 存問錢이라고 해서 군수가 새로 도임하면 各洞 富者들에게 편지를 보내면 그 백성(富者)들이 원님의 얼굴을 찾아 보는 賜顏을 할 적에는 빈손으로 오지 못해 存問錢이라는 것을 바쳐야 한다.

열째, 錢債라는 것이 있다. 郡守가 郡費에 쓴다거나 혹은 私事일로 돈이 필요하면 郡內 富者에게서 돈을 꾸어서 쓰지만, 그 郡守가 그 고을을 떠날 때는 '부득이한 일이다'고 錢主는 郡守에게 빚을 달라고 하지 못했다.

열한째, 隱田·隱戶가 있어서 田稅와 戶稅에 올리지 않는 文書外의 곳에서 세금을 받아 착복한다'

이밖에도 동학농민운동 때 고부(高阜)군수 조병갑(趙秉甲)이 했던 것처럼 아무 까닭없이 방죽 밑에 덧보를 쌓아 물세(水稅)를 받아먹기도 하고, 평양감사 민영철처럼 백성들이 안 팔겠다는 땅을 헐값도 아닌 거저값을 주고서 강제로 사들이는 일도 있었다.

군수 어머니 생일잔치를 한다고 해서, 군수 아버지 비석을 세운다고 해서 백성의 돈을 긁어먹는 법도 있었다.

여기다 군수가 되면 육방관속(六房官屬)을 거느린다. 갑오개혁으로 관제가 바뀌기 전에는 으레 군수가 부임지로 내려갈 때는 부임지의 고을에서 사령·관노들이 가마를 가지고 서울까지 올라와 원님을 가마에 태우고 삼현육각 풍악을 잡히면서 위풍당당하게 내려갔다.

또 기생의 점고권(點考權)이 있고 천침권이 있어 마음에 드는 기생이면 언제라도 불러들여 잠자리 시중을 들게 했었다.

갑오개혁으로 새로운 법이 실시되면서 육방관속이며 관노·기생도 모두 풀어버렸지만, 아직도 군수가 거느린 부하는 명목만 바뀌었지 실로 대단했던 것이다

참고삼아 1905년 4월 당시의 함경북도 길주군의 경우를 보면, 군수 아래에 새로 생긴 아전들은 호적도감(戶籍都監)·대동도감(大同都監)·봉전도감(捧錢都監)·훈련반수(訓練班首)·수성중군(守城中軍)·병교(兵校)·순교(巡校)·수서기(首書記)·서기(書記)·통인(通引)·사용(使傭)·사명(使命)·관노(官奴)·면노(面奴) 등이 있었다고 한다. 그 가운데 면노(面奴)는 군에서 각 동(洞)·리(里)에 나가는 문서 전달의 일을 맡아하면서, 때로는 죄수를 잡아오는 일을 하였다고 했다.

여기다 군수가 행사할 수 있는 가장 큰 권한은 죄수체포권·투옥권·재판권과 석방권이 있다.

죄목이 없으면 강상(綱常 : 사람이 지켜야 할 도리)을 어겼다고 잡아오고, 또 죄목이 없으면 동학(東學)쟁이로 몰아 잡아들여 옥에다 가두어 두면 된다.

옥에만 가두어만 두면, 남아 있는 죄수의 가족과 일가붙이는 무슨 방법을 써서라도 돈을 가져다가 바치게 마련이었다.

물론 충청도 부자 김갑순이 그런 짓으로 돈을 모았다는 애기는 아니다. 그러나 군수가 되면 요새로 치면 경찰서장·세무서장·법원검사·판사에 교육감 감투는 물론 보건소장·산림청장·수리조합장 권리까지 모두 한 몸에 지닐 수 있었던 것이다.

그래서 1903년 9월 31일자 신문에는 군수와 부자를 애기한 동요 한토막을 이렇게 써놓고 있다.

'小兒問答 昨日 南大門內에 有二小兒 街路上하야 以詩作謎語하야 互相問答하는데, 東兒問 '多錢善賣가 무엇고' 答 '近日 郡守지'

　西兒問 '有罪無罪가 무엇고' 答 '近世 富民이지'

　東兒問 '伐齊爲名이 무엇고' 答 '我國學徒지'

　　西兒問 '有不如無가 무엇고' 答 '各隊兵丁이지'
　　西兒問 '似是而非가 무엇고' 答 '日英協商이지"

　그러니까 어제 남대문 안에서 어떤 아이 둘이 길거리에서 수수께
끼 놀이를 하며 노는데——
　"돈이 많을수록 잘 팔리는 것이 무엇이냐?"
　"요새 군수지."
　"죄 없고도 죄 있는 것이 무엇이지?"
　"요새 부자지."
　"벌제위명(伐齊爲名)은 무어냐?"（伐齊爲名 : '제나라를 공격하나 이름만 있다'는 뜻으로 '어떤 / 일을 겉으로는 하는 체하면서 속으로 딴전을 부림'을 이르는 말）
　"우리나라 개화 학도지."
　"있는 듯하면서 없는 것이 무엇이냐?"
　"각대(各隊)병정!"
　"같은 듯하면서도 같지 않은 것은?"
　"영국과 일본이 협상하는 것이다."
　돈이 많을수록 장사가 잘되는 것은 잘 팔리는 군수요, 죄가 없으
면서도 죄가 있는 죄인은 부자. 이것이 군수와 부자가 '돈'을 사이
에 두고 얽어지는 멀고도 가까운 함수관계였다.
　그러다가 군수가 대번에 무릎을 펴고 일어선 것은 국권피탈 조서
덕분이었다. 그러니까 1910년 국권피탈이 이루어지면서 통감부는
그 해를 기준으로 해서 3년 이상 묵은 모든 국세를 탕감한다는 그
나름대로는 혁명적인 선언을 발포했다.
　이것은 일본이 기존관리·지식인·유자(儒者)·동민(洞民)들을 반
항없이 포섭해 들이기 위한 사탕발림 행정령이었다.
　그러나 어느 군수가 백성들로부터 3년씩이나 모든 국세며 지방
세, 법외의 무명세며 사환미 원이자를 받아들이지 않고 놓아 두었
겠는가?
　3년씩이나 세금을 안 내고, 연약한 백성이 육방관속의 매와 옥에

견디고 버틸 수 있었겠는가?

군수들은 이미 백성들로부터 받을 세금을 닦달해서 받아냈다. 다만 그 돈을 서울로 곧장 상납하지 않고, 백성이나 장사꾼을 거간으로 통해 그 돈으로 장사를 하거나 이자를 길러먹고 있었다.

그런 3년 묵은 나라빚을 모두 떼어먹어도 좋다는 법령. 이런 군수들이 쌍춤을 출 얼씨구판이 어디 있는가?

이것이 이른바 통감부가 고시(告示)한 공전범포탕감령(公錢犯逋蕩減令)이란 것이었다.

그 고시는——

첫째, 융희 2(1908)년 이전의 모든 지세(地稅).

둘째, 융희 3(1909)년 이전에 꾸어 준 모든 사환미(社還米).

이 두 가지가 고시발포일 현재로 중앙정부에 상납되지 않고 체납(滯納)된 것은 많고 적고를 가리지 않고 모두 '먹어도 좋다'는 회유책 법령이었다.

거기다 1910년도의 모든 세금도 5분의 1을 감해서 받겠다는 회유책을 발표하였다.

그 지긋지긋하게 이자에 이자가 붙어서 백성을 괴롭히던 조선왕조의 세금들이 이제는 모두 없어져 백성에게 떼어먹으라고 선언을 한 것이다. 그러나 그 모든 세금은 모두 백성의 손에 있던 것이 아니라 모두 군수들의 손에 들어 있었던 것이다. 그러니까 명색은 백성들에게 생색을 낸 것이지만 실제는 군수들에게 이득을 준 것이 되었다.

군수들은 나라에 세금을 얼른얼른 바치지 않고 이자놀이를 하고 장사꾼에게 빌려주어 장사를 하던 그 곡식과 돈이 임자 없이 되어버려 공중에 떠 버린 막대한 국고금을 사유화해서 거의 다 떼부자가 되어 버렸던 것이다.

'이번 공포로 탕감한 범포금액과 인원수의 조사에 거한즉 금액은

슴이 4백만 원이요, 범포인수는 4천 3백이더라.'

공중에 떠 누구의 입으로인지 들어가게 되어 버린 4백만 원.

그 4백만 원이면 10만원짜리 자본금을 지닌 은행 40개를 만들 수 있는 돈이다. 그 돈을 전국 3백 60명 군수들이 골고루 횡재를 하게 된 것이다.

그것이 국권피탈이었다. 그래서 총 한방 소리나게 안 쏘고 국권피탈은 참으로 평화스럽게 진행되어 버렸다. 한 집안의 가장이 죽어도 마누라 자식놈들이 상여채를 붙잡고 몸부림을 치고 우는데, 한나라의 5백 년 사직이 넘어지는데도 대부분의 백성들은 덤덤하게 눈만 껌벅거리고 있었던가. 항거다운 항거를 하면서 누가 일어섰던가?

그러나 일단 아산군수 김갑순은 그때 횡재주머니를 차고 공주로 돌아와 일약 공주 제일의 거부가 되어 버렸다고 한다.

공주지방에 전해 오는 애기를 종합하면 김갑순은 그때 자기 고향인 공주로 돌아오자, 공주에서 누대 명족이요 거문이던 이승지의 집을 사들였다고 한다.

웅장한 기와집. 고래등 같은 기와와 터와 난간에 꽃과 새를 그린 그림이나 조각을 호화롭게 아로새긴 마루. 산중턱에 우뚝 솟은 그 큰집을 사서 김갑순은 다시 수천 원을 들여 집을 수리하고 집에서 부리는 머슴도 수십 명이나 더 두었다고 한다.

관노이던 김갑순도 이제는 환골탈태하여 자기 고향, 충청감영이 있는 공주바닥에 가장 크고 호화로운 집을 사 그 집 대청을 밟고 다니며 살게 된 것이다.

蓄財의 진리

여자는 옷이 날개라지만, 사내에게는 집이 날개다. 그런 수백 년 묵은 명족(名族)의 큰집을 산 김갑순인들 감회가 없을 수 있겠는가?

김갑순은 그 집을 산 뒤 머슴 두세 명을 불러 술값을 두둑이 쥐어 주면서 말했다.

"너희들은 지금부터 장바닥에 나가서 술이나 마시며 맘껏 놀게나."

"예? 술만 먹고 놀라고요?"

"그래!"

"술이야 잘 먹지만, 머슴주제에……"

"괜찮네."

"그래도 술만 먹고 놀기만 할 수 있나요?"

"어허, 괜찮다니까! 네놈들이 할 일은 술 먹는 일이야."

"예?"

"내가 시키는 대로 어서 장바닥으로 나가 놀기나 해!"

별 해괴한 일도 다 있다.

그러나 김갑순이 누구라고 아무 까닭없이 머슴놈들에게 술값을 주고 담배쌈지를 채워 주어 놀이를 보내랴…….

다 뜻이 있었다.

김갑순의 머슴 서너 명은 그날부터 술값 몇 원씩을 받아 가지고 공주 장바닥이며 사람이 많이 다니는 길목의 주막과 나루터, 양반 앞에 앉아서 술을 마시면서 저희들끼리 묻고 답하는 것이 하루 일이었다고 한다.

"아니, 저집 좀 보게. 굉장한데. 아흔 아홉 칸짜리 한산(韓山) 이씨 승지댁이라지?"

"정말 큰데. 공주서 일등가는 고래등 기와집이 아닌가?"

"헌데 지금도 이승지가 저집에서 사는감?"

"이놈아, 열흘 붉은 꽃 없다는 말도 몰라? 다 주인이 바뀌었어."

"그럼 지금은 어느 양반이 저 집에서 사시나……?"

"암, 양반이 살지!"

"이런 콧구멍에다 마늘씨를 박아 줄 자식! 누가 그걸 몰라서 물어. 양반 아니고 상놈이야 저렇게 큰집에서 살 수 있어?"

"그렇고말고!"

"그러니까 묻잖아. 지금은 누가 살아, 저집에서?"

"김갑순 영감이 사들였다네!"

"아, 그래?"

"그럼 자네는 입대껏 그것도 몰랐었나? 지금 이 충청도에서는 김갑순 어른의 돈을 당할 사람이 없다누만!"

"아무라도 큰집 쓰고 돈 많으면 새양반이지 뭔가? 김갑순 어른의 돈을 안 쓰고는 이제 이 공주바닥에 돈이 없어. 공주 금강물이 말랐으면 말랐지 김갑순 어른의 창고바닥은 절대로 안 마른대!"

"하기야 그래. 꿩 잡는 게 매지. 아무라도 꿩 잡으로 매 노릇 하는거여! 어, 집 참 좋고 크다!"

머슴은 일은 않고 술을 먹고 다니면서 이렇게 주고받아 인파 속에 소문을 퍼뜨리면서 김갑순의 위세와 돈을 자랑하였다.

그것은 무슨 의도였을까?

지금도 그렇지만 아무리 부자요 거상(巨商)이지만 순전히 자기 돈만으로 가게를 꾸리고 회사를 경영할 수는 없는 것이다.

거상도 사업을 확장한다든지 무슨 업종을 새로 개발하고 시설투자를 할 때는 남의 돈이 필요할 때가 있다.

김갑순도 거부가 되는 횡재더미를 안고 고향으로 금의환향한 셈이지만 공주바닥에 앉아서 그대로 낮잠을 잘 나이는 아니었다.

그런데 세상은 바뀌어 일본사람 천지가 되면서 이제는 돈으로 군수를 사서 원님으로 나갈 수도 없는 세상이 되어 버린 것이었다.

그러자면 실업 쪽으로 나아가는 길 밖에는 다른 길이 없었다.

그 무렵 퇴물대관이나 군수들 대부분이 다 그랬듯이 김갑순도 토지 사업에 뜻을 두었다. 대전으로 눈을 돌렸던 것이다. 그 허허벌판을 달리는 경부선. 그 허리께에 생긴 정거장——

그 한밭이란 잡초밭에 새로운 시가지가 생겨나고 있는 것이다.

김갑순은 그 대전땅을 생각하게 된 것이다.

또 기왕 새로운 장래를 보고 시가지가 될 만한 땅을 사들일 바에는 크게, 많이 점유해야 한다.

그러나 김갑순으로서도 그 큰 땅을, 토지를, 여기저기서 사들여 버려 마침 대전땅을 당장 손에 넣자면 내년 가을걷이 때까지 기다려야 했다.

그동안에 어느 일본사람이라도 한꺼번에 그걸 사 버리면 어떻게 하나?

또 시일이 지날수록, 소문이 새어 나갈수록, 대전 땅값은 이자보다도 더 빨리 뛸 수도 있을 것이다.

김갑순도 곰곰이 생각하다가 결론을 내렸다.

'쇠뿔은 단김에 빼야 한다고——기왕 대전을 생각했으면 내년까지 미룰 수는 없다. 요새 일본사람들이 농지회사(農地會社)를 꾸며 땅을 사들이기에 눈을 벌개가지고 날뛰지 않는가?'

그러자면 이잣돈을 얻어야 한다. 이잣돈을 얻을 때는 돈을 빌려 주는 사람이 '어디다 무엇을 하느라고 쓰고, 어떻게 갚겠느냐?'고 묻는 것이 일반적이다.

거기다 이잣돈도 전황(錢荒 : 돈이 잘 돌지 않아서 매우 귀해지는 일. 화폐유통량의 부족 현상을 말함)이 들어 곱장리〔倍長利〕라도 얻기 힘든 판이었다.

그런데 김갑순은 여기서 기지를 발휘하여 일부러 공주에서 가장 큰 집을 사들이고

"저것이 뉘집이여?"

"김갑순 어른이 새로 샀대."

"집 참 좋다!"

이렇게 머슴들을 풀어 오며가는 행인들에게 소문을 퍼뜨렸던 것이다.

　　이런 소문은 삽시간에 충청도 일대에 퍼져 나갔다. '공주에 새부자 김갑순이 나왔다!' '충청도에서는 김갑순이 제일 부자다' '노성(魯城)에도 수천 석 땅을 샀고, 작년에는 임천에도 수천 석거리를 샀단다' 는 등등으로……

　　사람의 심리란 참으로 묘한 데가 있는 법이다.

　　같은 빚을 주어도 부자에게 주고 싶어한다.

　　아니 부자에게 맡기고 싶어한다.

　　충청도 공주 제일의 부자가 벼 몇백 석, 쌀 몇십 섬이 아쉬울 리가 있는가?

　　공주 부자 김갑순은 돈이 남아돈다. 그렇게 돈이 남아도 큰 부자니까 김갑순은 보증수표다.

　　사람들이 김갑순에게 이자는 싸도, 아니 안 받아도 좋으니까 늘려 달라고 맡겨 오는 일이 차차 늘어나기 시작했다.

　　아무리 맡겨도 떼일 염려가 없는 큰부자 김갑순.

　　이렇게 해서 김갑순은 '혹 놓을 데가 있으면 영감님이 좀 맡아서 함께 놓아 달라'고 부탁해 오는 충청도 부자들의 볏섬을 받아, 거의 이자도 없이 남몰래 대전땅을 차츰 손에 넣어 갔던 것이다.

　　김갑순은 그런 기지를 발휘하여 남의 돈을 거져 쓰면서 대전땅을 사들였던 것이다.

　　대전이 충청도의 수도가 된 것은 훨씬 나중의 일이었다. 그러나 '공주가 대전으로 간다'는 소문은 놀랍게도 이미 구한말 경부선이 개통되면서부터 퍼졌다.

　　'충청남도 관찰부를 대전 정거장으로 옮겨간다는데 장차 건축역사를 시작한다더라(1910).'

　　대전이 충청남도 도청 소재지가 된 것은 1932년이었다. 그런데 대전으로 충청남도 관찰부가 옮겨간다는 첫소문은 이미 23년 전인

1910년 4월에 나오지 않았는가?

그때부터 이미 김갑순은 충청도 관찰부인 공주에 웅거하면서 대전에다 먼 뒷날을 보고 손을 뻗쳐 두었던 것이요, 그것이 '제3의 김갑순시대'를 여는 결정타가 되었던 것이다.

'金甲淳은 한일합병이 되자 社還穀 탕감 등으로 단번에 2만 석의 巨富가 되었다. 그후에도 道評議會議員, 中樞院 참의 등을 지내면서 총독부 高官이 公州에 올 때는 으레 집으로 모셔다 無識인 채로 高等交際를 했고 꼭 만나야 할 高官이 안 만나주면 서슴없이 純金명함을 박아 뇌물로 주는 방법을 택했다고 한다.'

어쨌든 김갑순은 대전의 땅을 사들였다. 그리고 충청도 여기저기 수없이 사들였다. 운수사업에도 손을 댔다.

유성(儒城)의 온천광맥을 사들여 그곳에 호텔을 겸한 별장도 지었다. 또 흥행업에도 손을 뻗쳐 대전에서 가장 좋던 극장 경심관(驚心館)도 지었다. 그밖에 충청도 각지에 극장을 지어 즐거운 일이 많게 했고, 또 한때는 서울에서 '조선신문'을 발행하는 등 언론사업에도 힘을 썼었다.

1921년 5월 기록을 살펴보면 이때 이미 김갑순은 대전의 왕자로 군림하고 있을 정도로 부력을 쌓아두고 있었던 것이다.

'可憎한 地主의 橫暴 충남 公州에 사는 富者 金甲淳씨는 大田驛부근에 있는 三千餘 斗落의 土地에 대하야 昨年에는 소작료를 매 두락에 20원 내지 25원씩 현금으로 미리 받았는데 그 소작인들은 작년 가을에 곡식값이 폭락함을 인하야 가을에 낸 소작료는 봄에 낸 소작료의 3분의 1에 불과할 뿐 아니라 높은 변리로 빚을 내어 내인 者는 元金의 利子도 부족하야 소작인간에 원성이 자못 높더니……(1921)'

가을에 현금으로 두락마다 20원에서 25원씩 계산해서 받아들인 소작료. 가을에 현금으로 소작료를 마련하자니까 헐한 쌀을 내야 한다.

그러면 김갑순은 가을에 받은 현금으로 쌀을 사두었다가 이듬해 봄에 그 쌀을 내면 저절로 3분의 1 증재(增財)가 된다는 애기다.

지금도 곡식이 헐하게 나오는 가을과 그 곡식이 숨이 죽어 떨어져 가는 봄의 쌀값 시세에는 많은 폭이 생긴다. 하물며 그 당시 장리(長利), 곱장리 이자가 횡행하던 시대의 '가을의 현금 소작료'가 일반 소작농민들에게 많은 손해를 강요하는 제도라는 것은 말할 것도 없지 않은가?

더욱이 수천 석 수만 석의 현금 소작료를 가을에 받아들이는 지주 김갑순이 그 엄청난 현금으로 다시 쌀을 사두었다가 봄에 내어 3할 이익을 본 재미는 대단한 것이었으리라.

가을에 받아들인 1만 석 도조라면 이듬해 봄에는 1만 3천 석. 다시 1만 3천 석이 불과 서너 달만 지나면 보리로 2만 6천 석.

그 보리 2만 6천석이 또 입도선매(立稻先賣 : 논에서 자라고 있는 벼를 미리 돈을 받고 팖) 자금으로 여름에 나갔다가 불과 두 달도 못 되면 다시 쌀이 2만 6천 석……

이런 계산법은 8.15해방 후 5.16 직후까지도 농촌에서 통용되던 이자의 진리였다.

그것이 이른바 지긋지긋하게도 우리 농촌을 골병들게 했던 농어촌고리채라는 것이었고 그것을 5. 16 이후 연부상환제로 정리해 버려야 할 만큼 수백 년 동안 뿌리박아 온 농촌의 암이었다.

김갑순만이 아니고 그때는 모든 지주들이 그런 방법으로 돈을 늘려 갔고, 그 늘린 돈으로 다시 소작인에게 이자빚을 주어 또 늘려 가는 것이 하나의 사회현실이었다.

그런데 유독 김갑순의 일을 가지고 종종 사회적 화제로 삼은 까닭은 무엇일까? 아마 수만 석 대지주가 몇백 석 소지주가 쓰는 것처럼 대인답고 덕인다운 아량이나 풍도가 없이 가난하고 헐벗은 자기 작인들을 마구 긁어먹는 데 있었던 것 같다.

왜냐하면 가을에 현금소작료를 받아 말썽을 빚었던 공주 거부 김
갑순에 대한 1921년 기록에서 그 근거를 찾을 수 있기 때문이다.

'금년 봄에는 다시 公州군 反浦면 孔岩里 李學濟(51)가 마름〔舍
畜〕이 되어 가지고 작년에 맛들인 선(先)도조(賭租)를 또 받기
시작하야 매 두락에 10원씩 일반작인으로부터 받아들이고 있어
원성이 높던 바······'

계속 말썽이 늘자 경찰서에서 직접 조사를 해보니 이학제가 김갑
순을 농락하면서 소작인들을 괴롭혔다는 사실이 또 밝혀졌다.

그러면 그렇지, 거부 김갑순이 자기의 부력을 떠받들어 주는 작
인들을 그렇게 울릴 이치가 있겠는가.

작년에도 두락마다 20원, 25원씩 선도조를 현금으로 받아간 소작
료는 마름 이학제가 중간에서 농락을 한 것이고, 정작 김갑순은 두
락마다 1등에는 15원, 3등에는 13원씩만 받아들였다는 것이다.

김갑순의 대전.

대공업 자본의 진출로 청년 대전은 처음 마을을 이루고서 30여년
만에 크게 성장하였지만, 그것은 결국 김갑순의 자본력이 그만큼
성장한 것이나 같았다.

'大田의 토지는 모개인이 시내에 20만 평 이상을 가지고 그 외
몇몇 會社가 대부분을 소유한 바 道廳 이전을 전후로 土地값을
일약 수십 배나 인상하야 한 평에 號曰 50원, 1백 원 하고 배부
른 흥정을 하고 있는 중이다. 그래서 간혹 매매되는 것 중에는
大地主가 자기의 광대한 토지경기를 올리기 위해서 딴금을 주고
서 매 수하는 고등정책적 매매가 있는 형편이다(1936).'

그 무렵, 조선총독부가 잠사전문학교(蠶絲專門學校)를 대전에 세운다는 소문이 나돌았다. 누에고치를 많이 장려하기 위하여 보전(지금의 고려대학교)·연전(지금의 연세대학교)·불교전문학교(지금의 동국대학교)·이전(지금의 이화여자대학교)·숙전(지금의 숙명여자대학교)·대동공전(평양)·숭전(평양) 등과 맞먹는 잠사전문학교를 중부조선의 중심지인 대전에다 세울 계획이었던 것이다.

말하자면 충청도 초유(初有)의 전문학교 하나가 대전에 새로 생겨난다는 것이다.

그런데 대전에는 김갑순의 땅이 20만 평——

김갑순의 땅이 아니고는 그런 수천, 수만 평 실습지와 학교시설이 들어올 만한 공터가 더 이상 찾아볼 수 없었던 것이다.

"영감님."

"어서 오게. 자네 서울서 언제 왔는가?"

총독부에서 최○○가 느닷없이 대전으로 내려와서 김갑순을 방문하였다.

농업기사 최는 중추원 찬의인 김갑순의 처가쪽으로 먼 친척뻘 되는 청년이어서 김갑순이 몇 해 전에 총독부에 일자리를 구해 주었던 사람이다.

"예, 어젯밤에 왔습니다. 영감님을 뵈온 지도 오래고 해서……."

"그래 재미는 좋은가? ××국장은 잘 있고?"

"예, 가끔 영감님이 보내 주신 호랑이 가죽 이야기를 하면서 국장이 이번에도 대전 내려가거든 영감님께 안부를 여쭈라고 이런 편지를 써주시더군요."

최가는 안 호주머니에서 밀봉한 편지봉투 하나를 꺼내 김갑순에게 공손히 바쳤다.

김갑순은 그때 소문에 총독부 고관들에게 가끔 호랑이 가죽 한 장씩을 선사했다고 한다.

자기 아들이 ××관인지 ×사가 됐을 때도 호랑이 가죽 한 장을 어디다 바쳤다고 해서 별명이 '호피검×'였다고 수군거리기도 했다.

총독부 무슨 국장인가가 보내 온 서신에는 '대전에 잠사전문학교 후보지로 적당한 곳이 있다면 장소를 대전으로 지정할까 하오'라는 내용이 담겨 있었다.

그로부터 보름 뒤.

땅을 사들이기만 했지 단 한 평도 팔아 본 일이 없는 김갑순이 땅 몇천 평을 팔려고 내놓았다는 소문이 돌았다.

"김갑순이가 땅을 내놓아?"

"그렇다네. 2천 평을 내놓았는데 평당 20원도 더 부른다누만."

"20원? 아, 대전땅이 어느새 20원씩 나가던가?"

"글쎄, 김갑순 영감이 그 변두리땅을 살 때야 한 평에 1전 꼴이나 주었던가? 그게 평당 20원이라니 미꾸라지 용 됐구나!"

"옛날 말이지. 한 평에 1전 할 때가 언제 얘기야. 그동안 대전 인구가 얼마나 늘었는데……"

"하기야 그래. 대전으로 도청이 옮겨 오고 중앙지는 무려 10배내지 20배로 뛰었으니 이젠 변두리 땅도 오를 때지."

"세상 많이 변했어. 우리도 이젠 도청 소재지 시민 아닌가? 날로 대전이 발전하는 것은 우릴 부자로 만드는 일이지."

"허허, 이 친구 봐라. 대전땅이 누구 땅인 줄이나 알고서 하는 말이냐? 대전 땅값이 오르는데 어떻게 네깐놈이 부자 돼? 네놈 부자가 되면 김갑순이가 녹아났지."

맞는 말이다.

그런데 무엇이 아쉬워서 김갑순이, 그 거부 김갑순이 땅을 팔려고 내놓았을까──

제 땅값을 올리기 위하여 제돈으로 제 사람을 시켜 제 땅을 비싸게 사게 하는 방법──그것을 김갑순은 대전 땅값에다 적용했다는 비난이었다.

그처럼 김갑순이 자기 마음대로 땅값을 비싸게 만들어 놓았기 때문에 대전의 땅값이 비싸서 들어올 만한 기관이 못 들어오고, 공업 자본이 들어오지 못해 결과적으로는 대전의 발전을 더디다고 말한 것이다.

고속도로가 서울을 중심으로 사방으로 뚫려가고 시가지가 변두리로 하루하루 확장되던, 서울의 경우도 그렇지 않았는가?

거액을 가진 복덕방쟁이들이, 재벌들이, 엄청난 땅을 골프장이다 공장터다 하는 명목으로 사들여 놓고서 그 땅값이 뛰게 하는 방법으로 한몫 챙긴 예는 얼마든지 있었다.

재벌급이 가지고 있는 골프장, 공장도 세우지 않는 큰 땅덩이들을 정부는 토지금고(土地金庫)를 만들어서 조치를 해가고 있는 판국이지만, 변두리 땅값만 해도 한때는 복덕방끼리 사고 팔아 값을 조작하는 시세가 행세한 일도 있었다.

제땅을 제가 사고 파는 형식을 제삼자인 또 다른 복덕방을 시켜 매매하게 하여 땅값을 올린 매매방법을 지금은 '토지브로커'라고 하지만 이런 방법은 이미 수십 년 전 김갑순이 고등머리로 짜내 대전에서 적용했던 방법이었다.

땅값이 오르면 저절로 김갑순의 땅값도 뛰어올라간다.

땅값이 뛰면 대지료(垈地料 : 집터로서의 땅에 매겨지는 값)라는 것도 같은 비례로 올라가게 마련이다. 단 1전이라도 대전 땅값이 뛰는 것은 그만큼 김갑순에게는 수만 배의 이익을 가져다 주는 것이다.

'金甲淳씨 大田 소유지 : 垈地料 5배 引上 每坪 5釐가 2錢 5釐로. 2백여 住民에 중대문제'

이런 대지료 5배 인상 소동은 1932년 7월에 일어났다.

'大田邑 일대에는 公州부호 金甲淳씨의 소유토지가 상당히 있는 바 近日 2백여 호에 달하는 多數한 家垈에 그 요금을 일시에 5배나 올리어서 징수한다고 한다. 이제 그 眞相을 알아보면 西町, 大興町, 春日町 등에는 金씨 토지 위에 집을 짓고 사는 사람이 절대 다수인 바 昨年 매월 매평 5리 표준이던 것으로 60평이면 매월 30전씩 받아 가던 것을 이제부터는 매월 1원 50전씩 5배나 인상하여 받아 간다고 한다(1932).'

바로 이해가 충청남도 도청이 공주에서 대전으로 옮겨가던 해다.
그바람에 김갑순은 땅값이 10배내지 20배로 올라 도깨비꿈속 같은 치부를 가만히 앉아서 하게 되었다고 했는데, 그것도 전혀 터무니없는 헛소문만은 아니었던 모양이다.
대지료만도 당장 5배가 올랐으니까 김갑순의 부력은 1932년 그해에 적어도 5배 이상으로 뛰어오른 것은 분명하지 않은가.
'대전횡재수'에는 정작 당사자인 김갑순도 어리둥절한 판이었다.
그래서 김갑순은 대전의 땅을 토지신탁회사에 맡겨, 자기 자산을 과학적이고 합리적인 회사관리방식으로 취해갔다.
그것을 알려주는 기사를 읽어보자.

'公州부호 金甲淳씨는 大田 일대에 있는 垈地급 田畓 등의 관리 처분상의 교섭 등을 群山信托會社에 의탁하였다. 그래서 同社에서 印義仁을 大田에 출장케 하여 金甲淳의 토지를 취급하고 있는 바……'

이런 근대적 관리과정을 통하여 김갑순은 '공주부호 김갑순' 시대를 끝내고 '대전부호 김갑순' 시대를 열어나가게 되었다.
보수적인 공주, 왕조 시대 이미지가 강하게 남아 있는 공주에서 철로의 대전, 공업도시 대전으로——
김갑순은 경제적인 근거를 옮기자 그때부터는 극장·온천·신문사 등에 진출해 나갔다.

김갑순이 공주 아전의 관노라고 해서 공주군수로 부임하려고 할 때 육방관속들은 그의 공주군수 부임을 거부했었다. 옛 관노 김갑순 앞에서 차마 어떻게 갓쓴 우리가 칭소인(稱小人)을 할 것인가 하며 김갑순이 앞에서 '소인' 소리하는 놈은 밟아죽인다고 통문을 돌렸었다.

그런 비참하고 한심한 대접을 해준 공주였지만 김갑순은 그 옛고향 공주로 가서 선정(善政)을 베풀었다.

그러나 왕조 시대 이미지가 강하게 남아 있는 공주는 망국과 함께 퇴색, 다시 경부선 철도가 놓여지면서 공주 사람들은 철도조차 외면해 버려 결국 경제적으로 외돌토리가 되었고, 다시 1932년 도청까지 대전으로 가버리면서 완전히 촌읍으로 전락하는 등 슬픈 현대사의 너울 속에서 공주는 모진 아픔을 겪어야만 했었다.

거기다 '공주부호 김갑순'마저 이제는 공주를 떠나 대전으로 간다고 한다.

공주의 상징이다시피했던 김갑순.

몰락한 옛 도읍에서 그래도 충청도 제일의 부호 김갑순이 공주에 살고 있다는 자부심을 갖게 해주던 김갑순. 그런데 그 김갑순마저 공주를 떠난다고 할 때 공주 사람들은 어떻게 했던가? 김갑순이 트럭에다 이삿짐을 싣고 대전으로 이사를 가던 날, 공주 사람들은 팔을 벌려 길을 막고 울었었다.

"당신이 떠나면 이제 공주는 망합니다요."

"왜 공주를 버리고 기어이 떠나려고 하십니까요?"

"영감님, 못 가십니다."

공주에서 대전으로 도청이 떠나가고 김갑순이 떠나갈 때, 공주 사람들의 아픔을 달래기 위하여 충청남도는 당시로서는 상상도 못할 막대한 예산을 써서 공주에다 '다리 하나를 선물로 놓아 주었다'고, 공주 사람들은 얘기하고 있다.

공주에서는 푸대접을 받고(나중엔 울면서 보냈지만) 대전에서는 욕을 얻어먹은 김갑순. 그러나 어떻게 따지면 김갑순을 욕한 민중이 어리석은 짓을 했는지도 모른다.

왜냐하면 욕을 하는 그들이 못 하는 일을 김갑순은 먼저 보고 먼저 실천해 왔었기 때문이다. 여기다 김갑순은 조금도 어리숙한 데가 없이 치밀했다. 욕심도 있었고 고집도 있었다.

욕 안 먹고 돈 번 사람이 있던가?

그러나 그 '욕'이라는 것은 충분한 까닭을 지닐 수도 있었고, 때로는 그저 자기들이 못하는 짓을, 못 버는 돈을 김갑순이 혼자 다 몰아가 버리니까 퍼붓는 자기불평일 수도 있었다.

사실 대전 땅값만 해도 김갑순이 조작을 한 것만이 아니라 시대와 인구와 산업이 발달하고, 행정기관과 교육기관이, 도로와 철도 등 교통이 발달하니까 땅값 또한 급속도로 올라 버린 것이었다.

그것을 김갑순이 남보다 먼저 보고 먼저 몽땅 먹어 버렸다면 그의 지혜와 배짱을 탄복할지언정 욕을 할 필요는 없지 않은가?

경제적 약육강식(弱肉强食)은 어느 세상 어느 사회에서나 서슴없고 대담하게 저질러지는 것이 역사였다. 경제적 윤리의식은 사회적 윤리의식보다 언제나 앞서며, 정리(情理)보다는 타산과 이해를 일단 중요한 생리로 내세우는 것이 경제법칙이 아닌가?

대전만이 아니라 거부 김갑순이 임천·노성·논산(論山)·공주 일대에도 수만 석 토지를 두고 있었던 것은 여러 번 얘기를 했었다. 그러나 그 충남 일대만이 아니고 김갑순의 토지는 전라북도 남원에도 약 2천 석지기가 있었다. 이 남원땅 2천 석지기는 본래 서울 거부의 하나이던 박희주(朴禧柱)의 것이었는데 이 땅을 두고 김갑순과 박희주는 1932년 소송을 벌인 적이 있었다.

'2千石추수 土地 兩 부호가 쟁탈전 原告는 金甲淳 被告는 朴禧柱'

그때 경성지방법원에 제기된 그 소송내용은 이렇게 보도되었다.

'2천 석 추수하는 토지를 가운데 두고 公州부호 金甲淳씨와 시내 (京城) 서린동 1백 20번지 百萬長者 朴禧柱 사이에 쟁탈전이 일어나 金부호는 필경 원고가 되어 20일 경성 지방법원에서 소송을 제기했었다(1932).'

결국 싸움은 박희주가 김갑순을 상대로 자기가 샀다는 전북 남원에 있는 13만 원 가격 토지의 임시 등기를 말소하라고 먼저 요구하고 나왔던 것인데, 이에 대해 김갑순은 이 토지를 약 두 달 전인 그해 8월 5일자로 박희주의 아버지 되는 박정규에게 사들여 남원 등기소에다 임시 등기를 해 버렸던 것이다.

이렇게 되자 싸움은 박정규·박희주 부자 사이에 묘하게 얼키어 가정파탄극의 일막이 되어 또 다시 세상 사람들의 입방아에 오르내렸다.

다시 말해 박희주는 남원의 2천 석 토지를 13만 원에 샀다고 하면서 김갑순에게 임시등기 말소를 요구하고 나왔으나 정작 박희주의 아버지되는 박정규는——

"그 토지를 아들 박희주에게 절대로 판 사실이 없다."

고 주장했던 것이다.

그러자 싸움은 공주부호 김갑순 대 서울 서린동 1백 20번지에 사는 청년부호이자 백만장자로 통하던 박희주의 무대가 아니라 박정규와 박희주 부자 사이의 골육상잔극으로 옮겨졌던 것이다.

대강 짐작하는 대로 그때 박희주는 '청진동 박진사 아들'로 서울 장안에서 명월관 기생들에게 호탕하고 돈 잘 쓰기로 이름난 쾌남아였다.

그러나 화류가의 호랑나비 쾌남아란 이름이 좋고 말이 좋지, 자기집에서는 부랑패류요 집안 망치는 자식일 뿐이었다. 그러니까 재산을 두고 아버지와 아들이 싸워 세상의 웃음을 사게 되는 것도 어쩔 수 없는 일 아닌가?

김갑순과 박희주의 남원땅 2천 석 소송으로 말미암아 박씨가의 내막까지 알맹이가 드러나는데——

'金부호의 2천 석 토지소송에 피고가 된 朴禧柱와 또 金부호의 편이 된 朴被告의 아버지 朴定圭의 두 父子관계는 일즉 累鉅 또는 百萬의 재산을 가운데 두고 골육상잔의 소송을 京城지방법원에 제기한 일이 있었다.'

알고 보니 김갑순의 편이 되어 자기 아들과 법정투쟁을 하는 박정규는 이보다 앞서부터 자기 아들 박희주와 경성지방법원에서 부자(父子)소송을 하고 있었던 것이다.

지금 생각하면 아무려면 부자간에 소송을 하여 재산 싸움을 벌이고, 아버지가 남의 편을 들어서 자기 아들과 재판을 할 수 있겠느냐 하겠지만, 퇴폐적 풍조가 팽배하고 돈을 쓸 줄만 알던 바람난 부호자식과 그것을 대대로 지켜 내려오던 아버지와 그런 일이 자주 일어난 것도 흘러간 사회풍조의 한 토막이었다.

그럼 박희주와 자기 아버지 박정규의 재산 싸움의 내용은 무엇인가?

박희주의 주장은 다음과 같았다——

"할아버지가 살아 있을 때부터 아버지인 박정규는 낭비벽이 심하여 할아버지는 직접 손자인 박희주에게 재산을 넘겨주려 하였으나 아직 미성년자여서 아버지 박정규에게 유산을 잠깐 신탁했던 것이다."

아들 박희주가 바람난 청년부호로 집안 재산을 명월관 기생 치마꼬리에 묻어 둔 것이 아니라 아버지인 박정규가 그랬던 게 아닌가?

그래서 박희주의 할아버지는 아들인 박정규에게 재산을 물려준 게 아니라고 한데 반하여 아버지 박정규는 '그것은 내가 모두 물려

받은 것이다'라고 주장하고 나왔던 것이다.

이래서 아버지와 아들은 서로 싸웠는데, 아들 박희주가 선수를 쳐서 아버지를 고소했던 것이다. 그러니까 할아버지 재산이 아버지 것이냐 손자 것이냐의 싸움이었다. 그러나 손자가 할아버지 재산 상속을 두고 아버지와 재판을 벌이자 집안망신이 이만저만이 아니었다.

이러자 동네 사람들의 비웃음에 못 이겨서인지 결국 박희주는 스스로 재판을 취하하였다. 바로 그 틈을 타 아버지 박정규는 공주부사 김갑순에게 헐값으로 그 땅을 팔아버렸던 것이다. 그래서 분개한 박희주는 당장 김갑순을 걸어 재판을 시작했던 것이다.

그 뒤 그 재판이 어떻게 결말이 나고, 지금은 그 남원땅 2천 석이 어떻게 되어 누구의 손으로 농사가 지어지는지 알 바가 없다. 아니 그 남원땅 3천 석이 아니라 김갑순의 3만 석거리 땅이며 대전의 20만 평 대지, 그 밖의 많은 극장들과 유성온천, 호텔 등도 대부분 주인이 바뀌고 바뀌어 버렸다.

바람과 함께 농지개혁이 실시된 탓이었다. 대지료로 없어져 버리고 김갑순의 부명(富名)도 이젠 옛애기가 됐다.

그러나 김갑순의 공주 신화, 아니 대전 신화는 우리에게 많은 교훈을 준다.

관노→군수→공주 부호→대전 부호→충청도 제일의 거부→해방……

그는 단 한주먹의 조업(祖業)도 받은 것 없이 그 험악하고 급변하는 세상물결을 헤엄치면서 당당히 일가(一家)를 이룬 입지전적(立志傳的) 인물로 성장했던 것이다.

그것은 어디서 온 것일까?

운도 있었을 것이고, 꾀도 있었을 것이다.

그러나 한푼도, 아니 반푼의 반푼도 쪼개쓰듯 하는 철저한 성격에서 온 것이다.

그의 구두쇠 기질이 아니었더라면 그 많은 부력이 차곡차곡 쌓여가 한 도의 수부(首富)라는 꼭대기까지 올려졌을까?

장사꾼은 5리(五釐 : 一錢의 절반)를 벌기 위하여 10리(里)를 간다지만, 장사꾼이 아닌 사람이라도 5리를 벌기 위하여 10리를 걸어가는 고집이 아니고 부를 높이 쌓아올리지는 못했던 것이다.

마지막으로 해방 뒤 어느 신문에 골동품상인 한 분이 직접 김갑순과 겪었던 일화 한 토막을 소개했는데 이를 통해서 김갑순의 성격과 고집의 한 면을 보자.

'公州의 金甲淳씨는 철도의 개통으로 대전이 要地가 될 것을 내다보고 그 넓은 大田들판을 사들여 마침내 道廳을 公州에서 大田으로 옮기도록 작용하였던 충청도의 甲富였다. 하루는 公州의 金씨집에 買出꾼이 닥친 모양이다. 마침 주인 金甲淳씨가 외출중인 것을 알고 그랬는지 모르고 그랬는지 하여간에 문갑 위에 놓인 筆筒 하나를 팔라고 부득부득 졸랐던 모양이다. 워낙 부호인지라 안에서 용돈이 그리 궁할 까닭은 없었을 것이나 하도 부득부득 졸라대는 게 귀찮아서 그랬던지 끝내는 하도 졸라대는 바람에 안에서 그것을 買出꾼에게 팔아 버렸다. 사실 그 필통은 그렇게 중요한 값어치의 것이 아니어서 귀찮아서 그랬는지 몰랐다.'

일제 때도 골동품상을 출입하는 매출꾼들이 대단히 많았었다고 한다.

지금은 호리꾼이라고 해서 남의 무덤이나 땅속에서 든 문화재를 몰래 파내어 파는 사람이 많지만, 그때만 해도 웬만한 조선백자 몇 점이나 필통쯤은 시골에만 가도 흔히 볼 수 있었던 것이라고 한다.

시골집 장독대 위나 쌀뒤주 위에 무심히 놓여진 흔한 백자가 골동품 상인이 보면 제법 쓸만한 물건들이었고 값도 꽤 나갔던 것이다. 그래서 시골 마을로 다니며 그런 것들을 헐값으로 사 모으러

다니는 사람들이 이른바 매출꾼이었다.

　그 매출꾼이 공주 부호 김갑순의 집에 들어가서 주인이 없는 새에 백자 필통 하나를 샀던 모양이다. 그러자 나중에 집에 돌아와 그 백자 필통이 없어진 것을 안 김갑순은

'부랴부랴 大田역까지 쫓아와서 마악 기차를 타려고 하던 買出꾼에게 돈을 도로 내놓고 물건을 도로 찾아갔다. 그래서 그후 시골에 가서 좋은 물건(속칭 붕어사탕)을 사면 그대로 36계를 치는 것이 유행(流行)이었다(1973).'

또 조금 심한 얘기 같지만, 김갑순을 두고 어떤 신문은 이렇게 평을 했다.

'金甲淳은 일평생 동안 돈벌이에만 골몰하다가 갔지 돈을 한 번도 돈답게 쓴 일이 없었다. 金甲淳은 일도(一道)의 이름난 거부가 된 뒤에도 단 한 가지 사회사업도 한 일이 없었다. 언제나 그는 입에 붙이는 소리가 '운전수는 기름 팔아먹고, 車掌은 도중 찻삯 떼먹고, 사무원은 주판알 속여 먹고, 길바닥은 타이어 깎아 먹으니 나는 무엇을 먹노?' 하고 서투른 일본말로 푸념을 했었다.'

　70고개가 넘어서자, 아니 환갑고개가 넘어서자 김갑순은 사람이 또 달라지기 시작했다. 노욕(老慾)이라고 할까 아집이라고 할까 하는 굳은 껍질이 또 그의 마음에 겹겹이 씌운 것이다.
　김갑순의 대전땅의 엄청난 소작료와 대지료를 두고 많은 욕을 얻어먹은 것도 그 무렵이었다.
　첫째, 김갑순은 나이가 먹어 가면서 사람을 믿지 않는 불신이 깊어졌다.

'그는 고칠 수 없는 고질병을 앓은 셈이었다. 돈은 세어 볼수록 재미가 난다고 자다가도 문을 잠그고 일어나서 혼자서 돈궤를 열어놓고 돈을 세었다고 한다. 또 남을 절대로 믿지 않는 습성이 생기었다. 모든 사업 추진도 혼자서 비밀리에 했고, 자손도 못 믿어서 유산도, 똑똑한 유언도 한마디 제대로 못 남긴 채 89세를 일기로 세상을 떠났다고 한다.'

분명한 유언도 없었고, 그가 세상을 떠나기 전에 재산을 정리해 놓은 것도 아니었다는 것이다.

'한국판 휴즈'와 같이 그는 생전에 모든 일을 자기 혼자만 비밀리에 추진했기 때문에 자손들이 재산의 소재를 잘 모를 수 밖에 없었다면, 지금도 어디엔가 후손도 모르는 재산이 있는지도 모를 일이다.

거기다 그가 재산을 정리하지 못했고, 유언도 분명한 게 없어 후손간에 재산 싸움이 벌어져 법정에서 시비를 가리는 일까지 벌어졌다고 한다.

왜 그랬을까?

자수성가한 김갑순.

거기다 그는 형제도 없는 고독한 외아들이었다.

바로 그런 가계(家系)와 환경 때문에 그는 평생을 고군분투해서 쌓아올린 재산이었지만, 한번도 닫힌 마음을 열고 남과 함께 터놓고 고담(高談)을 즐길만한 형제도, 이웃도, 친구도 없었던 것이다.

그러니까 남을 믿을 수 없었던 것이고 언제나 고독하게 자기 인생을 살 수 밖에 없다보니까 노욕과 아집을 낳았고, 욕을 먹는 구두쇠로 전락해 버렸던 것이다.

젊어서 한때는, 아니 늙어서까지도 김갑순의 호화롭던 유성호텔 별장에는 장안 명기들이 찾아와 옅은 순정을 팔며 김갑순의 돈주머니를 만져 본 것도 사실이었다.

때로는 몇 년씩 김갑순 영감을 그 별장에서 모신 일도 있었다.
그러나 그것도 모두 지나간 꿈.
그 유성온천 호텔 별장 마당에 빨갛게 피던 연당(蓮塘 : 연못)의
운치는 그 거부가 만지고 밟던 연꽃들은 지금도 피고 있는지……

화신 총수 박흥식

아무 이익이나 저 혼자만 잡아먹지 말라

장인정신으로 자수성가한 평안도 양반

1930년대 박흥식(朴興植)·민영휘(閔泳徽)·김성수(金性洙)·최창학(崔昌學)은 '조선재계 사천왕(四天王)'으로 육중한 '돈집'의 네 귀퉁이를 하나씩 맡아 떠받들고 있었지만, 그 사천왕들이 차고 있는 '돈주머니 이력서'는 저미다 그 본적지가 달랐다.

민영휘의 돈은 세상이 다 아는 대로 한말 '민씨세도'를 중심으로 형성되었던 관료 토지자본이고, 김성수의 돈은 전라도 부안(扶安) 땅에서 올라온 소금과 쌀의 자본이 경방(京紡) 같은 근대적 기업으로 발전을 한 것이다. 최창학은 망치 한 자루로 평안도 조악동(造岳洞) 광산에서 캔 노다지 금광으로 대운을 잡았다. 여기에 비하면 박흥식의 돈은 철저하게 '하나 더하기'의 상업으로 이룩한 내력을 그 특성으로 내세울 수밖에 없다. 박흥식이야말로 상재(商才) 하나로써 철저하게 자수성가한 종로 상인의 표본이다.

박흥시은 남들처럼 동경유학을 다녀와서 아버지의 재산을 함부로 썼던 부르주아 출신이 아니었다. 나이 16세부터 자전거 페달을 밟으며 평안도 용강(龍岡)에서 쌀장수와 인쇄소, 문방구 장사를 하던 한낱 지방상인에 불과했다.

세상은 삽시간 변해 버렸다. 낡은 토지자본과 친일파 귀족영감들이 세상 돌아가는 영문도 모르고 애동첩 화순(和順)집의 무릎에 앉아 노닥거리고 있는 동안, 전국 곳곳에서는 계속 비온 뒤 둠벙 맹꽁이처럼 신흥 갑부들이 쑥쑥 고개를 뽑아 올리고 부상했던 것이다.

여기서 그 돈장난 춘추 전국시대의 전황을 다 설명할 수는 없지만 우선 1930년대 후반 우리나라 사람으로서 자본금 1백만 원 이상의 회사를 쥐고 있었던 백만장자들을 눈여겨 보자.

▲朴榮喆(朝鮮商業銀行長) ▲閔奎植(閔泳徽의 아들·東一銀行 ; 부동산업·永保합명회사) ▲鄭在學(大邱·慶尙合同銀行) ▲玄俊鎬(光州·湖南銀行) ▲文尙宇(釜山·海東금융주식회사) ▲崔昌奎(大邱·慶北무진주식회사) ▲尹國炳(東亞興業주식회사) ▲趙俊鎬(東亞證券米豆주식회사) ▲朴昊陽(朝鮮宮監판매주식회사) ▲朴興植(주식회사和信 ; 和信연쇄점株式會社 ; 大同興業주식회사, 부동산업) ▲鞠採雄(주식회사又松農場) ▲金琪邰(永和興業주식회사) ▲崔相健(주식회사崔潤錫商店) ▲白樂元(泰昌직물주식회사) ▲金季洙(京城紡織주식회사(合名會社三養農場) ▲金海鎭(神崎神聖堂약품 直輸入주식회사) ▲金東元(평양·平安農事주식회사) ▲文在喆(木浦·鮮一拓産주식회사) ▲金忠植(합명회사 東隱農場) ▲金庸震(합명회사 金農場) ▲崔昌學(大昌産業주식회사) ▲沈桐翊(日鮮産株주식회사) ▲崔昌根(南陽鑛山주식회사) ▲金裌銖(平北自動車運送주식회사) ▲方義錫(咸興택시株式會社) ▲河駿錫(부동산업, 東亞厚生주식회사) ▲成義慶(부동산업, 株園産業주식회사) ▲閔丙薰(桂成주식회사·부동산업) ▲鄭昞朝(木浦土地합자회사, 부동산업)

민영휘계의 민규식이 동일은행, 영보합명을 소유했고 박흥식은 화신, 화신연쇄점, 대동흥업 등의 3개 회사를 거느렸으며 김연수는 경방, 삼양농장의 2개를 그의 판도 안에 넣고 있었다.

그 무렵 아직 20대의 청년 실업가이던 박흥식은 조선상계를 대표하는 종로 상인이었다.

박흥식이 한창 전성가도를 달리고 있던 1931년 6월 우가끼 카즈키[宇垣一成]가 조선총독으로 부임해왔다. 그때 우가끼 총독은 흥산정책(興産政策)을 표방하며 우리나라에 들어왔는데, 일본에서는 명치시대의 풍운아이던 그 우가끼의 일기를 통해 일본 현대정계의 이면사를 들여다 볼 수 있는 《우가끼 카즈키 일기》라는 것이 널리 읽혀 큰 화제가 되었다.

그 《우가끼 카즈키 일기》 속에는 우리나라 사람으로서 김창선(金昌善)이란 이름과 박흥식이란 이름이 등장한다.

노구찌와 쌍벽 이뤄

우가끼 총독이 1934년 12월 6일자 일기에서 박흥식을 두고 이런 말을 써놓고 있다.

5일 박흥식과 오랫동안에 걸쳐 회담을 하였다. 그는 아직 일개 청년에 불과하다. 그런데도 숫자에 밝고 모든 것을 통계를 기초로 계획하고 있을 뿐만 아니라 앞일을 보는 눈이 밝으며 적극적이면서 대국적으로 임하려는 特長을 가진 것 같다. 노구찌[野口] 씨에 비하면 사업의 규모로 보아서는 훨씬 작지만 조선인으로서는 특수한 존재라고 인정하지 않을 수 없을 것 같다.

진실로 好漢의 大成을 빌면서 노구찌 씨와 나란히 조선의 雙玉이 되기를 바란다.

우가끼도 산전수전 다 겪은 큰 인물이다. 격동기의 명치시대 정치를 선두에 나서 이끌면서 그는 그대로 백전노장다운 인간수업을 쌓았다. 그런 그가 자기 일기에서 우리나라의 박흥식을 '반도(半島)의 노구찌'라고 서슴없이 평한다.

박흥식이 '반도의 노구찌'라면 여기서 그 노구찌라는 소화일본(昭和日本)의 신흥재벌이 거쳐온 길을 대충 살펴봐야 그 말뜻을 이해할 수 있을 것 같다.

일본은 1900년대에 들어서자 석회질소공업을 일으키기 시작했다. 그것은 질소비료를 만들기 위한 전제작업이었다.

이 공업은 생석회와 석탄, 코크스 등의 탄소재(炭素材)를 전기로(電氣爐)에 집어넣고 강한 열을 작용시켜서 칼슘카바이드를 얻고 이 칼슘카바이드를 곱게 분말로 빻아서 다시 전기로 안에 집어넣고 열을 가하면서 공기에서 뽑은 질소와 화합시켜 비료를 만드는 방법이다.

노구찌는 바로 이 질소비료를 뽑는 과정에서 엄청나게 필요로 하는 전기문제를 해결하기 위한 발전소를 건설하면서 갑자기 자란 일본의 신흥재벌이다.

그때까지 일본의 수력전기는 흐르는 물을 그대로 이용하는 자류식(自流式) 발전방법이었다. 아직 물을 댐으로 막아 저장하였다가 쓰는 댐식 발전소가 없었다. 그런데 자류식은 건설비는 적게 들지만 홍수가 지면 발전량이 늘어나도 갈수기가 되면 물이 적어져 발전량이 준다. 그러니까 발전량의 조절이 불가능하여 잉여전력을 유효하게 쓸 수가 없다.

댐을 막아 전기를 내는 새로운 시대를 맞으면서 동경제대 전기과를 나온 노구찌가 등장했다.

그때까지 노구찌는 독일 시멘즈회사 일본출장소 세일즈 엔지니어로 월급을 받으면서 일하고 있었다.

1902년 노구찌는 카바이드회사를 처음 만들었고, 러일전쟁(1904)이 끝난 직후에는 가고시마[鹿兒島]에서 회목전기(會木電氣)를 창업했다.

1908년 일본질소를 설립했는데 이 노구찌의 일본질소는 우리나라에 건너와 소위 '흥남(興南)질소'를 건설했던 신화를 낳았다.

노구찌는 조선총독과 짜고 장진강(長津江) 수력발전소를 손에 넣었고, 수풍댐을 건설했으며 서울에 반도호텔을 세웠다.

1930년대에 노구찌는 1백만 원짜리 백만장자회사를 10여 개씩이나 조선에 와서 가졌고 '반도의 노구찌'라는 박흥식도 이른바 조선 거부로 쑥쑥 키가 자라날 때였다.

백만장자에의 꿈

박흥식의 사업은 맨 먼저 쌀장수와 종이를 만지는 것으로부터 시작했다. 10여 대째 내려오는 평안남도 용강군(龍岡郡) 2천 석 부자의 아들로 태어난 그는 나이 16살 때부터 쌀장사를 시작했다.

16살이라면 당시 인촌 김성수(仁村 金性洙)는 영어학교에 다니면서 송진우(宋鎭禹), 백관수(白寬洙) 등과 교유를 하고 일본 와세다대학 정경학부에서 유학생 노릇을 할 때이다. 이런 학창시절의 준재들이 날개가 되어 뒷날의 경방과 삼양사, 동아일보 등을 일구어 내었다.

민영휘의 아들 민규식은 10여 년 외국 유학을 하여 꿈 같은 부호 자제의 학창시절을 즐기고 있을 때였다. 같은 백만장자였지만 그 나이의 최창학은 가난한 소년으로 어떻게 하면 '나도 그 원수놈의 뭉치돈을 한번 잡아볼까' 하고 산줄기를 기웃기웃 쳐다보면서 금광을 캐볼 야망을 품고 있을 때였다.

최창학은 형편이 어려워서 그렇다 치고 박흥식에게는 왜 학창시절이 없는 것일까? 배우는 것도 땅에다 씨앗을 뿌려 농사를 짓는 것과 똑같다. 말로는 평생교육이라고 하지만 땅이 녹았을 때 씨앗을 뿌리는 것처럼 배워야 할 나이에 학교에 다니면서 배워야 한다. 그런데 10여 대째나 2천석꾼으로 군림해오던 용강군의 부호 자제가 왜 남들이 다 가는 중학교에 가지 못한 것일까?

차마 집을 떠날 수 없었던 이유

1903년 8월 6일 용강군 용강면 옥도리 387번지에서 박제현(朴濟賢)의 둘째 아들로 태어난 박흥식은 평생 자기 아버지의 별명인 '거북이'라는 말도 입에 담기 꺼렸다고 한다.

和信백화점主 朴興植군의 부친 이름은 변호사 康巨福군과 이성동명의 똑같은 거북이다. 그리하여 朴군은 남들이 康巨福군 이야기를 하면 그야말로 거북스러워 말을 잘못하고 거북선표 고무신도 그저 龜船標라고 하며, 그 고향사람들은 아직도 朴興植이라면 잘 몰라도 朴거북이 아들이라면 잘 안다고 한다(1936년 3월).

박흥식의 생김새는 귀가 크고 이마가 길며 두 눈이 둥그런데다 아랫볼이 두툼하여 덕이 있게 생겼다. 여기다 콧수염을 기르고 입술을 꽉다문 모습은 인중이 뚜렷해서 호감이 가는데 이렇게 이야기를 듣고 보니 꼭 박거북이의 아들 같지 않은가? 형상이 부모를 닮아 거북같다는 이야기다.

용강땅 박거북이의 아들 박흥식은 1916년, 아버지가 39살로 세상을 뜰 때까지 하루도 슬하를 떠나지 않고 모시었다고 한다. 부자지정(父子之情)이 눈물겨운 2천석꾼 집안인데 왜 박흥식은 청운의 뜻을 품고 야망에 찬 학업에 매진하지 않았을까?

원래는 박흥식에게 형 창식(昌植)이 있었다.

창식은 일찍부터 평양에 올라가서 대성학교(大成學校)에 다녔다.

대성학교는 1907년 도산 안창호 선생이 설립한 학교로 1910년 한일병합 당시 일제에 항거하여 폐쇄를 당했고 학생들의 다수는 만주, 중국으로 망명하여 항일세력의 실제적 주축을 이루었다.

일본경찰은 대성학교 학생들을 대량 검거 투옥하였고 그때 대성학교 학생이던 박창식도 체포당해 모진 고문을 당하고 풀려났지만 석방된 지 불과 1개월 만에 숨을 거두고 말았다.

그때 박창식의 나이 19살이었다.

우리는 한 인간을 해부하는데는 먼저 그 몸속에 흐르고 있는 혈구(血球)의 색깔을 보아야 한다. 그럴 때 박흥식의 본질에서, 아니 박흥식 집안의 혈청 속에서 장남 박창식의 19살 죽음을 잊어 버릴 수 있을까.

어느 집도 마찬가지겠지만 박창식이 2천석꾼의 장남이고 남다르게 자식 사랑이 돈독한 집안이고 보면 그 아픔은 쉽게 치유될 수 있는 것이 아니었다.

박흥식이 13살 때 용강보통학교(지금의 초등학교)를 졸업하고 진남포(鎭南浦)에 가서 상공학교(商工學校) 입학시험을 쳤다가 포기해 버린 것도 어떻게 생각하면 왜놈의 학교교육에 대한 저항이었다.

형 창식을 잃고, 그 큰 부자살림에도 허전하고 슬퍼해 하는 어머니의 마음을 위로하기 위해 소년 박흥식은 쓸쓸한 집을 차마 떠날 수 없었다.

평양 시가

시험만 치고 입학은 포기

3년을 한문이나 읽으면서 지내다가 16살 때부터 용강읍내에 나가 미곡상을 시작했고 18살 때부터는 15만 원이라는 거액을 들여서 인쇄소도 시작했다.

그 당시 그 나이에, 그 액수만큼 한 사업자금을 굴린 청년 사업가 박흥식은 확실히 용강 굴지의 이채(異彩)였다.

박흥식이 22살 때니까 1924년이 된다. 그때 아직 귀뿌리가 새파란 박흥식이 고향 용강에서 활약하는 모습이 드러나는데, 여기서도 그는 분명히 순조선인이 경영하는 용강군의 2대회사를 꾸미고 있는 것이다.

龍岡 全郡內에 1백 정보 이상 소유地主는 2戶, 5십 정보 이상이 2호, 20정보 이상이 21호인데 그중 大地主는 읍내에 있는 朴興植군이다. 君은 아직 약관의 妙靑年으로 一郡의 大地主일뿐만 아니라 상업에 소능이 있어서 단독으로 鮮光印刷所를 설립하고 內外紙物直輸入 인쇄업을 영위하는데 그 판로의 확대와 규모의 주밀함으로 一驚을 嘆케 하겠고, 君은 年五百圓의 금액으로 私立 유치원을 설립한 同郡의 유일한 청년사업가라 하겠다.

박흥식은 '선광당(鮮光堂)인쇄소'를 '선광인쇄주식회사'로 개편했고 그 다음해인 1925년에는 용강 진지동(眞池洞) 역 앞에 '서선산업(西鮮産業)주식회사'를 설립했다.

그때 용강읍내의 호수는 약 2백 70호, 물가시세를 따져보면 선술집에서 먹는 약주 1병에는 70전, 탁주 1병에는 30전이고 막걸리 한 사발에는 안주값 없이 단돈 5전씩 할 때였다.

그때 서울 삼청동과 수송동 일대의 일등 주택지 땅값이 평당 25~30원, 홈스펀 양복 1벌에는 45원, 세루 양복 1벌을 해입는데 55원이 들었다.

평안도 용강땅 한구석 박흥식이 20대 초반의 나이로 15만 원짜리 회사를 턱 세워 큰사업을 벌이고 있는 모습을 보면 과연 '일경(一驚)을 탄(嘆)할' 노릇이 아닐 수 있는가?

결국 경제행위는 그 시대의 지역과 그 지역의 물산(物産)을 도외시하고서는 성립될 수가 없다. 그렇다고 볼 때 박흥식이 1920년대에 용강에서 그처럼 사업을 크게 벌일 수 있었던 배경은 어디에 뿌리를 박고 있는 것일까?

1924년 통계로 보아서 용강군 전체에는 약 7만 6천 반보(反步 1반보는 3백 평)의 논과 23만 4천 반보의 밭이 있었다. 이런 농경지를 지주 8백 55호, 자작농 7천 5백호, 소작농 3천 7백호가 나누어 경작하고 있는 것으로 집계된다. 물론 용강군도 3천 7백여 호는 자기 농토가 없는 소작농들이니까 그 살림살이가 영세한 구조를 벗어날 수 없었던 것은 어쩔 수가 없다.

그러나 그런 현상은 그 당시 평안남도 용강군만이 아니라 전국 어디서나 볼 수 있는 똑같은 현실이었다. 하지만 자세히 따져보면 오히려 이곳은 다른 곳보다 '살림이 안정되어 있다'는 것을 알게 된다.

가령 같은 해 충청북도 진천군의 경우를 보면, 군내 2천여 호의 빈민이 추수후면 1섬에 17~18원씩 받을 수 있는 벼를 논뙈기인 채 입도선매를 하여 6원씩 채권자와 지주들에게 넘겨주는 사례가 성행하여 큰 문젯거리가 된 일이 있었다. 그리고 진천군에서 추수하는 벼의 약 40%는 서울 큰지주들의 소유였다.

이런 농가구조에 비하면 용강군의 살림은 훨씬 안정된 편이며 쌀, 가마니, 새끼, 면화, 사과, 양봉업 등이 성행하여 진남포로 물화들을 내보내고, 이런 철도·항구의 수송체계를 타고 진지역 철도 정거장 앞은 새로운 물화 집산지로 발달된 것이다. 이런 배경을 이용하여 박흥식은 서선산업회사를 설립했다.

서선산업은 1925년 진운면(眞雲面) 진지역전에다가 이현우(李玄

雨)·김학전(金學田)·배면하(裵冕夏)·강기욱(姜基昱) 등과 함께 자본금 10만 원으로 세워 매매·운송·금융·창고업을 주종으로 삼았다. 회사운영에는 박흥식이 직접 선두에 서지 않고 전무이사 김학전, 상무이사 이현우·강기욱 등이 책임을 맡았으며 박흥식은 오히려 자기의 단독 사업체인 선광인쇄 쪽에 더 바빴다.

鮮光會社는 당시 청년실업가 朴興植씨의 단독경영이던 龍岡인쇄소의 後身으로, 업무의 번창과 시대의 進運을 따라 1924년(大正13)에 자본금 15만 원의 주식회사로 개편하고 文房諸具及 和洋紙都散賣와 인쇄업을 경영하는바 年판매액이 5만여 원이라 하며 현재 전무이사 盧鎭玩씨는 同社에 血誠을 다하고 있다.

고향에서 서선산업과 선광인쇄를 경영하는 동안 스물두세 살밖에 안 되었던 박흥식은 흡사 신들린 사람처럼 열심이었다.
용강읍내 자기집에서 진지동 역전까지 보통 60리를 자전거로 왕복하면서 바쁘게 지냈다. 2천석꾼 대지주 22세 청년이니 세상 물정도 모를 나이다.
몸체가 두툼하게 생긴 젊은 사람 박흥식은 자전거를 타고 신작로를 달렸다.
"아이코, 아저씨 안녕하셨어요?"
"응, 인사는 받네마는 자네가 누군가?"
"예, 용강읍내 사는 박흥식입니다!"
"박흥식이?"
갑자기 인사를 받는 촌부 할아버지들이 막상 이 청년이 누군가를 잘 모르면, 옆에 있던 동행 노인이 말했다.
"저게 박거북이 아들이네. 둘째아들 흥식이!"
"엉? 거북이 아들이라고. 아이고 잘 생기기도 했다. 그런데 지금 어디를 갔다가 오시는가?"

“예. 진지에다가 싸전을 하나 차렸습니다.”

“허, 용강 일등부자 박거북이 아들이 자전거를 타고 쌀장수를 한다? 이 사람아. 아버지 돈 좋으니, 이 고생 하지 말고 자네도 어서 서울이든지 동경이든지로 유학이나 가게!”

“암, 얌전하고 돈 있겠다. 공부만 하면 금방 용강면장도 하고 용강군수도 살아먹을 것일세!”

우스갯소리로 박흥식을 놀리고 대견해 하는 고향사람들도 있었고, 어떤 사람은 등을 두들겨 주었다.

“박거북이가 아들은 잘 두었네! 잘 생각했지. 요새 세상에 일본 가서 명치대학 두 개 나오면 별건가? 총독부 기수노릇이나 하면서 왜놈 종노릇이나 하지.”

이런 인사말을 들어가면서 박흥식은 하루도 빼놓지 않고 용강에서 진지 사이를 왕복했다.

상재의 1인자

1972년 말 당시 화신그룹 판도는 화신산업(朴興植)·화신전기(朴炳贊)·화신쏘니(朴炳奭)·인천도시관광(車敬模)·화신·신신백화점(전무 李祥夏)·흥한재단(朴興植)으로 형성되어 있었다.

그러나 이때는 이미 60년 상재로 쌓아올린 ‘박흥식왕국’이 사양길에 접어들고 있어 72년 말 외형 거래고 1백대 회사 안에도 화신그룹 방계기업은 단 하나도 끼어 있지 못했다. 흥한비스코스를 남의 손에 넘긴 후 이 그룹의 모기업이라 할 수 있던 화신산업의 73년 상반기 수출 랭킹은 3백 53위였다.

또 74년도 전국 1백대 기업 속에도 화신은 그 얼굴을 내밀지 못한 채 끝내 밀려나고 말았다. 흥한비스코스에 멍이 든 이후 화신은 계속 신흥·신종기업들에게 눌려 좀처럼 허리를 펴지 못하고 사양길로 치달았다.

그러나 우리는 ‘박흥식’까지 잊어버릴 수는 없다. 왜냐하면 아직까지도 우리나라 종로 상인 중에서 박흥식만큼 상재가 뛰어나고 40년 가까이나 독보적인 왕국을 건설하고 군림했던 '제왕'은 일찍이 없었기 때문이다.

박흥식은 자기 고향 용강 군내에서 첫손 꼽던 대지주요 상인 가운데 우두머리로서 1926년 6월에는 나이 24세로 상경하여 '선일지물(鮮一紙物)주식회사'를 설립하였다.

지금 을지로 2가 쪽에 자리를 잡았던 박흥식의 선일지물은 설립과 동시에 자금이나 규모면으로 보아서 한국인이 경영하는 '지물포 대왕'에 뛰어올랐다.

박흥식이 왜 하고 많은 업종 중 지물과 인쇄업에 뛰어 들었을까 하는 문제를 구명하는 것은 잠깐 뒤로 미루고 우선 박흥식은 단순한 장사꾼이 아니었다는 점을 주목해야 한다. 청년 교육사업가로서 학생들이 읽고 쓰는 책과 문방구에 관심이 많았던 것으로 풀이된다.

박흥식은 선광인쇄소를 열었던 1924년에 적지 않은 사재를 내놓아 용광유치원을 설립하고 스스로 그 용장(龍長)에 취임했다. 그리고 유치원 건물 신축비와 운영 경비 전부를 혼자 부담하면서 용강군 교육계에 큰 공헌을 했다.

그 당시 용강군 내에는 이렇다할 교육기관이 없어서 전국 곳곳의 선각적인 유지들이 사재를 털어 학교를 세웠는데 그 면면들을 보면,

▲ 集成학교 → 車炳彪·趙基亨 설립

▲ 三新학교 → 新寧면 新岩리 소재, 李志煥 설립

▲ 三眞학교 → 1905년, 金蒙漢 설립

▲ 明倫학교 → 龍月面 소재, 金泰殷 설립

▲ 三崇학교 → 李斗完·任錫河 설립

▲ 文化학원 → 金東億 설립

▲ 南桐유치원 → 1926년, 金東煥 설립

▲ 眞池유치원 → 金觀新·金豊漢 설립

이중에서 차병표가 세웠던 집성학교는 1901년(광무 5년)에 문을 열었는데 교장 차병표는 한일병합 때 10여 년 간 옥살이를 하고 나온 애국지사였다.

박흥식도 22살 나이로 자기 고향에다 교육기관 하나를 설립하였던 것이다. 그는 큰 뜻을 품고 사업의 본거지인 서울로 상경, 선일지물을 설립한다.

서울에 올라온 지 4년째인 1929년에는 신신백화점 자리였던 종로서(鐘路署) 땅을 불하받아 큰 백화점 세울 계획을 발표했다.

일본사람들이 중심이 되어 있는 정자옥(丁字屋 ; 지금의 미도파백화점)이나 미쓰고시(三越 ; 지금의 신세계 백화점) 등 '남부(南)세력' 상업권에 맞선 '북부(北)'의 조선사람 상계(商界)를 키우기 위한 의도였다. 이것이 박흥식과 연관된 백화점 신설계획의 첫 대목이다.

왜 박흥식은 지물포를 경영한 지 불과 4년 만에 북부인 종로를 의식하여 선언하고 나섰는가.

첫째는 지물포 4년 만에 박흥식의 재력이 백화점 하나를 세울 만큼 자랐다는 증거도 되고, 또 하나는 장사를 하는데 있어서도 민족적인 후원과 각성을 잊고서는 존립할 수 없다는 체험 때문이었다.

다시 말해 박흥식은 선일지물을 열자마자 일본인 지물포 도매상들에게 뼈저린 냉대와 수모를 받았기 때문이었다.

박흥식을 견제하라

박흥식은 선일지물을 개업한 뒤, 서울시내 종이 소매상과 조선인 인쇄업자, 그리고 학교를 낀 수십 명 문방구 업자들과 손을 잡았다.

‘싸게 판다’는 것이 모토였다. 단돈 1전이라도 일본인 종이 도매상보다는 싸게 공급한다는 원칙이었다.

개업 명함을 돌리고, 안내장을 발송하면서 여기저기 전화를 걸고, 사장 박흥식이 직접 거래상인 점포들을 방문하면서 외교를 폈다. 박흥식의 겸손하고 두툼한 인상과 그 자본력, 그리고 항상 웃으면서 접객하는 외교술은 타고난 재주라고도 할 수 있었다.

선일지물은 불과 1년 남짓 만에 서울 장안 종이소매업자 20% 이상을 장악하는 도매상이 된 것이다. 그때부터 일본사람 지물포 도매상들은 박흥식을 노골적으로 견제하기 시작했다.

치열한 시장 쟁탈전이 전개된 것이다.

“여보시오. 선일지물이지요?”

“예, 예.”

“미롱지(美濃紙) 한 연하고 반지(半紙) 세 뭉치만 급히 보내 주시오”

“어디신가요?”

“종로 털보네 종이집이오.”

“예, 예. 금방 갑니다.”

이런 전화를 받자마자 자전거에다 선일지물 깃발을 꽂은 점원들은 신이 났다. 종이는 썩지도 않고 상하지도 않는다. 항상 귀하고 모자라 점포나 창고 안에 사서 쌓아두고 있으면, 그것이 곧 현금이나 다름없었던 것이다.

연말이 가까운 11월이 되면 박흥식은 창고 안에 종이를 산더미처럼 쌓아두는 재고(在庫)를 자랑하면서 이듬해 봄 새학기가 될 때까지 신나게 팔았다. 점원들도 가끔 보너스도 받아가며 내 장사처럼 알고 손님 하나라도 놓치지 않으려고 주의하였다.

“손님이 찾아 오면 얼른 다가가서 웃는 낯으로 인사를 하시오. 손님이 먼저 말을 걸고 무엇을 묻게 해서는 안 되오. 먼저 묻고 먼저 대답하시오.”

사장 박흥식은 점원들을 그렇게 훈련시키면서 밤낮없이 뛰는데 일본인 지물포 도매상들의 낌새가 이상했다.

혹시 박흥식이 '종이를 더 달라'고 일본인 수입상에게 주문하면 번번이 '아직 없다'든지 '재고가 달린다'고 물량을 규제하는 것이다.

박흥식이 개척해 놓은 소매상과 인쇄업자들은 다그쳤다.

"어서 종이를 보내시오. 같은 값이면 박 사장 물건을 쓰겠소!"

"보름만 외상으로 밀어 주시오. 새학기가 되면 값을 한꺼번에 청산하겠소."

이렇게 주문이 쇄도해 들어오는데, 선일지물 창고 안에는 공급할 물건이 달린다면 이것은 문제가 아닐 수 없었다.

그 무렵 우리나라의 양지(洋紙) 소비는 서울〔京城〕이 그 절반의 물량을 쓰고 있었다. 말하자면 전 조선 지물 소비의 절반이 서울에서 이루어 지는데, 1922년 말 그즈음 소비액은 약 1백 42만 2천 원이었다.

그러나 박흥식이 선일지물을 개설했던 1926년 무렵 서울시내 양지 소비량은 적어도 2백만 원 이상의 황금시장이었다. 그것은 그동안 인쇄, 신문 등의 소비매체는 물론, 전국에 일면일교(한 면에 1학교) 정책이 실현되이 이 땅의 학생 수가 기하급수적으로 불이닌 탓이었다.

일본인 도매상들은 박흥식을 견제하기 위해 수입상에게 자금공세를 하여 종이를 선매(先買)하여 버리거나 아니면 그들과 판매계약을 맺어 박흥식에게 종이가 많이 나가지 못하도록 숨통을 조인 것이다.

몇몇 얼굴 아는 일본인 도매상을 찾아가 사정도 해보았다. 값을 '올려주마'고 흥정도 해보았다. 이미 소매상 고객에게 '종이를 대주마'고 약속했으니 손해를 보는 한이 있더라도 박흥식은 신용을 지켜야 했던 것이다.

창고 안에 종이를 가득가득 쌓아 두고서도 나까무라〔中村〕나 무라이〔村井〕 지물포들은 하나같이 따돌리기 일쑤였다.

"요새 종이가 없소!"

"왕자제지 본사에나 가 부탁해 보시오."

콧대 높은 왕자제지

박흥식은 1927년 연말을 기해 일본으로 건너가서 왕자제지(王子製紙)를 찾아갔다.

왕자제지는 너무나 콧대가 높았다. 사흘 동안이나 하루에 두세 번씩 찾아다니며 왕자제지 사장을 면담하려고 했으나 사장실은 문도 열어주지 않았다.

겨우 닷새째 찾아가서는 콧등에다 두꺼운 유리 돋보기를 낀 이토〔伊藤〕아무개라는 전무인지 상무인지를 만나볼 수가 있었다.

박흥식이 공손히 명함을 들여 놓았는데도 이토는 그 명함은 쳐다보려고도 하지 않고, 마치 구두시험을 보듯이 박흥식을 위아래로 살펴 보고는 한마디로 딱잘라 거절해 버리고 말았다.

"당신에게 팔 종이가 없소."

일본의 대기업 왕자제지가 경성 선일지물포 박흥식의 명함을 거들떠볼 까닭이 없었다. 왕자제지는 그만큼 일본에서도 손꼽히는 거대기업이었던 것이다.

일본의 대표적인 근대 기업인 왕자제지는 1872년 이노우에 가오루〔井上馨〕·시부사와 사카에〔澁澤榮〕등이 야심만만하게 세웠던 초지회사(抄紙會社)의 후신이었다.

처음에는 양지의 판도가 좁아 정부의 관용문서(官用文書)에 국한되다시피 했고 생산기술도 미숙하여 여러 번 난항을 거듭하였다. 그러다가 미국 기술자를 초빙하여 넝마만이 아니라 보릿짚을 원료로 이용하는 제지방법에 성공했고, 또 러일전쟁 이후 신문·인쇄·서적의 범람으로 양지의 수요는 계속 폭발적으로 증가되었다.

왕자와 후지〔富士〕제지는 펄프를 얻기 위해 북해도에 눈독을 들였고, 미쓰이도 사할린〔樺太〕에다가 미쓰이 지료공장(三井紙料工

場)을 설립했는데 1914년에 발발한 제1차 세계대전으로 일본 제지업계는 그야말로 전무후무한 성장을 몰아왔던 것이다.

구라파에서 1차대전이 터져 그때까지 세계의 제지업계를 석권하던 스웨덴과 북구 쪽의 펄프 공급이 중단되어 구라파 쪽의 종이수입이 막히자 왕자제지 등은 이미 확보해둔 사할린 펄프 등으로 큰 이익을 잡은 것이다.

제1차 세계대전이 터졌던 1914년 7월에는 갱지(更紙) 1연에 2원 60전 하던 것이 1918년 5월에는 9원 50전으로 꼭 3.8배가 상승했었다.

왕자제지는 불과 4% 정도의 주주이익 배당을 해오다가 1920년에는 50% 이익배당을 하면서 미국, 독일, 영국, 캐나다에 이어서 일본의 제지공업을 일약 세계 5위로 올려 놓는 주동력이 되었다.

상황이 이렇게 돌아가는데 '경성 선일지물포 박흥식'이 명함 한 장 내놓았다고 해서 손을 내밀겠는가?

독점 횡포를 막아라

화지(和紙)와 양지는 근대적인 산업발달 추이상 어쩔 수 없이 상승세를 타게 되어 있었다. 그것은 첫째 활자 인쇄매체의 확산 때문이었다.

붓으로 글씨를 베껴서 이야기책을 만들던 세상이 신문관(新文館)·박문국(博文局)이 생겨 나면서 활자로 인쇄하여 책을 보급하게 되고 또 신교육이 늘어나 연필이나 만년필 같은 서양식 필기도구가 등장하면서 종이는 어쩔 수 없이 양지를 수입해다 써야만 하는 시대가 된 것이다.

우리나라 한지(韓紙)를 가지고서는 서당의 먹글씨는 쓸 수 있을지 몰라도 학교의 연필 글씨는 쓸 수가 없었다. 또한 종이에 깨알 같이 자디잔 교과서 글자나 신문활자를 박을 수가 없었다. 나라에서 증권을 발행하고 지폐를 찍어내는 데도 서양종이가 아니면 불가능했다.

박흥식이 왕자제지의 문턱을 두드리며 상담을 걸었던 것도 그런 종이에 대한 시대적 변천을 달리 해결할 방법이 없었기 때문이었다. 종이장수를 하려고 하는 이상 적어도 조선이나 일본에서는 왕자제지 앞에 고개를 숙이고 절을 하지 않을 수 없었던 것이다.

그 무렵 우리나라에서도 전북지방과 경상북도 지방에서 한지가 많이 생산되지 않는 것은 아니었다. 대장지(大壯紙)와 대분백지(大粉白紙), 소분백지(小粉白紙) 등은 전라북도 임실에서 생산됐고, 삼첩지(三帖紙)와 경상지(慶尙紙)는 경주와 영덕 지방에서 만들어 냈다. 평안도에서는 산지(山紙)를 생산했고 서후지(書厚紙)와 완공물지(完貢物紙)는 전주에서, 또 청풍지(淸風紙)는 경상북도 청풍에서 만들어 냈다.

그때는 우리나라의 한지공업도 왕성하여 해마다 추석 무렵이 되면 창호지를 바르고 또 약방[漢藥]에서는 포장지로 쓰느라고 한지는 국내 수요만이 아니라 만주와 중국으로까지 수출되느라 공급량이 크게 달려서 애를 먹었다. 한지의 원료인 닥나무[楮木] 수집이 한계에 도달한 것이다. 그래서 전주·임실지방에서 쓰는 한지 원료가 경기도에서 많이 수집되어 내려가기도 했었다.

그러나 이런 한지에 비해 우리나라의 양지 소비량은 더욱 폭발적이었다. 총독부에서는 토지조사를 마치더니 새로 수백만 장이나 되는 지적도를 그리고 토지대장을 만드느라고 산더미 같은 종이를 썼다.

모든 부동산은 등기를 올려야 했고 호적령이 새로 정비되어 종이가 동이 나고, 또 학교와 신문발행 부수가 늘어났다. 이 모두가 종이(洋紙) 소비를 부추겼다.

박흥식이 시작한 종이장사와 인쇄업은 시대의 진운을 탄 업종으로 급성장되어온 것이다.

박흥식은 종이장사에 아직 여러 가지로 미숙한 나이였지만 일본에서 자기 손으로 해결하고 돌아가지 않으면 안 될 처지였다. 여관

방에서 보름 동안이나 일본여자가 따라주는 오차(御茶)를 홀짝홀짝
마시면서 일본쪽 중개인과 애를 태우고 있었다.

"아따, 그놈의 왕자제지가 이 박흥식이를 골탕먹이는구만!"

"그래도 내일 또 찾아가서 멱살을 잡고 사정해 봐야지 어떻게 합
니까? 일본에서는 왕자제지 빼놓고는 달리 종이문제를 해결할
방법이 없습니다."

"왕자제지가 그렇게도 거물이요?"

"애초 이노우에 가오루가 세웠습니다. 그 정치거물들이 초지회사
를 세웠는데 그것이 1873년(명치 6)이었으니까."

박흥식은 그깐놈의 명치유신이니 왕자제지의 정략산업이니 하는
것은 잘 몰랐다. 그런 것은 알 바가 아니요, 다만 종이만 사갈 수
있었으면 좋겠는데 그 회사에서 문을 열어주지 않으니까, 왕자제지
할아비 족보까지 공부해가면서 방법을 찾고 있는 것이 아닌가?

왕자제지는 이미 우리나라에 신의주 공장도 수년 전에 건설해 놓
고 조사과장겸 공장장 케이〔廣井〕 아무개를 두어오다가 이것도 원
료부족 때문에 1923년부터는 휴업상태에 있었다.

그밖에 폭발적인 양지수요에 눈을 돌린 그들은 백두산~압록강일
대의 원시림을 원료로 하여 신의주에다 입록강 제지주식회사도 세
웠지만 이것도 원료문제로 활발히 돌아가지 못하고 있었다.

왕자제지 신의주공장은 사할린에서 원목을 한 배씩 실어다 공급
받아야 겨우 몇 개월씩 움직이는 형편이니 어차피 양지문제에 관한
한 일본에서 결판을 짓지 않을 수가 없는 일이었다.

박흥식은 그날도 여관방에 누워 비서겸 섭외책을 맡아 따라온 중
개인 ××란 사람에게 그 회사 얘기를 묻고 있었다.

"왕자제지는 그때 공장을 지어 놓고 기계는 독일과 영국에서 사
들였죠. 하지만 일본사람이 기계를 돌릴 재주가 있습니까?"

"그렇겠지. 그래서 독일제지 기술자를 초빙해 왔는데 월급이 자
그마치 2백 50원이었답니다."

“2백 50원?”

“그때 일본서는 동경제대를 나와 미쓰이 같은 회사에 들어가도
초봉을 5원 받을 때니 얼마나 파격적입니까?”

그렇게 해도 왕자제지는 계속 적자투성이였다. 막대한 자본을 투
입하여 양지를 만들어 보아도 서양에서 양지가 계속 수입되고 또 판
로조차 활발하지 못했던 탓이다.

구미 수입상 덤핑 일삼아

서양종이 수입상사들은 일본이 왕자제지를 건설하여 직접 양지를
생산하는 걸 보자 덤핑을 계속하여 왕자제지를 압박했다.

그러나 그냥 물러날 수는 없었다. 언제 해결해도 ‘일본양지’는 일
본사람 손으로 해결하지 않으면 안 되는 시대적 숙명을 느꼈기 때
문이다.

“그래서 왕자제지에서는 미국에다 기술자를 파견했답니다. 그리
고 그때야 알았지요. 서양 종이는 넝마와 누더기같은 헌 베(布)
가 주원료라는 것을 말입니다.”

“하하하, 화지나 한지는 닥껍질 등이 주원료인데 서양종이는 삼
베걸레 떨어진 것이 원료란 말이요?”

그때서야 박흥식은 한때 왜놈들이 우리나라 엿장수들을 풀어 삼
베걸레 떨어진 것을 많이 수집해 간 이유를 짐작할만 했다.

우리나라 한지는 첫째 물이 깨끗한 산골짜기에다 공장을 세우고,
산에서 자생하는 닥나무 껍질을 벗겨서 물에다 풀고 그 닥껍질을
찧고 빻아 솜가닥처럼 너울너울 풀어지게 한 후 결이 가늘고 고운
대발(符簾)로 올려떠서 종이를 만들었다.

그런데 양지는 사람들이 입다가 버리는 넝마나 헌옷이 주원료가
되니까, 인구가 많은 도시주변에 공장을 세우게 되고, 서민들이 입
다가 버린 누더기가 기막힌 원료로 이용되었던 것이다.

구미 지역의 양지생산도 점차 넝마수집의 한계성이 드러나 값이

뛰기 시작했다. 그러니까 중국이나 일본, 우리나라 등지로 공급되어 온 양지값도 점차로 뛴 것이요, 이런 기미를 눈치챈 왕자제지에서는 양지의 원료에다 보릿짚을 넣는 방법을 새로이 미국에서 배워다가 공장을 가동하기 시작한 것이다.

양지생산에 쾌조를 보인 일본은 다시 목재펄프를 이용하고 서양에서 수입해오는 덤핑 양지를 막기 위해 소위 양지수입세 개정운동이라는 것을 전개했다. 그것은 국내의 양지 생산업자를 보호하면서 일본 양지공업을 정책적으로 육성하기 위해 종가(從價) 5%, 수입세를 종가 20%까지 인상하여 준 것이다.

일본의 양지생산은 1887년(명치 20)보다 10년 후인 1897년에는 무려 10배나 늘어났고 다시 1900년에는 60배라는 신장률을 보였다.

이렇게 일본의 양지생산은 폭발적인 급성장을 하고서도 양지수요가 달려 아직도 많은 양지를 수입해다가 쓰고 있었다.

제1차 세계대전을 맞아 북구(北歐) 지역의 양지가 아시아 쪽으로

한지 뜨기

넘어올 틈이 없자 수입 종이값은 다시 파격적으로 폭등했고 1916년
에는 일본에 들어온 양지 수입량이 5분의 1로 감소되었다.

백두산 원목을 원료로

일본 제지공업은 다른 어느 업종에 비해서도 성장률이 떨어지지
않는 유망산업이 되어, 새로이 홋카이도 지방의 펄프를 개발했다.
백두산 밀림지대의 원목도 왕자제지가 구입계약을 맺었으며, 미쯔
비시[三菱]재벌도 종이업계에 뛰어들어서 대만에다가 화지의 원료
로 쓰기 위해 대나무밭을 조성하고 대나무펄프공장을 설립했다.

박흥식이 왕자제지에 찾아가서 "당신네 종이를 내가 많이 팔아주
겠소. 나하고 계약을 합시다" 하고 섣부른 흥정을 붙여본들 이것은
젊은 청년이 겁없이 찾아와서 치기를 부리는 것에 불과한 것이다.

"그럼 일본의 양지가 옛날에는 구라파에서 들여왔다면 지금 그쪽
　사정은 어떻소?"

"양지 생산은 활발합니다. 스웨덴에는 세계에서 제일 큰 펄프공
　장이 3개나 있고 그 나라에는 크고 작은 제지공장이 47군데나 된
　다고 신문에 났었습니다."

박흥식은 그 말을 듣는 순간 깜짝 놀랐다. 양지를 구태여 일본에
만 국한하여 시야를 좁게 돌릴 것이 아니라 구라파 쪽으로 눈을 돌
리면 어떨까?

일본의 왕자제지가 아무리 독점을 누리며 양지 판매 시장을 제마
음대로 한다해도 세계는 넓고 넓은 것이다. 더구나 펄프 종이의 원
조가 구라파 쪽이요, 아직도 북구라파 양지가 세계를 석권하고 있
는데 왜 일본은 혼자서 그쪽 길을 가로막는가?

"그렇다면, 스웨덴의 양지가 왜 지금 일본에는 못 들어오고 있
　소?"

"미쓰이 재벌이 그쪽에다 사원을 두고서 항상 시세를 체크해 가
　며 일본 왕자제지가 종이값을 그때그때 조절하여 수입을 막기 때

문입니다. 종가 20% 이상의 수입세를 물고 종이를 들여오면 왕
자제지가 값을 확 내려 수입상사를 죽여 버립니다."

여기서 박흥식은 한 차원 더 높은 생각을 떠올렸다. 밑져봐야 본
전이니 좌우간 스웨덴 양지수입의 길을 '경성 조선지물포 박흥식'의
이름으로 알아보자는 것이었다.

명함 한장에 건 재운

박흥식은 여관을 나와 와세다〔早稻田〕행 전차를 탔다. 답답한 판
에 바람이나 좀 쐬며 머리를 식히자는 생각이었다.

당장 그 스웨덴인지, 서전(瑞典)인지 하는 나라에 편지라도 보내
보고 싶었지만 그런 길을 알 수가 없었다. 그래서 전차에 올라앉아
거리를 보면서 신문부터 한 장 사서 읽고 있었다.

그런데 그때였다. 정말로 상상도 하지 않았던 대운이 그때 박흥
식을 향해 손짓을 하고 있었다.

신문을 읽다가 눈이 피로해서 전차 창문으로 막 눈길을 주는데
박흥식의 눈에 들어오는 간판 글씨는 '서전국영사관(瑞典國領事館)'
문패가 아닌가?

박흥식은 그길로 부랴부랴 전차에서 내려 스웨덴 영사관으로 들
어가서 영사관 2층 응접실에서 여송연 담배를 피우고 있던 상무관
에게 명함을 내밀었다.

"무슨 부탁이 있습니까? 우리가 당신을 기꺼이 도와 드리겠습니
다."

"스웨덴은 세계적인 제지 생산국이요, 펄프 생산국이라고 들었습
니다. 그래서 스웨덴에서 종이를 좀 사오고 싶습니다."

"오, 좋지요. 환영합니다. 내가 본국 제지회사에 연락하여 그쪽
제지 사정을 자세히 알아보지요. 박흥식 선생, 명함을 한 장 두
고 가시오."

밑져야 본전이다. 그래서 박흥식은 스웨덴 상무관 ××씨와 서투

른 일본말로 이야기를 하다가 주소가 적힌 명함을 두고 나왔다.

발바닥으로 익힌 상술

1926년 선일지물을 설립한 이래 약관 사장 박흥식은 철저하게 '장사하는 방법' 하나를 자기나름대로 터득하여 실행하고 있었다. 그는 상인이기 때문에 장사를 발바닥으로 배웠다. 고매한 상학이론을 가지고 수요와 공급의 원칙이 어떻고 그것을 계수나 그래프로 도식화하면 어떻다느니, 공식을 풀면 어떻다느니 하는 것은 몰랐다. 그는 상업을 연구하는 상학도가 아니라 상인이었기 때문이다.

상인은 그의 상술이나 장사하는 철학을 시장에서 배우게 된다. 그런데 '시장경제'의 원리라는 것은 항상 가격에서 죽고 사는 길이 갈려진다. 같은 품질의 상품일 때는 한푼이 싸도 싼 쪽이 이기는 게 시장원리이기 때문이다.

선일지물 박흥식은 철저하게 '싸게 사서 싸게 판다'는 것을 상업철학으로 내세운 것이다.

황금정(을지로) 2정목 1백 80번지에서 25만 원 자본금으로 첫발을 디딘 선일지물은 조선사람 최초의 양지 도매상이 되어 불과 2년 남짓 만에 완전히 두각을 드러내고 있었다.

바로 그해(1926) 남산 왜성대(倭城臺) 꼭대기에 있던 조선총독부가 중앙청 건물로 이사를 해왔고 조선총독부는 동양 최대의 석조 건물이라던 그 집에 둥지를 틀고 앉아서 모든 행정사무를 확장하고 쇄신한다고 크게 자랑을 했다.

그때 박흥식은 전국 1천여 지물포를 단골로 삼아 조선사람 최초의 양지 도매상이 된 여세를 몰아 총독부에 관수물자를 납품하려고 총독부 무슨 과장을 여러 번 찾아갔다. 술 한 병을 차고 사택으로 찾아가 수염난 ××과장에게 무릎 꿇고 절도 하고 안 나오는 웃음도 웃었다.

그러나 총독부에서 사들이는 관수양지는 이미 왕자제지와 일본제지가 독점 납품을 하고 있어 박흥식은 들어갈 틈이 없었다. 다시 왕자제지에 참패를 하고 박흥식은 조선 사람의 설움을 느껴야 했다.

물론 해방 당시 조선 최대의 거부로 군림했던 박흥식은 친일파로 몰렸고 반민족행위자로 지목되어 반민특위에 잡혀간 일이 있었다. 그즈음 박흥식은 친일파라는 것이 공통된 세평이었다.

그러나 박흥식은 뒷날 "나는 적극적인 친일도 적극적인 배일도 한 일이 없다"고 자기행적을 자부했다. 사실상 박흥식은 일제시대 식민지 통치를 통해 이렇다할 만한 친일적 '공직'을 맡은 일이 별로 없었다. 중추원 참의(中樞院 參議) 노릇이나 하고 손에다 지팡이를 걸고 허세로 내두르며 뽐내던 귀족원(貴族院)의 작위도 받은 일이 없었다. 창씨개명도 하지 않고 끝까지 박흥식으로 해방을 맞았다.

어떤 이유나 어떤 내막에서 일제가 박흥식을 그대로 두고 표본적으로 조선인의 한 사람으로 사육(?)을 했는지는 몰라도 이것이 바로 박흥식의 수수께끼다.

친일을 했어도 박흥식은 권력을 빙자한 친일파라기보다는 철저한 상인이기 때문이었다.

또 박흥식이 친일파요, 반민족 행위자였다면 그것은 1940년대 막판에 이르렀을 때의 이야기이다. 1920년대 후반~1930년대 초반까지 그의 행적에서는 누구보다도 조선사람 된 설움을 통감한 것이 자주 드러난다.

단독수입 행운 잡아

박흥식이 총독부 관수용지 납품 교섭조차 실패하고 크게 실의에 빠져 있을 때, 1929년 스웨덴 영사관에서 날아온 안내 편지 하나가 드디어 상운을 바꾸어 놓고 만 것이다.

"스웨덴에서 종이 수입이 가능하다고?"

"예. 얼마든지 가능할 것 같습니다!"

박흥식은 그 소식을 듣자 순간 회심의 미소를 지었다.

"그럼 왕자제지나 일본제지를 거치지 않고 우리도 직접 종이를 사올 수가 있단 말이지?"

"예. 지금 일본서 사오는 신문권지는 연당 4원 50전인데."

"스웨덴서 수입하면?"

"연당 2원 2전 5리면 가능합니다."

"얼마라고?"

"연당 2원 2전 5리면 가능합니다."

박흥식은 사업부를 맡은 사원에게 몇 번씩 다져 물었다.

그렇다면 스웨덴 신문권지를 이렇게 싼값으로 얼마든지 사들일 수 있는 길을 업자들은 지금까지 왜 몰랐을까?

꿈만 같았다.

그러나 그것은 꿈이 아니라 박흥식이 찾는 방향에서 공교롭게도 카드의 운수가 맞아떨어진 것이다. 그 타이밍이 곧 박흥식을 살려 준 운이었다. 그때까지 값이 폭등했던 스웨덴 펄프업계와 제지업계가 파업을 끝내면서 재조업에 들어간 시기였고 스웨덴의 제지생산이 활발해지면서 값이 떨어졌던 것이다.

그 찰나에 박흥식이 스웨덴 제지수입의 길을 뚫어 대운을 잡은 셈이다.

스웨덴 펄프공장들은 1928년 여름부터 임금인상 문제로 파업에 들어갔다. 펄프공장 노동자들이 파업에 들어가 문을 닫아버리자 제지공장들도 가동을 중단할 수밖에 없었고, 엎친데 덮친격으로 제지공장 노동자들도 펄프공장 노동자들과 동조하여 동정파업을 단행하였다.

그 무렵 세계 최대 펄프와 종이 생산국이던 스웨덴 제지업계 파업여파는 곧 세계의 종이 시장에 영향을 끼쳤다. 세계적으로 양지값이 잇달아 폭등했고 이런 눈치를 채자 일본 왕자제지와 일본제지 종이 값은 턱도 없이 뛰던 판이다.

서전(瑞典) 펄프공장은 1월 이래 일제히 럭아웃을 행하였는데 27일 미쓰이물산[三井物産]의 입전에 의하면 제지공장의 종업원도 동정(同情)파업의 擧에 出하였으므로 전국 47개 제지공장은 3월 5일부터 공장폐쇄를 하기로 결정하였으므로 세계적으로 紙의 市價가 앙등될 것은 사실이라더라.

바로 이 시기에 미쓰이물산은 세계의 종이 시세를 점쳤고, 왕자제지 양지 값은 1연에 4원 50전으로 폭등하였다.

이런데 1929년 스웨덴의 펄프공장과 제지회사 파업이 중단되고 생산량이 다시 폭주하여 시가가 대폭 떨어졌는데도 왕자제지는 독점기업이라는 강점을 내세워 여전히 일본 양지계의 횡포자로 군림했다. 이때 박흥식은 스웨덴 신문권지를 연당 인천 도착시세로 2원 2전 5리로 수입하게 되니 왕자제지의 4원 50전에 비하면 절반 값도 안 되었다.

"그렇다면."

"예, 사장님."

"우리도 이판에 한판 싸움을 안 할 수 없네. 상전(商戰)도 전쟁이야. 전쟁에는 기선을 누르고 먼지 덤비는 쪽이 났지!"

"네?"

"이봐, 자네는 곧 평안도 용강으로 내려가게. 수입자금이 필요해! 용강에 내려가 토지값을 알아보고 자금을 얼마나 동원할 수 있는지 물색하게!"

박흥식은 곧 스웨덴 제지를 대량 수입하기로 결단을 내렸다. 이것으로서 왕자제지를 향해 일전을 불사한다는 각오를 세웠다.

스웨덴 영사관을 통해 비밀리에 그쪽 종이를 일수판매 형식으로 계속 수입할 수 있는 계약을 체결하고 난 뒤, 다시 박흥식은 사업부 주임을 불러들였다.

"우리들은 이익을 보고 움직이는 장사꾼인데…… 장사꾼이라고 해서 아무 이익이나 저 혼자만 다 집어 먹으려고 해서는 안 되오.”
“무슨 말씀이신지요. 저는······.”
“나는 한문은 잘 모르지만 이불가독식(利不可獨食)이란 말이 있다더구만. 장사꾼이지만 이익은 너무 저 혼자만 먹으려고 하지 말고 다른 장사꾼에게도 조금 나누어 주어 함께 먹고 살라는 이야기지. 그것이 장사꾼끼리의 의리 아니겠소?”
“그렇습니다.”
“그러면 지금 전화를 하시오! 우리와 단골 거래를 해주고 있는 지물포들이 있잖소? 조선사람 점포 말이요. 자금력이 있으면 공동으로 한탕하자고 알려주시오.”
“예.”
“일본인 도매상들에게 정보가 새어 나가서는 안 되니 조심해서 추진하시오.”
박흥식은 비장한 각오로 출진을 다지면서 전선을 함께 형성해줄 우군(友軍)을 찾았다.
소상 박흥식이 일본 제1의 제지업체 왕자제지와 맞서는 일은 그렇듯 큰 모험이었다. 그러나 박흥식은 그 모험을 단행했다.
스웨덴 신문권지를 연당 2원 2전 5리에 수입해다가 왕자제지의 비싼 종이에 맞섰던 것이다.
“왕자제지가 연당 4원 50전이면 우린 3원 40전씩 덤핑을 합시다. 싸게 사서 싸게 팝시다. 그래도 우리는 충분한 이익을 보오.”
이래서 연당 3원 40전씩 공급하는 박흥식의 스웨덴 종이는 삽시간 전국 양지업계에 돌풍을 일으키고 말았다.
그러나 박흥식의 덤핑 종이는 예상대로 난전을 겪지 않을 수 없었다. 우선 화물선으로 구라파에서 실어오는 종이는 대량소비가 전제되지 않고서는 활로가 없었다. 그러자 왕자제지와 거래를 트고 있는 일본인 지물상들은 콧방귀를 뀌었다.

“흥, 네가 얼마나 견디는가 보자! 이 땅에서 왕자제지를 무시하고는 종이 장사 못해 먹는다!”

박흥식의 수입종이는 보이콧 등 여러 가지 수단으로 자금력을 압박하기 시작했다. 대량으로 팔아 먹을 데가 없으면 아무리 싼 종이라도 무슨 소용이 있는가?

도산 직전 동아일보·조선일보의 도움

각종 관공서와 회사·은행 등은 물론 일본인 지물도매상들도 박흥식의 종이가 왕자제지의 3분의 2 가격밖에 안 되는 줄 알면서도 사 가지 않았다.

그때 순종황제가 승하했다. 6·10만세 사건이 일어나 바야흐로 ‘제2의 3·1운동’ 같은 민족감정이 고조되기 시작했다. 그런 분위기에 앞장선 〈동아일보〉가 분연히 먼저 일어나서 박흥식을 도왔다.

“동아일보 신문용지를 우리의 광고주 박흥식의 종이로 박아내겠소…….”

이러자 같은 민족 언론기업인 〈조선일보〉도 한몫 거들었다.

“우리도 박흥식의 종이로 신문을 찍겠소!”

1932년의 일이었다. 여러 신문사가 박흥식의 신문용지를 받아준 것은 6·10만세 사건으로 인한 동포애가 작용한 것이었다.

그러나 그것보다도 더 큰 이유는 첫째 가격이 ‘싸다’는 데 있었다. 무엇이건 ‘같은 값’일 때는 팔이 안으로 굽는 것이다. 그러므로 ‘얼굴’을 아는 친분이나 동정으로 그 물건을 받아줄 수 있다. 하지만 값이 틀릴 때는 문제가 다르다.

값이 틀릴 때는 일본인 지물포나 신문사들도 박흥식의 스웨덴 수입용지를 사 쓸 수가 없는 것이다. 일본인 신문 〈경성일보〉에서도 주문을 했다. 왕자제지 쪽보다 연당 80전이 싸다. 이러자 친일신문 〈매일신보〉도 자청하여 전화를 걸어왔다.

이렇게 여러 신문사와 거래를 트게 되어 박흥식은 1932년을 고비로 명실공히 조선 제1의 대지물상(大紙物商)이 되었다.

　박흥식의 선일지물은 매달 5백톤~6백톤 이상의 신문권지를 수입 공급하면서 그때 돈으로 연간 매상액 3백만 원을 웃돌게 되었다. 이러는 한편 소위 일본지 화지이던 반지, 미농지, 권지(卷紙) 등도 후꾸오까에 있는 생산공장에서 직수입해다가 상품공급의 구색을 맞추어 놓았다.

조선 최대 지물왕

　박흥식은 30살의 나이로 우리나라 최대 양지 도매업자가 되었고, 〈동아일보〉〈조선일보〉〈경성일보〉〈매일신보〉 등에 신문권지를 공급하면서부터 일약 대상(大商)이 되었다.

　그즈음 돈으로 선일지물이 올린 연간 매상액 3백만 원이면 대구 〈경일은행 ; 은행장 장길상(張吉相)〉, 전주 〈삼남은행 ; 은행장 박기순(朴基順)〉 같은 지방은행 한 개의 총 자본금보다도 1백여 만 원이나 웃도는 액수였다.

지물 상점

이 때를 계기로 박흥식은 조선 안에서도 가장 유망하고 무섭고 패기있는 상인으로 30세의 대자본가로 군림하게 된 신화를 낳았다.

그러나 아직 세상은 넓었다.

박흥식이 25만 원 자본금으로 선일지물을 설립할 무렵만 해도 서울 장안의 최대부력은 중국상인 '동순태(同順泰)'의 주인 담걸생(潭傑生)에게 쥐어져 있었고, 토지자본으로서는 민영휘·민대식이 아직도 끄덕 없는 뿌리를 과시하고 있었다.

1922년 현재로 나타난 '경성부내 납세백서(京城府內 納稅白書)'를 보면 그 무렵 지세와 시가지세 1천 원 이상(1년 동안)을 바치는 부자는 모두 30명 정도밖에 안 된다. 그때 물던 지세는 토지 사정 가격의 1천분의 17이었고, 시가지세는 시가의 1천분의 1이었다.

1천 원 이상의 지세와 시가지세를 문 거부(서울시내) 30명이 1년 동안 납부한 액수는 16만 6천여 원이고 그들이 소유했던 토지는 약 1억 1백 31만 4천여 평으로 집계되고 있다.

이중에서 회사(법인)가 소유한 큰 토지는 다음과 같다.

▲ 東拓＝2천 6백 40만 3천 평

▲ 식산은행＝1백 55만 7천 평

▲ 不二興業＝1천 45만 8천 평

▲ 조선은행＝6만 평

이렇게 큰 땅덩어리들은 동척이나 불이흥업, 식산은행 같은 데서 다 먹어 버렸지만, 아직도 거부들이 입을 벌리고 솟아나 막대한 토지자본을 형성하고 있었다.

조선사람치고는 남녀노소를 물론하고 누구나 다 아는 유명한 민씨(閔氏) 일파의 가진 바는 얼마나 되는가? 옛날 한참 당시에 가장 많은 세력으로 가장 많이 모은 재산은 지금도 역시 많은 세력을 가지고 배불리 살아 가는 바, 이 숫자는 특히 평안도 어사

(御使)와 인연이 있음을 말하여 주는 바 閔大植·閔奎植·閔天植·
閔庭植·閔丙奭의 閔氏 다섯 사람 소유가 대개 2천 1백 82만여 평
으로 세금은 3만 6천 여원이나 되는 터라……

서울 장안에 사는 민씨 집안에서 차지하고 있는 땅덩어리가 2천
1백 82만여 평이라니 그저 놀라울 뿐이다.
　박홍식도 스무 살 때부터 용강 땅 넓은 들판에 2천석 토지를 소
유했던 군내 최대 지주였지만, 서울 장안에 와서 '나도 부자다!' 행
세 하기에는 아직 일렀다.
　그때 서울 장안에서 기라성처럼 얼굴을 내밀고 있는 대지주들은
다음과 같았다.

▲ 閔大植(閔泳徽의 아들)　6백 99만 9천 평
▲ 閔奎植(閔泳徽의 아들)　4백 31만 7천 평
▲ 閔天植(閔泳徽의 딸)　3백 55만 8천 평
▲ 閔庭植(竹洞宮·閔妃의 친정집 양자)　4백 14만 3천 평
▲ 閔丙奭(전 궁내부대신·子爵)　2백 79만 3천 평
▲ 李埈鎔(운현궁·大院君의 장손)　3백 3만 3천 평
▲ 金鍾翊(전남 순천·東洋製絲)　1백 85만 4천 평
▲ 李鍾奭　2백 61만 평
▲ 尹德榮(尹妃의 작은 아버지·子爵)　2백 94만 9천 평
▲ 尹致昭(윤보선 전대통령의 ○○)　1백 87만 8천 평
▲ 韓圭卨(대신·서울여상 설립자)　2백 58만 6천 평
▲ 金靜石堂　2백 16만 평
▲ 趙命九　2백 90만 평
▲ 白寅基(白南信의 아들)　2백 70만 3천 평
▲ 全命基　2백 60만 4천 평
▲ 吳正根　1백 78만 8천 평

▲ 韓鎭達　2백 10만 평
▲ 趙秉澤(한일은행 설립자)　1백 75만 5천 평

이렇게 웅거하며 날개를 퍼덕이고 있었으며 이밖에 학교재단들도 옛날에 엄비(嚴妃)가 하사했던 것이 대부분이지만 엄청난 토지를 가지고 있었다.

▲ 淑明女學校　3백 58만 8천 평
▲ 養正義塾　2백 2만 8천 평
▲ 進明女學校　2백 6만 7천 평

이때까지만 해도 우리나라의 큰 자본은 토지와 은행에 집중되어 기업자본이나 상업자본으로 탈바꿈되지 않았다. 이런 때에 박흥식의 선일물산이 스웨덴에서 양지를 수입하여 '조선 최대 지물왕'이 되었다고 하지만, 아직도 대자본가로 군림하기까지는 시기가 빨랐다.

일부 토지자본이 은행이나 기업자본 등으로 뛰어들긴 했어도 일본인의 공업자본이나 상업자본에 비히면 비교가 되지 않아 그 무렵 조선최대 기업으로 손꼽혀 각광을 받던 김성수의 경성방직(京城紡織)조차도 1924년 현재 겨우 6~7만 원의 순이익금을 내고 있었다.

경성방직회사 제조 광목은 을미년 이래 활동 결과, 이제는 국산품이라는 환영보다도 품질 좋기로 환영받게 되었다. 이리하야 近畿지방과 西北道는 거의가 경성방직의 판도라고 할 만큼 되었음으로 수용량이 근년에 이르러 무섭게 격증되야 1925년에는 20대의 직기를 증설하야 밤낮없이 짜내나 오히려 설비가 부족하야 요구에 응치 못하고 전 조선 광목 소비량의 약 50분의 1을 생산함에 불과함으로 장차 더욱 확장할 예정이다. 실상 작년 같은 해에도 6~7만 원의 순이익이 나서 주주배당까지 하려 하였으나 전고 미증유의 대홍수의 피해로 달하지 못하얏는데 이제부터는 적립금을 적게 하고라도 주주의 배당을 하리라 한다.

근대 상투기업의 상징인 경성방직주식회사 전체의 연간 순이익이 7만 원을 넘지 못하는데 그때도 한일은행장 한상룡(韓相龍 ; 이완용의 생질)은 연봉이 2만 2천 7백 50원이요, 조선은행 전 총재 미노베〔美濃部俊吉〕는 ▲ 본봉 6천 원 ▲ 가봉 6천 원 ▲ 교제수당 1만 원 ▲ 상여금 6만 원 ▲ 사택료 1천 8백 원 합계 8만 3천 8백 원을 받고 있다.

또, 만철(滿鐵 ; 남만주철도) 경성지국장 안도〔安藤〕라는 자는 5만 8천 50원, 식산은행장 아리가〔有賀〕라는 자는 4만 9천 4백 50원을 받았다. 사이또〔齋藤實〕 조선 총독의 연봉은 3만 3천원, 아리요시〔有吉〕 경무총감의 연봉은 1만 8천원이었다.

이것으로 보면, 이때만 해도 기업이나 상업이 극히 미약하여 경성방직 전체의 연간 순이익이 한 은행장의 월급봉투보다도 가벼웠으니 박흥식의 상업자금이나 그 돈의 위세라는 것은 크게 조선 천지를 좌지우지할만한 것이 못 되었다.

그러나 박흥식은 한창 나이 30살 전후의 청년이었다.

스웨덴 종이 수입으로 튼튼한 무역상 기반을 굳히면서 1930년대 초반부터는 '북부 대상권'의 꿈에 부풀어 있었다. 이것은 종로 쪽에다가 대조선인 상업세력을 집결시키는 백화점을 건설하려는 대망이었다.

박흥식은 1929년 2월에도 종로경찰서 자리(신신백화점)를 불하받아 대백화점을 세울 계획을 세상에 밝힌 일이 있었고, 그것은 '남부의 백화점에 대항하고자 북부 조선인 상인활동을 집결하기 위한 것'이라고 분명히 말했다.

거상 신태화의 화신상회 인수

박흥식은 1931년 5월, 드디어 화신상회를 인수하여 화신백화점을 건설하고 우리나라 재계, 상계의 기린아가 되는 제2의 탈바꿈을 진행했다.

박흥식은 그 '화신'을 소유함으로써 '화신 박흥식' 시대를 여는 새로운 이정표를 세우기 시작했던 것이다.

여기서 우리는 박흥식이 종로 2가 3번지에 자리잡고 있던 금은세공 화신상회를 인수하기까지, 우선 그 '화신'의 창업자요 원래의 주인이던 신태화(申泰和)라는 사람과의 함수관계를 잠깐 애기해야 할 것 같다.

한국인 손으로 경영하던 유일한 백화점은 申泰和씨가 창업했던 화신상회(금·은 세공 판매업)이던 것을, 申씨가 백화점이라는 형체를 만들어 놓은 것인 바, 4년 전에 박흥식씨가 신태화씨에게 手形담보로 대여한 금액 5, 6만 원을 회수할 수 없던 차에 신씨의 간청과 기타 주위의 권고로 박씨가 합력 경영하기로 되어, 처음에는 신·박 양씨가 토대가 되고 기타 수십 주주를 얻어 주식회사를 만들어 경영권 전부를 넘겨 주고 물러난 후 박씨 권내의 掌中物이 되었다.

화신상회의 창업자요 주인이던 신태화는 1927년경 박흥식으로부터 6만 원의 현금을 빌어갔던 것으로 그 6만 원을 4년 동안이나 변제하지 못하고 있다가, 결국 화신상회를 박흥식에게 넘겨준 것이다.

신태화는 비록 화신상회를 남의 손에 내준 패장이긴 했지만, 그 무렵 우리 땅에서는 제2위요, '조선인으로서는 제1위인 대금은상회 주인이며 구한국 시절부터 40년 동안 금은 세공업에 투신하여 자수성가했던 인물'이었다.

원래 종로 2정목 3번지에 자리잡고 있던 신태화의 화신상회는 1918년 기미년 바로 전해에 자본금 20만 원으로 창립되었다. 그때 경성방직이 자본금 50만 원 정도로 출발했으니까 금은 상회로서 20만 원 자본금이면 꽤 큰 자금이었다.

그뿐만 아니라 신태화라는 인물은 우리나라 금은 세공사상 당당한 깃발을 꽂고 이미 광무, 융희 시대부터 서울 장안에서 제일 큰 금은상(세공업)을 경영하던 기록이 이렇게 나타난다.

본인이 白木 廛 八房 김윤식씨 典鋪物을 移來하오니 典當 찾을 諸員은 10월내로 推去하시되 若過限則 방매할 터이압기 玆以 광고하오니 照亮흠·銅峴전당포 申泰和

1908년(융희 2) 금은 세공업으로 구리개(을지로)에서 '동현전당포'를 경영하던 신태화는 종로 백목전 8방에 있던 김윤식 전당포의 전당물 전체를 인수하였으니, 전당물을 찾아갈 사람은 10월 안에 찾아가라고 광고를 내고 있다.

신태화가 구한국시절부터 서울 장안에서도 손꼽히던 대전당포업자로 금·은 상품 등에 손댔음을 알 수 있다. 1911년의 기록을 보면 다음과 같다.

금은세공 염가 판매, 각종 패물 염가 제조, 금은간 방매코저 하시면 본점으로 指揮함. 工匠 三, 四十名 雇聘…….

신태화는 동현(을지로) 20통 2호에서 '화신상회'를 설립하고 40여 명이나 되는 기술자를 거느려 금은상을 경영하면서 그때로서는 귀하고 비싼 전화(1832번)까지 가설해 놓고 큰 장사를 했었다.

이 신행상회(을지로 소재·1911년)가 1918년에는 종로 네거리로 나와 화신상회로 얼굴을 바꾼 것이다.

京城府民의 大正 12년도(1923년)의 소득액을 보면, 30만 부민 중에 수입이 많은 사람은 조선사람은 물론 일본사람까지 젖혀놓고 중국사람으로 同順泰의 주인인 潭傑生의 1년 수입 10만 1천 8백 원이 제1이고, 그 다음에는 일본인 부호 中村再造의 7만 5천 원이 있으며, 이보다 몇등이나 훨씬 떨어져서 종로에서 금은상을 하는 신태화의 3만 2천 원이 조선사람 중에서 제1이라 한다.

신태화는 당당히 서울장안 조선인 가운데 호별세 납세순위 1위를 마크했던 거상이요 알부자였다.

和信의 '和'는 '화목'을 뜻하고 '信'자는 신용을 뜻한다고 '화신 40년사'는 첫머리에서 상호풀이를 하고 있지만, 사실은 和信의 '和'는 창업자 신태화(申泰和) 씨가 자신의 이름자에서 떼어 온 분신 같은 상호였다.

종로토박이 신태화 머슴살이서 자수성가

'화신상회'의 원소유주 신태화는 서울 토박이 종로 상인의 표본적 인물이라는 점에서도 상당히 주목할 만하다.

京城의 중앙이오 北部商界의 중심인 종로 네거리를 나서면 전후 좌우에 각종 상점이 늘어선 중에 동북편 一隅에 한 상점이 있다. 층층대의 깨끗한 진열장에 각종 장식품과 금은제 기구를 찬란히 늘어놓은 그 광경에 來人去客의 눈이 안 끌릴 수 없다. 이것은 現今 20만 원의 자본금을 가지고 60여 명 직공의 손으로 만들어 내는 금은 귀중품상으로 京城에서 제2위에 가기도 섧을만치 된 申泰和씨의 경영하는 和信商會라…….

1927년 봄의 모습이다. 신태화의 화신상회는 60여 명이나 되는 직공을 거느리고 각종 금은 귀중품과 기구들을 제작하여 전국의 금은상들에게 보급하고 있었다.

화신백화점 자리에 있던 그 무렵의 화신상회는 양옥 2층으로 중앙에 큰 출구가 있고 양쪽으로 화려한 쇼윈도 진열장을 배치했다. 2층에서는 세공사들이 풀무 하나씩을 놓고 금은을 녹여 집게와 망치로 두들겨 가며 각종 귀금속을 만드는 공장으로 사용하고 있었다.

이 화신상회를 창업했던 신태화는 전형적인 조선 상인 모습으로 두루마기에다 턱수염을 길게 길렀다. 그런 차림으로 가게에 나와서 직공들을 지휘했다. 입술은 항상 오무려 작게 보이고 치밀한 인상을 주지만 귓부리는 크고 길며 이마는 시원하게 벗겨져 덕스럽게 보이는 60객 노인으로 사람들과 쉽게 애기를 하고 접근하는 친근미가 있었다.

그는 어려서부터 각고로 한푼 한푼씩 돈을 모아 업(業)을 쌓아 올린 상인이라서 날카로운 인상은 전혀 없었다.

氏는 舊韓國시대 南村 武辺집 貴獨子로 태어나서 남부럽지 아니한 지위에서 자애도 많이 받았으나 가운이 불길하였든지 가세가 점점 빈곤하게 되야 12세까지는 漢文私塾에 공부를 하였지만 13세 되던해 봄부터는 그것이나마 계속할 수가 없어서…….

13살 때부터 종로의 한 가게에 들어가 애기 머슴으로 심부름을 해주면서 금은 세공일을 배워 18살 때까지 돈 40원을 저축하였다고 했다.

그동안 남의 집 고용살이를 하며 밥을 얻어먹던 소년은 남다른 성의와 결심으로 세공술을 닦은 것이다. 그랬다가 40원을 밑천삼아 셋집 한칸을 얻고 풀무 하나를 마련하여 자영사업을 시작했다.

그런데 신태화는 그때 운을 잡기 시작한다.

그것은 그 무렵부터 서울 장안에 우후죽순 생겨나기 시작한 전당포 덕이었다.

그때 우리나라는 화폐정책이 여러 번 바뀌고 또 1904년 일본인 재정고문 메가타〔目賀田〕란 자가 들어와서 전환국(典圜局)과 백동화(白銅貨)를 폐지하는 화폐개혁을 단행하여 심한 전황(디플레이션)이 일어났다.

묵은 돈(백동화)을 없애고 새로 발행한 제일은행권(第一銀行券) 신화폐를 쓰도록 하는데, 묵은 돈 1백 원을 거둬들이고 새돈 1백 원을 풀면 상관이 없다. 그러나 화폐개혁을 핑계대고 일본사람 재정고문 메가타는 무자비하게 통화를 수축하여 버렸다.

"왜 이렇게 돈이 안 나오오? 돈이 귀해 쌀 값이 떨어지오!"

"포목값이 떨어지오?"

"시골사람이 빚을 못 갚아 토지값이 떨어지오!"

이렇게 조선 상민과 농사짓는 백성들이 돈난리를 만나 아우성을 쳐도 '새돈이 아직 준비되지 않았다!' 이러면서 새돈을 안 내놓으니 종로 상인들이 견딜 수가 있는가?

장사는 돈으로 하는 것인데, 돈이 없으니 장사를 못하는 것이 당연하다.

종로상인들은 임금님에게까지 등장(等狀)을 했다.

"돈이 귀해서 장사를 못합니다. 어서 돈을 더 풀어 주소서!"

"황실자금이라도 급히 풀어 주셔야지 종로 상인들이 물이 말라 가는 방죽안 고기처럼 숨이 넘어 갑니다."

종로 상계가 무너진다는 것은 곧 우리나라 경제계가 넘어진다는 뜻이다. 종로 상인들은 왜놈 재정고문 메가타가 상계를 말려 죽이려고 '일부러 전황을 일으킨다'고 눈에다가 불을 쓰고 덤볐다.

그런 혹독한 전황에 종로 상가에서 큰 포목상을 하던 상인들은 계속 파산을 했다. 그때 경성상공회의소 대표이던 곽태현(郭泰鉉)도 10만 냥 빚을 지고, 도망을 쳐버린 사건이 났고, 내노라 하는 대상들도 전포의 문을 닫아 걸고 거판(擧板)을 내는 사람이 속출하였다.

이렇게 돈이 귀해져 난리가 났는데, 그때부터 우리나라의 각종 세금은 물납제(物納制)에서 금납제(金納制)로 제도가 바뀌었다.

이런 경제적인 대혼란기를 이용하여 그런 전황의 부산물로 성업을 누리며 생겨난 것이 바로 일본사람들의 전당포 영업이었다.

비싼 금리를 받는 왜놈 전당포들이 전황에 허덕이는 상투쟁이들에게 돈장사를 하는데, 이런 전당포 성업에 신태화의 금은 세공업이 생각지도 않았던 기회를 잡은 것이다.

그것은 전당포에서 유질되어 흘러 나오는 금은 붙이를 헐값으로 사서 '새물건'으로 만들어 제값을 받고 파는 일이었다.

신태화는 적은 자본으로 전당포 유질품인 헌 금(古金)을 사서 자신의 손으로 새 금을 만들어 큰 재미를 보아 돈을 잡은 뒤, 이번에는 아예 구리개 쪽에 큰 전당포를 차려 버렸다.

그러나 신태화는 적지 않은 자본을 중간에 모두 날리고 다시 12년 동안 남의 집 직공으로 일을 하면서 31살 되던 해 4천 6백 원을 쥐게 되었다고 한다. 이때부터 그는 다시 신행상회(信行商會)를 개설했는데 이 '신행상회'가 서울 장안에서는 처음으로 생겨난 금은 상회였다고 한다.

끝까지 성공을 하겠다는 굳은 결심으로 12년 동안 다시 풀무생활을 하여서 31세 되던 해 4천 6백 원이라는 돈을 수중에 넣게 되었다. 그때부터는 비로소 공장을 따로 두고 고용을 쓰게 되어서 경성에서 처음되는 금은상을 차리게 되었는데 信行商會라고 명칭하였다. 신행상회가 설립되자 뒤따라 여러 금은상회가 설립됨으로 서로 경쟁이 될 뿐만 아니라 직공으로 있던 이가 따로 나가서 자영을 하게 됨으로……

신태화는 그 신행상회에서 10년 동안 수만 원의 돈을 모아 가지고 1918년 종로 네거리에 2층 양옥 '화신상회' 간판을 내건다.

이렇게 신태화는 서울 장안 최대의 금은상일 뿐만 아니라 서울 장안에서는 맨 처음으로 금은상(제조공장을 따로 둔 전문 점포)을 개설했던 원조가 된 것이다.

그 무렵 화신상회가 60여 명 세공사들을 두고 만들어낸 귀금속은 주로 반지·가락지·귀고리·금비녀·은수저 같은 것들이었다.

여기서 신태화는 우리나라 금은 세공품 판매사상 또 한번 새로운 역사를 창조했다. 그것은 금반지나 비녀를 '미리 만들어서' 진열해 놓고 파는 상술 개발이었다. 금은상은 다 그렇게 하는 것이지 무엇이 상술개발이냐고 할지 몰라도, 그 무렵 이것은 중요한 변화였다.

왜냐하면 그때까지 우리나라의 금장이 은장이〔細工士〕들은 엄밀한 의미에서 말하면 금은 상인이 아니었다.

그때까지의 상술로는, 어떤 사람이 찾아와서 "나 반지 하나 만들겠소" 하면

"몇 돈짜리로 맞추시렵니까, 어디 손가락을 한번 내어 보십시오."

이렇게 소비자의 직접 주문을 받아서만 물건을 만들었다.

말하자면 양복점에 손님이 찾아오면 몸의 치수를 재어서 만들어 내놓는 것이나 깉있다.

그런데 신태화는 '주문을 받고 만들어 내던' 귀금속을 미리 여러 형태의 불특정 상품으로 제작하여 금은상 진열장에 늘어놓고 손님이 '맞는 것'으로 골라서 사가게 만드는 방법을 처음 쓰기 시작했다.

요즘의 기성복처럼 여러 샘플의 양복을 만들어놓고 손님이 맞는 것을 그 자리에서 입고 가게 하는 방법이었던 것이다.

반지나 가락지 같은 사람마다 손가락 굵기가 다른 것은 옛날대로 직접 주문 생산을 하지만, 비녀나 은수저·은쟁반·은반상기 같은 것은 얼마든지 그런 식으로 장사를 할 수 있는 것이요, 그렇게 하면 세공비와 제작 시간이 훨씬 단축되는 이점이 있다.

그런데 이런 과정을 거치면 무엇보다도 일시적인 양산이 가능했던 것이요, 이렇게 사업의 방향과 규모가 변하게 되자, 60명 세공사들을 놀리지 않을 만큼의 작업량을 항상 확보해야 된다. 그러자면 그만한 원료를 다뤄 내야 되는 것이다.

은투기로 큰 돈 날리자 박흥식 돈 빌려

신태화는 금은상을 경영하는 한편 금·은의 원료를 샀다 팔았다 하는 원료(금·은) 투기를 하게 되었다.

그런데 그런 원료 투기를 잘못하여 은에 크게 손을 대어 대참패를 본다.

은은 본래 중국사람들이 좋아하고, 또 그때 우리나라와 일본은 금본위제 화폐를 쓰고 있는데, 중국에서는 은본위제를 쓰고 있었다.

이러자니 은시세는 중국에서 제일 민감하게 움직인 것이요, 신태화같이 큰 금은상들은 중국 시세의 추이를 엿보고 항상 은을 샀다 팔았다 하였다.

신의주에서 압록강 철교 하나만 건너면 중국땅 안둥〔安東〕이요, 그 안둥에서는 요즘의 증권시장처럼 은시장이 납회와 발회를 하며 성시를 이루고 있었다.

신태화는 그 안둥 은시장에 사람을 두어 정보를 얻고 서울에서 금·은을 사고 팔며 원료 장사를 했는데, 1926년 정초부터 기미가 이상하게 돌아갔다.

안둥에서 활동하던 은 거간꾼 ×××이가 상해 은값이 계속 뛰어오르기 시작했다는 정보를 신태화에게 급히 와서 전했고, 신태화도 그 말에 귀를 기울여 되어가는 형편을 계속 물었다.

"왜 상해 은값이 계속 오르는 거지?"

"상해 러시아은행에서 사람을 놓아서 은을 사들인답니다."

이것은 헛소리가 아니었다. 실지로 그들은 세계의 은시세를 어떻게 점쳤던 간에, 그때 상해 러시아은행에서는 계속 은을 투매하고 있었다.

1923년 10월 현재로 일본돈 1백 원에 대해 상해 은화 60냥이던 환율 시세가 52냥이 되었다.

상해 러시아 은행에서 은을 무자비하게 사들이기 때문이었다. 여기서 신태화도 큰 자금을 동원하여 은을 사들였다.

무엇인지는 잘 몰라도 러시아은행에서 은을 비밀리에 사들인다면 앞으로 은시세는 어디에선가 반드시 한번 뛰리라고 믿은 것이다.

"러시아은행 서양 투자가들이 오직 셈이 빠른가? 그럼 우리도 은을 사세!"

수만 원어치 은을 계속 샀다. 일부는 화신상회 공장에서 세공도 하고 일부는 안둥에서 증권으로 사두기도 했다.

그때 신태화는 을지로에서 선일지물을 열고 있던 박흥식에게서 6만 원의 자금을 융통하여 대담한 점포 확장까지 하였던 것이다.

그런데 신태화가 은투매를 하여 놓고, 이달이나 내달이나 은값이 오를까 하고 눈치를 보았으나 은값은 그후부터 계속 하락세를 보였다. 러시아은행이 상해에서 은투매를 자행한 지 6개월 뒤였다.

1925년 10월에는 일본돈 1백 원에 대해 상해 은화 52냥이던 것이 1926년 10월에는 82냥으로 폭락했다.

"이게 어쩐 일인가?"

"글쎄올시다. 영문을 모르겠구만요."

"그렇게 오르던 은값이 계속 떨어지고만 있으니."

"불경기 때문이니, 조금만 숨이 돌아오면 은값은 도루 올라갈 것 같습니다."

"그래?"

"그럼요, 좌우간 금이나 은은 썩는 물건이 아니잖습니까. 진득하게 버티면서 가지고만 있으면 반드시 다시 오를 것입니다."

그러나 진득하게 버티고 보는 상술도 한계가 있는 법이다. 제 자본으로 장사를 하면서, 남의 돈 이자를 물어주지 않는 상인의 이야기다.

중국사람들은 장사를 할 때 자본금 9백 원이 있으면 처음에는 3백 원만 가지고 시작해 본다고 한다. 한 장소에서 10년을 버텨 보다가 실패하면 다음 3백 원으로 또 해보고, 그것도 실패하면 나머지 3백 원을 또 내놓고 승부를 걸어 본다고 한다. 이렇게 꾸준히 업을 해보는 동안 10년, 20년의 경험이 쌓이고 쌓여 끝내는 성공한다는 말이 있다.

이처럼 남의 돈을 쓰지 않고, 점포에다 그달 그달 '입'을 대고 살지 않아도 되는 입장에서는 가능하다. 또 중국상인들같이 대륙적 기질이 강한 국민들은 가능하다. 그러나 지금은 시대가 다르고 돌아가는 시간의 템포가 다르다. 그러니까 상술도 달라질 것은 뻔하지만 한 가지 변하지 않는 것이 있다.

그것은 남의 '빚'으로 장사를 하면 이자를 갚아야 된다는 것이고, 그 이자는 밥 안 먹고도 잠만 자면 계속 자라나니까, 신태화가 박흥식으로부터 얻어 쓴 대금 6만 원의 이자도 4년을 넘기는 동안 배보다 배꼽이 커지게 되었다는 것이다.

신태화는 그때 은 투기로 일대 실패를 하고, 끝내는 화신상회를 박흥식에게 넘겨주고 말았다.

1926년부터 조금씩 내리막길을 걷고 있던 은 시세는 1930년에는 40년만의 대폭락을 보여 더 이상 견딜 여력이 없었던 것이다. 이것은 1920년대 우리나라 금·은 시세만 해도 이미 국내의 수요공급만으로 시세가 형성되고 성패가 좌우되는 것이 아니고 국제적인 시세 등락 속에서 우리나라의 은 시세나 금 시세도 폭등 폭락한다는 새로운 교훈을 배우게 했다. 은 시세도 이미 국내 수준만 가지고 그 가격이 형성되는 시대가 아니었다.

은은 본래 중국과 인도가 세계 양대 수요국이었다. 물론 은이 많이 생산되는 곳은 멕시코·미국·캐나다가 그 80% 이상을 쥐고 있었지만, 그렇게 생산된 세계 산은량의 50%는 인도에서 수입했고 40%는 중국에서 수입했다. 그 밖에 전체 산은량의 10%만이 세계 각국에 흩어져 약간씩 소비되고 있을 뿐이었다.

이렇게 세계 산은량의 40%를 수입하는 중국은 자기나라에서 은이 많이 생산되는 것도 아닌데 명·청시대 이래 은을 지독하게 좋아하는 국민이었다. 말굽은(馬蹄銀)이나 막대은을 가지고 직접 화폐로 사용했고, 임진왜란 때 우리나라에 원군으로 왔던 명(明)나라 군사들은 은덩이를 전비로 쓰면서 전쟁을 수행했고 임진왜란에 시달린 우리 백성들에게는 은덩이를 원조하여 굶어죽는 난국을 벗어나게 했다.

그런 은 애호 전통이 있기 때문인지 중국은 화폐도 은 본위였다. 우리나라는 금 본위요 중국은 은 본위를 썼지만 압록강 하나를 사이에 두고 있는 우리 경제는 중국의 시세등락에 민감하지 않을 수 없었다.

1930년대까지도 중국을 상대로 하는 우리나라의 무역량이 많았기 때문이다. 그런데 1926년부터 중국 은값이 계속 하락했다. 은값이 하락하면 곧 중국의 화폐가치가 저락한다는 뜻이다. 따라서 중국 화폐가치가 저락한다는 것은 중국상품의 국제시세가 하락한다는 뜻이 된다.

그러면 중국이 상대하고 있는 금화국(금본위 제도 채택국가)의 상품가치가 반대로 올라가니까 중국의 구매력은 현저하게 감퇴해 버린다. 중국의 구매력이 감퇴되면, 그것만으로 우리는 이익을 많이 보는 것도 아니다. 중국의 구매력이 감퇴된다는 것은 일본이나 우리나라의 대중국 무역량이 저조해지고 따라서 국내상품의 과잉을 낳게 된다.

중국에다 팔아먹던 일본상품이 그쪽에 못 팔아 먹으니까, 그 일본상품은 조선으로 대거 유입되어 우리나라 국내 물가를 자극했다. 그렇다면 중국 은 시세가 그 무렵 계속 떨어진 이유는 무엇인가.

1920년대 초반부터 중국대륙에서는 군벌들의 패권쟁탈전이 쉬지 않아 장제스〔蔣介石〕, 마오쩌둥〔毛澤東〕, 만주지방의 장쭤린〔張作霖〕, 무슨무슨 마적패들이 발호하여 극히 정정이 불안했던 것이다. 여기다 일본·소련·영국 등 국제세력이 이해가 서로 엉키고, 중국 국민들의 배일운동이 치열하여 그동안 중국의 농산물 생산량이 현저히 줄어들고 공장들은 폐쇄된 것이 많았다. 대외 무역량은 감소되고 은값이 폭락일로를 걸었다.

세계 은수요의 50%를 차지하고 있던 인도도 그 무렵 사정이 매우 안 좋았다. 인도의 양대 수출품은 면화와 아마, 그것을 수출하여 은을 사들였는데 면화가 유례없는 흉작을 보인 것이다. 여기다 설상가상으로 미국의 면화농사는 유례없는 풍작을 이뤄 국제 은시세는 떨어졌다. 게다가 중국에서는 일본이 곧 금해금(金解禁 : 금 수출금지 해제)을 할 것이라는 소문에 장차 일본의 원화(圓貨)가 오를 것에 대비하여 투기풍조가 성행했다.

은덩어리를 팔아 일본 원화를 사는 투기가 늘어가니 중국의 은은 더 폭락했다.

신태화 채권 확보 위해 화신 인수

화신상회 주인 신태화는 은 투기에 일대 참패를 하고 드디어 박흥식을 찾아갔다.

"박흥식 사장이 화신상회를 인수해 주시오. 내가 어리석어서 은 투기를 잘못 했소."

"그래도 조금 더 참아 보시지 그럽니까?"

"더 참을 기운이 없습니다."

신태화는 박흥식에게 빚을 갚을 가망이 없으니 점포를 양도하겠다는 뜻이었다. 그러나 박흥식은 이 말에 선뜻 응할 수가 없었다.

종이와 쌀장사, 인쇄소 사업이라면 무엇이건 해낼 자신과 경험이 있었지만 금은상에는 전혀 문외한이었기 때문이다.

"영감님, 하지만 박흥식이가 뭐 금은상 일을 알아야죠."

"기술문제는 내가 보아 드리지요."

"영감님이 계속 점포에 나와서 화신상회를 경영해 주시면."

"그렇게 하겠소. 금은상 장사는 잘만하면 절대로 밑지는 영업은
아닙니다."

박흥식은 일단 신태화와 동업으로 화신상회를 인수할 생각을 굳
혔다. 우선 채무를 그런 방법으로라도 받아 손실금을 확보해야 했
다. 그러나 박흥식은 상술이 치밀하고 계획성이 대담했다. 신태화
에게 빌려준 빚 6만 원을 받아 낸다는 것만의 단견으로 화신상회를
인수하려는 것이 아니었다. 그는 언제부턴가 우리나라 상가의 중심
인 종로를 손에 넣을 꿈을 꾼 것이다. 그 종로를 중심으로 하여 대
백화점을 열고 싶은 야망을 품어왔다.

3·1운동 이후 더욱 치밀해진 우리 국민들의 배일의식이 그것을
충분히 가능케 할 조짐을 보였다. 그런데 백화점을 꾸미자면 일단
금은부라는 것이 주축이 되지 않을 수 없고, 그러자면 조선 최대의
금은상 화신상회를 바탕으로 삼는 것보다 더 유리한 계획은 있을
수 없었던 것이다. 북부 서울 구매력의 노른자위인 안국동에서 종
로 네거리까지 제일 번화한 모퉁이에 화신상회가 있어 그 위치는
천금의 가치를 지니고 있었다.

이런 북부 상투 구매력의 결속이란 뜻에서 박흥식은 화신상회를
인수했지만, 이것을 단순히 박흥식의 자본, 신태화의 기술과 경험
만으로 묶지 않고 수십 명 상인과 유력한 주민들을 합자로 참여시
켜 주식회사를 꾸몄던 것이다.

몇 년이 지나 신태화는 박흥식에게 완전히 화신상회를 양도하고
물러나 화신은 박흥식 한 사람의 것이 되었다.

1933년 1월이었다. 그때 어떤 신문사의 기자 하나가 '조선 재계
에 떠오르는 해'처럼 얼굴을 쳐드는 샛별 박흥식을 찾아가서 단도
직입적으로 물어본 일이 있었다.

“돈버는 방법이 무어냐?”

그때 박흥식은 한창 패기만만한 청년실업가로서 이렇게 대답했다.

①치부는 시대에 적응한 자신있는 사업을 붙들고 노력하라.
②사업은 무엇이거나 평탄할 수만은 없다. 난관에 봉착하면 대담하게 돌파할 의지를 발휘하라.

이것이 어떻게 보면 그 무렵 조선 제일 청년 실업가 박흥식의 얼굴이었다.

최남의 동아백화점

박흥식은 1931년 5월, 자본금 1백만 원짜리 화신상회 사장으로 취임하면서 한국인 자본가를 망라한 거대한 백화점 출현의 서막을 올렸다. 이것은 종로 상계, 아니 우리나라 전체 상계에도 큰 충격과 화제를 주는 것이었다.

첫째는 자그마치 1백만 원이나 되는 매머드 자본규모에 놀란 것이고, 둘째는 청년사장 박흥식의 인물과 수완에 대해 주목을 한 것이다.

화신은 출범하자마자, 이미 동아부인상회 등 백화점을 경영하고 있는 강적 최남(崔楠)을 만나 1년 남짓 땀을 흘리는 고전을 했다.

최남의 동아백화점과 박흥식의 화신백화점은 1932년 여름을 고비로 모든 사운과 재력과 두 청년 실업가의 상재를 내걸고 혈전을 한다. 결국 박흥식이 동아백화점을 흡수하고 말지만, 역시 그때 승승장구하던 청년사장 최남의 존재도 막강한 적수였다.

동아백화점을 열면서 최남은 이렇게 선언하고 포문을 열었다.

“첫날 매상고의 1백분의 1을 빈민구제 사업에 내놓겠다.”

그러자 박흥식의 화신도 이렇게 선언하고 손님 유치경쟁을 서슴지 않았다.

"우리는 경품으로 문화주택 1채를 내놓겠다!"

지금은 경제규모가 커지고, 회사들의 규모도 대형화하여 걸핏하면 경품으로 비싼 자동차가 나오고 TV, 냉장고도 곧잘 나온다. 그러나 빈약한 경제, 상업구조 시대에 '기와집 한 채'를 경품으로 내놓아 백화점 자랑을 한 것은 보통 큰 용단이 아니었다.

박흥식은 냉혹하리만큼 정확하고 대담한 상재로 무서운 아성을 구축해 갔지만, 화신이 꼭 상재 하나만으로 그렇게 행운을 잡았다고 볼 수 없다. 우리가 세상을 살아보면 살아볼수록, 나이를 더 먹어갈수록, 이 세상 모든 일이 논리만으로 설명되지 않는다는 것을 겸허하게 깨닫는 때가 있다. 세상 일은 순리만으로 공식화되어 돌아가는 것도 아니고, 논리만으로 해결되는 것도 아니다. 순리나 논리만으로 설명할 수 없는 일들이 얼마든지 있다.

대재벌의 총수가 하루 아침에 교통사고로 길바닥에서 죽을 수도 있고, 생각지도 않았던 생선장수의 찢어지게 가난한 생활고가 느닷없이 몇십억 원짜리 복권에 담첨되어 하늘의 축을 돌려 놓는 수도 있다.

수백만 명이 산 복권, 수백만 단위의 숫자 중에서 어떤 한 사람, 바로 '그 사람'한테 운이 맞아떨어지는 과정은 어떤 논리나 순리로 설명할 수가 없다. 그런 것을 사람들은 운수라고 한다. 또 장사꾼들은 재수(財數)라고도 한다.

그러나 앞서 말한 화신상회의 원주인 신태화는 은으로 망했는데, 1931년 그 화신상회를 인수했던 박흥식은 생각지도 않게 금으로 큰 재산을 잡게 된 운이 열린 것이다. 우선 화신상회는 백화점이면서 주력은 금은이니까, 금값이 오르고 금붙이 거래가 활발해지는 경기를 만난다는 것은 확실히 상운이다. 일찍이 종이를 다루면서도 시대의 진운에 맞는 방향을 택해 대성하였다.

그런데 이번 화신백화점을 인수하자마자 또 시대의 진운을 맞는 금값 폭등의 행운을 잡은 것이다. 여기서 시대의 진운이 무엇이냐 하는 것은 각자가 보는 안목에 따라 다를 것이다.

그러나 쉽게 얘기하면, 그 시대는 그 시대가 흘러가면서 그 시대의 경제계 어디선가 일정한 방향으로 반드시 바람이 불게 되어 있다.

예를 들면 1920년대 같으면 금광바람이라는 것이 있었다. 해방 후 1950년대에는 마카오 무역시대가 있었고, 1960년대 같으면 화학섬유, 1970년대 같으면 섬유, 조선, 토지, 부동산 바람이 불었다.

가령 오늘날 재계의 큰 산맥들을 이루고 있는 건설회사들은 중동(中東)이라는 그 시대의 바람이 없이는 성립되지 못했다.

이렇게 전자나 건설방향에서 바람이 불고 있는데, 태백산 산줄기를 헤매며 금광이나 찾겠다고 헤맨다면 이것은 대성을 할 바탕은 못 된다. 바람이 불면, 아니 불어올듯한 날씨를 보이면, 우선 그쪽으로 고개를 돌리고 날개를 퍼득여 보아야 할 일이 아니겠는가?

그런데 박흥식이 화신을 인수하자마자 그때까지 잔뜩 얼굴을 찌푸리면서 하늘에 구름이 가득 끼어 있던 금·은계는 갑자기 활기를 되찾는 시대의 진운을 맞았다.

이 바람은 어디서 온 것일까. 그것은 일본이 1917년부터 실시했던 소위 금수출 금지를 풀었던 것이다. 그에 따라 포화상태에 빠져 있던 국내의 금값은 상승하기 시작했다.

금 1냥쭝에 55원하던 서울의 시세가 1931년말에는 65원으로 뛰었다. 금값이 점점 뛰니까, 그동안 폐광 상태로 방치되어 있던 국내의 금광들은 다시 움직이게 되고, 금광들이 활발하게 움직여 주니까 금은상들도 활기를 찾을 것은 뻔하지 않은가?

금값이 오를 기미를 보이자 사람들은 자꾸 금붙이 장신구를 만들고 금을 사다가 장롱 속에 넣어두기 시작한 것이다.

금해금으로 큰 장사 기회잡아

낚시질을 해본 사람들은 물고기의 어이없는 습성을 깨닫고 더러 실소하는 때가 있을 것이다. 낚시밥을 던졌는데 큼직한 붕어가 물었다고 치자. 낚시꾼은 조심조심 줄을 당기고 늦춰주며 실랑이를 하다가 다 잡은 물고기를 잡아채는 순간에 놓치는 수가 많다. 물고기가 낚시끝에 물렸던 주둥이가 찢어져 구사일생 살아 도망치는 수가 있다.

사람 같으면, 낚시밥 있는 쪽은 돌아보지도 않고 멀리 도망쳐 버릴 일이다. 그런데 물고기란 녀석은 그렇지가 않다. 10분만 지나면 방금 낚시꾼한테 죽을 고비를 겪었던 아슬아슬한 생사의 곡예를 까맣게 잊어 버리고 또 그 낚시밥을 문다. 그래서 한번 놓쳤던 물고기를 다시 그 자리서 그 낚시꾼이 건져 올리는 경우가 종종 있다.

이것을 눈먼 고기라고 할 것이다. 그런데 돈이라는 놈도 눈먼 고기다. 돈 자체는 이(利)도 없고 해(害)도 없고 선도 없고 악도 없이 분별력이 전혀 없기 때문이다. 돈이 이렇게 눈이 없기 때문에 사리판별을 정확히 하는 영리한 낚시꾼이라고 해서 항상 돈고기를 대어로만 낚아 올리는 것은 아니다. 돈고기를 잡으려고 그물망을 쳐보고, 물고기가 다니는 길목을 엿보고, 지형과 날씨를 정찰하여 낚싯대를 드리우던 베테랑 낚시꾼들도 번번이 허탕을 치고는 이렇게 탄식을 하는 경우가 흔하다.

"돈이 사람을 따라야지 사람이 돈을 좇아 다녀 가지고서는 돈 못 번다."

이 말은 돈을 벌려고 애쓰고 노력한다고 해서 반드시 노력한 만큼 돈이 모여지지 않는 것이라는 뜻을 내포한다. 노력하는 만큼씩, 돈이 그 정비례로 쌓이는 것이라면 이것은 $+$, $-$의 덧셈 뺄셈일 뿐이다. 그러나 재물이 모이는 원리는 덧셈 뺄셈으로 셈이 되는 것이 아니다.

x, y라는 미정계수들이 얽히고 설킨 불가해한 여러 요인들 때문

에 그때그때 변한다. 이것을 우리들은 운(運)이라고 깨닫는다. 때문에 작은 부자는 손발이 부지런하면 이룰 수 있지만 큰부자는 하늘이 낸다고 했다.

박흥식은 1931년 무렵에도 그런 큰돈의 대운을 잡았던 것이라고 말할 수 있다. 물론 이런 표현이 틀린 말은 아니다. 그러나 엄밀히 따지면 대운이라는 것도 하루 아침에 번개치듯 하늘에서 뚝 떨어진 것은 결코 아니다. 대운도 달통한 상인의 상기(商機)로서 보면 그 오고 갈 조짐을 충분히 깨달을 수 있는 것이다.

유능한 뱃사공은 해가 떨어지는 저녁 노을의 붉음과 구름 모양을 쳐다보고 그 이튿날 불어올 바람의 풍세나 풍향을 점치고 날씨를 판단할 줄 아는 것과 같이, 상인도 상인만이 느낄 수 있는 상기를 잡아낼 수 있다. 그렇다면 신태화가 은 투매로 대패하여 쓰러진 바로 그 화신상회의 전신을 인계받은 박흥식이 이번에는 무슨 상기를 보아 금으로 대운을 쥐는 승전보를 엮는가?

그 상기의 바람을 제대로 이해하기 위해서는 먼저 1930년대의 우리나라에는 금이 넘치고도 흔했다는 사실에 주목해야 한다. 그 무렵 태환지폐(兌換紙幣)를 쓸 때니까 금이 곧 돈(正貨)이었던 것을 전제해야 한다.

조선은행 창구에는 은행원이 앉은뱅이 저울을 카운터 위에 놓고 고객이 가져오는 금덩이를 달아 시세대로 사들였고 누가 돈 1원짜리 한 장을 내놓고

"이 돈 금으로 바꿔 주시오!"

하면 돈 1원만큼의 금을 은행에서 내주어야 했다. 이래서 우리가 물건을 사고 파는 거래를 하거나 영수증을 써줄 때는

"一金 5원也"

"一金 750원也"

이렇게 돈머리 숫자 앞에다가 일금이라는 말을 관사처럼 붙여 썼다. 이것은 5원만큼의 금이나 750원만큼의 금을 주고받는다는 뜻이

다.

　이처럼 1930년대는 금이 곧 정화(正貨)이던 시대니까, 그 나라가 부자라서 돈이 많다는 것은 금을 많이 가지고 있다는 뜻이 된다. 그러므로 부국이 되려면 금을 자꾸 외국에서 사들여다가 쌓아 두거나 자기 나라 산구덩이에다 구멍을 파고 남포를 들어 '금나와라 뚝딱!' 하는 금광판을 많이 벌여야 한다.

　그렇게 국립은행 창고 안에 금덩이를 수북이 쌓아 두고, 계속 산금량을 늘려가는 것만이 부자나라가 되는 방법이었다. 이것이 금본위 제도였다. 세계 여러 문명국가들이 그런 금본위 제도를 채택하고 있었다.

　일본도 금본위 제도를 채택하여 재외 또는 재내 정화(금)로 소유하고 있는 금덩이가 자그마치 16억 원어치나 되었다. 쌀 1가마에 10원하던 일제시대까지만 해도 우리나라의 연간 산금량은 1천만 원 대를 훨씬 더 돌파했고, 그 무렵 전국 곳곳에 유행했던 노다지 금광바람은 여기저기서 하루 아침에 백만장자들을 탄생시켜 사람을 미치게 만들었다.

　그런데 그때 일본 등 세계 각국이 금본위를 채택했다는 것은 국제대차(國際貸借)를 금화 또는 지금(地金)을 가지고 결제했다는 말이다.

　그런데 세계 각국은 이렇게 금을 가지고 무역을 하면서도 1차 대전 이후 점차 자기 나라의 금이 외국으로 빠져 나가는 것을 금지하는 법을 채택했다. 국제대차는 금화나 지금을 가지고 결제하면서 서로가 금수출금지 조치를 내리는 것은 매우 모순된 일이었지만, 1차대전 이후 각국은 서로 자기 나라의 재계 공황을 두려워하여 그런 조치들을 취하고 있었다.

　일본도 1917년부터 금 수출 금지조치를 단행했다. 그러나 몇 해가 지나자 금 수출 금지에도 점차 문제가 야기되기 시작했다.

　1차대전 기간 동안 구라파 쪽 금덩이를 몽땅 긁어다가 국내에 쌓아놓고 있던 미국이 맨 먼저 골머리를 앓기 시작한 것이다. 금이 너무 많아서 그 처리가 곤란했던 탓이다. 미국은 금이 너무 많아 이제는 소유한 금을 처리할 방법을 몰라 골치를 앓다가 드디어 해금조치를 단행하고 말았다.

1923년 스웨덴에서도 금해금을 단행했고 영국에서도 1925년 금해금 준비를 서두르고 있었다. 이러자 일본에서도 1925년 경부터는 '금해금을 해야 한다'는 국내 여론이 고개를 들기 시작했다. 일본 각계의 유력한 실업가와 상공회의소 등 각종 경제단체들도 금해금을 요청하는 결의안을 국회에 내놓고 있어 한창 그 문제로 왈가왈부가 계속됐다.

그러나 일본의 역대 내각들은 쉽사리 금해금 정책을 시행하지 않았다. 금해금을 실시하면 일본의 금(地金 또는 正貨)이 국외로 빠져나가 큰 손해를 보게 된다고 두려워한 탓이었다.

해금문제는 5년 이상이나 왈가왈부하다가 1930년대로 넘어왔는데 바로 이 무렵 박흥식은 신태화의 화신을 인수하여 백화점을 꾸미고 화신백화점의 가장 노른자위 상권인 금은부 경영을 어떻게 할까 망설이던 참이었다.

한번은 지나는 길에 우연히 낙원회관에 들렀더니 거기엔 더벅머리를 한 당대의 뛰어난 선비들이 주욱 둘러앉아 있다가 청년 실업가 박흥식에게 인사를 하였다. 그때 카페 낙원회관은 여급의 황금시대를 이루어 낭만이 꽃피던 사교장이었으며 신식 청년들의 환락가였다. 기생과 여배우와 실연에 우는 작은 아씨들이 많이 들락거려 분위기는 항상 꽃밭인데, 이런 난숙한 꽃향기에 취해 실의에 빠진 지식청년과 시인, 퇴폐주의와 허무주의에 물든 1930년대판 '빼앗긴 들에도 봄은 오는가'를 읊는 청년들이 많이 모였다.

박흥식은 특별히 전문학교나 성대(城大) 사각모자 같은 것을 써본 일은 없었지만 그래도 지식청년들을 상당히 좋아하는 학구적인 탐구심과 이해심이 많은 실업가였다. 그래서 일제 말기의 암담한 시국에 쫓겨 몸 둘 바를 모르던 신흥우(申興雨), 오천석(吳天錫), 주요한(朱耀翰), 신태환(申泰煥) 등도 한때는 화신의 그늘 밑에서 밥을 먹고 있기도 했고, 옥중에서 신음하던 안창호(安昌浩) 선생을 보석으로 빼내어 보호했던 것도 박흥식이었다.

박흥식은 야심만만한 사업가이면서도 때로는 주요한 같은 청년시인과 격의없이 잡담을 하면서 시간을 보내기도 했다. 그런 심회(心懷)풀이로 낙원회관에 들어 갔더니, 청년들 몇 명이 난로를 둘러싸고 앉아 한창 무슨 토론이 벌어져 있었다.

"아 참, 박 사장님 잘 오셨습니다. 지금 금해금을 가지고 이 멍청이들과 입씨름을 하는 판입니다."

머리에다 쪽지가 달린 화가 모자를 쓰고 앉아 연신 파이프 담배를 피우고 있던 시인 조(趙) 무슨 벽(壁)인가 하는 청년이 한창 열을 올리고 있다.

"앗따, 이 알량한 시인이 무슨 경제 문제를 안다고 금해금이 옳으니 그르니 입품을 파노?"

"시인은 경제를 모르나?"

"시인은 경제를 모른다!"

"이니다. 시인도 경제는 안다. 단 돈을 모를 뿐이다."

"하하핫핫. 경제를 아는 시인이 돈을 몰라? 그것 참 명답이군! 그래, 이봐 개똥 시인. 앞으로 금값은 어떻게 되나?"

"오른다!"

"금해금이 되니까."

"금값이 오른다고? 그럼 금을 많이 사두면 돈을 벌겠구만?"

"물론이지!"

"그럼, 자네도 시나 쓰면서 배를 곯지 말고 금장사나 하지 그래?"

"그러나 시인은 상인이 아닙니다. 박 사장님, 안 그래요?"

술이 취한 시인 조 아무개는 안면이 익은 박흥식을 돌아보면서,

"박 사장님, 난 시인입니다. 20전짜리 고히(커피) 한 잔 값에도 외상을 지는 가난뱅이지만 금장사는 않습니다. 금장사는 화신의 박 사장님이, 한번 크게 벌여 보십시오. 됩니다, 돼요!"
허공에다 손을 휘저으며 큰소리로 자신만만해 했다.

조선 최초 연쇄점 구상

박흥식은 낙원회관에서 만난 지식청년들의 토론이 썩 흥미있었다. 얼굴 하얀 저 백면서생들이 돈벌이하는 경제를 어떻게 알까마는, 그래도 금해금 문제에 있어서는 그 시대의 사정을 이해하는 데 큰 도움이 되었다.

1925년 1월 일본돈 백 원에 대한 미국돈 환율은 38달러였다.

1922년 1월 일본돈 백 원에 대한 환율이 49.5달러였던 것에 비해 크게 떨어진 수치였다.

이런 일본돈 저락 현상이 왜 계속 일어나느냐 하면, 일본의 수입량이 수출량보다 현저하게 많아져 환율 시세가 수요공급의 원칙에 따라서 변하는 탓이었다. 그러니까 이 시기에 해금을 단행하여 일본이 금 수출을 하게 되면 일본돈의 환율 시세가 곧 회복될 것이라는 주장이었다.

"일본이 금을 해외에 수출하면 일본돈 환율 가치가 뛰어 오를 것이라니, 그게 무슨 뜻이요?"

박흥식은 지식청년과 술자리를 함께 하면서 열심히 금해금을 주장하고 있는 시인 조 아무개에게 물었다. 그러자 그 시인은 또 금방 생기가 돌아 신이나게 떠든다.

"그건 일본의 정금(正金)이 나가니까 환율 시세가 회복되는 이유지요."

원래 환이란 서로 멀리 떨어져 있는 사람(거래자)에게 돈을 보낼 경우 어음, 수표 또는 증서에 의하여 송금하는 방법이란 뜻이다. 이래서 환은 우편환, 전보환, 은행환, 내국환, 외국환 등으로 나라와 나라끼리 무역행위에서는 외국환을 이용하게 되어 여기서 소위 환율이라는 것이 성립된다.

"그런데 왜 금이 나가면 일본 돈 가치가 되살아난단 말이요? 나는 그 까닭을 이해할 수가 없네요."

"간단하죠. 지금은 금해금이 안 되어 국내의 금덩어리가 외국으로 못나가지 않습니까?"

"그렇지요."

"그렇지만 금이 자유롭게 나갈 수 있다면 우리 무역업자들이 환을 가지고 무역대전을 결제할 필요가 없지요. 선일지물이 스웨덴서 수입하는 종이값도 직접 금을 보내 갚으면 될 것 아닙니까?"

"그러면 어떻게 되지요?"

"환 수요가 점점 줄어 들어 일본돈 시세가 곧 회복됩니다."

"금덩이로 직접 무역 대전을 결제해 버리는 방법을 택한다는 말입니까?"

"물론이죠!"

정금을 가지고 무역대전을 갚자면 물론 거기 따른 수수료가 붙고 보험료도 붙는다. 환송금에 비해 정금이라는 실물이 나가야 하니까 무게도 엄청나고 또 송료가 따르게 되지만 이런 것은 극히 소액에 불과하다는 것이다.

"일본이 금수출을 금지시킬 때만 해도 일본 경제는 아주 호황을 누렸습니다. 무역도 계속 수출 초과였죠. 그래서 그 무렵 일본정부나 은행들이 소유하고 있던 재외정금(在外正金 ; 외국은행에 예금되어 있는 금)만 해도 13억 5천만 원어치에 이르렀습니다."

그러나 1921년 이후부터 일본의 경제성장 템포는 현저하게 침체 현상을 빚기 시작했다.

1차대전으로 엉망이 됐던 구라파 쪽 공장들이 복구되고 전후경제가 점차 회복되어 그들의 상품이 다시 아시아 쪽으로 손을 뻗쳐온 탓이었다. 이것은 일본의 공업성장이나 상품시장에 막대한 위협이 되었다.

이런 판에 일본은 1924년 관동대지진을 만나 그때부터 수출입 무역량이 역조되어 버린 것이다.

"관동대지진으로 잿더미가 되어버린 도시와 공장들을 건설하자면 외국에서 빚을 안 가져다 쓸 수 있습니까? 그런데 속담에 자빠진 김에 쉬어간다는 격으로, 그때 일본의 낡은 건물이나 공장들은 새로 세워지고 건설되면서 아예 근대화가 됐지요. 그 통에 돈이 더 많이 들었습니다."

이렇게 수입초과가 계속된다는 것은 일본이 외국에 지불해야 할 채무가 격증하여 재외정화가 격감되고 따라서 환 자금의 고갈을 빚는다는 이야기였다.

환 자금이 바닥이 나면 일본돈 시세는 하락될 수밖에 없다.

일본정화의 대미 환율이 49달러 8분의 7에서 불과 2, 3년 만에 38달러 2분의 1까지 하락되었다는 것은 단지 은행이나 무역업자만의 문제가 아니었다.

일본의 국제 신용상에도 중대한 영향을 끼치는 현상이 아닐 수 없었던 것이다.

1925년 1월 일본의 정화는 재외의 것과 재내의 것을 합하면 약 16억 원에 달하고 있었다. 이것은 일본이 세계적으로도 막강한 금 소유국임을 과시하는 분량이었다.

그런데 이런 엄청난 거액의 금을 갖고 있으면서도 일본의 외화는 하락에 하락을 거듭하고 있다.

"지금 조선은 일본 식민지입니다. 정치적으로만 그런 것이 아니고 먹고 사는 살림살이 전부가 일본경제의 일부분입니다. 그런데 동양의 서양 헌병을 자처하고 있는 일본은 어떤 나랍니까? 공업원료에 허덕이는 배고픈 공업국입니다. 면화, 양모, 사탕, 기계, 철, 석유, 자동차 타이어 바퀴 하나까지도 해외에서 원료를 수입해야만 공업이 돌아가게 되어 있습니다. 그렇지 않습니까, 박흥식 사장님?"

얘깃거리라는 것은 반드시 영웅호걸들의 허황된 주색담만이 신이 나는 것은 아니다. 분위기에 따라서는 이런 금덩이 학설이라는 것에도 많은 사람들이 귀를 기울여 들어주기 마련이다.

이래서 7~8명이나 되는 낙원회관 지식청년들은 그날도 박홍식 사장의 술을 맛있게 대접받으면서 저마다 죽림칠현(竹林七賢) 같은 지식을 토로한 셈이요, 그 중에도 말솜씨가 좋은 시인 조아무개의 금덩이 학설 강의는 제법 열기가 있었다.

"일본은 양털에서 쇠붙이 한조각까지 사들여야만 공장을 돌리는 나라 아니오? 인도나 미국 면화를 실어오지 않으면 일본 방직공업은 아무것도 없습니다. 호주에서 양털을 안 사오면 일본 군인들의 내복이나 담요는 무얼로 만듭니까? 이렇게 오만가지 공업원료를 해외에서 수입해야 하는데, 환 시세가 폭락된다 이 말씀이오.

옛날에는 일본도 1백 원으로 면화 1천 근을 사왔다면 이제는 1백 30원을 내놓아야 면화 1천 근을 사온다 이 말이오. 이러면 생산비가 어떻게 되겠습니까? 오르죠, 올라! 여기서 생산비가 오른다는 것은 곧 물기기 뛴다는 얘긴데, 세계 1차대전 이후 일본같이 물가가 껑충껑충 폭등했던 나라가 일찍이 있었던 줄 아십니까? 없었어요!

1차대전 중 일본은 공업을 급성장시켜서 경제를 호전시킨 것이 틀림없지만, 그동안에 오른 일본의 물가고는 세계 어떤 나라와도 견줄 수 없었죠. 이런 물가고에 국민은 얼마나 고생했소? 또 환 시세가 폭락하여 물가가 오르게 되면 생활은 엉망이 됩니다. 우리 조선 사람 살림살이는 더욱 힘들어지게 되구요……."

이것은 틀린 말이 아니었다. 원칙적으로 따져서, 환 시세의 폭락은 곧 일본 원화의 대외가치 폭락이다. 그러니까 이것을 거꾸로 얘기하면 외국화폐의 대원(對圓) 가치 증대라는 말이 된다.

이렇게 되면, 일본상품의 값이 싸져 외국 무역업자들이 일본 상품을 사가는데 유리한 조건이 형성되고 따라서 일본상품의 값이 싸지니까 외국 상인들에 의해 일본상품의 해외 수출이 격증하게 된다.

경제학설 운용 법칙으로 보아서는 그렇지만, 그렇다면 일본위체 시세의 저락이 과연 그런 현상을 일으켜 왔는가?

그러나 원칙은 위에서 말한 학설이 옳을지 몰라도 실제로는 그렇지가 않았다. 왜냐하면 일본의 공업 수출품은 거의 다 외국원료를 수입해서 만든 제품이기 때문에 환 시세가 떨어지면 원자재 값이 비싸져 일본의 상품값도 자연 고가품이 되어 해외 수출이 어렵게 되는 탓이었다.

1922년까지도 16억 원이나 되던 일본의 재외, 재내 정화가 1925년에는 12억 원(재내)으로 감소되어 버렸지만, 그러나 아직도 막강한 황금파워였던 것이다.

일본이 이렇게 막강한 황금을 사장해 놓고, 해외 유출만 계속 억제한다면 통화는 팽창되고 물가는 더 상승될 것은 뻔한 일이다. 때문에 막대한 사장 정금을 풀어 일본의 환 시세를 회복해야 한다는 주장이었다.

그러나 그런 금해금 주장에 맞서 일본의 역대 내각들은 고개를 흔들었다. 금은 해외에 수출해서는 안 된다는 주장도 여러 이유에서 완강히 맞섰는데, 그 중에서도 가장 알기 쉽고 중요한 것이 면환제(免換制)의 동요였다.

일본 돈은 당당한 금본위 태환지폐였다. 종이돈(지폐)을 가지고 와서 언제든지 그 돈 액수만큼의 금을 요구하면 금으로 교환해 준다는 단서를 아예 지폐 위에다 글씨로 인쇄해 놓고 쓰는 돈이다.

일본은 태환준비로 언제나 10억 원 이상의 정화(금)를 은행 금고 속에 넣어두고 있는데, 만일 일본 국내의 정화가 해외로 유출되어 준비정화가 부족해진다면 어떻게 되는가?

그때는 은행(국립) 금고 안에 쌓아둔 준비정화의 양을 기초로 하여 통화량을 줄일 수밖에 없다.

일본의 화폐가 준비정화 고갈로 인해 불환권(不換券)으로 변한다면 화폐경제에는 일대동요가 불가피해진다.

이렇게 되지 않기 위해서는 금이 해외에 유출되는 만큼씩 통화량을 수축할 수밖에 없고, 그렇게 되면 당장 디플레이션(공황)이 일어나 금융이 경색된다. 이렇게 되면 금본위 화폐제도를 쓰고 있는 재계에 일대 파탄이 올 것은 뻔했다.

해금을 않고 버티니까 금은 포화상태에 빠지고, 금값이 떨어져 국내 금광들은 부진할 수밖에 없다. 금값이 뛰지 않고 포화상태에 빠져 국내 금광들은 휴업상태로 문을 닫는 곳이 많으니까 금은상들이 문을 닫았고, 그런 영향을 받아 조선 최대의 금은상 신태화 같은 금붙이 귀신도 파산을 하고 만 것이다.

그러나 언젠가 금해금 정책을 써야 할 것은 이제 명백해지고, 그 시기에 도달된 것이라고 낙원회관 지식청년들은 열변을 토하고 있었던 것이다.

그날 저녁 박흥식은 거나하게 취기가 올라 널찍한 종로 거리를 지나 화신으로 들어가면서 그런 직관을 떠올렸다. 이런 금신(金神)에의 직관적 영매(靈媒)가 있었던지, 그는 아닌게 아니라 금해금이 가(可), 불가(不可) 운동을 계속하는 동안 또 한번 큰 이익을 보는 대운을 잡았던 것이다.

1932년 다시 튼튼한 전열을 다진 화신은 여세를 몰아 우리나라 사상 유례가 없는 전 조선의 상권을 한줌에 묶는 대연쇄점 계획을 세우게 되었다.

불같이 일어난 30년대

박흥식은 우리에게 두 가지 점에서 놀라움을 주게 된다.

하나는 불같이 일어난 사업의 속성(速成)이고, 또 하나는 나이

40살도 못 되어 전 조선의 첫째가는 재산가가 되었다는 것이다.

그럼에도 불구하고, 박흥식은 화식가(貨殖家)로서의 유례없는 장수를 누렸다.

박흥식이 한창 전성시기라고 볼 수 있었던 1938년에는 화신백화점 한 곳에서만도 월 매상고를 1백만 원 이상씩 올렸다.

순금 1냥쭝에 50원 하던, 우리나라 경제의 전근대적 운영규모로 보아서 월간 매상고 1백만 원이라면 거의 천문학적인 숫자였다.

화신이 전성을 누리던 그 무렵, 서울 인구의 80%가 화신 단골이라고 할 만큼 화신은 조선인 경제의 상징이다시피 했다.

박흥식은 몰라도 화신을 모르는 조선 사람은 없었다. 이것은 화신이야말로 모든 조선인의 상략이 집약되고 뭉쳐서 표현된 자존심이었기 때문이다.

서울서 유일한 조선인 경영의 백화점으로 그 기백을 자랑하는 화신은 1932년에는 동아백화점을 인수했고, 1934년부터는 연쇄점 운동을 전개하다가 2백만 원 자본금의 대동흥업주식회사(부동산회사)를 설립하더니, 평양에 있는 평안(平安)백화점을 매수하여 평양 화신을 개설했다.

1936년부터는 그 무렵까지 우리 조선인에 의해서 건립된 최대의 건물 화신 빌딩을 지하 1층 지상 6층으로 짓는가 하면 1937년에는 제주도에다 4백 50만 평의 땅을 사 목축업을 개시했고, 화신무역주식회사를 꿈꾸며 태국, 수마트라까지 손을 뻗는 국제 무역으로 웅비했다.

그 무렵 박흥식이 이룩한 많은 사업전선 가운데 가장 정예부대를 배치하고 있던 주전선은 말할 것도 없이 화신이었고 이 화신에서 벌어들인 돈이 박흥식 왕국의 성첩을 쌓게 했고 궁궐을 짓게 했던 것이다.

그렇다면 박흥식 왕국의 상징이라고 할 수 있던 화신은 어디서 구축되는가?

첫째, 신태화가 넘겨준 조선 제1의 금은상이 기반이고, 두 번째는 1932년 최남으로부터 전리품으로 사들인 동아백화점의 오랜 상권이었다. 화신은 출범 3개월 만에 최남의 동아백화점을 만나 당황했고, 두 백화점은 조선인 구매력을 서로 유지하기 위하여 혈전을 벌이다가 6개월 만에 최남이 박흥식에게 동아백화점을 넘겨주고 용퇴를 했다.

최남이 운영하던 동아백화점 건물(화신의 동관)은 물론 동아백화점 진열대 안에 진열되어 있던 상품과 비품까지 고스란히 인수한 박흥식은, 조선인 백화점을 통일해 버림으로써 명실공히 서울의 최대 상권을 쥐기 시작했다.

박흥식이 오랜 결속의 숙망을 푼 셈이었다. 그래서 화신과 동아가 갈라져서 싸우지 않고 하나로 뭉쳤을 때 조선인 고객들은 박수를 치며 민족상권의 통일을 치하했다.

화신이 종로상권을 통일해 버린 것은 상투 구매력을 집중화시켰다는 의미도 있지만 일본인 상권의 종로 침식을 견제했다는 의미에서도 뜻이 컸다.

왜냐하면 진고개(忠武路), 남산, 용산, 후암동 쪽에서 자리를 굳힌 일본사람들은 5백년 이래 서울 장안 상권의 노른자위인 종로 침식을 꾀해 여러 번 꿈틀거린 일이 있었다. 그때마다 우리나라 종로 상인들은 왜상(倭商)의 종로 진출을 노골적으로 견제했던 것이요, 1922년에도 일본사람 히로타니 히사이치(港谷久市)란 녀석이 종로 4가 쪽에 진출해 오려고 했을 때도 맹렬히 반대운동을 전개했던 일이 있었다.

그때 종로 4가에다 수십만 원의 자본을 들여 7백여 평짜리 서양식 2층집을 기다랗게 지어 종로대권상장(鐘路大勸商場)을 꾸며 여러 업종의 장사를 하는 상점들이 입주하고 그 안에 오락실과 다방까지 꾸민 것이다.

일본사람들이 종로의 구매력을 겨냥하여 세운 대규모 상가 시장이었다.

그러나 상투 구매력은 쉽사리 겨냥되지 않았을 뿐만 아니라 연지동 주민들이 벌떼같이 일어났다.

이런 통에 종로대권상장 상권은 덕원상회나 동아백화점으로 몰렸고 그 동아백화점의 상투 구매력이 고스란히 화신으로 통일되었으니, 박흥식의 장사가 불같이 일어나 부자가 되지 않을 수 없었다.

민족상권을 확보하라

막강한 상권 고지를 확보한 박흥식은 다시 종로에서 전조선으로 그 깃발을 펄럭일 꿈을 꾸는데, 그것이 이른바 1934년 화신이 내세웠던 대연쇄점(체인 스토어) 운영 계획이었다.

연쇄점 창안 계획은 물론 박흥식이 처음 기도했던 상술은 아니었다. 또 우리나라에서 연쇄점 상술을 써서 맨처음 성공한 사람은 박흥식이 아니라 덕원상회와 동아백화점을 운영했던 귀재 최남이었다.

연쇄식 상점(체인 스토어)이란 것은 일개인이나 혹 일기관에서 여러 상점을 경영한다는 것인데, 미국 같은 나라에서는 한 상점에서 수십 혹은 수백이라는 상점을 경영하는 일이 恒用이며, 지금은 이것이 세계적으로 크게 유행하야 상업이 발달한 나라로서는 이 방법을 쓰지 않는 곳이 없다. 우리 동양에 있어서는 중국 사람이 서양사람보다도 먼저 옛날부터 이것과 근사한 방법을 쓴 것이요, 그래서 이 습관에 젖은 중국인의 상점 발달과 그 確固不動한 규모는 누구보다도 우승한 것이 그 까닭이라……

박흥식은 항상 새로운 상업 경향을 귀기울여 듣는 탐구적 포용성이 강한 성품을 지니고 있었다.

그래서 연쇄점 애기가 나오자 박흥식은 직접 최남을 만나 보기도 했고, 그때 최남은 민족상업권을 확보하는 의미에서도 박흥식에게 연쇄점 운영을 진심으로 적극 권했던 것이다.

나이가 비슷한 맞수끼리는 항상 힘을 겨루고 견주기 때문에 서로 적수인 박흥식과 최남도 한때는 '화신이냐, 동아냐?'하고 혈전을 벌인 사이였다.

그러나 박흥식은 적수요, 자기 앞에 동아백화점을 가지고 와서 무릎을 꿇은 패장이지만 최남을 미워해 본 일은 없었다. 작게는 서로 경쟁자이지만 일본인 상권에 맞서는 민족상권이라는 차원에서는 협력자요 동지였기 때문이었다.

박흥식은 최남을 만나 그 꾀를 들었고, 결국은 조선 최초의 대연쇄점을 결심한다. 그리고 이렇게 마음을 굳히게 된 두 번째 동기는 화신에 새로 입사한 주요한과의 정세타진 덕분이었다.

그때 주요한은 상해 호강대학을 졸업하고 돌아와서 시 '불놀이'를 발표하여 이름을 얻고 있던 재기발랄한 지식청년이요, 경제통이었다.

그 주요한이 영어로 된 서양신문을 읽고 나더니 박흥식 사장에게 연쇄점 운영을 건의하고 나선 것이다.

"연쇄점을 하게 되면 첫째 값이 싸집니다."

"값이 싸진다?"

"그렇지요. 박 사장님이 항상 우리 화신 사원에게 주장하듯이 한 푼이 싸도 싸게 팔 수 있는 겁니다."

"그럼 연쇄점을 하면 어째서 값이 싸지요?"

"상업이라는 것은 무엇입니까? 상품을 사다가 상품을 파는 일입니다."

"그건 그렇지."

"그러니까, 물건을 싸게 사오는 일이 반절이고 그 물건을 싸게 파는 일이 또 반쪽의 일이지요. 그러니까 상품을 싸게 구입하지 못하면 고객에게도 싸게 팔 수가 없고, 상품을 남보다 한 푼이라도 비싸게 사면 비싸게 팔 수밖에 없습니다."

농사꾼은 땅에 묻혀서 성실하고 부지런하기만 하면 훌륭한 농사꾼이 될 수 있지만, 상인은 반드시 그렇지만은 않다. 성실하고 부지런해야 하지만 꾀도 겸해야 하고 재주도 있어야 한다. 상운도 따라 주어야 한다.

여기서 상인들의 상재라는 것은 또 장인(匠人)들의 재주와도 다르다. 밥상을 만들거나 그릇을 굽는 장인들은 나무를 잘 깎아 다듬고 흙을 다루고 만지는 데만 정성을 쏟으면 그것으로 끝난다.

그러나 상재는 물건을 다루면서 항상 사람을 상대로 해야 한다.

사람을 상대로 하는 상술의 요체는 한푼이라도 상품을 싸게 팔아야 손님이 붙으니, 장사꾼의 첫일은 싼 상품을 잘 구입해 들이는데서부터 시작되는 게 아닌가?

그런데 현대적 상업은 연쇄점으로 해야 상품을 싸게 사들일 수 있다니 그 까닭은 무엇인가?

먼저 연쇄점을 하면 수십, 수백 개 상점이 함께 경영되니까, 상품을 대량구입, 대량소비시킬 수 있다.

여기다가 만약 연쇄점 상술이 이상적으로 실현된다면 중간도매상들이 여러 번 거치면서 이익을 다 얻고 남은 물건을 소매 상점들이 되받아다가 파는 그런 불편이나 불이익도 없어질 것이 뻔했다.

조선 상품은 조선 상점에서

지금도 우리나라에는 슈퍼마켓이나 연쇄점 점포들이 많이 운용되고 있다. 오늘날의 연쇄점이나 슈퍼마켓들이 얼마나 많은 이익들을 누리고 있는지는 모르지만, 그 당시 미국식 체인스토어 방법이 우리 땅에 처음 발을 붙이려고 할 때는 연쇄식 상전법(商廛法)이라고 하여 아주 대단한 상학이론을 앞세웠던 것 같다.

이래서 야심만만한 청년 상인들을 매혹시켜 최남은 우리나라 최초로 9개까지 자기 상점을 연쇄식으로 소유, 운영한 일이 있었다.

그런데 연쇄점 경영방식이 이렇게 유리한 조건을 가지고 있는 것이라면 왜 이런 아이디어는 금방 날개를 달고 퍼지지 못했을까?

전국에 있는 수백 수천 개의 각 연쇄점들을 단결하게 하면 자연히 상업기반이 튼튼해져 그 지역의 상권을 쥐게 될 것은 당연한 귀결이다.

그런데도 최남이 먼저 나서지 못했던 이유는 바로 자본력 때문이었다. 우리가 조그만 가게 하나만을 경영하려고 해도 상당한 밑천이 든다.

그런데 점포가 열 개, 스무개도 아니고 수백, 수천 개씩 연쇄되어 경영되려면 그 운용자금도 수백 수천 배로 늘어날 것은 뻔한데 누가 감히 그런 상업자본을 내놓을 만한 실력자가 있는가?

최남은 결국 박흥식에게 권하였던 것이다.

물론 박흥식이라고 해서 그 사정을 모를 까닭이 없었다. 그래서 자금조달 방법을 모색해 보느라고 몇 달씩 혼자 온갖 구상을 다 짜 보았다.

그런 가운데 연쇄점 과장으로 임명한 주요한을 불러 연쇄점 1천 점 운용 계획안을 몇 번씩 수정하고 고치며 그 의의를 강조하다가 박흥식은 껄걸 웃고 말았다.

"왜 웃으십니까, 사장님?"

"우습지 안 우스운가?"

"무엇이 말입니까?"

"연쇄점은 말하자면 올가미 코가 수백 개 달린 그물이 아닌가?"

"그런 셈이죠."

"그런데, 그물을 엮을 자본이 없다, 이 말이네"

"그런 사정입니다."

"지금 화신의 총자본은 얼마나 되는가?"

"공칭 자본금 1백만 원입니다."

"그러나 연쇄점을 하려면 5백만 원은 있어야 하지."

"예."

“그럼 나머지 4백만 원은 어디서 나는가?”

박흥식은 크게 숨을 들이마셨다가 후우 소리가 나게 내뱉었다.

“그러나 지금까지 우리가 한 가지 잘못 생각한 것이 있어!”

“네?”

“난, 장사꾼이네.”

“……”

“장사꾼이니까 남의 실로 그물을 엮을 생각이네.”

박흥식은 은행돈을 꺼내다가 조선 최대의 연쇄점을 꾸미리라고 생각한 것이다.

“그러니, 자네는 말이야, 좋은 글 솜씨를 가지고 연쇄점을 해야 국가 경제가 어떻게 이익이고, 상인들도 잘 살 수 있다는 얘기를 잘 꾸며서 서류를 만들어 주게. 한번 우리 계획서를 읽으면 저쪽 은행 사람들이 입을 딱 벌리고 탄복하게 말이네.”

박흥식은 우선 연쇄점의 계획안을 기발하게 꾸며 먼저 은행부터 올가미를 씌워볼 꾀를 생각하니 또다시 껄걸 웃음이 나왔다.

“내가 왜 웃는 줄 아는가?”

“모르겠습니다.”

“무모하기 때문이지.”

“……”

“하지만 무모하다는 것도 나이 어린 실업가에게는 특권이 되네. 되건 안 되건 내가 은행 사람과 한번 부딪쳐 보겠네!”

결국 박흥식의 연쇄점 1천개 계획은 그야말로 꿈같은 얘기로 끝나고 말았다.

그 당시 우리나라 사람이 운영하던 양대은행은 해동은행(海東銀行)과 동일은행이 쌍벽을 이루고 있었다.

그 중 자본금 2백 50만 원이던 동일은행은 성낙헌계의 호서은행(湖西銀行)과 합병이 되면서 그 자본금을 5백만 원으로 증자했다. 그런데 동일은행이 자본금을 5백만 원으로 증자하면서 조선은행으로부터 2백 51만 원을 융자하게 되어 조선인의 동일은행도 이미 일본사람 손으로 넘어간 셈이었다.

이런 판국에 자본 구조가 빈약한 해동은행이나 동일은행에 융자 신청을 교섭해 볼 형편이 아니었다.

박흥식이 요청하는 5백만 원 융자 액수는 은행 2개의 총자본금이 아닌가? 이래서 박흥식은 서류 뭉치를 들고 조선은행 두취실을 세 번 네 번 들락거리다가 번번이 거절을 당하고 말았다. 조선은행으로 보아서도 그런 융자는 해 줄 형편이 못되었던 것이다.

아무리 조선은행이 돈을 박아내는 금고문을 쥐고 있다고 하더라도 아직 서른 두서너 살밖에 안 된 조선인 박흥식을 믿고 은행 2개 값을 융자해 줄 수 있는가?

연쇄점 계획이 조선경제를 좌우하는 국책사업이 아닌 이상 그런 융자는 명분이 안 서는 짓이었다.

박흥식은 商界의 제1인자가 되고져 다시 前朝鮮의 상권을 펴보기 위하여 年前부터는 일찍이 미국에서 유행하던 체인스토어 연쇄점 1천店을 계획하야 백방으로 그 자금운동을 하야 처음에는 朝鮮은행에 5백만 원 융자를 교섭하다가(은행 2개값) 不成功으로 결국을 告하게 되어 一時는 그 소식조차 없더니…….

박흥식은 좌절하지 않았다. 조선은행 5백만 원 융자신청에서 참패를 당한 무모를 내실로 다져가며 힘을 더 기르는 수밖에 없다고 생각했다.

그는 화신백화점 건물과 새로 사들인 동아백화점 건물을 잇는 육교 공사를 완성하고, 김연수(金秊洙), 민규식, 박경석(朴經錫 ; 평양), 방의석(方義錫 ; 함북·자동차왕), 장직상(張稷相 ; 대구), 한상용(韓相龍), 현준호(玄俊鎬 ; 광주) 등과 교류하여 민족자본 형성에 뜻을 같이 했고 선일지물 쪽에는 상업 경험이 풍부한 장두현(張斗

鉉)을 감사역으로 맞아들여 그쪽 일을 맡겼다.

그러나 연쇄점 1천 점의 꿈을 좌절당한 후, 박흥식이 화신백화점에 전력투구를 하는 전열을 갖추었다고 해서 전혀 난관이 없었던 것은 아니었다.

박흥식이 서울 상계의 1인자가 되어 재산을 불려 갔지만 상투 고객이나 그 상인들이 모두 손뼉을 치면서 박수를 보낸 것은 아니었다.

"박흥식이 때문에 우리가 못살겠네! 그놈의 백화점이 생기면서 우리 같은 구멍가게 잡화전을 하는 놈들은 송사리떼 몰살 죽음을 하게 됐네."

백화점이라는 대상업자본의 등장은 확실히 재래식 소매상인들에게는 무서운 위협이 되었다.

지금도 백화점에 맞선 전문점들도 완강하게 세력을 박고 있으니까 사정이 다르겠지만 그 당시만 해도 우리나라 상업구조나 그 장사 밑천들은 모두가 영세하기 짝이 없었다.

문방구나 피물전, 철물전 같은 특수한 업종을 빼놓고는 거의 다 잡동사니 상품을 모아다 파는 잡화상에 불과하였다.

대부분의 골목에 있는 구멍가게에서는 주머니끈도 팔고, 거울, 냄비, 담배, 석유, 고무신, 양초, 과자, 성냥 따위를 닥치는 대로 팔았지만, 상품을 진열하는 방법이나 파는 방식, 흥정을 붙이며 손님을 끄는 상술 등은 모두 낡은 방법이었다.

이에 비해서 새로 등장하는 백화점들은 어떤가?

우선 근대적 양옥 3, 4층짜리 건물에 유리창과 계단이 있고 화려한 유리 진열대가 있다. 상품도 모두 신식 유행을 따른 것으로 휘황찬란하고 말쑥하고 깨끗하다.

백화점의 경이스러웠던 점은 여점원의 등장이었다.

"얼굴에다 곱게 분화장을 한 아가씨들이 구리무(크림) 한 갑만 사도 생글생글 웃으며 절을 하니……."

"그래, 여점원 얼굴보러 백화점 구경 가냐?"

그통에 중소상인 구멍가게들은 막대한 피해를 입은 것이요, 박흥식 때문에 망한다는 비명이 높아질 수밖에 없었다.

그러나 이것은 비단 화신의 박흥식에게만 쏟아진 화살이 아니었다.

충무로 쪽에서 미쓰꼬시 백화점이 생겨날 무렵 일본인 잡화상들도 맹렬히 반대운동을 폈다.

"총독부는 중소 상인을 보호하는 법을 만드시오!"

백화점 반대운동은 경성상공회의소에서까지 논의되어 중소 상인들을 위해 중재에 나섰던 일까지 있었다.

백화점법이니 상점법을 제정하여 이 분야의 분쟁을 조정하라고 상의(商議)까지 나섰지만, 중소상인들의 그런 비명만으로 시대의 물결인 백화점을 못 세우게 할 수는 없었다.

거대한 상업자본을 앞세워 매머드 백화점이 등장하자 종로거리에 있던 중소 상업자들은 각개전투 분산법으로는 백화점과 대항할 수 없다는 것을 깨달았다.

중소 상인들도 10집, 20집씩이 한 덩어리로 결속하여 공동경품을 내놓고 고객을 유치했으며 구관이 명관이라는 안면을 이용하여 고객들과 밀착하려고 애썼다.

종로 일대의 상점들은 연합매출(聯合賣出)이라는 것을 실시하고 "순 조선 상품은 순 조선인 상점에서!"라는 구호를 내걸고 고무신, 태극표 광목, 통영갓, 울릉도 호박엿, 함열(咸悅) 찹쌀엿, 영광 굴비 등 순 조선 상품을 경품으로 내놓고 제비를 뽑게 했으며, 수십 명 기생들을 울긋불긋하게 화장시켜 인력거에 태우고 선전하며 물건을 팔았다.

화신이 12층 양옥으로?

시대의 진운에 따라 백화점이나 백화점 형태를 갖춘 점포들은 우리나라에서도 점차 늘어나지 않을 수 없었다.

이런 상점들은 일찍부터 서울에서도 야마다(山田)상점, 미쓰꼬시, 정자옥 등으로 등장하였고 대구에서도 대구신세계, 염매장, 홍중상회가 생겼다.

김천에는 우리나라 상점 5곳이 연합하여 대성상회(大成商會)라는 것을 만들어 화제가 되었고 부산에서는 임용길(任龍吉) 등 4형제가 학옥양행(鶴屋洋行)이라는 현대식 연쇄점을 열어 또 화제를 낳고 있었다.

이런 백화점 형태들은 하나같이 상품권을 발행하거나 경품을 내걸어 인기를 얻으면서 싸게 판다는 것을 그 원칙으로 내세웠다.

1930년 10월 지금의 신세계 백화점 건물이 미쓰꼬시 신관이란 이름으로 서울 장안에 우뚝 솟아 오르면서 그야말로 백화점계의 총아가 되었다.

염매물협회는 경성백화점연합회로 간판을 바꾸면서 이때부터 북부의 화신과 남부의 미쓰고시 백화점이 쌍벽을 이루게 되었다.

그리고 이무렵에 OB맥주 그룹의 원조인 박승직(朴承稷)은 동대문 시장 근처에서 동양백화(東洋百貨) 도매시장이라는 것을 개설하여 상권을 장악했고, 평양에서도 1933년 11월 평안백화점이 당당한 모습을 드러냈다.

함경도 나진에서도 나진염매장(羅津廉賣場)이 백화점 형태로 출현했고, 신고산에서는 신성상회(新成商會)가, 또 서호진에서는 최우현(崔禹鉉)상점이 얼굴을 내밀었으며 경상북도 영주에서도 삼광사(三光社)라는 백화점이 나왔다.

그러나 이런 지방 백화점 중에서 가장 괄목할만한 것은 평안백화점이었다.

평안백화점은 그곳 신흥갑부 김응수(金應銖)가 16만 원을 들여 당당한 양옥을 짓고 평양시가의 새로운 명물로 등장시켰다.

그러나 평안백화점은 개점 다음해인 1934년 2월부터 경영진과 점원들 사이에서 큰 불화가 생겼다.

주인은 백화점 내부에서 절도 사건이 자주 일어나자 전직 형사

한 사람을 고용하여 절도 행위를 감사시킨 일이 있었다.

그러나 나중에 이 일이 알려지자,

"우리를 도둑놈 취급하느냐? 형사를 데려다가 손님을 감시시키게?"

이러면서 고객들은 발걸음을 끊었고, 이런 불상사가 일어나자 일부 점원들도 동요되어 파업을 일으켜, 백화점측에서는 주동자 남녀 점원 9명을 해고시켜 버렸지만 파업은 가라앉지 않았다.

"평안백화점을 인수하라."

"박흥식이 안 사면 일본사람 손으로 넘어가 평양의 상권을 뺏긴다."

이렇게 주위에서 권하여 박흥식이 인수하고 평양화신을 만들어 버렸다. 화신은 조수같이 밀려드는 인기와 화제를 타게 된다.

"화신이 12층 양옥을 짓는다네!"

화신이 12층 건물을 짓는다는 말은 1934년 6월부터 신문에까지 나왔던 화제요, 바로 이런 화신붐을 이용하여 박흥식은 두 번째로 연쇄점 계획을 주저하지 않았다. 연쇄점 상업이야말로 빈약한 상투 상권을 수호할 수 있는 유일한 것이다.

그때 박흥식이 세운 계획은 전국에 1천 23개소의 연쇄짐을 실지하여, 이 연쇄점들이 대량주문으로 원가를 싸게 하여 가장 과학적인 상점 경영방법을 쓰겠다는 생각이었다.

화신연쇄점 1천 23개소는 바로 조선 곳곳에서 그날 그날 소비되는 각종 일용품들을 통일성 있게 배급하고 공급한다는 꿈이었다.

그래서 조선은행에서 참패한 박흥식은 다시 서류뭉치를 들고 식산은행 은행장 아리가 미츠토요〔有賀光豊〕와 단신으로 담판을 벌였다.

"계획은 알았소."

"그럼 2천만 원을 돌려 주십시오!"

"엉?"

"2천만 원이 있어야 전조선 1천 개 연쇄점에서 필요로 하는 일용품들을 배급해 줄 수 있습니다!"

"정말 굉장한 계획이오. 일본에서도 일찍이 이렇게 큰 계획을 해
본 사업가가 없었습니다."

식산은행 두취는 나이를 더 먹어 보이게 하려고 점잖게 수염을
기른 박흥식을 물끄러미 바라보았다.

"실례지만, 연세는 몇이신가요?"

"서른 두 살입니다."

아리가 미츠토요는 조선의 돈줄을 쥐고 있는 은행가로 총독보다
도 월급이 2배나 더 많은 인물이었다.

그런 그의 눈으로 박흥식을 그윽히 건너다 보면서 이 은행가는
머릿속에서 무엇을 생각했을까?

그것은 박흥식의 무모함과 대담함이었을 것이다.

그러나 박흥식은 정열은 뛰어났지만 아직 나이가 어린 사람이었
다. 나이가 어려가지고서는 경륜이라는 것이 붙지 않는다.

아니 나이가 웬만한 경륜있는 사업가라면 처음부터 이런 엉터리
없는(?) 연쇄점 계획을 가지고 2천만 원 융자를 교섭하지도 않았
을 것이다. 그것은 말도 되지 않는 일이기 때문이다.

"박흥식 사장!"

"예."

"꼭 하시고 싶으시다면 한번 해보십시오."

"도와 주시겠습니까?"

"도와 드리죠."

"그럼 이 박흥식이 몸뚱이를 인간담보로 내놓겠습니다."

"인간담보라? 하하하하하……."

아리가 은행장이 크게 웃자 그제야 박흥식도 긴장을 풀고 껄껄
웃었다.

박흥식이 생각해도 순간 말을 썩 잘했다고 느껴졌기 때문이다.

아리가 은행장은 박흥식의 설득에 승복을 했다. 그러나 그후에도

박흥식이 자그마치 열 차례가 넘게 식산은행 문턱을 넘나들면서 구체적인 융자교섭을 진행했지만 얼른 진척되지는 않았다.

2천만 원이라면 조선식산은행(산업은행 전신) 총 자본금보다도 모자라지 않은 액수였기 때문이었다.

조선은행 5백만 원 교섭에서도 그랬지만 식산은행 2천만 원 교섭은 정말 터무니없는 액수요 배짱 싸움이었다.

그런데도 박흥식은 2천만 원을 달라고 떼를 쓰는 것이요, 우스갯소리로 인간 박흥식을 담보로 넣겠다고 큰소리를 쳤지만, 어디 은행이라는 데가 그렇게 어수룩한 곳인가?

20만 원이라면 혹시 신용담보로 박흥식에게 그냥 내줄 수 있을지 몰라도 2천만 원이라는 것은 거의 천문학적 숫자였다.

여기다 식산은행 내부에서도 아리가 은행장은 '검토해 보라'고 호의적인 반응을 보였지만 전무이사 이모리 메이지〔伊森明治〕는,

"안 됩니다."

"왜?"

"박흥식의 나이가 겨우 32살입니다."

"나이가 너무 어리다는 말인가?"

"2천만 원을 융자해 주기엔 너무 연소합니다."

담보문제가 해결된다고 하더라도 32살 나이를 믿고 2천만 원씩 융자해 줄 수는 없다고 여러 번 반대를 한 것이다.

이렇게 박흥식의 문제가 난항을 거듭하고 있을 때였다.

이 소문을 어떻게 알았던지 하루는 사이또 총독이 아리가를 총독부로 불러 들였다.

그리고 사이또는 제5대 총독다운 통치학과 식민지론을 들어 얘기를 하다가

"아리가 은행장!"

"예, 각하!"

"금년도 조선의 미곡 생산고가 얼만 줄 아시오?"

"예? 죄송하오나 미처 숫자를 외지……."

"지금 조선인 인구는 2천 1백 12만 5천 8백 27명이고, 조선의 쌀 생산량은 1천 6백 72만 섬이오."

"알겠습니다, 각하."

"그런데 이 중 8백 92만 섬이 일본에 수출되었소. 그렇다면 조선의 쌀 생산량 절반 이상이 일본으로 흘러간 셈이오."

"예, 알겠습니다."

"이러고서야 조선인이 빈궁해지지 않을 수 있소? 조선의 인구 2천 1백 12만 명 중 지금 조선에 살고 있는 일본인은 56만 명이오. 그런데 농지는 어떻게 배분되고 공업은 어떻게 된 줄 아오?"

"그래서 식산은행이……."

"알고 있소. 그러니 조선인을 너무 암담한 절망 속으로 몰아넣고 목을 죄기만 하여서는 안 되오. 어떤 동물이거나 그런 절망상태에서는 사력을 다해 제국통치에 반격을 한다 이거요. 궁지에 몰린 쥐가 고양이를 물려고 드는 격이지."

"그렇습니다. 각하!"

"우리는 조선의 농토를 빼앗고, 조선 농사꾼을 남부여대로 밀어다 만주 땅으로 이민시켜 내쫓으면서도, 한편으로는 우수한 조선인 관리를 승진시키고 고등문관 시험제도를 써 도망칠 숨통을 터주었소. 아무리 미천하고 가난한 농민의 아들이라도 공부만 잘하여 고등문관 시험이나 보통문관 시험에만 합격하면 당장 경찰서장 벼슬도 주고 군수도 시켜주겠다, 그러니까 딴 생각말고 공부만 열심히 하면 출세문이 훤히 열리는데, 독립운동이니 배일운동은 뭐하려고 하느냐, 이런 암시지!"

"예, 각하!"

"박흥식 문제도 일반이오. 박흥식이 예뻐서가 아니라, 통치상 조선에도 우상 한 개쯤은 만들 필요가 있오. 걸핏하면 가난한 조선인이라고 구호처럼 내세우는 그 지긋지긋하게 듣기 싫은 소리를

박흥식이란 이름으로 스스로 반격당하게 하는 방법이오. 조선인
은 일본 식민지 통치에 착취를 당하여 모두 굶어죽는 것만은 아
니지 않느냐? 박흥식을 봐라, 박흥식의 화신백화점을 봐라. 자
기만 부지런하고 상술이 뛰어나면 조선인 천만장자도 얼마든지
탄생한다, 이런 암시를 만들어야 하오.”

“예, 각하!”

“여기다 박흥식의 그 연쇄점 계획이 잘되면 잘 되는대로 써먹을
것이고, 실패를 해도 아리가 은행장은 우리 일본인을 위해 큰 공
로를 세우는 것이오!”

“그것은 왜 그렇습니까? 각하!”

“하하하하하……. 박흥식에게 담보없이 돈을 빌려 줄 생각이오?”

“그건 아닙니다.”

“그렇다면 조선인이 무엇을 담보로 들고 오겠소?”

“예?”

사이또 총독은 누구에게서 박흥식 문제를 제보받고 아리가 은행
장에게 이런 말을 하는 지는 알 수 없었다. 그러나 총독의 통치술
은 확실히 남보다 한 수 위였다. 음흉한 원모(遠謀)가 박흥식의 무
모(無謀)를 소리없이 잡을 바둑수를 생각하고 있던 것이다.

결국 박흥식으로 하여금 조선인 토지문서를 식산은행에 바치게
하는 올가미를 씌운다는 기막힌 방법까지 생각한 것이다.

60일 만에 3천 명이 신청

거대한 일본 상업자본들도 엄두를 못 내는 동양 최대의 연쇄점
거사를 결행하면서 박흥식이 치른 정신적인 부담은 결코 작은 것이
아니었다. 은행에서 대출을 해주면서 ‘담보를 내놓으라’고 하는 것
은 절차상 조금도 틀린 이야기가 아니다.

그러나 문제는 같은 융자를 해주어도 조선인은 일본인보다 심한
차별을 받았다.

미쓰코시에서는 그들이 작성하여 제출하는 재고품 목록만으로도 얼마든지 융자를 해주면서 박흥식의 화신에게는 그런 특혜를 주지 않았다.

그러나 박흥식은 담보문제에 좌절하지 않고 전국에 연쇄점 모집 광고를 내니, 1개월도 못되어 400여 점포가 가입을 신청해 왔다.

그러다가 1개월이 다시 지나자 연쇄점 과장 주요한은 안경알 너머에서 움푹 꺼진 눈알을 굴리며 벙글벙글 좋아한다.

"사장님, 대성공입니다."

"성공인가?"

"예, 이제 응모접수 2개월로 접어드는데 희망자가 1천 7백여 명이나 쇄도했습니다."

"엄밀하게 심사하시오. 전국을 우리 화신연쇄점 깃발로 덮어 버립시다."

"이번 7월이 넘기 전에 최소한 3천여 점포가 가입을 신청해올 듯합니다."

"말과 행동이 일치해야 신용을 얻을 수 있네. 한 번 약속한 것은 절대로 어겨서는 안 돼. 약속을 지키지 않으면 상대방으로부터 무시당하게 되고 결국은 제대로 일을 해나갈 수 없게 되거든. 성실은 최고의 상술이며 상도의 으뜸이다. '콩 심은 데 콩 나고 팥 심은 데 팥 난다'는 인과법칙을 항상 무시하지 말게."

사람들은 박흥식의 화신 바람이 이렇게 거셀 줄은 몰랐다. 화신연쇄점 가입 신청 점포는 무려 3천 점포를 넘어서 전국 각 군 단위 도시마다 화신 깃발 몇 개씩이 안 펄럭이는 곳이 없게 되었다.

그러나 화신연쇄점 조직에는 점차 자금문제가 심각해지고 식산은행이 화신에게 요구하는 담보문제로 전국이 술렁거리게 되었다.

만약 화신연쇄점 운동이 실패할 때는 어떻게 되는가? 그때는 전국 방방곡곡의 주요 점포들은 막대한 담보토지를 날려버리고 비렁뱅이가 되지 않는다고 아무도 장담할 수가 없는 지경에 이르게 될 것이 분명했다.

이러자 배일지(排日誌)들은 "박흥식이 만용을 부려 조선 상인들을 망칠 것이다"라고 전국 연쇄점 응모자들에게 찬물을 끼얹는 경보를 울려댔다.

금년에 들어서면서부터 박흥식의 연쇄점 소문이 재연하더니 최근에 와서는 그 계획을 완료하고·전조선 각지를 향하야 연쇄점 희망자 모집을 각 신문에 발표하고 그 신청을 받게 되었는데 듣는 바에 의하면 7월 15일까지 응모한 사람이 무려 3천을 돌파하였다 한다. 그래서 同店에서는 이것을 전형중이라는데 ▲경기 277 ▲충북 176 ▲충남 250 ▲전북 196 ▲전남 215 ▲경북 221 ▲경남 215 ▲황해 253 ▲평남 221 ▲평북 252 ▲강원 229 ▲함남 300 ▲함북 235 점포가 응모한 것이라 한다.

이처럼 1개 도에서 2, 3백 개 점포가 화신연쇄점 가입을 신청해 왔으니 상업이 빈약했던 그 당시의 바람으로서는 거의 폭풍과 같은 인기였다.

화신이 1천 연쇄점을 두기 위해서는 적어도 1천 점의 상품을 공급하기 위하여 5백만 원 이상의 자금이 필요하다. 즉 현재 화신의 자본금의 5배 이상의 융통자본이 필요하다. 그러면 '배보다 배꼽이 더 크다'는 속담과 같이 이 막대한 자금을 어디서 꺼내는가 하면 조선은행에서 실패한 뒤 식산은행측과 수십차례 교섭하여 여기로부터 그만한 자금을 끌어내기로 했다. 그러면 그만한 거대한 자금을 융통하는 데에는 신용이나 朴씨 개인의 자산을 담보로 하는 것이 아니요 1천 연쇄점을 許하는 조건에 연쇄점을 하는 사람에게 상품 거래액에 해당할 만한 부동산을 담보로 하는 조건이 있다. 즉 부동산 담보를 받은 토지를 화신이 다시 식산은행에다가 담보할 조건하에 융자를 한 것이다.

그런데 담보 평가는 6할 이내 5할이니까 적어도 1천만 원 이상의 담보물 제공이 필요하게 된다.

그렇다면 이런 모험을 걸고서 이제까지 한번도 안 해 본 체인스토어인지 미국 장사법 연쇄점이 잘 되어주면 모르지만 만약 사업이 잘 안 되면 그때는 어떻게 되는가?

또 박흥식이 아무리 조선 안에서는 큰 부자라지만 만약 박흥식이 그런 연쇄점을 꾸며 조선상권을 명태 두름 엮듯이 혼자 다 엮어 먹어 버린다면, 일본 대자본가들은 그냥 침만 흘리고 있을까?

미쓰꼬시나 미나까이〔三中井〕란 큰 일본 백화점들이 상투상권을 잃고 가만히 있을 것인가?

그렇게 하야서라도 상업이 흥왕되야 토지를 찾아내고 이득이 있으면 화신의 덕으로 성공을 하였다 하려니와, 현하 조선인의 상업전술로 보든지 商略으로 보아 타인의 세력에 위촉되지 않고 중국인이나 기타의 상권을 방지하고 이익을 受하는 것은 연목구어 보다도 더 어려운 愚일텐데 一朝에 실패한다면 앙천탄식할 수밖에 없는 일이며 다소의 이익이 있다한들 그것이 그렇게 신통할 것이 무엇이냐? 그러므로 우리는 朴씨의 대담한 웅도(?)와 만용에는 三歎을 不惜하며 신풍조에 물들어 종래에 듣지 못하던 新名詞에 홀려 덤비는 지방상인들의 시대풍조와 감수성에는 탄복할지 몰라도 그 계획이 1천의 조선 사람의 토지와 1천여 만 원어치를 식은(殖銀)으로 권리를 이동하게 하야주는 행위에 불과함을 痛擊하고 싶으며, 자기의 밥그릇을 半價에다가, 더구나 남의 손에 맡겨서 식은의 배를 불리는 어리석음을 불쌍히 생각되는 동시에 愛惜同情하는 바이니, 사회가 아무리 몽매하고 世眼이 아무리 무디다는 우리 사회일망정 深遠한 염려가 없이, 또는 만전의 꾀가 없는 화신의 거조를 방관할 수 없으며 1천 가족 10만의 걸인군이 목전에 있음을 관심치 않을 수가 없게 된다.

그러나 이런 공격에도 굴복하지 않고 화신에서는 1차로 전국 3백 60개 연쇄점을 설치하여 운용하기 시작했다.

그리고 식산은행에서는 기어이 2천만 원을 융자해 내고 "화신의 박흥식은 손해를 보더라도 신용은 지키겠다"고 전국 연쇄점에 다짐을 두었다.

물론 그 무렵에도 세상이 호황만 누린 것은 아니다. 일제의 식민지 통치는 점점 더 굳어졌고 중일전쟁을 앞둔 긴장된 분위기라서 조선에 대한 그들의 수탈과 압제는 날이 갈수록 심했다.

1935년부터 총독부는 신사참배를 하도록 강요하여 기독교 계통 학교들이 이를 거부하고 나서는 사태가 벌어지기 시작했고 그해부터 고등보통학교에는 현역장교가 배속되어 군사훈련을 받도록 했다.

사회는 점차 경색되어 가는 분위기였지만 그런 가운데서도 화신의 성세는 날로 높아졌다

나라와 정치와 문화를 뺏긴 조선인들은 조선인 경영의 유일한 백화점인 화신에 묘한 향수를 느끼면서 같은 값이면 양말 한 켤레를 사더라도 일본사람 백화점에 가지 말고 조선사람 백화점에서 사자고 공론들이 돌았다.

화신은 날로 크다가 1935년 1월 27일 뜻하지 않은 불이 나 전소당하고 말았다.

"불이야! 불 봐라!"

깜깜한 겨울 한밤중의 종로 하늘을 빨갛게 태우며 불길은 수백길 공중까지 뻗쳐 올라갔다. 구름이 낀 날씨라서 밤하늘에 뜬 구름들도 모조리 빨갛게 불이 붙은 듯 했다.

"저 불기둥 봐라!"

"어디서 났느냐? 아이구 큰일 났네!"

"화신에서 불이 났다!"

때마침 거센 바람이 불기 시작하여 불길은 삽시간에 치솟고 불자

동차와 검은 옷을 입은 수백 명 경찰관들이 개미떼처럼 밀려들어
종로 거리는 인산인해를 이루었다. 구경꾼들은 공연히 흥분하여 뒤
숭숭했고 사이렌을 울리면서 덤벼든 소방차들은 수백 발이나 되는
물 호스를 늘어뜨리고 화신건물의 유리창 밖으로 치솟는 불길에 물
을 뿜었으나 결국은 불을 못잡고, 그 많은 돈더미로 가득찬 화신
덩어리 하나를 고스란히 태우고 말았다.

　　화신백화점 大火
　　사상자는 幸無
　　佐伯 경찰부장 진두지휘, 전 경찰관 동원
　　東西館 연락로가 發火處
　　고압선 절단하야 종로 일대가 암흑화

"이제 박홍식이가 망했구나! 저렇게 고스란히 비싼 상품들을 불
태웠으니 그 손해가 얼마냐?"
"대체 불이 왜 났을까?"
사람들은 수군거리다가 불은 백화점 내부에서 난 것이 아니고 동
관과 서관을 잇는 육교 아래에서 났다는 것이요, 그 다리 밑에는
어떤 과일장수가 밤 늦게까지 장사를 했다고 했다.
　그런데 이 불로 3층짜리 화신 서관(西館)은 전소돼 버렸고, 원래
동아백화점이던 동관(東館)은 그래도 피해가 조금 덜한 편이었다.
　그러나 동관도 불길에 그을리고 내부가 전부 타 값진 상품들이
거의 다 못쓰게 되어 버렸다.

　　東館 화재보험 6만 원 가입 全燒 西館은 17년 역사 수일전에는
　　小火, 火因이 수상 진열상품 40만 원에 상품보험은 35만 원

　이 불은 서관 공지에서 사과장수를 하던 노점상인 하나가 촛불을

잘못 다뤄 불이 겨에 옮겨 붙으면서 그렇게 무서운 결과를 초래한 것이었다. 박흥식은 맨발 바람으로 화재현장에 뛰어나와 진화작업을 하는 현장을 지켜 보았다.

이렇게 아무 상관도 없는 노점상인 한 사람의 촛불로 화신을 잿더미로 만들어 버릴 수가 있는가? 게다가 노점상 사과장수한테서는 단 1백원짜리 한 장 손해배상을 받아낼 형편도 아니었다.

망했구나!

위대한 용강(龍岡) 청년 박흥식의 꿈이 산산조각이 나는구나…….

그러나 박흥식은 화신을 태웠어도, 전국에 360개나 되는 화신 연쇄점이 돌아가고 있다는 생각을 다음 순간에 떠올렸다.

그 화신연쇄점의 수만 가족들을 위해서도 박흥식이 여기서 무릎을 꿇을 수는 없는 일이었다.

박흥식은 머리 끝까지 화가 치민 전투부대 사령관처럼, 이튿날 불난 빈집에서 임원회의를 열고 이렇게 선언했다.

"화신은 불탔지만 1주일 안에 다시 문을 열겠소!"

"네? 1주일 안에 개업을 하겠다는 말입니까?"

"화신은 잿더미가 되었지만 창고와 명치정(明治町) 창고 안에는 아직도 산더미같은 상품이 있소."

이튿날부터 서울 장안 목수 수십 명을 일제히 동원시켜 화신백화점 맞은편에 있는 종로경찰서 자리를 빌어 임시로 뚝딱 뚝딱 판매장을 개설했다. 이 종로경찰서 자리를 빌리기 위해 박흥식은 직접 총독부로 찾아갔다.

"화신이 죽으면 조선사람의 사기를 다 죽이는 것입니다. 그래서 박흥식은 잿더미 위에서 1주일 안에 화신을 다시 열겠다고 선언했습니다."

"장하군, 장해!"

"그러니까 종로경찰서 자리를 빌려 주셔야 되겠습니다."

이래서 잿더미만 남아 화신이 완전히 불타 망해 나간 줄 알았더니, 불과 1주일도 못되어 임시 매장을 세우고 서대문과 명치정에 있는 창고 안 상품을 가져다 말쑥하게 진열해 놓고 문을 열자 손님들은 놀라 수군거렸다.

"아니, 화신이 어느새 문을 열어?"

"문을 열고 유성기까지 10틀이나 내놓고서 심지 뽑기 경품대회를 한다네!"

"참말로 귀신보다 빠른 사람들이군. 정말 어안이 벙벙한 노릇이네."

마침 그때는 구정 대목이었다. 또 우리나라 속담에 불난 집에서 물건을 사면 불처럼 일어난다는 말이 있어 불난 화신에 밀려들어 비누 한 장, 양말 한 켤레라도 사가려고 밀려드는 연말 인파는 그야말로 구름 같았다.

조선인 최대 건물 화신백화점

일제치하에서 오늘에 이르기까지 샛별의 성좌처럼 떴다가 허망하게 명멸한 우리나라 재벌 판도의 흥망성쇠가 얼마나 많았던가?

해방 이후 오늘까지 이 땅에서 떴다가 사라진 각양각색의 재벌들은 수없이 많다. 그 중 하나에 박흥식의 화신도 끼어 있다.

해방 당시까지만 해도 조선 제일의 갑부 박흥식도 엄연하게 다른 사람의 추종을 불허하면서 군림했었다.

미쓰꼬시, 미나까이, 정자옥, 히라다〔平田〕 등 유수한 일본인 백화점과 경쟁을 물리치고 화신은 백화점계의 왕으로서 당당한 깃발을 펄럭였고, 화신백화점 건물이 낙성되었을 때만 해도 동양에서는 제일 유리창이 많은 빌딩을 쌓아 올렸던 것이다.

1937년 11월 11일 연건평 3천 11평짜리 화신 전관을 지하 1층 지상 5층으로 완성했을 때만 해도 이것은 그 당시 우리나라 안에 있던 민간인 건물(공용건물이 아닌)로서는 최대 규모였고, 또 그때까지 조선인의 손으로 지어진 건물 중에서도 최대의 것이었다.

근대 르네상스식 건축 양식으로 멋을 부리며 꾸며진 이 백화점 건물에는 한국 최초 최대로 12칸이나 되는 옥상 전광 뉴스판을 설치하여 1만여 개의 휘황찬란한 전등불을 켜면서 불야성을 자랑했다.

1937년부터 해방 당시까지 박흥식의 모든 경제활동은 폭발적으로 팽창하는 것 같았다.

중·일전쟁 이후 일본 제국주의는 대륙침략을 위한 전시 분위기를 풍기다가 급기야는 전시 배급체제 통제경제로 탈바꿈을 하여 모든 민간상업이 서리를 맞았는데도, 박흥식은 그런 탁류를 헤치면서 계속 조선 제일의 박흥식이란 랭킹을 지켜 나가고 있었다.

1937년 화신 백화점이 낙성되던 그해에 박흥식은 대동흥업(大同興業)을 창설하여 제주도땅 4백 20만 평을 사들였다.

대동흥업은 여기다가 목장을 개설하면서 약초를 재배하기 시작했고 시험장을 두어 감자 등의 씨앗 개량사업에도 종사하게 했다.

그 무렵 박흥식은 자본금이 2천만 원이나 되는 북선제지화학(北鮮製紙化學)에도 참여했다.

북선제지화학은 백두산, 두만강 일대의 목재 펄프 생산에 종사하는 매머드 회사로 조선사람 박흥식, 한상룡(한성은행 은행장), 김연수, 박영철(朴榮喆; 조선상업은행 은행장) 등 11명과 일본사람 18명이 참여하여 세운 것이다. 이 외에도 선일지물로 조선의 종이왕 자리를 계속 굳히고 있던 박흥식은 1935년 함북 청진에다 삼화제지(三和製紙)를 설립하고 연산 2만톤의 종이를 생산해 내기 시작했다.

조선의 돈만 기르지 말고 조선의 인재를 기르시오

사업이 일취월장으로 뻗어나자 박흥식은 1939년 4월, 협성실업학교(協成實業學校)를 인수하여 교육사업에도 간절한 뜻을 내놓았다.

협성실업학교는 낙원동에 자리잡고 있던 것으로 옛날 서북학회

(西北學會) 건물이었다.

서북학회는 광무시대의 교육기관으로 기호학회·호남학회 등과 함께 서북 출신인 유동열(柳東悅), 이갑(李甲) 등이 앞장을 서 1908년(융희 2) 건물을 짓고 서북협성학교(西北協成學校)라고 했었다.

그러나 이 학교는 한일합방때 폐교를 당해 오성학교(五星學校)로 변경했지만 3·1운동 전 해이던 1918년에 폐교되었다.

그 뒤 이 건물에는 보성전문(普成專門)이 잠깐 자리를 잡았다가, 1926년에 협성학교가 다시 건물을 인수하여 학생들을 가르치고 있었지만 심한 경영난으로 허덕이고 있었다. 이것을 서북지방 인사들이 박흥식을 찾아가 인수해 주도록 간곡히 부탁한 것이다.

"박흥식 사장이 협성학교를 인수해 주시지 않으면 학교는 문을 닫습니다."

"……."

"물론 학교는 돈을 버는 영리기관은 아닙니다. 그러나 교육이야말로 마음과 혼을 기르는 사업입니다. 조선 사람을 기르지 않고 조선의 돈만 길러내실 수는 없지 않겠소?"

박흥식은 교육도 독립운동의 하나이리라 생각하던 터라 기꺼이 협성학교를 인수하면서 20만 원을 쾌척했던 것이다. 그때 꿈의 궁전같던 화신 백화점 신축비가 40만 원이었던 것을 생각하면 결코 적은 돈이라 할 수 없다.

오늘날은 물론 시대와 여건이 다르다. 그러나 수천억 원을 쥐고 흔드는 막강한 재벌들 중에 그 누가 시원하게 교육기관 하나라도 운영하는 일이 있는가?

누가 시원하게 무료병원 하나라도 정말로 없는 사람들이 혜택을 입을 수 있도록 운영하는 사람이 있는가?

무슨 무슨 복지요 문화라는 이름을 팔아서 사회사업을 한다는 그들은 요란한 북소리에 비해서 알맹이가 없는 경우가 많다.

그런 것에 비하면 그 당시의 재산가나 육영사업가들의 뜻은 요새의 재벌들보다 훨씬 더 깊고도 깨끗했다.

　최근 新校主를 맞이한 시내 낙원동 협성실업학교 교사는 신교주 朴興植씨의 교세확장 기도에 의뢰하야 역사깊은 이 건물은 개인의 손에 옮기게 되어 금석의 감회를 자아내게 하고 있다. 협성의 신이사장 박흥식씨는 이 학교를 다른 적당한 장소에 이전할 바를 결정, 지난 11일 和信 사장실에서 건물 買主인 종로 2정목 民衆醫院 원장 劉錫昶씨와 정식 매매계약을 체결한 바 있었다. 매매금액은 12만 5천 원으로 계약시 1만 5천 원의 수수가 있었고 교사 일부는 9월말 경에 비워주고 신교사의 건축을 따라 이전키로…….

　그때 협성학교(교주 박흥식) 건물을 사들인 유석창은 해방후 건국대학교를 세웠다. 그 건물은 지금도 동대학 낙원동 교사로 쓰이고 있는데 6백 65평 대지에 2층 1백 80평 짜리를 12만 5천 원으로 매매했던 것이다.

　박흥식의 협성학교는 해방후 광신상업(光新商業)학교로 이어져 왔지만, 박흥식은 그때 막대한 사재를 투입하여 을종 상업학교 3년제를 갑종 5년제 학교로 승격시켰다.

안창호 선생 출옥을 돕다

　박흥식은 대전 감옥에 갇혀 고생하는 안창호 선생의 석방을 위해 남이 모르는 독립운동(?)도 했었다.

　"총독각하, 안창호의 신변을 내가 보증하겠습니다."

　"박흥식 사장이 안창호 출옥운동을 하는 이유가 뭐요? 박 사장도 조선인이기 때문이오?"

　"물론 그렇습니다. 그리고 또 평소에 존경해온 동향인이기 때문입니다."

이래서 박흥식은 그 석방운동에 성공하자 안창호의 입원비와 생활비를 대주는 일도 서슴지 않았고, 그 밖에도 신흥우, 신태환(전 서울대총장), 오천석(전 문교부장관) 등도 내밀하게 포용하고 도와주었다고 한다.

이런 박흥식도 일제의 막바지에는 견딜 수가 없었다. 박흥식만이 아니라 조선 천지에서 이름 석자를 가지고 행세하던 사람은 모두 견딜 수가 없었다.

1944년에는 박흥식이 앞장서서 자본금이 5천만 원이나 되는 조선비행기공업주식회사 설립을 떠맡지 않을 수 없었고 일본의 전쟁수행에 협조하지 않을 수가 없었다. 해방 직전 경기도 안양에 세워졌던 그 공장은 2천여 종업원을 거느리는 막강한 공장이었으나 비행기는 단 1대도 생산하지 못한 채 해방이 되고 말았다.

그러나 조선비행기공업주식회사라는 군수무기 생산공장을 설립했던 죄목으로 박흥식은 해방후 반민특위에 잡혀가서 친일행위를 심판받았고 민중언론의 매도를 당하기도 한다.

박흥식은 반민특위와 6·25전쟁을 겪는 혼란기 속에서도 우리나라 대표급 재벌인 화신의 아성을 계속 유지해오다가 60년대 흥한(興韓) 비스코스 공장 건설 좌절 이후 화신전기·화신소니·화신레나운을 설립했으나 급격한 시대변화를 따르지 못해 내리막길을 걷는다.

사람이 늙으면 기업도 늙고 시대의 진운을 타지 못하고서는 기업의 바퀴에는 가속도가 붙지 못하는 법. 그러나 박흥식은 우리나라에서 최장수 재벌 랭킹 1위를 누린 한국경제사에 한 시대를 구현했던 인물로 평가 받으리라.

지은이 이용선
전북 완주 출생
전북대 문리대 영문과 수학
자유문학 〈마바리꾼〉으로 등단
경향신문 장편소설 〈동학〉 당선
한국일보·경향신문 편집위원/전북일보 주필 역임
한국근세민족생활연구소장
작품 대하소설 〈동학〉〈서학〉

유대는 인간상술! 조선은 천하상도!

조선거상

이용선 지음
초판 발행/2005년 1월 1일
발행인 고정일/발행처 동서문화사
창업 1956. 12. 12. 능복 16-345 (윤)
서울강남구신사동 540-22 ☎ 546-0331~6 (FAX) 545-0331
www.epascal.co.kr
＊잘못 만들어진 책은 바꾸어 드립니다.
가격 18,000원

＊

편찬·필름·제작 일체 「동판」 자본으로 이루어짐에 따라
출판권 소유권자 「동판」에서 제조출판판매 세무일체를 전담합니다.
사업자등록번호 211-90-02201
ISBN 89-497-0256-8 03320